ACCESO GRATIS ***a la Lectura en la Nube***

Para visualizar el libro electrónico en la nube de lectura envíe junto a su nombre y apellidos una fotografía del código de barras situado en la contraportada del libro y otra del ticket de compra a la dirección:

ebooktirant@tirant.com

En un máximo de 72 horas laborables le enviaremos el código de acceso con sus instrucciones.

LAS SOCIEDADES DE BLOQUEO EN LAS SOCIEDADES DE CAPITAL PARITARIAS

LAS SITUACIONES DE BLOQUEO EN LAS SOCIEDADES DE CAPITAL PARITARIAS

PABLO SANZ BAYÓN

tirant lo blanch
Valencia, 2026

En caso de erratas y actualizaciones, la Editorial Tirant lo Blanch publicará la pertinente corrección en la página web www.tirant.com.

EDITA: TIRANT LO BLANCH
C/ Artes Gráficas, 14 - 46010 - Valencia
TELFS.: 96/361 00 48 - 50
FAX: 96/369 41 51
Email: tlb@tirant.com
www.tirant.com
Librería virtual: www.tirant.es
DEPÓSITO LEGAL: V-4956-2025
ISBN: 979-13-7021-619-1

Si tiene alguna queja o sugerencia, envíenos un mail a: *atencioncliente@tirant.com*. En caso de no ser atendida su sugerencia, por favor, lea en *www.tirant.net/index.php/empresa/politicas-de-empresa* nuestro procedimiento de quejas.

Responsabilidad Social Corporativa: http://www.tirant.net/Docs/RSCTirant.pdf

Índice

PARTE II

PARTE IV

NOTA PRELIMINAR

La elaboración de la presente monografía fue posible gracias al Programa de Formación del Profesorado Universitario de la Universidad Pontificia Comillas. Agradezco a su Facultad de Derecho (ICADE) su apoyo para la realización de este trabajo, que tiene su origen en la investigación doctoral calificada con sobresaliente *cum laude* por el tribunal y por darme la oportunidad de iniciar mi vocación investigadora y docente.

Quiero agradecer especialmente en estas líneas la dedicación y disponibilidad de mi director, el profesor Abel Veiga. No sólo por su guía, consejos y dedicación, sino también por haberme transmitido confianza y ánimos en estos primeros pasos de mi carrera para avanzar en la investigación, madurar en la reflexión y escritura, y culminar esta tarea. Quiero agradecer también al profesor José Antonio García-Cruces su acogida en mi actual casa, la UNED, y el impulso para que esta monografía —que concentra tanto tiempo de trabajo y reflexión— vea por fin la luz.

También quiero agradecer a los profesores Monica Cossu, de la Università de Sassari (Italia) y Rodrigo Barcía Lehmann de la Universidad Finis Terrae (Chile) la labor de lectura y revisión de este trabajo, así como la emisión del correspondiente informe que permitió obtener la mención internacional en el título de Doctor a juicio del Tribunal evaluador, compuesto por los profesores Juan Sánchez Calero (Complutense), Carlos Ignacio Jaramillo (Javeriana), Antonio Perdices (Autónoma de Madrid), Adoración Pérez Troya (Alcalá) y Daniel Prades (ICADE), a quienes también agradezco haber formado parte del mismo.

Asimismo, debo agradecer a las personas con las que he compartido esta etapa de investigación su ayuda en todo aquello para lo que les he necesitado a lo largo de estos primeros pasos de actividad académica, así como de todos los académicos con quienes he compartido los quehaceres universitarios. También quiero acordarme aquí del personal de biblioteca y hemeroteca, tanto de la Universidad Pontificia Comillas, como de los centros donde he realizado estancias de investigación, la Facultad de Derecho y la Squire Law Library de la

Universidad de Cambridge y el Instituto Max Planck de Derecho Privado Comparado e Internacional (Hamburgo), por su ayuda para desarrollar y organizar las búsquedas bibliográficas y documentales.

Finalmente, quiero dedicar este trabajo a mi familia, porque sin su amor nada de esto hubiera sido posible. Por su fe en mí, paciencia y ánimos en los momentos difíciles a lo largo de esta época. Gracias.

ABREVIATURAS

AC:	Actualidad Civil
AAMN:	Anales de la Academia Matritense del Notariado
AAVV:	Autores varios
AJM:	Auto Juzgado Mercantil
AP:	Audiencia Provincial
art.:	Artículo
arts.:	Artículos
BOE:	Boletín Oficial del Estado
BORME:	Boletín Oficial del Registro Mercantil
Cap.:	Capítulo
CC:	Código Civil
C.Com:	Código de Comercio
Cfr.:	Confrontar
Cit.:	Citada
Codice:	Código Civil Italiano
Coord.:	Coordinado por
DA.:	Disposición Adicional
DGRN:	Dirección General de los Registros y del Notariado (actualmente renombrada como Dirección General de Seguridad Jurídica y Fe Pública)
Dir./dirs.:	Director/Directores
DRAE:	Diccionario de la Lengua española de la Real Academia Española
Ed.:	Edición
Giur. Comm:	Giurisprudenza Commerciale, Società e Fallimento.
Ibídem:	Antes citado
Infra:	Después
LA:	Ley 60/2003, de diciembre, de Arbitraje y de regulación del arbitraje institucional en la Administración General del Estado

LC:	Real Decreto Legislativo 1/2020, de 5 de mayo, por el que se aprueba el texto refundido de la Ley Concursal
LEC:	Ley 1/2000, de 7 de enero, de Enjuiciamiento Civil
LJV:	Ley 15/2015, de 2 de julio de la Jurisdicción Voluntaria
LME:	Ley 3/2009, de 3 de abril, sobre modificaciones estructurales de las sociedades mercantiles (actualmente materia regulada por el Real Decreto-ley 5/2023, de 28 de junio, por el que se adoptan y prorrogan determinadas medidas de respuesta a las consecuencias económicas y sociales de la Guerra de Ucrania, de apoyo a la reconstrucción de la isla de La Palma y a otras situaciones de vulnerabilidad; de transposición de Directivas de la Unión Europea en materia de modificaciones estructurales de sociedades mercantiles y conciliación de la vida familiar y la vida profesional de los progenitores y los cuidadores; y de ejecución y cumplimiento del Derecho de la Unión Europea).
LMVSI:	Ley 6/2023, de 17 de marzo, de los Mercados de Valores y de los Servicios de Inversión
LSA:	Real Decreto Legislativo 1564/1989, de 22 de diciembre, por el que se aprueba el texto refundido de la Ley de Sociedades Anónimas (Vigente hasta el 1 de septiembre de 2010)
LSC:	Real Decreto Legislativo 1/2010, de 2 de julio, por el que se aprueba el texto refundido de la Ley de Sociedades de Capital
LSRL:	Ley 2/1995, de 23 de marzo, de Sociedades de Responsabilidad Limitada (Vigente hasta el 1 de septiembre de 2010)
Nº:	Número
Op. cit.:	Obra citada
p. ej.:	Por ejemplo
Pág./págs.:	Página/páginas
R.D.:	Real Decreto
RDM.:	Revista de Derecho Mercantil
RDGRN:	Resolución de la Dirección General de los Registros y del Notariado

R.M.:	Registro Mercantil
RJ:	Repertorio de Jurisprudencia Aranzadi/Referencia jurisprudencial
RRM:	Real Decreto 1784/1996, de 19 de julio, por el que se aprueba el Reglamento del Registro Mercantil. *Boletín Oficial del Estado,* 31 de julio de 1996, núm. 184, pág. 23574.
SA:	Sociedad Anónima
SAP:	Sentencia Audiencia Provincial
SL/SRL	Sociedad Limitada/Sociedad de Responsabilidad Limitada
Sigs.:	Siguientes
SSTS:	Sentencias Tribunal Supremo
STS:	Sentencia Tribunal Supremo
TS:	Tribunal Supremo
Vid.:	Véase
Vol.:	Volumen

INTRODUCCIÓN

El bloqueo de los órganos de las sociedades de capital constituye uno de los conflictos intra-corporativos más singulares. Representa un problema jurídico-económico muy poliédrico que adolece de un tratamiento integral en la doctrina mercantil española. Su importancia radica, de una parte, en la generalidad con que pueden producirse las situaciones de bloqueo. Sobre todo, en las sociedades cerradas con estructura de capital concentrado, como las bipersonales paritarias (distribución de capital y derechos de voto al 50%). Y, de otra parte, por la amplitud de sus causas y heterogeneidad de los mecanismos para su remedio y prevención. Asimismo, constituye un conflicto transversal, común a cualquier sociedad mercantil, con independencia de los ordenamientos y mercados en los que opere.

El presente trabajo pretende examinar primeramente este conflicto intra-corporativo desde una aproximación funcional y conceptual, que obtendrá del análisis económico del derecho (en adelante, AED) su principal enfoque metodológico (sobre todo en la Parte I y parcialmente en la IV)[1].

---

1 Como se refiere IBÁÑEZ JIMÉNEZ, J. W., *Análisis económico del Derecho. Método, investigación y práctica jurídica*, Barcelona, 2011, págs. 15-16, la aplicación del análisis económico a la investigación jurídica y a la solución de conflictos sociales "parece cada vez más imprescindible para una resolución efectiva de problemas de derecho económico, particularmente en áreas como societario (...), en la medida en que la orientación prevalente hacia aspectos económicos de las investigaciones jurídicas privatistas requiere una metodología que exprese un punto de vista microeconómico (...) que deben considerar los juristas en su toma de decisiones". Para una panorámica general y actual sobre esta corriente doctrinal, véase, BEBCHUK, L. A., *Corporate Law and Economic Analysis*, Cambridge, 1990; POLINSKI, A. M., *Introducción al análisis económico del derecho*, Barcelona, 1985; DOMÉNECH PASCUAL, G., "Por qué y cómo hacer análisis económico del derecho", *Revista de Administración Pública*, N° 195, 2014, págs. 99-133; TORRES LÓPEZ, J., *Análisis económico del derecho*, Madrid, 1987; PASTOR PRIETO, S., *Sistema jurídico y economía: una introducción al análisis económico del derecho*, Madrid, 1989; MENA, F. X., *Análisis económico del derecho*, Barcelona, 2000; QUEROL ARAGÓN, N., *Análisis económico del derecho*, Madrid, 2007 y CABRILLO, F./ALBERT LOPEZ-IBOR, R., "El análisis económico del derecho en la encrucijada", *Ekonomiaz*, N° 77, 2011, pág. 205 y sigs.

La aplicación del AED al derecho societario en Estados Unidos ha experimentado un interés creciente desde sus orígenes, aunque su metodología no acaba de arraigar en el derecho económico europeo, cuyo interés se mantiene residual y minoritario[2]. Sin embargo, la presente investigación quiere principiarse desde esta metodología porque se estima de cierta utilidad para abordar convenientemente el estudio del problema que se plantea a fin de examinar la razón económica que subyace en la realidad societaria, española e internacional, y la respuesta al problema que ofrece el ordenamiento societario, tanto a nivel positivo (*lege lata*) como normativo o crítico (*lege ferenda*)[3].

El AED positivo en el campo del derecho societario tiene por objeto el estudio de las consecuencias reales de las normas societarias y la influencia de determinadas circunstancias reales en el contenido y forma de ciertas decisiones jurídicas, legislativas y jurisprudenciales. El AED normativo, por su parte, tiene por objeto la proposición de

---

2 Según la interpretación de WALLER, W., "The Law and Economics virus", *Cardozo Law Review*, Nº 31, 2009, págs. 367-403, la razón por la que en algunos países el "virus" de la "ideología" del AED no se ha desarrollado doctrinalmente, se debe a que cuentan con una producción jurídica y unas instituciones judiciales y académicas que han operado como "anticuerpos". La solidez del cuerpo doctrinal de muchos países europeos es a nuestro juicio, lo que ha permitido a sus ordenamientos jurídicos y a sus instituciones académicas, administrativas, legislativas y judiciales permanecer distanciadas de esta metodología. A este respecto, BILLIET, C. M., "Formats for law and economics in legal scholarship: views and wishes from Europe", *University of Illinois Law Review*, 2011, pág. 1485 y sigs.

3 En efecto, entendemos que la perspectiva económica aplicada a cuestiones jurídicas no sólo no rivaliza con la ciencia del derecho, sino que enriquece y complementa el razonamiento jurídico, permitiendo entender el problema en cuestión desde otros ángulos y amplificar el entendimiento de sus causas y las consecuencias de las soluciones normativas. Por ello, no podemos sino suscribir enteramente el juicio a este respecto de BASEDOW, en el prefacio de la obra BASEDOW, J./ KONO, T. (eds.), *An economic analysis of Private International Law*, Tübingen, 2006: "The results achieved by economic reasoning do not necessarily differ from those of traditional legal analysis. Quite to the contrary, legal solutions are often confirmed by economic arguments offering additional support. For many lawyers, the coincidence of legal and economic approaches is perhaps the most charming aspect of economic analysis. Living in a world of legal arguments that are often controversial and ambiguous, lawyers feel reassured by what they perceive as the unequivocal lines of economic reasoning".

las decisiones que los socios o el legislador deberían adoptar, a través del contrato de sociedad o pactos parasociales, o de leyes, respectivamente, a fin de maximizar la satisfacción de sus preferencias[4].

El AED no sólo importa un cuerpo de doctrina y la metodología de la ciencia económica, sino que nos redefine el objeto de la economía y por extensión de la ciencia jurídica. En cuanto a la economía, la transformación conceptual puede considerarse en cierto modo revolucionaria, porque significa que, desde la óptica del AED, no se ocuparía únicamente de las actividades comerciales ni de la organización del mercado sino del estudio de la conducta humana, enfocándola hacia el examen de las decisiones cuando los recursos disponibles para atender a los fines tienen usos alternativos y son escasos. Por esta razón, si la economía estudia la gestión de la escasez, el AED ha de conectarse con el ámbito de la conducta o del comportamiento humano[5]. Esta perspectiva será de gran interés para

4 Así lo afirma MERCADO PACHECO, P., "Calidad de la ley, evaluación de impacto normativo y argumentos económicos", *Anales de la Cátedra Francisco Suárez*, Nº 47, 2013, pág. 94, para quien la aportación del AED es de vital importancia "en lo que hace referencia a las cuestiones de política legislativa y en la creación y evaluación normativas". Sobre la distinción entre AED positivo y normativo, PARÍSI, F., "Positive, normative and functional schools in law and economics", en BACKHAUS, J. G. (Dir.), *The Elgar Companion to Law and Economics*, 2ª ed., Chentelham, 2005, págs. 58-73.

5 Ello ha supuesto el nacimiento de una subdisciplina dentro del AED, conocida como *behavioral law and economics*, rama de conocimiento que permite hacer predicciones más exactas y prescripciones más acertadas que el modelo estándar tradicional de AED, a partir de una intensiva utilización del método empírico a fin de modelar o modelizar la conducta humana. Sobre este particular, JOLLS, C./SUNSTEIN, C. R./THALER, R., "A behavioral approach to law and economics", *Stanford Law Review*, Nº 50, 1998, págs. 1471-1550. Por otro lado, el AED se basa en la neutralidad de los fines económicos porque se limita a explicar cómo actúan los individuos cuando los recursos de que disponen son escasos para el cumplimiento de sus fines. La economía normativa explicaría entonces qué decisiones han de adoptar para los individuos o las instituciones para emplear los recursos de modo que maximicen la satisfacción de esos fines, sin presuponerlos. Esta neutralidad, hoy en día defendida por la mayoría de los académicos dedicados al AED, contrasta con el origen de esta doctrina, como se demuestra en las primeras obras de POSNER, donde en efecto sí se explicitaba que la búsqueda de la eficiencia tenía como objeto la maximización de la riqueza, por lo que en su concepto del derecho sí había una preferencia innegable por la eficiencia frente a la justicia distributiva. Actualmente, esta visión

el primer enfoque de la investigación sobre la cuestión societaria y organizativa-empresarial que nos ocupa.

Esta perspectiva adquiere vital importancia en su aplicación al derecho de sociedades, en el que las diferentes conductas y preferencias de los socios o accionistas pueden jugar un papel determinante en el funcionamiento de la estructura orgánica de la sociedad de capital. Particularmente, la racionalidad de las decisiones del socio en sociedades 50/50 irá vinculado al ámbito de protección de la inversión frente al potencial oportunismo del consocio, por lo que la configuración jurídica, legal y estatutaria o contractual del principio general de la buena fe y de su determinación específica será clave para el desarrollo continuado del objeto social y el cumplimiento efectivo del fin social[6].

Por tanto, es innegable el interés del AED a este respecto porque el derecho influye directa o indirectamente en la conducta, incentivando o desincentivando un determinado comportamiento y la protección de unos concretos bienes jurídicos y fines[7]. De ahí que el AED, al centrar su atención en la conducta del operador económico (en nuestro caso los inversores y socios) intenta medir, explicar y pre-

---

ya no es compartida por la mayoría de los académicos, como tampoco en obras posteriores de POSNER, como en *The problems of jurisprudence*, Cambridge, 1990, pág. 375: "wealth maximization is inherently incomplete as a guide to social action because it has nothing to say about distribution of rights". Sobre este debate, MERCURO, N./MEDEMA, S. G., *Economics and the law. From Posner to post-modernism and beyond*, 2ª ed., Princeton, 2006, passim y CASALMIGLIA, A., "Eficiencia y derecho", *Doxa*, Nº 4, 1987, pág. 267 y sigs. En nuestra opinión, hoy no puede sostenerse que el AED esté sesgado ideológicamente, a favor de posiciones conservadoras ni liberales, como eran las de la Escuela de Chicago. Los mismos autores pioneros en este campo de investigación han evolucionado en su pensamiento y además hay numerosos trabajos que se ocupan de cuestiones redistributivas. A este respecto, ORTIZ DE URBINA, I., "El análisis económico del derecho: ¿método útil o ideología nefasta?, en COURTIS, C., *Observar la ley. Ensayos sobre metodología de la investigación jurídica*, Madrid, 2006, pág. 322, quien alude a la inconsistencia y reduccionismo de la crítica de algunos autores que juzgan negativamente todo AED por la obra de unos pocos autores.

6 En adelante, se entenderá por conducta oportunista aquella contraria a la buena fe, cuyo principio será analizado en la Parte II.

7 Vid. DURÁN Y LA LAGUNA, P., *Una aproximación al análisis económico del derecho*, Granada, 1992, passim.

decir la influencia del derecho en su conducta y cómo ésta se traslada a las organizaciones empresariales.

No obstante a lo anterior, esta aproximación metodológica no puede considerarse plenamente autosuficiente para examinar todos los fenómenos de la realidad económica, porque los grupos humanos no son perfectamente homogéneos y no todo cambio en un sistema jurídico llevará consigo los mismos efectos sobre la conducta de los partícipes en el mercado. Sin embargo, el AED sí supone una herramienta útil para establecer un primer análisis del problema que dilucidaremos y sostener la argumentación, teniendo en cuenta además que el derecho privado occidental constituye la institucionalización de la moderna economía de mercado[8].

Si las personas jurídicas empresariales o mercantiles, como las sociedades de capital, están al servicio de los fines de los particulares, el diseño, interpretación y aplicación de sus reglas jurídicas ha de realizarse sin perder de vista esta función social, que por agregación no es otra que la maximización del bienestar de la comunidad en la que operan a través de sus contratos y empresas. Por tanto, el reconocimiento de la limitación objetiva de este método analítico del derecho no obsta para dejar sentada la validez de su fundamento axiológico, que explica la genética y funcionalidad del derecho privado y en particular del derecho mercantil y societario sin divorciarlos de la ciencia económica.

La presente investigación, en consecuencia, se principia desde este enfoque metodológico con el fin de discutir las reglas jurídicas del derecho societario más acordes con la realidad económica y de

---

8 Vid. ALFARO, J., "Los juristas españoles y el análisis económico del derecho", *Indret*, N° 1, 2007, pág. 4: "(...) el derecho privado occidental —y aquí me refiero tanto a los países de *common law* como a los de derecho continental— constituye la institucionalización de la economía de mercado. O en términos más queridos para la dogmática jurídica, las sociedades occidentales son sociedades de derecho privado por contraposición a las sociedades socialistas que serían sociedades de derecho público. Es decir, en nuestros países, las decisiones económicas se remiten a los particulares quienes, libremente y coordinados por el sistema de precios, asignan los recursos sin la intervención centralizada y coactiva del Estado. En términos jurídico-constitucionales, el Estado deja en manos de los ciudadanos la elección libre de sus fines vitales y de los medios para alcanzarlos".

ese modo explotar las inmensas ventajas colectivas que se derivan de la sociabilidad de la naturaleza humana manifestada a través de las relaciones e intercambios en el mercado[9].

La otra limitación que se extrae del AED viene a cuenta de la pretendida racionalidad en la que se fundan los modelos teóricos de la economía neoclásica que el AED estándar aplica, pues tampoco puede negarse que los individuos no siempre toman decisiones basadas puramente en la lógica, ni sus decisiones en el mercado son necesaria y permanentemente estables o consistentes[10]. En consecuencia, la teoría económica aplicada al derecho societario servirá de base para fundamentar nuestra posición doctrinal, en orden a comprender los conflictos intra-corporativos en sociedades cerradas paritarias y predecir cómo reaccionarán probablemente sus socios frente a cada regulación alternativa que el legislador puede establecer, así como para explicar los costes y beneficios particulares y generales de cada una de ellas.

Sin perjuicio de las referidas limitaciones metodológicas, la perspectiva del AED nos permite desarrollar una discusión con un mayor alcance que la resultante de la dogmática jurídica positivista que impera en la doctrina mercantil continental europea. La discusión se amplía pues desde la misma concepción del fin de la sociedad de capital como una organización o institución jurídica instrumental cuyo propósito no es sino facilitar el intercambio de servicios especializados, de forma que permita organizar la acción colectiva cuando el sistema de precios del mercado falla. Así, cuando la decisión sobre el intercambio pretendido no puede sustentarse por causa de la ineficacia del sistema de precios, es cuando cobra sentido precisamente la articulación del mismo a través de la organización.

De ahí se deduce que el derecho societario —como especialidad del derecho contractual—, tiene como fin reducir los costes de transacción, es decir, el precio del intercambio, examinando qué sistemas

---

9 Vid. WHITE, M. D., *Theoretical foundations of law and economics*, Cambridge, 2009, passim y REYES VILLAMIZAR, F., *Análisis Económico del Derecho Societario*, 2ª ed., Bogotá, 2013, passim.

10 Vid. KOROBKIN, R. B./ULEN, T. S., "Law and Behavioral Science: removing the rationality asumption from law and economics", *California Law Review*, Nº 88, 2000, pág. 1060 y sigs.

organizativos y qué reglas jurídicas son más eficientes para permitir que diferentes grupos de individuos (inversores, gestores, trabajadores, clientes, proveedores, prestamistas etc.) cooperen entre sí para alcanzar su máximo nivel de utilidad y de ese modo generen sinergias que redunden en beneficio del mercado y de la comunidad[11].

Por esta razón, desde este enfoque metodológico es como mejor puede ponerse luz en la cuestión de la racionalidad que subyace en el fenómeno de las sociedades cerradas con distribución de capital y voto al 50/50, y examinar por qué, a pesar de sus potenciales disfuncionalidades (como son las situaciones de bloqueo), siguen estructurando una alta proporción de microempresas operativas en el mercado.

Además de la visión económica del derecho, esta investigación obtendrá del AED una dimensión empírica[12]. En este aspecto es notable la desventaja con la que cuenta la política legislativa española y el mercado societario, ya que carecemos de suficientes fuentes empíricas —aparte de las estadísticas societarias oficiales—, para desarrollar una argumentación jurídica. Ello entra en contraste con el ámbito académico angloamericano, donde, por ejemplo, la literatura económica de base empírica es abundante en torno a conflictos intra-corporativos y la eficacia de los mecanismos para su resolución y prevención. Ello provoca que el tratamiento analítico se funde parcialmente en fuentes empíricas exógenas a nuestro entorno jurídico-económico, fijando nuestra atención en resultados importados de

---

11 Vid. CABANELLAS, G., "Función Económica del Derecho Societario", *Revista del Derecho Comercial y de las Obligaciones*, N° 22, 1989, passim. Sobre el concepto de eficiencia al que nos vamos a referir en la presenta investigación en clave de "análisis económico del derecho", adoptamos el adoptado por SCHÄFER, H. B./OTT, C., *The economic analysis of Civil Law*, Chentelham, 2004, pág. 8: "given the resources initially available and their allocations, the members of a society have achieved the highest posible level of utility".

12 Sobre la dimensión empírica del derecho, EISENBERG, T., "The origins, nature and premise of empirical legal studies and a response to concerns", *University of Illinois Law Review*, 2011, págs. 1713-1738 y COOTER, R., "Maturing into normal science: the effect of empirical legal studies on law and economics", *University of Illinois Law Review*, 2011, págs. 1475-1483.

otros mercados societarios con regulaciones, prácticas comerciales y estructuras de capital muy diferentes al mercado español[13].

En las Partes II y III se ha pretendido suplir este vacío de información empírica a través de la aportación de abundante jurisprudencia en torno a este concreto conflicto intra-corporativo. El análisis de la jurisprudencia relativa al bloqueo de los órganos sociales de sociedades cerradas paritarias (como causa de disolución legal) constituye una evidencia que indudablemente mejora el desarrollo argumental de la especulación teórica. No obstante, a nuestro juicio, la recopilación de la jurisprudencia no puede sustituir enteramente los resultados que puede proporcionar la información sistematizada por el método empírico a fin de analizar las decisiones de política legislativa o las decisiones judiciales, ni para predecir la influencia que éstas tienen en las conductas de los operadores económicos.

Posiblemente la falta de estudios empíricos en España sea una de las causas que expliquen algunos de los problemas que presenta nuestro actual derecho mercantil y su dificultad de adaptación a la realidad económica y a las necesidades de los usuarios del mercado societario, como así se demuestra de la poca virtualidad práctica de la actual división tipológica corporativa (sociedad anónima, sociedad de responsabilidad limitada)[14]. Otro simple ejemplo derivado de este

---

13 No obstante, como señala SCHUCK, P. H., "Why don't law professors do more empirical research?", *Journal of Legal Education*, N° 39, 1989, págs. 323-336, aunque cada vez es más frecuente, tradicionalmente los estudios empíricos han sido escasos por parte de los juristas, incluso en países donde se ha hecho más investigación empírica. De ahí que el futuro, en nuestra opinión, deba ser la multidisciplinariedad de los estudios empíricos, entre expertos de derecho y de economía, en orden a la obtención de datos y análisis con el rigor y la utilidad deseable para hacer política legislativa. En todo caso la investigación empírica en derecho es fundamental para su mejora y es una de las cualidades que aporta el AED. Sobre esta necesidad, los trabajos de HEISE, M., "The importance of being empirical", *Pepperdine Law Review*, N° 26, 1999, pág. 815 y "The past, present and future of empirical legal scholarship: judicial decision making and the new empiricism", *University of Illinois Law Review*, N° 4, 2002, pág. 819 y sigs.

14 Vid. MEGÍAS LÓPEZ, J., "Opresión y obstruccionismo en las sociedades de capital cerradas: abuso de mayoría y de minoría", *Anuario jurídico y económico escuriarense*, N° 47, 2014, págs. 18: "En este contexto, el debate tipológico pierde cierta vigencia cuando las diferencias entren los tipos sociales con limitación de responsabilidad de los socios no presentan diferencias demasiado acusadas y

problema es la poca atención que se presta por parte de la academia al mercado societario de pequeñas empresas, por contraste a la hiperinflación de estudios monográficos sobre sociedades cotizadas y gobierno corporativo, cuando en realidad el tejido productivo español está compuesto mayoritariamente de empresas pequeñas cuya forma jurídica es la sociedad cerrada (sociedad de responsabilidad limitada) con base propietaria y asalariada reducida.

La ausencia de atención empírica de acuerdo a la realidad del mercado societario español tiene como una posible consecuencia que la política legislativa al respecto no haya podido responder eficientemente a las necesidades de los pequeños empresarios, no sólo en materia societaria sino también en materia concursal[15]. A nuestro juicio, los tribunales no deberían limitarse a aplicar mecánicamente las disposiciones normativas. Los jueces mercantiles deberían ser los primeros en exigir estudios empíricos o contribuir a su elaboración porque son los que pueden comprobar las consecuencias de las nor-

---

admiten un amplio grado de adaptabilidad (...) lo determinante no es tanto el tipo social elegido como la estructura interna de la propiedad".

15 No obstante, el origen de los trabajos empíricos puede hacer que sus resultados sean y deban ser cuestionados y cuestionables, por no ofrecer la imparcialidad y objetividad que el rigor del método empírico requiere, como se refiere EISENBERG, T., ¿"Why do empirical legal scholarship?", *San Diego Law Review*, N° 41, 2004, págs. 1741 y sigs. La hiperinflación de trabajos académicos sobre unas temáticas y no sobre otras responde, en no pocas ocasiones, al interés específico de los que solicitan (compran) esa información empírica a los investigadores para hacer *lobby*, aprovechándose del vacío de información del legislador sobre la materia y de la apariencia científica y de neutralidad. No es de extrañar que por esta razón el AED haya tenido una publicidad negativa por parte de otros ámbitos jurídicos, al desatender otros intereses de individuos o grupos cuyo poder económico es menor. En lo que respecta al mercado societario español, esta crítica es a nuestro juicio certera al observar la descompensación existente entre trabajos relativos a las grandes corporaciones (mercado de valores, gobierno corporativo, responsabilidad social corporativa) y los dedicados a las pequeñas empresas, que paradójicamente, constituyen la mayoría del tejido productivo de la economía española. Por otra parte, tampoco los profesionales de la abogacía mercantil pueden aprovecharse de una base empírica. Si el AED y su dimensión empírica hubieran transcendido a la academia española, por ejemplo, muchos letrados podrían conocer cuál es el porcentaje de éxito de las demandas de disolución social fundamentadas en la paralización de los órganos sociales, o el legislador y los jueces conocer cual sería la eficiencia económica de una vía alternativa a la disolución como mecanismo de desbloqueo de la sociedad.

mas jurídicas que aplican y que afectan con alto impacto a la economía real[16].

En materia de bloqueos societarios esto se corrobora parcialmente a partir de la jurisprudencia disponible al verificar que la aplicación de la norma disolutoria ante la acreditación de un bloqueo societario lleva irremisiblemente a la disolución y liquidación de la sociedad bloqueada con la consiguiente destrucción de la empresa, extinción de sus contratos y atomización de sus activos[17]. Si el legislador y los jueces tuvieran acceso a estudios empíricos, podrían ponderar sus decisiones y decidir en función de las consecuencias previsibles[18].

En definitiva, la aproximación al AED para el tratamiento funcional del conflicto intra-corporativo consistente en el bloqueo orgánico de la sociedad ofrece sin duda una alta dosis de utilidad práctica en orden a explicar y predecir cómo interacciona el sistema jurídico con la realidad económica, e inversamente, cómo influye ésta en aquel. El AED nos describe que la relación es bidireccional y que el operador jurídico, máxime si se trata del legislador o del juez, debe contar con un cuerpo no sólo doctrinal sino también empírico para comprender el alcance económico de sus decisiones sobre las partes y para el conjunto social.

En nuestro caso, esa ha sido la intención en el análisis realizado en la Parte I, que informa al resto de la investigación, esto es, efectuar un estudio para una vez comprendida la razón funcional del problema general en abstracto, interpretar consecutivamente el or-

---

16 Vid. CABRILLO RODRÍGUEZ, F./FITZPATRICK, S., *The economics of courts and litigation*, Chentelham, 2008, passim.

17 Básicamente, nos referimos a los conflictos societarios que han llegado a ventilarse en el Tribunal Supremo o en algunas Audiencias Provinciales, cuyas resoluciones han sido compiladas e informatizadas por bases de datos públicas y privadas.

18 A este respecto resulta interesante el apunte de CALVO, R./VENIER, C., "Racionalidad de las justificaciones consecuencialistas en las decisiones judiciales", *Isonomía*, Nº 19, 2003, págs. 155-156, cuando se refiere a que, en el ámbito judicial, a diferencia del ámbito legislativo, el análisis de argumentos consecuencialistas es tradicionalmente ignorado: "Esto parece estar vinculado con la idea de que la función del juez se circunscribe a la aplicación de normas generales. Actividad que debe ser realizada con independencia de las consecuencias que dicha aplicación pueda producir sobre un caso particular".

denamiento societario vigente (español y extranjero) desde sus fundamentos jurídicos y precisar cuáles son las medidas que los mismos disponen para la patología corporativa analizada, en orden a la formulación de una crítica que aconseje una reforma normativa.

La crítica de *lege lata* irá acompañada de las propuestas correspondientes de *lege ferenda*, en orden a la modificación o ponderación de las normas que se entiendan ineficientes, esto es, no óptimas para la satisfacción de los fines ni para el bienestar del conjunto social. Todo ello implica la desfiguración de la frontera artificial entre economía y derecho, entendiendo ambas disciplinas como el anverso y reverso de la misma realidad, pues, aunque cada una tiene unos marcos de referencia diferenciados —conceptuales y metodológicos— comparten la misma naturaleza o esencia, que es proporcionar un sistema para la decisión racional sobre la gestión de recursos escasos. La economía tratará de maximizar la utilidad de los recursos en orden a la consecuencia de unos fines sobre los que permanece neutral, y el derecho, de la formulación de principios generales cuya satisfacción no puede producirse simultáneamente (en derecho societario, por ejemplo, el principio de autonomía privada y las restricciones tipológicas), por lo que la aplicación de las normas jurídicas de contenido económico se hará preferentemente bajo mandato de optimización (análisis coste-beneficio) en orden a que las decisiones legislativas y judiciales no restrinjan inútil, innecesaria o excesivamente la realización de los fines propuestos por los particulares a través de los contratos privados y voluntarios[19].

---

19 Así, DÍEZ-PICAZO, L., *Fundamentos de Derecho Civil y Patrimonial*, 6ª ed., vol. I, Cizur Menor, 2007, págs. 144-145: "En el sistema de economía capitalista, regido por la ley de obtención del máximo beneficio, el contrato es el cauce o, si se prefiere, el conjunto de contratos que dentro del marco de una actividad profesional o empresarial se realice. Cada contrato puede producir un beneficio y el conjunto de los contratos un beneficio promediado. Es obvio que el beneficio se obtiene cuando el precio o contraprestación que se obtiene por una cosa o por un servicio excede del costo de esa cosa o servicio, incluyendo en el costo los elementos adicionales o auxiliares que es preciso poner en pie para hacer posible la ejecución de la prestación. Al mismo tiempo que fuente de beneficios, el contrato puede ser causa de producción de pérdidas. En nuestro derecho la idea de pérdida en sentido económico se encuentra contemplada únicamente en el contrato de sociedad, pero no necesita ser discutido que todo contrato puede ser causa de pérdidas".

La crítica realizada en este estudio descansa precisamente en la constatación del patente alejamiento que muestra el derecho societario español de la realidad económica y de las necesidades de los empresarios sociales, sobre todo de los pequeños y medianos. Un problema que hunde sus raíces en la progresiva rigidez legislativa aplicada sobre la codificación decimonónica y en la técnica legislativa moderna, que desde el positivismo jurídico y la unidad del derecho, hace de las relaciones negociales privadas entre los particulares en el mercado unas relaciones ortopédicas de la legislación estatal, alterando y depauperando paulatinamente la naturaleza del derecho privado, cuyas normas legales son dispositivas y supletorias de la voluntad de las partes.

Este proceso explica que la moderna legislación societaria haya deformado el fin instrumental del derecho societario como mecanismo de facilitación de la cooperación entre particulares y haya generado un sinnúmero de costosos procedimientos formalistas y de reglas imperativas que dificultan la creación de riqueza a través de los intercambios entre particulares, sobre todo teniendo en cuenta que la mayoría del tejido productivo español está compuesto por sociedades mercantiles titulares de empresas de reducida dimensión y baja capitalización.

La raíz de esta problemática se encuentra en la concepción de la unidad del derecho, esto es, del derecho como producto del Estado y las normas jurídicas como mandatos del poder legislativo. Esto ha tenido como consecuencia una progresiva alteración, e incluso deformación, de la naturaleza del derecho privado patrimonial, como en efecto se verifica a tenor de la creciente restricción a la autonomía privada de la voluntad en materia societaria y el estrecho margen que ofrecen las reglas dispositivas contenidas en la legislación societaria para articular mecanismos *ad hoc* eficientes para atribuir derechos y cargas entre los socios en el seno de la organización. La intervención legislativa no siempre es neutra, y en ocasiones se infiere que las relaciones negociales operadas en el tráfico mercantil son concebidas como intrínsecamente conflictivas, desincentivando la asunción de riesgo y actividades de emprendimiento.

La lógica del AED, por el contrario, corrige este sesgo cognitivo del poder legislativo al concebir las relaciones mercantiles entre particulares como oportunidades de cooperación mutuamente beneficiosas. Esto sin duda trae consigo un cambio sustancial en la interpretación de las reglas jurídicas de derecho privado, tanto por parte del legislador —cuya intervención pretende prevenir *ex ante* el conflicto de intereses que presume de toda relación de índole privada mercantil—, como del juez que pretende resolver el conflicto *ex post.* El foco de atención en el AED se pone, por consiguiente, en el mismo protagonista del comercio y del mercado, esto es, en el comerciante o empresario, realzando junto con su figura el papel de los letrados y consultores que le asisten en el diseño eficiente de estructuras organizativas que le ayuden a maximizar la utilidad de los intercambios.

Como corolario del razonamiento anterior, el derecho societario se ha de concebir ante todo como un mecanismo reductor de los costes de transacción, de modo que sirva para incentivar el intercambio por medio de una amplia gama de reglas dispositivas y supletorias, dejando un espacio más limitado a las reglas imperativas, que sólo han de operar como última *ratio* para la salvaguarda de un orden público mercantil que provea un marco institucional con seguridad jurídica y tutela a determinados participantes del mercado (acreedores, socios minoritarios etc.). Dado que al empresario debe suponérsele una racionalidad cualificada —en consonancia con la exigibilidad de un estándar superior de diligencia—, no habrá persona ni institución en mejor posición que él mismo para velar por su concreto interés a la hora de participar en el mercado y organizar intercambios, por lo que a priori la intervención legislativa no es justificable si determina *ex ante* sus relaciones con terceros imponiendo reglas imperativas. Una imperatividad normativa que en muchas ocasiones desvirtúa el negocio jurídico y minimiza su utilidad, como en efecto se observa en derecho societario español y la a veces injustificable restrictividad de la autonomía de la voluntad (contractual y estatutaria), sobre todo en lo concerniente a las sociedades cerradas[20].

---

20 De hecho, como afirma CASTRILLO SANTOS, J., "Autonomía y heteronomía de la voluntad en los contratos", *Anuario de Derecho Civil*, Madrid, 1949, el rango del principio de autonomía "obedece, sin duda, a que la noción de relación está en la misma naturaleza del hombre que se encuentra con otros hombres (pág. 5), "La relación con la autonomía de la voluntad entraña ya la primera idea de negocio jurídico" (pág. 6), y al hecho de que "la relación de hombre a hombre con fines de satisfacción de necesidades y conveniencias tiene fuerza vinculante por virtud del mismo querer". Así pues, como sigue este autor: "El principio

Desde la óptica propuesta, la legislación mercantil debería estructurar un sistema simple que auxiliara al empresario para la libre consecución de sus fines y satisfacción de sus necesidades, de modo que la regulación fuera en su mayor medida supletoria y dispositiva, evitando interferir inútilmente en el mercado y en las complejas relaciones que en él se forjan, relaciones cuyo propósito último excede normalmente del entendimiento del legislador.

Este cambio de mentalidad al que coadyuva el método del AED, supone concebir el derecho societario, y más propiamente a su protagonista, el empresario social, como verdadero artífice del diseño jurídico de las instituciones mercantiles y corporativas. Es el empresario, al fin y al cabo, quien voluntariamente ha decidido participar en el mercado y coordinar intercambios con otros participantes del mismo, por lo que adquiere pleno sentido que siendo su principal interesado, sea también en quien recaiga la responsabilidad de organizar las transacciones con las reglas jurídicas más eficientes, de conformidad con sus características personales y patrimoniales, la naturaleza de la actividad económica realizada y la situación coyuntural del mercado.

Cuestión diferente es que para las sociedades cotizadas la imperatividad legal en determinados aspectos esenciales deba acentuarse necesariamente y sea por ello justificable. Así sucede con las restricciones a la autonomía estatutaria en las sociedades anónimas cotizadas por exigencia del mercado de valores a fin de homogeneizar y estandarizar la adquisición y transmisión de los valores negociables. A diferencia de las necesidades del tejido microempresarial, el buen funcionamiento de los mercados bursátiles requiere un derecho societario especial, más regulado, esto es, con más reglas imperativas, al objeto de suprimir diferencias internas en la tutela del inversor y de esa manera poder atraer financiación de los mercados de capitales.

Por esta razón, en contraste con la sociedad de capital cerrada, la realidad de la sociedad abierta exige un análisis económico del dere-

---

de la autonomía de la voluntad sirve a un sistema de propiedad privada, libre tráfico, o de economía impulsada por tanteos individuales, al que debemos las gigantescas construcciones y también los excesos del capitalismo, con su espíritu de empresa y el impulso del interés individual" (pág. 8).

cho que justifique la existencia parcial de una regulación uniforme e inderogable con el fin de reducir el coste de transacción de los inversores. De ahí la necesidad, no sólo de restricciones a la autonomía estatutaria para facilitar el funcionamiento de los mercados de valores sino también de reglas imperativas de transparencia y publicidad de información en cuanto a todo lo que pueda afectar al valor y emisión de los títulos negociables[21].

El problema de fondo que suscita la razonable justificación de la restricción a la autonomía contractual de la sociedad abierta cotizada es que muchas de las reglas imperativas también se extienden parcialmente a las sociedades abiertas no cotizadas e incluso a las cerradas. Como se ha podido verificar en el presente trabajo, ésta es precisamente una de las áreas conflictivas de nuestro derecho societario, el cual se concreta en la pérdida real de vigencia de los principios configuradores o tipológicos de la sociedad de capital (sociedad anónima, sociedad de responsabilidad limitada) y en la falta de un ordenamiento societario que se estructure de acuerdo con la realidad mercantil y con las necesidades del tráfico económico, de modo que el cada vez más virtual y arcaico debate tipológico o de los principios configuradores abra paso a la única diferenciación realmente operativa en la práctica, que es la que se da entre sociedades cotizadas y no cotizadas. De esta forma, se minimizaría en éstas últimas el impacto de reglas imperativas y restrictivas de la libertad contractual y de la autonomía estatutaria, cualquiera que fuera la configuración abierta o cerrada de la estructura de capital.

Por todo lo anterior cabe afirmar que el AED en su aplicación a la pequeña y mediana empresa contribuye a la reflexión y elaboración de un sistema societario más participativo y colaborativo para sus usuarios (inversores, empresarios), ayudando no sólo a la autoeficiencia de los negocios privados sino también, por extensión, al desarrollo del entorno socioeconómico. En consecuencia, del derecho societario analizado y aplicado económicamente se infiere la propuesta de optimización de las relaciones de intercambio de los

---

21 Vid. ARRUÑADA, B., *Control y regulación de la sociedad anónima*, Madrid, 1990, passim.

particulares, cuyos efectos son positivos tanto para el desarrollo económico del mercado como para el bienestar del conjunto social.

En las Partes II, III y IV se realizará un análisis de los fundamentos jurídicos para proporcionar un tratamiento solutivo y preventivo del bloqueo de los órganos sociales y de varias cuestiones problemáticas adyacentes a este conflicto intra-corporativo. Este análisis irá acompañado de una perspectiva comparada, a través de un examen positivo y jurisprudencial de otros ordenamientos societarios[22]. La cuestión que se busca discutir a través del derecho comparado es si hay reglas de otros ordenamientos societarios que sean trasplantables al español al objeto de mejorar la eficiencia de sus sociedades cerradas y la prevención o remedio de los bloqueos orgánicos. Desde este punto de partida elevamos esta cuestión a la búsqueda y discusión de las causas existentes que hacen a unos ordenamientos societarios más flexibles y adaptables a la realidad económica.

La perspectiva comparada que ofrece este trabajo se principia desde la denominada teoría de los orígenes jurídicos ("legal origins") a fin de analizar si sus postulados tienen vigencia en relación con la opinión predominante de que los mercados regulados por el *common law* son más eficientes que aquellos regulados por el denominado *civil law* o derecho continental europeo[23]. Adentrarse en este debate

---

22 Por otra parte, sin ánimo de incurrir en lo que se ha dado en llamar "derecho turístico", se ha realizado el estudio del derecho comparado teniendo en cuenta la reflexión de PUIG BRUTAU en su comentario a la obra de FRANK, J., *La influencia del Derecho Europeo Continental en el Common law*, Barcelona, 1957, págs. 129-130, a la hora de realizar la aproximación al estudio comparatista: "La mejor luz del derecho comparado brota cuando los conceptos que proceden de una tradición jurídica diferente contribuyen a descubrir aspectos ocultos de nuestros propios problemas (...). El derecho extranjero nos interesa en la medida en que nos permite percibir aspectos de nuestros problemas que nos pasaban desapercibidos. Esta comparación es la que nos interesa: la que se establece entre hechos, pero entre hechos diversamente condicionados, en el razonamiento del jurista, por los conceptos propios de cada sistema".

23 La tesis predominante en la teoría de las familias u orígenes jurídicos está representada por los trabajos de LA PORTA, R./SCHLEIFER, A./LÓPEZ DE SILANES, F./VISHNY, W., "Law and Finance", *Journal of Political Economy*, N° 6, vol. 106, 1998; LA PORTA, R./LOPEZ DE SILANES, F./SHLEIFER, A./VISHNY, R., "Corporate Ownership Around the World", *Journal of Finance*, N° 54, 1999, pág. 471 y sigs., y LA PORTA, R./LOPEZ DE SILANES, F./ SHLEIFER, A., "The economic consequences of legal origins", *Journal of Economic Literature*, N° 46,

2008, pág. 285 y sigs. En este último trabajo los autores encuentran evidencia de que los ordenamientos societarios fundamentados en el *common law* desarrollan sistemas más eficientes de tutela de inversores que los ordenamientos de la tradición continental europea: "Compared to French civil law, common law is associated with (a) better investment protection, which in turn is associated with improved financial development, better access to finance, and higher ownership dispersión, (b) lighter government ownership and regulation, which are in turn associated with less corruption, better functioning labor markets, and smaller unofficial economies, and (c) less formalized and more independent judicial systems, which are in turn associated with more secure property rights and better contract enforcement". Puede encontrarse un notable aparato crítico de esta posición en CABRELLI/SIEMS, "Convergence, legal origins and transplants in Comparative Corporate Law: a case-based and quantitative analysis", *American Journal of Comparative Law*, vol. 63, 2015, págs. 109-153 y COOLS, S., "The real difference in Corporate Law between the United States and Continental Europe: distribution of powers", *Delaware Journal of Corporation Law*, N° 30, 2005, pág. 697 y sigs. Cabe apuntar que la teoría de los orígenes jurídicos toma como fundamento la noción y clasificación de las familias jurídicas que se hace desde la tradicional doctrina del derecho comparado. La idea central a este respecto es que la diversidad de sistemas jurídicos no responde a un fenómeno aleatorio, sino que guarda estrecha dependencia histórica con un conjunto de características comunes, distinguiéndose dos bloques mayoritarios claramente definidos: *common law* y *civil law*, es decir, la distinción clásica entre el derecho angloamericano y el derecho continental europeo, una distinción que ha sido y es fundamental en el desarrollo del derecho comparado. Como es sabido, el *common law* y el *civil law* difieren básicamente en las fuentes del derecho y en la metodología jurídica. Sin ánimo de ser exhaustivos, basta señalar que en el derecho continental la principal fuente del derecho es la ley. El código provee un conjunto sistemático de normas que son aplicadas por los jueces siguiendo un razonamiento deductivo. En el *common law*, por contraste, la principal fuente del derecho es la jurisprudencia. El juez razona inductivamente desde el caso concreto, creando con sus decisiones reglas jurídicas sirviéndose de la ley y de los precedentes jurisprudenciales, algunos de los cuales son de obligatorio seguimiento. Esto hace que el *common law* tenga una ventaja comparativa de la que el derecho continental carece, que es la flexibilidad de las reglas jurídicas, una ventaja que en el contexto empresarial puede repercutir determinantemente en la eficiencia, pues permite al juez mercantil responder a las necesidades concretas de las partes en relación a la coyuntura económica sin la rigidez del dogmatismo del sistema legal positivista como el continental, en el que el papel del juez es el del aplicador de normas, de quien se espera que interprete y aplique las reglas legales por medio de un estricto silogismo, identificando la norma positiva aplicable al caso, subsumiendo los hechos probados alegados y aplicando las consecuencias jurídicas que la norma contempla para esos hechos. Por esta razón, la jurisprudencia mercantil así concebida no es considerada fuente del derecho y la figura del juez queda relegada a una función secundaria respecto

en el marco del derecho comparado más actual resulta crucial, aunque sea sucintamente, ya que nos permite analizar cómo y por qué el derecho de sociedades difiere entre países[24].

La metodología de derecho comparado ha tenido el propósito de observar las diferencias regulatorias existentes y examinar si algunas de las reglas (imperativas o dispositivas) que se contemplan eficientes en otros ordenamientos pueden ser trasplantables al derecho español y de qué forma. Un segundo propósito, de más amplio espectro, ha sido analizar si a resultas de esta investigación y de la problemática que se suscita en otros ordenamientos jurídicos en relación con este tipo de conflictos intra-corporativos, puede afirmarse que hay un proceso de convergencia en el derecho societario procedente de los

---

de la del legislador, en quien recae exclusivamente la facultad de resolver los problemas que acontecen en el mercado. Para ahondar en la distinción de ambos sistemas jurídicos: POUND, R., *El espíritu del common law*, Barcelona, 1954 (Traducción: Puig Brutau), y REYES VILLAMIZAR, F., *Derecho Societario en Estados Unidos y la Unión Europea*, 4ª ed., Bogotá, 2013, passim.

24 Para jugar con el contraste del derecho comparado se ha adoptado la referencia del derecho italiano como principal exponente del derecho continental. Como se observará *infra*, el derecho societario italiano es precursor del español y, por tanto, resulta crucial atender particularmente al tratamiento del bloqueo de los órganos sociales como causa legal de disolución, y a los mecanismos legales, estatutarios y contractuales para su prevención y remedio, ya que guardan mucha similitud con el español. En sentido contrario, la aproximación al derecho británico y norteamericano se realiza debido a su dimensión económica global y porque el *common law* brinda el elemento de contraste más interesante para el derecho español. Ambos sistemas jurídicos presentan coincidencias bastante generales entre los intereses protegidos, pero mantienen divergencias acentuadas en las formulaciones técnicas que constituyen el aspecto más visible. Asimismo, la preferencia por el derecho angloamericano en el tratamiento comparatista se ha tomado por su dimensión global en la economía moderna. Dada la gran cantidad de sociedades de capital de ámbito anglosajón que participan en la economía global, en contratos, fusiones y adquisiciones internacionales, donde es común encontrar cláusulas de jurisdicción que optan por estos ordenamientos jurídicos para que gobierne una operación societaria en particular. Como resultado, los sistemas societarios estadounidense y británico han influido en las reglas de comercio internacional y no es infrecuente encontrar conceptos jurídicos que se derivan de su jurisprudencia y ordenamientos mercantiles. En todo caso, hemos intentado evitar incurrir en la frivolidad en que muchas veces resulta de la atracción por lo extranjero cuando se queda sólo en la disquisición comparativa entre sistemas jurídicos si se prescinde de lo que sucede en su efectiva aplicación.

diferentes orígenes o tradiciones más importantes (*common law* y *civil law*) o por el contrario puede sostenerse más bien que las diferentes tipologías corporativas, marcos regulatorios y estructuras del mercado ahondan en la divergencia sin visos de cambio en esta situación[25].

---

25 Así, desde la perspectiva de la convergencia en derecho societario comparado tenemos el trabajo de GILSON, R. J., "Globalizing corporate governance: convergence of form and function", *American Journal of Comparative Law*, vol. 49, 2001, págs. 337-350 y desde la divergencia a LEGRAND, P., "European legal systems are not converging", *International Law and Comparative Law Quarterly*, Nº 45, 1996, pág. 52 y sigs. Una panorámica más neutral puede encontrarse en BUXBAUM, R., *Legal harmonization and the business enterprise: corporate and capital market law harmonization policy in Europe and the USA*, Nueva York, 1988, passim, y SIEMS, M., *Convergence in Shareholder Law*, Cambridge, 2008, passim. Con respecto al derecho comunitario, es obvia la divergencia existente en los ordenamientos societarios europeos, habida cuenta de que como pone de manifiesto FERNÁNDEZ DE LA GÁNDARA, L., "Problemas político-jurídicos de la armonización societaria desde la perspectiva de los ordenamientos nacionales", en ALONSO UREBA/CHICO ORTIZ/LUCAS FERNÁNDEZ (coords.), *La reforma del Derecho español de sociedades de capital: Reforma y adaptación de la legislación mercantil a la normativa comunitaria de sociedades*, Madrid, 1988, pág. 35 y sigs., a pesar de la paulatina integración económica y política entre los Estados miembros subsisten todavía múltiples diferencias jurídicas. Sin embargo, en lo que respecta a las sociedades cerradas y al régimen de disolución, ni al tratamiento de conflictos intra-corporativos contamos a nivel regional europeo con una convergencia real de los ordenamientos societarios. Como se refieren CABRELLI/SIEMS, "Convergence...", cit., pág. 118, los ordenamientos societarios europeos "do no differ primarily because of different legal families, but rather on account of their belonging to a particular regional group. In particular, this may be the case in Europe, where the EU has harmonized some aspects of corporate law and the Europeanization of economic legal thinking may also have led to convergence on other topics". La convergencia en materia de derecho societario ha ido desde lo macro a lo micro, pues cronológicamente primero asistimos a la aparición de la Sociedad Anónima Europea, que pretendía ofrecer un marco común a las sociedades abiertas de ámbito regional europeo y luego, posteriormente, a la vigente Propuesta de Reglamento (CE) sobre la Sociedad Privada Europea (SPE), donde parece que la divergencia es mayor que la potencial convergencia, como demuestra la ralentización de los avances en su desarrollo dentro de las instituciones europeas desde que la Propuesta de Reglamento Europeo viera la luz en junio de 2008. A escala global, el estudio empírico antes citado de CABRELLI/SIEMS no encuentra evidencia que confirme la tesis sostenida por HANSMANN, H./KRAAKMAN, R., "The end of history for corporate law", *Georgetown Law Review*, Nº 89, 2001, págs. 439-468, de la hegemonía del derecho societario estadounidense: "it is not possible to confirm a global convergence, in particular a general americanization of corporate laws (...) we

Nuestra investigación, por tanto, pretende contribuir al debate sobre la convergencia o divergencia en el seno del derecho societario moderno, aunque lo sea indirectamente a través del estudio de un conflicto intra-corporativo muy específico. En este sentido, puede adelantarse que, aunque de forma fragmentaria, nuestro estudio corrobora la tesis predominante de la teoría de los orígenes jurídicos, evidenciando un mejor tratamiento legislativo y contractual de la prevención y resolución de los bloqueos orgánicos de las sociedades cerradas en los ordenamientos del *common law* que en los ordenamientos europeos continentales.

El enfoque metodológico que aquí se utilizará incluye un sucinto análisis jurídico comparatista, prestando atención a la distribución de poder entre los órganos sociales, la tutela y deberes de los socios, el alcance de las acciones judiciales que los socios pueden plantear en caso de conflictos intra-orgánicos e inter-orgánicos, así como potenciales instrumentos que la autonomía privada faculta a los socios para prevenir y remediar contractualmente los bloqueos societarios. Este análisis se justifica por la necesidad de atender a las diferencias entre los ordenamientos societarios en términos de fuentes del derecho, de modo que a partir de este conocimiento puedan desarrollarse propuestas de *lege ferenda* en vistas a trasplantar aquellas reglas que mejoren el derecho societario español.

Como nos hemos referido *supra*, la teoría predominante en el derecho societario comparado transcurre sobre la discusión de los orígenes jurídicos. El paradigma de esta teoría afirma la hegemonía del derecho societario angloamericano sobre el europeo continental en términos de eficiencia[26]. Como es sabido, el primero es un sistema

---

do not find evidence of Hansmann and Kraakman's view of "an end of history for corporate law" with the modern US model of corporate law having won the day. Moreover, it would appear that both the United States and Japan are relatively different from the European countries of the study, thus raising some doubts about a global convergence of corporate laws" (pág. 151).

26 Vid. RUBIN, P. H., "Why is the common law Efficient?", *Journal of Legal Studies*, N° 6, 1977, págs. 51-63, señala que lo que hace que el *common law* sea eficiente no es la preferencia de los tribunales por la eficiencia sino el interés económico de las partes, a la hora de decidir si litigan o no. En este sentido, entiende que, si las normas jurídicas ineficientes son las que imponen mayores costes y cargas para las partes que las normas eficientes, éstos tenderán a litigar para cambiar

mucho más orientado hacia el órgano de administración y hacia la tutela del interés de los socios como una clase o grupo, mientras que el derecho continental europeo parece tener una orientación más institucionalista, esto es, incluyendo la tutela de los denominados *stakeholders*[27].

La evidencia aportada por algunos estudios parece sostener que se estaría operando un movimiento de convergencia de ambos sistemas sobre la base de un trasplante de reglas del *common law* hacia el *civil law*, en la creencia implícita de que dicho trasplante mejora el rendimiento de las empresas que operan en los mercados occidentales y en las regiones afines a la tradición del derecho continental europeo. Hoy en día pocos discuten que este movimiento es el predominante, aunque ciertamente no haya unanimidad en la conveniencia ni en la solidez doctrinal de las propuestas de esta forma de convergencia de ordenamientos societarios, a pesar de la presión que ejerce la globalización capitalista y la necesidad de mejorar la competitividad de las economías occidentales ante la pujanza de las emergentes[28].

La posición predominante dentro de la teoría de los orígenes jurídicos ha generado dudas razonables que se han plasmado en la refutación de sus principales argumentos. Desde algunos ámbitos académicos se ha objetado el reduccionismo técnico de sus proponentes al obviar varios factores que determinan muchas de las más importantes diferencias jurídicas en materia societaria entre las economías de mercado regidas por el *common law* y las regidas por el derecho

---

las segundas. Por esta razón, la eficiencia del *common law*, en su opinión, descansa en este punto, en que es más flexible que el derecho continental para rectificar y hacer desaparecer las normas ineficientes, permaneciendo las normas eficientes.

27 Vid. GLAESER, L./SHLEIFER, A., "Legal origins", *Quarterly Journal of Economics*, N° 117, 2002, pág. 1193 y sigs y BECK, T./DEMIRGUC-KUNT, A./LEVINE, R., "Law and finance: why does legal origin matter?", *Journal of Comparative Economics*, N° 31, 2003, pág. 653.

28 Vid. LAMOREAUX, N. R./ROSENTHAL, J. L., "Legal regime and business's organizational choice: a comparison of France and the United States", *NBER Working Paper*, N° W10288, 2004, passim.

continental europeo, como es la infraestructura cultural, sociológica e histórica del sistema económico y su regulación[29].

En todo caso, a nuestro juicio, es claro que un análisis en derecho comparado no puede ser realizado en abstracto, esto es, sin atención a factores concomitantes a la realidad jurídico-económica. Debido a que un análisis de este alcance excedería de los límites propuestos para este trabajo, basta reseñar aquí esta dificultad metodológica y compartir la crítica que se ha hecho a la tesis predominante en la teoría de los orígenes jurídicos, pues no puede estudiarse un determinado marco regulatorio sin conocer su infraestructura sociopolítica y cultural[30]. Ahora bien, como hemos podido comprobar en este trabajo en lo atinente a los conflictos intra-corporativos, esta crítica no resta razón a la fuerza explicativa que tiene la apelación a la eficien-

---

29 Como botón de muestra de esta crítica basta referirnos a las empresas familiares. Esta tipología de carácter cerrado y personalista es más abundante en los mercados regulados por el derecho continental. Esto demuestra cómo los orígenes jurídicos, junto con los factores sociológicos y culturales, forjan el tejido productivo y los valores que se persiguen a través de la economía, como es la preservación de la propiedad en la siguiente generación de la familia sobre el principio de rentabilidad económica y apertura de la estructura de capital para la expansión de mercados. Por esta razón, discrepamos de la opinión de COTTERELL, R., "Is there a logic of legal transplants?", en NELKEN, D./FEEST, J. (eds.), *Adapting legal cultures*, Oxford, 2001, pág. 71 y sigs., al afirmar que el derecho mercantil, y en particular el societario, es culturalmente neutral porque su fundamento está vinculado a intereses económicos más que a costumbres nacionales o sentimientos. Ciertamente, el derecho societario, y más ampliamente el derecho mercantil, no están tan condicionados por el contexto social y cultural como lo está el derecho sucesorio o de familia, o por el contexto político como en el derecho público (constitucional y administrativo). Pero eso no quiere decir que las reglas de un determinado ordenamiento societario sean más fácilmente trasplantables a otro porque ninguna norma es un fenómeno autónomo que pueda ser totalmente divorciado del marco sociopolítico y cultural del cual emergió y en el que se aplica e interpreta por los jueces y particulares. Sobre este particular, WHEELER, S., "The business enterprise: a socio-legal introduction", en AA.VV., A *reader on the Law of the business enterprise*, Oxford, 1994, pág. 1 y sigs.

30 En este sentido, véanse los trabajos de ROE, M. J., "Corporate Law's limits", *Journal of Legal Studies*, N° 31, 2002, pág. 233 y "Chaos and evolution in law and economics", *Harvard Law Review*, N° 109, 1996, págs. 641 y 653-660; PISTOR, K., "Rethinking the Law and Finance paradigm", *Brigham Young University Law Review*, 2009, pág. 1647 y sigs., y el de COOLS antes mencionado.

cia económica para cualquier discurso reformista del ordenamiento societario vigente, sobre todo teniendo en cuenta la exigencia de competitividad de las empresas por causa de la creciente internacionalización y globalización de los mercados[31].

Por esta razón, aunque el debate de la convergencia o divergencia de los ordenamientos societarios no está cerrado, si sería conveniente, en nuestra opinión, que el legislador español afrontara una resistematización del derecho de sociedades, aprovechando la ocasión para trasplantar adecuadamente reglas jurídicas foráneas que se han verificado eficientes para prevenir o remediar la litigiosidad que se da, por ejemplo, entre socios en sociedades cerradas que terminan con sus órganos paralizados y la disipación de la riqueza creada con las inversiones específicas realizadas. No obstante, este trasplante de reglas societarias habría de hacerse cuidadosamente, sin desconocer el legislador los límites y barreras culturales existentes, que en caso de las sociedades cerradas no parecen comprometer demasiado el actual orden si lo comparamos con las sociedades abiertas, donde tanto el punto de partida original de la norma que se quiere trasplantar como su fundamento autóctono habrían de analizarse pormenorizadamente para no generar mayores distorsiones que las causadas por las ineficiencias normativas ya existentes[32].

En este sentido, resulta certera la crítica que se hace en contra del proceso de convergencia en el derecho societario comparado sobre la base de la gran divergencia existente en las estructuras de capital de las sociedades reguladas por el *common law* y las reguladas por el

---

31 De hecho, como pone de relieve EIDENMÜLLER, H., "Free choice in international Corporate Law: European and German Corporate Law in European competition between Corporate Law systems", en BASEDOW, J./ KONO, T. (eds.), *An economic analysis of Private International Law*, Tübingen, 2006, pág. 187, no puede ignorarse que el derecho societario también constituye una suerte de "producto estatal" sujeto a competencia entre países en un mercado global donde los inversores y empresarios necesitan constituir formalmente sus organizaciones económicas. En este sentido, como pone de relieve este autor, el mercado interior en la UE ha contribuido a elevar el nivel de competencia entre los diferentes ordenamientos societarios de los Estados miembros. Esta competencia entre ordenamientos societarios europeos ha tenido, según este autor, efectos positivos, como la jurisprudencia del TJUE.

32 Vid. BECK, T./DEMIURGUC-KUNT, A./ LEVINE, R., "Law, politics and finance", *The World Bank Development Research Group*, 2001, pág. 39.

derecho continental europeo. Aunque esta crítica adquiere máximo sentido en lo referido a la sociedad abierta cotizada y a la regulación del gobierno corporativo, más que a los problemas reales de la sociedad cerrada, en su conjunto puede decirse que la hipótesis de la convergencia en uno u otro caso no deja de ser bastante improbable, al menos en el corto y medio plazo.

La principal razón se funda en que la estructura de capital en las sociedades que operan en los mercados regulados por el *common law* es altamente dispersa, lo cual suele suponer la ausencia de socios controladores dominantes. Esto explica que la atención legislativa y jurisprudencial en estos ordenamientos jurídicos gire principalmente en torno a la protección de los accionistas, considerados como una clase, frente a la potencial conducta desleal del órgano de administración, que de facto ostenta el control de la sociedad. Así, desde la teoría de agencia, esta realidad determina que las reglas societarias tengan como principal *ratio* la reducción del coste de agencia entre la base social y los administradores, un coste de agencia de naturaleza vertical de conformidad con la estructura de capital dispersa[33].

A diferencia de lo que sucede en el *common law,* el tejido empresarial de los mercados regidos por el *civil law* está en su mayor parte formado por sociedades con una estructura de capital concentrada. Esto significa que el control efectivo de la sociedad recae en unos pocos socios (mayoritarios o controladores) por lo que la atención legislativa se focalizará en la tutela de los minoritarios o externos al control por medio de sistemas que reduzcan costes de agencia de naturaleza horizontal. De este modo, las reglas societarias tienen como principal *ratio* que los socios mayoritarios no extraigan beneficios privados del control (beneficios sociales que no se comparten con los minoritarios) y guarden un deber de buena fe, en sentido de fidelidad proactiva hacia el interés social autolimitando su potencial capacidad de abuso de mayoría en la junta general. En consecuen-

---

33 A este respecto, BEBCHUK, L./ROE, M., "A theory of path dependence in Corporate ownership and governance", *Stanford Law Review,* N° 52, 1999, pág. 127 y sigs.; SIEMS, M./DEAKIN, S., "Comparative Law and Finance: past, present and future research", *Journal of Institutional and Theoretical Economics,* N° 166, 2010, pág. 120 y sigs., y COSSU, M., *Società aperte e interesse sociale,* Turín, 2006, pág. 9 y sigs.

cia, en virtud de la realidad mercantil, se explica que los legisladores continentales tengan o deban tener centrada su atención en la tutela de la minoría[34].

Hecha esta precisión, hay que referirse aquí a que esta perspectiva resulta más operativa en los debates y problemas de la sociedad abierta, y no tanto en lo que respecta a los conflictos que pueden acontecer en el interior de la sociedad cerrada, porque en éstas el problema de agencia es horizontal. Además, en la sociedad paritaria, al no haber mayoría ni minoría, la alineación de intereses entre los dos socios o grupos de socios debe ser permanentemente absoluta porque la igualdad de capital y de derechos de voto en junta general exige confianza y fidelidad mutua para evitar disputas que afecten al buen fin del proyecto empresarial.

En particular, es evidente que el bloqueo de los órganos sociales es un problema común a la sociedad de capital cerrada, y más aún en la bipersonal paritaria, ya opere en una jurisdicción perteneciente al *common law* o al *civil law*. Por esta razón, al análisis funcional de la Parte I, le sigue un análisis positivo y jurisprudencial donde las notas correspondientes al derecho comparado ilustran los mecanismos legales existentes, y el margen de libertad posible a nivel estatutario y parasocial para prevenir y solucionar el bloqueo de los órganos sociales, y en su caso, aconsejar o no su posible trasplante al derecho societario español.

En síntesis, a través del enfoque propuesto desde el derecho societario comparado se han buscado razones para sostener la argumentación, hallando en general buenas razones a favor de los postulados predominantes en la teoría de los orígenes jurídicos, en el sentido de que el *common law* parece ser más eficiente en la prevención y solución de conflictos intracorporativos como son los bloqueos orgánicos. No nos cabe duda que una parte de la causa de que ello sea así se debe a la menor rigidez formal de la legislación societaria angloamericana, así como al papel activo de los jueces mercantiles,

---

34 Sobre este particular, COOLS, S., "The real difference in Corporate Law between the United States and Continental Europe: distribution of powers", *Delaware Journal of Corporation Law*, N° 30, 2005, pág. 697 y sigs. En España, esta tutela aparece como tal en los años 50, como se puede leer en DUQUE, J. F., *Tutela de la minoría, impugnación de acuerdos sociales*, Valladolid, 1957.

cuya función favorece la creación de reglas jurídicas más flexibles. En efecto, la cuestión del bloqueo de las sociedades de capital, así como el estudio del fenómeno de las sociedades 50/50, son temas ampliamente tratados por la doctrina y jurisprudencia de ámbito anglosajón.

En definitiva, si ciertamente el sistema jurídico que regula una sociedad contribuye a explicar sus éxitos y fracasos económicos, entonces el estudio de otros ordenamientos societarios más dinámicos contribuirá a comprender cómo las reglas aplicables a sus sociedades mercantiles han permitido a los inversores beneficiarse de estructuras de propiedad y control que les permiten iniciar y desarrollar empresas altamente competitivas[35].

---

35 Vid. ARRUÑADA, B./ANDONOVA, V., "Common law and civil law as Pro market adaptations", *Washington University Journal of Law and Politics*, N° 26, 2008, pág. 81 y sigs.

PARTE I

1. APROXIMACIÓN FUNCIONAL A LAS SITUACIONES DE BLOQUEO COMO PATOLOGÍA TÍPICA DE LAS SOCIEDADES 50/50

1.1 CONSIDERACIONES PRELIMINARES

1.1.1 Relevancia de la cuestión jurídica

Los conflictos intra-corporativos en las pequeñas y medianas empresas son susceptibles de convertirse en auténticas patologías corporativas. De hecho, en las economías occidentales la mayor parte del tejido empresarial adopta la forma de sociedades capitalistas cerradas por lo que la propensión a que desarrollen conflictos intra-corporativos constituye sin duda un problema jurídico de primer orden al tiempo que un importante problema de gran alcance económico[36]. Al riesgo de bloqueo de los órganos sociales por conflicto entre su reducido número de socios hay que sumar la inexistencia de un mercado secundario de sus acciones o participaciones sociales que permita la desinversión de uno de los socios. Esto convierte a las participaciones de estas sociedades en activos extremadamente ilíquidos[37].

---

36 Vid. ROCA-SASTRE MUNCUNILL, L., "Adopción de forma societaria por pequeñas y medianas empresas", *AAMN*, 1981, pág. 45 y sigs. También en lo que respecta a Estados Unidos, la mayoría de empresas son sociedades cerradas (*closely-held corporations*). Puede encontrarse un completo estudio de la relación entre propiedad y mercado societario en el ámbito de las economías occidentales en FACCIO, M. /LANG, L., "The ultimate ownership of Western European companies", *Journal of Financial Economics*, N° 65, 2002, págs. 365-395.

37 En el mismo sentido, NAGAR, V. /PETRONI, K. /WOLFENZON, D., "Governance problems in closely-held corporations", *Journal of Financial and Quantitative Analysis*, N° 4, Vol. 46, 2011, pág. 5: "a key distinguishing feature of closely-held corporation is the absence of a market for their shares. As a result of this illiquidity. Investors in closely-held corporations have no easy way to adjust the ownership structure as conditions change and unanticipated events arise", "by their nature, there is no liquid market for the shares of ly-held corporations, making it difficult for shareholders to adjust their holdings in response to on-

Adicionalmente, una coyuntura de crisis incide en la estabilidad y funcionamiento de las estructuras empresariales. Éstas a su vez se trasladan a los vehículos corporativos que las canalizan, las sociedades de capital, incrementando los conflictos entre sus socios en relación con las decisiones más convenientes para reaccionar ante las señales adversas del mercado. Si la aparición de motivos para la desconfianza en momentos de bonanza no compensa para iniciar un enfrentamiento, en los tiempos de crisis empresariales la misma desconfianza entre los socios puede provocar importantes discrepancias decisorias[38].

Las dificultades del mercado, la creciente morosidad, la falta de liquidez o el difícil acceso a la financiación hacen aumentar exponencialmente las situaciones internas de conflicto dentro de las sociedades mercantiles, muchas de ellas en situación preconcursal o en virtual causa de disolución. Sobreviniendo una situación de bloqueo corporativo ante una disputa de entidad, resulta, a priori, difícil de concebir que las voluntades de los socios se aúnen hacia fórmulas amistosas o hacia una disolución seguida de una liquidación ordena-

---

going conditions" (pág. 10). Sobre cómo difiere la estructura corporativa y de propiedad en relación con el medio ambiente sociopolítico véase el interesante trabajo de ROE, M., "Political preconditions to separating ownership from corporate control", *Stanford Law Review*, Nº 53, 2000, pág. 539 y sigs., donde pone de relieve cómo las diferencias políticas entre las democracias occidentales explican sus diferencias de tipos societarios vinculando la política legislativa con la separación entre propiedad y control: "Social democracies wedge open the gap between shareholders and managers in public firms, by raising agency costs higher and reducing the efficacy of the techniques that would control them. This wedge has been small in the United States, and we thereby uncovered the critical precondition to the separation of ownership from control and, hence, of the rise and persistence of the dominant form of business organization in the United States: namely the historical absence of a strong social democracy" (pág. 603). Estas diferencias en el marco sociopolítico en relación con el ordenamiento jurídico se observarán más nítidamente a la hora de analizar las consecuencias que se prevén para el tratamiento del bloqueo societario en las sociedades de capital concentrado, en el régimen disolutorio y en los múltiples mecanismos de desbloqueo, mucho más desarrollados y evolucionados en los ordenamientos angloamericanos que en los continentales.

38 Sobre la quiebra de la confianza a nivel organizativo, es interesante el Capítulo VI de la obra de GUILLÉN PARRA, M., *Ética en las organizaciones. Construyendo confianza*, Madrid, 2006, passim.

da. Al contrario, como se tendrá ocasión de comprobar en la Parte III, la experiencia jurisprudencial demuestra que los socios tratan de depurar responsabilidades ante los tribunales[39].

1.1.2 Ineficacia del principio mayoritario en la sociedad paritaria

En las pequeñas y medianas empresas que adoptan la forma de sociedades de capital —por lo general estatutariamente cerradas[40]—, el principio mayoritario impone en el corto plazo una solución ante la situación de conflicto impeditiva del normal funcionamiento de la sociedad a través de su estructura biorgánica (órgano de administración y junta general)[41]. La relación mayoría-minoría limita la extensión y alcance del conflicto[42]. De ese modo, la sociedad de capital

---

39 La litigiosidad del fenómeno del bloqueo no hará que los socios recuperen el valor del negocio sino, en el mejor de los casos, una cuota de liquidación tras haberse pagado o afianzado la totalidad de las deudas del balance. A este respecto, nos remitimos a la jurisprudencia española recogida en la Parte II y III.

40 Como aclaración terminológica, nos referiremos básicamente a la sociedad cerrada como aquella que tiene restricciones a la transmisibilidad de sus participaciones, por contraposición a la sociedad abierta. De conformidad con KRAAKMAN, R./ ARMOUR, J., y otros., *The Anatomy of Corporate Law. A comparative and Functional Approach*, 2ª ed., Oxford, 2009, pág. 12, esta clasificación funcional es general y debe ser matizada en dos sentidos: las acciones de las sociedades abiertas no tienen por qué cotizar en mercados secundarios, mientras que las sociedades cerradas serán naturalmente sociedades no cotizadas. En cuanto al número de socios, una sociedad abierta tampoco tiene necesariamente que presentar un capital disperso, esto es, la transmisibilidad de las acciones no está directamente vinculada con su número de socios. Vid. PERDICES HUETOS, A. B./VEIGA COPO, A. B., "La transmisión de acciones", en VEIGA COPO, A. B., *Estudios jurídicos sobre la acción*, Cizur Menor, 2014, págs. 159-255. Como es común en otros mercados, como el estadounidense, existen sociedades cerradas, con límites a la transmisibilidad libre de sus participaciones, que, sin embargo, están integradas por miles de socios.

41 La teoría orgánica establece que hay una imputación directa de las actuaciones de los órganos de la sociedad a la propia persona jurídica. La sociedad paritaria quiebra parcialmente el esquema dogmático de la estructura orgánica por el cual el proceso decisorio de las sociedades de capital estaría idealmente compartimentado en la junta y en la administración.

42 Vid. NEVILLE, M., "Conflicts in the European Private Company (SPE)", *Nordic & European Company Law, LSN Research Paper Series*, Nº 10-24, 2012, pág. 13: "The majority principle in company law ensures that as a rule it is possible to take decisions in the company. This means that the company can continue to

inmersa en un conflicto entre sus socios mayoritarios y minoritarios puede continuar operativa en el mercado sin menoscabo patrimonial, al disponer de mecanismos internos para remover el foco de conflictividad. Esto obedece a que el principio mayoritario que caracteriza el funcionamiento de la sociedad capitalista presupone la existencia de un "control positivo", a través del cual, el socio o socios de control (en caso de sindicación de voto) —dentro de los derechos que tienen conferidos según su posición jurídica en la sociedad—, tienen poder de decisión, por sí mismos, para imponer la adopción de acuerdos en sede de junta general[43]. Este carácter plutocrático de la sociedad justifica que a una mayor participación del socio en el capital le corresponda una mayor capacidad de decisión, no sólo en el ámbito de la junta, sino también cuando puede decidir con sus votos la designación de los miembros del órgano de administración[44].

El principio de mayoría autoriza que el socio controlador pueda influir directa y lícitamente en la vida social, en la estructura orgánica, imponiendo su voluntad a través de la adopción de acuerdos en junta, aun cuando los socios externos al control (la minoría), disientan de aquellas decisiones. Como contrapeso a este desequilibrio

function in spite of a conflict even though the conflict will affect the running of the company because of the tensions between the owners and the managements/employees". Esto será así a menos que un pacto de socios contenga una previsión por la cual las decisiones deban tomarse unánimemente.

43 El control, como poder de decisión, no es sino una situación fáctica, no una situación jurídica, aunque derive de relaciones jurídicas. En este mismo sentido, ASCARELLI, T., "Personalità giuridica e problema delle società", en *Problemi giuridici*, Tomo I, Milán, 1959, pág. 268, nota 23, y ASCARELLI, T., "Riflessioni in tema di tituli azionari e società tra società", en *Saggi di diritto commerciale*, Milán, 1955, págs. 252-253. En la sociedad paritaria, como tendremos ocasión de examinar, el control viene determinado por una situación de hecho que trae causa de la distribución de capital y derecho en condiciones igualitarias, por lo que esta relación jurídica bipersonal y bilateral de estricta paridad da lugar a un control negativo, es decir, un control que permite a cada socio impedir que se adopten acuerdos, ejercitando o no ejercitando sus derechos de asistencia y voto en la junta. Nos remitimos al subapartado 1.3.3 C de esta Parte.

44 En torno a la correlación entre control y derecho de voto, LAMANDINI, M., *Il controllo. Nozioni e Tipo nella legislazione economica*, Milán, 1995, pág. 56 y ALONSO LEDESMA, C., "El papel de la junta general en el gobierno corporativo de las sociedades de capital", en ESTEBAN VELASCO, G., *El gobierno de las sociedades cotizadas*, Madrid, 1999, págs. 615-709.

de poderes que se presupone a todo control positivo sobre la base de una relación mayoría-minoría, los socios externos al control tienen conferidos unos derechos de minoría cuya función es la participación y vigilancia de la legalidad de las decisiones adoptadas (por ejemplo, a través de la impugnación de acuerdos sociales), de modo que se alcance una cierta democratización de la vida social, más aparente que real[45].

No sucede lo mismo en aquellas sociedades capitalistas que se caracterizan por la ineficacia del principio mayoritario, esto es, en aquellas sociedades que no se rigen por una relación mayoría-minoría como son las sociedades igualitarias o paritarias (50/50). Desde una perspectiva funcional, puede afirmarse que el bloqueo societario es un conflicto intra-corporativo que tiende a sobrevenir típicamente en aquellas sociedades cuya estructura de capital y derechos de voto está repartida de tal forma que el funcionamiento normal de sus órganos sociales requiere la convergencia de toda la base social[46].

---

45 Vid. EMBID IRUJO, J. M., *Grupos de sociedades y accionistas minoritarios*, Madrid, 1987, passim; HERNANDO CEBRIÀ, L., *El abuso de la posición jurídica del socio en las sociedades de capital*, Barcelona, 2013, págs. 61 y 71, y JUSTE MENCÍA, J., *Los derechos de la minoría en la sociedad anónima*, Pamplona, 1995, pág. 142 y sigs.

46 Para una explicación económica sobre las causas de esta distribución de participaciones en las sociedades de capital, véase BENNESEN, M./WOLFENZON, D., "The Balance of Power in closely held corporations", *Journal of Financial Economics*, Nº 58, 2000, pág. 113. Por otra parte, desde una perspectiva empírica del mercado, HAUSWALD, R./HEGE, U., "Ownership and control in joint ventures: theory and evidence", *Discussion Paper Nº 4056, CEPR*, 2003, muestran que aproximadamente el 80% de las sociedades conjuntas en EEUU entre 1985-2000 tienen una distribución paritaria del capital. En el mismo sentido, KOZYRIS, J., "Equal Joint-Venture Corporations in France: problems of control and resolution of deadlocks", *The American journal of Comparative Law*, Nº 4, Vol. 17, 1969, págs. 503-528, expone que la mayor parte de las *joint ventures* en Estados Unidos y Francia son sociedades al 50%. Igualmente, en Italia, la distribución del capital 50/50 es la más frecuente en *joint ventures*, como demuestra FERRI, L., *Manuale di Dirito commerciale*, 9ª ed., Turín, 1994, pág. 321 y sigs. Por su parte, en Alemania, como indica FLEISCHER, H., "A Guide to German Company Law for international lawyers - distinctive features, particularities, idiosyncrasies", *Max Planck Private Law Research Paper*, Nº 8, 2015, pág. 8, la GmbH unipersonal o bipersonal es la tipología corporativa más frecuente, donde los socios también son los administradores. En España disponemos de escasa información empírica sobre la proporción de sociedades cerradas que tienen una distribución paritaria de capital, entre la que cabe destacar un estudio que confirma esta

Así sucede, típicamente, en las sociedades con una distribución al 50%, sociedades de carácter bipersonal, o pluripersonal, por ejemplo, cuatro socios al 25% que conforman dos bloques igualitarios y compactos. Estas sociedades están abocadas al empate en junta si los socios discrepan a la hora de votar. La divergencia de ambos votos hace que no pueda alcanzarse una mayoría, y, por tanto, de la votación no se produce un acuerdo positivo (sí un acuerdo negativo, esto es, un acuerdo desestimado) puesto que no ha obtenido mayoría suficiente para ser aprobado. Esta situación de paridad determina la imposibilidad de alcanzar una mayoría suficiente si un socio vota afirmativamente y el otro negativamente, puesto que en el seno de la junta no podrá darse por conseguido un acuerdo si no es por unanimidad o se rompe uno de los grupos de socios sindicados.

En consecuencia, analizado el caso paradigmático de situación de bloqueo en la sociedad paritaria, puede afirmarse que esta situación se dará cuando cada una de las posiciones principales (votos afirmativos y votos negativos) consigue en la votación un número de votos que constituye la mitad del término de referencia, sucediendo entonces que al cúmulo de votos a favor le falta un voto adicional que haría decantar el resultado favorable del acuerdo, esto es, para alzarse con la auténtica mayoría. De esta forma, y en este supuesto de empate, puede y debe afirmarse que la propuesta de acuerdo no se convierte en acuerdo válido.

Pero cabe también que la situación de bloqueo operativo de la sociedad paritaria venga causada por otros hechos previos al momen-

---

tendencia que también se da en otros ordenamientos, entre la que cabe destacar la recogida en el trabajo de VALDÉS LLANEZA, A./GARCÍA CANAL, E., "Las empresas conjuntas y la pequeña empresa española: el caso de las acciones colectivas promovidas por el IMPI", *ICE*, N° 746, 1995, pág. 49. Ahora bien, hay que matizar que una igualdad en el capital no quiere decir que el control sea conjunto, porque puede haber disparidad en el capital y mismos derechos de voto, o paridad en capital y el control administrativo asignado o reservado a uno de los socios paritarios. Sobre este particular, véase HERNANDO CEBRIÁ, L., "El conflicto entre socios en situaciones de igualdad en las sociedades de capital", *Cuadernos de Derecho y Comercio*, N° 56, 2001, pág. 87 y sigs. Nuestro objeto de estudio es, por tanto, la paridad tanto en capital como en voto que determine un control conjunto, aunque por vía estatutaria y parasocial pueda reordenarse una disparidad en el capital para construir un control conjunto.

to de la votación, como pueden ser los referidos al desarrollo de la sesión en el órgano (abstenciones, abandonos), o incluso por otros obstáculos operativos o de participación que provoquen la inactividad paralizante de la sociedad, como la falta de asistencia de uno de los socios paritarios a la junta impidiendo la consecución de quórum, por ausencia de interés o por relaciones deterioradas con el consocio.

Asimismo, fuera de los casos de bipersonalidad y paridad de capital, el bloqueo también puede acontecer en sociedades con cualquier otra distribución en la que haya socios que formen sindicatos de voto y eventualmente pudiera generarse un empate en junta que diese lugar a una situación de bloqueo; o por la presencia de socios o grupos de socios minoritarios que en un momento dado pudieran aplicar un poder de veto o "control negativo" en junta general, por detentar un porcentaje de capital con derecho de voto suficiente para que con su abstención o voto en contra impedir la adopción de acuerdos necesarios para el normal funcionamiento de la sociedad[47].

La situación de bloqueo también podría darse, como hipótesis, a resultas del ejercicio divergente del voto por parte de un socio o del incumplimiento de la decisión del sindicato de voto, en sociedades cuya estructura de propiedad las hicieran proclives a ello. Este sería el caso de una sociedad con una base social concentrada pero no paritaria, donde un socio vota a favor con una parte de sus acciones o participaciones y se abstiene con las restantes, imposibilitando de ese modo la adopción de acuerdos. Esta circunstancia puede también tener causa si el socio que vota divergente lo hace porque tiene comprometida una parte de sus acciones o participaciones en un sindicato de voto, por lo que las que no estén sujetas a ese sindicato son acciones o participaciones libres que pueden divergir de la decisión acordada por el sindicato de voto[48].

---

47 Así, la concentración de la propiedad del capital puede generar tanto un control positivo o mayoritario como un control negativo o minoritario que funciona con capacidad de bloqueo, como expone MEGÍAS LÓPEZ, J., "Opresión y obstruccionismo…", cit., pág. 17.

48 La doctrina sobre el voto divergente es exigua, entre la que destaca, sobre todo JAEGER, P. G., *Il voto divergente nella società per azioni*, Milán, 1976, passim.

Asimismo, el bloqueo podría darse fortuitamente mediante el voto divergente en caso de que un socio otorgase representación parcial o plural, es decir, cuando el socio concede representación sólo respecto de una parte de sus acciones o participaciones, o cuando concede la representación a varias personas y alguna de ellas votan contradictoriamente (a favor y en contra), o absteniéndose sin seguir las instrucciones del socio representado. En relación con lo anterior, la situación de bloqueo también podría producirse en el contexto de una sociedad filial común donde uno de sus socios es a su vez una sociedad cuyos socios discrepan acerca de la orientación del voto en la sociedad participada. Siendo legítimo el voto divergente para que los socios de la sociedad matriz distribuyan su poder de voto en función de sus preferencias, esta divergencia de voto podría provocar un bloqueo en la junta de la filial común que comparten con otros socios[49].

Así pues, la hipótesis del bloqueo societario tendrá su causa en una situación donde una determinada distribución de capital pueda ofrecer a un socio la posibilidad de ejercer un poder de veto o control negativo, bien porque la ley exige una mayoría cualificada para la adopción del acuerdo (si exige 2/3 del capital y un socio detenta el 34%, éste podría impedir su aprobación) o bien porque los estatutos o los pactos parasociales refuerzan las mayorías cualificadas. En este caso dependería del porcentaje de voto que se exigiese. Lo mismo es aplicable en sede de quórum de constitución de junta. Nosotros vamos a situar el foco en las sociedades paritarias, debido a la nota de singularidad que presentan: en ellas no hay un socio mayoritario, pero tampoco en puridad un socio minoritario. Los dos socios paritarios serían una suerte de socios minoritarios con capacidad de bloquear unilateralmente la sociedad[50].

---

49 En lo referida a la participación de la sociedad limitada española, la cuestión de la representación plural y parcial no es pacífica en la doctrina, en virtud del art. 183.3 LSC. En principio, como se refiere MENÉNDEZ MENÉNDEZ, A., "El voto divergente en las sociedades de capital", en *Estudios de derecho de sociedades y derecho concursal: Libro en homenaje al Prof. García Villaverde*, Vol. 2, Madrid, 2007, págs. 955-968, las participaciones son autónomas y acumulables, y no hay que entenderlas como una participación única al modo del sistema de la sociedad personalista.

50 En este sentido, CHESTERMAN, M., *Small Businesses*, Londres, 1977, pág. 165 y MIQUEL RODRÍGUEZ, J., *La Sociedad Conjunta: (joint venture corporation)*, Ma-

El bloqueo societario constituye por tanto un conflicto que presupone esencialmente una división de la base propietaria y/o de los administradores en grupos contrapuestos. La gravedad del mismo dependerá de su alcance y afectación al funcionamiento de la estructura orgánica y si tal eventualidad impide que la sociedad adopte decisiones sobre materias necesarias para su funcionamiento, dejando el proceso decisorio en una situación de empate crónico o *impasse*[51].

La paralización de la toma de decisiones de sus órganos sociales puede ser causada por la incapacidad de los socios para reunirse en junta general —debido a una falta de quórum de constitución—, o bien por su incapacidad de adoptar acuerdos sociales, aun estando debidamente convocada y constituida. También podrá acontecer en sede del órgano administrativo cuando uno de los dos administradores mancomunados no se persone en las reuniones, imposibilitando así la toma de decisiones conjuntamente. Asimismo, la paralización podrá sobrevenir cuando el consejo de administración no pudiera reunirse por no alcanzar el quórum exigido por ley o estatutos, o cuando aun celebrándose las reuniones, las posiciones enfrentadas de los consejeros no permite una solución de consenso y la falta de previsión estatutaria de un voto dirimente o de calidad al presidente del consejo o de la junta imposibilita alcanzar una mayoría suficiente[52].

Dentro de las sociedades capitalistas paritarias será donde el fenómeno de bloqueo orgánico pueda derivar en una auténtica patología corporativa, en el preciso momento en que no puedan afrontarse

---

drid, 1998, pág. 140: "es perfectamente posible que a una proporción de capital diferente se corresponda una igualdad de derechos a la hora de gestionar la sociedad, y que la diferencia en el capital se refleje únicamente en el reparto de beneficios, o ni siquiera existan diferencias en ese aspecto".

51 Vid. DONOVAN, J. O. /O'GRADY, G. W., *Company Deadlock: prevention and cure*, 2ª ed., Brisbane, 1982, pág. 67; AA.VV., "Deadlock in a close corporation: a suggestion for protecting a dissident, co-equal shareholder", *Duke Law Journal*, 1972, pág. 654; CHESTERMAN, M., cit., págs. 164-165 y FRENCH, D./ MAYSON, S./RYAN, C., *Company Law*, 29ª ed., Oxford, 2012, pág. 593.

52 Sobre el concepto genérico de bloqueo en sede del órgano de administración, vid. BOXELL, T., *Directors' Duties and Responsibilities*, 4ª ed., Londres, 2010, pág. 426.

gestiones necesarias para el funcionamiento de la sociedad[53]. Si la junta general se bloquea, los administradores verán su gestión pendiente de aprobar y se abstendrán de realizar actos de administración y representación que excedan de los actos ordinarios. Si la administración está compartida por dos administradores mancomunados el bloqueo será todavía más intenso y manifiesto, por tratarse de un correlato del conflicto que experimenta la junta general entre los dos socios o grupos paritarios[54]. Pero puede ocurrir que la gestión esté desempeñada por un administrador único afín a uno de los socios o grupos de socios[55]. La gravedad de esta situación de bloqueo se agudizará cuando ese administrador vinculado al socio obstruccionista ejerza su cargo en contra del interés social o en perjuicio del socio paritario opositor.

En consecuencia, la paridad fundacional o sobrevenida en el poder de decisión obliga a los socios paritarios a alcanzar consensos, bien por mutuo acuerdo, bien instrumentando mecanismos estatutarios o extraestatutarios con el fin de procurar el normal funcionamiento de la sociedad o en su caso solventar los disensos que

---

53 Como tendremos ocasión de estudiar *infra*, en derecho español el momento determinante para reconocer la efectividad del bloqueo y el funcionamiento anormal de la sociedad a partir de ese momento será la no aprobación de las cuentas anuales y la consiguiente cancelación registral por la falta de su depósito (remisión a la Parte III).

54 Vid. AA.VV., "Deadlock in a close corporation...", cit., pág. 665, nota 58: "In the normal two-man or two-faction close corporation, the shareholders' agreement or the corporation' by-laws will provide that the corporate offices be divided among the shareholders: one will be President-Vice President while the other serves as Secretary-Treasurer. Likewise, the agreement or bylaws will require that both officers sign checks or drafts drawn on the corporation. Such a provision would give the dissident shareholder "power of the purse" to block the outflow of corporate funds". Vid. AA.VV., "Deadlock in a close corporation...", cit., pág. 665, nota 58.

55 Como ponen en evidencia KRAAKMAN, R./ARMOUR, J., y otros., cit., pág. 14, las leyes societarias más importantes dispensan de tener un órgano colegiado de administración a favor de un órgano de administración unipersonal, en forma de administrador único, especialmente en lo que a sociedades cerradas se refiere, como por ejemplo, en el Código de Comercio francés, con la SARL (art. 223-18) y SAS (art. 227-6), en Alemania (art. 6 GmbH-Gesetz), en Italia (art. 2380.2 Codice Civile), en Reino Unido (art. 154.1 Companies Act 2006) y en Delaware, Estados Unidos (art. 141.b Delaware Corporation Law).

sobrevengan. En caso contrario los socios paritarios se encontrarán dentro de una sociedad funcionalmente bloqueada que, aparte de ser incapaz de alcanzar el fin social, representará un coste patrimonial muy lesivo para los intereses colectivos de la economía general (acreedores, clientes, trabajadores, consumidores y usuarios, Hacienda Pública, etc.)[56].

1.2 LA RACIONALIDAD ECONÓMICA DE LAS SOCIEDADES 50/50

1.2.1 La teoría de los costes de transacción como base argumentativa

La teoría de los costes de transacción se ha convertido en una de las principales perspectivas de estudio de las estructuras de organización económica[57]. Desde sus orígenes, esta aproximación ha concebido a la organización o sociedad mercantil como un mecanismo de coordinación alternativo al sistema de mercado basado en contrataciones sinalagmáticas entre oferentes y demandantes[58]. En la literatura económica se habla generalmente de empresa ("firm") y no de *corporation* o sociedad capitalista, lo que ha dado lugar a equívocos y confusiones en la doctrina sobre esta teoría, por no haberse dis-

---

56 La paralización de los órganos sociales puede llegar a convertirse en una causa de insolvencia. Como expone BERMEJO GUTIÉRREZ, N., *Créditos y quiebra*, Madrid, 2002, págs. 31-55, los acreedores generalmente anticipan el riesgo de insolvencia en el momento de contratar e incorporan tal previsión en los contratos. Sin embargo, a nuestro juicio, será extraordinario que los acreedores anticipen el riesgo del bloqueo como causa de la insolvencia.

57 Vid. principalmente los trabajos donde COASE funda su teoría, "The problem of social cost", *Journal of Law and Economics*, vol. 3, 1960, págs. 1-44; y la "La naturaleza de la empresa", en STIGLER, G. J./BOULDING, K. E. (eds.), *Ensayos sobre la teoría de los precios*, Madrid, 1963, págs. 303-321; y asimismo véase TIROLE, J., *The theory of industrial organization*, Cambridge, 1988, passim, y WILLIAMSON, O. E., *The economic institutions of capitalism*, Nueva York, 1985, passim.

58 Para ahondar en los costes de transacción, véase, ALFARO, J., "Los costes de transacción", en AA.VV., *Estudios jurídicos en homenaje al profesor Aurelio Menéndez*, Tomo I, Madrid, 1996, págs. 145-156, quien distingue entre instrumentos formales o jurídicos de reducción de los costes de transacción e instrumentos informales o de mercado.

tinguido propiamente entre sociedades cerradas (*closely-held corporations*) y abiertas (*publicly-held corporations*)[59]. En general, en la doctrina económica hay un cierto sesgo por entender la empresa en términos de sociedad abierta o de capital disperso[60], pero como se demostrará *infra* hay buenas razones para su aplicación a las sociedades cerradas y especialmente a las paritarias, por su base personalista y su estructura de capital concentrado[61].

Frente a la dicotomía entre mercado y empresa como sociedad de capital, se han sucedido múltiples elaboraciones doctrinales. Entre las diversas subteorías, destaca aquella que identifica tres formas alternativas de organizar la transacción (en sentido de contratación o negocio jurídico)[62]. La primera se correspondería con la del postulado original, por la cual las partes reservan la transacción al mecanismo del mercado. De este tipo de transacciones se ocuparía el derecho contractual, en su sentido clásico, para el que la identidad de las partes es irrelevante, así como las relaciones de dependencia entre las mismas.

En segundo lugar, se encontrarían las "formas híbridas", que se regularían por el derecho contractual en sentido neoclásico, que, a diferencia del anterior, posibilita formalizar una organización que pueda adaptarse a las necesidades específicas de las partes. Ante una disputa entre los contratantes, se contempla el recurso a la negociación con carácter previo a la vía judicial[63].

---

59 Vid. O'NEAL, F. H./THOMPSON, R. B., *O'Neal and Thompson's Close Corporations and LLCs: Law and Practice*, 3ª ed., Chicago, 2005, passim.

60 Vid. BLAIR, M. M./STOUT, L. A., "A team production theory of Corporate Law", *Virginia Law Review*, N° 85, 1999, págs. 249-250.

61 Vid. ALCHIAN, A./DEMSETZ, H., "Producción, costes de información y organización económica", en PUTTERMAN, L. (ed.)., *La naturaleza económica de la empresa*, Madrid, 1994, pág. 141 y sigs.

62 Nos referimos a la teoría desarrollada por WILLIAMSON en "Transaction-cost economics: The governance of contractual relations", *Journal of Law and Economics*, N° 22, 1979, págs. 233-262 y posteriormente en "The economics of organization: the transaction cost approach", *American Journal of Sociology*, N° 87, 1981, págs. 548-577.

63 Desde esta perspectiva, hacemos nuestra la idea de que el derecho contractual en sentido neoclásico tendría su correspondencia conceptual genérica con el derecho societario, como derecho especial del contrato de sociedad de capital.

En tercer lugar, figuraría lo que se conoce como "jerarquía interna" y sería la estructura organizativa más elástica y adaptativa, reservándose principalmente la coordinación orgánica entre los partícipes y la resolución de sus eventuales disputas sobre la transacción[64]. En la cúspide de esta jerarquía se encuentra el órgano de administración cuya autoridad sobre el uso de los activos sociales es cuasi absoluta y cuya independencia sobre la base propietaria (socios) está protegida por ley[65].

Pues bien, la teoría de los costes de transacción sostiene precisamente que existen motivos racionales para elegir entre los diferentes mecanismos en función de las características de la transacción. Las partes elegirán racionalmente aquel sistema que reduzca los potenciales conflictos que puedan surgir entre ellas al menor coste. A este efecto, se atenderá a las propiedades de la transacción en cuestión, esto es, si hay en ella activos específicos, incertidumbre y frecuencia.

La especificidad de los activos se refiere al grado en que los activos pueden ser utilizados para usos alternativos y por usuarios alternati-

---

64 A pesar de la utilidad de esta reelaboración doctrinal, CARTER, R/HODGSON, G., "The impact of empirical tests of transaction cost economics on the debate on the nature of the firm", *Strategic Management Journal*, N° 27, 2006, págs. 461-476, se refieren a la falta de consistencia empírica de los resultados sobre la misma, sobre todo en lo que concierne a las formas híbridas, por lo que en su opinión no puede recibir todavía mucho apoyo desde la teoría de los costes de transacción. En FERNÁNDEZ OLMOS, M./ROSELL MARTÍNEZ, J. /ESPITIA ESCUER, M. A., "An empirical test of transaction cost theory: validating the analysis of discrete structural alternatives", *Documento de Trabajo, Universidad de La Rioja*, N° 4, 2008, se comprueba empíricamente estas alternativas encontrándose evidencia de que, a mayores costes de transacción vinculados con el mercado, mayor probabilidad habrá de que el mecanismo de gobierno elegido esté más próximo a la integración jeráquica interna. Con todo, reconocen sus autores que este marco teórico no ofrece una explicación completa. Ahora bien, a nuestros efectos, esta perspectiva, al abrir la dicotomía entre el recurso al mercado (*buy*) o la internalización de la transacción (*make*), resulta más interesante a fin de destacar el dato de la insuficiencia del derecho contractual para regular transacciones complejas (con activos críticos e incertidumbre por oportunismo), y que precisamente ese es el fin del derecho societario, como marco regulador de formas de coordinación híbridas que integran negocios complejos y que requieren de una estructura orgánica que reduzca sus costes operativos.

65 Vid. BLAIR, M. M./STOUT, L. A., "A team production theory of Corporate Law", *Virginia Law Review*, N° 85, 1999, pág. 251.

vos sin sacrificio de su valor productivo. En este sentido, en la medida en que haya un activo específico en la transacción, la parte que ostente su titularidad asumirá un riesgo potencial de sufrir el oportunismo de la contraparte. Este oportunismo genera incertidumbre y es lo que confirma la primera hipótesis de los costes de transacción, en la premisa de que en presencia de incertidumbre y a mayor valor de los activos específicos, su titular será más proclive a abandonar el mecanismo contractual clásico del mercado y buscar la protección de otro mecanismo alternativo (como la organización de las sociedades de capital), a fin de coordinar mejor la transacción y reducir sus costes[66].

La segunda propiedad que hay que valorar de las transacciones es la incertidumbre. La incertidumbre se refiere a los cambios imprevisibles en las circunstancias relativas a la transacción. El efecto de la incertidumbre sobre la elección de la estructura organizativa requiere ser examinada junto a la especificidad de los activos. En defecto de activos específicos, el mercado, regido por el derecho contractual, debería ser el preferido, cualquiera que fuere el grado de incertidumbre, dado el escaso valor de las transacciones y la facilidad de establecer relaciones bilaterales. Pero cuando hay presencia de activos específicos en la transacción, las partes preferirán realizarla a través de otras modalidades organizativas, limitando así los costes asociados al alto grado de incertidumbre. En este caso, el coste de la incertidumbre podrá ser paliado a través de una forma híbrida, esto es, a través de la constitución de una persona jurídica (sociedad capitalista), porque la modificación de las relaciones entre las partes no puede ser realizada unilateralmente, sino que debe contar con el consentimiento mutuo de ambas. Esto confirma la segunda hipótesis en torno a los costes de transacción, en el sentido de que en presencia de activos específicos y a mayor grado de incertidumbre, las partes preferirán otras alternativas al mecanismo contractual clásico del mercado.

---

66 Sobre el concepto de activo específico: WILLIAMSON, O. E., "Comparative organization: the analysis of discrete structural alternatives", *Administrative Science Quarterly*, N° 36, 1991, pág. 282.

Finalmente, por el concepto de frecuencia hay que referirse a la regularidad con que las transacciones se suceden. Si las transacciones son continuas y no tienen por objeto activos específicos, éstas no requerirán una estructura organizativa compleja que conlleve cuantiosos costes administrativos y burocráticos, por lo que bastará el mecanismo contractual del mercado para realizarlas. Por el contrario, ante la frecuencia de transacciones periódicas con presencia de activos específicos, las partes convendrán su coordinación mediando una forma híbrida, a fin de reducir los costes asociados al control de las mismas. Esta idea se postula como tercera hipótesis a efectos de confirmar que las partes asumirán el coste organizativo de la sociedad porque de ese modo reducen los costes asociados a la frecuencia de las transacciones con activos específicos[67].

Siguiendo la lógica de la teoría de los costes de transacción sucintamente glosada *supra* corresponde a continuación su aplicación a la sociedad con distribución de capital 50/50 en orden a discutir los motivos racionales de su elección, esto es, los caracteres que la hacen deseable por las partes como estructura organizativa reductora de costes de transacción. Asumiendo las tres hipótesis que se han inferido, la racionalidad de la elección de la sociedad paritaria dependerá de la determinación de las propiedades de la transacción, esto es, de la presencia de activos específicos, incertidumbre y frecuencia. En este sentido, las partes preferirán reducir los costes de transacción a través de esta forma híbrida alternativa al mecanismo del mercado, internalizando parcialmente la coordinación a través de una estructura corporativa, siempre que concurran activos específicos y la transacción presente incertidumbre y frecuencia.

La particularidad de la sociedad paritaria con respecto de otras tipologías corporativas es que su configuración contractual es extremadamente personalista, en el sentido de que la identidad de los socios es criterio determinante para la contratación, es decir, para organizarse en sociedad (*intuitus personae*)[68]. El carácter personalista de la organización bajo cláusulas restrictivas de la transmisibilidad

---

67 Vid. WILLIAMSON, O. E., "Transaction-cost economics...", cit., pág. 254.

68 Vid. FORNASIERO, G., *Organizzazione e intuitus nella società*, Padua, 1984, passim.

de las participaciones o acciones, afianza la confianza inter-personal entre los consocios[69]. La igualdad en la distribución de capital favorece, a priori, un clima de control recíproco dada la afinidad entre las partes, lo cual limita la incertidumbre por oportunismo. Esa razón la hace especialmente idónea para implementar negocios conjuntos que tengan como objeto el desarrollo de activos específicos, con la consiguiente reducción de los costes de transacción[70].

1.2.2 La sociedad de capital como nexo de contratos. Aportes de la teoría de la empresa

Cuando las partes eligen la coordinación de la transacción por medio de la sociedad capitalista lo que están optando es por una coordinación más eficiente que la que ofrecería una relación de intercambio regida por el derecho contractual del mercado (derecho en sentido clásico). Las partes, al formalizar la organización (constitución de la sociedad capitalista), están separando un patrimonio para dotarle de una organización con personalidad jurídica que se regirá por su propio derecho —el derecho societario—, que operará así como un derecho especial del contrato de sociedad[71].

El derecho societario es un ordenamiento que coordina el conjunto de relaciones de la transacción y que al mismo tiempo reduce el coste de su ejecución en comparación a si se realizara por medio del mercado a través de contratos bilaterales. Es en este sentido

---

69 Vid. PERDICES HUETOS, A., *Cláusulas restrictivas de la transmisión de acciones y participaciones*, Madrid, 1997, pág. 27.

70 A este respecto, en cuanto a la relación entre el componente humano de la organización y la necesidad de confianza para la creación de valor y reducción de costes, GUILLÉN PARRA, M., *Ética en las organizaciones…*, cit., págs. 12-13: "(…) La confianza constituye un dinamizador de relaciones humanas que puede terminar reduciendo costes que tienen que ver con mecanismos de defensa ante los oportunistas (…). En la medida en que el agente que actúa es digno de confianza hacia dentro y hacia fuera de la organización, se reduce el riesgo de oportunismo y, con éste, los costes de control en las transacciones que se producen".

71 Vid. MASTEN, S., "A legal basis for the firm", *Journal of Law, Economics and Organization*, N° 4, 1988, págs. 181-198 y WILLIAMSON/WINTER (eds.), *The Nature of the Firm*, Oxford, 1991 y HART, O., "An economist's perspective on the theory of the firm", *Columbia Law Review*, N° 89, 1989, págs. 1757-1774.

cuando se colige que lo que justifica la existencia de la organización, regulada por su derecho especial, es la misma naturaleza plural del contrato de sociedad, como contrato de contratos, o más bien como nexo de contratos[72]. Así, puede afirmarse que lo que la sociedad de capital facilita o posibilita es la coordinación de la transacción a menor coste, por medio de un subconjunto de contratos interconectados, así como la eficiencia que supone su posible transmisibilidad parcial o conjunta[73].

Pues bien, la sociedad capitalista, conecta, al menos, tres relaciones de contratos en una estructura orgánica propia, diferenciada de sus propietarios. Integra primeramente el contrato bilateral entre las partes (los socios), una relación que se conforma y explicita en los estatutos sociales y en los pactos parasociales, si los hubiere. En segundo lugar, integra la relación contractual de agencia que se produce entre el principal (los socios) y el agente (órgano de administración). Según la teoría económica de la agencia, el mandatario, gestor o *agent*, coopera con su mandante en la realización y materialización de negocios que éste no puede realizar por sí mismo a menor coste. En este sentido, la teoría de agencia presenta como problema original el de la eficiencia de los contratos de mandato de empresa o negocio, y como consecuencia inmediata el de la reducción de los

---

72 La visión más tradicional de esta teoría puede encontrarse en JENSEN, M. C./ MECKLING, W. H., "Theory of the firm: managerial behavior agency costs and ownership structure", *Journal of Financial Economics*, vol. 3, N° 4, 1976, págs. 305-360. Versión española parcial en PUTTERMAN, L. (ed.), *La naturaleza económica de la empresa*, Madrid, 1994, págs. 261-285.

73 Como analizan AYOTTE, K./HANSMANN, H., "A nexus of contracts. Theory of Legal Entities", *International Review of Law and Economics*, N° 41, 2015, pueden darse diferentes conflictos de interés en la operación de transmisión de la empresa. Las múltiples contrapartes de los contratos querrán protección frente a transmisiones oportunistas que puedan afectar negativamente al valor de la misma. Igualmente, los propietarios/socios perseguirán la estabilidad temporal del nexo de contratos, su permanencia en el largo plazo, como mecanismo de protección de la inversión en la sociedad. El estudio sostiene que los contratos que estipulen prohibiciones frente a cambios de control serán óptimos cuando la sociedad que se pretende transmitir constituye un nexo de contratos con inversiones específicas de los propietarios.

costes que genera el agente para maximizar la utilidad de los principales (titulares residuales de la actividad empresarial, los socios)[74].

Finalmente, aunque no exenta de debate teorético, la sociedad integra, indirectamente, las múltiples relaciones externas que mantiene con los *stakeholders* (a través de contratos laborales, contratos mercantiles con clientes, proveedores, acreedores, Hacienda Pública etc.)[75].

Mientras que la corriente doctrinal ortodoxa de corte contractualista circunscribe la teoría de la empresa al nexo de contratos explícitos (primacía de los socios, *shareholder theory*), existe un sector más heterodoxo e institucional que aboga por abrir su conceptualización hacia los contratos implícitos de la organización (*stakeholder theory*)[76]. Ahondaremos sobre esta contraposición conceptual en lo referente al interés social como regla de integración del contrato de sociedad (Parte II), donde esta posición tendrá su correspondencia en la teo-

---

74 El principal desarrollo teorético del problema de agencia en derecho societario puede encontrarse en la obra de HANSMANN, H./KRAAKMAN, R., "The end of history for corporate law", *Georgetown Law Review*, N° 89, 2001, págs. 439-468 y en su aplicación a sociedades cerradas en EASTERBROOK, F. H. /FISCHEL, D. R., "Close corporations and agency costs", *Stanford Law Review*, Vol. 38, N° 2, 1986, págs. 271-301. Desde un enfoque de análisis económico del derecho, como se refiere IBAÑEZ, J., *Análisis económico del derecho...*, cit., págs. 171-172, la utilidad que ha de maximizarse en cada contrato de agencia, en su forma de representación societaria orgánica (en el caso de administración de sociedades) es la combinada que obtienen los propietarios de capital o principales y los agentes representantes: "De ahí la necesidad de calcular los costes y beneficios que reporta a los primeros la delegación o atribución voluntaria a los segundos de facultades para crear valor y así maximizar su patrimonio para crear valor, segmentando o separando la propiedad y la gestión". Para ahondar a este respecto, LAN, L. L./HERACLEOUS, L., "Rethinking agency theory: the view from the law", *Academy of Management Review*, N° 35, 2010, págs. 294-314.

75 Conforme con FREEMAN, R. E., *Strategic Management: A Stakeholder Approach*, Cambridge, 2010, passim.

76 Vid. BLAIR, M. M./STOUT, L. A., "A team production theory...", cit., págs. 254, nota 17: "The nexus of contracts view of the firm holds that relationships in the firm should be understood as an intertwined set of relationships between parties who agree to work with each other in pursuit of mutual benefit, even though not all the relationships that comprise a firm are necessarily spelled out in complete contracts. As some scholars have pointed out, this notion of contract is so broad as to include virtually all voluntary social arrangements".

ría institucionalista, aunque ésta adolezca del prejuicio ideológico de la empresa o sociedad capitalista como *big corporation*[77].

Así pues, como se expondrá *infra*, la sociedad paritaria, además de canalizar mejor la protección de los activos específicos frente a la potencial incertidumbre derivada del oportunismo —dado su carácter personalista y por tanto su configuración cerrada—, la reducción de los costes de la transacción también es debida a una mayor simplicidad de su nexo contractual, debido a la inexistencia de la relación de agencia vertical, o cuanto menos, a la intrínseca reducción de su coste. Esto se debe fundamentalmente a la falta de separación entre propiedad y control que hace que se produzca una acentuada alineación de intereses entre socios y administradores, al reunir normalmente en las mismas personas (físicas o jurídicas) ambas titularidades[78].

Por tanto, los costes de agencia estarán en función del tamaño y complejidad de la empresa de la que es titular la sociedad. En las sociedades personalistas y capitalistas cerradas, los costes de vigilancia del gestor por el socio serán normalmente bajos, porque suele haber cercanía o incluso identidad entre unos y otros, por lo que la capacidad de supervisión será mayor y la probabilidad de divergencia o no alineación de intereses menor. Esto se contrapone con lo que sucede con los costes de agencia en las sociedades de carácter abierto, como

---

77 La *stakeholder theory* es una teoría filosófica de la organización empresarial e informa a todo un amplio espectro de disciplinas o áreas relativas a los negocios, no sólo al derecho sino también a las finanzas, contabilidad, medioambiente, administración pública etc. Esta teoría defiende la creación de valor compartido y surge como corrección de la teoría contractualista y actualización de la institucionalista. Para una explicitación de la misma nos remitimos a la discusión sobre el concepto de interés social que se desarrollará en la Parte II. Para ahondar a este respecto, MAHONEY, J. T., "Towards a stakeholder theory of strategic management", en RICART COSTA, J. E./ROSANAS MARTÍ, J. M. (eds.), *Towards a new theory of the firm*, Bilbao, 2012, págs. 159-160.

78 Sobre los caracteres de la sociedad cerrada, vid. VIERA GONZÁLEZ, J., *Las sociedades de capital cerradas. Un problema de relaciones entre los tipos SA y SRL*, Cizur Menor, 2002, passim. En derecho comparado, CRIVELLI VISCONTI, P. G., *Società a responsabilità limitata a struttura chiusa e intrasferibilità delle quote*, Turín, 2011; WELLS, H., "The rise of the close corporation and the making of Corporate Law", Berkeley Business Law Journal, N° 5, 2008, pág. 263 y sigs., y CLARK, R., *Corporate Law*, 3ª ed., Boston-Toronto, 1986, págs. 761-800. En estos rasgos personalistas definidores de la sociedad capitalista cerrada nos adentraremos *infra*.

las cotizadas[79]. La falta de separación entre propiedad y control será la principal ventaja de su estructura organizativa, pero también su máxima debilidad en caso de conflicto entre los consocios.

1.2.3 La sociedad de capital paritaria como empresario singular

La sociedad 50/50 como organización rompe con la concepción tradicional de empresario con que se suele asociar desde la teoría microeconómica a la racionalidad de los propietarios y gestores. Quiebra con este modelo basado en un individualismo metodológico por cuanto presupone que sus actos siempre estarán vinculados hacia la consecución de la máxima eficiencia para la optimización de sus beneficios respectivos: dividendos en el caso de los propietarios (en calidad de socios) e ingresos retributivos en el caso de los gestores (en calidad de administradores)[80].

Con frecuencia, en las sociedades cerradas los propietarios también son los gestores y tanto el crecimiento empresarial como el retorno financiero no figuran como sus objetivos prioritarios[81]. Como es común a las sociedades cerradas, hay factores iguales o más importantes que la maximización de dividendos y salarios. No es de extrañar así que ciertos objetivos como la preservación de la independencia y del control personal sobre la empresa ocupen un lugar preferente sobre otros fines como la expansión de la misma, el creci-

---

79 Vid. GILSON, R./GORDON, J., "The Agency Costs of Agency Capitalism Activist Investors and the Revaluation of Governance Rights", *Columbia Law Review*, Nº 113, 2013, pág. 863 y sigs.

80 Cfr. BANNOCK, G., *Economics of small firms*, Oxford, 1981 y BARROW, C., *Financial economics of small firms*, Londres, 1988. Sobre el principio de eficiencia, PAZ-ARES, C., "Principio de eficiencia y Derecho Privado", en *Estudios homenaje al profesor Manuel Broseta Pont*, Tomo III, Valencia, 1995, pág. 2843 y sigs.

81 Vid. NEVILLE, M., "Conflicts…", cit., pág. 7 y 34: "Empirical studies show that many conflicts have their roots in disagreements about the running of the company and its strategic direction. Among other things, the risk of differences arising about the running of the company and strategy of an SME seem to be linked to the fact that owner-managers often have other and more important goals than growth and profit maximization. For example, the desire to retain control and independence can be more important aims than growth, and this is thus a barrier to the company's development".

miento del capital o la obtención de mayores dividendos para socios y retribuciones para los administradores[82].

Los socios de sociedades familiares y conjuntas —paradigmas de la sociedad cerrada y paritaria—, serán renuentes a perder su independencia y perseguirán ante todo la retención del control[83]. Por eso vincularán instintivamente el crecimiento de la empresa con la correspondiente dilución de su participación. La personalidad de los socios, sus planteamientos, así como la intención de preservar valor a la siguiente generación familiar influirán de forma determinante en la estructura de capital y en una política empresarial de aversión a riesgos y de retención del control corporativo[84]. Sin embargo, la misma razón, avalada por algunas evidencias empíricas, contribuye también a explicar por qué proliferan tantos conflictos intra-corporativos que desembocan en bloqueos orgánicos cuando los valores o ideas fundacionales se alteran con el transcurso del tiempo y afectan a la relación personal entre los escasos socios que componen estos tipos cerrados de sociedades capitalistas[85].

1.2.4 La distribución 50/50 del capital

La distribución 50/50 del capital y de los derechos de voto constituye una regla de asignación que buscaría sobre todo lograr un

---

82 Sobre los estudios empíricos que validan este razonamiento, véanse los que menciona NEVILLE en "Conflicts…", cit., pág. 8. Parecidas conclusiones alcanzan otros estudios como los de POUTZIOURIS, P., "The strategic orientation of owner-managers of small ventures: Evidence from the UK small business economy", *International Journal of Entrepreneurial Behaviour & Research*, Vol. 9, N° 5, 2003, págs. 185-214 y STOREY, D. J., *Understanding the small business sector*, Nueva York, 1994. Todos ellos exponen la falta de entusiasmo por el crecimiento y expansión de las pequeñas empresas que se rigen por una estructura corporativa en la que la figura del propietario converge con la del gestor, sobre todo en lo relativo a las empresas familiares, ya que una ampliación de capital y la entrada de nuevos socios externos a la familia harían perder el control e independencia de sus miembros.

83 Vid. HORSTEIN, G. D., "Stockholder's Agreements in the closely held corporation", *Yale Law Journal*, vol. 59, 1950, pág. 1040 y sigs.

84 Vid. SERRANO CAÑAS, J. M., *El cambio generacional en la empresa familiar*, Madrid, 2013, passim, y NOGALES LOZANO, F., *La continuidad de la empresa familiar*, Córdoba, 2003, passim.

85 Vid. CHESTERMAN, M., cit., págs. 161-162.

equilibrio o equivalencia de trato entre los dos socios y evitar, simultáneamente, una subordinación de uno hacia el otro. La búsqueda de este reparto igualitario puede deberse tanto a razones culturales o consuetudinarias como jurídico-económicas. Sin embargo, dicha distribución paritaria no elude su potencial ineficiencia como fuente de conflictos intra-corporativos, sobre todo cuando surgen profundas controversias entre los dos consocios. En efecto, unas desavenencias no gestionadas adecuadamente en el marco interno de la estructura orgánica de la sociedad podrán producir un resultado completamente ineficiente. La disolución y liquidación de la empresa común, traerá consigo frecuentemente pérdidas de valor si las inversiones y aportaciones efectuadas por los dos socios a la sociedad tienen más valor agregadas que atomizadas[86].

A pesar de esta presunta ineficiencia, la notable prevalencia de la configuración igualitaria, desde sociedades mercantiles matrimoniales hasta complejas sociedades conjuntas (constituidas como vehículos de *joint ventures*) cuestiona aparentemente su propensión al conflicto en el sentido de que pone de relieve que las otras alternativas de reparto tampoco serían necesariamente más idóneas[87]. No

86 Interesante a este respecto resultan las indagaciones de LICHT, A. N./GOLDSCHMIDT, C./SCHWARTZ, S. H., en "Culture, law and corporate governance", *International Review of Law and Economics*, Vol. 25, Nº 2, 2005, págs. 229-255, a colación de la influencia de los valores sociales y culturales en la positivación normativa de los sistemas de gobierno de las sociedades. Este estudio detecta determinados indicios de correlación entre instituciones o condicionantes socioculturales y el recurso a la litigación o al formalismo en los procedimientos civiles. Es de notar que sus resultados ponen en duda la supuesta supremacía de las leyes en países del *common law*. En opinión de los autores, sus resultados tienen implicaciones para la comprensión de la diversidad y la convergencia de los sistemas de gobierno corporativo.

87 En el ámbito mercantil internacional el término *joint venture* se emplea para referirse a cualquier acuerdo de colaboración entre empresas en el que las partes ponen en común una serie de activos para realizar un proyecto conjunto, controlado y gestionado por ellas. Hacemos referencia al término *joint venture* en tanto que *joint venture corporation* o *equity joint venture* (por contraposición a la *unincorporated joint venture* o *non equity joint venture*), es decir, cuando culmina en la formación de una nueva persona jurídica y adopta la forma de sociedad de capital, de ahí que nos refiramos indistintamente al mismo fenómeno como "sociedad conjunta". Para ahondar en las precisiones terminológicas y en las subtipologías de este fenómeno asociativo, consúltense los trabajos de GARRI-

parece, a priori, que el hecho de otorgar desde el momento de la fundación una clara mayoría a uno de los socios sitúe a las partes en un mejor escenario para afrontar los conflictos intra-corporativos.

En este sentido, la cuestión se plantea desde los términos de la tutela al socio minoritario. Si el derecho societario no ha podido desarrollar todavía instrumentos totalmente efectivos para reducir al máximo el riesgo de expropiación del socio minoritario por parte del socio mayoritario (abuso u opresión de mayoría) o en sentido inverso, del minoritario hacia el mayoritario (abuso u obstruccionismo de minoría) —a través de reglas de tutela económicamente eficientes y de control sobre posibles conductas abusivas y oportunistas— es naturalmente comprensible que muchos inversores estén dispuestos a reducir ese riesgo constituyendo sociedades mercantiles donde no exista por principio una relación mayoría-minoría sino una absoluta relación de igualdad (50/50)[88].

La preferencia de un régimen paritario en la sociedad de capital se funda en que exige un sistema de control conjunto para su operatividad[89]. No basta en ella la formación de una mayoría simple en junta general para su normal funcionamiento. Aunque dicho

---

GUES, J., "Formas sociales de uniones de empresas", *Revista de Derecho Mercantil*, 1947, pág. 51 y sigs.; BONVICINI, D., *Le joint ventures: técnica giuridica e prassi societaria*, Milán, 1977; BRODEN, T. F./SCALAN, A. L., "The legal status of joint ventures corporations", *Vancouver Law Review*, 1958, pág. 670 y sigs., y MIQUEL RODRÍGUEZ, J., *La Sociedad Conjunta...*, cit., pág. 45 y sigs.

88 Sobre el significado de "minoría", ciertos autores como DIGNAM, A./ LOWRY, J., *Company Law*, 4ª ed., Oxford, 2006, pág. 185, extienden el concepto de socio minoritario a aquel que posee hasta el 50% del accionariado. Por tanto, los dos socios paritarios también serían a estos efectos socios minoritarios porque ninguno de ellos podría controlar por sí mismo la sociedad. En el mismo sentido la puntualización realizada por la Court of Appeal en el caso *Barret v. Duckett* (1995): "Although Mrs. Barret is not a minority shareholder but a person holding the same number of shares as the other shareholder (...) in the circumstances of this case she can be treated as being under the same disability as a minority shareholder in that as a practical matter it would not have been possible for her to set the company in motion to bring the action".

89 Vid. MIQUEL RODRÍGUEZ, J., *La Sociedad Conjunta...*, cit., pág. 139: "(...) el más frecuente en el ámbito del comercio internacional: la constitución de una sociedad de capital participada por dos socios. Además, puesto que es el supuesto que se presenta con mayor frecuencia en la práctica, será inevitable prestar atención especial a la sociedad cuyo capital se reparte al 50%, sin perjuicio de

planteamiento estratégico sobre la distribución de capital cierra la vía para el acaecimiento de abusos de mayoría o de minoría, abre simultáneamente la exposición de la sociedad a una bicefalia fáctica supeditada a un riesgo potencial: el que un socio utilice su posición igualitaria para aplicar un control negativo y que esta facultad de bloqueo la use abusivamente ("abuso de igualdad" o "abuso de posición paritaria")[90].

Si bien la división de la participación social al 50% parece apriorísticamente como una regla ineficiente porque abre un amplio horizonte de potenciales situaciones para el bloqueo de la sociedad, la hipótesis alternativa de eliminar esa igualdad social ofreciendo una relación mayoría-minoría tampoco debe reputarse sin más como eficiente en la medida en que obliga a los dos socios a considerar complejos mecanismos en previsión de conductas expropiatorias, tanto de la mayoría como de la minoría. Por tanto, evitar exponerse a una potencial explotación por su condición de minoritario es la razón por la que no pocos inversores particulares entienden preferible la opción de constituir sociedades paritarias.

1.2.5 Teoría de juegos y distribución paritaria del capital y voto

La teoría de juegos aplicada a los conflictos intra-corporativos proporciona una sugestiva aproximación para discutir la racionalidad de la distribución de capital y votos 50/50 y sus potenciales ineficiencias[91]. En principio, esta regla de reparto en condiciones de igualdad

---

resaltar que el verdadero rasgo definidor de la sociedad conjunta no es la participación paritaria, sino el control conjunto".

90 Sobre el concepto de abuso de igualdad o abuso de posición paritaria y control negativo nos remitimos a HERNANDO CEBRIÁ, L., "El conflicto entre socios en situaciones de igualdad en las sociedades de capital", *Cuadernos de Derecho y Comercio*, Nº 56, diciembre 2001, pág. 87 y sigs., y KOZYRIS, J., "Equal Joint-Venture…", cit., pág. 509, quien manifiesta reticencia hacia la distribución 50/50 debido precisamente al riesgo de bloqueo. Esta cuestión se tratará más adelante en lo referente al derecho español (Parte II), vinculando el control negativo con el abuso de igualdad como manifestación o derivación específica del abuso de derecho.

91 A pesar de su fuerza explicativa, los presupuestos econométricos que permiten el uso de modelos matemáticos de juegos no tienen suficiente predicación en derecho privado. A este respecto, GIBBONS, R., *Game Theory for Applied Econo-*

significa el establecimiento de un juego de suma positiva. La empresa común mejora la posición de los socios paritarios y la combinación de los activos sociales produce sinergias que previsiblemente harán más competitivo al negocio con respecto a la condición empresarial individualizada y preexistente de sus fundadores[92]. En este sentido, los socios paritarios tendrán importantes incentivos para establecer acuerdos que permitan un control conjunto de la sociedad.

Sin embargo, la salida de un socio paritario y el reparto del patrimonio de la empresa común o la distribución de los activos liquidables en casos de terminación no operan como un juego de suma positiva sino como un juego de suma cero. Es por ello que al momento de la negociación y constitución de la sociedad común no habrá incentivos racionales para cooperar en un futuro reparto de las ganancias ni para buscar mecanismos que establezcan las reglas para separarse o proceder ordenada y eficientemente en la disolución y liquidación social[93]. Así, siguiendo este planteamiento, la estrategia racional para constituir la sociedad común que asegure la generación de rendimientos comunes (suma positiva) será la no negociación sobre su reparto y terminación (suma cero). En consecuencia, la regla que

---

mists, Princeton, 1992, passim, pone de manifiesto la necesidad de una mayor especialización de los jueces mercantiles para conocer los fundamentos de esta herramienta analítica. Su conocimiento, en opinión de este autor, reduciría los costes del procedimiento y el impacto de las externalidades negativas que conlleva la actividad pericial. Para ahondar en la aplicación de la teoría de juegos en el ámbito jurídico-empresarial, vid. AOKI, M., *The cooperative game theory of the firm*, Oxford, 1984 y BAIRD, D./ GERTNER, R./PICKER, R., *Game theory and the Law*, Cambridge-Londres, 1994, passim.

92 Sobre la relevancia de la aplicación de la teoría de juegos al derecho y en especial sobre la capacidad explicativa del Dilema del Prisionero en relación con los problemas de cooperación véase McADAMS, R. H., "Beyond the Prisoners'Dilemma: Coordination, Game Theory and the Law", *John M. Olin Law & Economics Working Paper*, N° 437, octubre, 2008, pág. 11: "The Prisoners' Dilemma game is a brilliant way of illustrating the problem of cooperation. Where selfish pursuits lead individuals to outcomes that are worse for each than some other achievable outcome, they need to find how to cooperate to reach the better outcome". En efecto, la sociedad de capital funcionalmente paralizada presenta un problema de cooperación porque los socios paritarios limitarán más eficientemente los daños de esta situación si cooperan que si no lo hacen.

93 Sobre el concepto de disolución y liquidación en derecho societario español y comparado nos remitimos a la Parte III.

se aplicará al reparto de las ganancias en las sociedades paritarias no será en virtud del principio de eficiencia sino por razón de equidad o igualdad en la división[94].

De lo anterior se infiere que el sistema de igualdad en la distribución de capital constituye el sistema óptimo en condiciones de normalidad porque en principio garantiza la prevalencia de un espíritu colaborativo entre las partes. Ello motiva una organización eficiente de la estructura orgánica en orden a la consecución de los objetivos estratégicos de la empresa común. Las decisiones se adoptan de forma consensuada y los dos socios paritarios deben decidir unánimemente las cuestiones más trascendentales para la sociedad. Lo opuesto a una estrategia cooperativa es una estrategia competitiva entre los socios paritarios, que en términos orgánicos se traducirá en un bloqueo efectivo y en potenciales conductas desleales que irrogarán daños patrimoniales a la sociedad. En el momento en que surjan desavenencias internas en la toma de las decisiones empresariales, la división paritaria del capital y del poder político se convertirá en una fuente potencial de conflicto interno en el seno de la estructura biorgánica. Ninguna decisión clave para el futuro de la sociedad podrá aprobarse porque los órganos sociales incurrirán en una situación de empates continuos, permanentes y sistemáticos.

Por otra parte, en la teoría de juegos esta problemática observada en la sociedad paritaria se vincula con el dilema denominado "tragedia de los anticomunes", reverso doctrinal de la "tragedia de los comunes". La tragedia de los anticomunes expone que en una situación hipotética en la que los individuos racionales que comparten un

---

94 Sobre el concepto de "equidad", hay que señalar que se trata de un concepto indeterminado, con múltiples significaciones etimológicas y gran equivocidad terminológica, como pone de relieve RUIZ-GALLARDÓN, I., *Una aproximación a la equidad desde la teoría y dogmática jurídicas*, Madrid, 2002, pág. 61 y sigs. Dado el contexto al que nos vamos a referir en este trabajo, por equidad en la división habría que entender una especie de justicia en el sentido de igualdad, como criterio racionalizador que buscaría el establecimiento de una justicia igualitaria entre los socios desde la constitución de la sociedad. La concepción que aquí se adopta entroncaría con la primera acepción que dispensa el Diccionario de la RAE al término, como "igualdad de ánimo". Así, en adelante, por equidad se vincularía paridad en el reparto, como criterio de justicia en la distribución de capital en sociedad bipersonales.

bien o recurso tienen facultades para bloquear su aprovechamiento por otros, si actúan de forma obstruccionista, pueden terminar por infrautilizar el activo común vetando su uso a los demás titulares[95]. En un régimen de copropiedad como es la sociedad paritaria este dilema se reflejará cuando estemos ante una asignación de derechos de propiedad deficientemente definidos que puedan desembocar en la inactividad de la empresa conjunta y la consiguiente disipación de la riqueza común generada[96].

La tragedia de los anticomunes trae consigo mayores ineficiencias que con relación a su reverso teórico, la tragedia de los comunes. El derecho de excluir a otros del aprovechamiento común (la sociedad conjunta) resulta en la práctica un auténtico derecho de veto que impide la explotación y maximización de la propiedad común. Esta situación extrapolada a la sociedad paritaria sucederá en efecto cuando un socio ejerza un control negativo sistemático en la junta general[97].

Por esta razón, como nos demuestra la tragedia de los anticomunes, una de las cuestiones más acuciantes en lo relativo a la articulación orgánica y contractual de las sociedades paritarias será la evitación de situaciones que en la práctica supongan otorgar un auténtico derecho de veto o de control negativo a los socios que conduzca po-

---

95 Tomamos prestada como referencia la definición dada por HELLER, M. A., "The tragedy of the anticommons: property in the transition from Marx to Markets", *Harvard Law Review*, Nº 111, 1998, pág. 622: "In an anticommons, multiple owners are each endowed with the right to exclude others from a scarce resource, and no one has an effective privilege of use".

96 Sobre la noción de derecho de propiedad (*property right*) en el ámbito de análisis económico del derecho, véase POSNER, R., *Economic analysis of Law*, Boston, 1992, págs 31-84 y PAZ-ARES, C., "La economía política como jurisprudencia racional (Aproximación a la teoría económica del derecho)", *ADC*, T. XXXIV, 1981, pág. 601 y sigs.

97 Vid. VANNESTE, S./VAN HIEL, A./PARÍSI, F./DEPOORTER, B., "From tragedy to disaster: Welfare effects of commons and anticommons dilemas", *International Review of Law and Economics*, Nº 26, 2006, págs. 106 y 116-117. Para profundizar en esta temática véase: BUCHANAN, J. M./ YOON, Y. L., "Symmetric tragedies: commons and anticommons", *Journal of Law and Economics*, Nº 43, 2000, págs. 1-13 y PARÍSI, F. /SCHULZ, N. /DEPOORTER, B., "Duality in property: commons and anticommons", *International review of Law and Economics*, Nº 25, 2005, págs. 578-591.

tencialmente a la inactividad de la empresa común. De ahí la necesidad de dar solución a estas situaciones por medio de medidas cooperativas que mitiguen las tendencias competitivas o especulativas intra-corporativas[98].

1.2.6 El problema de la valoración de las aportaciones en las sociedades paritarias

La prevalencia de las sociedades 50/50 en el mercado societario de pequeñas y medianas empresas bipersonales se debe en cierto modo a que la alternativa de ofrecer la mayoría a un socio y la minoría al otro no resulta fácil de negociar ni de instrumentar contractualmente, por ejemplo, articulando compensaciones al minoritario. La distribución paritaria, con independencia de la capitalización de la sociedad, tampoco evita las ineficiencias a que puede conllevar el acaecimiento de controversias entre su reducido número de socios. Además, la tutela que ofrece el derecho de sociedades y el derecho contractual tampoco parece otorgar suficiente seguridad jurídica ni eficiencia económica como para reprimir conductas oportunistas y expropiatorias bidireccionales, esto es, del socio mayoritario al minoritario, pero también viceversa.

A ello se suma el problema de la aparente igualdad en el valor de las aportaciones que efectúan los dos socios al constituir la sociedad común. Este principio igualitario en orden a la asignación de una participación del 50% a cada uno únicamente podría asumirse si la constitución o las eventuales ampliaciones de capital se realizan exclusivamente a través de aportaciones dinerarias, que por su propia naturaleza fungible no ofrecen dificultades de cuantificación. En el momento en que los socios aportaran elementos no dinerarios (bienes *in natura*), esto es, activos tangibles o intangibles no fungibles (cosa futura, cosa ajena, aportaciones de uso, de créditos, de empre-

---

98 A este respecto, BEASLEY, R. C., "Mechanism to resolve deadlock situations in small companies", *The Licensing Journal* (octubre 2010), pág. 37: "While a deadlocked company is almost certain to become less valuable, and will not be able to survive indefinitely, advance planning and contractual provisions that establish a mechanism to resolve the deadlock without the courts is certainly a desirable alternative to litigation".

sa, de establecimiento mercantil, fondo de comercio, *know how...*), sería más complicado que dichas aportaciones tuvieran y conservaran una valoración económica totalmente idéntica[99]. De hecho, será en extremo infrecuente que las aportaciones no dinerarias de los dos socios paritarios sean materialmente las mismas o de valor equivalente[100].

La regla de asignar la mitad del capital social a cada socio con los correspondientes derechos de voto también igualitariamente no supone en ningún caso afirmar que dicha asignación lo sea por razones de eficiencia y justicia conmutativa. Más allá del capital nominal consignado estatutariamente como aportación efectiva mínima, hay que considerar las verdaderas aportaciones efectuadas por cada socio paritario al negocio común (trabajo, cartera de clientes o proveedores, etc.). Por lo general, las sociedades igualitarias se fundan sobre presupuestos que no atienden exclusivamente a la evaluación exhaustiva de las aportaciones reales efectuadas al negocio común, diferenciadas según las cualidades y condiciones personales de cada socio. Por esa razón, puede inducirse que la asimetría en las aportaciones reales a la sociedad frente al capital nominal responde más bien a una cierta regla convencional al momento fundacional que supera el criterio estricto de eficiencia[101].

---

99 La aportabilidad de un activo depende en primer término de que el mismo sea susceptible de valoración económica. Ahora bien, esta cualidad es exigible, no sólo a las aportaciones sociales, cualquiera que sea el tipo de sociedad, sino a toda relación jurídico-patrimonial. El requisito de la susceptibilidad de valoración económica de las aportaciones fue consagrado en el art. 7 de la Segunda Directiva 77/91/CEE. A este respecto, FERRI, G., "La seconda direttiva comunitaria in materia di società", *Riv. dir. comm.*, 1977, pág. 58 y sigs. Para ahondar en la problemática de las aportaciones no dinerarias: EGEA IBÁÑEZ, R., "Aportaciones no dinerarias a la sociedad anónima", en *Estudios sobre la reforma de la legislación de sociedades mercantiles*, Tomo II, Madrid, 1990-1991, pág. 101 y sigs.

100 En este sentido, BEASLEY, R. C., "Mechanism to resolve deadlock...", cit., pág. 36: "It is rather rare when the people forming a business truly bring equal value to the enterprise; instead, there is usually a person or entity that is contributing the most value to the business".

101 En este sentido, SÁNCHEZ DE MIGUEL, M. C., "Valoración de las aportaciones no dinerarias", en *Derecho mercantil de la Comunidad Económica Europea. Estudios homenaje a José Girón Tena*, Madrid, 1991, págs. 937 y sigs., y FERNÁNDEZ FERNÁNDEZ, I., *Aportaciones no dinerarias en la sociedad anónima*, Pamplona, 1997, pág. 214: "De hecho, para que la aportación desarrolle su función de atribuir

Como ahondaremos *infra* en lo tocante a la tipología de las sociedades susceptibles de bloqueo, puede suceder que el criterio de igualdad de capital y votos obedezca a razones familiares, como en el caso de una sociedad objeto de herencia o donación aceptada por dos herederos o donatarios en similares condiciones. Es también habitual que se produzca un reparto igualitario del capital y de los votos en el ámbito de las sociedades matrimoniales en las que los cónyuges siguen las pautas de la división por la mitad de los bienes gananciales. Otros supuestos de sociedades al 50% se dan en la práctica cuando existe un condominio preexistente sobre un bien inmueble que se aporta a la sociedad que se constituye por sus propietarios para su mejor explotación mercantil o posterior enajenación. En otros casos, la paridad se produce a resultas de un contrato de sociedad en el que intervienen dos socios, sociedades o grupos inversores como partes contratantes en el marco de un acuerdo de *joint venture*.

Si el valor real de las aportaciones a la sociedad es desigual pero la asignación de las participaciones y derechos políticos se realiza simétricamente, entonces debe presuponerse una cierta liberalidad por parte de aquel socio paritario que consiente en aportar activos de más valor en relación a la cuota ideal de participaciones que le correspondería adquirir originariamente. En este sentido, la regla de la paridad operaría como un instrumento para evitar una eventual explotación del minoritario, pero a futuro no podrá soslayar una potencial explotación sobre aquel socio paritario cuya aportación tuviera más valor real en comparación con la aportación no dineraria de su consocio, aunque así lo consintiere o lo ignorase este último al momento de la constitución de la sociedad.

---

al que la efectúa una participación proporcional —no necesariamente proporcionada— en la sociedad puede ser, ciertamente, suficiente atribuirle un valor "convencional" sobre el que recaiga el acuerdo de los otros participantes".

1.3 ASPECTOS CONTRACTUALES CARACTERÍSTICOS DE LA SOCIEDAD PARITARIA

1.3.1 Vocación de completitud y estabilidad

Por su naturaleza temporal, la sociedad de capital es un contrato de organización que se caracteriza por su falta de completitud, ya que tiene vocación de prolongarse en el tiempo, desarrollar un objeto social y alcanzar un fin común[102]. En razón de ello, el contrato que constituye la organización social no tiene capacidad de completar o explicitar anticipadamente todas y cada una de las previsiones necesarias para adaptarse a las complejas y cambiantes circunstancias del entorno económico. De lo contrario, una exhaustiva regulación anticipada de las múltiples eventualidades que pueden acontecer en el mercado supondría un coste inasumible para sus socios fundadores, tanto en tiempo como en esfuerzo, lo cual desincentivaría la contratación[103].

---

102 De conformidad con SÁEZ LACAVE, M. I., "Las bases económicas del derecho de la junta de socios", *Indret*, N° 2, 2008, pág. 4, y ARTIGOT I GOLOBARDES, M./GÓMEZ POMAR, F., "Long-term contracts in the law and economics literature", en DE GEEST, G., *Contract Law and Economics*, Chentelham, 2011, pág. 314 y sigs. Por otra parte, es preciso reseñar que en el contrato de sociedad existen diferentes acepciones del término "objeto social". Se habla del fin concreto respecto de las aportaciones de los socios entendidas como prestaciones de éstos o como bienes que se integran en el fondo social, de un medio respecto del fin último que persigue la sociedad que generalmente no es sino la finalidad de lucro. En este sentido, podemos referirnos a que el objeto social es un fin respecto de las aportaciones de los socios y un medio respecto del fin último, que es la finalidad de lucro. A este respecto, ESTEBAN VELASCO, G., "El objeto social: algunas consideraciones sobre un libro reciente", *Revista de Derecho Mercantil*, N° 195, 1990, pág. 404 y GIRÓN, J., *Derecho de Sociedades*. Madrid, 1976, págs. 31 y 333-341, quien señala que lo que se produce con la disolución es una matización en su finalidad, pero siempre dentro del marco de actividad a que la sociedad se dedica. Vid. ZANELLI, E., *La nozione di oggetto sociale*, Milán, 1962, passim.

103 Para una panorámica de las implicaciones estratégicas en los contratos incompletos desde una perspectiva económica-empresarial, consúltense BERNHEIM, D./WHINSTON, M. D., "Incomplete contracts and strategic ambiguity", *American Economic Review*, N° 88, 1998, págs. 902-932; HART, O., "Incomplete contracts", en WILLIAMSON/WINTER (eds.), *The nature of the firm. Origins, evolution and development*, Nueva York-Oxford, 1991, pág. 141 y sigs., HART, O./MOORE, J., "Incomplete contracts and renegotition", *Econometrica*, N° 56, 1988,

En efecto, si la negociación del contrato implicara legalmente su completitud *ab initio*, se desincentivaría la constitución de la sociedad y la puesta en marcha de su actividad empresarial, ralentizando u obstaculizando, en consecuencia, el crecimiento económico del mercado en la que la sociedad operaría. Como los socios fundadores se verían compelidos a asumir costes personales y económicos para detallar exhaustivamente todos los extremos de su futura relación, se incrementarían los riesgos de no celebrarse finalmente el contrato. Para neutralizar este hipotético desincentivo, un marco jurídico eficiente es aquel en el que legislador permite a los socios desplazar de la negociación fundacional aquellas cuestiones innecesarias para el funcionamiento inicial de la sociedad habilitando un conjunto de reglas, como el principio mayoritario y la atribución competencial de los órganos sociales, que permitan completar el contrato cuando los socios lo estimen oportuno. Las modificaciones estatutarias y las votaciones de la junta general serán precisamente el resultado de esta flexibilización que permite "rellenar" el contrato de sociedad y adaptarlo a las necesidades de los socios y a las condiciones del entorno de la empresa[104].

La redacción de un contrato completo *ab initio* haría pues de la sociedad una organización antieconómica e inelástica, sujeta con casi total seguridad a incesantes modificaciones estatutarias[105]. Desde es-

---

págs. 755-756 y HART, O. /MOORE, J., "Foundations of incomplete contracts", *Review of Economic Studies*, Nº 66, 1999, págs. 115-138. A este respecto, ALFARO, J., *El interés...*, cit., pág. 23: "Prever todas las contingencias posibles, ponerse de acuerdo sobre las conductas pertinentes y redactar claramente el contrato es muy costoso y dichos costes aumentan proporcionalmente conforme el número de contingencias posibles aumenta y la probabilidad de que cada una de ellas se produzca disminuye. Además, la previsión de todas las contingencias aumenta las posibilidades de cometer errores en la regulación. Los individuos se mueven en un entorno continuamente cambiante, entorno incierto al que han de adaptarse y es muy difícil (costoso) prever anticipadamente la solución más eficiente para muy diversos problemas".

104 Este mecanismo es lo que ALFARO, J., *El interés social...*, cit., pág. 29, denomina como "mecanismo de recontratación".

105 Para un análisis de los errores contractuales comunes cuando los socios pretenden completar desde la fundación todas las posibles vicisitudes de la relación, véase GOETZ, J./SCOTT, R. E., "The limits of expanded choice: an analysis of the interactions between express and implied contracts terms", *California Law Review*, Nº 73, 1985, pág. 261 y sigs., quienes señalan, entre otros, la existencia

ta perspectiva se explica que el contrato de sociedad, en tanto contrato de duración, se limite a fijar la forma en que se asignará el poder para tomar decisiones en el seno de la organización, es decir, aquellas cuestiones relativas a la configuración del gobierno de la persona jurídica y de sus órganos sociales, la asignación de los derechos de control, el derecho de salida, la duración y terminación, y, sobre todo, la atribución de derechos sobre los rendimientos sociales[106]. Por esta razón, el mecanismo previsto para completar el contrato se hace por vía de la atribución de competencias de gestión y representación a través de unos órganos sociales que se gobiernan por medio del principio mayoritario[107].

La naturaleza incompleta del contrato de sociedad no sólo afecta a las partes del mismo, sino que también incide en la posición que adopta el legislador. La natural incompletitud de la sociedad provoca que al legislador también le sea igualmente costoso proporcionar un régimen normativo exhaustivamente detallado. La ineficiencia de estos costes de regulación hace que le resulte preferible acudir a cláusulas generales que ordenen las conductas de los socios y administradores en vez de a detallados preceptos imperativos[108]. Esto es lo que explica la aparición de la noción de interés social como dogma o axioma (cláusula general) del derecho de sociedades, cuya función no es objetivizar el fin común sino la de orientar la conducta de los socios entre sí y con la sociedad. De este modo, el legislador reduce sus propios costes y facilita el funcionamiento de la organización,

---

de lagunas en el contrato, contradicciones y redacción ambigua en las cláusulas. Si en vez de completar fundacionalmente el contrato, aplazan la delimitación detallada de sus derechos los riesgos de errores y los costes probablemente tenderán a reducirse notablemente.

106 Vid. ALFARO, J., "Los problemas contractuales en las sociedades cerradas", *Indret*, N° 4, 2005, pág. 3 y HANSMANN, V. H./KRAAKMAN, R., "The essential role of organizational law", *Yale Law Journal*, N° 110, 2000, pág. 387.

107 Así, WILLIAMSON, O. E., "Corporate Governance", *Yale Law Journal*, N° 93, 1984, pág. 1197 y sigs., se refiere a la atribución de competencias a los órganos y al principio mayoritario como los mecanismos de gobierno de la relación societaria.

108 Así, AYRES, I., "Default rules for incomplete contracts", en *The New Palgrave Dictionary of Economics and the Law*, vol. I, Londres, 1998, págs. 585-590 y AYRES, I./ GERTNER, R., "Filling gaps in incomplete contracts: an economic theory of default rules", *Yale Law Journal*, N° 99, 1989, págs. 87-130.

permitiendo que los socios y administradores, a través de la estructura orgánica de la sociedad capitalista, ordenen sus relaciones bajo esta cláusula general y en caso de conflicto reenvíen el control de la integración del contrato a los tribunales.

El deber de fidelidad hacia el interés social y entre los socios completa pues el contrato de sociedad integrando las normas de conducta que las partes habrían pactado de haber podido formalizar uno completo desde el momento fundacional. Constituye, por tanto, un estándar de conducta de acuerdo a la buena fe contractual, que en el contrato de sociedad se concreta en la cláusula del interés social[109]. Y en tanto cláusula general, se diferencia de los demás preceptos jurídico-positivos por su configuración variable y por el reenvío que hace al principio de buena fe o a criterios como los usos del tráfico, que no están positivizados[110].

En particular, la intensidad del deber de fidelidad entre los consocios y hacia el interés social depende del contenido estatutario y

---

109 En efecto, la cláusula del interés social es la guía que orienta el comportamiento de los órganos de la sociedad y el instrumento del derecho societario que permite detectar y sancionar las desviaciones de poder en la junta general (abusos de mayoría, de minoría y de igualdad, conflictos de intereses de los socios) o en la administración (conflictos de intereses de los administradores). Sobre este particular, señala SÁNCHEZ-CALERO GUILARTE, J.,"El interés social y los varios intereses presentes en la sociedad anónima cotizada", *Revista de Derecho Mercantil*, Nº 246, 2002, pág. 1658 y sigs.: "El interés social apunta siempre, sea cual sea la opción que se quiera acoger en su entendimiento, a un problema básico de asignación de recursos. Se trata de establecer un criterio que determine cómo debe de administrarse el patrimonio de la sociedad y los resultados generados con su actividad. Orientar el interés social en una u otra dirección es apuntar como beneficiarios a esos elementos patrimoniales a unos u otros sujetos".

110 Cfr. ALFARO, J., "Los problemas...", cit., pág. 15; MIQUEL RODRÍGUEZ, J., *La Sociedad Conjunta...*, cit., pág. 201 y sigs., y DÍEZ-PICAZO, L., *Fundamentos...*, cit., pág. 63 y sigs.: "Al lado de la regla de buena fe en lo que tiene de limitación del ejercicio de los derechos, existe también una proyección de la misma en lo que tiene de fuente de creación de especiales deberes de conducta entre las partes. La necesidad de comportarse de buena fe en las relaciones obligatorias, en las relaciones contractuales, y en general, en todas las relaciones jurídicas, da lugar al nacimiento de una serie de deberes especiales de conducta y en ocasiones también a una ampliación de los deberes negocialmente asumidos por las partes".

contractual de la sociedad, del fin común y de la posición jurídica que el socio tenga en la sociedad (socio mayoritario o de control, socio minoritario o externo al control, o socio paritario). Debido a la natural incompletitud del contrato de sociedad, la actuación de los socios puede influir en derechos de sus consocios[111]. Pero este riesgo de afectación a derechos ajenos no es el mismo en una sociedad con una relación de mayoría y minoría que en una sociedad paritaria basada en la igualdad de capital y poder político. En la sociedad con socios mayoritarios y minoritarios, los primeros, en virtud del principio mayoritario, pueden completar el contrato de sociedad lesionando la posición de aquellos contratantes cuyo consentimiento no es necesario para la adopción de acuerdos. De ahí la necesidad y justificación de la prevención normativa del abuso de mayoría, que explicita el deber de fidelidad como abstención de conductas y acuerdos sociales que perjudiquen a los socios minoritarios[112].

Por esta razón puede afirmarse que el fundamento del deber de fidelidad, como concreción del principio de buena fe y estándar de conducta derivado de la cláusula del interés social, sea variable y de aplicación casuística en función de la estructura de capital de la sociedad y de la distribución de su poder político. Así, en una sociedad con socios mayoritarios, la cláusula del interés social exigirá que la mayoría se abstenga de realizar conductas que decidan sobre los activos sociales siempre que perjudiquen o puedan perjudicar a los minoritarios, como puede suceder con los acuerdos cuyo contenido sean modificaciones estructurales[113]. En definitiva, la mayoría cumplirá su deber de fidelidad con la minoría cuando a través de su control positivo de la sociedad, por medio del voto en junta, maximice las ganancias comunes, esto es, el interés social[114]. Los derechos de

---

111 Vid. ALFARO, J., *El interés social...*, cit., pág. 34.

112 Vid. MEGÍAS LÓPEZ, J., "Opresión y obstruccionismo...", cit., pág. 29 y sigs.

113 Vid. ALFARO, J., *El interés social...*, cit., pág. 33.

114 En derecho estadounidense, esta regla es conocida como "Donahue standard" o "strict good faith standard", que grava el derecho de control con el deber de fidelidad hacia la minoría cuando hay riesgos de que la conducta del mayoritario perjudique al minoritario. Vid. *Donahue vs. Rodd Electrotype Co. of New England Inc.* (1975): "Majority shareholders may not use their power to control the corporate activities to benefit themselves or in a manner detrimental to the

la minoría estarán tutelados judicialmente mediante la anulación de aquellos acuerdos que sean contrarios al interés social[115].

La fidelidad configurada como deber es por tanto el instrumento que el derecho societario dispone para la tutela del interés social, no como un axioma objetivo e inmóvil, sino subjetivo y variable, porque la naturaleza incompleta del contrato de sociedad impulsa a los socios a "recontratarse" continuamente a lo largo de la relación, "rellenando" el contrato de acuerdo a las circunstancias del tráfico mercantil. Así sucede con las modificaciones estatutarias que recogen las diferentes vicisitudes que van afrontando los socios y la sociedad.

Por tanto, en una sociedad con una relación mayoría-minoría, si la ley no contemplara la cláusula del interés social como estándar de conducta, se dejaría a los socios minoritarios a merced de los mayoritarios, quienes podrían completar el contrato de sociedad en perjuicio de los primeros. Si el minoritario no tuviera una especial tutela positiva del ordenamiento jurídico para prevenir el riesgo de

---

minority. Any use to which they put the corporation or their power to control the corporation must benefit all shareholders proportionately".

115 La cláusula del interés social es una cláusula general y por tanto es una norma jurídica positiva, como se analizará en la Parte II aplicado al derecho español, y se dirige al juez en el caso de reenvío a la buena fe o a los usos del tráfico. Vid. ALFARO, J., *El interés social*..., cit., pág. 26. A este respecto, referirse a la génesis del derecho de fidelidad en la sociedad capitalista en relación con la sociedad personalista, donde dicho deber no presenta problema alguno. Así, señala ALFARO (págs. 35-36), citando doctrina alemana (notas 33-40), que primeramente no se reconocía el deber de fidelidad de los consocios de las sociedades capitalistas porque se entendía que en esta tipología no existían relaciones personales propias de las comunidades de trabajo que sí exigen la imposición de estos deberes. Por nuestra parte, como desarrollaremos en la Parte II, preferimos distinguir dos dimensiones del deber de fidelidad, una vertical (con la sociedad y el interés social) y una horizontal (con respecto a los consocios), cuya intensidad será mayor en función del nivel de concentración de la estructura de capital. En realidad, como tendremos ocasión de comprobar, la verticalidad del deber de fidelidad es una variante de la horizontalidad, puesto que la sociedad como persona jurídica no puede ser destinataria abstracta y final de un deber de fidelidad porque está encarnada por socios personas físicas y jurídicas, por lo que la fidelidad a la sociedad no será en lo concreto sino una manifestación de la fidelidad a los consocios, porque son sus derechos los que pueden ser influidos por el socio, sobre todo en la sociedad cerrada. En la sociedad abierta con un capital disperso estos deberes de fidelidad horizontal tenderán a suavizarse, porque la relación contractual entre los socios es menos intensa.

expropiación, o para solicitar su sanción por vía judicial, entonces posiblemente asistiríamos, bien a una falta de contratación, o bien a unas negociaciones precontractuales más detalladas y costosas, a fin de reducir los riesgos de la naturaleza incompleta de la sociedad, por medio, por ejemplo, de la introducción de la regla de la unanimidad por vía parasocial. Ello repercutiría negativamente en la flexibilidad de la sociedad y en el dinamismo del mercado[116].

En la sociedad paritaria el deber de fidelidad se explicita de forma sustancialmente diferente al de la sociedad con una relación mayoría-minoría, en la medida en que aquella es muy propensa a padecer situaciones de bloqueo. La forma de afectación al derecho ajeno del consocio no es porque uno de los socios puede adoptar acuerdos sobre los activos sociales que le perjudiquen sino porque precisamente puede negarse, aplicando un control negativo en junta, a aprobar acuerdos necesarios para el normal funcionamiento de la sociedad. Por tanto, si las circunstancias que influyeron en la contratación cerrada en condiciones de igualdad no se alteraran sustancialmente, la explicitación del deber de fidelidad del socio paritario no regulado expresamente en el contrato de sociedad (estatutos y pactos parasociales) podrá deducirse jurídicamente como exigencia de la buena fe[117].

No obstante, que el deber de fidelidad del socio paritario se desprenda del principio de la buena fe no es óbice para que en la medida de sus preferencias y posibilidades los socios paritarios acuerden inicialmente o de forma sobrevenida —ya sea estatutaria o extraestatutariamente— mecanismos para reforzarlo. Esto puede conseguirse anticipando contractualmente remedios a posibles deslealtades o infidelidades, sin que la consecuencia de estas conductas, como el bloqueo de los órganos sociales o el control negativo con abuso de igualdad tenga que conducir a la eliminación de la propiedad común a través de la disolución y liquidación judicial.

---

116 Vid. EASTERBROOK, F. H./FISCHEL, D. R., "Voting in Corporate Law", *Journal of Law and Economics*, Nº 26, 1983, págs. 395-427.

117 Sobre la explicitación del principio de buena fe en el deber de fidelidad nos remitimos a la Parte II.

Aquí reside precisamente la extrema importancia de la negociación *ex ante* para la instrumentación de cláusulas de terminación y derechos de separación o exclusión del socio paritario, porque si el conflicto surge con un contrato de sociedad incompleto, éste se resolverá ante los tribunales y cuando esto suceda las partes deberán incurrir en los costes procesales del litigio, que emergerán como una ineficiencia *ex post* derivada de la no completitud del contrato. Por ello hay que referirse más propiamente a la vocación de completitud que lleva consigo el contrato organizativo de la sociedad cerrada paritaria, en el sentido de que los efectos de no completarlo pueden ser potencialmente más gravosos[118].

Partiendo a priori de la naturaleza durativa e incompleta del contrato de sociedad, el derecho societario y el derecho contractual deben ofrecer mecanismos para completarlo eficazmente. A este respecto nos encontramos con las limitaciones del legislador societario para el establecimiento de un marco regulatorio realmente útil y versátil para las sociedades cerradas y que se adapte (o "personalice") según las necesidades de los socios, junto al problema de la imposibilidad de un modelo supletorio de contrato de sociedad y estatutos. Puede estimarse, no obstante, que dichas dificultades quedarían atenuadas en función del alcance que el ordenamiento jurídico ofreciese al principio de la autonomía privada[119]. Una concepción flexible

---

118 Por tanto, como afirman COMINO, S./NICOLO, A./TEDESCHI, P., "Termination Clauses in Partnerships", *CEPET Workshop* (Udine), marzo 2006, pág. 11, el efecto de no completar el contrato con cláusulas de terminación es doble: "On the one hand, it induces an ex post inefficiency given that a positive probability firms will litigate in front of the Court in order to assign the asset in case of partnership termination. On the other hand, the absence of a termination clause has also an incentive effect. The inefficiency due to litigation reduces the expected pay-off in case of failure of the project and this fact induces partners to make larger investments in order to avoid this occurrence". Debido a este segundo efecto, sería inasumible la formalización de contratos de sociedad incompletos (sin cláusulas de terminación), porque su complementación será realizada por los tribunales afrontando las partes el coste procesal que conlleve el litigio (disolución y liquidación judicial). El coste de la litigación inducido por la ausencia de mecanismos de salida de la sociedad común operará pues como un instrumento de disciplina para mantener la inversión en la empresa conjunta.

119 La autonomía privada en derecho societario diverge en función del ordenamiento de que se trate. En España contamos con un margen más restrictivo si

y abierta a este respecto facilitaría que los socios pudieran regular sus relaciones y completar los contenidos del contrato de sociedad en el tiempo, adaptándolos en función del entorno económico y de sus circunstancias personales y financieras, sin incurrir en los costes derivados de una previsión exhaustiva al momento de contratar[120].

Así pues, una de las medidas de los socios será la de invertir recursos en la delimitación de los derechos de cada uno al momento de la fundación, pero sólo los invertirán hasta el límite en que el riesgo de incumplimiento o expropiación por el consocio compense la inversión realizada en su delimitación. En otras palabras, el riesgo de conductas infieles o desleales entre las partes por causa de la completitud del contrato de sociedad habrá de ser limitado por medio de un mecanismo de recontratación *ex post* eficiente, cuyo coste de implementación deberá ser lógicamente inferior a los costes de transacción[121].

---

lo comparamos con Estados Unidos o Alemania. Coincidimos en la valoración que hace FERNÁNDEZ DEL POZO, L., *La paralización de los órganos sociales en las sociedades de capital. Estudio de sus remedios societarios y una propuesta de reforma*, Colegio de Registradores de la Propiedad y Mercantiles de España-Marcial Pons, Madrid, 2018, pág. 56, sobre el insuficiente reconocimiento (expreso) al principio de autonomía privada de la voluntad. Sobre este punto en concreto, KÜBLER, F., *Derecho de Sociedades*, Madrid, 2002, pág. 377, y CERVERA GARCÍA, J. L., *Sociedad limitada en Alemania: introducción a su reciente reforma y traducción de su actual ley reguladora*, Valencia, 2010, passim. En general, sobre este principio en derecho privado como base de los negocios jurídicos, FERRI, L., *La autonomía privada*, Granada, 2001; MOISÁ, B., *La autonomía de la voluntad y la predisposición contractual*, Buenos Aires, 2005, pág. 61 y sigs.

120 Vid. ALFARO, "Los problemas...", cit., pág. 4; ESPINA, D., *La autonomía privada en las sociedades de capital: principios configuradores y teoría general*, Madrid-Barcelona, 2003, passim, y KRAAKMAN, R./ARMOUR, J., y otros., cit., págs. 23-25:"A contract that, like a corporation's charter, must govern complex relationships over a long period of time, is (...) necessarily incomplete. Situations will arise for which the contract fails to provide contract was drafted or because the situation, though foreseeable, seemed too unlikely to justify the costs of making clear provision for it in the contract. Statutory amendments, administrative rulings, and judicial decisions can provide for such situations as they arise, either by adding new rules of corporation law or by interpreting existing rules. This is the gap-filling role of corporation law".

121 ALFARO, J., *El interés...*, cit., pág. 25: "Individuos racionales establecerán acuerdos expresos vinculantes jurídicamente y redactarán un contrato más o menos detallado en función de que el coste de su redacción y ejecución venga compen-

Con todo, en lo referido a las sociedades paritarias, las afirmaciones anteriores no pueden concebirse taxativamente. La imposibilidad fáctica de un contrato de sociedad totalmente completo *ab initio* hace que adquieran mayor preeminencia las reglas organizativas. A este respecto, la singularidad esencial de la sociedad paritaria se advierte determinante en cuanto a que no opera en ella el principio mayoritario (por inexistencia de una relación mayoría-minoría). Esta particularidad conduce a que las decisiones de gran alcance —los acuerdos especiales—, esto es, aquellos que hayan de completar o modificar el contrato fundacional de sociedad, se tomen normalmente en régimen de unanimidad por los dos socios o grupos de socios paritarios, como así sucede en las sociedades personalistas. Las consecuencias de la unanimidad implícita a la paridad social es que la inicial flexibilidad del contrato incompleto se torna con el tiempo en un factor problemático por cuanto pone en manos de cualquiera de los socios o grupo de socios un poderoso instrumento de chantaje[122].

Por tanto, el recurso a la regla mayoritaria para contrarrestar la pretendida eficiencia del carácter incompleto del contrato de sociedad no puede contemplarse como una alternativa realmente factible en el caso de las sociedades paritarias. Por la singular composición

---

sado por una reducción suficiente en las posibilidades de incumplimiento de cualquiera de las partes".

122 El principio mayoritario reduce los costes de transacción en la adopción de acuerdos en las sociedades capitalistas y protege a los socios frente al oportunismo que otorgaría la unanimidad a cualquier socio por el chantaje que supondría su poder de veto. El principio mayoritario, adicionalmente, permite la recontratación entre las partes, dotando de versatilidad a la sociedad para adaptarse a las vicisitudes del mercado. El problema es que faculta a la mayoría a disponer del control sobre una parte de los activos sociales en cuya inversión fue partícipe también el minoritario. De ahí, que la unanimidad sea la regla de propiedad más justa, aunque no más eficiente, porque sólo cabe disponer de derechos si hay consentimiento (transacción voluntaria). El principio mayoritario lo excepciona por remitirlo a la entrada en sociedad a fin de evitar que los socios mayoritarios puedan controlar la sociedad sin depender permanentemente de los minoritarios para aprobar cualquier acuerdo social, empezando por los que son provechosos para todos. De esta forma el principio mayoritario se justifica pese a determinar la invasión de derechos ajenos porque representa una regla por la cual se alcanzan acuerdos cuyos beneficios son mayores que el perjuicio que causa a la minoría.

de su capital y reparto del poder político, dichas sociedades tendrán que asumir costes de negociación preventivamente a la fundación para completar el contrato con el fin de limitar las situaciones en las que la sociedad pueda experimentar conflictos intra-corporativos, fundamentalmente en lo que respecta a aquellas situaciones potenciales que conduzcan a que sus órganos sociales queden paralizados y expuestos a comportamientos oportunistas, abusivos y expropiatorios[123]. Así pues, puede afirmarse que la singularidad de la sociedad paritaria, en cuanto a la ineficacia de la regla de la mayoría, incentiva a los socios a incurrir en costes de negociación *ex ante* para evitar los costes del conflicto *ex post*.

La negociación *ex ante*, aunque ciertamente suponga un coste de transacción, encuentra una excepción en lo referido a las sociedades con distribución de capital 50/50. Como avanzaremos *infra*, puede observarse la cristalización de esta nota excepcional en lo relativo a los mecanismos de desbloqueo, tanto en su dimensión preventiva como solutiva, y tanto en su dimensión estatutaria como extraestatutaria. Consecuentemente, los socios paritarios tendrán fuertes incentivos para protegerse con antelación a través de un contrato lo más completo posible que evite las consecuencias negativas en la terminación contractual[124].

1.3.2 El carácter personalista de la sociedad paritaria

Tanto la vocación durativa como la necesidad de completar el contrato de sociedad son factores que hacen que los socios paritarios busquen un alto nivel de estabilidad para su proyecto empresarial, esto es, la certeza de que su inversión no será susceptible de expropiaciones a causa del advenimiento de un conflicto intra-corporativo que paralice el normal funcionamiento de los órganos sociales. Una

---

123 Vid. ALFARO, J., "Los problemas...", cit., pág. 4, quien refiriéndose a COOTER, R. D., "The theory of market modernization of Law", *International Review of Law and Economics*, N° 16, 1996, págs. 141 y 150, define el acto oportunista como aquel que destruye parte del excedente cooperativo para asegurarse la obtención de una parte mayor del mismo.

124 Cfr. COMINO, S./NICOLO, A./TEDESCHI, P., "Termination Clauses...", cit., pág. 2: "a non-amicable termination of an alliance may result in very long negotiations, large expenses and bitter legal battles".

de las vías para procurar esa estabilidad consistirá en la elección de una estructura corporativa que se adapte a este requerimiento, es decir, la elección de un tipo social que les permita controlar conjuntamente la sociedad. En particular, la sociedad de responsabilidad limitada o la sociedad anónima estatutariamente cerrada (y sus análogos de derecho comparado) serán los tipos sociales predispuestos por el ordenamiento para constituir sociedades capitalistas paritarias[125].

---

125 En el ámbito británico se conoce esta tipología societaria como *close corporations* o *closely-held companies*, que revisten la forma de *private limited company*. Vid. GOULDING, S., "The private Company in the United Kingdom", en AA.VV., *The European Private Company?*, Anterwpen, 1995, pág. 55 y sigs. En el ámbito comunitario tenemos la Sociedad Privada Europea o *Societas Privata Europaea* (SPE), que es un tipo de sociedad de responsabilidad limitada, propuesto sin éxito por la Comisión Europea para toda la Unión Europea en su conjunto (Propuesta de Reglamento de la SPE de 2008). La SPE es similar a la sociedad limitada española, las GmbH alemanas y austríacas, la SARL francesa y las LLC del ámbito anglosajón. El principal objetivo de esta figura jurídica es facilitar el acceso al mercado único europeo a las empresas pequeñas o medianas (pymes). A este respecto, véanse los estudios de DE KLUIVER, H. J., "Europe and the Private Company. An introduction", en AA.VV., *The European Private Company?*, Anterwpen, 1995, pág. 21 y sigs.; SANTELLA, P., "La società privata europea", en FERRI, G./RICHTER, M. S., *Profili attuali di diritto societario europeo*, Milán, 2010, pág. 289 y sigs., y ESTEBAN VELASCO, G., "La sociedad cerrada europea: ¿figura complementaria o alternativa a la sociedad europea?", *Revista de Derecho de Sociedades*, Nº 13, 1999, págs. 163-171. No obstante, la pretendida funcionalidad de la SPE es muy limitada, incluyendo los avances de la reforma de la propuesta de 2009 varias materias sustantivas que se remiten a la normativa nacional (impugnación de acuerdos sociales, disolución, responsabilidad del administrador), sin embargo, cabe destacar, en materia de derecho de separación —retirada— y exclusión —expulsión— (arts. 18 y 17), la novedad de la retirada y expulsión por justa causa, que es la novedad que introducen los arts. 17.1 y 18.1 d). Ello hace que los mecanismos de prevención y remedio de bloqueos societarios no estén totalmente coordinados de forma unitaria, perdiendo en cierta medida la coherencia, seguridad jurídica y uniformización que buscarían las *pymes* en las integraciones *joint venture* de empresas por medio de la SPE. En cambio, sí cabe destacar, aunque no hay propiamente una regulación, la mención que hace el Anexo I de la Propuesta de SPE a la posibilidad de establecer estatutariamente mecanismos de compra o venta forzosa de las participaciones. Se exige pronunciarse, de manera específica en la escritura acerca de la atribución o no a los socios, siempre de manera complementaria a lo previsto por los arts. 17 y 18, de cualesquiera derechos de exigir a los demás socios la venta de sus participaciones o del derecho de vender sus participaciones a los demás socios o a la SPE —que estarían obligados a adquirirlas—. No obstante, como

La elección de este tipología social obedece fundamentalmente a que conjuga las ventajas de las estructuras corporativas con los rasgos típicos de las sociedades de personas, de modo que sin prescindir del marco característico de las sociedades capitalistas (limitación de responsabilidad, órganos sociales, relaciones con terceros), excluye, al menos hipotéticamente, algunas de las desventajas de las sociedades personalistas, como la facilidad para separarse *ad nutum* de la sociedad, esto es, sin necesidad de justificación[126] o la responsabilidad personal, ilimitada, subsidiaria y solidaria de los socios por las deudas sociales[127].

Un sector de la doctrina señala que la dificultad de salida en la sociedad cerrada altera su equivalencia funcional con respecto a las sociedades de personas y que por ello mismo es racional el otorga-

---

afirma MIQUEL, J., "La Propuesta de Reglamento (CE) sobre la Sociedad Privada Europea", en ARENAS/GÓRRIZ/MIQUEL, *La internacionalización del Derecho de Sociedades*, Barcelona, 2010, pág. 64: "La SPE sería un tipo societario indudablemente interesante para la articulación de colaboración inter-empresarial, como instrumento idóneo para la constitución de *joint ventures* internacionales, en las que los socios, sean o no de países comunitarios, estarían sometidos a una regulación que podríamos calificar de neutral, sin producirse las desventajas que tiene en ocasiones para el socio extranjero el sometimiento a la legislación del lugar del domicilio de la sociedad".

126 Vid. ALFARO, J., "Los problemas...", cit., págs. 6-7; AA.VV., "Deadlock in a close corporation...", cit., pág. 653 y ROCK, E. B./WACHTER, M. L., "Waiting for the omelet to set: match-specific assets and minority oppression in the close corporation", *The Journal of Corporation Law*, Vol. 24, 1999, pág. 916.

127 Sobre la naturaleza de esta clase de responsabilidad, consúltese el estudio de PAZ-ARES, C., *La responsabilidad del socio colectivo*, Madrid, 1993, págs. 22-23. Como afirma este autor, la concepción acerca de la responsabilidad del socio personalista que mejor se acomoda a las exigencias de la economía contemporánea es aquella que subraya el aspecto organizativo, en el sentido de considerarlo como una pieza complementaria del engranaje societario, en tanto que mecanismo sustitutivo de un sistema de dotación y preservación del capital. Por contraposición a esta concepción figuraría una visión individualista o naturalista que concibe la responsabilidad del socio personalista como una simple adaptación a la empresa plural del régimen de responsabilidad del empresario individual. Compartimos enteramente esta visión en el caso español porque las sociedades colectivas son sociedades personalistas, al igual que las *partnerships* británicas, pero a diferencia de estas últimas, tienen personalidad jurídica (art. 116 C.Com). De ahí que la concepción societaria de la misma, dada su evolución histórica, explique mejor su encuadre desde la óptica del derecho especial que desde una construcción individualista del tipo.

miento a sus socios del mismo derecho de salida que el que tienen los socios de las sociedades personalistas[128]. A nuestro juicio, esta posición sólo sería admisible para aquellas sociedades capitalistas que carecen de activos críticos, y que, por tanto, podrían disolverse y reorganizarse fácilmente, no así para las sociedades cerradas con activos críticos, porque un derecho de separación ofrecería una disolución fácil y complicaría el acceso a recursos financieros ajenos. Por tanto, la elección de la tipología societaria será clave en función del coste que tenga la salida según la presencia de activos críticos en su patrimonio[129].

La analogía de las sociedades capitalistas cerradas paritarias a las sociedades de personas radica en su base intrínsecamente personalista (*intuitus personae*) evidenciada por una parte en la falta de separación entre propiedad y control, y por otra, en la inaplicabilidad del régimen de mayorías, cuestión ya advertida *supra*. Los dos socios paritarios suscriben la integridad del capital, pero también controlan, directa o indirectamente, toda la gestión de la empresa común, necesitando para ello de consensos prolongados en el tiempo. Adoptan la forma corporativa para dotarse de una estructura cerrada, aunque en la práctica operen a la manera de una sociedad de personas basando su funcionamiento en la mutua confianza y en el requisito de la unanimidad o consenso para la adopción de los acuerdos[130].

---

128 Vid. HETHERINGTON, J. A. H., "The minority's duty of loyalty in close corporations", *Duke Law Journal*, 1972, págs. 921-946.

129 Conforme a ROCK, E. B./WACHTER, M. L., cit., pág. 920: "Choose the close corporation form when heavy investments in match make restrictions on exit valuable. Choose the partnership form when exit is not costly and the parties can be given free reign to withdraw from the match".

130 En este sentido, la sociedad capitalista paritaria no difiere de la sociedad personalista porque su gobierno exige unanimidad. En este sentido, nótese la implícita exigencia de control conjunto en las sociedades personalistas reguladas en el Código de Comercio español, donde el art. 129, establece un sistema de control conjunto para la sociedad colectiva, ya que, salvo pacto en contrario, otorga a los socios colectivos la facultad de administrar la sociedad debiendo actuar de común acuerdo. Esta unanimidad determina un control conjunto de la sociedad personalista, pero es una regla potestativa, por lo que no es necesario que este sistema se ejerza de forma efectiva. Cabe, en consecuencia, que, por razones organizativas, los socios de la sociedad personalista se distribuyan el control de otra forma, o bien porque algunos socios declinan realizar tareas de gestión o porque prefieren regirse por el principio mayoritario (con

El elemento personalista de la sociedad cerrada se traduce en la búsqueda de estabilidad, en orden a garantizar una continuidad tem-

---

el límite del principio de determinación, es decir, en las decisiones relativas al contrato de sociedad). Vid. PAZ-ARES, C., "La sociedad en general: elementos del contrato de sociedad", en URÍA/MENÉNDEZ (coords.), *Curso de Derecho Mercantil*, 2ª ed., Madrid, 2006, pág. 524 y sigs. Por otro lado, como se refiere MIQUEL RODRÍGUEZ, J., *La Sociedad Conjunta...*, cit., pág. 183: "el uso de tipos capitalistas para sociedades cuya relación interna es propia de modelos personalistas, con pocos socios, con frecuencia, aunque no necesariamente, ligados por un vínculo familiar, está ampliamente extendido en la práctica, sin encontrar respuestas adecuadas por parte del derecho positivo". Sobre esta base personalista de las sociedades capitalistas cerradas es importante destacar aquí el concepto doctrinal y jurisprudencial de *quasi-partnership* procedente del *common law*, en virtud del cual las sociedades constituidas bajo una relación personalista caracterizada por la no separación entre propiedad y control pueden ser consideradas por los tribunales como *partnerships* (sociedades de personas) bajo el cumplimiento de unas determinadas condiciones a la hora de la disolución judicial, lo cual se articula en la práctica mediante la compra de las participaciones del socio demandante por la sociedad demandada. El caso de referencia (*leading case*) en este punto es *Ebrahimi v Westbourne Galleries Ltd* (1973) y la normativa mediante la cual se ampara la demanda de disolución es la Insolvency Act (1986), art. 122.1 g), a tenor de la cual un socio de una *quasi-partnership* puede solicitar la disolución de la sociedad si es justo y equitativo *(if it is just and equitable)*. En palabras del ponente Lord Wilberforce: "The just and equitable provision does not entitle one party to disregard the obligation he assumes by entering a company, nor the court to dispense him from it. It does, as equity always does, enable the court to subject the exercise of legal rights to equitable considerations; considerations, that is, of a personal character arising between one individual and another, which may make it unjust, or inequitable, to insist on legal rights, or to exercise them in a particular way". Sobre este punto nos remitimos a FRENCH, D./MAYSON, S./RYAN, C., cit., págs. 69-70. En ámbito estadounidense, MAHLER, P., "Shareholder Wars: internal disputes in close corporations do not always lead to judicial dissolution", *New York State Bar Association Journal*, vol. 76, Nº 8, 2004, págs. 31-32, confirma que las conclusiones son análogas al régimen británico, aunque no exista la construcción jurisprudencial y doctrinal de las *quasi-partnerships*. Sin embargo, sí cabe destacar el tipo social de las *limited liability partnerships*, que ha sido recientemente previsto en algunos ordenamientos estadounidenses. Esta tipología trata de conjugar algunos aspectos de las sociedades personalistas con el principio de la limitación de responsabilidad típico de las estructuras corporativas. Consecuentemente, hay que tener en cuenta que, dentro del universo de tipologías societarias, en ciertos ordenamientos estadounidenses es posible la constitución de sociedades cerradas híbridas (personalistas de responsabilidad limitada). Sobre este punto, consúltese, KRAAKMAN, R./ARMOUR, J., y otros., cit., pág. 17.

poral que maximice los activos aportados. Esta necesidad de estabilidad será aún más patente en las sociedades conjuntas resultado de un contrato de *joint venture*. La presencia de activos específicos requiere continuidad en la estructura corporativa en orden a desarrollar las ventajas competitivas del negocio común. Con todo, la elección de la sociedad de responsabilidad limitada como tipo social predispuesto por el ordenamiento para la constitución de sociedades cerradas no basta para asegurar esa estabilidad. Serán los estatutos sociales y los pactos parasociales los que completen el contrato social de forma que se garantice adecuadamente la estabilidad de la coalición paritaria bajo el complejo equilibrio que supone operar con una estructura corporativa a partir de una evidente base personalista[131].

El problema es que la diligencia en la negociación contractual que exige la llevanza de un negocio conjunto bajo una forma corporativa construida sobre una innegable base personalista contrasta no sólo con la falta de atención legislativa y jurisprudencial hacia el fenómeno del bloqueo de las sociedades cerradas sino también con la poca atención que por lo general suelen prestar los socios paritarios al propio funcionamiento corporativo, a los requisitos procedimentales de los órganos sociales e incluso al conocimiento de sus derechos y deberes[132].

---

131 Vid. FELIU REY, J., *Los pactos parasociales en las sociedades de capital no cotizadas*, Madrid-Barcelona, 2012, pág. 238, los trabajos de YANES YANES, P., "Los pactos parasociales no comunicados", *Diario La Ley*, N° 7531, Sección Tribuna (20 de diciembre de 2010, Año XXXI) y "Pacto parasocial de permanencia y colaboración para una integración empresarial", *Revista de Derecho de Sociedades*, N° 36, 2011, págs. 411-418 y DAINO, G., "Tecniche di soluzione del deadlock: la disciplina contrattuale del disacordo tra soci nelle joint ventures paritarie", *Diritto Commerciale Internacionale*, 1988, pág. 151 y sigs.

132 Vid. AA.VV., "Deadlock in a close corporation…", cit., pág. 654, nota 5: "Owners of small family corporations, or incorporated partnerships are notoriously negligent in observing the legal requirements and formalities of doing business in the corporate form. Often they are little interested in such things as minutes, meetings and resolutions, and know nothing about such rules as "interested directors" and corporate opportunity" - until the day of reckoning comes, when the "partnership breaks up in dispute or creditors decide to assert their claims. Acts done informally and in complete good faith are then tested against strict legal requirements that the parties knew nothing about or ignored".

La fuerte presencia del elemento personalista en la sociedad paritaria adquiere vital interés en cuanto a la funcionalidad del régimen restrictivo de la transmisibilidad de las participaciones sociales. La inclusión estatutaria de cláusulas limitativas de la transmisibilidad para cerrar la sociedad será, a priori, el sistema idóneo que dote de estabilidad a la sociedad. Esta restricción gozará de eficacia *erga omnes* a diferencia de la eficacia relativa de los pactos parasociales. Aunque suponga una limitación al derecho de propiedad, permitirá a los socios maximizar el valor de su participación (o a *sensu contrario*, minimizar la pérdida de valor), puesto que la enajenación libre de la participación paritaria podría producir externalidades negativas sobre el valor de la del consocio. A fin de erradicar estas eventuales externalidades negativas, los socios paritarios tendrán fuertes incentivos para pactar estatutariamente la obligación de someter al consocio la autorización de la venta o en su caso la asignación de un derecho de adquisición preferente[133].

Por lo anterior, la regulación de la salida "libre" de uno de los socios de la sociedad paritaria no constituye una decisión estratégica óptima porque ante el eventual riesgo de verse expropiado por el abandono del consocio, ninguno realizará inversiones específicas, aunque éstas fueran imprescindibles para la supervivencia de la sociedad o por ser rentables para maximizar el valor de la empresa que realiza el objeto de la sociedad[134].

En consecuencia, si los socios pueden separarse o poner en marcha el proceso disolutorio de la sociedad de capital voluntariamente, sin causa legal o estatutaria justificativa, ninguno estará dispuesto *ex ante* a realizar inversiones específicas en la perspectiva *ex post* de ser

---

133 A este respecto, ALFARO, J., "Los problemas…", cit., pág. 14 y los trabajos de PERDICES, A., "La transmisión de participaciones en la sociedad de responsabilidad limitada. Régimen general (arts. 26-28 LSRL)", en PAZ-ARES, C. (coord.), *Tratando de la Sociedad Limitada*, Madrid, 1997, pág. 423 y sigs., "Llévame contigo" (Las cláusulas estatutarias de venta conjunta de acciones y participaciones), *Working Paper (Universidad Autónoma de Madrid)*, 2003; *Cláusulas restrictivas de la transmisión de acciones y participaciones*, Madrid, 1997 y "Las restricciones a la transmisión de participaciones en la sociedad de responsabilidad limitada", *Revista Jurídica del Notariado*, N° 8, 1993, págs. 313-359. Atenderemos a esta cuestión en las Partes II y III de este trabajo.

134 De conformidad con ALFARO, J., "Los problemas…", cit., págs. 7, 9 y 19.

expropiado por el consocio oportunista. Por razón de este problema, en las sociedades cuyo patrimonio esté compuesto de activos críticos —como el de las sociedades conjuntas tecnológicas—, los costes de una salida "fácil" serán probablemente más considerables. En sentido contrario, el carácter cerrado de la sociedad común, esto es, la dificultad para disolverla o terminarla por sus actuales propietarios, será un elemento protector para los acreedores e incentivador para potenciales financiadores[135].

1.3.3 La falta de separación entre propiedad y control. Su trascendencia en los órganos sociales de la sociedad paritaria

A) El gobierno de la sociedad paritaria

El hecho de que en las sociedades cerradas no exista una separación efectiva entre propiedad y control supone que la principal cuestión problemática no radica sustancialmente en la supervisión de los administradores (costes de agencia[136] y deberes de lealtad[137]) sino en la protección de los socios frente a potenciales conductas lesivas *inter partes* (deber de fidelidad)[138].

Como demuestra la jurisprudencia analizada en las Partes II y III, el órgano de administración de la sociedad paritaria será un correlato lógico de la distribución paritaria del capital (por ejemplo, dos

---

135 Vid. ROCK, E. B./WACHTER, M. L., cit., págs. 920 y 929.

136 Sobre el concepto básico del problema de agencia en derecho de sociedades, véase KRAAKMAN, R./ ARMOUR, J., y otros., cit., págs. 35-37. Por su parte, JACQUET YESTE, T., "La elección del modo de organizar la administración (Una aproximación desde la teoría de los costes de agencia)", *Revista de derecho de sociedades*, Nº 71, 2024, sitúa en el conocimiento recíproco entre los socios, el número de socios y el riesgo que estos asumen en la sociedad como los factores determinantes en aquella elección y logra trazar un perfil de las sociedades en que resulta más eficiente el uso de cada modo a efectos de reducir los costes de agencia entre socios y entre socios y administradores.

137 Vid. RIBAS FERRER, V., *El deber de lealtad del administrador de sociedades*, Madrid, 2010, pág. 125 y sigs.

138 Vid. MCLAUGHIN, S., *Unlocking Company Law*, Oxon, 2009, pág. 16; ALFARO, "Los problemas...", cit., pág. 8 y WORTMAN, T. J., "Unlocking lock-in: limited liability companies and the key to underutilization of close corporations statutes", *New York University Law Review*, Nº 70, 1995, pág. 1365.

administradores mancomunados), por lo que si los consocios tienen capacidad profesional o técnica para gestionar por sí mismos la empresa se producirá una intensa alineación de intereses entre los socios y los administradores sociales. La alineación será plena cuando los socios paritarios reúnan en su misma persona la titularidad de la administración[139].

Esta circunstancia hace que en la sociedad cerrada el estándar de conducta del administrador hacia el interés social (deber de lealtad) quede parcialmente vaciado de sentido, o más bien subsumido por el deber de fidelidad horizontal de los consocios. El administrador social, como representante leal, debe, en principio, subordinar su interés propio al interés de su principal, los socios. Pero si no hay una efectiva separación entre propiedad y control —como sucede habitualmente en sociedades cerradas—, no puede realmente afirmarse que el administrador gestiona un interés ajeno, ni puede postergar totalmente su interés propio a los intereses de los socios. Aunque los socios de la sociedad cerrada, en tanto que mandantes, pudiesen autorregular la función del administrador-mandatario, excepcionando la obligación de posponer su propio interés en determinadas operaciones, el límite estará en el principio general de buena fe, fundamento inderogable que informa a todo el ordenamiento jurídico y el mismo vínculo contractual societario[140].

Evidentemente, esta circunstancia dependerá en gran medida del sector económico y mercados en los que opere la sociedad, su volumen de negocio y la dimensión de su fuerza laboral. Por tanto, cabe la posibilidad de que los socios paritarios no tengan capacidad para ocuparse personalmente de la gestión empresarial y deban asumir los costes de agencia derivados de la vigilancia y control del órgano de administración. Dichos costes se repartirán de forma igualitaria aún con el potencial riesgo de que el órgano de administración se alinee con uno de los socios.

Como se analizará *infra*, muchas situaciones de bloqueo acontecerán precisamente cuando el gobierno de la sociedad paritaria quede

---

139 Vid. ROCK, E. B./WACHTER, M. L., cit., pág. 917.

140 Vid. RIBAS FERRER, V., *El deber de lealtad…*, cit., pág. 128 y sigs., 139 y sigs. y 159 y sigs.

de facto bajo el control exclusivo de uno de los socios (socio-administrador único o socio-administrador de hecho en caso de acefalia administrativa), lo que aumentará la posibilidad de expropiación del consocio. Los medios que podría utilizar un socio en esta posición de control serían muy diversos, desde presionar a la administración para que despida al otro socio si es empleado de la sociedad o decidiendo no distribuir dividendos si esa fuera la fuente de ingresos del consocio, celebrando contratos con sociedades dominadas por el socio oportunista, fijando altos salarios a sus administradores, concediéndose préstamos o fichando como empleados o directivos a familiares o amigos, o directamente apropiándose de oportunidades de negocio que conozca por su efectiva gestión de la sociedad[141].

Tampoco puede obviarse que en muchas ocasiones será la propia sociedad quien contrate los servicios profesionales de sus socios mediante una relación contractual sinalagmática (civil o laboral), pues como se ha referido *supra*, en este tipo de sociedades la relevancia que adquiere el *intuitus personae* hace que los socios no se limiten únicamente a aportar el capital, sino que su modo de aportar a la organización lo es también a través de una determinada prestación de servicios[142].

Por tanto, el conflicto de gobierno entre los socios paritarios pondrá de relieve la heterogeneidad de intereses en torno al negocio común. El agravante de esta circunstancia es que la sociedad no podrá acceder con facilidad a un mercado de administradores ni de participaciones sociales con objeto de solventar heterónomamente el conflicto derivado de la no separación entre propiedad y control[143].

---

141 A este respecto, ALFARO, J., "Los problemas...", cit., pág. 10.

142 Vid. ALBORCH BATALLER, C., cit., pág. 74.

143 En efecto, como señala ALFARO, J., "Los problemas...", cit., pág. 10, para el caso de las sociedades cerradas no existe como tal un mercado de participaciones sociales, lo cual impide a los socios el poder deshacerse de su participación fácilmente. A la iliquidez de las participaciones de una sociedad cerrada y paritaria se une la problemática de la determinación de su valor. Un mercado de acciones o participaciones es líquido si el coste de comprar o venderlas es bajo. Las participaciones de las sociedades paritarias son extremadamente ilíquidas a diferencia de lo que sucede con las sociedades de capital disperso en las que un socio puede convertir fácilmente sus acciones en dinero. La concentración de propiedad del titular de una participación de control (50%) reduce la liqui-

Si en efecto, a pesar de las dificultades, puede conseguir solventar el conflicto *ex post* reanudando un control conjunto y recíproco, éste llevará consigo unos costes de agencia más elevados por causa de la separación "artificial" de la propiedad del control, ya sea mediante la contratación de mutuo acuerdo de un administrador único o la constitución de un consejo de administración con inclusión de consejeros independientes[144].

B) Función de la junta general en la sociedad paritaria

La función de la junta viene determinada principalmente por la estructura de propiedad de la sociedad de capital[145]. Si la sociedad es de capital disperso la función principal de la junta será la de disciplinar a los administradores en el interés social. En este tipo de sociedades con estructuras de capital desconcentradas —más comunes en los mercados regulados por los ordenamientos jurídicos anglosajones—, el control decisorio descansa de hecho en el órgano de administración, que acapara amplias competencias, lo que se ha dado en

dez porque no hay demanda de participaciones de sociedades cerradas. Ello incrementa los costes de negociación y de valoración para las partes. Sobre la interrelación entre la dispersión de capital y la liquidez del mercado de participaciones, véanse los estudios empíricos de DEMSETZ, H., "The structure of ownership and the theory of the firm", *Journal of Law and Economics*, Nº 26, 1968, págs. 375-377, y más recientemente, SARIN, A. /SHASTRI, K. A./SHASTRI, K., "Ownership structure and stock market liquidity", *Working Paper University of Pittsburg*, 1999, pág. 15: "Our results provide support for the hypothesis that concentrated ownership adversely impacts stock liquidity". (…) "This decrease in liquidity is a factor that should be considered when evaluating the effect of ownership structure on firm value" (pág. 20).

144 Para ahondar en el fundamento del coste de agencia, JENSEN, M. C./MECKLING, W., "Theory of the firm…", cit., pág. 305 y FAMA, E. F., "Problemas de agencia y teoría de la empresa" en PUTTERMAN, L. (ed.), *La naturaleza económica de la empresa*, Madrid, 1994, págs. 245-260.

145 Por otra parte, como demuestran empíricamente FACCIO, M. /LANG, L., cit., págs. 365-395, las sociedades de capital concentrado son mayoritarias en Europa continental, sobre todo en relación con pequeñas y medianas empresas. En cuanto al papel de la junta en la distinción entre la sociedad de capital disperso y la de capital concentrado, nos remitimos de nuevo al interesante trabajo de SÁEZ LACAVE, M. I., "Las bases económicas…", cit., págs. 4 y 7.

conocer como *managerialism*. Por esta razón, la función primordial de la junta será la de controlar la relación de agencia[146].

Por el contrario, si la sociedad tiene una estructura concentrada la junta tendrá como principal misión hacer efectivos los deberes de fidelidad de los socios cuando éstos toman decisiones para completar el contrato de sociedad. En su seno el poder de decisión y de control estará generalmente en manos de los socios, aunque la adopción de acuerdos se distribuya formalmente entre el órgano administrativo y la junta de socios según la naturaleza de la materia. Por eso lo normal es que las decisiones más conflictivas se canalicen simultáneamente tanto en la junta como en el órgano de administración en virtud del sistema de distribución competencial que fuere de aplicación[147].

El problema del bloqueo de la junta general emerge en relación con la paridad social en cuanto se verifica la falta de virtualidad de las dos reglas que racionalizan su funcionamiento en las sociedades de capital de ámbito continental: la reserva de competencias a favor de la junta general y el principio mayoritario. Por una parte, porque, aunque se limitara la reserva de competencias en perjuicio de la jun-

---

146 A este respecto consúltese, BAINBRIDGE, S. M., *Corporation law and economics*, Nueva York, 2002, pág. 192 y sigs. Sobre las herramientas para minimizar esos costes, véase SÁEZ LACAVE, M. I., "Las bases económicas...", cit., pág. 8.

147 En este sentido, la realidad de la estructura de propiedad de la sociedad y los intereses tutelados por el legislador determinan la óptima distribución competencial inter-orgánica. De ahí la importancia de evitar trasplantes normativos de otras realidades mercantiles diferentes, puesto que los regímenes competenciales esencialmente imperativos están pensados exclusivamente para el modelo de gran empresa abierta en la que los socios y terceros precisan de una especial protección. De ahí que para la realidad societaria que nos ocupa, entendemos favorable una norma flexible, que expresamente no impida a los estatutos apartarse de lo dispuesto en la ley, salvo autorización en dicho sentido. Por eso, en la sociedad con reducido número de socios, como se refiere BOQUERA/LATORRE, "Distribución y conflictos de competencias en la sociedad anónima no cotizada", en EMBID IRUJO, J. M. (coord.), *Las competencias de los órganos sociales en las sociedades de capital*, Valencia, 2005, pág. 68: "queda plenamente justificado que los socios se reserven algún tipo de influencia sobre la actuación de los administradores". En este sentido, una mayor libertad estatutaria en lo relativo a la configuración competencial orgánica coadyuvaría a una mejor tutela de los socios de las sociedades cerradas, tanto sustrayendo competencias a la junta en favor del órgano administrativo como viceversa, en función de las necesidades de los socios y de las características de la sociedad.

ta con objeto de dotar a la administración social de mayor autonomía orgánica, en caso de conflicto bilateral entre los socios, el bloqueo se extenderá irremisiblemente al órgano de administración. Por otra parte, porque, como se hizo referencia *supra*, en una sociedad cuya distribución de capital es al 50% no puede regir de modo natural el principio mayoritario.

Esto pone de relieve la correlación inversa entre la eficiencia del sistema de voto en junta y la concentración de capital. El voto en una sociedad paritaria no juega como contrapeso del control. Lo normal es que los administradores sean los propios socios o personas de su entera confianza, por lo menos en lo concerniente al administrador mancomunado que designen respectivamente o al administrador único designado conjuntamente. El sistema de voto en una sociedad paritaria no es eficiente en cuanto que exige alcanzar la unanimidad para la aprobación de las decisiones fundamentales que requieran mayorías cualificadas o reforzadas. Sin embargo, la ventaja es que no se verá afectada por las ineficiencias de la mecánica del voto de las sociedades de capital disperso como la posible manipulación de los administradores, ya fuere sobre el procedimiento, convocatoria y orden del día, o su posible discrecionalidad para influenciar el voto, y el monopolio de los poderes de la mesa de la junta. Adicionalmente, al no haber separación entre propiedad y control, en las sociedades paritarias tampoco tendrán mayor virtualidad el derecho de información ni la delegación del voto.

Las limitaciones funcionales antes referidas encuentran su fundamento nuevamente en la base personalista de la sociedad de capital paritaria. Si bien su estructura corporativa puede permitir la especialización de la gestión por medio de una separación formal entre administración y control, lo cierto es que, a causa de la composición extremadamente concentrada de su capital, la junta y el órgano administrativo tenderán a identificarse plenamente[148]. La bicefalia en el capital hace que la separación propiedad-control devenga pura-

---

148 Para un exhaustivo análisis comparativo de las competencias de la junta y del órgano de administración entre derecho estadounidense y derecho europeo, consúltese COOLS, S., "Real difference in corporate law between the United States and Continental Europe: Distribution of Powers", *Delaware Journal of Corporate Law*, N° 30, 2005, págs. 738-744.

mente formal. Como consecuencia de ello, los costes de agencia no habrán de suponer un problema de magnitud comparable al de las sociedades de capital disperso. Así pues, la junta no funcionará como un órgano de vigilancia sino como un órgano plenamente decisorio en tanto que para la actividad normal de la sociedad será condición necesaria que los dos socios reunidos en ella adopten decisiones de manera colegiada[149].

En consecuencia, en la sociedad paritaria el conflicto intra-corporativo no es un conflicto inter-orgánico sino un conflicto de la junta, que en función de su entidad podrá o no extenderse al órgano de administración. Como el control lo determina la propiedad en el capital, los conflictos relativos a la administración serán los atinentes a los socios. Aunque cada ordenamiento jurídico pueda asignar distinto grado de competencia a la junta, es evidente que en las sociedades cerradas de capital concentrado este órgano residenciará las decisiones sociales relativas al contrato de sociedad y a las relaciones contractuales entre ambos socios[150].

Por esta razón, el problema de la junta paritaria no es de índole sustantiva sino operativa o procedimental puesto que su principal funcionalidad será la de hacer efectivos los deberes de fidelidad para proteger las inversiones frente a un hipotético oportunismo del consocio. Como en principio el control lo ejercen los socios-administradores conjuntamente, ante la previsible ineficacia de las acciones de responsabilidad de administradores, la función de la junta será todavía más determinante con el fin de supervisar la fidelidad del socio para con su consocio en el ejercicio del poder decisorio[151].

---

149 Vid. NEVILLE, M., "Conflicts…", cit., pág. 11, nota 41: "The overlap between ownership and management means that, as a rule, the traditional agent/principal problem that is central in may listed companies does not arise in SME, thus reducing agency costs".

150 Desde una perspectiva contractualista, los socios son los únicos que tienen poder para determinar las reglas de la sociedad. En la misma línea, ESTEBAN VELASCO, G., "Estructura orgánica de la sociedad de responsabilidad limitada", *Revista de Derecho de Sociedades*, Nº Extraordinario, 1994, pág. 394, en el sentido de que la junta es competente para determinar la estructura y organización económica y jurídica de la sociedad.

151 Vid. SÁEZ LACAVE, M. I., "Las bases económicas…", cit., pág. 24.

De este modo, en las sociedades paritarias puede admitirse un replanteamiento del enfoque en el sentido de concebir la junta de socios como un auténtico órgano soberano. El mayor problema no lo constituye el coste de agencia que representa la vigilancia o supervisión de los administradores —con frecuencia mera prolongación de la estructura bipersonal de la junta— sino la determinación de los mecanismos para la protección recíproca de los socios frente a las conductas oportunistas derivadas del abuso de la posición de igualdad (bloqueo de los órganos sociales)[152].

Como es natural, la paralización efectiva de la junta podrá ser una de las manifestaciones de ese abuso, de ahí la necesidad de completar el contrato de sociedad con instrumentos estatutarios y parasociales a fin de que sea un órgano eficiente en el desempeño de las competencias que tenga encomendadas, reduciendo los riesgos de parálisis y extracción de beneficios privados por parte del socio paritario obstruccionista. Este riesgo se agravará si además ese socio "infiel" o "desleal" es aquel que ostenta el poder en el órgano de administración, por ejemplo, en calidad de administrador único[153].

---

152 Vid. SÁEZ LACAVE, M. I., "Las bases económicas...", cit., pág. 22: "Esta función de fiscalización de la junta es más decisiva en las sociedades de capital concentrado que en las sociedades de capital disperso, y ello no se debe, como podríamos pensar a primera vista, a la atribución legal de competencias a la junta, sino más bien a la articulación normativa de los deberes de lealtad de los *insiders*".

153 Sobre este punto cabe referirse al riesgo de *tunneling* operacional o transaccional, operaciones de gestión como la segregación de activos o filiación cuya competencia se asignaría nominalmente al órgano de administración y por tanto no sometidas a junta, operaciones en las que materialmente se transmiten activos sociales sin la oportuna contraprestación. A este respecto, SÁEZ LACAVE, M. I., "Las bases económicas...", cit., págs. 29-30, observa un déficit de protección ante estas prácticas en el derecho continental. Aunque esta autora se refiere al déficit de protección de los socios minoritarios, estamos en posición de afirmar que también lo es en lo referente al socio paritario que carece de poder en el órgano de administración, por ejemplo, bajo un administrador único y afín al consocio oportunista; o por ostentar dicho consocio la titularidad de ese cargo beneficiándose personalmente de tales operaciones. Estas operaciones de gestión a menudo gozan de legalidad formal, pero pueden vulnerar derechos contractuales del socio minoritario o paritario. Ante el déficit de protección en los ordenamientos continentales, cabe fijarse en la solución jurisprudencial alemana que apuesta por la intervención de la junta de socios en virtud de la "doctrina de las competencias implícitas de la junta". De conformidad con el Tribunal Supremo Alemán, el órgano de administración no puede adoptar de-

En suma, ante la presencia de una junta general dividida al 50%, el sistema de protección de los socios de control paritarios residirá en los estándares de conducta que sometan el oportunismo derivado de la desaparición de la homogeneidad de intereses que dieron lugar al negocio común (*affectio societatis*). El riesgo de oportunismo podrá corregirse por medio de los deberes de fidelidad, es decir, a través de ciertos mecanismos correctores del voto, como la abstención forzosa del socio paritario que se encuentre en situación de conflicto de interés[154]. Este deber de abstención operaría como una privación de un derecho contractual legítimo y su aplicación a supuestos tasados y excepcionales podría contribuir a la prevención de conductas opresivas y desleales entre los socios paritarios.

C) Control de la sociedad paritaria: control negativo y control conjunto o paritario

Las sociedades paritarias, con socios en igualdad de condiciones y derechos, poseen algunos rasgos distintivos que deberían ser considerados de forma independiente de otras situaciones donde, en atención al principio plutocrático, la relación entre los socios se sustenta en criterios de mayoría-minoría. La relación entre socios paritarios se ha de adaptar, en estos supuestos, a la existencia de un control conjunto o paritario de la sociedad[155].

---

cisiones que, aunque pertenezcan formalmente a sus competencias, interfieran sustancialmente con la condición de socio y afecten al interés económico de sus participaciones. Sobre esta doctrina jurisprudencial alemana, véase la doctrina Holzmüller, sentencia BGH de 25 de febrero de 1982, la sentencia Macotron de 25 de noviembre de 2002 y las sentencias Gelatine de 26 de abril de 2004. No obstante, como nos recuerda la autora, cit., pág. 82, nota 86, a pesar de esta doctrina jurisprudencial, la interpretación contraria, de corte formalista y positivista, es la que ha predominado en la práctica amparándose en que las facultades ordinarias y extraordinarias de la sociedad corresponden al órgano de administración salvo que cuenten con una reserva legal a favor de la junta general.

154 Vid. IRACULIS ARREGUI, N., *Conflictos de interés del socio*, Madrid, 2013, passim. GARCÍA SANZ, A., "Deber de abstención y conflictos de intereses en la junta general de las sociedades de capital", Revista de derecho de sociedades, Nº 55, 2019, estudia la posibilidad de incluir en los estatutos sociales nuevos supuestos de conflictos de intereses que obliguen al socio afectado a abstenerse.

155 Conforme HERNANDO CEBRIÀ, L., *El abuso...*, cit., pág. 78.

La situación de absoluta igualdad en la distribución del capital social, salvo en caso de ruptura por conflicto de intereses, cuestiona el principio de mayoría en la adopción de acuerdos como principio político rector de las sociedades capitalistas. La facultad de bloqueo es a lo que nos referimos como "control negativo", en el sentido de que el socio dispone de una facultad o poder de veto en junta, pero al mismo tiempo no puede por sí mismo controlar activamente la sociedad imponiendo sus propias decisiones[156]. Este control negativo es un control pasivo, un poder de veto que hace que no se puedan adoptar decisiones[157].

El control paritario de la sociedad ha de ser distinguido del control conjunto en sentido estricto. El control conjunto es cuando un grupo de socios, por cualquier vía, ejerce una posición de control sobre la decisión como un centro autónomo de decisión, pero no se excluye que puedan existir otros socios externos al control (minoritarios o sindicatos de minoría)[158]. De hecho, en sociedades con

---

156 En parecidos términos se refiere la Comunicación de la Comisión Europea 2008/C95 al definir el control negativo o de bloqueo que pueden tener los socios externos al control: "cuando un solo accionista puede vetar las decisiones estratégicas de una empresa, pero no puede por sí solo imponer tales decisiones".

157 Vid. BONVICINI, D., *Le joint ventures...*, cit., pág. 231, donde, aplicado al caso de la *joint venture corporation*, señala que este dominio conjunto presupone en concreto la atribución a cada socio del poder de incidir en modo determinante en el proceso de formación de la voluntad social y que este poder, desde el punto de vista negativo, se traduce en la posibilidad de bloquear las iniciativas sociales. Vid. BERLE, A., "Control in Corporate Law", *Columbia Law Review*, vol. 58, 1958, pág. 1212 y sigs.

158 El concepto y regulación de control conjunto es una materia compleja. La clave regulatoria es la identificación de la situación de control, bien de modo fáctico, bien de modo contractual. El primero se plasmaría en la vinculación entre diferentes personas por una concreta situación familiar económica o societaria, que lleva al regulador a una presunción *iuris tantum* favorable a una acción concertada, a efectos de determinación de situaciones de control societarias. Además de a posibles pactos, a la hora de identificar estas situaciones de control habrá que atender a las fuentes de financiación y vínculos familiares (art. 62 de la Comunicación de la Comisión Europea 2008/C 95 y STJUE de 23 de abril de 1997 en el caso *Anglo American Corporation/Lonrho*). Por otro lado, el control conjunto en relación con el fenómeno de los grupos de sociedades es un control conjunto contractual y horizontal, como el que se desarrolla por medio de la sindicación de socios (art. 3.1 y 3 RD 1066/2007). El control conjunto también puede darse

relación mayoría-minoría, los socios minoritarios pueden también formar un control negativo conjunto, a través de la sindicación de voto, y por ese medio adquirir la facultad de bloqueo de la junta si consiguen movilizar a su favor suficiente porcentaje de voto como para impedir o vetar la toma de determinados acuerdos, aunque carezcan de facultad para imponer los suyos. Aunque en el presente trabajo no se examina este fenómeno —que podría ser igual de patológico por quebrar el principio mayoritario—, basta mencionar que una unión de minoritarios (mediante la sindicación) puede también dar lugar a un control negativo conjunto, afectando con su bloqueo al funcionamiento de los órganos sociales[159].

Por el contrario, en el control paritario no existen otros socios que participen en la sociedad, pero ello no implica que la sociedad sea exclusivamente bipersonal, sino que la paridad puede provenir de otras situaciones de igualdad, como la que se daría entre bloques compactos e igualitarios de una pluralidad de socios con una vinculación estable o ramas de familia diferenciadas. Esta situación factual permite que las soluciones aplicables a sociedades paritarias bipersonales puedan trasladarse a los grupos de control conjunto paritario. Para ello habrá que atender a los pactos parasociales que regulen

---

como control indirecto, por medio de la intervención de persona interpuesta (art. 137 LSC y arts. 5.1 d y 7 RD 1066/2007). En ambos supuestos, la regulación del control conjunto se refiere a aquellos casos que pueden permitir a uno de los socios alcanzar una posición de control mediante acuerdos o prácticas concertadas con otros socios respecto a la sociedad participada, por medio de pactos parasociales que instrumenten una sindicación de voto. No obstante, las limitaciones derivadas del control conjunto pueden provenir de los pactos mismos de sindicación, cuando los acuerdos alcanzados no concedan a uno de los socios una capacidad de decisión autónoma (art. 5.1 b y c RD 1066/2007). Esto sucederá cuando el pacto prevea mecanismos de consenso en la adopción de decisiones en el mismo sindicato, como junta general separada o junta especial fuera de la sociedad (art. 293.2 LSC). Sobre la relación entre los acuerdos de *joint venture* y el derecho de la competencia, vid. MIQUEL RODRÍGUEZ, J., *La Sociedad Conjunta...*, cit., pág. 57 y sigs. Sobre la singularidad de las juntas especiales, GARCÍA-LUENGO, R. B., *El régimen jurídico de las juntas especiales en la sociedad anónima*, Salamanca, 1980 y más modernamente CAMPUZANO LAGUILLO, A. B., "Las juntas generales y las juntas especiales en las sociedades anónimas: comentario a la STS de 9 de diciembre de 2010", *Revista Aranzadi de Derecho Patrimonial*, N° 27, 2011, págs. 369-384.

159 Sobre este particular: HERNANDO CEBRIÀ, L., *El abuso...*, cit., pág. 84.

esta situación de control paritario o en defecto de ello, a las evidencias que demuestren una concertación de los bloques vinculados[160].

1.4 TIPOLOGÍA DE SOCIEDADES PARITARIAS

En las sociedades paritarias los vínculos afectivos entre los consocios suelen configurar y condicionar su organización y funcionamiento ya que a la relación contractual se superpone una relación informal de carácter extrajurídico (afinidad personal). A ello se suma el hecho de que por lo general la pequeña o mediana empresa que realiza el objeto social supone la principal fuente de rentas para sus dos socios, ya sea vía dividendos o vía salarios, por lo que su participación en la gestión social se pretende activa y continuada[161].

---

160 En sede de derecho de la competencia, por ejemplo, se contempla el fenómeno del negocio conjunto o *joint venture*, cuando existe una participación dual en una persona jurídica independiente, constituida por otras sociedades o por dos socios en condiciones de paridad. Ello se observa en materia de concentraciones, cuando se refiere a un cambio estable de control en empresas en participación o a la adquisición del control conjunto sobre una o varias empresas cuando éstas desempeñan de forma permanente las funciones de una entidad económica autónoma (art. 7.1 c LDC en relación con el art. 3.4 del Reglamento (CE) Nº 139/2004 del Consejo, de 20 de enero de 2004, sobre el control de concentraciones entre empresas). Este control conjunto concede a los socios un derecho de veto respecto del nombramiento de altos directivos y de la elaboración del presupuesto, así como sobre los planes de negocio, inversiones y otras transacciones relevantes en el mercado y sobre políticas comerciales. Todo ello se ha de relacionar con las funciones de dirección, planificación y organización respecto de la empresa social que son expresión del ejercicio del control de la sociedad.

161 Vid. NEVILLE, M., "Conflicts...", cit., págs. 4 y 5: "Empirical studies show that SMEs typically have few owners (...) These companies are often set up in the expectation and/or on the condition that the shareholder will have an influence on the management of the company (...) the shareholders are often employed in the company and that they have long term and close connections with each other, for example through family connections or friendship". También desde una perspectiva empírica, NAGAR, V. /PETRONI, K. / WOLFENZON, D., cit., pág. 8: "Analytical models argue that shareholders in closely-held corporations are typically few in number and deeply involved with firm operations, so monitoring costs are not especially onerous. However, this is an assumption whose veracity can only be validated empirically".

Esta premisa es fundamental para entender como el derecho puede contribuir al cumplimiento de los fines de los socios de la sociedad cerrada, de forma que puedan establecer un mecanismo de revisión o recontratación eficiente para evitar que uno de los consocios abuse de la exigencia de unanimidad en junta, que es implícita a la paridad de voto y capital. En principio hay que suponer que, a diferencia de las sociedades capitalistas pluripersonales, donde es posible que no todas las partes se conozcan antes de entrar en la sociedad, en la sociedad paritaria, la bipersonalidad o la conformación de dos bloques simétricos de socios suele venir precedida por un conocimiento bastante preciso de los fines que pretenden ambos y de la probabilidad de incumplimiento. En este aspecto, es notable el parecido que guardan las sociedades cerradas, máxime si son bipersonales o paritarias, con las sociedades personalistas, e incluso con los contratos bilaterales de intercambio, ya que la negociación precontractual vendrá caracterizada normalmente por compromisos creíbles (tácitos o expresos) de fidelidad.

En este sentido, es prácticamente descartable que la sociedad capitalista paritaria presente una oposición de interés o fines particulares, sino que al igual que las sociedades personalistas, la satisfacción de los fines particulares requiere la satisfacción del fin común y un compromiso de buena conducta. La realidad empírica avala esta idea, como muestra la jurisprudencia española que se examinará en la Parte III, porque la mayoría de las sociedades 50/50 están compuestas por socios de la misma familia, donde el conocimiento previo de las partes se presupone alto; o sociedades conjuntas cuyos socios, previamente a la integración corporativa por medio de la sociedad común, han diseñado un plan estratégico conjunto y compartido información de mercado para desarrollar la nueva empresa. Por tanto, dicho esto, las diferentes tipologías de sociedad paritaria tendrán como común denominador los incentivos de los socios para controlarse recíprocamente ya que la conducta individual de cada uno adquiere extrema relevancia para la satisfacción del fin común.

1.4.1 Sociedades familiares

La sociedad familiar se puede definir como una sociedad en la que la mayoría del capital es detentado por los miembros de una familia (o de varias) y en la que la vida de la familia y la vida de la sociedad interaccionan: la sociedad mercantil depende de la familia y de sus vicisitudes, lo mismo que por lo general la familia depende económicamente de la sociedad. Hay, por tanto, un entrelazamiento entre los acontecimientos familiares y los societarios o corporativos.

En efecto, por su propia definición, las sociedades familiares son sociedades cerradas y es factible que puedan presentar una distribución de capital y voto que predisponga fácilmente a una situación de bloqueo, bien por la presencia de una distribución paritaria, o bien por la existencia de una minoría con capacidad de control negativo. Además, junto a las causas típicas de los conflictos intra-corporativos de las sociedades cerradas hay que sumar los conflictos derivados de la confusión de los límites entre familia, propiedad y empresa[162].

La problemática se manifiesta cuando los miembros de la familia o los sucesores se pretenden con derecho a gestionar la sociedad de capital o a participar en la propiedad en situación de igualdad sin computarse su aptitud profesional y capacidad financiera[163]. De hecho, la pretensión de conservar el control familiar de la sociedad puede impedir que la empresa desarrolle modelos organizatorios necesarios para una gestión eficiente, como así sucedería si la administración recayera en un administrador profesional o en un consejo de administración especializado. No obstante, lo natural es que los socios familiares sean también los gestores y ese nombramiento no obedezca tanto a razones de cualificación técnica o competencia profesional como a razones meramente culturales en orden a la conservación del control del capital y de los derechos de voto, y de ese modo evitar la dependencia de socios externos a la familia[164].

---

162 Vid. VICENT CHULIÁ. F., "Organización jurídica de la sociedad familiar", *Revista de Derecho Patrimonial*, N° 5, 2000, pág. 21 y sigs.

163 Vid. GALLO, M. y otros, *La empresa familiar multigeneracional: el papel de la familia propietaria*, Pamplona, 2009, passim, y GELINIER, O./GAULTIER, A., *El futuro de las empresas personales y familiares*, Madrid, 1976, págs. 16-17: "También existe un hándicap para la elección de dirigentes y la devolución del poder. Para un jefe o equipo capaz, la doble cualidad de accionista y de director es una ventaja (decisiones rápidas, etc.), pero no hay ninguna garantía de que los descendientes sean también capaces, y el más capacitado no es siempre el primogénito, etc.".

164 Vid. CHESTERMAN, M., cit., pág. 162 y MEROÑO CERDÁN, A. (Coord.), *Empresarios familiares. Testimonio sobre la influencia de la familia en la empresa*, Madrid,

Intrínsecamente cerrada por su naturaleza personalista, la sociedad familiar paritaria potencia el acaecimiento de situaciones de bloqueo sumando al problema de base patrimonial los conflictos internos derivados de las relaciones personales, como pudieran ser, por ejemplo, el divorcio de los cónyuges en una sociedad matrimonial al 50/50 o la división de una sociedad entre dos herederos o hermanos[165]. El conflicto estará presidido por fuertes elementos emocionales que harán todavía más complicado desbloquear la sociedad a través de salidas negociales. De hecho, cada socio tenderá a identificar su interés particular con el interés de la sociedad y de la familia, es decir, incluyendo o haciendo suyo el interés de su consocio[166].

Por todo ello puede afirmarse que las sociedades familiares, y en particular las matrimoniales, intensifican la complejidad de las situaciones de bloqueo[167]. A la ruptura sentimental habrá que sumar la difícil resolución patrimonial del conflicto en el seno de la sociedad, que por lo general será la fuente de los ingresos familiares. Además, el conflicto entre sus socios se proyectará sobre las actividades de la propia sociedad, al afectar a sus trabajadores, acreedores, proveedores y clientes, creando un clima adverso de desconfianza e incertidumbre sobre la empresa común[168].

2013, passim.

165 De ahí que sean fundamentales las cláusulas para el caso de muerte o divorcio de un socio, en orden a evitar el ingreso indeseado de herederos o del ex cónyuge, por vía de adjudicación de cuotas o participaciones en la liquidación de la sociedad conyugal.

166 Vid. EASTERBROOK, F./FISCHEL, D., *The Economic Structure of Corporate Law*, Cambridge, 1991, pág. 229: "Because the few participants both manage and bear the costs of their actions, each is more likely to find what is good for him is also good for the firm (and the other participants)".

167 En el mismo sentido, MALAGÓN RUIZ, P., *Conflictos societarios. Supuestos diversos*, Madrid, 2013, pág. 12: "no debemos olvidar que el frecuente carácter familiar o de amistad de estas sociedades hace que las diferencias de criterio y desavenencias que puedan darse pueden exceder del ámbito puramente mercantil por tener su origen en un conflicto que, más allá de lo puramente económico, puede ser también sentimental y personal, lo que les da con frecuencia un matiz irracional en el que cada una de las partes del conflicto puede buscar con el mismo ahínco su propio beneficio como la desgracia y perjuicio del contrario, lo que dificulta sobremanera las posibilidades de solución".

168 Vid. COSIER, R. A./HARVEY, M., "The hidden strength in family business: functional conflict", *Family Business Review*, Vol. 11, N° 1, 1998, págs. 75-81 y

1.4.2 Sociedades conjuntas

Aunque ya se ha venido avanzando en las líneas precedentes, con el término "sociedad conjunta" nos referimos a las sociedades de capital que nacen como resultado de la colaboración de dos o más socios, ya sean personas físicas o jurídicas, y que se encuadran dentro de la estrategia de crecimiento empresarial y de cooperación económica, que en el ámbito internacional se conoce como *joint venture corporation*. En este sentido, la "sociedad conjunta" sería el equivalente conceptual de lo que en la literatura societaria estadounidense se conoce como *joint venture corporation*, si bien hay que precisar que el término "corporation" es más amplio y puede abarcar cualquier vehículo que canalice el proyecto común y no sólo las sociedades de capital[169]. En consecuencia, el término "sociedad" hace referencia a

---

NEVILLE, M., "Conflicts...", cit., pág. 11.

169 A este respecto, FRIEDMANN/KALMANOFF, *Joint International Business Ventures*, Nueva York-Londres, 1961, pág. 3 y sigs., expone que los orígenes de esta institución jurídica están en el acceso de las empresas estadounidenses en otros mercados durante la segunda mitad del siglo XIX, cuando buscaban una estructura corporativa que permitiera la entrada de capital extranjero, pero al mismo tiempo posibilitara el control efectivo sobre el negocio. No obstante, este origen ha de compartirse con otros ordenamientos, pues, como asimismo señala FOX, D./BOWEN, M., *The Law and Private Companies*, Londres, 1991, pág. 170 y sigs., en Inglaterra y Alemania se dieron parecidos negocios jurídicos llevados a cabo por dos empresas que constituyen una tercera para canalizar el proyecto. En el ordenamiento jurídico español se distingue entre empresa conjunta y sociedad conjunta, ya que la primera hace referencia a proyectos de colaboración que no dan lugar a la creación de una persona jurídica independiente (fórmulas asociativas como la Agrupación de Interés Económico, Unión Temporal de Empresas o cuentas en participación...) mientras que por la segunda nos referimos al vehículo societario capitalista que surge para canalizar el negocio de colaboración y asegurarse el control conjunto. Sobre esta precisión terminológica: GALEOTE MUÑOZ, P., *Sindicatos de voto. El control de una sociedad conjunta*, Valencia, 2008, págs. 52-53. De todas formas, a pesar de estas estructuras de cooperación empresarial, el contrato de sociedad conjunta es atípico, y como se refiere MIQUEL RODRÍGUEZ, J., *La Sociedad Conjunta...*, cit., pág. 76 y sigs., "la atipicidad ha motivado el escaso tratamiento doctrinal que se le ha dispensado, aunque es una figura que ha ido adquiriendo cierta relevancia práctica". La atipicidad es precisamente lo que permite dotar a estas estructuras de un amplio margen de flexibilidad, principalmente cuando se trate de sociedades 50/50 con esta estructura de propiedad pactada desde el momento fundacional y que tengan por objeto empresas y negocios complejos con elemento internacional. Así, el

situaciones jurídicas que han dado lugar a una sociedad de capital y por el término "conjunta" al proyecto común que permite a sus integrantes invertir capital directamente al mismo tiempo que les permite mantener el control de forma efectiva[170].

Esta tipología de sociedad cerrada incluye una amplia variedad de empresas, desde las que desarrollan negocios tradicionales hasta las constituidas por emprendedores tecnológicos, como las denominadas *start-ups*. Éstas últimas son muy ilustrativas para observar el fenómeno en su conjunto, puesto que permanecen cerradas en sus estadios iniciales pero una vez que sus activos específicos son desarrollados buscarán el crecimiento y la expansión abriendo su estructura corporativa[171]. De hecho, la mayoría de *start-ups* tecnológicas comienzan como sociedades pequeñas y cerradas, de capital muy concentrado —a menudo integrado por un pequeño grupo de ingenieros y técnicos— y finalmente terminan como sociedades abiertas de capital disperso, cuando las patentes, modelos de utilidad, diseños industriales, signos distintivos y *know how* están protegidos por la propiedad industrial y el secreto empresarial, y requieren de financiación para proceder a la fase de producción y comercialización[172]. Con la participación de socios financieros (conocidos como *business angels* en el argot empresarial) o con la salida a bolsa, la sociedad

---

problema de la atipicidad, no es tanto que no haya una tipología corporativa *ad hoc* (aunque algunos ordenamientos sí contemplen formas típicas de sociedad conjunta) sino la inexistencia de mecanismos típicos adecuados para las partes y reglas tipológicas imperativas (tanto de la sociedad anónima como de la limitada) que dificulta tanto la coordinación entre las empresas que se integran para un negocio conjunto, como para la solución a los bloqueos de aquellas sociedades en que la paridad es sobrevenida (sociedad de capital titularidad de dos hermanos herederos) o por causas familiares o matrimoniales (sociedad limitada de dos cónyuges por razones de índole patrimonial y fiscal).

170 Conforme MIQUEL RODRÍGUEZ, J., *La Sociedad Conjunta...*, cit., págs. 35, 55 y sigs.

171 Vid. ROCK, E. B./WACHTER, M. L., cit., pág. 914: "close corporations are incubators for tomorrow's publicly held corporations".

172 Vid. ROCK, E. B./WACHTER, M. L., cit., págs. 947-948; GÓMEZ SEGADE, J. A., *El secreto industrial (know how). Concepto y protección*, Madrid, 1974, passim y PITTER, P., "Know how e contratto di know how", *Riv. dir. civ.*, 1983, pág. 27 y sigs.

podrá acceder a las economías de escala necesarias para competir en el mercado[173].

Pues bien, es frecuente que la sociedad cerrada tenga una composición mixta, en la que un socio industrial o profesional de perfil técnico se apoye en la inversión de un socio financiero. Este será el caso típico de los emprendedores que necesiten captar o levantar capital para poner en marcha su idea de negocio y no quieren o no pueden acceder a la financiación bancaria. Así pues, como contrapartida a la entrada de un socio inversor (socio financiero, sociedad de *private equity* o de capital riesgo) en el capital tomando participaciones o acciones ilíquidas, el socio emprendedor (socio profesional o industrial) cede alguna medida estatutaria o extraestatutaria de control recíproco de la sociedad conjunta, atribuyendo a áquel determinados derechos económicos, de veto o separación. En consecuencia, la sociedad cerrada fuerza al inversor a conservar participaciones con un alto grado de iliquidez durante un largo periodo de tiempo, en contraste a lo que sucede en las sociedades cotizadas. Sin embargo, esta iliquidez permite ofrecer una gran utilidad a las partes toda vez que el carácter cerrado de la sociedad favorece el desarrollo del objeto social y el compromiso con el proyecto empresarial[174].

La cuestión más problemática bajo esta tipología societaria radica precisamente en el alcance del derecho de salida en contraste con las sociedades personalistas, sobre todo en lo que respecta a las sociedades conjuntas que cuentan con activos específicos, como por ejemplo empresas de alta tecnología. Estas sociedades se constituyen cuando el empresario tiene la idea de un nuevo producto o servicio. En la etapa inicial, la empresa desarrolla dicha idea en la previsión de que tendrá un recorrido satisfactorio, aunque el producto o servicio todavía no haya tomado forma física o se haya implementado

---

173 Vid. TRÍAS SAGNIER, M., "Las start-ups y la regulación de las Sociedades de Responsabilidad Limitada", *Revista de derecho de sociedades*, N° 71, 2024, revisa de forma crítica determinadas rigideces y prohibiciones que dificultan el proceso constitutivo de SL o el encaje legal de los acuerdos que suelen alcanzar los socios entre sí, o la sociedad con determinados grupos de interés como los colaboradores o los inversores que pretende atraer.

174 En el mismo sentido, ROCK, E. B./WACHTER, M. L., cit., pág. 927 y SANFELIZ MEZQUITA, A., "La práctica de la creación de empresas conjuntas (joint ventures)", *Derecho de los Negocios*, N° 69, 1996, pág. 1 y sigs.

su proceso de producción industrial. En esta fase, la sociedad es muy dependiente de sus fundadores, que son los únicos que poseen las ideas "críticas" y los que confían en el alto potencial del valor que generará el proyecto de negocio. Otra característica de esta etapa es que la sociedad tendrá difícil acceso al crédito externo porque los activos específicos son intangibles y requieren una prolongada maduración que puede desincentivar la disponibilidad de financiación externa y continuada, al tratarse todavía en un proyecto que no ofrece retornos inmediatos.

Por esta razón, en esta fase del negocio, si algún socio tuviera la posibilidad de salirse unilateralmente de la sociedad, como así pudiera ser si se tratase de una sociedad de personas, desencadenaría la disolución social y la liquidación de los activos específicos. Esta circunstancia probablemente irrogaría cuantiosas pérdidas para los participantes de la sociedad conjunta, dado que al problema intrínseco de la valoración a mercado de dichos activos se sumaría el de su probable pérdida de valor[175].

El modo en que se articulará la relación estatutaria y extraestatutaria de la sociedad conjunta paritaria dependerá en gran medida de los activos específicos que estén presentes y si dichos activos necesitan "incubarse" facilitando considerable asistencia financiera durante dilatados periodos de tiempo. En todo caso, los socios de perfil profesional o técnico, es decir, los promotores de la idea y del plan de negocio, deberán ser diligentes ante los riesgos de dilución y expropiación en el proceso de transición hacia la apertura de la estructura corporativa y en la inevitable pérdida de control e independencia que esa operación llevará aparejada.

Por último, señalar que, a diferencia de la sociedad familiar, normalmente compuesta por socios personas físicas, en la sociedad conjunta (*joint venture corporation*), los socios por lo general serán personas jurídicas, sociedades de capital. Los socios serán sociedades matrices y la sociedad conjunta será una sociedad filial común. La cuestión a tener en cuenta es que mientras que en las sociedades cerradas familiares los socios personas físicas detentan el control en la sociedad, en las sociedades conjuntas participadas por personas

---

175 Cfr. ROCK, E. B./WACHTER, M. L., cit., págs. 918-919 y 939.

jurídicas que a su vez son sociedades capitalistas, el papel que el ordenamiento societario reserva a los socios será desempeñado por los administradores de las sociedades matrices. Por tanto, al riesgo de bloqueo de la sociedad filial común en junta general, se une el riesgo de bloqueo de los órganos de administración de las sociedades matrices. El bloqueo de cualquiera de éstos últimos determinará el bloqueo de la primera.

1.4.3 Costes de transacción y tipología de la sociedad paritaria

Las especifidades antes observadas de cada tipología de sociedad paritaria responden a un modo de afrontar el problema de los costes de transacción, ya sea implícitamente (sociedades familiares) o explícitamente (sociedades conjuntas).

En las sociedades familiares el coste del control recíproco no será necesariamente muy elevado, ya que, a priori, la estrecha vinculación entre los socios paritarios (hermanos, cónyuges...) hará que se mantengan vigilados bilateralmente ante eventuales comportamientos oportunistas[176].

Por el contrario, en las sociedades conjuntas, el control recíproco sólo podrá instrumentarse eficazmente para la óptima reducción de su coste a través de pactos estatutarios o extraestatutarios. En estos casos, el socio no entra en sociedad por su vinculación familiar o afectiva, sino estrictamente por su condición de promotor (socio industrial/profesional) o de inversor (socio financiero), de ahí que se encuentre incentivado *ex ante* de la constitución de la sociedad a establecer reglas que le protejan de comportamientos obstruccionistas

---

[176] Vid. NEVILLE, M., "Conflicts...", cit., pág. 6: "In general the existence of personal relations between the shareholders is an advantage, as the personal bonds can help hinder conflicts"; KANDEL, V. E. /LAZEAR, E. P., "Peer pressure and partnerships", *Journal of Political Economics*, N° 100, 1992, pág. 801 y ROCK, E. B./WACHTER, M. L., cit., pág. 917: "the result of the close alignment and the familial bond is that close corporations can have very low agency costs". A este respecto: SCHULZE, W. S./LUBATKIN, M. H./ DINO, R. N./BUCHHOLTZ, A. K., "Agency relationships in family firms", *Organization science*, N° 12, 2001, págs. 99-116. No obstante, a nuestro juicio, siempre será recomendable canalizar ese control recíproco por medio de fórmulas escritas y vinculantes.

de su consocio[177]. Ambos socios tenderán recíprocamente al ofrecimiento de garantías contractuales ante hipotéticos conflictos intracorporativos, entre los que figurarán aquellos sistemas para disuadir o deshacer bloqueos. Éstas consistirán, por ejemplo, en opciones de compra o venta, cláusulas *shoot-out*, cláusulas penales en caso de disolución anticipada, derechos de separación y exclusión, o la exigencia de un quórum reforzado para la aprobación de determinados acuerdos. Es decir, los socios paritarios tendrán incentivos para incluir en el contrato de sociedad (estatutos sociales y/o pactos de socios) una suerte de medidas protectoras que aseguren la estabilidad del negocio común[178].

En todo caso, las sociedades cerradas, tanto familiares como conjuntas, presentarán normalmente unos costes de transacción más reducidos en comparación con las sociedades abiertas, tanto por su reducido número de socios como por el solapamiento de la esfera patrimonial o propietaria con la administrativa[179]. No obstante, han de reconocerse ciertas particularidades ya vislumbradas anteriormente, según se trate de sociedades familiares o conjuntas. Mientras que en las primeras los bajos costes preexisten en la relación familiar que subyace a la sociedad y que permite capitalizarlos, en las segundas, lo que explica fundamentalmente la elección del tipo cerrado es un factor operativo como es la necesidad de proteger sus activos específicos[180].

Por esta razón, si los socios paritarios se vinculan contractualmente, no por sus relaciones familiares o de amistad, sino por razones estrictamente empresariales, será todavía más razonable a efectos

---

177 Vid. HENNART, J. F., "A transaction costs theory of equity joint ventures", *Strategic Management Journal*, Nº 18, 1988, págs. 5-14. En derecho español, destacar los trabajos de VÉRGEZ SÁNCHEZ, M., "La posición jurídica del socio industrial", *Revista de Derecho Mercantil*, 1966, pág. 243 y sigs. y *El socio industrial*, Madrid, 1972, passim.

178 Cfr. ALFARO, J., "Los problemas...", cit., pág. 12.

179 En sentido contrario, EASTERBROOK, F. H./FISCHEL, D. R., cit., págs. 229-230 y ANG J. S./COLE, R./LIN, J. W., "Agency Costs and Ownership Structure", *Journal of Finance*, Nº 55, 2000, págs. 81-106.

180 Vid. ROCK, E. B./WACHTER, M. L., cit., pág. 919: "the explanation for the choice of form is an operational factor: the need to lock-in parties while developing vulnerable match-specific assets".

estratégicos que acuerden *ex ante* utilizar los estatutos y los pactos parasociales para fijar un control recíproco o conjunto con los que resolver los potenciales conflictos que plantea el carácter incompleto y personalista de su contrato de sociedad. Si el derecho de sociedades y el derecho contractual tuvieran herramientas suficientemente efectivas para reducir al mínimo el riesgo de expropiación del minoritario por el mayoritario, entonces posiblemente asistiríamos a un incremento de la constitución de sociedades conjuntas en las que la distribución de capital y voto no fuera 50/50.

PARTE II

2. APROXIMACIÓN FUNDAMENTAL A LA SOCIEDAD DE CAPITAL PARITARIA Y A LA POSICIÓN JURÍDICA DEL SOCIO PARITARIO

2.1 CONSIDERACIONES GENERALES

El derecho societario español está regulado actualmente por la Ley de Sociedades de Capital (en adelante LSC). Las sociedades de capital se dividen tipológicamente en tres clases: la sociedad anónima (incluyendo a la sociedad anónima europea); la sociedad de responsabilidad limitada[181]; y la sociedad comanditaria por acciones[182].

---

181 Hasta 2010, la regulación legal de la sociedad anónima estaba contenida en el Texto Refundido de la Ley de Sociedades Anónimas (LSA), aprobado por el Real Decreto Legislativo de 22 de diciembre de 1989, que fue posteriormente objeto de varias modificaciones, como la inclusión del bloque normativo relativo a la sociedad anónima europea; y en cuanto se refiere a las sociedades cotizadas por la Ley 6/2023, de 17 de marzo, de los Mercados de Valores y de los Servicios de Inversión (LMVSI). Por su parte, la regulación de la sociedad limitada estaba contenida en la Ley 2/1995, de Sociedades de Responsabilidad Limitada (LSRL), de 23 de marzo, que también fue objeto de varias modificaciones, entre ellas, la que incorporó a su texto el régimen singular de la sociedad nueva empresa. Sobre esta tipología societaria, véase, BOQUERA METARREDONA, J., *La sociedad limitada nueva empresa*, Cizur Menor, 2003 y CAMPUZANO LAGUILLO, A. B., "La sociedad limitada nueva empresa", en PEÑA GONZÁLEZ, J. (coord.), *Homenaje a Íñigo Cavero Lataillade*, Valencia, 2005, págs. 937-956. Pues bien, todas estas disposiciones fueron sustituidas por el Texto Refundido de la Ley de Sociedades de Capital, aprobado por Real Decreto Legislativo 1/2010, de 2 de julio, que ha integrado en un único cuerpo legal la regulación de este tipo de sociedades, entrando en vigor el 1 de septiembre de 2010.

182 Entre las denominadas sociedades de capital figura de forma residual la sociedad comanditaria por acciones, que debido a su carácter híbrido y escasa utilización no será objeto de atención en el presente estudio por considerarla más bien como una sociedad anónima especial. Una situación de bloqueo en su seno no tiene ninguna especificidad con respecto a las sociedades limitadas y anónimas, toda vez que se les aplica la misma normativa que la sociedad anónima (art. 3.2 LSC), salvo que sea incompatible con su regulación específica recogida en la LSC y RRM. El caso de las sociedades mercantiles no capitalistas, esto es, personalistas, su utilización tiene un carácter marginal y excepcional en

En la presente investigación se atenderá principalmente al régimen legal de las sociedades anónimas y limitadas a fin de analizar cómo responde el ordenamiento positivo al conflicto intra-corporativo consistente en el bloqueo de los órganos sociales de las sociedades capitalistas paritarias.

A pesar de las persistentes diferencias tipológicas entre la sociedad anónima y la sociedad limitada a tenor del ordenamiento jurídico societario español, puede sostenerse que aunque con menor intensidad en la limitada que en la anónima, en ambas prima el carácter impersonal y abierto de la propiedad del capital —*intuitu pecuniae*—, y por tanto rigen los principios de libre entrada y salida de los socios, la libre negociación de las partes en que se divide el capital, así como la limitación de la responsabilidad patrimonial del socio por las deudas sociales hasta el importe del capital aportado[183]. Bajo ambos tipos

---

el mercado (por ejemplo, sociedades colectivas), y habría que atender para su regulación al Código de Comercio, a la espera de que se unifique completamente en un nuevo Código Mercantil. El antecedente de la Propuesta de Código Mercantil que dio lugar al actual Anteproyecto fue el proyecto elaborado por la Comisión de Codificación en 2002 que afrontó el intento de unificación en su Propuesta de Código de Sociedades Mercantiles, elaborada por la Ponencia Especial de los Profesores Fernando SÁNCHEZ CALERO, Alberto BERCOVITZ y Ángel ROJO, de la Sección de Derecho Mercantil de la Comisión General de Codificación. Vid. BERCOVITZ RODRÍGUEZ-CANO, A., "La propuesta de Código Mercantil de la Comisión General de Codificación", *Revista de derecho mercantil*, Nº 289, 2013, págs. 35-42.

183 Esto no significa que en las sociedades personalistas no puedan darse situaciones de bloqueo, sino que el tratamiento legal de la causa se limita a las sociedades capitalistas. Por lo general, la paralización de una sociedad personalista se trataría por la vía de la *actio communi dividundo* (art. 400 y sigs. CC) como las comunidades de bienes, a petición de cualquier socio por repugnancia de los contratos perpetuos, cuando la sociedad deja de ser operativa. A este respecto, resulta interesante centrar la atención en el modo de operar del derecho estadounidense, en la *Partnership Act* de 1914, que recoge la misma *ratio*, estableciendo que el derecho a disolver una sociedad personalista existe siempre que haya discrepancias graves y falta de cooperación entre los socios en torno a un negocio conjunto. En el caso *Owen vs. Cohen* (1941) el demandado trató de controlar exclusivamente el negocio y retiró fondos sin el conocimiento ni la aprobación del socio demandante. Cuando éste interpuso demanda para disolver judicialmente la sociedad, el tribunal decretó la disolución por las graves diferencias entre los socios y por la falta de cooperación. No obstante, una parte no puede obtener una sentencia favorable para la disolución de una sociedad personalista

corporativos no interesan las condiciones personales de los socios —*intuitu personae*— sino las aportaciones que éstos hagan a la sociedad, en función de las cuales se determina el grado de su participación en el capital social[184]. Básicamente por ello, la configuración legal de las sociedades capitalistas descansa en la noción de capital social, en cuanto reflejo estatutario de la suma de los valores nominales de la participación de cada socio en la sociedad, representativa de sus aportaciones y garantía de sus acreedores[185].

---

cuando la primera haya incumplido el contrato de *partnership*. A este respecto, véase el caso *Collins vs Lewis* (Texas, Civ. App 13, 1955), en el que el demandado convenció al demandante para que se convirtiese en socio al 50% de un negocio, que no funcionó debido a retrasos y costes crecientes. Cuando el demandante interpuso demanda solicitando la disolución de la sociedad personalista, ésta no le fue concedida porque no había cumplido el contrato de *partnership*, ya que retuvo fondos y causó con ello una pérdida a la sociedad. La sentencia fue favorable al demandado. Los socios cuya *partnership* sea injustamente disuelta pueden solicitar la indemnización por daños y perjuicios y continuar como si nunca hubiese habido disolución. Este es el caso *Pav-Saber Corp. vs Vasso Corp.* (Illinois App. Ct. 1986) en el que el demandante constituyó una sociedad personalista indefinida al 50% con el demandando. Aunque se requería el acuerdo de ambos socios para disolver la sociedad, el demandante interpuso demanda solicitando la disolución judicial de la sociedad y la devolución de unas patentes y marcas. El tribunal declaró que el socio demandante había terminado injustamente la sociedad personalista y que el demandado podía continuar como si aquella nunca se hubiese disuelto. Es más, la propiedad intelectual fue transferida al socio demandado, aunque el contrato decía que debía ser devuelta al demandante, ya que era necesaria para la continuación del negocio.

184 Vid. SOLA CAÑIZARES, F., *Tratado de sociedades anónimas*, Barcelona, 1953, págs. 204-205.

185 A este respecto, es interesante la crítica que realiza al concepto de capital social SÁNCHEZ RUS, H., *El capital social. Presente y futuro*, Cizur Menor, 2012, pág. 725 y sigs., en el sentido de que su esquema sigue respondiendo a una situación en la que las aportaciones de los socios se conciben como el principal mecanismo de financiación de las sociedades, junto con la función de protección de los acreedores. Por ello, según el autor, ante la complejidad de las relaciones económicas, "no cabe duda de que la vieja disciplina del capital social debe sufrir un proceso de puesta al día a través de su progresiva adecuación a una realidad en la que las sociedades están cada vez más influidas por el mercado" (pág. 726). En lo que atañe a las sociedades cerradas, la función del capital social es muy modesta, puesto que los socios se encuentran con la necesidad de aportar garantías personales para acceder al crédito, "sin embargo, la eventual supresión del actual régimen del capital social tendría consecuencias que van más allá del marco de relaciones entre socios y acreedores" (pág. 728). En efecto, en

Como se comprobará más adelante a la luz de la jurisprudencia española (Parte III), la sociedad de responsabilidad limitada es la que presenta el mayor número de casos de bloqueo societario. Esto se debe a su carácter capitalista pero eminentemente más restrictivo (arts. 107-112 LSC) y porque es la que se ha utilizado en mayor medida que la sociedad anónima por las familias y pequeños empresarios, tanto por la configuración preferentemente dispositiva de sus normas reguladoras como por la atribución de un reforzamiento del principio de la autonomía de la voluntad. Sus socios, mediante el instrumento de la autorregulación estatutaria, pueden proporcionar un amplio margen de ordenación a sus relaciones para facilitar la construcción de la organización social más adecuada a sus necesidades empresariales. Una manifestación de esta personalización es sin duda la instrumentación de sus aportaciones al negocio común por vía de las prestaciones accesorias[186].

---

las sociedades cerradas de baja capitalización (como por ejemplo una S.L. con 3.000 euros de capital social) y alta "personalización", la posición jurídica de los socios y la organización de sus relaciones dependerán de otros mecanismos (control de la administración, prestaciones accesorias, y en general, de otros pactos), pues esa cifra de capital no representa garantía efectiva alguna para los acreedores. Por tanto, sería posible avizorar un progresivo abandono de la doctrina del capital social en lo tocante a las sociedades limitadas, en la línea de la tendencia seguida en otros ordenamientos, como refleja ARMOUR, J., "Legal capital: An outdated concept?", *Centre for Business Research, University of Cambridge*, Working Paper Nº 320, 2006, pues, a nuestro juicio, la tutela de acreedores queda mejor reservada por medio del derecho concursal y la doctrina del levantamiento del velo que por la institución del capital social. Para ampliar estar reflexiones acerca del concepto de capital social, ALONSO LEDESMA, C., "Algunas reflexiones sobre la función (la utilidad) del capital social como técnica de protección de los acreedores", en *Estudios de Derecho de Sociedades y Derecho Concursal. Libro homenaje al Profesor Rafael García Villaverde*, Tomo I, Madrid, 2007, págs. 127-157; MASSAGUER, J., "El capital nominal. Un estudio del capital de la sociedad anónima como mención estatutaria", *Revista General del Derecho*, 1990, pág. 5547 y sigs.; QUINTANA CARLO, I., "El capital social", en *La reforma de la ley de sociedades anónimas*, Madrid, 1987 y GORÉ, F., "La notion de capital social", en *Etudes offertes a René Rodière*, París, 1981.

186 Vid. MIQUEL RODRÍGUEZ, J., "Las prestaciones accesorias en las sociedades de capital", en VEIGA COPO, A. B., *Estudios jurídicos sobre la acción*, Cizur Menor, 2014, págs. 257-278; SACRISTÁN REPRESA, M., "Las prestaciones accesorias", *Revista de Derecho de Sociedades*, Nº Extraordinario, 1994, pág. 309 y sigs.; ROJO, A., "Génesis y evolución en las prestaciones accesorias", *Revista de Derecho Mercantil*, 1977, pág. 271 y sigs.; LÓPEZ SÁNCHEZ, M. Á., "La configuración

Por el contrario, la sociedad anónima parece más apta para canalizar recursos hacia iniciativas empresariales de una mayor dimensión, en la medida en que se presenta básicamente como el modelo societario predispuesto por el ordenamiento español para atender las exigencias organizativas y funcionales[187]. Aunque la polivalencia

---

estatutaria de las prestaciones accesorias en la sociedad anónima", en *Derecho de Sociedades Anónimas I. La Fundación*, Madrid, 1991, págs. 835-873. Para ahondar sobre las prestaciones accesorias en los dos tipos corporativos véase, en lo tocante a la sociedad anónima: PEÑAS MOYANO, M. J., *Las prestaciones accesorias en la Sociedad Anónima*, Pamplona, 1996; y en lo tocante a la sociedad limitada: VIÑUELAS SANZ, M., *Las prestaciones accesorias en la sociedad de responsabilidad limitada*, Madrid, 2004; MARTÍNEZ NADAL, A., *Las prestaciones accesorias en la sociedad de responsabilidad limitada*, Barcelona, 1997; PÉREZ SANZ, A., "Las prestaciones accesorias en las sociedades de responsabilidad limitada", en PAZ-ARES, C.(coord.), *Tratando de la sociedad limitada*, cit., pág. 393 y sigs.; BARBA DE VEGA, J., *Las prestaciones accesorias en las sociedades de responsabilidad limitada*, Madrid, 1984 y anteriormente en SOTILLO MARTÍ, A., "El contenido de las prestaciones accesorias en la SRL", *Revista de Derecho Mercantil*, 1975, pág. 91 y sigs.

187 Igualmente, en derecho societario estadounidense la *corporation* o sociedad capitalista es la organización económica más representativa, predispuesta por el ordenamiento jurídico. Las *corporations* pueden ser cerradas (*closely-held*) o abiertas (*public-held*). En una *closely-held corporation*, también conocida como *close corporations*, las participaciones no son negociables en mercados y tienen vedada la posibilidad de liquidar participaciones o captar capital. Esto explica en parte la falta de demanda de acciones de estas sociedades. La propiedad descansa en un reducido grupo de sujetos que la controlan y conforman el órgano de administración. Al disponer de posibilidades económicas relativamente modestas, las *corporations* cerradas no están sujetas a las mismas formalidades que las abiertas. En cuanto a su estructura accionarial, cabe diferenciar entre los *general partners* y los *limited partners*. Mientras que los *general partners* pueden ser personalmente responsables por la sociedad (*corporation*), los *limited partners* son generalmente responsables sólo hasta el importe de su inversión. Por lo tanto, para muchos tribunales el *limited partner* no es responsable, incluso si interviene en la gestión como directivo o administrador. Así, en *Frigidaire Sales Corporation vs. Union Properties, Inc* (Washington, 1977), por ejemplo, el demandante sostuvo que los *limited partners* demandados debían ser responsables como los *general partners* de una *corporation*, ya que ejercían control sobre la misma como accionistas, administradores y directivos. El tribunal declaró que los *limited partners* no asumen responsabilidad por las obligaciones de los *general partners*, incluso si son propietarios, administradores o directivos, a menos que asuman facultades que superen sus derechos como *limited partners*. En este caso, no había sido así y, por tanto, se ratificó la sentencia favorable a los demandados. Sin embargo, como apunta, BALOUZIYEH, J. M. B., cit., pág. 90, otros Estados podrían haber

de sociedad anónima permita adaptarse por igual a las sociedades de pocos socios (cerrándose estatutariamente), lo natural es que la sociedad anónima presente multitud de accionistas, como sucede en las sociedades cotizadas en Bolsa[188].

En las sociedades cotizadas españolas, la dispersión de los accionistas y su desinterés por el ejercicio de los derechos políticos, junto al habitual control por los administradores de los mecanismos de

considerado a los *limited partners* responsables porque habían ejercido control sobre la *corporation*. Al régimen de la *corporation* o sociedad capitalista se contrapone el de la sociedad personalista estadounidense, que se rige por la *Uniform Partnership Act* de 1914 (UPA), adoptada por todos los Estados excepto Luisiana. En las *partnerships* cada socio es personalmente responsable por las deudas y los daños y perjuicios, no sólo de cualquier otro socio, sino también de cualquier empleado bajo su control. Las *partnerships* se dividen en dos tipologías: *general partnerships* y *limited partnerships*: la primera son sociedades colectivas, y se constituyen mediante acuerdo voluntario entre dos o más socios para llevar a cabo como copropietarios un negocio con fines de lucro. Al igual que la sociedad colectiva española, los socios se dividen entre sí las pérdidas y ganancias y sus aportaciones no tiene por qué ser iguales, siendo los socios solidariamente responsables por todas las deudas en que incurran. Por tanto, si los activos de la sociedad no son suficientes para responder frente a una sentencia dictada contra un socio negligente, tanto el socio negligente como el resto de los socios responderán personalmente de la deuda. En lo que se refiere a las *limited partnership*, son sociedades comanditarias formadas al menos por un *general partner* (socio gestor) y un *limited partner* (socio comanditario). Los *limited partner* son generalmente inversores pasivos sin facultades de gestión. Mientras los *general partners* son personalmente responsables de las deudas y obligaciones de la entidad, los *limited partners* tienen la responsabilidad limitada a su inversión en la *partnership*, en tanto que no alcanzan un determinado límite de control y participación en la toma de decisiones de gestión. Pero por un mero ejercicio de control más allá del mencionado límite, un *limited partner* puede resultar tratado legalmente como un *general partner*, y, en consecuencia, ser personal y solidariamente responsable por las deudas y obligaciones de la sociedad personalista. Lo realmente determinante para establecer si un socio debe ser considerado como *limited* o *general* es la posición jurídica que efectivamente desempeña. Por tanto, si un socio asume una posición de gestión en la *partnership*, es irrelevante si el contrato de *partnership* lo clasifica como *limited* (*Holzman vs De Escamilla*, Cal. Cat. App. 1948).

188 En este sentido, es posible la existencia y funcionamiento de una sociedad anónima cerrada, que según PAZ-ARES, C., "Reflexiones sobre la distribución de poderes en la moderna sociedad anónima", *Revista de Derecho Mercantil*, Nº 146, 1997, pág. 567: "consiste en un híbrido en el cual mediante pactos parasociales se encapsula en el organismo de la persona jurídica una sociedad colectiva".

delegación de los derechos de voto, son factores que determinan generalmente que el órgano de administración ostente un poder casi absoluto sobre la formación de la voluntad del ente social[189]. El riesgo de bloqueo orgánico puede provenir de la administración de la sociedad cotizada, toda vez que el control efectivo tiende a concentrarse en grupos reducidos de consejeros. En estas sociedades será muy remota la conformación de grupos paritarios de accionistas con capacidad de bloqueo estable en las juntas generales[190].

---

189 Vid. ALONSO UREBA, A., "El gobierno de las grandes empresas", en ESTEBAN VELASCO, G. (coord.), *El gobierno de las sociedades cotizadas*, Madrid, 1999, págs. 96-136.

190 Aunque el panorama del derecho societario español presenta sustanciales diferencias en cuanto a las características y patologías presentes en el estadounidense, y salvando las especialidades de cada sistema societario, somos de la opinión de que sí se podría abogar por adoptar una dirección parecida a la que hace poco tiempo se ha tomado en este último, en la línea de ofrecer una nueva tipología híbrida (capitalista/personalista) que se adapte mejor a las necesidades empresariales. Esta tipología mixta o híbrida puede encontrarse en las LLP estadounidenses. Se trata de un subtipo societario que no está reconocido en todos los Estados. En aquellos que sí lo han hecho, las LLP son a veces designadas con varios términos como, por ejemplo, "professional corporations" (PC). Por tanto, esta tipología social se encuentra en un punto intermedio entre las sociedades personalistas (*partnerships*) y las sociedades capitalistas (*corporations*). Las LLC fueron reconocidas por la *Uniform Limited Liability Company Act* (ULLCA) de 1977, como una organización híbrida que combina las ventajas de la sociedad personalista con las de la sociedad capitalista, ofreciendo mayor flexibilidad en la gestión. Aunque los regímenes jurídicos que la regulan contienen algunas variaciones, todos han establecido normas comunes. Lo cierto es que la mayoría de las LLC son cerradas y aunque el alcance de los deberes fiduciarios de sus socios y administradores se encuentra todavía indeterminado jurisprudencialmente, en opinión de BALOUZIYEH, cit., pág. 152, es probable que sea similar al alcance que se reconoce en las *corporations*. Por lo tanto, es incierto aún si la mayoría de las jurisdicciones seguirá el planteamiento de las *corporations* o de las *partnerships* en el establecimiento de los deberes. Sin embargo, todos los Estados permiten que los deberes fiduciarios en las LLC puedan ser establecidos contractualmente, siempre y cuando no sean contrarios al orden público. Cuando la legislación nueva en materia de LLC no defina los derechos y responsabilidades específicas, los tribunales pueden acudir a las leyes que rigen las *corporations* y trazar paralelismos. De ese modo, igual que los propietarios de una *corporation*, los miembros de una LLC pueden ser compelidos por un tribunal a comprar las acciones de un socio como remedio de equidad cuando no cumplan con sus deberes fiduciarios. En circunstancias graves, el tribunal podrá ordenar la disolución de una LLC en aplicación del principio de

No obstante, como se reconoce en la Exposición de Motivos de la LSC, la distinción tipológica de la sociedad anónima como sociedad abierta y la limitada como sociedad cerrada no se da en la práctica en estos estrictos términos, pues un gran número de sociedades anónimas no cotizan en mercados secundarios y tienen restricciones estatutarias a la libre transmisibilidad de las acciones, lo que las aproxima a las sociedades limitadas y abre el debate de si la distinción debería establecerse verdaderamente entre sociedad cotizada y no cotizada, y no precisamente entre anónima y limitada[191].

---

equidad. Tal disolución puede ser necesaria cuando sea imposible que la LLC funcione normalmente debido a las diferencias insalvables entre los socios. En *Haley vs. Talcott* (Delaware 2004), el demandante y el demandado constituyeron al 50% una LLC para que ésta fuese propietaria de un negocio. Después de una disputa, el demandante interpuso una demanda solicitando la disolución de la LLC y el demandado sostuvo que el remedio para el demandante se limitaba a la cláusula de salida contractual. El tribunal consideró que la LLC no podía seguir funcionando debido a la situación de bloqueo de la sociedad, ya que ésta no podía tomar ninguna decisión por falta de la mayoría necesaria para ello. Por ello, la disolución de la LLC era necesaria y la sentencia atendió la petición del demandante. Por otro lado, las *limited liability limited partnerships* (LLLP) son un tipo de sociedad comanditaria (*limited partnership*) que protegen a los *general partner* mediante su limitación de responsabilidad. Como la sociedad comanditaria en general, las LLLP ha de tener al menos un socio colectivo (*general partner*) y un socio comanditario (*limited partner*). No obstante, mientras que en la sociedad comanditaria tradicional sólo los socios comanditarios se protegen de la responsabilidad solidaria y personal por las deudas y obligaciones de la sociedad comanditaria, en la LLLP, tanto los socios comanditarios como los socios colectivos se protegen de tal manera. A diferencia de la *limited liability partnership*, cuya formación no exige socio comanditario, la LLLP ha de tener por lo menos un socio comanditario y uno colectivo. Esta tipología societaria es muy infrecuente en la realidad societaria estadounidense, ya que el *general partner* (el socio gestor), preferirá constituir una sociedad de responsabilidad limitada (*limited liability company*), al efecto de beneficiarse de la limitación de responsabilidad.

191 Una crítica del sistema tipológico vigente puede leerse en PERDICES HUETOS, A., *Cláusulas restrictivas...*, pág. 29: "las distintas formas sociales no tienen un valor en sí mismo, sino que son sólo instrumentos de la voluntad concorde de los socios y que sólo tendencialmente responden a una finalidad o modelo de empresa (...). Consecuentemente, las normas sobre sobre organización, y en particular las de transmisión de la condición de socio, son libremente intercambiables en tanto no lesionen intereses de terceros o deban proteger el consentimiento débil de alguna parte". Vid. PERDICES HUETOS, A. B., "Restricciones a la transmisión de acciones y participaciones: interpretación y efectos en la

Por lo que se refiere a la sociedad unipersonal —al estar participada por una sola persona física o jurídica— no hay posibilidad alguna de que en su seno sobrevenga una paralización social definitiva que conduzca a la disolución. Únicamente podría darse sobrevenidamente una situación de bloqueo cuando a su vez su socio único —persona jurídica— estuviera paralizado orgánicamente o cuando la sociedad unipersonal formara parte de un grupo de sociedades como sociedad filial de una matriz paralizada (ex arts. 18 LSC y 42 C.Com)[192]. En estos casos el socio único estaría impedido para ejercer las competencias de la junta general. Las sociedades capitalistas unipersonales pueden ser tanto anónimas como limitadas (arts. 12, 15 y 16 LSC). Obviamente en ellas no existe asociación (y se suprime uno de los caracteres tradicionalmente atribuidos al concepto de sociedad, como es la pluralidad de socios), sino que su existencia se debe para servir como ente puramente instrumental a fin de optimizar el patrimonio de su socio único por razones tributarias, de diversificación patrimonial u otras. En otras ocasiones la unipersonalidad es el resultado sobrevenido de una escisión o separación de otro socio o grupos de socios ante una situación previa de paralización orgánica[193].

---

práctica reciente", en VEIGA COPO, A. B., *Estudios jurídicos sobre la acción*, Cizur Menor, 2014, págs. 333-357 y YANES YANES, P., "Restricciones estatutarias a la libre transmisibilidad de las acciones: supuestos especiales", en ALONSO UREBA, A., *Derecho de sociedades anónimas*, Tomo II, Madrid, 1994, pág. 1151 y sigs.

192 Sobre el marco regulatorio de grupos societarios, véase: DE ARRIBA FERNÁNDEZ, M.L., *Derecho de grupo de sociedades*, Madrid, 2009 y EMBID IRUJO, J. M., "Ante la regulación de los grupos de sociedades en España", *Revista de Derecho Mercantil*, N° 284, 2012, págs. 25-52.

193 Este cambio a la unipersonalidad como solución ante una paralización (por haberse transmitido algunas participaciones o acciones) debe hacerse constar en escritura pública e inscribirse en el Registro Mercantil, donde se expresará necesariamente la identidad del socio único siguiendo lo dispuesto por los arts. 108 y 109 RRM. En este sentido, cabe recordar que las sociedades de capital unipersonales fueron reconocidas por la RDGRN de 21 de junio de 1990, argumentando dicha resolución que, en las sociedades capitalistas, el contrato tiene un carácter meramente organizativo e independiente de la personalidad de sus socios, por lo que la situación de unipersonalidad no es contradictoria con la esencia de personalidad jurídica ni con el principio de limitación de la responsabilidad. Así lo explica BELTRÁN, E., *La disolución*, cit., págs. 36-37, quien contradice acertadamente la tesis que entiende que la sociedad unipersonal debe ser transitoria porque impide celebrar las juntas y adoptar acuerdos sociales por lo que la paralización se traduciría en un supuesto de disolución

por paralización de los órganos sociales o, en general, de imposibilidad manifiesta de realizar el fin social. Para profundizar en la naturaleza de la sociedad unipersonal, Vid. CARBAJO CASCÓN, F., *La sociedad de capital unipersonal*, Cizur Menor, 2002.; DUQUE, J. F., "La 12ª Directiva del Consejo (89/67/CEE de 21 de diciembre de 1989) sobre la sociedad de responsabilidad limitada de socio único en el horizonte de la empresa individual de responsabilidad limitada", *Derecho mercantil de la Comunidad Económica Europea. Estudios homenaje a José Girón Tena*, Madrid, 1991, pág. 241 y sigs.; ALONSO UREBA, A., "La 12ª Directiva comunitaria en materia de sociedades relativa a la sociedad de capital unipersonal y su incidencia en el derecho, doctrina y jurisprudencia, con particular consideración en la RDGRN de 21 de junio de 1990", en *Derecho mercantil de la Comunidad Económica Europea. Estudios homenaje a José Girón Tena*, Madrid, 1991, pág. 63 y sigs.; RONCERO SÁNCHEZ, A., "Sociedad unipersonal de responsabilidad limitada", *Revista de Derecho de Sociedades*, Nº Extraordinario, 1994, pág. 129 y sigs.,; IGLESIAS PRADA, J. L., "La sociedad unipersonal y el proyecto de ley de sociedades de responsabilidad limitada" en *La reforma de la Ley de Responsabilidad Limitada*, Madrid, 1994, pág. 907 y sigs.; ALONSO UREBA, A., "La sociedad unipersonal", en AA.VV., *La reforma del derecho español de sociedades de capital*, Madrid, 1987, pág. 261 y sigs.; GARCÍA-PITA, J. L., "Reflexiones sobre el concepto de sociedad y el derecho de sociedades", *Cuaderno de Derecho y Comercio*, Nº 33, 2000, págs. 73-214 y BISBAL I MÉNDEZ, J., "La sociedad anónima unipersonal", en AA.VV., *La reforma de la ley de sociedades anónimas*, Madrid, 1987, pág. 71 y sigs.; GONZÁLEZ FERNÁNDEZ, M. B., *La sociedad unipersonal en el derecho español*, Madrid, 2004 y JORDANO BAREA, J., "Las sociedades de un solo socio", *Revista de Derecho Mercantil*, 1964, pág. 7 y sigs. En la doctrina italiana destaca el estudio de GRISOLI, A., *La società con un solo socio*, Padua, 1971, passim. Por último, apuntar que la unipersonalidad también está admitida en derecho anglosajón: HENN/ALEXANDER, *Laws of corporations*, 3ª ed., St. Paul/Minn, 1983, pág. 697. Por último, cabe hacer referencia a que el 9 de abril de 2014 la Comisión Europea presentó el proyecto de una nueva Directiva sobre sociedades limitadas unipersonales, que introduce la llamada "Societas Unius Personae", llamada, a elección de cada Estado, a sustituir al tipo nacional de sociedad limitada unipersonal, o bien a coexistir con él. Este nuevo modelo societario europeo podría ser constituido por cualquier persona física residente en la UE o por cualquier persona jurídica inscrita en un Estado miembro, sin restricciones por razón del tamaño de la empresa o de la ausencia de actividad internacional. La inscripción registral se haría on-line, sin que la ley nacional pudiera exigir la presencia física del socio ante una autoridad nacional del Estado miembro de registro. El domicilio inscrito y la sede real podrían localizarse en Estados diferentes. Cabe apuntar que varios Estados miembros, entre ellos España y Alemania, se oponen por entender que el proyecto amenaza gravemente los intereses públicos. Para ampliar a este respecto, ESTEBAN VELASCO, G., "La propuesta de Directiva sobre la 'Societas unius personae' (sup): las cuestiones más polémicas", *El notario del siglo XXI*, Nº 60, marzo-abril 2015.

Un caso aparte es el de las sociedades laborales, reguladas en la Ley 44/2015, de 14 de octubre, que pueden adoptar tanto la forma de anónima como de responsabilidad limitada[194]. La *ratio* es desincentivar la concentración de capital estableciendo un límite inferior en cuanto al capital de los socios trabajadores (acciones o participaciones de clase laboral), debiendo alcanzar al menos la mayoría absoluta (51%), como recoge su art. 1. 2 a); y adicionalmente, impidiendo que un socio detente más del 33% del capital ex art. 1.2 b), y prohibiendo de facto la conformación de dos grupos paritarios entre socios trabajadores y socios capitalistas.

Si bien la presencia de las sociedades laborales es exigua dentro del panorama societario español, en lo que aquí nos interesa puede afirmarse que aunque el legislador previgente se cuidó mucho de evitar que se formen en ella situaciones de paridad entre el capital general y el capital laboral, sobre la prohibición de la bipersonalidad y de dos límites, uno superior y otro inferior, sin embargo, la norma vigente acepta el supuesto de sociedades laborales bipersonales compuestas únicamente por dos socios laborales al 50%. Esta novedad sobre la derogada Ley de 1997 incrementa la potencialidad de situaciones de bloqueo (art. 1.2 b)[195].

Por lo demás, el régimen societario de las sociedades laborales otorga implícitamente una facultad de desempate en junta al conjunto de socios trabajadores, con efectos limitados de control positivo a nivel de grupo y de control negativo a título individual, pero determinante frente a los titulares de las acciones o participaciones de clase general. Por otro lado, el art. 1.2 b) también establece un límite superior, sin que pueda alcanzar el 50% del capital la participación

194 Un estudio completo acerca de esta materia puede encontrarse en PERDICES HUETOS, A./DE LA HUCHA, F./GOÑI, J. L./SAÉNZ GARCÍA DE ALBIZU, C., *Sociedades Laborales (Ley 4/1997, de 24 de marzo)*, en URÍA/MENÉNDEZ/OLIVENCIA, *Comentario al régimen legal de las sociedades mercantiles*, Tomo XV, Madrid, 2000, principalmente el análisis exegético de los arts. 1 y 5 (págs. 33-44 y 107-123).

195 Art. 1.2 b) Ley 44/2015: "La sociedad laboral se constituya inicialmente por dos socios trabajadores con contrato por tiempo indefinido, en la que tanto el capital social como los derechos de voto estarán distribuidos al cincuenta por ciento, con la obligación de que en el plazo máximo de 36 meses se ajusten al límite establecido en este apartado".

de socios que sean entidades públicas o asociaciones y entidades sin ánimo de lucro (es decir, se entiende que como máximo podrán ser titulares del 49%). Este límite máximo imposibilita a dicha clase de socios alcanzar una igualdad de bloqueo[196]. Con todo, el respeto de estos límites es meramente teórico dado que no hay medios para controlar la existencia y contenidos de sindicatos de voto, y en general, de pactos parasociales entre socios trabajadores y capitalistas[197].

2.2 CARACTERIZACIÓN FUNDAMENTAL DEL CONTRATO DE SOCIEDAD Y LA DISTRIBUCIÓN PARITARIA DEL CAPITAL

2.2.1 El elemento teleológico del contrato de sociedad

La sociedad de capital, en cuanto forma legal reguladora de la actividad empresarial, es una institución mercantil de naturaleza compleja que se erige en derecho español, al igual que sucede con las sociedades personalistas, sobre la base de un negocio jurídico denominado contrato de sociedad.

La sociedad mercantil se construye sobre el concepto de la sociedad civil. Adoptamos en lo sucesivo la formulación del concepto de sociedad como "contrato, negocio jurídico bilateral productor de obligaciones en el que se da el consentimiento contractual, el objeto y la causa y aquel consentimiento es la voluntad de unión, la de constituir el contrato y permanecer unidos los contratantes en la actividad, con fin lucrativo, común y partible, consentimiento que coincide con la llamada *affectio societatis*"[198].

---

[196] Evidentemente, si el capital laboral (mínimo 51%) se encuentra muy disperso, y el capital general (máximo del 49%) tiene una base social muy reducida o concentrada, es posible que un socio capitalista, con un 20% del capital, pueda tener el dominio de la sociedad.

[197] Vid. PERDICES HUETOS, A./DE LA HUCHA, F./GOÑI, J. L./SAÉNZ GARCÍA DE ALBIZU, C., cit., pág. 119.

[198] Cita de O'CALLAGHAN recogida por el Magistrado SANJUÁN Y MUÑOZ, E., en "El contrato de sociedad: concepto y clases. Constitución, administración, obligaciones y derechos. Extinción", *Noticias Jurídicas*, octubre 2003.

El contrato de sociedad se constituye —a fin de operar en el tráfico válidamente y con seguridad jurídica para terceros que operan con la empresa común— como persona jurídica, registrando públicamente una documentación que contiene, entre otros elementos, unos estatutos sociales. A este respecto, en virtud del art. 2 LSC, que acoge la doctrina de la mercantilidad por razón de la forma, las sociedades de capital se consideran comerciantes con independencia de la actividad a que se dediquen y como persona jurídica consta de una voluntad de promover un fin común lucrativo, que se manifiesta en la propia causa del contrato de sociedad que le sirve de soporte fundacional[199].

En este sentido, como la jurisprudencia española y un importante sector de la doctrina han afirmado, sólo hay sociedad mercantil si concurre ánimo de lucro. Así se pronuncia la STS de 10 de noviembre de 1987: "Las actividades sociales han de ser operaciones de todos los socios y enderezarse a la obtención de una ganancia y no a la reducción de costos, captación de clientes u otras cualesquiera ventajas económicas, según así lo evidencia el art. 1665 CC". Por nuestra parte, se atenderá a esta doctrina tradicional reconociendo que, si bien la normativa societaria acepta la libertad de objeto social de las sociedades de capital, no así la libertad del fin causal, en la medida que las sociedades capitalistas son entes comerciantes cuya estructura contractual está enfocada a perseguir un fin de lucro[200].

---

199 Vid. BLASCO GASCÓ, F. P., "Los contratos societarios", en VALPUESTA FERNÁNDEZ (dir.), *Derecho de obligaciones y contratos*, 2ª ed., Valencia, 1995, pág. 761 y sigs., y mismo origen que en el derecho societario, como observamos en su doctrina: FERRO-LUZZI, P., *I contratti associativi*, Milán, 1971; GALGANO, F., *Diritto commerciale. Le società*, Bolonia, 1994-1995 y FERRARA, *Teoría de la persona jurídica*, Madrid, 1929 (traducción: Ovejero-Mauri).

200 A este respecto, BROSETA PONT, M., "Determinación e indeterminación del objeto social en la ley y en los estatutos de las sociedades anónimas españolas", *RDN*, 1970, pág. 9 y sigs. Sobre el deslinde conceptual entre sociedad de capital, empresa y objeto social, en esta investigación asumimos que el objeto social de la sociedad capitalista lo constituye la actividad empresarial. Como ser refiere SÁENZ GARCÍA DE ALBIZU, J. C., *El objeto social en la sociedad anónima*, Madrid, 1990, pág. 25: "el legislador está actuando con una cierta equivalencia de los términos objeto social y empresa, idea que se desliza igualmente con carácter puntual en otros temas más específicos. En efecto, la idea de que detrás de la expresión objeto social se esconde una actividad económica organizada y ejerci-

De la configuración positiva del contrato de sociedad se predica esta finalidad con respecto a los socios, quienes operan "con ánimo de partir entre sí las ganancias" (art. 1665 CC) y para "obtener lucro" personal a través de la sociedad (art. 116.1 C.Com)[201]. Son los socios los que están interesados en enriquecerse a través de la sociedad, y, por tanto, la generación de valor patrimonial tiene que servir al objetivo de reparto final de esa riqueza[202].

Por esta razón, si una sociedad está paralizada funcionalmente comprometerá gravemente esa generación de valor patrimonial para el socio. Aunque pueda seguir transitoriamente operando a nivel empresarial —realizando mal que bien sus actividades ordinarias bajo la dirección del órgano de administración—, si finalmente no distribuye por acuerdo de la junta al menos una parte del beneficio o resultado positivo que en su caso haya generado, no podrá sub-

---

da profesionalmente a los efectos de actuar en el mercado de bienes y servicios se deja traslucir inevitablemente. (...) Es posible afirmar, en conclusión, que el objeto social de las sociedades anónimas consistirá, con carácter general, en una actividad empresarial (...) sin perjuicio de que (...) deba admitirse la posibilidad de que en sus estatutos o en la ley se prevea la realización de otro género de actividades distintas".

201 Vid. PAZ-ARES, C., "Ánimo de lucro y concepto de sociedad", en *Derecho Mercantil de la Comunidad Económica Europea (Estudios en homenaje a José Girón Tena)*, Madrid, 1991, págs. 731-732. Obsérvese que la obtención de lucro no es el fin social exclusivo de las sociedades mercantiles, sino que también caracteriza al contrato de sociedad civil. Sin embargo, tal concepto ha ido perdiendo progresivamente su significado a la hora de su integración en el concepto de sociedad mercantil, como hace notar GIRÓN, J., *Derecho de Sociedades*, vol. I, cit., pág. 231 y sigs.

202 Conforme PAZ-ARES, C., "Ánimo de lucro...", cit., págs. 752 y 753: "El fin común es, en efecto, el nervio causal que endereza cualquier fenómeno societario". Ello contrasta con la versión originaria de ánimo de lucro como fin esencial de la social que se puede leer en GIRÓN, J., cit., pág. 231 y sigs. Por eso, estas referencias a la obtención de un lucro a tenor de los arts. 116.1 C.Com y 1665 CC han de entenderse con mayor laxitud, en el sentido que el ánimo lucrativo es el elemento usual o habitual, pero no el elemento esencial de la sociedad, que es la comunidad de fin o fin común. Para ahondar sobre este punto: MENÉNDEZ MENÉNDEZ, A., "Sociedad Anónima y fin de lucro", en *Estudios jurídicos sobre la Sociedad Anónima*, Madrid, 1995, pág. 39 y sigs., y "Sociedad Anónima y fin lucrativo", *Anales de la RAJL*, 1994, pág. 159 y sigs.

sistir indefinidamente, ni siquiera con vistas a su propia conservación[203].

En consecuencia, ante situaciones de enfrentamiento entre los socios o grupos de socios paritarios acerca de la distribución de las ganancias obtenidas, la cuestión se ha de resolver, a nuestro juicio, a favor del socio que reclama su derecho sobre las ganancias que le correspondan por su participación en la sociedad (art. 93 LSC). De este modo, el reparto devendrá obligatorio en la sociedad paritaria cuando no se llegue a un acuerdo para su imputación como reservas voluntarias de la sociedad[204].

Por todo lo anterior, la paralización de los órganos de la sociedad capitalista es un conflicto intra-corporativo que atenta contra el elemento teleológico que conforma su base constitutiva, por el cual los socios permanecen en una organización basada en el capital y que se corresponde con el axioma de una distribución mínima y periódica de riqueza. Esta expectativa lucrativa se verá naturalmente frustrada si la junta general se encuentra inoperativa. Aunque ciertamente la empresa que realiza el objeto social pudiera funcionar transitoriamente con su junta paralizada, en el caso de que los administradores permaneciesen operativos, las necesidades del tráfico mercantil harán que este periodo de inercia cese ante la necesidad de adoptar en junta general algún acuerdo necesario para el normal funcionamiento. Este sería el caso de la junta ordinaria que anualmente ha de celebrarse al objeto de aprobar las cuentas anuales del ejercicio anterior.

2.2.2 *Naturaleza contractual de la sociedad de capital*

El contrato de sociedad consiste esencialmente en un acuerdo de aportación de activos a un patrimonio separado del de los socios,

---

203 Como afirma RODRÍGUEZ DELGADO, J. P., "Comentario...", cit., pág. 547, el problema que se suscita no es otro que la posible contradicción que se da en la práctica entre la paralización social, como paso previo a la imposibilidad de funcionamiento de la sociedad y la continuación productiva, como se refleja en el Fundamento Jurídico 1° de la SAP de Valencia de 9 de diciembre de 2006 (JUR 2006/27243): "La sociedad (con su junta paralizada) siguió produciendo pedidos, incrementando costes financieros y haciendo frente a sus compromisos de pago".

204 Cfr. HERNANDO CEBRIÁ, L., "El conflicto...", cit., pág. 111.

con finalidad de desarrollar una actividad que rinda resultados positivos. Este patrimonio gozará, en el caso de las sociedades de capital, de una personalidad jurídica independiente desde la prestación del consentimiento entre las partes. Una vez inscrita en el Registro Mercantil (arts. 118-119 C.Com, 20 y 33 LSC) obtendrá del ordenamiento jurídico un reconocimiento con capacidad plena para contratar y con pleno mandato legal como centro de imputación de responsabilidad civil y penal (art. 31 bis CP), sin perjuicio de la responsabilidad directa que incumbe a sus administradores (arts. 225-232 y 236 LSC)[205].

Tanto en su plano interno como en su plano externo, el contrato de sociedad de capital expresa un ejercicio constitucionalmente reconocido por el art. 22 CE, como es el derecho de asociación entre los socios que traban una relación común con un fin económico[206]. Pero además de ser una modalidad asociativa, la sociedad contiene una causa contractual, conforme con el art. 1665 CC, por la cual los socios se obligan en común a formar una comunidad de propósito, bienes, actividades y resultados para obtener una riqueza repartible, aunando una inversión inicial a una posterior actividad empresarial que afronta y desarrolla la persona jurídica creada[207].

Un sector de la doctrina española, partiendo del contrato como instrumento de composición de intereses contrapuestos, ha impugnado la naturaleza contractual de la sociedad. A nuestro juicio, esta tesis no puede prosperar en lo concerniente a las sociedades mercantiles, en tanto que desde su momento creativo y durante su vida activa hay intereses contrapuestos que el contrato social compone e integra. Esto bien puede observarse en el funcionamiento de cualquier sociedad de capital, que ya desde el momento de su fundación

---

205 Vid. PAZ-ARES, C., "La sociedad en general: caracterización del contrato de sociedad", en URÍA/MENÉNDEZ (coords.), *Curso de Derecho Mercantil*, 2ª ed., Madrid, 2006, pág. 469 y sigs.

206 Vid. JIMÉNEZ SÁNCHEZ, G., "Doctrina del Tribunal Constitucional sobre las sociedades mercantiles", en *Derecho de Sociedades (Homenaje a Fernando Sánchez Calero)*, vol. I, 2002, pág. 275.

207 Vid. PAZ-ARES, C., "La sociedad en general…", cit., págs. 471-474 y el mismo autor en "La sociedad civil (comentario del art. 1665)", en PAZ-ARES/DÍEZ-PICAZO/BERCOVITZ/SALVADOR (dirs.), *Comentario del Código Civil*, Ministerio de Justicia, Madrid, Tomo II, pág. 1451.

cada parte trata de maximizar el valor de su aportación, tanto en su dimensión económica como política, aunque estén animados por intenciones diversas, ya sea el control de la sociedad, la rentabilidad o la especulación[208].

La sociedad como contrato asociativo e incompleto que genera una relación jurídica de tracto sucesivo intenta aunar o hacer compatibles estos contrastes, de ahí que no pueda decirse que encaje en los esquemas de los típicos contratos de cambio por el hecho de incluir un objetivo o fin común[209]. En razón de ello, cuando la persona jurídica queda bloqueada orgánicamente por un socio o un grupo de socios, también resultará incapacitada para expresar la voluntad común con la que debe operar en el mercado. Ante esta situación, la ley ofrece el procedimiento de disolución (por acuerdo o por resolución judicial) como fase para deshacer una paralización no querida por el ordenamiento jurídico, ni por el mercado ni por las partes, aunque alguna de ellas pueda aprovecharse temporalmente de esta situación. Al ordenamiento positivo le resulta preferible terminar con la vida de esa persona jurídica procediendo a la disolución y liquidación de la misma (art. 363.1 d LSC).

No obstante, como se tratará en la Parte III, que el cauce normalizado que la ley prevé para la sociedad bloqueada sea el disolutorio no

---

208 Esta consideración ha sido muy debatida por la doctrina y es una cuestión todavía no resuelta cuyo tratamiento cuenta con diferentes enfoques. En opinión de PAZ-ARES, C., "Ánimo de lucro...", cit., pág. 752, el ánimo de lucro a que se refiere el art. 1665 CC no es un elemento necesario del concepto de sociedad: "El ánimo de lucro no es más que un rasgo de caracterización del tipo legal de la sociedad civil". Por esta razón, la causa, afirma PAZ-ARES: "no puede identificarse en el criterio material del ánimo de lucro, sino en el criterio formal del fin común". De este razonamiento concluye su definición de *causa societatis* como "una causa plural y fungible, apta para encuadrar los más distintos fines (lucrativos, consorciales, mutualistas, ideales)". Asimismo, PAZ-ARES, C., "La sociedad civil (comentario del art. 1665)", en PAZ-ARES/DÍEZ PICAZO/BERCOVITZ/SALVADOR (dirs.), *Comentario del Código Civil, Ministerio de Justicia*, Madrid, Tomo II, pág. 1451 y BLANCO CONSTANS, F., *Estudios Elementales de Derecho Mercantil*, Granada, 1897, págs. 408-419 (Tomo I) y págs. 331-348 (Tomo II), referencia bibliográfica que hemos utilizado para explorar los antecedentes jurídicos acerca de la distinción entre sociedad civil y sociedad mercantil, su problemática y notas esenciales.

209 Cfr. DÍEZ PICAZO, L., *Sistema de Derecho Civil*, vol. II, 9ª ed., Madrid, 2005, pág. 459.

debe reputarse a nuestro juicio como necesariamente satisfactorio. Una vez puesto de manifiesto que los socios no desean permanecer en una sociedad mercantil paralizada funcionalmente, el ordenamiento debería articular una serie de medidas alternativas y prejudiciales orientadas a una solución negociada para deshacer el bloqueo, máxime si se tiene en cuenta que en no pocas ocasiones los bloqueos sistemáticos en junta general son parte de una táctica temporal de presión de una parte sobre la otra[210].

La naturaleza contractual de la sociedad de capital excede del contenido público de la persona jurídica. Los estatutos sociales son la constitución de la sociedad de capital, los contenidos con relevancia externa del contrato de sociedad porque se modifican por mayoría y no por unanimidad (como en efecto hicieron los fundadores) y vinculan a socios futuros. Pero de esto no se sigue que los estatutos sociales, por acceder al registro público, adquieran efectos *erga omnes*, sino que como una parte pública y sustancial de la persona jurídica se les sigue aplicando el principio de eficacia relativa de los contratos (art. 1257 CC). La inscripción de los estatutos sociales en el Registro Mercantil no convierte a sus cláusulas en oponibles a terceros, puesto que no fundamentan derechos ni obligaciones de personas ajenas a la sociedad, como en cambio sí sucede con los derechos reales inscritos en el Registro de Propiedad, cuyo efecto sí es *erga omnes*. Los terceros ajenos al contrato de sociedad, por ejemplo, los acreedores, no pueden invocar una defectuosa disposición estatutaria sobre

---

[210] En este sentido, SENÉN, G., *La disolución de la sociedad anónima por paralización de los órganos sociales*, Madrid, 1965. Esta obra es la única monografía española existente que aborda completamente la problemática que tratamos en este trabajo y que, sin duda, como apunta PORFIRIO CARPIO, L. J., "Comentario a la STS de 10 de junio de 1994", *Cuaderno Civitas de Jurisprudencia Civil*, Nº 36, 1994, cit., pág. 1124, el legislador tuvo en cuenta para la configuración legal de esta causa de disolución. Declara SENÉN, G., cit., pág. 163: "nos parecen por completo acertadas las palabras de algún autor (RUBIO) cuando escribe que "las especiales características que el contrato de sociedad presenta en cada una de sus instituciones, se acusan en el momento de su resolución de modo manifiesto"; y sobre todo, cuando añade que "dos son las causas que, si bien no dejan de influir durante la vida de la sociedad (...), determinan en tales circunstancias esa peculiaridad: la necesidad, de un lado de facilitar la relajación de los lazos contractuales, particularmente íntimos en ese contrato, cuando el estado de las relaciones entre los socios hace insoportable o difícil la necesaria convivencia".

un derecho de separación o de exclusión, o defectos relativos a la constitución de junta y adopción de acuerdos sociales que luego son incorporados y publicitados en los estatutos. Los terceros, ajenos al contrato de sociedad, únicamente podrían invocar el contenido del Registro Mercantil en virtud de la publicidad registral positiva o negativa (art. 21 C.Com).

En ocasiones, otros pactos de naturaleza contractual convivirán con el contenido exteriorizado registralmente (escritura social y estatutos sociales). Estos pactos, denominados "parasociales" (bilaterales o multilaterales), son acuerdos internos no reglados por el ordenamiento societario y jugarán un papel muy determinante en la prevención de los bloqueos societarios, con el objeto de procurar el normal desenvolvimiento de la sociedad, así como para la interpretación correcta de la compleja voluntad social expresada a través de sus órganos[211].

Los pactos parasociales, como tendremos ocasión de tratar en la Parte IV, permiten a los socios apartarse de las reglas legales del derecho societario y personalizar así el contrato de sociedad en virtud del principio de la autonomía de la voluntad. Ya observamos que esto cobra especial interés en orden a la configuración de mecanismos de desbloqueo efectivos que no podrían incorporarse a los estatutos sociales por no ajustarse a las restricciones tipológicas (por ejemplo, en materia de mayorías, quórum, transmisibilidad de participaciones o prestaciones accesorias)[212].

---

211 Conforme con FELIU REY, J., *Los pactos parasociales...*, cit., págs. 237 y sigs., y YANES YANES, P., "Pacto parasocial de permanencia y colaboración para una integración empresarial", *Revista de Derecho de Sociedades*, N° 36, 2011, págs. 411-418.

212 Como aclaración, hay que decir que todo lo que los socios regulan en el marco de la relación del contrato de sociedad es materia contractual, aunque una parte de ese contenido contractual pueda ser estatutario y por ende, ajustarse a un régimen propio y obligatorio con relevancia exterior (capital social, identidad de los administradores). El resto de contenidos con efectos *ad intra* de la organización son contenidos contractuales facultativos que podrán o no acceder al Registro en función de la preferencia de los socios. Así, los socios podrán "publicitar" algunas cláusulas por medio de los estatutos, si quieren vincular a socios futuros, o bien reservarlos como pactos parasociales. Por tanto, la decisión de situar una cláusula en los estatutos, o fuera de los estatutos, dependerá de las consecuencias que quieran darle los socios, y su grado de sumisión a los

En particular, los pactos parasociales serán extremadamente importantes en las sociedades familiares, en las sociedades conjuntas y en los grupos societarios, en las cuales una eventual desavenencia interna entre su reducida base social puede devenir fácilmente en una imposibilidad de funcionamiento que conduzca a una situación de paralización permanente e insuperable. La aparición de este eventual fenómeno podrá determinar que opere como causa de disolución si no se articulan instrumentos estatutarios o parasociales adecuados, tanto de carácter preventivo como solutivo[213].

2.2.3 Replanteamiento del concepto de interés social en la sociedad de capital paritaria

A) Consideraciones preliminares. Las teorías sobre el interés social

De estos caracteres esenciales concisamente examinados *supra* se extrae que el contrato social, del cual se enraíza mercantilmente la sociedad de capital, es un contrato asociativo del que emana una persona jurídica cuyo fin es lucrativo. El carácter asociativo afirma su plurilateralidad (ya sea de personas físicas o jurídicas), por requerir para su normal funcionamiento de una voluntad constituyente de aquellos que forman la comunidad especial de aportaciones patrimoniales, a excepción de la sociedad unipersonal. Así, la inicial *causa societatis* se transforma en *affectio societatis* (o *animus contrahendi societatis*), como manifestación del interés social de la persona jurídica,

---

principios configuradores del tipo. Esto puede tener especial trascendencia a la hora de la modificación de una materia regulada por los estatutos, por ejemplo, las prestaciones accesorias, que no podrá realizarse exigiendo unanimidad (art. 200.1 LSC), mientras que los pactos parasociales sí podrían derogar el principio mayoritario. Otro ejemplo es el del establecimiento en el pacto parasocial de la libre transmisibilidad de las participaciones sociales, pacto que no podría acceder a los estatutos ex art. 108 LSC.

213 La materia parasocial será examinada con mayor detenimiento en la Parte IV de este trabajo al objeto de estudiar el margen de autorregulación contractual posible de las soluciones a las situaciones de bloqueo en las sociedades de capital.

elemento central del derecho de sociedades que inspira la actuación de sus órganos: órgano de administración y junta general[214].

Es obligado detenerse sobre el concepto de interés social a fin de examinar su significado y alcance, dado que en función de la aproximación legislativa, judicial y doctrinal que se adopte, éste determinará aspectos fundamentales de la configuración de la sociedad de capital. La multiplicidad de funciones de esta institución, su estructura de capital abierta o cerrada, así como la dimensión de la empresa que desarrolle su objeto social, dificulta obtener una orientación sobre el mismo válida y eficaz para todas las situaciones conflictivas intra-corporativas[215].

El estudio de las distintas concepciones del interés social viene justificado porque el concepto que de él se postule no es más que la consecuencia lógica de una determinada concepción de la sociedad capitalista y del rol que ha de jugar en la economía como institución fundamental, de la cual dependerá sustancialmente el status del socio y el contenido y amplitud de sus derechos y deberes. En consecuencia, parece necesario, dada la variedad de las teorías existentes en torno a la noción de interés social y la dificultad de unificarlas o compatibilizarlas, proceder al análisis crítico de las más significativas en relación con su integración en nuestro ordenamiento societario[216].

---

214 Como indica DÍEZ-PICAZO, L., *Sistema...*, cit., pág. 461, la jurisprudencia del Tribunal Supremo (STS de 3 de diciembre de 1959) ha recogido esta idea, señalando que en la sociedad "la oposición de intereses propia de los contratos conmutativos está sustituida por la convergencia de intereses de manera que la voluntad de unión es indudablemente el primer elemento esencial de la causa del contrato". Sobre la *affectio societatis* como especial requisito de la celebración del contrato de sociedad, las STS de 13 de noviembre de 1953 (RJ 1953/3126), STS de 10 de febrero de 1984 (RJ 1984/589), STS de 21 de febrero de 1987 (RJ 1987/727) y SAP de Ciudad Real de 11 de diciembre de 1992. En doctrina italiana, HAMEL, J., "L'affectio societatis", *RTDC*, 1925, pág. 761 y sigs.

215 Vid. FERNÁNDEZ DE LA GÁNDARA, L., *La atipicidad en Derecho de Sociedades*, Zaragoza, 1977, págs. 151 y 328 y sigs.

216 Hay que tener en cuenta que, en lo concerniente a las sociedades cerradas y paritarias, la cuestión esencial es detectar qué lugar ocupa el interés social respecto a la posición jurídica del socio paritario y particularmente en cuanto a la exigencia del deber de fidelidad, cuestión que se abordará *infra*.

Sobre la noción de interés social existen a grandes rasgos dos posiciones o teorías antitéticas. Así lo confirman las SSTS (Sala 1ª) de 5 de julio de 1986 (RJ 1986/4415) y de 19 de febrero de 1991 (RJ 1991/1512): "en torno a la idea o concepto de interés social existen dos teorías completamente opuestas: la institucionalista, que considera a la sociedad anónima como una institución-corporación en la que el interés social que allí se persigue es distinto del de sus socios, viniendo a coincidir con los intereses de los componentes de la empresa (accionistas, administradores, acreedores, trabajadores etc.); y la teoría contractualista. Consagrada en nuestra legislación, según la cual el interés social no es otro que la suma de intereses particulares de sus socios, de forma que cualquier daño producido en el interés común del reparto de beneficios, o en cualquier otra ventaja comunitaria, supone una lesión al interés social"[217].

Igualmente, la DGRN, en su Resolución de 5 de julio de 1982 (RJ 1982/4675) también se hace eco de este debate doctrinal: "que en esta materia —sumamente delicada— influye en su solución de una parte la concepción contractualista o institucional que se tenga de la sociedad anónima unido a la concepción de su personalidad jurídica, ya que la primera si lógicamente se limita a regular las relaciones de los socios teniendo en cuenta sólo sus intereses individuales, el interés social coincidirá con el interés común de los socios, mientras que si la sociedad aparece institucionalizada, el interés social no será la suma de los intereses de los socios, sino el del ente social"[218].

---

217 Asimismo, las SSTS de 10 de noviembre de 2011 (RJ 2012/1372) y de 17 de enero de 2012 (RJ 2012/4981).

218 La dicotomía contractualismo-institucionalismo responde en su génesis a las circunstancias políticas y socioeconómicas de la historia occidental (Estado liberal y Estado social, respectivamente), y a pesar de que estas circunstancias se han alterado globalmente, la dicotomía, o mejor dicho el debate o contraposición entre ambas no ha sido todavía superada de forma definitiva. En la realidad jurisprudencial y de política legislativa siguen manejándose los conceptos de ambas teorías, aunque desde un plano de derecho comparado, su concreción y alcance varíe sustancialmente. Al ser ambas teorías las más representativas en el derecho continental, son las que tomamos como referencia en esta investigación para su análisis crítico, pero no puede obviarse la existencia de múltiples teorías alternativas, como la finalista, que aboga por que la optimización del lucro bajo una correcta jerarquización de intereses, o la dualista, para la cual el

B) El interés social en la teoría contractualista

La teoría contractualista, también llamada monista, es la primera formulada genéticamente y sostiene que el interés social debe definirse e identificarse como el interés común de todos los socios que integran los distintos intereses de los aportantes del capital, sirviendo de punto de referencia en la actuación de los órganos sociales. Esta teoría no oculta la existencia de otros intereses presentes en la vida de la sociedad, pero en la adopción de las decisiones no es posible individualizar otro interés que no sea el de los socios o accionistas[219].

La teoría contractualista entiende que la naturaleza contractual del acto constitutivo de la sociedad, en tanto comunidad de intereses, legitima al socio a participar políticamente para la consecución de sus fines individuales. Esta concepción es la que ha informado tradicionalmente el derecho societario moderno debido a la imposibilidad de impugnar un acuerdo por aquel socio que ha votado positivamente por el mismo, así como por la ausencia de normas jurídicas que configuren un deber de votar en un determinado sentido en ciertas circunstancias[220].

---

concepto interés social responde a la integración del interés de los socios y de los trabajadores, abogando pues por una especie de cogestión.

219 Vid. ASCARELLI, T., "Interesse sociale e interesse comune nel voto", *Riv. Dir. Proc. Civ.*, N° 19, 1951, pág. 1160 y sigs.

220 Conforme FIORENTINO, A., *Gli organi delle società di capitali*, Nápoles, 1950, pág. 45 y sigs. Cabe recordar, sin embargo, que a tenor del art. 206 LSC, reformado por la Ley 31/2014, y bajo la eliminación de la distinción entre acuerdos nulos y anulables del régimen previgente (conforme al art. 208 LSC, un acuerdo impugnado con éxito determina su nulidad), no se excluye de la legitimación para la impugnación al socio que haya votado a favor (art. 206.1 LSC), sino que sólo se exige tener la condición de socio y una participación individual o conjunta del 1% del capital social. Sobre este particular, VIVES RUIZ, F., *La impugnación de acuerdos sociales en la reforma de la legislación mercantil*, Real Academia de Jurisprudencia y Legislación, Madrid, 2014, pág. 80, comenta la reforma en este punto y señala que el nuevo régimen "no establece, con carácter general, limitación a la legitimación de los socios para impugnar los acuerdos sociales derivada de su conducta en la junta general en la que se adoptó el acuerdo. Únicamente, en caso de que la impugnación se base en defectos de forma en el proceso de adopción del acuerdo, se exige que lo haya denunciado en el momento oportuno quien hubiese tenido ocasión de hacerlo". Por tanto, hay que entender que, en este último supuesto, serán los socios que hubiesen podido denunciarlos, esto es, los que hubieran asistido a la junta, dado que los

En efecto, no existe tipificación normativa alguna que imponga al socio una obligación positiva de voto para la realización de un interés supra-individual, aunque lo que sí consta es la limitación negativa del derecho de voto en situaciones de conflicto de intereses de los socios. Si se positivizara una obligación de voto, surgiría un problema técnico, quizá irresoluble a nivel teórico, concerniente a la exigibilidad de responsabilidad al socio por el ejercicio del voto, responsabilidad que, como es sabido, sólo puede recaer en los administradores por la gestión social. Esto implica que desde la teoría contractualista la determinación del interés social penda del voto como derecho subjetivo y no como deber. En este sentido, el interés social no presupone un interés supra-individual sino un interés común que opera como límite del interés particular que se expresa a través del ejercicio del derecho de voto en junta general. Por todo ello, el interés social desde la perspectiva contractualista no es un interés extraño al socio porque su interés particular se realiza a través de él, no en contraposición[221].

En principio, la teoría contractualista encontraría un mejor acomodo en las sociedades capitalistas cuyas acciones o participaciones no tengan un mercado de desinversión líquido, es decir, donde no haya para el socio unos mecanismos de salida rápidos y seguros. Es por ello que la tesis contractualista es más propia de las sociedades cuya actividad económica no trascienda de forma relevante en el mercado. De ahí que suela ser incompatible abogar por ella cuando la discusión del interés social se interrelaciona con aspectos conectados con el mercado bursátil o con el derecho de la competencia[222].

La concepción del interés social desde la perspectiva contractualista es la que tradicionalmente ha prevalecido en nuestra legislación, jurisprudencia y doctrina[223]. Sin embargo, otro sector minoritario ha

---

defectos en el proceso de deliberación y voto serán desconocidos para los socios ausentes. Asimismo, PERDICES HUETOS, A., "Retorno a la impugnación de los acuerdos de la junta de accionistas", en IBÁÑEZ JIMÉNEZ, J. (Dir.), *Comentarios a la reforma del régimen de la junta general de accionistas en la reforma del buen gobierno de las sociedades*, Cizur Menor, 2014, págs. 127 y sigs.

221 Vid. MENGONI, L., "Appunti...", cit., págs. 458-461.

222 Vid. HERNANDO CEBRIÁ, L., *El abuso...*, cit., pág. 63.

223 Vid. SSTS de 12 de julio de 1983 (RJ 1983/4212), de 11 de noviembre de 1983 (RJ 1983/6111) y de 7 de marzo de 2006 (RJ 2006/5700). Así lo señala ESTE-

cuestionado esta posición sobre la base del art. 226 LSC, que conceptúa el interés social como interés de la sociedad[224]. Con todo, para que se pueda hablar de interés social, es necesario que éste se identifique con el interés de la sociedad —de todos los miembros de la sociedad—, por lo que no puede identificarse con el de la mayoría, sino que la voluntad de ésta debe basarse en aquél[225].

En este sentido, la definición de interés social según la teoría contractualista tiene más justificación cuando se vincula al carácter cerrado de la sociedad y a la fuerte presencia del elemento personalista (*intuitu personae*). Como la aportación del socio a la sociedad de capital no se limita al capital, a una inversión dineraria, sino que también suele ser la prestación de algún servicio a la sociedad (prestación accesoria), entonces puede inferirse que el interés del socio no será exclusivamente el retorno de la inversión (vía dividendos o vía enajenación de su participación una vez maximizado su valor), sino que se centrará en el buen funcionamiento tanto de la estructura orgánica de la sociedad como de la empresa que desarrolla el objeto social, que no será ajena para él[226].

Por esta razón puede decirse que el derecho de voto de la base propietaria de la sociedad cerrada es realmente configurador del interés social, por contraste a lo que sucede en la sociedad abierta. Así, en la gran sociedad anónima cotizada, el accionariado está más diversificado en sus fines y existe un conjunto de accionistas ahorradores e inversores mayoritarios que únicamente buscan con la adquisición de las acciones la percepción de dividendos y la rentabilidad. De este modo, el interés social de la sociedad abierta no puede formularse exclusivamente bajo los parámetros de la teoría contractualista, pues-

---

BAN VELASCO, G., *El poder de decisión en las sociedades anónimas*, Madrid, 1982, págs. 583-584.

224 Conforme HERNANDO CEBRIÀ, L., *El abuso...*, cit., pág. 64.

225 Vid. ESTEBAN VELASCO, G., *El poder...*, cit., pág. 584: "es interés social todo interés que se halla dentro del esquema causal del contrato de sociedad". Para ahondar en esta línea, véase ARROYO, I., "Reflexiones en torno al interés social", *Revista de Derecho Mercantil*, 2001, pág. 421 y sigs., y COUTINHO DE ABREU, J. M., "Interés social y deber de lealtad de los socios", *Revista de Derecho de Sociedades*, N° 19, 2002, pág. 39 y sigs.

226 Vid. POLO, A., *Ante una nueva reforma de la sociedad de la sociedad anónima*, Barcelona, 1965, passim.

to que su base propietaria no tiene un interés específico en la participación política, y el poder termina concentrado de facto en unos pocos grupos accionariales que son los que están representados en el consejo de administración (*insiders*)[227]. Es por ello que la teoría institucionalista, como analizaremos *infra*, responde mejor a esta realidad al establecer ciertos límites a la identidad del interés del socio con el interés social. En efecto, el institucionalismo supedita el control de la sociedad a criterios de orden publicista, dada la concurrencia de múltiples intereses en su seno, tanto el de los accionistas de control como el de la economía nacional, atendida la dimensión de la empresa, su fuerza laboral, el mercado en la que opere etc.[228].

Si la estrecha vinculación entre derecho de voto del socio y la determinación del interés social es nítida en la sociedad cerrada, encontrando en la teoría contractualista su justificación, no puede, sin embargo, extrapolarse a la sociedad abierta. En estas sociedades el derecho de voto del accionista minoritario ha perdido paulatinamente su sentido. Aunque la estructura de capital pueda ser bastante dispersa, el control efectivo estará concentrado en unos pocos grupos accionariales (accionistas significativos), que son los que propiamente detentarán el control positivo de la sociedad. Paradójicamente, en no pocas sociedades cotizadas no es una extensa mayoría quien detenta el control efectivo sobre la minoría sino una minoría agrupada o compacta (a través de sus consejeros) sobre la mayoría dispersa, fenómeno que no implica que la mayoría de los accionistas (que no mayoritarios en sentido de control positivo) —generalmente ahorradores e inversores—, vean desprotegidos sus intereses por no tener

---

227 Vid. BELTRÁN SÁNCHEZ, E., "Hacia un nuevo derecho de sociedades anónimas", *Revista de Derecho Bancario y Bursátil*, 1988, pág. 329 y sigs.

228 Por supuesto no puede ignorarse, so pena de parecer un juicio de valor inocente, que la teoría institucionalista, como se criticará *infra*, si bien pretende la fijación de un interés extrasocial o público (economía nacional) que exige el sacrificio de intereses particulares, a veces puede utilizarse para ocultar los intereses de los grupos de control, que de esa forma, reconociendo esta teoría la situación de hecho se deshacen de una base mayoritaria que puede interferir en su estructura orgánica a través de los derechos políticos. Si el voto es erradicado del pequeño accionista no controlador, las pretendidas justificaciones publicistas de los partidarios de la teoría institucionalista pueden servir, paradójicamente, para satisfacer las aspiraciones capitalistas de los controladores. Sobre este particular, véase COSSU, M., cit., pág. 19 y sigs.

el control, ni que la distinción entre accionistas con voto y sin voto implique una desigualdad de trato[229].

A nuestro juicio, no pensamos que el interés social en la sociedad abierta sea mejor tutelado por medio del derecho de voto de cada accionista, sino a través de otros mecanismos más eficientes que sujeten el control efectivo de los grupos accionariales representados en el consejo de administración, así como el control de la gestión de este órgano. Son estos grupos accionariales los que constituyen el control positivo y por tanto en el gobierno de la sociedad deben ser éstos los que se sometan a una mayor regulación de sus derechos y obligaciones en tutela de los socios externos al control y del mercado. De esto se infiere que la teoría contractualista tiene su concreto ámbito de justificación en la sociedad cerrada, pero fuera de la misma no puede dar respuesta a toda la realidad societaria. Se evidencia, en consecuencia, que la distinción entre sociedad abierta y cerrada adquiere vital interés para fijar los límites explicativos de las dos teorías y la compresión del interés social en función de la casuística.

---

229 Como demuestran JENSEN, M. C./RUBACK, R. S., "The market for corporate control: the scientific evidence", *Journal of Finance Economics*, Nº 11, 1983, pág. 5 y sigs. Así, en el caso español, como se refiere SÁNCHEZ-CALERO GUILARTE, J., "Algunos cambios en la regulación de la junta general en el Informe de la Comisión de Expertos y en el Anteproyecto de ley de modificación de la LSC", en IBÁÑEZ JIMÉNEZ, J. (Dir.), *Comentarios a la reforma del régimen de la junta general de accionistas en la reforma del buen gobierno de las sociedades*, Cizur Menor, 2014, pág. 67, la concentración de capital descansa en dos grupos, los accionistas significativos y los integrantes del consejo de administración: "Conforme a la información elaborada por la CNMV, en 107 sociedades cotizadas (el 73% del total de ellas, 18 del Ibex), las participaciones significativas declaradas, incluidas las poseídas por los administradores, superan el 50% del capital social. Siendo habitual que los accionistas significativos formen parte del consejo de administración a través de los consejeros ejecutivos (representantes del accionista significativo o propuestos por éste) y consejeros dominicales, nos encontramos con una situación en la que el control de la sociedad es estable. Los administradores controlan la junta directa (por título de propiedad o mediante convenios), en términos similares a los que ofrecen sociedades no cotizadas (…). En la mayoría de sociedades cotizadas, el grupo de control cuenta con un poder directo, que no precisa del recurso a la representación". Por otra parte, sobre el principio de igualdad de trato, RUIZ PERIS, J. I., *La igualdad de trato en el derecho de sociedades*, Valencia, 2007, pág. 107 y sigs.

En la teoría contractualista el interés social se corresponde con el interés específico de los socios, desligándolos de otros tipos de intereses colectivos. No es un interés relativo a la persona física o jurídica del socio sino al interés de la persona en cuanto a su condición de titular actual de las participaciones o acciones de la sociedad, interés depurado de otros factores o variables no contractuales. Desde esta óptica, el interés social es un interés específico o instrumental que consiste en la obtención por parte de la sociedad de capital de ganancias distribuibles, esto es, en la consecución de un fin lucrativo[230]. Este fin lucrativo es la *causa societatis*, la causa del contrato de sociedad que une a los contratantes desde la constitución de la persona jurídica hasta su disolución[231].

Por tanto, el interés social es un interés relativo y variable porque podrá modularse por los socios a lo largo de la vida social, en función de sus necesidades y de las circunstancias del mercado. Esta modulación del interés social se hará por medio del derecho de voto en junta general, como órgano soberano. De ahí que pueda decirse que, si el interés en sentido abstracto es el interés común de los socios, éste ha de concretarse o materializarse en sede de junta general. Ahora bien, esto no quiere decir que toda deliberación de la junta involucre necesariamente al interés social, ni su concreción, pues tal afirmación haría inoperativa la regulación del conflicto de intereses de los socios, que perdería en consecuencia su teleología[232].

A este respecto cabe clarificar que una situación de bloqueo en la junta general de una sociedad cerrada no significa que no pueda definirse un interés social, o que éste no se pueda declarar porque la junta no puede constituirse por falta de quórum o no se alcanza un consenso para la aprobación de al menos algún acuerdo que permita el funcionamiento de la sociedad. Serán los socios que cuenten

---

230 Vid. ESTEBAN VELASCO, G., "Interés social, buen gobierno y responsabilidad corporativa (algunas consideraciones desde una perspectiva jurídico-societaria)", AA.VV., *Responsabilidad Social Corporativa*, Castellón de la Plana, 2005, págs. 13-62.

231 A este respecto, MIGNOLI, A., "L'interesse sociale", en *Riv. Soc.*, 1958, págs. 748-749.

232 Vid. JAEGER, P., cit., pág. 94 y CANDIAN, A., "Per la qualificazione del contratto di società", *Riv. Soc.*, 1963, págs. 233-259.

con el control negativo, como son los socios paritarios, los que tendrán que analizar personalmente en el caso concreto cómo ha de orientarse su conducta en la junta, de acuerdo al principio de buena fe que exige fidelidad a la sociedad y a su consocio, en orden a no ausentarse inmotivadamente de la junta impidiendo la reunión del quórum mínimo de constitución o la adopción de acuerdos que sean necesarios para el normal funcionamiento.

La determinación de los acuerdos necesarios será a este respecto el criterio que sirva para la determinación del interés social, de modo que un voto negativo sistemática e indiscriminadamente aplicado ante cualquier asunto que se someta a deliberación en junta pueda reputarse como un ejercicio abusivo del derecho de voto, atentatorio contra el interés social, así como el absentismo permanente que impida la constitución de la junta, ejercicio antipolítico o antisocial del derecho de asistencia a la junta. A la postre, si ambas conductas se perpetúan en el tiempo, terminarán por provocar la imposibilidad de desarrollar el objeto social y consiguientemente el cumplimiento del fin social[233].

No podemos obviar cómo el derecho español ha evolucionado en el tratamiento conceptual del interés social en la sociedad abierta, donde se ha venido identificando con el concepto de *shareholder value*, entendido en el Informe Olivencia en su apartado 1.3 como "creación de valor para el accionista"[234]. Por su parte, el Informe Aldama mantiene el mismo criterio en el punto III.2.1: "los administradores están sujetos a dos imperativos: maximizar la creación de valor, no entendido ni única ni principalmente como valor de cotización bursátil en un determinado momento". Otro tanto puede observarse

---

233 No obstante, como trateremos más adelante, cabe apuntar aquí lo que precisa la SAP de Barcelona (Sección 15ª) de 17 de abril de 2019: "Es irrelevante, a los efectos de apreciar la indicada causa de disolución, que la sociedad continúe desarrollando la actividad propia de su objeto social. La causa de disolución invocada no es la prevista en el apartado a) del art. 363.1 TRLSC, por cese en el ejercicio de la actividad que constituya el objeto social, ni en el apartado b) del precepto, por la conclusión de la empresa que constituya su objeto, sino la paralización de la junta general, debido al bloqueo estructural motivado por el enfrentamiento de los dos socios paritarios, circunstancia que es apreciable con independencia de que la empresa social siga en funcionamiento".

234 Vid. SÁNCHEZ-CALERO GUILARTE, J.,"El interés social...", cit., pág. 1663.

en la Recomendación Nº 7 del Código Unificado de Buen Gobierno de 2006, cuando opta claramente por la opción contractualista al poner el énfasis "en el interés común de los accionistas o, si se prefiere, en el interés del accionista común". No obstante, posteriormente, en el mismo texto conjuga dicho contractualismo con la teoría institucionalista, a modo de matizar el alcance primero, al referirse a "la maximización, de forma sostenida, del valor económico de la empresa"[235].

La concepción del *shareholder value*, originaria de los años 80 y 90 en el ámbito norteamericano, sufrió un leve desprestigio por causa de los graves escándalos surgidos en algunas grandes corporaciones. Esto ha llevado a parte de la doctrina a atenuar el significado del *shareholder value* conciliando los intereses de los accionistas con otros intereses que propugnan la responsabilidad social corporativa[236]. En España, hasta la reforma operada por la Ley de Transparencia en 2003, la teoría contractualista formulaba el interés social como el interés común de todos los socios, integrando los distintos intereses de los aportantes del capital, esto es, el interés concebido en términos de maximización empresarial[237]. Aunque parezca que tanto la noción de *sharehoder value* como de su corrección doctrinal posterior institucionalista están diseñadas para su aplicación a sociedades anónimas cotizadas, esto es, para las sociedades abiertas, no entendemos que deban constreñirse únicamente a este sector societario tan espe-

---

235 Vid. FARRANDO MIGUEL, I., "Una aproximación al Buen Gobierno de las sociedades anónimas abiertas", cit., págs. 157-202. No obstante, hay que señalar que la *shareholder value theory* ha entrado en cuestionamiento con la crisis económica de 2008, y ello se ha visto reflejado en las Recomendaciones del Código de Buen Gobierno aprobado el 18 de febrero de 2015, donde se aboga ya por un nuevo institucionalismo dentro del sistema de gobierno corporativo, como se atenderá en el siguiente apartado.

236 A este respecto, JAEGER, P. G., cit., págs. 804-805. Una tesis marcadamente institucionalista, desde una óptica de economía normativa, puede leerse en los trabajos recogidos en RICART COSTA, J. E./ROSANAS MARTÍ, J. M. (eds.), *Towards a new theory of the firm*, Bilbao, 2012, passim.

237 Para acercarse a los antecedentes de la cuestión en lo que respecta a las sociedades cotizadas, SÁNCHEZ-CALERO GUILARTE, J.,"El interés social y los varios intereses presentes en la sociedad anónima cotizada", *Revista de Derecho Mercantil*, Nº 246, 2002, págs. 1653-1726.

cífico y minoritario sino extenderse a la generalidad de sociedades capitalistas[238].

Como nos referimos *supra* en la Parte I, la mayor parte del tejido empresarial adopta la forma de sociedades cerradas y pequeñas, particularmente en España y Europa, e incluso aún más acusadamente en Sudamérica y Centroamérica. En estos mercados societarios existe una alta concentración de capital, por contraste con la estructura de capital dispersa de las economías anglosajonas. Por esta razón, la aplicabilidad de estas nociones de la doctrina mercantil anglosajona en el marco de la teoría contractualista sólo adquiere su total sentido cuando las sociedades tienen una base social muy desconcentrada. En economías con una alta concentración de capital, como la española, tanto a nivel de sociedades abiertas como propiamente con las no cotizadas, aparte del interés puramente lucrativo por vía de la maximización del valor de la acción, concurren otras motivaciones que han de considerarse para un análisis integral de la problemática jurídica, como el interés del grupo empresarial, el aprovechamiento de otras oportunidades de negocio o la continuidad de la empresa, como en efecto sucede en las empresas familiares[239].

---

238 En este sentido iría la tendencia norteamericana defendida por HANSMANN, V. H./KRAAKMAN, R., "The essential role…", cit., pág. 387.

239 Vid. SÁNCHEZ-CALERO GUILARTE, J., "Creación de valor, interés social y responsabilidad social corporativa", en RODRÍGUEZ ARTIGAS/ESTEBAN VELASCO (coords.), *Derecho de sociedades anónimas cotizadas*, vol. 2°, Pamplona, 2006, pág. 880. En el caso de los grupos empresariales, la maximización del valor de la acción no siempre es el primer objetivo, pues como indica FUENTES NAHARRO, M., *Grupos de sociedades y protección de acreedores*, Madrid, 2007, pág. 151 y sigs., pueden existir otros intereses más importantes como la presencia en un determinado sector industrial, garantizarse la continuidad en la cadena productiva, mantener una estructura de financiación para otras empresas del grupo etc. En cuanto a la predominancia de la concentración de capital, vid. FARRANDO MIGUEL, I., "Una aproximación al Buen Gobierno de las sociedades anónimas abiertas", *Revista de Derecho de Sociedades*, N° 26, 2006, págs. 157-202.

C) El interés social en la teoría institucionalista

La teoría institucionalista, también llamada pluralista, concibe el interés social con el interés de la economía nacional[240] o con el interés propio de la persona jurídica o de la empresa[241]. El interés social para la teoría institucionalista tiene pues un valor superior al

---

240 Uno de sus precursores fue RATHENAU, con el concepto de "empresa en sí" (*Unternehmen an sich*), en "La realità della societè per azioni", *Riv. Soc.*, 1960, pág. 918. Este autor propugnó un cambio en la transformación de la estructura formal de la gran empresa, desde un inadecuado modelo familiar hacia uno moderno y desarrollado orientado a satisfacer las necesidades de la colectividad creando riqueza y empleo. De ahí que abogara porque la dirección de las corporaciones quedara en manos de los grandes accionistas, concentrando su poder en el órgano de administración y siendo estos grupos de control los intérpretes del interés social. Como recoge ALBORCH BATALLER, C., *El derecho de voto...*, cit., pág. 82-83, esta teoría fue seguida por otros juristas como GEILER y NETTER, quienes sintetizaron y acentuaron la aportación de RATHENAU sobre las bases características de su teoría: carácter publicista, reconocimiento de la existencia de un interés propio de la empresa, el control de la empresa por parte de una administración estable y la subordinación de los derechos de los socios al interés de la empresa frente a la que tienen un deber de fidelidad. Sobre este particular, FLEISCHER, H., "A Guide to German Company Law...", cit., pág. 18.

241 Dentro de la teoría institucionalista hubo una corriente que se apartó de estos postulados, como pone de relieve MENGONI, L., "Appunti per una revisione della teoria sull conflitto di interessi nelle deliberazioni di assamblea della società per azioni", *Riv. Soc.*, 1956, pág. 434, para encontrar en la realidad de la personalidad jurídica de la sociedad el fundamento de un interés social diferente al de los socios. Esta nueva concepción difiere en cuanto a la teoría de la empresa en sí, en que los socios deben ejercitar su derecho de voto no en interés propio ni teniendo en cuenta intereses abstractos y externos a la sociedad sino sólo en interés de la sociedad como persona jurídica independiente y superior a ellos. De ahí que en su aplicación difiera respecto a la teoría institucionalista propuesta por RATHENAU, porque para éste la protección de la empresa está vinculada al interés colectivo, público o nacional, y esta protección se realiza a través del voto, un derecho de voto sólo se ha de atribuir a los socios de control. En una posición con menor carga institucionalista pero tampoco perteneciente al sector constractualista se encuadraría la teoría de HAUSMANN, que como dice JAEGER, P. G., cit., 36 y sigs., concibe la empresa como un organismo viviente en la que convergen sujetos animados por diferentes intereses y que por tanto el interés común de todos ellos sería el resultado de la suma de los intereses individuales, por lo que la sociedad sería la estructura corporativa que serviría para coordinar sus respectivos objetivos, admitiendo una disminución de la tutela a la minoría y la persecución de intereses extrasociales siempre que su ejercicio no fuera ilícito.

de sus propios socios y supone la consecución de la mayor eficiencia productiva de la empresa sacrificando los intereses particulares de los socios[242].

La conservación y rentabilidad de la empresa por encima de las aspiraciones de los socios, constituye el común denominador en las distintas tendencias surgidas dentro de la corriente institucionalista y de sus desarrollos en derecho comparado, tanto en ámbito continental como angloamericano[243].

---

242 Sobre este particular se han referido JAEGER, P. G., *L'interesse sociale*, Milán, 1964, págs. 18-114 y posteriormente en "L'interesse sociale rivisato (quarannt anni dopo)", *GC*, 2000, págs. 798-799 y PREITE, D., "Abuso di maggioranza e conflitto di interessi del socio nelle società per azioni", *en Trattato Colombo-Portale*, vol. 3, Tomo II, Turín, 2003, pág. 8 y sigs.

243 En derecho italiano, únicamente un sector minoritario de la doctrina acogió favorablemente la tesis institucionalista. En particular, MOSSA, L., *Trattato del nuevo diritto commerciale*, Tomo IV, Padua, 1957, pág. 76, concibe la sociedad como la organización formal de la empresa, una organización de naturaleza institucional, en la que concurren varios intereses, no sólo los de los capitalistas sino también los de los trabajadores. El derecho le asigna al empresario la función de coordinación de los recursos de trabajo y capital en aras del interés común. En este sentido, como apunta COSSU, M., cit., pág. 113 y sigs., y ALBORCH BATALLER, C., *El derecho de voto...*, cit., pág. 94, la posición de MOSSA entronca con la teoría alemana de la empresa en sí, aunque reconoce sus límites y críticas adversas. Lo más interesante de la aportación de MOSSA, a nuestro juicio, es que es precursor de la definición del deber de fidelidad a la empresa por parte de los órganos sociales y de sus integrantes, de modo que incurrirán en responsabilidad cuando actúen contrariamente a sus intereses, un interés que puede ser distinto del de la misma sociedad, de sus órganos y de sus miembros. Además de esta posición, puede sumarse a la teoría institucionalista la teoría del exceso de poder, concepto al que se recurría cuando, bajo la ausencia de norma positiva al respecto en el Códice de 1882, se alegaba vicio en el ejercicio del derecho de voto cuando éste se desviaba del interés de la sociedad. Como puede leerse en FERRI, G., "La tutela delle minoranze nelle società per azioni", en *Dir. e prat. Comm.*, 1932, I, ahora incluido en FERRI, G., *Scritti giuridici*, vol. 3, Tomo I, Nápoles, 1990, pág. 13 y sigs., esta teoría del exceso de poder tenía como *ratio* tutelar al socio minoritario, reconociendo en la persona jurídica un interés propio superior al de los socios mayoritarios y los grupos de control. No obstante, la asunción de esta teoría del exceso de poder no significa que los autores adheridos a ella se adscriban a la corriente institucionalista, como puede verificarse en MAISANO, A., *L'eccesso di potere nella deliberazioni assembleari di società per azioni*, Milán, 1968, pág. 67 y CARNELUTTI, F., *Teoría general del derecho* (trad.), Madrid, 1955, pág. 201 y sigs. Ambos autores no entendían procedente reconocer a la sociedad un interés distinto del interés colectivo de

los socios. A diferencia de lo que sucede con la doctrina italiana, la posición institucionalista de la doctrina francesa es mayoritaria y no dista de la alemana en cuanto a la consideración del interés social en las grandes sociedades. Así, HAURIOU, *L'institution et le droit statutaire*, Toulouse, 1960, pág. 29, habla de la sociedad anónima como institución-corporación y GAILLARD, E., *La société anonyme de demain*, Sirey, 1934, págs. 29-30, se refiere a la sociedad anónima como una conjunción de elementos diversos, jerarquizados, que se coordinan para la consecución de un objetivo de interés colectivo, el cual se subordina al interés general. Por tanto, como también señala HAMEL/LAGARDE, *Traité de droit commercial*, Tomo I, París, 1954, págs. 468 y sigs., se concibe a la sociedad como un sujeto de derechos que posee un interés superior distinto a los intereses individuales y que tiene una voluntad para defender ese interés. JAEGER, P. G., cit., pág. 74, observa que la posición francesa favorable a la naturaleza institucional de la sociedad deriva de una visión restringida del concepto de contrato. Así, la sociedad como institución se opondría al contrato porque éste no se adecúa a su durabilidad, pues entienden que el contrato tiene por objeto la realización de una operación concreta en un momento determinado (GAILLARD, E., cit., pág. 41). No obstante, dentro de la doctrina francesa hay voces que han objetado la naturaleza institucional de la sociedad, como RIPERT, G., *Aspects juridiques du capitalism moderne*, París, 1951, pág. 96, discutiendo el uso que se ha hecho del término "institución". Por su parte, DESPAX, M., *L'entreprise et le droit*, París, 1957, supera las anteriores concepciones e identifica institución y personalidad jurídica, definiendo a la empresa como un lugar geométrico donde se cruzan tres intereses diferentes: el interés de la empresa, el interés del empresario y el interés de los trabajadores. De este modo, la empresa reuniría todos los elementos que para HAURIOU son configuradores de la institución, esto es, finalidad económica, comunidad de ideas y organización permanente y jerarquizada. Por último, en Suiza, como recuerda JAEGER, P. G., cit., pág. 56, la doctrina mayoritaria se adhirió a la teoría institucionalista de HAUSMANN. Actualmente, la doctrina sigue siendo partidaria de la tutela de la empresa, pero no le atribuye un interés propio a la persona jurídica, sino que reconoce que existen intereses de todos los que en ella participan. En derecho angloamericano, la teoría institucionalista se formó en virtud de unos factores muy diferentes a los que fraguaron la tesis institucionalista en derecho comparado. El móvil que impulsó su desarrollo fue la importancia que adquirieron las *big corporations* sobre la economía estadounidense. Este hecho planteó el problema de la separación entre propiedad y control cuando esas *big corporations* terminaron experimentando lo que se conoce como "manager's revolution", correlato de la base desconcentrada del capital y la asunción del poder en el órgano administrativo. La polémica se centra pues en la amplitud de la relación fiduciaria entre los *shareholders* por un lado y el grupo de control y los *managers* (*trustees*), y en sí estos últimos deben satisfacer exclusivamente los intereses de los primeros o pueden extender esa relación a trabajadores, consumidores y a la comunidad en general. En este segundo sentido se posiciona GOYDER, G., *L'avvenire della impresa privata*, Milán, 1955, pág. 17 y sigs., y más ambiciosamente DRUKER,

A pesar de las diferencias entre las distintas tendencias institucionalistas, todas ellas convergen en la asignación de la titularidad del interés social a sujetos distintos del socio, ya sea la empresa, la sociedad como persona jurídica o la colectividad. En consecuencia, el derecho de voto no se entiende atribuido al socio para la obtención de su interés subjetivo o personal, sino para la obtención del interés social, que es el interés digno de tutela y superior al de los socios. Por ello, el funcionamiento orgánico de la sociedad debe operar para la consecución de este interés y todos los derechos de los socios, empezando por el derecho más político como el voto, deben ordenarse en su ejercicio a la obtención de ese interés, pues se le atribuye al socio para ese fin[244].

Conforme a esta teoría, los administradores con su gestión deben promover, además de los intereses de los titulares de la propiedad, los intereses de otros sujetos que se ven involucrados en la empresa. Dentro de este paradigma, es como se ha llegado a formular la denominada *stakeholder theory* y la subteoría del *stakeholder value*, como actualización de la teoría institucionalista clásica y como corrección a los excesos de la teoría constractualista, que como se ha dicho *supra*, es la que hasta recientemente ha predominado en los ordenamientos jurídicos occidentales.

La *stakeholder theory* propone la creación de valor compartido y recoge desarrollos institucionalistas como el del buen gobierno corporativo o el movimiento de la responsabilidad social corporativa[245].

J. F., *Il potere dei dirigenti*, Milán, 1958, pág. 49, para quien el fin de la sociedad capitalista no es lucrativo sino servir como instrumento para promover el desarrollo económico. La visión institucionalista más extrema estuvo representada por BERLE, A./MEANS, G., *The modern corporation and private property*, Nueva York, 1932, quienes abogan por la cesión del poder de los socios en los *managers*, haciendo de la sociedad una institución social, casi similar en importancia que el Estado a la hora de su lograr el desarrollo socioeconómico. A este respecto, COSSU, M., cit., pág. 99 y sigs.

244 Cfr. ALBORCH BATALLER, C., *El derecho de voto...*, cit., págs. 95-96.

245 Como se refiere FREEMAN, R. E. y otros, *Stakeholder theory: the state of the art*, Cambridge, 2010, pág. 45, la responsabilidad social corporativa surge a raíz de escándalos empresariales en EEUU y tiene como principal fin responsabilizar a la empresa en todas sus esferas de actuación, no sólo económica y jurídica, sino también social, buscando un compromiso duradero con los múltiples grupos de interesados y afectados por la actuación de la empresa en el mercado. Sobre

El énfasis conceptual que se pone desde esta teoría no es hacia un interés social como interés de la sociedad sino como un interés de la empresa, considerando la categoría de empresa como más amplia y superior que con respecto a la categoría jurídica[246]. En este sentido, la empresa sería un organismo complejo donde convergen una multiplicidad de intereses y no sólo los de aquellos que componen su base propietaria, sino también los trabajadores, acreedores, proveedores, clientes o incluso el Estado[247].

Es claro, a nuestro juicio, que esta teoría neo-institucionalista permite entender a la empresa de forma más compleja y actualizada, como convergencia de intereses múltiples, en la medida en que reconoce fenómenos que la teoría contractualista clásica desconoce. Al mismo tiempo, también parece una teoría más realista, en cuanto que, a los administradores, en su objetivo de crear valor a largo plazo con su gestión, han de considerar necesariamente una serie de grupos conectados con la empresa, aparte de los que componen la base propietaria. El problema es que más allá de los códigos de buen gobierno y de algunas normas jurídicas diseminadas en las leyes, el mercado societario sigue estando regulado bajo un paradigma netamente contractualista. La realidad es que las diversas teorías institucionalistas en la mayoría de los ordenamientos jurídicos de nuestro entorno no han conseguido arraigarse de forma efectiva y positiva en la praxis[248].

Queda por ver, en consecuencia, el desarrollo práctico de esta nueva tendencia, que en el sistema societario español encontramos en la Recomendación Nº 12 del Código de Buen Gobierno, aprobado el 18 de febrero de 2015, relativa a la misión del consejo de

---

este planteamiento en derecho mercantil, véase EMBID IRUJO, J. M., "La responsabilidad social corporativa ante el derecho mercantil", *Cuadernos de Derecho y Comercio*, Nº 42, 2004, págs. 11-44.

246 El problema que se presenta es que el concepto de empresa es ajeno al ordenamiento jurídico societario español, y es por ello que se hace difícil la integración de esta teoría institucionalista en el derecho positivo bajo una interpretación del interés de la empresa. A efectos jurídicos, únicamente es el interés social el parámetro que ha de modular el ámbito de actuación de los administradores.

247 Vid. ESTEBAN VELASCO, G., *El poder de decisión*..., cit., pág. 582.

248 Vid. EMBID IRUJO, J. M., "La responsabilidad social corporativa...", cit., págs. 18-19.

administración y el concepto de interés social: "que el consejo de administración desempeñe sus funciones con unidad de propósito e independencia de criterio (...) y se guíe por el interés social, entendido como la consecución de un negocio rentable y sostenible a largo plazo, que promueva su continuidad y la maximización del valor económico de la empresa. Y que en la búsqueda del interés social, además del respeto de las leyes y reglamentos y de un comportamiento basado en la buena fe, la ética y el respeto a los usos y a las buenas prácticas comúnmente aceptadas, procure conciliar el propio interés social, con, según corresponda, los legítimos intereses de sus empleados, sus proveedores, sus clientes y los de los restantes grupos de interés que puedan verse afectados, así como el impacto de las actividades de la compañía en la comunidad en su conjunto y en el medio ambiente".

Como se pone de manifiesto en el actual Código de Buen Gobierno de 2015, el concepto contractualista de interés social como creación de valor para el accionista o como maximización del valor económico de la empresa entra en claro cuestionamiento y aparece una "publificación" del mismo en la línea institucionalista[249].

D) Valoración crítica de ambas teorías

La teoría contractualista, y su moderna actualización teorética (*shareholder value*) se principia desde la causa del negocio societario, que es una causa lucrativa, mientras que la teoría institucionalista, y su actualización "neo-institucionalista" (*stakeholder value*), toma como punto de referencia la protección de la sociedad, entendida como

249 Una frontal crítica a esta tendencia puede leerse en MATEU DE ROS, R., "Gobierno corporativo: libertad o regulación en el derecho societario", *Real Academia de Jurisprudencia y Legislación*, Madrid, 2015, pág. 9: "Diga lo que diga el Código de Buen Gobierno, el interés social se identificará en cada caso con el interés coincidente con la voluntad de la mayoría de los accionistas constituidos en junta general, con independencia de los criterios de sostenibilidad y de responsabilidad social a que se refiere el Código de Buen Gobierno. A los efectos de la interpretación de la LSC —cuyo artículo 204 define como acuerdos impugnables los acuerdos sociales que lesionen el interés social— el concepto aplicable será el que, en su caso, figure definido en los estatutos de la sociedad, no el del CGG si no coinciden".

organización que integra intereses colectivos o comunitarios junto con los intereses de los propietarios. Ninguna de las dos está exenta de críticas y objeciones por parte de la doctrina antagonista.

Crítica de la teoría institucionalista

Por una parte, la teoría institucionalista recibe una certera crítica por solapar conceptualmente sociedad y empresa, al identificar directamente el interés de la primera con la segunda. El problema que se observa es que existe una imposibilidad de atribuir un interés a un ente como la empresa que no está reconocido jurídicamente en el ordenamiento societario, aunque pueda existir fácticamente por ser ella la que desarrolle el objeto social, como medio de obtener ganancias y cumplir el fin social[250]. Por esta razón, entienden preferible que únicamente los titulares del capital social sean los portadores del interés social, un interés que no debe estar subordinado a uno ajeno o externo, pues de ese modo los grupos de control no tendrían incentivos para asumir el riesgo de la inversión y de la gestión para terminar por sacrificar su interés en aras de otro superior de índole extracontractual o metaprivativo.

La objeción a este respecto es que su normativización podría llegar a causar más efectos nocivos que positivos, porque favorece la concentración de la riqueza y poder en los grupos de control de las grandes corporaciones, al mismo tiempo que sus administradores se exoneran potencialmente de su responsabilidad dado que un hipotético marco regulatorio "institucionalista" les permitiría justificar su

---

[250] Vid. LA VILLA, G., *L'oggetto sociale*, Milán, 1974, passim. FERNÁNDEZ DEL POZO, L., "El fin y los fines de la sociedad de capital. La integración del interés general en la causa de la sociedad", *Revista de derecho mercantil*, N° 335, 2025, ha desarrollado una muy interesante reflexión a colación del concepto de fin social o «Corporate Purpose». En su opinión, que compartimos enteramente, resulta cada vez más patente la insostenibilidad de la tesis extrema de la «maximización del valor para el accionista» en su formulación más ortodoxa o «tradicional» —al estilo de Milton Friedman—, así como la inaceptable ambigüedad y falta de precisión que caracterizan a las propuestas alternativas basadas en el «Stakeholder Value». Tampoco resultan del todo satisfactorios a su juicio los modelos aparentemente conciliadores o «intermedios», como el denominado «Enlightened Shareholder model».

actuación invocando un interés social publicista o extrasocial, aun cuando la gestión hubiese sido llevada a cabo en interés particular, aprovechándose de su posición jurídica en la estructura orgánica[251]. Además, el socio minoritario sería posiblemente el más perjudicado por la aplicación práctica de la teoría institucionalista ya que experimentaría una pérdida de sus derechos políticos y económicos en aras de ese abstracto interés público de la empresa, debiendo soportar las consecuencias de las decisiones de los grupos de control portadores de tal interés[252].

---

251 Vid. ALBORCH BATALLER, C., *El derecho de voto...*, cit., pág. 84. A nuestro juicio, el problema de la aplicación de la teoría institucionalista en nuestro ordenamiento vendría por el encaje con el deber de lealtad de los administradores. Al amplificar el concepto de interés social por medio de un institucionalismo que contemplara los intereses de los *stakeholders*, el administrador podría realizar conductas no sancionadas por el ordenamiento jurídico que contraviniesen la pretendida lealtad que éste debe a los propietarios, sobre todo en las sociedades abiertas, que se concreta en la maximización de valor de su participación. En todo caso el problema se suscitaría en cuanto a analizar si hay nexo causal entre la consideración de intereses no lucrativos por parte del órgano de administración y un perjuicio a la maximización de valor de la empresa. En este sentido, es posible que el régimen de responsabilidad se viera atenuado, pues a partir de la *stakeholder theory* sería posible interpretar que, aunque causando daño a los accionistas, los administradores han actuado conforme al interés social por considerar en sus decisiones intereses de los *stakeholders*. Como se refiere ESTEBAN VELASCO, G., "Interés social...", cit., págs. 53-54, un administrador podría defenderse hipotéticamente de los efectos negativos de una acción de responsabilidad siempre que lograra demostrar que no hubo incumplimiento de sus deberes de lealtad y diligencia, lo cual podría probarse demostrando que actuó de conformidad con el interés social, aun cuando ello hubiese ocasionado separarse de los intereses lucrativos de los accionistas.

252 Por eso, puede entenderse en la línea de GALGANO, F., *Le instituzioni...*, cit., pág. 93, que la doctrina que aboga por un interés de la empresa en sí en realidad favorece las aspiraciones del capitalismo industrial porque la tesis institucionalista les permite controlar enteramente la sociedad sin pactar con las minorías, cuya tutela queda disminuida porque tiene que ceder ante intereses públicos abstractos que pueden ser utilizados para encubrir los intereses particulares de la mayoría. De ahí que dicho autor observe la teoría institucionalista como una teoría al servicio de una concepción autoritaria de la sociedad de capital que responde a los intereses de la nueva clase empresarial surgida en la primera mitad del siglo XX. En parecido sentido sobre la teoría institucionalista, ALFARO, J., *El interés social...*, cit., pág. 56: "Es mucho más fácil controlar a los administradores (o la mayoría) si se limitan a maximizar los beneficios de la sociedad que controlarlos si están sirviendo "de manera equilibrada a una

Por otra parte, la teoría institucionalista sobre el interés social recibe otra eficaz crítica en el sentido de que propugna un objetivo general que excede del ámbito del derecho societario[253]. Sus críticos mantienen que la sociedad capitalista es una institución de derecho privado que pone en marcha una estructura orgánica y empresarial dirigida a la obtención de lucro y no para otros intereses abstractos de política social que deberían ser tutelados por el derecho público. La subordinación de la empresa a un fin público plantearía probablemente graves problemas de constitucionalidad (arts. 10.1, 33 y 38 CE).

En efecto, como reclama la teoría institucionalista, los socios capitalistas no son los únicos interesados en la actividad de la empresa, porque la sociedad como nexo de contratos interrelaciona a otros contratantes (trabajadores, clientes, acreedores, financiadores) y a la colectividad (Estado, Hacienda Pública). Pero que existan estos intereses no implica que la política jurídica a adoptar sea la de subordinar la empresa a fines públicos ni que unos contratantes concretos como son los socios tengan que tener en cuenta intereses ajenos a la hora de diseñar sus relaciones. Hay otros sectores del derecho más adecuados que el derecho societario para tutelar los intereses de los otros participantes en la empresa (no propietarios ni gestores) conforme al control de la actividad económica que se reserva el Estado (arts. 33, 39, 51 y 129.2 CE).

La ordenación de la actividad mercantil privada es necesaria y justificada en el mercado de un Estado social como el español porque en la economía hay otros intereses y colectivos distintos que los empresarios. Pero esto no significa que el derecho societario sea el vehículo apropiado para ello ni que la teoría contractualista sea contraria a esta concepción[254]. Precisamente, la formulación del interés social no como un interés superior al de los socios e indisponible por éstos

---

batería de diferentes e incompatibles intereses. Al permitirles servir a diferentes intereses, se les autoriza, en la práctica, a servirse a sí mismos"" (cita tomada de MACEY, J., "An economic analysis of the various rationales for making shreholders the exclusive beneficiaries of corporate fiduciary duties", *Stetson Law Review*, N° 21, 1991, pág. 32 y sigs., y 36).

253 Vid. MIGNOLI, A., "L'interesse sociale", en *Riv. Soc.*, 1958, pág. 747.

254 Vid. ALFARO, J., *El interés social...*, cit., págs. 52-53 y notas.

sino como mecanismo de reprensión de conductas desleales por parte de los socios, y particularmente de la mayoría, tiene como fin la defensa de la empresa, lo cual repercute en el bienestar económico del conjunto social.

Crítica de la teoría contractualista

Tampoco la teoría contractualista "pura" satisface enteramente las necesidades de las sociedades cerradas en cuanto a la determinación del interés social en caso de conflictos intra-corporativos. Ciertamente, esta concepción del interés social es la que parece que mejor se acomoda a la sociedad capitalista cerrada, como la paritaria, principalmente porque es la más eficiente en términos de los incentivos que produce. Su reducida y concentrada base propietaria será la que más se beneficie o perjudique del uso y destino de los activos sociales de la empresa, y, por tanto, será la más interesada en adoptar las decisiones discrecionales sobre la misma[255].

Sin embargo, no es claro que la determinación del interés social por parte de los socios deba descansar exclusivamente sobre un criterio de eficiencia económica que se mide sobre la titularidad residual de los rendimientos sobre los activos de la sociedad, es decir, de aquellos adquiridos con el capital aportado. Los activos sociales son de variado tipo y los socios de sociedades cerradas, por medio de su voto, pueden lesionar derechos y patrimonios ajenos, no sólo los de los *stakeholders*, sino los de sus consocios, y no sólo estrictamente societarios (impidiendo la distribución de dividendos en caso de control negativo) sino también de rentas profesionales, por ejemplo, si a resultas de la disolución judicial por causa de la paralización or-

255 Así, como se refiere, ALFARO, J., *El interés social...*, cit., págs. 54-55 y ARRUÑADA, B., *Economía de la empresa: un enfoque contractual*, Barcelona, 1990, págs. 19-88, al concebir al socio como el titular residual sobre el rendimiento de los activos sociales, las decisiones sobre la empresa serán óptimas porque el socio internaliza los costes y beneficios de las decisiones que adopte. De ahí que se entienda que el interés social queda mejor protegido por medio de la teoría contractualista, porque produce mejores incentivos para que los propietarios adopten decisiones rentables y satisfagan previamente los intereses no residuales de los otros participantes en la empresa (trabajadores, administradores, clientes, acreedores).

gánica, la empresa se liquida y algunos consocios pierden las rentas profesionales que obtenían vía prestaciones accesorias.

El concepto de interés social no debe pues construirse únicamente a través del contrato de sociedad, sino que ha de remitirse a un plano superior que tutele también posiciones jurídicas de los socios vinculadas a la empresa. Por dicha posición jurídica no nos referimos a los intereses de los *stakeholders*, que en coherencia con la teoría contractualista, tendrán o deberían tener tutelados sus derechos por medio de otros instrumentos más eficaces que el derecho de sociedades (derecho laboral, derecho de la insolvencia, derecho tributario y administrativo), sino el del socio cuando en él coincide no sólo la titularidad de la pretensión sobre los rendimientos residuales de los activos físicos, sino cuando es titular de capital humano, como es frecuente en las sociedades cerradas debido a su carácter personalista.

La teoría contractualista pura se justificaría cuando los socios fueran propietarios únicamente de los activos físicos (que se adquieren con el capital aportado) y no desarrollaran otro tipo de funciones en la sociedad ni en la empresa. Al estar expuestos a un riesgo directo de expropiación, tratarían de que el interés social fuera una cláusula informadora de los deberes de fidelidad, como un sistema de salvaguarda del valor de su inversión, puesto que los activos físicos perderían su valor fuera de las sinergias que produce su integración en la empresa de la que es titular la sociedad.

Pero esta razón es sólo parcialmente cierta, ya que en la sociedad cerrada la posición jurídica del socio suele solaparse frecuentemente con la del administrador, asalariado o cliente, y, por tanto, las formas de expropiación por el consocio pueden ser múltiples. El activo social principal, como bien se observa en las sociedades profesionales, no será físico sino que estará compuesto por el denominado "capital humano"[256]. Por ello, en estos casos, habrá que inferir que el verdadero titular residual será el socio industrial o profesional. En este sentido, la cláusula del interés social de la sociedad cerrada, debe ser conceptualizada de forma más amplia en orden a la tutela de dere-

256 Sobre la distinción entre capital físico y capital humano dentro de la organización empresarial, vid. MILGROM, P./ROBERTS, J., *Economía, organización y gestión de la empresa*, Barcelona, 1994, pág. 361 y sigs.

chos procedentes de situaciones societarias más complejas que la derivada de la relación capitalista o propietaria sobre los activos físicos.

Así pues, a nuestro juicio, el carácter estricto de un interés social basado en un contractualismo puro no garantiza una mejor determinación del interés social ni tiene por qué adaptarse más eficientemente a las necesidades y problemas de las sociedades cerradas. En la sociedad cerrada el factor de producción será principalmente humano (trabajo), más que físico (tierra y/o capital), por lo que en esa lógica la titularidad residual sobre los rendimientos sociales debería asignarse a los socios titulares del capital humano. En este sentido, el interés social no se debería concebir sólo como la voluntad común de maximizar el valor de la empresa y cumplir con el fin lucrativo, sino de garantizar una estabilidad duradera profesional o laboral[257].

Hacia una teoría ecléctica del interés social

Ninguna de las concepciones contrapuestas sobre el interés social satisface enteramente las particularidades y necesidades de la sociedad paritaria. Aunque se trate de una sociedad donde la teoría contractualista encuentra un mejor acomodo, por su carácter cerrado, no puede obviarse que la promoción del interés social también exige el de otros colectivos interesados en la sociedad (principalmente acreedores y trabajadores), que tendrán más trascendencia si la sociedad paritaria resulta ser una sociedad conjunta o una sociedad familiar de grandes dimensiones cuya actividad en efecto podría afectar de forma relevante al mercado[258].

En consecuencia, lo más adecuado, a nuestro juicio, es abogar por una teoría híbrida o sincrética que compatibilice las dos posiciones predominantes sobre el interés social, en su aplicación al ámbito de las sociedades capitalistas cerradas. El criterio para su aplicación

---

257 Como demuestra la jurisprudencia (Parte III), en casos de disolución social por bloqueo, algunos de los socios pierden no sólo su participación en la sociedad, que en fase de liquidación reducirá su valor, sino también la fuente de sus ingresos habituales. No obstante, el problema de fondo es de orden tipológico, dado el masivo uso de sociedades de responsabilidad limitada con un capital simbólico y sin activos físicos para configurar relaciones de base personalista.

258 Cfr. HERNANDO CEBRIÁ, L., *El abuso...*, cit., pág. 64-65.

sería de corte funcionalista, de tal modo que, para las sociedades cerradas de escasa afectación al mercado, la teoría contractualista ofrecería sin duda una mejor aproximación al interés social, prevaleciendo estrictamente el interés común, aunque específico de los socios. En cuanto a las sociedades conjuntas o familiares de grandes dimensiones —a pesar de su inherente carácter cerrado y personalista—, lo óptimo sería moderar la posición contractualista abriendo espacio a la institucionalista, lo cual exigiría integrar en el concepto de interés social los intereses de otros colectivos contratantes con la sociedad (principalmente trabajadores y acreedores) y de la propia comunidad en la que la sociedad desarrolla su objeto social[259].

Por tanto, la teoría intermedia de corte neo-contractualista sobre el interés social por la que aquí se aboga para su aplicación general a las sociedades cerradas con una estructura de capital altamente concentrada, exigiría configurar legalmente el voto no sólo como un derecho subjetivo del socio sino también como obligación jurídica de perseguir el interés social, puesto que si el control negativo de que dispone el socio lo aplica sistemáticamente, imposibilitará la determinación del interés social en junta general.

El ordenamiento societario concede el derecho de voto al socio no como una facultad omnímoda sino para que pueda formarse y expresarse la voluntad de la persona jurídica, que vinculará a toda la comunidad de socios. Por esta razón, el derecho de voto en la determinación del interés social y establecimiento de límites a su libre ejercicio en junta general constituye la causa de que también deba ser configurado simultáneamente como deber en determinados casos, por ejemplo, en materias que constituyan acuerdos necesarios

---

[259] Este criterio funcionalista demuestra que el concepto de interés social en ningún modo puede concebirse como un concepto jurídico indeterminado, sino más bien como un concepto variable y relativo en función de las características específicas de la sociedad, de la empresa y de su entorno. Somos de la opinión de que antes de que los hechos tengan que adaptarse al derecho positivo sea éste el que se adapte a aquellos, y en caso de no poder hacerlo, la imposibilidad de dar contenido a través de normas generales debe poder suplirse a través del reenvío a los órganos jurisdiccionales. El legislador ha de dar paso al juez para que dote un contenido. A esta competencia judicial nos referiremos *infra* para dotar de contenido al concepto de interés social en situaciones de conflicto entre socios en sociedades cerradas.

para el normal funcionamiento de la sociedad. Así, el voto en la sociedad paritaria supone un poder jurídico que repercute directamente sobre la esfera de los intereses del resto de los socios y en la situación jurídica de la sociedad, como, por ejemplo, a nivel registral si las cuentas no son aprobadas por la junta y presentadas a inscripción. Este motivo es el que nos hace favorables a concebir el derecho de voto como un derecho subjetivo de ejercicio no plenamente libre porque debe dirigirse a un fin determinado, que es la realización del interés social[260].

El interés social ha de ser analizado entonces como el interés común, pero no como simple agregado de voluntades particulares, sino como un interés superior que unifique el de todos y sea distinto al sumatorio de intereses. Como consecuencia de esta premisa, el derecho de voto del socio en la sociedad cerrada ha de ser ejercitado en la junta en pos del interés social. Esto implica una posición proactiva del socio paritario en junta, que presupone no sólo la asistencia para la válida constitución de la misma sino también un cierto activismo en el voto para garantizar la consecución del fin social, que sólo puede realizarse si su conducta (no ausentarse, no abstenerse) y la orientación de su voto (no negativo) no se centra exclusivamente en la tutela de su propio interés sino también en uno ajeno. En consecuencia, el derecho de voto, no es sólo un derecho de naturaleza subjetiva, sino que en determinadas ocasiones —necesarias para el normal funcionamiento—, ha de configurarse como un deber objetivo que ha de realizarse de buena fe en fidelidad al interés social[261].

---

260 Vid. VASELLI, M., *Deliberazioni sulle e annullabile delle società per azioni*, Padua, 1948, pág. 163; DE GREGORIO, A., "Impugnative di deliberazioni assembeari di societè per azioni contrarie al interesse sociale", *Riv. Dir. Com.*, 1953, II, pág. 396 y sigs.; NOIREL, T., *La société anonyme devant la jurisprudence moderne*, París, 1958, págs. 152 y sigs., y LESOURD, N., "L'annulation pour abus de droit des déliberations d'assemblees générales", *Rev. Trim. Droit Comm.*, 1962, pág. 1 y sigs.

261 A este respecto, como señala ALBORCH BATALLER, C., cit., pág. 101, la doctrina francesa, NOIREL, T., *La société anonyme devant la jurisprudence moderne*, París, 1958, pág. 152, habla del derecho de voto como un derecho-función, porque al mismo tiempo que es un derecho individual es también una función para la buena marcha de la sociedad como manifestación de la *affectio societatis*.

El replanteamiento del interés social que aquí se propugna a nivel teórico para su aplicación a la sociedad paritaria se concibe, en consecuencia, como un interés común solidario. La sociedad tendría por tanto tres intereses concurrentes, dos de parte, simétricos o análogos, y uno común, superior, el de la persona jurídica, que vincula a los consocios[262]. Al no operar el principio mayoritario en junta para el funcionamiento normal de la sociedad debido a la necesidad implícita de unanimidad en las materias que exigen mayoría cualificada en junta general, el interés individual del socio paritario, manifestado a través del ejercicio del derecho de voto, ha de ordenarse hacia un interés solidario que garantice el cumplimiento de los tres intereses presentes simultáneamente.

La teoría ecléctica del interés social ante el conflicto intra-corporativo: el examen judicial

Evidentemente, el problema de esta teoría mixta o intermedia es su operatividad cuando se manifiestan verdaderos conflictos intra-corporativos en la sociedad paritaria que paralicen a la junta general. La virtualidad de este interés solidario podría salvarse *ex ante* a través de una exhaustiva definición estatutaria, así como a través de la contratación de un sindicato bilateral de voto por vía parasocial. Asimismo, *ex post*, dicho obstáculo podría salvarse a través de la competencia judicial que habilite a la valoración del interés social en el caso concreto, siempre y cuando fuera reconocido legalmente al socio este auxilio[263].

A este respecto, dicha teoría sería consistente si diera cabida al examen judicial del interés social a partir de un análisis imparcial y objetivo de la conveniencia de los acuerdos propuestos en junta que no puedan ser adoptados, así como de la oportunidad y justificación del obstruccionismo de uno de los socios. No entendemos que dicha valoración judicial del interés social ante un conflicto societario signifique una judicialización del mismo ni un atentado contra la auto-

---

A nuestro juicio, entendemos que esta teoría de la doctrina francesa se aplica válidamente a la sociedad cerrada.

262 Vid. MIQUEL RODRÍGUEZ, J., *La Sociedad Conjunta...*, cit., pág. 205.

263 Vid. BETTI, E., *Teoria generale del negozio giuridico*, Turín, 1955, pág. 270.

nomía de la sociedad de capital para determinar su política interna y sus fines en una economía de mercado.

El principio de justicia rogada no justifica el intrusismo del juez en la sociedad ni tampoco implica que el órgano jurisdiccional determine unilateralmente un concreto interés social, determinación que por otra parte sería incapaz de realizar óptimamente habida cuenta de su limitación para conocer la realidad mercantil específica sobre la que opera la sociedad que se ha paralizado y las concretas necesidades de la empresa que desarrolla su objeto social. Si abogamos por el reconocimiento legal de la competencia judicial para la determinación del interés social en sociedades cerradas en situación de grave conflicto endógeno como vía preventiva o solutiva a la disolución judicial por causa de la paralización social es por la necesidad de obtener una referencia neutral que resuelva la controversia. De esta forma se permitiría que uno de los socios paritarios reciba el auxilio del juez para que se examine si su consocio, prevaliéndose de su posición jurídica, ha abusado de su igualdad de derecho de voto en junta para imponer intereses extrasociales o para evitar la adopción de acuerdos realmente conformes al interés social.

Por tanto, no entendemos deseable que sea el legislador quien defina el interés social, ni para las sociedades cerradas ni para las sociedades abiertas. La competencia judicial para la determinación del interés social sería un sistema subsidiario ante el enconamiento del conflicto intra-corporativo como criterio de seguridad y practicidad de los socios, no así una hipotética norma definidora del interés social. Si este fuera el caso, el legislador se obligaría a alinearse con una teoría clásica para construir un concepto consistente de interés social, lo cual podría generar potenciales problemas prácticos, al mismo tiempo que contradiría la moderna tendencia simplificadora del derecho societario.

La ausencia actual de una definición de interés social en los modernos ordenamientos jurídicos permite que el concepto sea muy elástico y esto juega en favor de la realidad económica del mercado donde compiten sociedades de muy variada índole, fines y estructuras de capital. Por tanto, somos favorables a la competencia judicial *ex lege* para la determinación del interés social en supuestos de conflictos intra-corporativos extraordinariamente complejos o enconados, pero no de una definición "legislada"[264].

Si abogamos por una competencia judicial *ex lege* para que en caso de conflicto grave un socio esté legitimado activamente para solicitar del juez la determinación del interés social frente al consocio es porque la expresión de la voluntad social será imposible cuando en las situaciones de igualdad absoluta de capital y voto, la desaparición de la *affectio societatis* genere un conflicto grave que dé lugar a una situación de bloqueo. Es por ello que el recurso a la valoración judicial emerge como una solución neutral que permite conocer si uno de los socios se ha prevalido de su posición jurídica y ha abusado de su derecho de voto para imponer intereses extrasociales o para evitar la adopción de acuerdos conformes al que se concebía hasta entonces por interés social.

La intervención judicial no sería para la determinación de un nuevo interés social sino para la defensa del mismo, la apreciación de conductas abusivas contra el mismo y, por consiguiente, para la garantía del normal funcionamiento de la sociedad una vez removido el conflicto. El examen judicial consistiría en la aplicación de un sistema doble, primeramente, sobre un aspecto subjetivo, esto es, sobre si hubo o no motivos que indujeron al socio demandado a ejercitar o no sus derechos políticos con fines extrasociales, y seguidamente, sobre un aspecto objetivo, para la declaración o no de la nulidad de un determinado voto o de un determinado acuerdo, si fueren considerados perjudiciales o potencialmente perjudiciales para la sociedad.

En síntesis, esta reorientación del interés social tendría dos funciones. De una parte, limitar el potencial ejercicio abusivo de los derechos del socio controlador (en caso de control positivo) o del socio paritario (en caso de control negativo), y, de otra parte, reforzar el

---

264 A este respecto, es interesante la opinión de SÁNCHEZ-CALERO GUILARTE, J., "El interés social...", cit., pág. 40: "que la legislación societaria no deba decir qué es el interés social no supone, por otra parte, dejar fuera de toda consideración legislativa los principios ideológicos que imponen el respeto de los diversos intereses presentes en la sociedad anónima, sino que sean otras disposiciones las que se encarguen de hacerlo (el ordenamiento laboral, concursal, medioambiental, etc.), partiendo en todo caso de los conceptos o principios que al respecto refleja el modelo económico-constitucional".

deber de fidelidad. Una atenuación legal de la teoría contractualista probablemente incentivaría la colaboración de los socios facilitando la preeminencia del principio de conservación de la empresa por encima de los derechos subjetivos de los socios, que, aunque lícitamente adquiridos, en determinadas circunstancias podrían ser ejercitados en detrimento de valores e intereses superiores que el ordenamiento jurídico no puede desconocer ni desproteger[265].

2.2.4 El deber de fidelidad del socio paritario

A) Preliminar

Como se ha analizado *supra*, la sociedad capitalista en nada se desmarca dogmáticamente de los elementos comunes del concepto de sociedad propio del derecho privado, en cuanto a su origen negocial o voluntario de la misma, un fin común y la contribución de los socios a ese fin común[266]. En razón de ello, cuando varios socios constituyen una sociedad de capital o un inversor toma participación en ella convirtiéndose en socio, el vínculo jurídico que les une es de naturaleza contractual, mediando una doble eficacia: organizativa y obligatoria[267].

De una parte, el contrato de sociedad es un contrato de organización que le dota de capacidad para construir relaciones externas. La

---

265 Hacia esta valoración del interés social camina tímidamente nuestra jurisprudencia, como queda patente en la STS de 7 de diciembre de 2011 (RJ 2012/3521).

266 Esta base consensual del contrato de sociedad se remite al Código de Justiniano (*Corpus Iuris Civilis*): "Tamdiu societas durat, quamdiu consesnus partium integer perseverat" (La sociedad dura mientras continúe íntegro el consentimiento de las partes). En las Instituciones de Gayo (3.25.4) podemos encontrar otra referencia a la base negocial en relación con la disolución: "Manet autem societas eo usque, donec in eodem sensu perseuerant; at cum aliquis renuntiauerit societati, societas soloitur" (La sociedad perdura mientras los socios perseveran en este sentido; pero cuando uno de ellos renuncia a ella, ésta se disuelve). Traducción tomada de DOMINGO, R. (coord.), *Textos de Derecho Romano*, Pamplona, 2002, págs. 172 y 346.

267 En la línea de lo comentado anteriormente, para DÍEZ PICAZO, L., *Sistema...*, cit., pág. 459, la naturaleza de la sociedad como contrato asociativo exige un carácter organizativo, en tanto que relación necesariamente estable y compleja en la que hay que regular aquella cooperación o colaboración y los elementos que sirven como instrumento para ello.

eficacia organizativa, que se despliega con la perfección del propio contrato de sociedad (art. 1679 CC), es la voluntad de los socios de operar como un grupo unificado en el tráfico jurídico. Esta voluntad será inexistente cuando de forma definitiva e indefinida la junta de la sociedad se encuentra paralizada. Puede subrayarse, en consecuencia, que la paralización social supone una ineficacia organizativa en tanto que pone de manifiesto que la voluntad interna de los socios ha dejado de ser la de actuar como un grupo unificado.

De otra parte, la eficacia obligatoria determina el surgimiento de un conjunto de obligaciones y derechos (políticos y económicos) que integran la condición y status de socio en el marco del contrato de sociedad. Como el contrato de sociedad es de carácter esencialmente comunitario y no sinalagmático, la causa de aportar no es una contraprestación sino realizar un fin común. Y este fin común no se realiza simplemente por el cumplimiento efectivo de la aportación, sino que también exige una conducta adecuada de los socios a lo largo del tiempo en el marco de su estructura orgánica, cuya proactividad será tanto más exigible cuanto más reducida y concentrada sea la base social o propietaria[268].

El comportamiento obligacional del socio se concreta por tanto en el deber de fidelidad. Como nos hemos referido *supra*, este deber deriva del principio general de la buena fe que completa el cuadro de obligaciones del contrato de sociedad y opera como criterio de interpretación en orden a modular el ejercicio de los derechos reconocidos (arts. 7 y 1258 CC)[269].

---

268 Vid. PAZ-ARES, C., "La sociedad en general…", cit., págs. 469-501, 503-529.

269 Vid. DÍEZ-PICAZO, L., Fundamentos…, cit., pág. 65: "La buena fe que invoca el art. 1258 CC es mucho más que una directriz en la interpretación del contrato. Ella misma entraña deberes para los contratantes: por de pronto, un deber de honestidad, pero también, con un sentido mucho más positivo, un deber de cooperación y un criterio para puntualizar derechos y deberes de las partes". Siguiendo a GARCÍA-CRUCES, J. A., "Quórum estatutario y abstencionismo. La paralización de la Junta general como causa de disolución de la sociedad anónima (consideraciones en torno a la STS de 12 de noviembre de 1987", *Poder Judicial*, Nº 10, 1988, pág. 114, el deber de fidelidad es una concreción del principio general de la buena fe (art. 57 C.Com) y existe también en la sociedad anónima aun cuando sólo será exigible en las ocasiones en que se solicite la colaboración del socio. Asimismo, DE LOS MOZOS, J. L., *El principio de la buena fe*, Barcelona, 1965, pág. 131: "la buena fe es un principio que necesita concreción". Sobre

Precisamente, observada desde esta perspectiva, la paralización social significa una quiebra frontal de este deber societario por cuanto se contraviene por parte del socio paritario que obstruye los órganos sociales la máxima que reside en la prohibición de obtener ventajas particulares en detrimento de la sociedad[270]. Es por ello que dada la vulnerabilidad de las sociedades paritarias por su propensión a este conflicto intra-corporativo, sea precisa una redefinición de la eficacia obligacional del contrato de sociedad sobre los estándares de conducta del socio paritario, cuya singular posición jurídica exige un reforzamiento del deber de fidelidad[271].

Cuando decae el carácter asociativo que posee la sociedad como comunidad estable y se desvanecen los intereses comunes que dieron lugar a su constitución o la toma de participación en ella, la situación de conflicto podrá terminar manifestándose en la imposibilidad de emitir una estrategia común para maximizar el valor de la empresa y cumplir el fin común. Las divergencias existentes de los socios en orden a formar una mayoría estable en sede de junta general reflejarán que una parte de la base social ejercita sus derechos en su propio interés en contraposición al interés social de la persona jurídica. En este sentido, la *causa societatis* —que delimita el comportamiento exigible de los socios en cuanto pueda afectar a la organización social y al contrato de sociedad— operará como límite a la actuación discre-

---

el principio de igualdad, ALFARO, J., "Igualdad", en MONTOYA MELGAR, A. (dir.), *Enciclopedia Jurídica Básica*, Vol. II, Madrid, 1995, pág. 3361 y sigs. Para ahondar en el fundamento del abuso de derecho: DE ÁNGEL YAGÜEZ, R., "Art. 7", en *Comentario del Código Civil*, Madrid, 1991, pág. 57 y sigs.,; MIQUEL GONZÁLEZ, J. M., "Comentario al art. 7 CC", en PAZ-ARES, C./DÍEZ-PICAZO, L./ BERCOVITZ, R./ SALVADOR, P. (dirs.), *Comentario del Código Civil*, Tomo I, Madrid, 1991, págs. 37-56 y MARTÍN BERNAL, J. M., *El abuso de Derecho*, Madrid, 1982, pág. 239 y sigs.

270 La cuestión de la quiebra de los valores societarios es un punto fundamental del argumento que se desarrollará en el presente estudio. Esta orientación institucionalista a favor de la preeminencia del interés social es defendida en el interesante trabajo de HERNANDO CEBRIÁ, L., "El conflicto entre socios en situaciones de igualdad en las sociedades de capital", *Cuadernos de Derecho y Comercio*, Nº 56, 2001, pág. 92.

271 Vid. JUSTE MENCÍA, J., *Los derechos de la minoría...*, cit., pág. 144: "el deber de fidelidad rige no sólo en las sociedades personalistas, sino también en las de capital, frente a la sociedad y los demás socios, en función de la real influencia que pueda tener la decisión de los socios en la vida de la sociedad".

cional de los socios o grupos de poder paritarios sobre los órganos sociales[272].

En consecuencia, la interrelación contractual de la *affectio societatis* y el interés social exigirá un comportamiento del conjunto de los socios de conformidad con el principio de la buena fe, que en el ámbito jurídico-privado de naturaleza societaria se declara y concreta como deber de fidelidad[273]. Este deber es una exigencia de la cláusula del interés social en la formación de la voluntad común y será la piedra angular en que se fundamentará el estándar de conducta del socio paritario[274].

B) Deslinde conceptual entre deber de fidelidad del socio y deber de lealtad del administrador

El deber de fidelidad se desmarca de los presupuestos del deber de lealtad de los administradores. Ambos conceptos pueden generar

---

272 Criterio indicado por GIRÓN, J., *Derecho de sociedades*, cit., pág. 199 y sostenido por HERNANDO CEBRIÁ, L., "El conflicto", cit., pág. 91 y en *El abuso...*, cit., págs. 66-67. A este respecto, hay que traer a colación la STS de 6 de marzo de 1992, que aunque se refería a una sociedad civil, examina el interés común intrínseco al contrato de sociedad sin distinciones tipológicas: "(...) sobre todo al deber de fidelidad en que se inspiran numerosos preceptos del CC, expresivos de la prevalencia del interés común que inspira la sociedad sobre el interés contrapuesto de los socios en particular". Sobre esta resolución judicial, véase RECALDE CASTELLS, A., "Deberes de fidelidad y exclusión del socio incumplidor en la sociedad civil. Comentario a la STS (Sala 1ª) de 6 de marzo de 1992", *La Ley*, Nº 1, 1993, págs. 304-316.

273 Vid. IRACULIS ARREGUI, N., cit., pág. 38: "el deber de lealtad en las relaciones con comunidad de intereses y, en particular, el deber de lealtad del socio, encuentra su fundamento en el principio general de la buena fe (...). De esta manera, no cabe referirse al deber de lealtad del socio como un fenómeno propio del ámbito del derecho de sociedades, sobre la base de la comunidad de intereses en que se asienta la relación socio-sociedad derivada del contrato de sociedad, sino como un deber que representa la aplicación del principio general de la buena fe en el ámbito de las relaciones socio-sociedad".

274 De conformidad con SÁNCHEZ ALVAREZ, M. M., "La buena fe en las relaciones societarias y la *affectio societatis* (SAP de Ciudad Real de 11 de diciembre de 1992)", *Revista de Derecho de Sociedades*, Nº 2, 1994, págs. 227-230. Sobre la naturaleza de los principios generales, GORDILLO, A., "Principios generales del derecho", en MONTOYA MELGAR, A. (dir.), *Enciclopedia Jurídica Básica*, Vol. III, Madrid, 1995, pág. 5099 y sigs.

cierta equivocidad terminológica, por lo que es preciso detenernos en su deslinde[275]. El derecho societario español extrajo la fidelidad del ámbito obligacional administrativo para convertirlo en el estándar de conducta del socio, mientras que el deber de lealtad se mantiene como un deber inherente al cargo de administrador[276].

El deber de lealtad junto al deber de diligencia conforma el sistema obligacional del administrador en el que el interés de la sociedad actúa como parámetro de su exigibilidad por medio de acciones específicas de responsabilidad ex arts. 238-241 LSC[277]. Tanto el deber de lealtad como el de diligencia son inherentes al cargo administrativo (arts. 225-226 LSC) y no pueden ser exigidos a los socios: el primero, en tanto la posición del socio no carga con la representación ni con la gestión; el segundo, porque dado el carácter capitalista de la sociedad, no puede imponérsele al socio una conducta de lealtad hacia el interés social, obligándole a gestionar su maximización[278].

---

275 Vid. PORTELLANO DÍEZ, R., *Deber de fidelidad de los administradores de sociedades mercantiles y oportunidades de negocio,* Madrid, 1996, pág. 22, donde se utiliza el concepto de fidelidad como sinónimo de lealtad, como deber fiduciario.

276 El deber de fidelidad es recibido en el derecho estadounidense de forma muy diferente, encontrando dificultades en su aplicación jurisdiccional, como ponen de relieve PISTOR, K./XU, C., "Fiduciary duty in transitional civil law jurisdictions: lessons from the incomplete law theory", *Law Working Paper Nº 1, European Corporate Governance Institute-Law Research Paper Series,* 2002, págs. 1-39. El deber de fidelidad tiene su encuadre en los *fiduciaries duties,* pero dependiendo del Estado, pueden tener uno u otro alcance. Así, aquellos Estados como Massachussets que aplican la regla de la mayoría, el deber de fidelidad se extiende tanto a todos los socios de sociedades cerradas como también a los administradores. Por el contrario, aquellos Estados como Delaware que tienen como referencia la regla de la minoría, sólo reconocen este deber a quien tenga y ejerza una facultad de control, de modo que sólo se entendería exigible a los administradores ejecutivos y a los socios controladores. En sentido favorable a esta segunda corriente se posiciona SIEGEL, M., "Fiduciary duty myths in close corporate law", *Delaware Journal of Corporate Law,* Nº 29, 2004, págs. 377-490.

277 Vid. EMBID IRUJO, J. M., "Apuntes sobre los deberes de fidelidad y lealtad de los administradores de las sociedades anónimas", *Cuadernos de Derecho y Comercio,* Nº 46, 2006, págs. 9-48.

278 En este sentido, HERNANDO CEBRIÁ, L., "La configuración estatutaria del deber de diligente administración", *Revista de Derecho de Sociedades,* Nº 34, 2010, págs. 125-165; RIBAS, V., "Comentarios al art. 225 y 226 LSC" en ROJO/BELTRÁN (dirs.), *Comentario de la Ley de Sociedades de Capital,* Tomo II, Madrid, 2011, pág. 1608 y sigs.; FONT GALÁN, J. I., "El deber de diligente administración en

No obstante, cabría excepcionar este régimen en el caso del socio controlador que con su influencia afectase al órgano de administración, para que adoptara una decisión contraria a los deberes inherentes del cargo administrativo, esto es, promoviendo un acto desleal al interés social. En este supuesto, la figura del administrador de hecho (art. 236.3 LSC) permitiría extender la responsabilidad al socio ex art. 236.1 LSC, supliendo de este modo la falta de una regulación positiva al respecto[279]. Esta aplicación, a nuestro juicio, podría ser factible en sociedades paritarias que tienen como órgano de administración a un administrador único, y éste se encuentra influido por uno de los socios paritarios, con quien colude, de tal forma que sus decisiones desleales al interés social en sede administrativa son una proyección de la voluntad de áquel[280].

Ante esta situación, la consideración del socio paritario como administrador de hecho le sujetaría a una responsabilidad que de otro modo no le podría ser exigible. Sin embargo, para que se diese este sistema de extensión de la responsabilidad del administrador al socio controlador, el socio paritario perjudicado se encontrará con

---

el nuevo sistema de deberes de los administradores sociales", *Revista de Derecho de Sociedades,* Nº 25, 2005, pág. 71 y sigs., y DIBADJ, R., "The misguided transformation of loyalty into contract", *Tulsa Law Review,* Nº 41, 2006, págs. 451-476.

279 Con cautela se pronuncia QUIJANO, J., "La responsabilidad de los administradores. Art. 236 LSC" en ROJO/BELTRÁN (dirs.), *Comentario de la Ley de Sociedades de Capital,* Tomo II, Madrid, 2011, págs. 1694-1695: "Más problemáticos son los supuestos en que, sin formar parte del órgano, se ejerce desde fuera una influencia relevante sobre sus decisiones en virtud de la posición que se ostenta sobre la sociedad; sería necesario entonces que la influencia sea tan determinante y continuada que permita atribuir o imputar, en última instancia, las decisiones del órgano a quien la ejerce, en tanto que la capacidad para decidir se ha desplazado a él, lo que supone la prueba concluyente de una cuestión fáctica en el caso concreto".

280 En tal situación, si el administrador de derecho colude manifiestamente con uno de los socios paritarios, entonces cabe entenderlo como un administrador aparente, que como se refiere PRADES CUTILLAS, D, "Administradores de hecho: tipologías no tan encubiertas", *Diario La Ley,* Nº 7168, 2009, pág. 16, es "una variada fauna de administradores de derecho, especímenes que tienen como característica común el pretender otorgar a la sociedad una apariencia de normalidad en la designación de los cargos, pero en realidad sólo cumplen la función de, con su presencia, servir de cobertura a quien es el administrador efectivo".

la dificultad del elemento probatorio en orden a demostrar que las actuaciones desleales del administrador de derecho fueron concertadas bajo influencia de su consocio en condición de administrador de hecho[281].

Ahora bien, lo anterior no significa que la cláusula del interés social, como elemento central del derecho de sociedades, se circunscriba sólo a la esfera de los administradores. Aun cuando con menor intensidad, también el interés social exige un deber de fidelidad de los socios en la conformación de la voluntad colectiva[282]. La intensidad de dicho deber en las relaciones recíprocas de los socios irá en función de las notas características de la sociedad de capital de que se trate, pues no puede predicarse de igual manera un deber de fidelidad en sociedades abiertas —con una base social muy desconcentrada donde el *intuitus pecuniae* es el elemento que las rige—, de aquellas sociedades capitalistas donde la *affectio societatis* viene determinada en mayor medida por el *intuitus personae*[283].

Así sucede en las sociedades cerradas, ya fuere de tipo limitada o de tipo anónima, cuando en ésta última la transmisibilidad de sus acciones haya sido restringida. Al carecer de mercado de desinversión líquido sus socios tendrán fuertes incentivos para involucrarse en la vida social[284]. De ahí la distinción entre lealtad y fidelidad como deberes fiduciarios inspirados por el interés social: el primero es in-

---

281 Vid. HERNANDO CEBRIÁ, L., *El abuso...*, cit., pág. 68 y PRADES CUTILLAS, D, "Administradores de hecho...", cit., pág. 6, de quien tomamos el concepto de administrador de hecho: "la persona física o jurídica que, no ostentando formalmente el cargo de administrador, ejerce efectiva, directa y personalmente las funciones plenas de gestión de la sociedad, de forma habitual y sin sumisión a otro, con consentimiento o al menos sin oposición de ésta y manteniendo destacada influencia en los asuntos sociales, tenga o no facultades expresas de gestión y representación".

282 Esta distinción ya fue observada por GIRÓN, J., *Derecho de Sociedades...*, cit., págs. 295-298.

283 Vid. CALAZA LÓPEZ, S., *El proceso de formación de la voluntad social de las sociedades anónimas y cooperativas. Vicios de contenido y consentimiento*, Madrid, 2003, passim.

284 En la línea de diferenciar la posición jurídica de los socios activistas de los socios inversores, ANABTAWI, I./STOUT, L. A., "Fiduciary duties for activist shareholders", *UCLA School of Law, Law & Economics Research Paper Series*, Nº 08-02, págs. 1-65.

herente a los administradores y el segundo a los socios, cuya exigibilidad ha de modularse en función de los caracteres esenciales de la sociedad capitalista en cuestión[285].

C) Fundamento del deber de fidelidad

El deber de fidelidad del socio descansa en el principio general de la buena fe. Este principio informa a todo el ordenamiento jurídico. Aunque puede considerarse con una pluralidad de matices, es posible tenerlo en cuenta, primeramente, como una causa de exclusión de la sanción, o cuanto menos, para su atenuación. Pero lo que más interesa a los efectos de su engarce en el derecho societario es la consideración de la buena fe como una fuente de creación de deberes especiales de conducta, exigibles de conformidad con la naturaleza intrínseca de la relación societaria y la finalidad perseguida por los socios a través de ella. Por ello, puede afirmarse que los socios, no sólo se deben aquello que han estipulado o aquello que determina el texto legal, sino aquello que en cada situación impone la buena fe[286].

En sentido negativo, la buena fe operaría como limitación del ejercicio de un derecho subjetivo o de otro cualquier poder jurídico[287]. Así pues, el deber de fidelidad no debe exigirse solamente en

---

285 A este respecto resulta muy interesante la doctrina alemana, glosada por HERNANDO CEBRIÀ, L., *El abuso…*, cit., págs. 80-81, al efecto de observar cómo ha ido extendiéndose el ámbito de aplicación del deber de fidelidad en el derecho societario alemán. Así, la jurisprudencia del BGH ha ido ampliando su aplicación desde los socios de las sociedades personalistas a las sociedades capitalistas, luego a los socios mayoritarios de las sociedades limitadas (GmBH) cuando desde su posición pudieran perjudicar los derechos de minoría, hasta al final llegar a aplicarlo a cualquier socio que pueda, desde su posición, determinar el sentido en la adopción de acuerdos en los órganos sociales. Para ahondar en esta evolución del derecho societario alemán, vid. ESCRIBANO GÁMIR, R., "Ley alemana sobre pequeñas sociedades por acciones y desregulación del derecho de sociedades por acciones", *Revista de Derecho de Sociedades*, N° 3, 1994, pág. 451 y sigs., y PORTELLANO/SÁEZ LACAVE, "Proyecto alemán de Ley: pequeñas sociedades anónimas y desregulación del derecho de sociedades anónimas en la República Federal Alemana", *Revista de Derecho Mercantil*, 1994, pág. 593.

286 Sobre la extensión del deber de "lealtad" a los socios y su justificación, véase IRACULIS ARREGUI, N., cit., pág. 37 y sigs., y 50 y sigs.

287 En cuanto a la limitación del derecho subjetivo por imperativo de la buena fe, WIEACKER, F., *El principio general de la buena fe*, 2ª ed., Madrid, 1982, passim, y

los momentos en que se exprese la voluntad de la sociedad, mediante la asistencia la votación en junta general, sino que debe observarse en todo momento, extendiéndose a todas sus conductas societarias, no sólo al cumplimiento de las obligaciones de socio (aportar, y en su caso, realización de prestaciones accesorias), sino también al ejercicio de sus derechos políticos, principalmente abstenerse de ejercitarlos con mala fe, es decir, de forma oportunista u obstruccionista[288]. Como se explicitó *supra*, esta dimensión negativa o pasiva se concretaría, en el marco de una relación de paridad en la distribución de capital, en la abstención del ejercicio sistemático del control negativo de la sociedad.

En el derecho privado, la buena fe exige a los particulares un modelo de conducta conforme a unas reglas y valores sociales de honradez y justicia que rigen el tráfico jurídico, como ha sentado la jurisprudencia del Tribunal Supremo (entre otras, en las SSTS de 22 de octubre de 1991 (RJ 1991/7234), de 26 de octubre de 1995 (RJ 1995/8349), y STS de 1 de marzo de 2001 (EDJ 2001/1319))[289]. Así, el derecho societario encuentra en el principio de buena fe las pautas de conducta exigibles al socio, de igual manera que se observa en otros ordenamientos de nuestro entorno[290].

DE LOS MOZOS, J. L., *El principio de la buena fe*, cit., pág. 124 y sigs.

288 Vid. BUONOCORE, V., "L'ostruzionismo degli azionisti nelle assemblee delle società per azioni", *Rivista delle società*, 1970, pág. 291 sigs.

289 También desde el movimiento para la unificación del derecho europeo en materia contractual, cabe señalar la definición del principio de buena fe que hace la Propuesta de Reglamento del Parlamento Europeo y del Consejo relativo a una normativa común de compraventa europea (2011), donde asume parcialmente los contenidos del Marco Común de Referencia (*Draft Common Rules*). En su art. 2, la Propuesta de Reglamento define la buena fe contractual como "una norma de conducta caracterizada por la honradez, la franqueza y la consideración de los intereses de la otra parte de la transacción o de la relación en cuestión".

290 En Italia, el principio de buena fe en materia societaria se predica de los arts. 1175 y 1375 del Codice Civile italiano. Este punto es tratado, entre otros, por JAEGER, P. J., cit., pág. 193 y PREITE, D., cit., pág. 8. Respecto al derecho anglosajón, como expone GOWER/DAVIES, cit., pág. 662, la buena fe en materia de sociedades se denomina "good faith" o "bona fide for the benefit of the company as a whole", conceptos que se contraponen al "fraud". En derecho francés, la "bonne foi" se encuentra en el art. 1134.3 del Code civil francés. Sobre este

El principio de buena fe se traslada al ámbito de ejercicio de los derechos atendiendo a las circunstancias del caso concreto, por lo que su nivel de exigencia se modulará en función de la posición jurídica del socio atendidas las características específicas que presente la sociedad de capital. Por esta razón, en su traslación a las relaciones inter-orgánicas entre los socios paritarios, el principio de buena fe se concreta como un deber de fidelidad más intenso, reforzado o cualificado, en el ámbito del ejercicio de sus derechos políticos, dado el control negativo que pueden efectuar a través de ellos[291].

D) Alcance del deber de fidelidad

Para explicitar el contenido y ámbito de aplicación del deber de fidelidad del socio paritario hay que proceder a realizar una importante distinción sobre la base de dos dimensiones, una proactiva y otra propasiva[292]. La fidelidad proactiva se refiere al deber del socio de promocionar el interés social. Naturalmente, esta dimensión proactiva no puede predicarse de cualquier posición jurídica de socio. Las sociedades abiertas tienen una base propietaria que no participa ni suele estar interesada en participar en la vida social[293]. Así sucede en las grandes sociedades anónimas, como las cotizadas, donde los accionistas no están sujetos a una obligación de colaborar en el funcionamiento de los órganos sociales.

---

particular en doctrina francesa, LEGRO, J. P., "La nullité des décisions de sociétés", *Rev. Soc.*, N° 42, 1991, págs. 297-310.

291 Vid. MIQUEL RODRÍGUEZ, J., *La sociedad conjunta...*, cit., pág. 178: "el deber de fidelidad es, a nuestro juicio, especialmente exigible en una sociedad conjunta por el compromiso que adquieren las partes de controlar y administrar la sociedad conjuntamente". Asimismo, PAULEAU, C., *El régimen jurídico...*, cit., págs. 210 y 396.

292 Sobre ambas dimensiones del deber de fidelidad, HERNADO CEBRIÁ, L., *El abuso...*, cit., pág. 82, quien a su vez lo toma de LUTTER, de su obra *Die Treupflicht des Aktionärs.*

293 Sobre el derecho al desinterés, a no colaborar en la vida social, como excepción del deber de fidelidad en su dimensión proactiva, véase HERNANDO CEBRIÁ, L., *El abuso...*, cit., pág. 82, que su nota 174, cita a LUTTER acerca del *Rech zum desinteresse* en "Theorie der Mitgliedschaft (*Prolegonmenen zu einen Allgemeinen Teil des Korporationrech*), *AcP*, N° 180, 1980, pág. 142.

La fidelidad proactiva tendrá propiamente su ámbito de aplicación en las sociedades cerradas, y en su máxima intensidad, en las sociedades paritarias. En ellas, el socio paritario sí estará sujeto al deber de fidelidad como conducta proactiva de colaboración en orden al buen fin de la vida social, empezando por garantizar el normal funcionamiento de los órganos sociales[294]. La proactividad del deber de fidelidad resultará exigible, en efecto, cuando el socio ostente una posición desde la cual tenga facultad de incidir determinantemente en la estructura orgánica de la sociedad, como así ocurre no sólo con el socio paritario —que sería el caso más paradigmático dada la facultad de bloqueo o control negativo de que dispone—, sino en general, a cualquier socio controlador, esto es, a todo socio que tenga un control positivo (socio mayoritario).

De otra parte, en su dimensión propasiva, el deber de fidelidad se configura como un deber de no causar perjuicios a la sociedad. En un sentido amplio, este deber se materializaría en la abstención de realizar conductas que perjudicaran a la sociedad y al crédito frente a terceros. Así sucedería si el socio paritario aprovechara información confidencial obtenida por la sociedad para sus fines particulares o de terceros, difamara públicamente sobre la actividad de la sociedad en el mercado o impugnara abusivamente los acuerdos sociales[295]. Esta

---

294 Vid. GIRÓN, J., *Derecho de sociedades...*, cit., pág. 298.

295 En derecho norteamericano, el deber fiduciario (buena fe/fidelidad) de los socios se extiende a las *close corporations* en los casos en que éstas tienen intención de recomprar sus propias participaciones. En *Jordan vs. Duff and Phelps, Inc.* (1987) el demandante vendió a la sociedad sus participaciones. Tras la operación se produjo una fusión que hizo que se incrementase el valor de las mismas. El socio demandó a su consocio por incumplimiento del deber fiduciario. El tribunal declaró que el hecho de que hubiera otra sociedad dispuesta a comprar por un mayor precio las participaciones del demandante era información relevante que debería haber sido comunicada con carácter previo a la recompra. Al demandante se le pidió que probase que, de haber conocido esa noticia, no las habría vendido. El Estado de Minnesota establece que para determinar el remedio para los socios perjudicados de una *close corporation*, ya sea ofrecer una compensación equitativa, la disolución o la compra, se debe usar la regla de las expectativas razonables. Así, en el momento de fijar la cuantía en concepto de daños y perjuicios, el tribunal debe considerar las expectativas razonables, tales como la aportación de trabajo del socio, el salario y la seguridad económica. En *Pedro vs. Pedro* (Minnesota, Ct. App. 1992), por ejemplo, tres hermanos tenían la totalidad de la propiedad de *Pedro Companies*, con una participación de un tercio

propasividad sería de tipo vertical porque lo que pretende es que el socio evite actos contrarios al interés social. Junto a la propasividad vertical en orden a la protección del interés social, hay que sumar la de tipo horizontal, cuando el deber supone no perjudicar al resto de socios en el marco de la relación societaria[296].

En síntesis, la importancia de los deberes fiduciarios se hace notoria en las situaciones de conflicto intra-corporativo de las sociedades bipersonales, cerradas y paritarias. La distribución de capital y voto al 50/50 exige que el socio actúe bajo los parámetros de conducta que exigen buena fe en general y deber de fidelidad en particular, no ya sólo en relación con la sociedad y sus órganos, sino también con el consocio o grupo de socios paritarios. Surge así un deber de fidelidad con una doble modalidad, tanto en su dimensión horizontal como vertical, y tanto en su vertiente proactiva como propasiva.

El alcance de dicho deber diferirá notablemente de la caracterización de la sociedad, en la estructura de capital (concentrada o dispersa) y la intensidad de su personalismo, lo cual determinará la apertura o cierre de su configuración estatutaria. De este modo, en el seno de las sociedades anónimas abiertas, el socio capitalista, por lo general un mero inversor, no se hallará obligado a un deber de fidelidad de colaboración y participación activa en la vida social. En las sociedades cerradas paritarias, en el otro extremo, aquel deber sí resultará exigible en grado cualificado, dado que desde su posición

---

cada uno. Cuando el demandante descubrió irregularidades en los libros contables y el auditor independiente las constató, los otros dos hermanos le excluyeron de la sociedad. El tribunal sostuvo que los socios de una sociedad cerrada se deben entre sí un deber fiduciario de buena fe y fidelidad, que había sido incumplido en este caso cuando los demandados se comportaron abusivamente, al excluir al demandante, que tenía una expectativa razonable de empleo de por vida en la sociedad familiar.

296 Sobre la buena fe en el ejercicio de los derechos del socio: ART, R. C., "Shareholder rights and remedies in Close Corporations: oppression, fiduciary duties and reasonable expectations", *Journal of Corporate Law*, N° 28, 2003, pág. 371; GALGANO, F., "Contratto e persona giuridica nelle società di capital", en *Contr. e impr.*, 1996, págs. 1-8, y MITCHELL, L. E., "The death of fiduciary duty in close corporations", *University of Pennsylvania Law Review*, N° 138, 1990, págs. 1675-1731.

jurídica los consocios pueden incidir determinantemente en el funcionamiento normal de los órganos sociales[297].

Por consiguiente, concluimos que la fidelidad proactiva como obligación derivada de una buena fe reforzada no se puede predicar de cualquier socio de una sociedad de capital sino sólo y más específicamente de los socios de sociedades cerradas, como es el caso de los socios paritarios, que por la posición tan singular en que se encuentran han de sujetarse a un deber de participación activa y constante en la estructura orgánica de la sociedad.

2.2.5 El abuso de igualdad o abuso de posición paritaria

El principio de buena fe y su determinación en el deber de fidelidad del socio paritario comporta una serie de limitaciones al ejercicio de sus derechos subjetivos. Éstos deben ejercitarse siempre de buena fe porque si no se tornan antijurídicos, resultando inadmisibles por contravenir, en cada caso concreto, las consideraciones que dentro de la relación jurídica cada parte está obligada a adoptar respecto de la otra. Ello da paso a la doctrina del abuso del derecho, configurada en torno al concepto de buena fe[298].

---

297 Vid. HERNANDO CEBRIÁ, L., "El conflicto", cit., pág. 92. Sobre la noción de sociedad abierta en contraposición a la noción de sociedad cerrada, tomamos como referencia la consideración de GARCÍA-CRUCES, J. A., cit., pág. 115: "en la doctrina comparada se establece la distinción entre sociedades anónimas abiertas y cerradas. Mientras las primeras son aquellas en donde no se toma en consideración la persona de los accionistas y se acude al ahorro masivo del público, encontrándose una gran parte de accionistas —a pesar de sus derechos— inermes frente al grupo de control, las sociedades anónimas cerradas —como es el supuesto planteado— se constituyen por un grupo de personas reducido y que quieren mantener la coherencia interna mediante diversas técnicas jurídicas".

298 En teoría general, cabe traer a colación el comentario de FERREIRA RUBIO, D. M., *La buena fe. El principio general en el Derecho Civil*, Madrid, 1984, pág. 223, quién señala que "mientras la buena fe impone un deber positivo, señala una forma de conducta a seguir, la figura del abuso de derecho contempla la conducta desde el punto de vista negativo, imponiendo una sanción —en sentido genérico— frente a un hecho que considera reprochable. (...) Al mismo tiempo que la buena fe está presente en todo el sector de lo admisible, el abuso marca el punto en que se traspasa el límite de lo aceptable por el derecho".

El abuso de derecho se caracteriza por la legalidad objetiva del derecho o facultad que se ejercita, la ilegitimidad subjetiva del fin perseguido, que reside en la intención de causar daño a otro, y el daño a un interés no directamente protegido por una específica prerrogativa jurídica[299]. El hecho de que cualquiera de los socios paritarios tenga la facultad de bloqueo o control negativo sobre los procesos constituyentes y decisorios de la junta general advierte de la vital importancia del cumplimiento del deber de fidelidad, desde la perspectiva de la atención debida por los socios al interés social[300]. A este respecto, la doctrina francesa ha acuñado el término "abuso de igualdad" o "abuso de paridad" ("abus de égalité"), que se escinde como una modalidad del "abuso de minoría" ("abus de minorité")[301].

---

299 Vid. SSTS de 11 de mayo de 1990, de 5 de abril de 1993, de 13 de febrero de 1995, de 30 de junio de 1998, de 21 de diciembre de 2001, de 28 de junio de 2002, de 25 de enero de 2006 y de 4 de junio de 2009, entre otras. Para una aproximación del abuso del derecho en derecho italiano, vid. BARALDI, M., "Il recesso ad nutum non è, dunque, recess ad libitum. La Cassazione di nuovo sull'abuso del diritto", *Contratto e impresa*, 2010, vol. 26, págs. 54-61 y GAMBINO, F., cit., págs. 61-64.

300 Así, como se refiere LAMANDINI, M., "Notas sobre el control conjunto", *Revista General de Derecho*, N° 622-623, 1996, pág. 8477, el poder negativo de bloqueo que tiene un socio con posición de control conjunto, tiene como contrapartida una vertiente positiva de propuesta y coparticipación en la gestión social. La STS de 15 de junio de 2010 (RJ 2010/3901) recoge en su Fundamento Jurídico Primero la existencia de un caso de control conjunto, el cual permitía a una agrupación de socios familiares ejercer una posición de control sobre la sociedad. Puede encontrarse un comentario de esta sentencia en: RODRÍGUEZ DELGADO, J. P., "Comentario a la STS de 15 de junio de 2010", *Cuadernos Civitas de Jurisprudencia Civil*, N° 85, 2011, págs. 529-551.

301 Vid. HERNANDO CEBRIÁ, L., "Del socio de control al socio tirano y al abuso de la mayoría en las sociedades de capital", *Revista de Derecho de Sociedades*, N° 37, 2011, págs. 173-205; y el mismo autor en *El abuso*...cit., pág. 228, quien a su vez hace referencia al trabajo de CONSTANTINE, A., "Tyrannie des faibles. Del'abus de minorité en droit des sociétés", en *Aspects actuels du droit des affaires, Mélanges en l'honneur de Yves Guyon*, París, 2003, pág. 213. Dentro de la doctrina francesa, destacar los trabajos de MONTSALLIER-SAINTMLEUX, M. C., "Abus d'égalité: definition et encadrement de la mission du juge au regard des sanctions", *Semaine juridique Ed. Générale*, N° 26, págs. 1342-1344; CHAMPETIER DE RIBES-JUSTEAU, A. L., "Les abus de majorité, de minorité et d'égalité. Etude comparative des droits français et américain des sociétés", en *Oscar du droit des sociétés et de la bourse*, París, 2010; MEDJAOUI, K., "L'abus d'egalité", *Revue des sociétés*, 1999, págs. 103-111; MERLE, P., "L'abus de minorité", *Rev. Soc.*, N° 2,

La importación o trasplante de esta categoría jurisprudencial y doctrinal francesa, inexistente en derecho español, sería una operación conveniente para poder afrontar un correcto diagnóstico de la patología intra-corporativa de los bloqueos orgánicos en las sociedades 50/50 y al mismo tiempo ofrecer un tratamiento solutivo radical y efectivo. El abuso de igualdad trae causa cuando el socio paritario, desde su posición jurídica, ejercita abusivamente su facultad de control negativo y de esta manera impide la constitución válida de la junta general o la adopción de un acuerdo, contraviniendo así las exigencias del interés social. Se producirá, por tanto, cuando el ejercicio de sus derechos políticos de asistencia y voto sea sistemáticamente utilizado oportunista u obstructivamente frente al consocio para tratar de conseguir ventajas patrimoniales personales en detrimento de éste y/o de la sociedad, o causar perjuicio ajeno y propio[302].

No obstante, hay que precisar que el abuso de igualdad, aun cuando en ocasiones comparta supuestos de hecho comunes con el abuso de la minoría, ha de ser captado de forma autónoma, como consecuencia de la situación de control paritario que se produce en la sociedad. En la relación entre el socio mayoritario y el socio minoritario, el control proviene de la particular posición del primero, si bien los derechos, particularmente de minoría, reconocen al socio minoritario una facultad de bloqueo de determinados acuerdos, en especial en la sociedad limitada. Por el contrario, en las sociedades paritarias, no existe desequilibrio de poderes entre los socios, sino que la igualdad de derechos dentro de la sociedad permite únicamente reconocer una facultad de bloqueo mutua.

El problema radica en la delimitación del interés social en el contexto específico en que se entiende producido y es invocado el abuso de igualdad. Para ello hay que tener en consideración que la jurisprudencia y la doctrina españolas han trabajado mayormente esta

---

1993, pág. 403, y TRICOT, D., "Abus de droit dans les sociétés. Abus de majorité et abus de minorité", *Rev. tr. dr. comm.*, 1994, págs. 617-627. En nuestra doctrina, FACHAL NOGUER, N., "Conflicto societario y disolución por paralización de órganos sociales", *Foro galego: revista xurídica*, N° 216, 2024, págs. 81-114, también ha reflexionado sobre este particulando usando la expresión "abuso de posición paritaria".

302 Vid. HERNANDO CEBRIÁ, L., *El abuso…*, cit., pág. 108.

materia sobre el postulado de la relación mayoría-minoría (abuso de mayoría), en la que se entiende como interés social el interés común a todos los socios, reconducible sólo a la esfera de la sociedad de capital[303]. Cuando se identifica el interés social con el interés de la mayoría no es porque el interés de la minoría no sea interés social, sino porque se concibe que la sociedad sólo puede satisfacer un tipo de interés y dadas las reglas de formación de la voluntad social, será el interés de la mayoría el que prevalezca a la hora de tomar las decisiones, siempre que el interés de la mayoría sea legítimo. Si el fin perseguido por la mayoría no es legítimo y lo que se pretende es causar daño a otro socio o colectivo de socios, se estará ante un abuso de derecho, que es causa de impugnación de los acuerdos sociales y, por tanto, un freno al abuso de poder de la mayoría[304].

En caso de que dicho bloqueo sea imputable a la infidelidad del socio al interés social, su conducta obstruccionista, por ejemplo, vetando la distribución de dividendos por imposibilidad de constituir una junta general que apruebe las cuentas anuales, ha de interpretarse como realizada en abuso de derecho, excepto si la situación financiera y las inversiones de la empresa que constituye el objeto social requiriesen retener las ganancias obtenidas por la sociedad. En sentido contrario, la retención de beneficios en la sociedad sin causa ni interés social que la justifique puede tener lugar a través del voto negativo de uno de los socios paritarios a la distribución del

---

303 Vid. GARRIGUES, J., "La protección de las minorías en el Derecho español", *Revista de Derecho Mercantil*, Nº 72, 1959, pág. 263; ALFARO, J., *Interés social…*, cit., págs. 34, 37 y 52 y GIRÓN, J., cit., pág. 179. Asimismo, STS de 11 de noviembre de 1983, STS de 12 de julio de 1983, STS de 19 de febrero de 1991 y STS de 18 de septiembre de 1998.

304 A favor de esta interpretación amplia del concepto de interés social se manifiesta POLO, E., cit., pág. 2277. Asimismo, sobre el concepto de interés legítimo adoptamos el expresado en SÁNCHEZ RUIZ, M., cit., pág. 53: "(…) el interés legítimo consiste en una situación subjetiva material o sustantiva (y no simplemente procesal o adjetiva), de ventaja (en cuanto supone la aspiración de un sujeto a un resultado favorable, que consiste en la conservación o modificación a su favor de una realidad jurídica) pero inactiva, puesto que no es susceptible de ejercicio, sino que su satisfacción depende del comportamiento de un sujeto distinto de su titular, por lo que surge y se desenvuelve necesariamente en el marco de una relación jurídica".

resultado vía dividendos, impidiendo la aprobación del acuerdo en la junta general[305].

A este respecto, la inclusión en la reforma de 1 de agosto de 2011 del art. 348 bis LSC tenía como fin mitigar la situación de abuso ofreciendo la oportunidad del derecho de separación al socio de una sociedad no cotizada que hubiera votado favorablemente a la distribución de los beneficios a partir del quinto ejercicio en caso de que la junta no adoptara el acuerdo de distribución como dividendo de, al menos, un tercio de los beneficios propios de la explotación del objeto social obtenidos durante el ejercicio anterior. Este precepto, que no admitía pacto estatutario en contra, tiene por finalidad dotar de mayor liquidez a los valores de sociedades cerradas evitando que los socios —fundamentalmente minoritarios y sin capacidad de decisión— quedaran "atrapados" en la sociedad[306]. Sin embargo, dicha medida, de haber entrado en vigor, se hubiera convertido en un mecanismo desestabilizador muy lejos de servir a la tutela de los derechos de los socios minoritarios, puesto que, si se denegaba al socio

---

305 En virtud del art. 253.1 LSC, se hace conveniente que los administradores sociales expongan las necesidades futuras de la empresa en relación con las inversiones proyectadas y sus necesidades presupuestarias. Estas previsiones podrán constituir una presunción de legitimidad de la retención de los beneficios o de la parte correspondiente en la organización social.

306 Vid. MARÍN DE LA BÁRCENA GARCIMARTÍN, F., "Opresión de la minoría. STS 1ª de 5 de marzo de 2009 (RJ 2009/1629)", *Revista de Derecho de Sociedades*, Nº 34, 2010, pág. 335: "El objetivo de una táctica de opresión consiste en privar al minoritario del acceso a la administración, a la información sobre la marcha de la sociedad y a los beneficios que reporta la actividad social que, en lo posible, se derivarán exclusivamente hacia los socios mayoritarios. Una vez que el socio apartado constata que durante un período indefinido de tiempo no obtendrá ningún beneficio ni recuperará su inversión inicial (a menudo de "capital humano"), se estará en condiciones de negociar la compra de su cuota. La resistencia del minoritario se corresponderá normalmente con su capacidad de financiar la costosa defensa jurídica de su posición como socio, mientras que la defensa de los socios-administradores mayoritarios se realiza con cargo al patrimonio de la sociedad". Asimismo, GONZÁLEZ CASTILLA, F., "Reformas en materia de separación y exclusión de socios", en FARRANDO MIGUEL, I./ GONZÁLEZ CASTILLA, F./ RODRÍGUEZ ARTIGAS, F. (coords.), *Las reformas de la Ley de Sociedades de Capital*, 2ª ed., Cizur Menor, 2012, págs. 317 y 319.

ese auténtico derecho de dividendo, se le otorgaba un derecho de separación con reintegro del valor de su aportación en la sociedad[307].

Por otra parte, merece un tratamiento diferenciado el aspecto del abuso de derecho en su modalidad de abuso de igualdad en sede de disolución judicial de la sociedad de capital bloqueada. Este sería el caso, por ejemplo, del socio demandado que invoca la doctrina del abuso de derecho (art. 7.2 CC) para hacer decaer la pretensión disolutoria del consocio demandante. La jurisprudencia española es tajante al denegar esta invocación cuando no hay circunstancias extraordinarias que justifiquen el abuso del derecho en el ejercicio de la acción de disolución. El abuso debe ser patente y manifiesto, de modo que el demandante ha de ser encontrado responsable de la

---

307 A este respecto, LUCEÑO OLIVA, J. L., "La suspensión del artículo 348 bis de la Ley de Sociedades de Capital", *Diario La Ley*, 30 de julio de 2012: "En efecto, en las circunstancias económicas actuales, el art. 348 bis y su reconocimiento general de un derecho al dividendo al socio minoritario sin tener en consideración la situación la situación económica y financiera de la sociedad en concreto, habría generado una conflictividad societaria inagotable que tendría que haberse dirimido ante los jueces de lo mercantil".
La misma idea ha sido expresada por el letrado IBARZABAL BARRENECHEA cuya opinión se recoge en la página web de la Cátedra José María Cervelló del IE Law School (http://cervello.blogs.ie.edu/): "Aunque, a mi juicio, la idea —que tiene su origen en la Sentencia del Tribunal Supremo de 26 de mayo de 2005— no era mala, lo cierto es que ese precepto resulta desafortunado por cuanto que, lejos de servir de salvaguarda de los derechos de la minoría, se ha acogido como una perfecta "arma arrojadiza" que los minoritarios pueden utilizar para forzar a la sociedad (o mejor dicho a la mayoría de la junta) a un reparto de dividendos cuya oportunidad, dada la situación económica que vivimos, dista mucho de ser económica y financieramente viable o interesante en la gran mayoría de las empresas, convirtiéndose en un mecanismo desestabilizador más a los que ya de por sí deben enfrentarse las empresas españolas como son la dificultad de cobro, la falta de financiación y la bajada de consumo (en definitiva, la falta de liquidez)". En el derecho comparado, no obstante, se orquestan otras soluciones: la *Companies Act* de 2006 recoge la posibilidad de que los tribunales puedan determinar la salida del minoritario con compra de su cuota a valor razonable en caso de conflicto grave entre los socios. En algunos países de Derecho continental, como Alemania, Bélgica y Suiza, se prevé un derecho de separación por justa causa. En este sentido, vid. la Section 996 de la *Companies Act* de 2006 para el derecho inglés; los parágrafos §§ 133 y 140 HGB (Código de Comercio Alemán); los arts. 340 y 642 *Code des Sociétés* belga y el art. 822.C.2 Código de obligaciones suizo.

paralización de los órganos sociales, y una vez paralizados éstos definitivamente, proceder al ejercicio de la acción de disolución.

Pues bien, lo cierto es que el socio demandante fundará su acción de disolución por paralización social en algún contenido material que impida la invocación de abuso de derecho por la contraparte demandada. Esta justificación será encontrada relativamente fácil en la alegación de falta de información ex art. 196 y sigs. LSC, e incluso, si también reúne la condición de administrador solidario, en la falta de acceso a la contabilidad para cumplir con el deber de examinarla (art. 225.2 LSC).

Menos dudas habrá si la paralización orgánica se ve refrendada por la falta de aprobación de cuentas y el posterior cierre registral. La alegación de cualquiera de estas circunstancias justificativas hará operativa la acción de disolución judicial de la sociedad capitalista paralizada porque la obstrucción de la información incapacita al socio para emitir un voto responsable y también la labor de los auditores de cuentas en el caso de que el socio demandante hubiera pedido su nombramiento al Registro Mercantil.

Por tanto, será harto difícil que el socio demandado pueda invocar satisfactoriamente la doctrina del abuso de derecho por parte del socio demandante. La razón de que decaiga la doctrina del abuso de derecho en favor de la operatividad de la causa disolutoria se funda en el deslinde de los dos planos a que hace referencia el Tribunal Supremo: "el de la realidad objetiva (paralización efectiva e insuperable de los órganos sociales) y el subjetivo (atribución de culpas respecto al proceso desencadenante de aquella realidad objetiva), siendo irrelevante el segundo de los aspectos mencionados en aquellos procesos cuyo objeto consiste en constatar y decidir sobre la efectiva existencia de la causa legal de disolución de la sociedad"[308].

No puede compartirse esta solución jurisprudencial porque, aunque perfectamente coherente con la aplicación técnica de la causa disolutoria, no alcanza para resolver inteligentemente el conflicto de intereses de los dos socios. Esta solución jurisprudencial es marca-

---

308 Vid. Fundamento de Derecho Primero de la STS (Sala de lo Civil, Sección 1ª) de 26 de noviembre de 2014 (RJ 2014/653). Ponente: Excmo. Sr. Sebastián Sastre Papiol.

damente contractualista y podría perjudicar, como así sucede en no pocas ocasiones, al tejido productivo de la economía de las pequeñas y medianas empresas, otorgando un poder cuasi omnímodo al socio de una sociedad paritaria, quien tendría en sus manos la disolución y liquidación de la sociedad alegando un bloqueo orgánico que puede provocar por sí mismo tanto en sede de constitución de junta general como en sede de adopción de acuerdos, y proceder luego a la incoación del procedimiento disolutorio cuando el bloqueo deviene definitivo, alegando cualquier circunstancia justificativa referida a la falta de información del órgano de administración.

La infravaloración del juzgador acerca de la realidad subjetiva que trae causa de la paralización definitiva de la sociedad puede tener como efecto que la acción de disolución opere como un auténtico mecanismo de chantaje entre los consocios. Esto puede suceder con independencia de otros hechos económicamente objetivos que el juzgador no debería desconocer, como el hecho de que la empresa que desarrolla el objeto social siga funcionando, sigan manteniéndose relaciones con terceros, se haya obtenido un resultado positivo, y en general, se justifique por parte de uno de los socios el desempeño del fin social.

Aunque el socio paritario demandado pueda probar estos hechos, e incluso ir más allá y demostrar que el socio demandante, en cuanto administrador solidario, ha desatendido sus funciones administrativas, no será óbice para que el juez desestime la aplicación de la doctrina del abuso de derecho y sentencie a favor del demandante. Como el legislador no tiene previsto otra medida positiva diferente a la disolución de la sociedad de capital ante estos supuestos, el juzgador decretará la sociedad disuelta, sin detenerse siquiera a examinar si hay bases jurídico-fácticas para la fundamentación de la doctrina de abuso de derecho. Si se contemplara dicha doctrina, muchas disoluciones de sociedades paritarias cerradas podrían evitarse. Su reconocimiento obligaría a la parte actora a ejercitar una acción de división de la cosa común (art. 400 CC).

Con una medida en tal sentido se evitaría la desaparición de la sociedad con la consiguiente liquidación de sus activos, y se protegería la microeconomía ante eventuales conflictos entre los miembros de la base propietaria, al mismo tiempo que el actor no se vería abocado a formar parte de una sociedad a la que ya no le interesa pertenecer.

3. LA ESTRUCTURA BIORGÁNICA DE LA SOCIEDAD DE CAPITAL. SU INCIDENCIA EN SITUACIONES DE BLOQUEO ORGÁNICO

3.1 CONSIDERACIONES PRELIMINARES

Para captar el alcance y las implicaciones de las situaciones de bloqueo es preciso analizar y delimitar previamente las funciones orgánicas en el marco de la estructura de la sociedad de capital. Para ello hay que atender al régimen que la LSC asigna con carácter imperativo a la junta y al órgano de administración, un sistema de funciones fundamentales para la normal actividad de la sociedad. Examinando este régimen se podrá detectar cómo pueden verse impedidos los órganos sociales de desarrollar de un modo corriente e ininterrumpido sus funciones y cuando un determinado conflicto intra-corporativo es relevante jurídicamente hasta el punto de tener que ser considerado como causa de disolución.

El bloqueo societario tiene una relación directa con las normas y requisitos legales que rigen el funcionamiento de los órganos de las sociedades de capital. Todas las notas características que se examinarán *infra* serán de utilidad a la hora de enfocar la taxonomía de los casos de bloqueo, que, en función de su entidad, podrán determinar su consideración como causa legal de disolución y la disolución judicial de la sociedad, cuestiones que serán objeto de análisis crítico en la Parte III.

3.2 EL NORMAL FUNCIONAMIENTO DE LA JUNTA GENERAL Y DEL ÓRGANO DE ADMINISTRACIÓN COMO CONDICIÓN NECESARIA PARA LA SUBSISTENCIA DE LA SOCIEDAD DE CAPITAL

El normal funcionamiento de la estructura biorgánica de la sociedad de capital es condición necesaria para su subsistencia. Como afirma la SAP (Sección 10ª) de Madrid de 21 de julio de 2001 (JUR 2001, 251193): "en efecto, para el funcionamiento efectivo de la sociedad, orientado a la consecución del objeto o fin social, es imprescindible la existencia de órganos que realicen las actuaciones necesarias, de modo que si los órganos a través de los que la sociedad funciona no cumplen absolutamente sus cometidos estando paralizados habrá una necesaria y obligada imposibilidad de que la sociedad pueda cumplir el objeto para el que fue creada y constituida".

La problemática en cuanto al concepto de funcionamiento normal de la sociedad de capital puede ser enfocada desde diferentes ángulos. Desde una primera perspectiva se sostiene que únicamente existe imposibilidad de funcionamiento de la sociedad en aquellos supuestos en los que el funcionamiento de los órganos sea relevante y necesario legalmente. A este respecto, el supuesto determinante del normal funcionamiento de la sociedad de capital sería la aprobación de las cuentas anuales, en tanto que legalmente la junta general ordinaria ha de adoptar esa decisión. Una segunda discute el planteamiento restrictivo de la primera, abogando no por preguntarse si la decisión de la junta es necesaria positivamente, sino únicamente si la falta de decisiones de la junta, y no de los administradores, conduce a la imposibilidad práctica de conseguir el fin social. Una posición alternativa a las dos anteriores vendría a abogar por una suerte de "teoría del funcionamiento normal", a tenor de la cual cualquier desviación de los estándares de funcionamiento de las sociedades bien avenidas —con independencia de los efectos económicos a que conduzca— vendría a integrar todos los requisitos necesarios para proceder a su disolución[309].

El funcionamiento normal de la sociedad exige examinar cómo ésta actúa a través de sus órganos. Los órganos sociales son entes dotados de propia personalidad que por voluntad de la ley están autorizados a manifestar la voluntad de la sociedad y a desarrollar la actividad jurídica necesaria para la consecución de sus fines[310]. Por esta razón, la junta y el órgano de administración son entes que constituyen la expresión orgánica de la persona jurídica, formando una

---

[309] Vid. PAZ-ARES, C., "La disolución...", cit., pág. 1075.

[310] Definición de SENÉN tomada de BRUNETTI, en *La disolución...*, cit., pág. 121.

voluntad diferente de la voluntad respectiva de cada uno de los socios, dado que sus decisiones obligan a los administradores y a todos los socios, incluyendo a los disidentes y a aquellos que no hayan participado en la junta (art. 159 LSC)[311].

La junta es el órgano necesario para la expresión de la voluntad colectiva de los socios. En su seno ejercen los socios los derechos de soberanía en forma de acuerdos[312]. Hay que reseñar su carácter irresponsable[313], permanente e interno, en el sentido de que la manifestación de la voluntad social se exterioriza frente a terceros por sus representantes, integrados en el órgano de administración[314]. La junta es el órgano soberano al que corresponde, no sólo la designación y destitución del órgano de administración, sino también su control, ya que ante ella los administradores han de rendir cuentas[315].

El fenómeno del bloqueo societario está intrínsecamente ligado a la actividad o inactividad de la junta, esto es, a la imposibilidad de constitución de la junta o a la imposibilidad de adopción regular de acuerdos en su seno, especialmente en aquella que por obligación legal ha de celebrarse una vez al año, en los seis primeros meses de cada ejercicio, para censurar la gestión realizada por los administra-

---

311 Vid. ESTEBAN VELASCO, G., "Sociedades de capital: órganos", *Revista de derecho de sociedades*, Nº 22, 2004, págs. 353-364.

312 Vid. URÍA, R./MENÉNDEZ, A./IGLESIAS PRADA, J. L., "La Sociedad de responsabilidad limitada. Órganos sociales. La Junta general de socios", en URÍA/MENÉNDEZ (dirs.), *Curso de Derecho Mercantil*, 2ª ed., Tomo I, Madrid, 2006, págs. 1219-1240; BOLÁS ALFONSO, J., *La Junta General de accionistas*, Madrid, 1999; BOQUERA MATARREDONA, J., *La junta general de las sociedades capitalistas*, Cizur Menor, 2008, pág. 17 y sigs., y RODRÍGUEZ ARTIGAS, F., "La junta general", *Revista de Derecho de Sociedades*, Nº 36, 2011-2012, págs. 133-147.

313 Cfr. GARCÍA-CRUCES, J. A., cit., pág. 105, nota 2: "Se entiende que la Junta general es un órgano irresponsable ya que de la gestión social y frente a terceros responden sólo los administradores".

314 Cfr. SENÉN, G., *La disolución…*, cit., pág. 124.

315 Vid. URÍA/MENÉNDEZ/MUÑOZ PLANAS, "La Junta general de Accionistas", en URÍA/MENÉNDEZ/OLIVENCIA (dirs.), *Comentarios al régimen legal de las sociedades mercantiles*, Madrid, 1992 y BISBAL I MÉNDEZ, J., "La junta general de socios de la sociedad de responsabilidad limitada", en PAZ-ARES, C. (dir.), *Tratado de la sociedad limitada*, Madrid, 1997, págs. 663-688. Asimismo, SANCHEZ-CALERO GUILARTE, J., *La junta general en la Sociedades de Capital*, Madrid, 2007. Sobre la supremacía de la junta, vid. GIRÓN TENA, J., *Derecho de sociedades anónimas*, cit., págs. 274-276.

dores y aprobar las cuentas (art. 164 LSC). Pero aparte de la junta general ordinaria o imperativa cuyas materias reservadas son la aprobación de cuentas anuales y la aplicación del resultado del ejercicio social, toda sociedad puede celebrar juntas extraordinarias, siempre que los administradores lo estimen apropiado, a excepción de las materias reservadas antes indicadas (arts. 165 y 167 LSC). Es posible también que los estatutos impongan la obligación de celebrar alguna otra junta adicional de forma periódica o en fechas concretas. Por tanto, en caso de imposibilidad de constituir la junta ordinaria, la inactividad de la junta podría salvarse mediante una posterior junta extraordinaria cuyo objeto sea censurar la gestión de la administración y proceder a la aprobación de las cuentas anuales del ejercicio anterior[316].

Como se tendrá ocasión de examinar *infra*, la situación de bloqueo se revelará insuperable cuando en junta ordinaria los socios no acuerden la aprobación de las cuentas anuales, o incluso en un estadio anterior, si ni siquiera la junta fuera convocada o si las cuentas no fueran formuladas por el órgano de administración por encontrarse éste a su vez también paralizado. Así pues, la previa convocatoria de la junta general ajustada a derecho, siguiendo el procedimiento legal de los arts. 172 a 176 LSC, es requisito para la válida constitución de la junta general (excepto en el caso de las juntas universales)[317]. La paralización social puede darse en sede de junta universal, es decir, cuando estando presente todo el capital social los asistentes aceptan por unanimidad la celebración de la junta. En estos casos, frecuentes en sociedades de capital de reducido tamaño, decae el requisito de la previa convocatoria por lo que un hipotético bloqueo se dará en la fase de la adopción de acuerdos[318].

---

316 Vid. ÁVILA DE LA TORRE, A., "Comentarios al art. 164 y 165 LSC" en ROJO/ BELTRÁN (dirs.), *Comentario de la Ley de Sociedades de Capital*, Tomo II, Madrid, 2011, pág. 1224 y sigs.

317 Vid. AÑOVEROS TRÍAS DE BES, X., "La convocatoria de las Juntas Generales de accionistas", *Revista General de Derecho*, 1993, pág. 4877 y sigs.

318 Por otra parte, en la sociedad anónima, dado que los intereses de los accionistas pueden entrar en conflicto, la LSC permite que los socios que sean titulares de al menos un 5% del capital social, exijan a los administradores la convocatoria, señalando el orden del día (art. 168 LSC). De mediar esta solicitud de los titulares del "derecho de minoría", los administradores están legalmente obligados a

Por lo que se refiere al órgano de administración, constituye el otro ente esencial de las sociedades de capital, de carácter necesario y permanente, al que la ley atribuye facultades de representación, ejecución y gestión (art. 209 LSC)[319]. Como se observa, la LSC, al igual que las anteriores leyes societarias españolas, sigue el sistema monista, el cual no diferencia entre consejo de vigilancia y de gestión, sino que todas las funciones están unificadas bajo un único órgano, que en las grandes sociedades de capital suele adoptar la forma de consejo de administración[320].

En contraposición al sistema de administración monista, habitual en casi todos los ordenamientos jurídicos de nuestro entorno, figura el sistema dualista, como el alemán, donde la función de gobierno se encomienda a un órgano especial[321]. En el derecho español no cabe,

---

convocar la junta general y si no lo hacen en un plazo de dos meses, ésta podrá ser convocada por el juez (art. 169 LSC).

319 A diferencia de la posición que se mantenía en la doctrina tradicional acerca de la supremacía de la junta general, tanto en España como en derecho comparado, han ido surgiendo teorías que abogan por la primacía del órgano de administración, proponiendo aún más la postergación de la junta general, sobre todo en las grandes sociedades cotizadas, dominadas actualmente por los miembros del consejo de administración. A favor de la primacía del órgano de administración se posiciona BAINBRIDGE, S., "Director primacy: the means and ends of Corporate Givernance", *UCLA School of Law, Research Paper*, 2002. La LSC dedica los arts. 212 a 241 a los administradores en general y los arts. 242 a 251 al consejo de administración. El RRM por su parte regula en el art. 124 las formas que puede adoptar el órgano de administración y en los arts. 138 a 152 establece diferentes reglas para la inscripción en el Registro Mercantil de los acuerdos sociales relativos a los administradores.

320 Sobre el sistema monista véase la doctrina en el derecho italiano al respecto, como precursor del sistema monista español del órgano administrativo: VERONELLI, A., *L'organo amministrativo nel sistema monistico*, Milán, 2006. Asimismo, con carácter general, SALELLES CLIMENT, J. R., *El funcionamiento del Consejo de Administración*, Madrid, 1995; LOJENDIO OSBORNE, I., "Los administradores de la sociedad anónima ", en JIMÉNEZ SÁNCHEZ, *Derecho Mercantil*, 6ª ed., Barcelona, 2000; ESTEBAN VELASCO, G., "Administradores de S.A.", *EJB*, Tomo I, Madrid, 1995, pág. 342 y sigs., y LLAVERO RODRÍGUEZ-PORRERO, M., *El Consejo de Administración de la sociedad anónima*, Valencia, 1999.

321 Vid. FLEISCHER, H., "A Guide to German Company Law...", cit., pág. 19: "The management board is responsible for managing the enterprise (76 para. 1 AktG) and runs the affairs of the company, while the supervisory board is entrusted with monitoring the management of the company (111 para. 1 AktG). While management measures may not be transferred to the supervisory board

ni siquiera por vía estatutaria, una estructura dualista de tipo germánico, salvo en relación con la sociedad anónima europea (véanse los arts. 455 y sigs. LSC)[322]. No obstante, a pesar del impulso legislativo, lo cierto es que la figura de la sociedad anónima europea apenas ha tenido impacto en el mercado societario español. La introducción de un sistema dualista a través de la incorporación de un órgano de supervisión podría caber desde la vertiente neo-institucionalista de las grandes cotizadas, pero para empresas europeas medianas con sede real en España esa innovación generaría a buen seguro dificultades en su aplicación práctica[323]. Además, el sistema dualista podría incrementar la probabilidad de bloqueo inter-orgánico, del mismo órgano supervisor hacia los consejeros o viceversa, y de la junta frente al órgano de supervisión y administración.

La nota esencial del consejo de administración es su carácter colegiado, compuesto precisamente por todas aquellas personas físicas o jurídicas, socios o no, a las que se ha concedido en conjunto la administración de la sociedad. En el caso de que se admita como miembro de un consejo de administración a una persona jurídica,

---

(111 para. 4 sent. 1 AktG), it does have a veto right over certain major transactions specified in the articles of association or by a resolution of the supervisory boards (111 para. 4)". Este sistema de gobierno corporativo, como expone FLEISCHER, es obligatorio por ley y no puede ser modificado ni siquiera por la unanimidad de los socios. Sin embargo, en otros ordenamientos, existe mucha más flexibilidad y un derecho de opción (Francia e Italia), lo que ha llevado a un sector de la doctrina alemana a abogar por una flexibilización normativa que permita a los socios, al igual que sucede con la Sociedad Europea, a optar por un sistema monista o dualista (pág. 20).

322 Sobre la sociedad anónima europea hay muchos trabajos en la doctrina, entre los que cabe destacar los de ZURITA Y SÁENZ DE NAVARRETE, J., "La integración económica en la CEE y el acceso a la sociedad anónima europea", en GIRÓN (dir.), *Estudios y textos de derecho de sociedades de la Comunidad Económica Europea*, Madrid, 1978, pág. 31 y sigs.; y el de RODRÍGUEZ ARTIGAS, F., "Junta general", en FERNÁNDEZ DEL POZO/ESTEBAN VELASCO (coords.), *La sociedad anónima europea: régimen jurídico societario, laboral y fiscal*, Madrid, 2004, págs. 763-814.

323 Así lo ponen de relieve WERLAUFF, E., *SE The law of the European Company*, Copenhague, 2003, passim, y MORILLAS/GRECHENIG, "La administración de la Sociedad Anónima Europea en el Reglamento (CE) de 8 de octubre de 2001. El sistema dualista austríaco y alemán y la adaptación del Derecho español", *Derecho de los Negocios*, N° 145, 2002, pág. 1 y sigs.

dicha persona jurídica habrá de actuar de hecho en las reuniones del consejo a través de un representante que será, necesariamente, una persona física[324]. Precisamente, la responsabilidad, composición e identidad del consejo de administración podrá adquirir extremada relevancia en grupos de sociedades, cuando el bloqueo del órgano de administración de la filial se deba al bloqueo de la junta o del órgano de administración de la matriz[325].

Si bien es cierto que el consejo sólo se reúne periódicamente como colegio, no lo es menos que los consejeros están obligados a ejercitar de continuo sus facultades de administración, decisión y control, actuando en interés del órgano al que pertenecen. El órgano de administración se encuentra subordinado jerárquicamente a la junta y sus funciones se exteriorizan tanto en la esfera interna como en la externa, ya que corresponde al órgano de administración la gestión diaria de los asuntos internos como la representación social frente a terceros[326].

---

324 Vid. PRADA GONZÁLEZ., J. M., "La persona jurídica administradora de una sociedad anónima", en *Estudios Menéndez*, Tomo II, pág. 2295 y sigs.; HERNÁNDEZ SAINZ, E., *La administración de sociedades de capital por personas jurídicas. Régimen jurídico y responsabilidad*, Madrid, 2014, passim, y FERNÁNDEZ-TRESGUERRES GARCÍA, A., "La representación de la sociedad anónima", en GARRIDO DE PALMA (dir.), *Estudios sobre la sociedad anónima*, Tomo I, Madrid, 1991.

325 Vid. SÁNCHEZ ÁLVAREZ, M. M., "Grupos de sociedades y responsabilidad de los administradores", *Revista de Derecho Mercantil*, 1998, pág. 117 y sigs.

326 Cfr. SENÉN, G., *La disolución...*, cit., págs. 124-127. La representación de la sociedad limitada frente a terceros corresponde al órgano de administración, con un ámbito de actuación definido por la ley, que se corresponde con todo aquello que resulte idóneo para realizar el objeto social. En el mismo sentido, SÁNCHEZ RUS, H., "Objeto social y poder de representación en la sociedad anónima", *RCDI*, 1995, pág. 829 y sigs. La actuación de los administradores será válida y eficaz, aunque en el ejercicio de esas facultades el órgano de administración no respete las instrucciones de la junta general, sin perjuicio de las responsabilidades que se deriven por no haber seguido las restricciones a que los sometían los acuerdos de la junta. De aquí se extrae que las limitaciones a las competencias del órgano de administración tienen un alcance meramente interno, siendo inoponibles a terceros que hubieran obrado de buena fe y sin culpa grave. El órgano que aprueba la convocatoria y el orden del día será siempre el de administración, que deberá aprobar un acuerdo en tal sentido. Excepcionalmente, en la convocatoria judicial del art. 169 LSC, es el juez el que fija el orden del día, siguiendo la solicitud del socio que pidió la convocatoria. Precisamente, para paliar un posible abuso del poder de los administradores,

La lógica del funcionamiento de los órganos de la sociedad de capital no permite que sea la junta general la que realice las funciones de gestión y representación de la sociedad[327]. Dichas funciones están encomendadas con carácter general a la administración, que es el órgano que por sus características de permanencia y profesionalidad lleva el día a día de la sociedad. Por tanto, se dice que es una atribución exclusiva porque únicamente al órgano de administración le corresponde la representación de la sociedad, puesto que la junta general carece de ella, ni siquiera en el ámbito propio de sus competencias. De ahí, por ejemplo, que la junta general de accionistas no pueda nombrar apoderados[328]. La junta podrá dar instrucciones a los administradores, incluso exigir su autorización para llevar a cabo determinadas actuaciones, pero en ningún caso el órgano de administración podrá suplantar los acuerdos de la junta. Esta cuestión reviste sumo interés cuando la junta se encuentra paralizada pero no así el órgano de administración, y el socio que detenta el control de la administración pretende prevalerse de un bloqueo societario para gestionar en su interés los activos sociales.

A este respecto es preciso hacer referencia al cambio que se ha operado en la LSC en cuanto al régimen de distribución competencial inter-orgánico, en virtud de la Ley 31/2014, de 3 de diciembre. Los cambios han permitido a la junta adquirir un mayor protagonismo sobre actuaciones que anteriormente estaban reservadas al órgano administrativo. Esta reciente reforma confirma el movimiento hacia la reducción de las diferencias tipológicas entre la sociedad anónima y la limitada, puesto que ahora también se permite a la junta general de la sociedad anónima impartir instrucciones al órgano administrativo.

---

el art. 172 LSC permite que accionistas que representen un 5% del capital exijan la inclusión de asuntos adicionales. Si los administradores no lo hacen, la sanción legal supone la nulidad de la totalidad de la junta general ex art. 172.2 LSC.

327 Vid. ESTEBAN VELASCO, G., "Representación de la sociedad anónima", *EJB*, Tomo IV, pág. 5822.

328 A este respecto, la RDGRN de 28 de febrero de 1991. Vid. ESTEBAN VELASCO, G., "Modalidades de atribución y ejercicio del poder de representación", en *Estudios Girón*, Madrid, 1991, pág. 303 y sigs.

En este sentido, el art. 161 LSC permite que la junta general se inmiscuya en determinados asuntos de gestión, como impartir instrucciones al órgano administrativo o someter a autorización la adopción por dicho órgano de decisiones sobre determinados asuntos de gestión como, por ejemplo, la autorización para enajenar el principal centro productivo de la empresa, el inmueble donde se encuentre la sede social o la participación en otras sociedades[329]. Pero dicho precepto no autoriza a entender que la gestión ordinaria puede ser atribuida a la junta general, ni que esa autorización reservada a la junta general tenga efectos frente a terceros[330].

En cualquier caso, la intromisión de la junta en la gestión del órgano de administración será implícita en las sociedades cerradas dada la superposición de la propiedad y del control[331]. En efecto, los

---

329 La nueva redacción del art. 161 LSC ("Intervención de la junta general en asuntos de gestión") señala que "Salvo disposición contraria de los estatutos, la junta general de las sociedades de capital podrá impartir instrucciones al órgano de administración o someter a su autorización la adopción por dicho órgano de decisiones o acuerdos sobre determinados asuntos de gestión, sin perjuicio de los establecido en el art. 234". Vid. JIMÉNEZ SÁNCHEZ, G./IBÁÑEZ JIMÉNEZ, J., "Las competencias de la Junta General", en IBÁÑEZ JIMÉNEZ, J. (Dir.), *Comentarios a la reforma del régimen de la junta general de accionistas en la reforma del buen gobierno de las sociedades*, Cizur Menor, 2014, pág. 159: "la posibilidad de la impartición de las indicadas instrucciones se plasma en la Reforma, lo cual supone el natural restablecimiento de la situación de *dominus* que corresponde a un mandante que, además, es titular del capital social". Esta nueva regulación se desmarca de lo establecido en el derecho italiano para las sociedades anónimas que declara competentes exclusivamente de la gestión social a los administradores sociales (art. 2380 bis 1 del Codice Civile), y la junta general sólo podría intervenir en materia de gestión si así lo disponen los estatutos sociales para la autorización de determinadas operaciones (art. 2364.1.5 del Codice Civile). Ello contrasta con la regulación de la sociedad de responsabilidad limitada italiana donde los socios deciden sobre las materias reservadas a su competencia por los estatutos, o sometidas a su aprobación por los administradores o por socios que representen al menos un tercio del capital sin reserva expresa de las materias de gestión a favor de los administradores (art. 2379 del Codice Civile).

330 Vid. RECALDE CASTELLS, A., "Comentario al Art. 161. Intervención de la junta general en asuntos de gestión", en JUSTE MENCÍA, J. (coord.), *Comentario a la reforma del régimen de las sociedades de capital en materia de gobierno corporativo*, Cizur Menor, 2015, págs. 51-63.

331 Vid. SÁNCHEZ CALERO, F., *Los administradores en las sociedades de capital*, Madrid, 2005, pág. 165.

socios de la sociedad cerrada son más activos en el impulso directo de la actividad empresarial, pues su mayor capacidad de influencia personal en la adopción de las decisiones incentiva su participación al respecto, teniendo en cuenta la relevancia que para ellos tienen las consecuencias de dichas decisiones. Esto explica que en el sistema previgente se dotara a la junta de la sociedad limitada de un ámbito competencial mayor[332]. Pero esta diferencia ya no es únicamente distintiva de la junta de la limitada. La Ley 31/2014 reforma la LSC para conceder a la junta general, sin distinción tipológica, la capacidad de gestionar, atribuyendo a dicho órgano la competencia exclusiva para decidir sobre actos de disposición o adquisición de activos esenciales (art. 160 f LSC), una competencia que por consiguiente desaparece del ámbito competencial del órgano de administración[333].

En cuanto a la duración del cargo administrativo, la diferencia tipológica sigue siendo acusada, puesto que en la sociedad limitada se establece el carácter indefinido del cargo de administrador salvo pacto estatutario en contra (art. 221.1 LSC), a diferencia de la sociedad anónima, cuyo régimen establece un plazo de duración en el cargo limitado *ex lege* a 6 años. El administrador con cargo caducado podrá continuar con sus funciones de gestión a través de la figura del "administrador de hecho", a falta del nombramiento por la junta de un nuevo administrador (arts. 145.1 RRM y 236.1 LSC), estando fa-

---

332 Vid. MEGÍAS LÓPEZ, J., "Competencia de la junta general de sociedades de capital en materia de gestión: relaciones internas y externas", *Diario La Ley*, N° 8608, 2015, pág. 2: "Esta especialidad tipológica proviene de la caracterización de la sociedad limitada como un híbrido entre las sociedades de capital y las sociedades de personas, remarcando ese carácter personalista y su pretensión de organización para las sociedades cerradas". Vid. ESTEBAN VELASCO, G., "Estructura orgánica de la sociedad de responsabilidad limitada", *Revista de Derecho de Sociedades*, N° Extraordinario, 1994, pág. 385 y sigs.

333 Asimismo, en lo tocante a las sociedades cotizadas, esta reforma amplía la competencia de la junta para las decisiones sobre la transferencia de actividades esenciales a entidades dependientes (art. 511 bis LSC). Sobre este particular: FERNÁNDEZ DEL POZO, L., "Aproximación a la categoría de operaciones sobre activos esenciales cuya decisión es competencia exclusiva de la junta (arts. 160 f y 511 bis LSC)", *La ley mercantil*, N° 11, 2015, págs. 24-48.

cultado para convocar junta al efecto de propiciar tal nombramiento y regularizar así la situación del órgano[334].

---

[334] Sobre la figura del administrador de hecho, LATORRE CHINER, N., *El administrador de hecho en las sociedades de capital*, Granada, 2003, págs. 117-118; OLIVARES JAMES, J. M., "En torno a los administradores de hecho en la sociedad anónima", *AAMN*, 1978, pág. 315, y PRADES CUTILLAS, D, "Administradores de hecho...", cit., pág. 6 y sigs. Resulta interesante en este sentido, el Auto de la AP de Madrid (Sección 11ª) de 29 de noviembre de 2004, que ha señalado que a través de la figura del administrador de hecho se han de mantener las facultades necesarias para la adopción de las previsiones encaminadas a la reconstrucción del órgano social que ha quedado acéfalo, o la realización de actos necesarios y urgentes. Por su parte, las RDGRN de 26 de mayo de 1992 (RJ 1992/5260) y 15 de febrero de 1999 (RJ 1999/734) acuden al principio de conservación de la empresa para autorizar la actividad de gestión del órgano de administración con cargo caducado. Sobre la figura del administrador con cargo caducado: MARTÍNEZ SANZ, F., *Provisión de vacantes en el Consejo de Administración de la Sociedad Anónima (La cooptación)*, Pamplona, 1994, pág. 336 y sigs. Para ahondar en torno a esta problemática, véase RODRÍGUEZ RUIZ DE VILLA, D., "Quórum de constitución del consejo de administración de la S.A.: efectos jurídicos de la existencia de vacantes (El consejo deficitario). Ideas y propuestas para una futura reforma", *Revista de Derecho de Sociedades*, N° 42, 2014, págs. 131-152, quien estudia la situación que se produce cuando el número de vocales efectivos en el consejo de administración de la sociedad anónima no se corresponde con el número estatutario o determinados por la junta general. Así, en aras de facilitar el funcionamiento del consejo cuando se produzca la renuncia de alguno o algunos de sus miembros, el criterio a tomar debería ser el de tomar como canon de medida el número de componentes real, a fin de evitar una situación de bloqueo (pág. 134). Así, este autor sostiene que "debería contemplarse expresamente en la letra de la ley que el canon de medida es el colegio real, pues estar a un número teórico de consejeros ya inexistentes no sólo distorsiona el funcionamiento del consejo, sino que lo puede hacer imposible. Los principios de conservación de la empresa y de facilitación de su normal funcionamiento entiendo que apoyan esta postura" (pág. 151). En este sentido, como se refiere la SAP (Sección 7ª) de 20 de noviembre de 2003: "entenderlo de otro modo supondría una interpretación que obstaculizaría la vida societaria, pues provocaría que (...) la decisión de ciertos socios impidiese su normal desarrollo, máxime cuando el legislador en la actual regulación siempre tiende a inspirarse en el régimen de mayorías (...)". Esta doctrina, sin embargo, no es la asumida por la doctrina registral, que ha determinado que no debe estarse al número real de miembros, como ha resuelto la RDGRN de 15 de octubre de 2012, donde se confirma la calificación registral en el sentido de que sólo es posible considerar el número de vocales determinados por los estatutos o por el acuerdo de junta correspondiente en caso de que aquellos se limiten a fijar un máximo y un mínimo. Un comentario crítico sobre el excesivo intervencionismo de esta resolución de la DGRN puede leerse en MIQUEL RODRÍGUEZ,

En caso de que el órgano de administración revista la forma de administrador único, su afinidad a uno de los socios paritarios le garantizaría una protección ante la instancia de medidas de censura y destitución de su cargo por el consocio. Esto puede ocurrir igualmente cuando el órgano de administración adopta un sistema de administración solidaria, en la que cada administrador sea nombrado por uno de ellos, en cuyo caso la posición de paridad de cada socio o grupo de socios actuaría como una suerte de blindaje de cada uno de los administradores (art. 233.2 b LSC)[335].

Sin embargo, una sociedad con administradores solidarios enfrentados por extensión del enfrentamiento de los socios paritarios a quienes representan, llevaría más pronto que tarde al colapso de la sociedad. De hecho, puede afirmarse que el conflicto en la administración solidaria se convierte en un foco generador de paralización social, como así constata la jurisprudencia. En este sentido, por ejemplo, la STS (Sala de lo Civil) de 15 de junio de 2010 (RJ 2010/3901), que en su Fundamento de Derecho Segundo subraya: "la gestión de la sociedad se encuentra sometida a la situación de tensión y de discrepancia entre los dos administradores solidarios, con órdenes y contraórdenes (...) que, en modo alguno favorecen el buen funcionamiento de la sociedad ni la relación de la misma con terceros, lo que no permite entender que la administración de la sociedad funciona realmente"[336].

En definitiva, la condición necesaria para el funcionamiento normal de las sociedades de capital implica la existencia formal y delimitación funcional de la estructura biorgánica.

J., "La autonomía de la voluntad en las sociedades de capital: ejemplos de la reciente jurisprudencia del TS y la doctrina de la RDGRN", en AA.VV., *Autonomía de la voluntad y exigencias imperativas en el derecho internacional de sociedades y otras personas jurídicas*, Barcelona, 2013, págs. 184-187.

335 Vid. HERNANDO CEBRIÁ, L., "El conflicto...", cit., pág. 105.

336 Igualmente, la STS de 11 de mayo de 2006 (RJ 2006/3953), que contempla un grave enfrentamiento de dos grupos de socios paritarios, que lleva a una paralización de la junta general, con dos administradores solidarios de cada grupo, que actúan en sentido distinto y contradictorio, con discrepancias entre ellos y que, al fin, afecta a la situación financiera de la sociedad.

3.3 ASPECTOS PROBLEMÁTICOS EN EL MODO DE OPERAR DE LA JUNTA GENERAL Y DEL ÓRGANO DE ADMINISTRACIÓN

El acaecimiento del bloqueo societario está en dependencia directa con los requisitos legales que rigen el modo de operar de los órganos de las sociedades de capital, especialmente en el caso de la junta. El modo de operar gira principalmente en torno a tres ejes: (1) el principio de mayoría; (2) el derecho de voto; y (3) las formalidades que exige la ley para la válida constitución, celebración y adopción de acuerdos de la junta[337].

3.3.1 En cuanto al principio mayoritario

El primer eje consiste en las reglas de formación de la voluntad colectiva en el seno de la junta general y del órgano de administración, en el caso de que haya más de un miembro. A este respecto, caben teóricamente dos posibles tratamientos técnicos: bien exigir que todas las voluntades individuales de las distintas personas que integren el órgano social se pronuncien en un mismo sentido de forma unánime; o bien permitir que la voluntad colectiva se identifique con la voluntad de la mayoría de las personas físicas que integran la junta general o el órgano de administración[338].

En el primer supuesto, sólo se entenderá formada la voluntad colectiva cuando se manifiesten en el mismo sentido todas las voluntades individuales de las personas que componen el órgano social, es decir, en virtud del criterio de unanimidad[339]. Por el contrario, en el

---

337 Estos tres ejes son desarrollados ampliamente por SENÉN, G., *La disolución...*, cit., págs. 137-155. Por nuestra parte actualizamos seguidamente algunas cuestiones derivadas de estos principios o criterios societarios.

338 Vid. SÁNCHEZ LINDE, M., *El principio de mayoría en la adopción de acuerdos en la Junta General de la sociedad anónima*, Cizur Menor, 2009, passim.

339 En el derecho estadounidense puede observarse que la exigencia de unanimidad ha sido admitida en relación con las sociedades de capital eminentemente cerradas. A este respecto, pueden citarse el art. 354 del Título 8° del Código de Delaware, norma societaria de referencia en Estados Unidos, que permite que en las sociedades cerradas los socios puedan organizar sus relaciones como en las sociedades personalistas; y el apartado 7.21 a) de la *Model Business Corporation*

segundo de los supuestos, bastará que una determinada mayoría de las personas que forman la junta general o el órgano de administración estén de acuerdo para que se entienda formulada la voluntad colectiva. Esta segunda opción es la que adopta la LSC, que se ampara, por tanto, en el principio mayoritario o régimen democrático de mayorías[340].

La sociedad capitalista opera así como una democracia plutocrática (o más bien como una plutocracia democrática), dado que la condición de socio es adquirida por la aportación económica (ya sea dineraria o no dineraria) y se mide más por lo que se aporta a la sociedad que por la condición personal, asunción que como hemos examinado en la Parte I no es plenamente aplicable al caso de las sociedades cerradas, debido a su carácter personalista. Lo que sí es determinante de la capitalista es que el derecho de voto se confiere al socio en la medida de su capital, es decir, en la medida de su participación en el mismo.

El principio mayoritario no consiste en una única regla, sino que agrupa una pluralidad de reglas y fórmulas aritméticas para computar los votos y determinar cuándo se alcanza esa mayoría en el órgano colegiado que implica la aprobación del acuerdo. Fórmulas que son variables en función de la tipología social, del órgano colegiado de que se trate, del tipo de acuerdo que se vote, de la convocatoria y de la preferencia estatutaria que consignen los socios vía estatutos sociales (mayorías simples, ordinarias, relativas, absolutas, cualificadas, reforzadas). Conceptos usados, a veces equívocamente, por nuestra legislación societaria previgente y vigente. Mayorías legales diversas que en ningún caso pueden abolirse ni disminuirse estatutariamente (art. 200.1 LSC). La mayoría, en todo caso, cualquiera que sea la aplicable, tiene como significado una proporción de votos favorables

---

Act de la American Bar Foundation, que igualmente permite la exigencia de unanimidad.

340 Igualmente, como ya se refirió SENÉN, G., *La disolución...*, cit., pág. 140, el Código Civil italiano, en el art. 2368, dice que la junta general adopta los acuerdos "por la mayoría absoluta, salvo que el acto constitutivo (escritura de constitución) requiera una mayoría más elevada", y que "la junta general adopta acuerdos con el voto favorable de los socios que representen más de la mitad del capital social, si el acto constitutivo no requiere una mayoría más elevada".

que permiten adoptar válidamente un acuerdo por el órgano colegiado deliberante (que deberá tener quórum, es decir, estar a su vez válidamente constituido).

El principio mayoritario obedece a la finalidad de dotar a la sociedad capitalista de una mayor funcionalidad, mediante la exigencia de la obtención de determinados consensos para la toma de decisiones en la junta general. En la sociedad limitada, al presentar generalmente una base social más reducida, los consensos resultan más elevados, aunque para las sociedades anónimas se permite también la elevación de las mayorías necesarias por vía estatutaria (art. 201.3 LSC). Sin embargo, como hipótesis, pueden concebirse sociedades anónimas donde el principio mayoritario esté aún más reforzado que en una sociedad limitada.

En efecto, para la sociedad de responsabilidad limitada la adopción de acuerdos ordinarios o no especiales requiere una mayoría que represente, al menos, un tercio de los votos correspondientes a las participaciones en que se divida el capital social. Esto quiere decir que en la sociedad limitada 50/50 pueden adoptarse acuerdos ordinarios mientras asista y vote en la junta general uno sólo de los socios paritarios y el otro no asista o se abstenga (art. 198 LSC). Sin embargo, para los acuerdos que exijan una mayoría legal reforzada, como todos los que impliquen una modificación estatutaria (art. 288 LSC), entonces imperiosamente se exigirá como mayoría necesaria la concurrencia de los votos favorables de ambos socios o grupos de socios paritarios (art. 199 a LSC), pues para la válida adopción de estos acuerdos la ley exige el voto favorable de más de la mitad de los votos correspondientes a las participaciones en que se divida el capital social.

Con más razón todavía, será necesaria la unanimidad de facto entre los dos socios o grupos paritarios cuando en la sociedad limitada se someta a votación los acuerdos que exijan la mayoría legal reforzada del art. 199 b LSC, que requiere el voto favorable de al menos dos tercios del capital social. Estos acuerdos especiales son los relativos a la autorización a los administradores para que realicen actividades por cuenta propia o ajena, en análogo o complementario género de actividad que constituya el objeto social, o la supresión o limitación del derecho de preferencia en los aumentos de capital, la transformación, fusión, escisión, la cesión de activo o pasivo y el traslado de domicilio[341].

En cuanto a la libertad estatutaria para fijar mayorías aún más reforzadas en cualquier género de acuerdos, el límite se encuentra en la unanimidad (art. 200.1 LSC). La mayoría estatutaria reforzada nunca puede exigir implícitamente la unanimidad, y en puridad, siguiendo una interpretación teleológica del precepto, cualquier porcentaje de voto que de facto implique unanimidad)[342]. Evidentemente, dicho límite al reforzamiento estatutario de las mayorías no opera en la sociedad 50/50, pues como acabamos de examinar, la mayoría legal reforzada para los acuerdos especiales, ya sea por la exigencia del voto favorable de al menos el 50% como de los dos tercios, implica tácitamente la asistencia y voto favorable de los dos socios o grupos de socios paritarios. Además, en el caso de la mayoría legal reforzada, la minoría de bloqueo se situaría en el 34% (o en puridad, desde el 33,1%), porcentaje de capital con derecho de voto a partir del cual el control negativo es efectivo para el conjunto de las operaciones recogidas en el art. 199 b LSC.

En cuanto a las sociedades anónimas, los acuerdos ordinarios exigen mayoría simple, por lo que basta que un socio o grupo de socio

---

341 En el derecho italiano, como ya recogió SENÉN, G., *La disolución…*, cit., págs. 140-141, el régimen de mayorías se dulcifica en segunda convocatoria según dispone el art. 2369 del Codice, en la cual la junta general ordinaria puede adoptar acuerdos cualquiera que sea la parte de capital representada por los socios que intervienen en la asamblea y la junta general extraordinaria con el voto favorable de los socios que representen más de un tercio del capital social, a menos que el acto constitutivo requiera una mayoría más elevada; y salvo que en esta clase de junta se trate del cambio del objeto social, la transformación de la sociedad, la disolución anticipada, el traslado al extranjero del domicilio social o la emisión de acciones privilegiadas, en cuyos supuestos se exige, aun en segunda convocatoria, el voto favorable de socios que representen más de la mitad del capital social.

342 Como constata ROJÍ BUQUERAS, J. M., "A propósito de la unanimidad de facto: propuestas contra las situaciones de veto individual del socio", *Revista de derecho de sociedades*, Nº 54, 2018, esta unanimidad de facto o encubierta desvirtúa el sistema fundado en el principio mayoritario y confiere a los socios una capacidad de veto que frecuentemente resulta discordante con el interés social y el equilibrio de poder. Dicha situación genera bloqueos estructurales para los cuales el ordenamiento jurídico carece actualmente de una respuesta suficientemente útil y eficaz.

paritario vote a favor y el otro se ausente o se abstenga para entender válidamente adoptado el acuerdo, porque la mayoría simple o relativa del art. 201.1 LSC significa obtener más votos a favor que en contra. Sin embargo, se exigirá mayoría absoluta (art. 201.1 LSC) para los acuerdos especiales del art. 194 LSC, siempre que el capital presente o representado supere el 50%, aunque la mayoría se refuerza legalmente hasta los dos tercios del capital si en segunda convocatoria concurre entre el 25-49% del capital suscrito con derecho a voto[343]. Por tanto, para la adopción de los acuerdos especiales en la sociedad anónima paritaria, se exige implícitamente la unanimidad en segunda convocatoria, porque si uno de los socios o grupos de socios paritarios no asiste, la junta no podrá constituirse ni el acuerdo podrá adoptarse, así como si uno se abstiene o vota en contra.

Con todo, el principio mayoritario que establece el art. 159 LSC —en relación con el art. 200.2 LSC— excluye la regla de la unanimidad en la adopción de acuerdos en junta general, en contraste con lo que sucede en las sociedades personalistas. En este sentido, el principio mayoritario dota de funcionalidad a las sociedades de capital, permitiéndolas una mejor adaptación al entorno económico, factor que sin duda no puede darse si se exige la unanimidad, con excepción de los casos determinados en los que la LSC exige unanimidad o consentimiento individual de los socios, como en las operaciones de aumento de capital con elevación del valor nominal de las participaciones y con nuevas aportaciones de los socios (art. 296.2 LSC) o en la alteración de las causas de separación o exclusión de socios (arts. 347.2 y 351 LSC). Para el resto de decisiones, si cupiera exigir estatutariamente la unanimidad en la adopción de acuerdos —cualquiera que fuera su naturaleza y entidad— por ínfima que fuera una

343 Vid. JUSTE, V., "Comentarios al art. 194 LSC" en ROJO/BELTRÁN (dirs.), *Comentario de la Ley de Sociedades de Capital*, Tomo II, Madrid, 2011, pág. 1367. No obstante, como atenderemos en la Parte III, los acuerdos de la junta necesarios para la disolución legal no se llevarán por la vía del art. 194 LSC sino por el art. 193 LSC (sin necesidad, por tanto, de quórum reforzado), ya que este acuerdo es obligatorio y refleja el deseo del legislador por extraer del tráfico a aquellas sociedades que deben ser disueltas, facilitando así la adopción del correspondiente acuerdo. Como se tendrá ocasión de criticar *infra*, en el caso de la sociedad incursa en la causa de disolución por paralización de los órganos sociales, esta facilidad servirá más bien de poco.

participación minoritaria en el capital, su titular tendría de facto una facultad para forzar o provocar bloqueos[344].

Por otra parte, los requisitos de convocatoria y de quórum que se exigen para que una junta general se entienda válidamente constituida vienen establecidos por la LSC con determinadas diferencias entre la sociedad anónima y la sociedad de responsabilidad limitada. Antes de las recientes reformas de la LSC resultaba muy discutible, en

---

344 Para asuntos de menor importancia u ordinarios, distintos de los señalados en el art. 194 LSC, se exige en primera convocatoria la asistencia de accionistas que representen al menos el 25% del capital suscrito y con derecho de voto (no se incluye, por tanto, a los accionistas sin voto). En segunda convocatoria no se exige quórum alguno, bastando que asista un solo accionista. Por su parte, para los asuntos especiales o extraordinarios del art. 194 LSC, se exige en primera convocatoria la asistencia de accionistas que representen al menos el 50% del capital suscrito con derecho de voto y en segunda convocatoria, la asistencia de accionistas que representen al menos el 25% del capital suscrito con derecho de voto. Estos porcentajes pueden ser reforzados por los estatutos siempre y cuando los porcentajes de la segunda convocatoria sean inferiores a los de la primera (art. 193 LSC) y los mayores porcentajes no desvirtúen el principio configurador de la sociedad anónima relativo a la adopción de acuerdos por mayoría. Así lo recuerda la RDGRN de 13 de enero de 1994. Por ejemplo, no cabría requerir un quórum del 100% ya que bastaría que faltara un solo accionista para que habiendo mayoría no se pudiera celebrar la junta. Estos requisitos pueden completarse con otros especiales y más rigurosos si los estatutos sociales hacen uso de la autorización que en este punto concede la LSC a los interesados. Por el contrario, será ilegal la pretensión de rebajar en los estatutos los requisitos expresamente exigidos por la ley, ya que estos requisitos legales tienen el carácter de mínimos e indisponibles. En el mismo sentido: GARCÍA-CRUCES, J. A., "Quórum estatutario...", cit., págs. 103-115; QUIJANO, J., "Comentario a la STS de 12 de noviembre de 1987", *Cuaderno Civitas de Jurisprudencia Civil*, Nº 15, págs. 5153-5160 y FLAQUER, J., "La paralización de la Junta general de accionistas (reflexiones en torno a la STS de 12 de noviembre de 1987)", *Revista General del Derecho*, 1989, págs. 1883 y sigs. QUIJANO y FLAQUER coinciden en destacar que aunque podrá parecer excesivamente riguroso o incluso juzgarse desaconsejable, es válida la cláusula estatutaria que fije un quórum reforzado de constitución de la junta general, posibilitando, a la vista de la distribución del capital social, que un socio, con su ausencia, impida la celebración de la junta. Por su parte GARCÍA-CRUCES piensa que la cláusula estatutaria en cuestión debía haber sido declarada nula y, en consecuencia, entender exigible el quórum de constitución de la junta general que señala la Ley: "la cláusula (...) no puede contravenir los principios básicos que informan el funcionamiento de la Sociedad Anónima (...) el pacto social que conlleve la exigencia de unanimidad o de cuasi unanimidad para la constitución de la Junta general es ilegítimo".

nuestra opinión, que el legislador tomara como referencia normativa a la sociedad anónima en los aspectos operativos básicos de las sociedades de capital, teniendo en cuenta que la realidad societaria del mercado español, en términos cuantitativos, empíricos y estadísticos, demuestra que actualmente la sociedad de responsabilidad limitada es la preferida por el empresariado. Aunque esta dificultad parece ya haberse superado, nos lleva de todas formas a cuestionar la dualidad y la separación artificial de ambas tipologías, decantándonos por una diferenciación simple y única, entra cotizadas y no cotizadas[345].

A este respecto, resulta de interés la STS de 12 de noviembre de 1987 (RJ 1987/8373) sobre una sociedad anónima, "Strafer S.A.", compuesta por 3 socios, en la que se discutía la validez de una cláusula estatutaria que permitía que por la sola voluntad de uno de los socios (33,3%), se produjera la paralización del ente social ya que la exigencia estatutaria era que para que la junta general quedase válidamente constituida debían asistir en primera convocatoria el 80% de los socios que representaran el 75% del capital con reducción de este porcentaje en segunda convocatoria al 70%. Por tanto, los dos socios demandantes esgrimían la invalidez de dicha cláusula estatutaria sobre la base de la vulneración del principio de funcionamiento mayoritario, porque entendían que se atribuía un verdadero poder de veto al socio demandado. La sentencia desestima esta pretensión porque "plantea una tesis inaceptable si se observa que además de haber sido, la cláusula dicha, en su día libremente pactada por los mismos que ahora la consideran inválida y querida por ellos y por

---

345 En este sentido, ROJO/BELTRÁN (dirs.), *Comentario de la Ley de Sociedades de Capital*, Tomo II, Madrid, 2011, en el prólogo de esta obra, apuntaban ya en la crítica a esta dualidad no siempre justificada: "La Exposición de Motivos acierta una vez más cuando denuncia la superposición de formas, en el sentido de que para unas mismas necesidades se ofrece a la elección de los particulares dos formas sociales diferentes "sin que el sentido de esa dualidad pueda apreciarse siempre con claridad". En este átono país, la Ley de Sociedades de Capital, debería constituir ocasión para interrogarse acerca de cuáles deberían ser los modelos alternativos. El problema es que, en España, como la experiencia enseña, las leyes provisionales suelen durar muchas décadas" (pág. 156). Pueden leerse antecedentes de esta problemática en FERNÁNDEZ DE LA GÁNDARA, L., "El problema tipológico: la consagración del sistema dualista sociedad anónima-sociedad de responsabilidad limitada", *Revista de Derecho de Sociedades*, N° Extraordinario, 1994, pág. 35 y sigs.

el socio demandado (...) no parece que sea contraria a ningún concreto precepto legal una vez verificado que las cláusulas potestativas son admisibles en los estatutos sociales sin otra limitación, por lo que a los requisitos especiales de convocatoria y quórum hace, que la de que los fijados voluntariamente no sean inferiores a los que el párrafo 1° del art. 51 de la Ley señala, circunstancia que no es la del caso presente (...)". La sentencia concluye afirmando que "la dificultad de la falta de convocatoria para la junta general que los demandantes argumentan, es legalmente salvable a través de la convocatoria judicial (...) y si bien es verdad que podría faltar el quórum reforzado que los estatutos establecen, para su válida constitución, siempre cabe ante la extrema imposibilidad de obtener las mayorías requeridas para adoptar los acuerdos que posibiliten la marcha normal de la sociedad, poner en juego la causa de disolución del número 2 del art. 150 de la Ley de Sociedades Anónimas, utilizable como recordó este Tribunal en Sentencia de 23 de marzo de 1974 (R. 1057) como remedio adecuado para desbloquear similares situaciones de continuo desacuerdo entre los socios determinante de una inmovilidad social".

Por tanto, en la práctica, el juego de esta causa de disolución en relación con la constitución de la junta queda sustancialmente relegada a las sociedades cerradas, aunque revistan la forma de anónimas, en las que las diferencias entre su reducido número de socios impiden llegar al quórum de constitución estatutariamente reforzado.

Por esta razón, la unanimidad no puede reputarse, en términos generales, como una regla operativa, porque equivaldría a otorgar un poder de veto a cualquier socio, independientemente de su participación en el capital, como así sucede en las sociedades paritarias para la adopción de acuerdos que requieren una mayoría cualificada. A este respecto, la STS (Sala 1ª) de 19 de julio de 2003 (RJ 2005/6554) que en su Fundamento Jurídico 2ª concluye la falta de adopción del acuerdo por mayoría para la renovación del consejo de administración debido a la ausencia durante la junta de un accionista titular del 50%: "el demandante en la instancia, accionista titular del 50% del capital social, integra el quórum de constitución y frente al acuerdo de renovación de los consejeros no vota a favor (porque se ha ausentado) por lo que el quórum de votación no se obtiene la mayoría. Por lo cual, al no haberse alcanzado la mayoría, el acuerdo no se ha producido. No hay acuerdo; más que acuerdo nulo, hay una apariencia de acuerdo, su nulidad (*rectius*, inexistencia) es preciso declararla para eliminar tal apariencia"[346].

En lo que concierne a las sociedades paritarias, en realidad, no existe como tal una relación mayoría-minoría, por lo que se hace necesaria en la práctica la adopción unánime de los acuerdos "especiales". Se convierte así la unanimidad en una regla implícita de su funcionamiento real y normal. Aunque desde un plano puramente formalista opere la limitación que impide que los estatutos puedan exigir el acuerdo unánime de los socios, de facto no se puede adoptar ningún acuerdo especial si no hay consenso entre los dos socios o grupos de socios al 50%. Con esta particularidad implícita a las sociedades paritarias, los acuerdos adoptados por unanimidad no devendrían impugnables[347].

---

346 Sobre el sentido y función del principio mayoritario, véase MARTÍNEZ NADAL, A., *El principio mayoritario de funcionamiento de la junta general de la Sociedad de Responsabilidad Limitada*, Madrid, 2008, passim.

347 Según considera SUAREZ LLANOS, L., "Sociedad de responsabilidad limitada con dos únicos socios. Régimen de adopción de acuerdos sociales", *Revista de Derecho Privado*, 1963, págs. 823-831, no es posible reconocer la licitud de una cláusula estatutaria que imponga de facto el consentimiento de los dos socios paritarios, de forma que exija la unanimidad para la adopción de acuerdos. La misma idea es advertida por BERCOVITZ, A., *La sociedad de responsabilidad limitada*, 2ª ed., Madrid, 2006, pág. 419. Por tanto, como se ha dicho *supra*, los actos necesariamente unánimes no devendrían impugnables en las sociedades de capital bipersonales paritarias por su propia naturaleza más cercana a la sociedad personalista, no así una cláusula estatutaria que impusiera el criterio de unanimidad, que no debería superar la barrera de control notarial y registral. En sentido contrario a esta opinión se manifiesta RECALDE CASTELLS, A., *Limitación estatutaria del derecho de voto en las sociedades de capitales*, Madrid, 1996, pág. 206, quien critica la exclusión legal de la unanimidad y plantea la licitud de aquellas cláusulas estatutarias que establezcan una mayoría reforzada que de facto impliquen la exigencia de unanimidad, que únicamente podría alcanzarse si votan a favor todos los socios. Igualmente, JUSTE MENCÍA, J., *Los derechos de la minoría...*, cit., pág. 187: "establecido que la elección entre unanimidad y mayoría obedece a una elección organizativa a favor de los socios contratantes, resulta quizá defendible que los ordenamientos de la sociedad anónima autoricen la decisión unánime".

La unanimidad implícita a la distribución 50/50 en sede de adopción de acuerdos especiales dota a la sociedad de capital de una especial eficacia en orden a su funcionamiento por cuanto restringe la legitimación para la impugnabilidad de los acuerdos (arts. 204-206 LSC)[348]. En cambio, en la casos de junta universal, se requiere un quórum constitutivo de unanimidad, siendo imposible la exención de las garantías de convocatoria para que los acuerdos en ella sean adoptados por el principio mayoritario, como a tal efecto se pronunció la SAP de Valencia (Sección 9ª) de 11 de marzo de 2009 (AC 2009, 749) en su Fundamento de Derecho Primero: "resulta acreditado no sólo la falta de convocatoria (...), sino también la imposibilidad de haberse celebrado esa junta con carácter universal por la falta de asistencia del socio actor que titula el 50% del capital social, por lo que no concurren los requisitos del art. 99 LSA. Por todas las consideraciones expuestas (...) procede declarar la nulidad de la junta general acordándose la nulidad de todos y cada uno de los acuerdos en ella adoptados y la cancelación de los mismos en el Registro Mercantil".

Observado el régimen decisorio en el marco de la sociedad capitalista bajo el principio mayoritario y la problemática que genera en la casuística de su aplicación a las sociedades paritarias, cobra sentido

---

348 Vid. VIVES RUIZ, F., *La impugnación de acuerdos sociales en la reforma de la legislación mercantil*, Real Academia de Jurisprudencia y Legislación, Madrid, 2014, págs. 76-80. Por otra parte, PERDICES HUETOS, A., "Retorno a la impugnación de los acuerdos de la junta de accionistas", en IBÁÑEZ JIMÉNEZ, J. (Dir.), *Comentarios a la reforma del régimen de la junta general de accionistas en la reforma del buen gobierno de las sociedades*, Cizur Menor, 2014, pág. 132, aclara que con la reforma del régimen impugnatorio de acuerdos, "cualquier impugnación de un acuerdo social por el motivo que sea será una acción dirigida a obtener la nulidad del mismo". Asimismo, GONZÁLEZ FERNÁNDEZ, M. B., "Reglas de legitimación e impugnabilidad. El conflicto entre mayorías y minorías inmanente en la impugnación de acuerdos", *Revista de derecho de sociedades*, Nº 50, 2017, págs. 67-111, quien recuerda que el deber de actuar de buena fe en el ejercicio de los derechos de socio, incluido el de impugnar acuerdos sociales, forma parte del contenido normativo del contrato de sociedad en virtud de lo dispuesto en el artículo 1258 del Código Civil. Este trabajo analiza la eficacia, en el contexto de sociedades cerradas de reducida dimensión, de las principales medidas correctoras del ejercicio desleal de la acción de impugnación previstas en la Ley de Sociedades de Capital (LSC): la configuración de este derecho como un derecho de minoría (artículo 206) y la restricción de los supuestos legítimos para impugnar un acuerdo (artículo 204.3).

proponer de *lege ferenda* la revisión del mismo a favor de la autonomía privada. La regla aplicable por defecto a la sociedad de personas es la regla de la unanimidad, por sentar su configuración tipológica en el *intuitu personae*, pero nada obsta que los socios personalistas puedan sustituirla por el principio mayoritario en ejercicio de la autonomía privada contractual (arts. 1255 CC y 121 C.Com)[349].

Pues bien, de *lege ferenda* en materia societaria, tendría sentido, a nuestro juicio, la derogación de la imperatividad del principio mayoritario para las sociedades capitalistas cerradas y la adopción de un régimen de voto análogo al de la sociedad de personas, de modo que en aquellos casos en que los socios lo entiendan conveniente, como cuando se someta a la junta asuntos especiales que suponen una modificación esencial del contrato de sociedad, los socios pudieran excepcionar contractualmente (estatutariamente) el principio mayoritario, y exigir la unanimidad para dichos acuerdos. De esta forma se reconocería la realidad factual de la sociedad cerrada, que es su propensión al conflicto intra-corporativo en la forma de bloqueo en junta cuando la exigencia de mayoría cualificada para la aprobación de acuerdos especiales requiere de facto la concurrencia unánime de todos los socios.

Ofreciendo *ex lege* esta libertad contractual para configurar en qué ámbito de acuerdos los socios prefieren que rija el principio mayoritario y cuales otros la unanimidad, esclarecería *ex ante* la situación en que no cabe discrecionalidad de voto porque estatutariamente los socios establecieron en qué asuntos no puede no exigirse unanimidad para la adopción positiva del acuerdo. De este modo, la derogación de la regla imperativa del principio mayoritario para las sociedades capitalistas permitiría a las sociedades cerradas abrir la posibilidad estatutaria de exigir unanimidad en acuerdos especiales sobre materias en las que de facto se predeterminaría el sentido del voto a ejercer obligatoriamente por los socios como expresión del deber de fidelidad. Esta medida reduciría probablemente la conflictividad en las sociedades cerradas porque el interés social que explicita la

349 Misma posibilidad que en derecho italiano, vid. GALGANO, F., *Il principio di maggioranza nelle società personali*, Padua, 1960, passim.

conducta a seguir por el socio quedaría extremadamente definido en los estatutos sociales.

Adicionalmente, el acceso al Registro Mercantil de cláusulas estatutarias que requieran la unanimidad en sede de adopción de determinados acuerdos podría tener el efecto de desincentivar los potenciales abusos de mayoría como de minoría y la consiguiente litigiosidad judicial que normalmente producen (acción social e individual de responsabilidad, batallas de impugnaciones de acuerdos sociales, etc.), situaciones comunes en las sociedades cerradas mal avenidas en las que los socios minoritarios o paritarios no tienen una fácil salida por la iliquidez de sus participaciones. A ello se suma la imposibilidad de ejercitar un derecho de separación legal cuando no se ha contemplado estatutariamente o parasocialmente un mecanismo de salida.

Hay que advertir, no obstante, que la exigencia del consentimiento unánime de los socios para la aprobación de modificaciones del contrato de sociedad puede suponer una rigidez operativa excesiva para el funcionamiento de la junta general si esta regla se prevé además para otro rango de acuerdos que no sean los que afectan al núcleo esencial del contrato. Aparte de esto, la unanimidad hace incurrir a las partes en unos considerables costes para completar el contrato por vía de la definición de los acuerdos en que sea requerida, sobre todo en términos de negociación precontractual y los costes a la hora de modificar los hipotéticos estatutos que lo contemplaran. Este sería el caso, por ejemplo, cuando fuera necesaria la unanimidad para modificar la cláusula que exige unanimidad para, a partir de su aprobación, funcionar con un régimen de mayorías menos rígido.

Pero la menor flexibilidad y el mayor coste que la unanimidad representa no significan que la imperatividad legal del principio mayoritario sea en todo caso justificable. La realidad de facto de las sociedades cerradas —la potencial judicialización de sus conflictos endógenos— aconseja el replanteamiento que aquí se propone a favor de la autonomía privada[350]. La apuesta por una unanimidad

[350] Vid. MASSAGUER, J., "La autonomía privada y la configuración del régimen jurídico de la sociedad de responsabilidad limitada", *Revista General del Derecho*, Nº 603, 1994, pág. 12981 y sigs.

optativa daría razón de la naturaleza personalista de la sociedad capitalista cerrada. Una tipología social donde, a priori, el consenso de su reducida base propietaria se ha de presumir más alto en origen por efecto del elemento *intuitu personae* que la hizo constituirse. Por eso, precisamente la aparición de continuas desavenencias entre sus pocos socios supone un certero indicio o síntoma de que la *affectio societatis* ha dejado de presidir sus relaciones[351].

Por esta razón, al igual que las sociedades de personas pueden excepcionar o derogar contractualmente la unanimidad a favor del principio de mayoría para su funcionamiento ordinario, si esa es la voluntad de sus socios, no hay razón suficiente para justificar la restrictividad existente en el ordenamiento societario vigente para la inadmisión de la inscripción registral de una cláusula estatutaria que reglamente la unanimidad para las capitalistas. La autonomía privada a este respecto contribuiría al buen funcionamiento de los órganos sociales, siempre que fuera acompañado de un procedimiento de salida de uno de los socios cuando el consenso en los acuerdos especiales fuera imposible. Este sistema en su conjunto sería preferible al que está hoy vigente ya que éste obliga a alcanzar una mayoría cualificada para la adopción de determinados acuerdos especiales dejando al minoritario el derecho a oponerse con su voto e impugnar seguidamente el acuerdo, alegando frecuentemente la vulneración de derechos instrumentales (derecho de información). Ello puede generar un círculo de litigiosidad recurrente que no tiene aparente fin, porque el socio no tiene posibilidad real de salida de la sociedad a menos que sus consocios le compren su participación o ejerciten el derecho de exclusión[352].

En síntesis, si los socios pudieran excepcionar el principio mayoritario, al mismo tiempo que articulan un mecanismo de salida adecuado, ganarían certeza de que la exigencia de la unanimidad reforzaría el deber de fidelidad de los consocios, así como la viabilidad del proyecto empresarial por la predeterminación de las materias que

---

351 Vid. SÁNCHEZ LINDE, M., *El principio de mayoría...*, cit., pág. 517.

352 Vid. MARTÍNEZ MARTÍNEZ, M. U., "Nuevas tendencias sobre el alcance del derecho de información en relación con las cuentas anuales, ejercitado por minorías cualificadas en sociedades anónimas cerradas", *Revista de derecho de sociedades*, N° 38, 2012, págs. 379-396.

requieren un total consenso en junta general. Evidentemente, esta predeterminación en la configuración de los asuntos que se someten a votación con diferentes mayorías (ordinaria o simple, absoluta, cualificada o reforzada para asuntos especiales), o con sujeción al principio de unanimidad, elevaría *ex ante* los costes de negociación para la constitución de la sociedad o entrada de nuevos inversores, pero ello, como defendimos en la Parte I, forma parte del "precio" de contratar en sociedades cerradas.

3.3.2 En cuanto al derecho de voto

En estrecha conexión con el principio mayoritario se encuentra el derecho de voto para la formación de la voluntad social. El derecho de voto es el derecho político que permite al socio participar en la formación de la voluntad social y, en definitiva, el que hace posible el funcionamiento normal de la sociedad. De ahí que pueda afirmarse que este derecho es el principal entre los derechos políticos de los socios pues mediante el mismo el socio puede participar en la administración social fiscalizando la gestión de los administradores.

El derecho de voto es consustancial a la condición de socio y juega un papel decisivo en la vida social para la formación de una mayoría que apruebe los acuerdos que se propongan[353]. La voluntad social se

---

353 A diferencia de las sociedades anónimas, la LSC no establece un requisito de quórum para las sociedades limitadas, sino de un porcentaje mínimo de voto a favor de los acuerdos referido al total del capital social. Con ello se fija indirectamente un mínimo de concurrencia a la junta general para que pueda adoptar acuerdos. Este porcentaje mínimo de votos existentes requerido para la aprobación de acuerdos respecto del capital total se establece a tres niveles distintos, tal como disponen los arts. 198 y 199 LSC. Para acuerdos ordinarios, se requiere que los votos válidamente emitidos a favor del acuerdo deben representar, al menos, un tercio de los votos existentes correspondientes a las participaciones en que se divida el capital social. Para los acuerdos que requieren de una mayoría reforzada (aumento o reducción del capital y ciertas modificaciones estatutarias), se exige el voto favorable de más de la mitad de los votos existentes. Para acordar la transformación, fusión, escisión, cesión global de activo y pasivo, traslado de domicilio al extranjero, supresión del derecho de preferencia, exclusión de socios y dispensa a los administradores de la prohibición de competencia, la LSC exige una mayoría superreforzada que consiste en el voto favorable de al menos dos tercios de los votos existentes. Por último, de conformidad con el art. 347 LSC se exige la unanimidad en ciertos supuestos

forma por la suma de las voluntades individuales de los socios bajo el régimen de la mayoría y la voluntad individual de cada socio se manifiesta, precisamente, mediante el ejercicio del derecho de voto[354].

En cuanto a la medida o extensión de este derecho, la LSC se inclina por el principio de proporcionalidad entre el voto y la participación del socio en el capital social. Se unen así el principio capitalista con el principio democrático, de forma que el voto no se concede por cabezas (principio viril), sino en proporción a la participación de cada socio en el capital social (principio real). Esto significa que a cada unidad nominal le corresponde la misma capacidad de voto[355].

Por lo que se refiere al órgano de administración cuando reviste la forma colegiada (en consejo de administración), cabe afirmar asimismo que el derecho de voto tampoco se concede por cabezas, sino bajo criterio de proporcionalidad en función al capital que posee el socio representado en el consejo.

En la sociedad anónima, esta regla puede ser exceptuada por los estatutos fijando con carácter general, respecto de todas las acciones de la sociedad, el número máximo de votos que puede emitir un

---

tales como la incorporación, modificación o supresión de causas de separación de socios. Hay que añadir la posibilidad que existe en las sociedades limitadas de romper estatutariamente el principio de la proporcionalidad entre el capital y el derecho de voto, puesto que una de las innovaciones recogidas por la LSC es la posibilidad de creación de participaciones de voto múltiple o participaciones privilegiadas en materia de derecho de voto. A este respecto, ECHEBARRÍA SAENZ, J. A., "Participaciones con voto privilegiado y principio de mayoría en la SRL", en *Estudios de Derecho mercantil en homenaje al Prof. Justino Duque Domínguez*, vol. I, Valladolid, 1998, págs. 193-222.

354 Cfr. ALBORCH BATALLER, C., *El derecho de voto del accionista…*, cit., pág. 73.

355 De igual modo el art. 2351 del Código Civil italiano de 1942 que dice literalmente que "toda acción atribuye el derecho de voto". Ante la discusión doctrinal entre atribuir el derecho de voto sin distinguir entre acciones totalmente liberadas y acciones parcialmente desembolsadas, SENÉN, G., *La disolución…*, cit., pág. 146, cita a FRÉ, quien aclara que "es oportuno precisar que el derecho de voto corresponde también a las acciones no enteramente liberadas, excluido el caso de que el socio haya incurrido en mora en el desembolso", añadiendo luego que "en el supuesto de un aumento de capital, pueden estar en circulación las viejas acciones enteramente liberadas y las nuevas desembolsadas solo parcialmente, pero tanto las primeras como las segundas tendrán igualmente derecho a un voto por cada acción".

mismo accionista o sociedades pertenecientes a un mismo grupo[356]. Este mecanismo ha constituido una práctica de blindaje societario destinada a evitar tomas de control no deseado. Sin embargo, el art. 515 LSC ha prohibido este tipo de prácticas en las sociedades cotizadas y declara nula cualquier restricción estatutaria al respecto que pudiera existir para este tipo de sociedades[357]. Por el contrario, en las sociedades no cotizadas esta restricción sigue siendo totalmente válida, siempre que conste en los estatutos sociales[358].

El derecho de voto juega un papel determinante en aquellas sociedades limitadas paritarias en la que un conflicto de intereses puede suponer la ruptura del equilibrio entre los socios. La existencia de un eventual conflicto de intereses impediría al socio ejercer en junta el derecho de voto correspondiente a sus participaciones sociales (art. 190 LSC)[359]. Si bien la necesidad de deducir del capital social la

---

356 Vid. ROJO, A., "Los grupos de sociedades en el derecho español", *Revista de Derecho Mercantil*, Nº 220, 1996, pág. 457 y sigs.

357 Las sociedades cotizadas están obligadas a aprobar un reglamento específico para la junta general, en el que deben regularse todas las cuestiones relativas a su operativa y funcionamiento (art. 512 LSC). Este reglamento sirve para agrupar y difundir las reglas relativas al desarrollo y celebración de las juntas, con el fin de que los accionistas puedan tener un conocimiento preciso de la forma de ejercicio de sus derechos y, en consecuencia, de facilitar su participación en ellas.

358 A este respecto, MARTÍNEZ SANZ, F., *La representación proporcional de la minoría en el Consejo de Administración de la Sociedad Anónima*, Madrid, 1992, passim, y SÁNCHEZ LINDE, M., "El derecho de representación proporcional ejercido por la minoría en la sociedad anónima. Reflexiones", *Cuadernos de Derecho y Comercio*, Nº 42, 2004, pág. 177 y sigs. Por otra parte, el art. 515 LSC entró en vigor el 1 de julio de 2011 de conformidad con la Disposición Final 3ª de la LSC. Esta limitación del voto está pensada por el legislador para diluir el poder de los grandes accionistas y para reforzar en términos relativos el derecho de voto de los minoritarios. Estas limitaciones se prohíben en el caso específico de las sociedades cotizadas como consecuencia de la finalidad práctica que en este caso solía perseguirse con las mismas, al emplearse como medida anti-OPA para evitar posibles operaciones no deseadas de toma de control, pues en virtud de dicha limitación el socio que se hiciese con la mayoría del capital no tendría garantizada la mayoría de votos. A este respecto, nos remitimos a TOBÍO, A., *Limitaciones de los derechos de asistencia y voto del accionista*, Madrid, 1995.

359 Los socios tienen un deber de abstención en los supuestos en que tengan un conflicto de intereses en relación con la decisión a adoptar, a diferencia de lo que ocurre en las sociedades anónimas donde la LSC no contempla una norma

participación afectada para el cómputo de la mayoría de votos en cada caso necesaria para la aprobación de la decisión en junta general tiene por finalidad evitar el abuso de la posición mayoritaria, cuando nos hallamos en presencia de una sociedad al 50% la solución legal de la deducción del cómputo dispensada por la LSC resulta muy insatisfactoria. La razón de ello es que la facultad de bloqueo de las decisiones por cada consocio determina que, ante una situación de conflicto de intereses, el voto contrario del consocio sea suficiente para impedir la adopción del acuerdo[360].

En consecuencia, fuera del perímetro de protección del socio minoritario, la vigente regulación del conflicto de intereses no se ajusta a las necesidades ni a la problemática de la sociedad paritaria, por lo que se hace pertinente la búsqueda de otras vías más adecuadas. Una posible medida de *lege ferenda* consistiría en resolver el problema desde la inclusión en el catálogo del art. 190 LSC de una causa legal de conflicto de interés relativa al incumplimiento del deber de fidelidad recíproca entre los socios paritarios. Esta medida traería consigo una nueva perspectiva, al enfocar el conflicto de intereses desde una aproximación al deber de los socios hacia el interés social,

---

en este sentido. Este deber de abstención no es un deber general, sino que es tasado por la LSC configurando una enumeración de los casos en que el socio debe abstenerse de votar (*numerus clausus*). Así pues, en caso de producirse uno de esos conflictos, el porcentaje de voto necesario para aprobar el acuerdo se determinará excluyendo de la base del cómputo los votos correspondientes al capital del socio afectado por el conflicto de intereses. La mayoría se calcula sobre el resto de los derechos de voto. Para profundizar en el régimen regulatorio del conflicto de intereses, consúltese CURTO POLO, M., "Comentarios al art. 190 LSC" en ROJO/BELTRÁN (dirs.), *Comentario de la Ley de Sociedades de Capital*, Tomo II, Madrid, 2011, pág. 1350 y sigs.; BOQUERA MATARREDONA, J., "La regulación del conflicto de intereses en la Ley de Sociedades de Responsabilidad Limitada", *Revista de Derecho Mercantil*, N° 217, 1995, págs. 1007-1048; RUIZ-RICO RUIZ, C., "Aspectos problemáticos de la regulación sobre el conflicto de intereses en las entidades de responsabilidad limitada: deficiencias jurídicas del art. 52 LSRL", *Revista de Derecho Mercantil*, N° 243, 2002, págs, 201-252 y SÁNCHEZ-CALERO GUILARTE, J., "Principio mayoritario y conflicto de intereses en la Ley de Sociedades de Responsabilidad limitada de 1995", *Revista Jurídica del Notariado*, N° 30, 1999, págs. 245-286.

360 Vid. PAGADOR LÓPEZ, J./PINO ABAD, M., "La exclusión del socio mayoritario en las sociedades de responsabilidad limitada bipersonales", *Revista de Derecho Mercantil*, N° 270, 2008, pág. 1326.

que tiene su concreción en el deber de fidelidad horizontal como expresión del principio de buena fe. Así, la utilización del derecho de voto por parte de un socio paritario en contra del interés social en caso de conflicto de intereses contravendría su deber de fidelidad horizontal, que incluye abstenerse de ejercer el voto correspondiente a sus participaciones sociales en junta general[361]. De lo contrario, se entendería *ex lege* que al bloquear la junta por medio de su voto en contrario, el socio está abusando de su derecho político y actuando en detrimento del interés social[362].

3.3.3 Voto, deber de fidelidad e impugnabilidad de acuerdos negativos

Los acuerdos negativos son las proposiciones rechazadas por la junta general. Así, en la sociedad paritaria, el acuerdo negativo sucede cuando un asunto incluido en el orden del día de la junta general se somete a votación y no puede declararse su aprobación porque cada socio vota de forma divergente, es decir, uno a favor y otro en contra, con lo que no puede entenderse adoptado[363].

A partir de esta situación se contemplan al menos dos escenarios posibles que hay que distinguir, a fin de obtener una solución jurídica óptima que sea acorde con la doctrina antes expuesta del interés social y del deber de fidelidad. Hay que aclarar primeramente que no concebimos problemáticos aquellos acuerdos negativos que hubieran sido adoptados seguramente de haberse removido eficaz-

---

361 Vid. HERNÁNDEZ SAINZ, E., "El deber de abstención en el voto como solución legal ante determinados supuestos de conflicto de intereses en la sociedad de responsabilidad limitada", *Revista de Derecho de Sociedades*, Nº 6, 1996, pág. 105 y sigs.

362 Vid. HERNANDO CEBRIÁ, L., *El abuso...*, cit., págs. 227-228 y CURTO POLO, M., "Comentarios al art. 190 LSC" en ROJO/BELTRÁN (dirs.), *Comentario...* cit., pág. 1352: "El fundamento último de la suspensión del derecho de voto parece que debe ser buscado en el deber de fidelidad del socio para con la sociedad que, aunque no establecido expresamente, podría considerarse que pesa sobre el socio de una sociedad de responsabilidad limitada, pese al carácter capitalista, se observan ciertos preceptos que impregnan de un marcado tinte personalista este tipo social".

363 Vid. CIAN, G., *La disciplina applicabile alla deliberazione negativa dell'assemblea nella società per azioni*, Turín, 2003, passim.

mente y con carácter previo el vicio alegado. Este sería el caso de la sociedad 50/50 donde uno de los socios o grupo de socios debería haberse abstenido de ejercitar el derecho de voto por encontrarse en conflicto de interés. Si se hubieran excluido sus votos, el acuerdo se habría adoptado. Por tanto, en este tipo de casos no hay duda que el acuerdo negativo es impugnable porque no se ha seguido el procedimiento legal establecido cuando uno de los socios se encuentra en situación de conflicto de interés. En este sentido, el control judicial debe no sólo excluir el voto inválido de la votación sino declarar la adopción del acuerdo[364].

En puridad, la problemática se ciñe a los casos en que la orientación del voto de cada socio es justificable racionalmente ante situaciones de crisis empresarial pero el que lo ejercita para impedirlo no considera el interés social, causando un perjuicio en la sociedad y/o consiguiendo una ventaja particular en detrimento de la sociedad y del consocio. Así, si en la falta de acuerdo concurre alguna de estas circunstancias, es cuando hay que proceder a un cuidadoso análisis para determinar si es lícito que el ordenamiento societario admita la impugnabilidad de los acuerdos negativos y si cabe cumulativamente una acción declarativa de adopción del acuerdo[365].

---

364 A nuestro juicio, tampoco hay problema jurídico alguno en reconocer la impugnabilidad del acuerdo negativo si éste trae causa de la falta de proclamación del resultado positivo una vez realizada la votación.

365 En clave de racionalidad económica la disyuntiva decisoria ante la crisis empresarial de la sociedad es la liquidación o la refinanciación vía capital. La iniciativa para la elección de una de estas dos opciones corresponde al deudor, a excepción de la oferta de refinanciación que pueden presentar los acreedores en el marco del procedimiento concursal. Un deudor racional optará por la liquidación si el valor de liquidación es superior al valor de funcionamiento, es decir, al valor neto presente de conservar la empresa funcionando. Sin embargo, la segunda opción será la preferida si con la refinanciación se consigue que el valor de funcionamiento sea superior al valor liquidativo. El problema surge, pues, cuando en la sociedad 50/50 surge una discrepancia a este respecto y un socio o grupo de socios paritarios, a partir de un análisis racional, entiende que la opción preferible es la primera y el otro la segunda, ejercitando el voto en junta general en sentido divergente. En principio, tan legítimo parece ejercitar el derecho de voto en uno u otro sentido si se piensa que el interés social recomendaría la liquidación de la sociedad, por la ineficiencia de la empresa, o, por el contrario, es mejor hacer un sacrificio y ampliar capital para refinanciar la sociedad y conservar la empresa en funcionamiento. Si esta opción no se consigue

En todo caso, como veremos *infra*, esta posibilidad nos parece a priori excesiva, dado que exigiría una valoración judicial muy extensa sobre aspectos que exceden de la competencia judicial, como es enjuiciar la pertinencia o conveniencia empresarial o estratégica de la adopción de un determinado acuerdo dada la coyuntura económica del mercado o la situación patrimonial de la sociedad, así como la viabilidad o necesidad de una concreta medida de saneamiento propuesta. Por lo que luego se argumentará, no pensamos que un juez mercantil pueda ni deba ir más allá de admitir la acción de impugnación del acuerdo negativo, excepto en casos de flagrante vulneración de la fidelidad debida por el socio paritario que con su voto en contra lesiona injustificadamente el interés social o busca obtener una ventaja particular de naturaleza extrasocial o en beneficio de tercero.

En principio, no puede negarse que todos los socios, cualquiera que sea su participación en la sociedad, tienen reconocida plena libertad para votar en el sentido que entiendan por conveniente, a favor o en contra de una determinada propuesta. Al socio se le otorga el derecho de voto para participar políticamente en la sociedad de acuerdo a su interés, no para conservar la empresa social incondicionalmente. Este es sin duda el criterio rector que rige en el derecho societario en lo referido al ejercicio de los derechos políticos del socio[366].

Ahora bien, esta libertad de voto no es una libertad absoluta, porque bajo ciertas circunstancias la ley puede imponer a los socios un voto en una orientación predeterminada, como así sucede con la capitalización de deuda en situación concursal en interés de los acreedores[367]. Más discutible resulta, a nuestro juicio, que el deber de fidelidad del socio deba extenderse también al ejercicio de voto favorable a medidas de saneamiento. Así, si un socio vota en contra

---

aprobar por no alcanzarse una mayoría suficiente en junta general el problema radica si un control judicial *ex post* de la situación puede imponer un acuerdo positivo de refinanciación por vía de la impugnación del acuerdo negativo y determinar la conservación de la empresa social.

366 A este respecto, MASSAGUER/ALFARO, "Art. 204 LSC", en JUSTE MENCÍA (coord.), *Comentario de la reforma del régimen de las sociedades de capital en materia de gobierno corporativo (Ley 31/2014)*, Madrid, 2015, pág. 170.

367 Cfr. VÍTOLO, D./EMBID IRUJO, J. M., LEÓN SANZ, F. J., *Derecho de sociedades y concurso*, Granada, 2011, passim.

de una medida de saneamiento y en consecuencia dicha propuesta no es aprobada, no parece que haya base jurídica aparente para que posteriormente el socio que ha votado a favor de la misma y que por tanto ha visto rechazada su propuesta pueda impugnar la falta de acuerdo y obtener judicialmente lo que no ha conseguido en la junta.

Este razonamiento es coherente con la hermenéutica contractualista predominante en nuestra doctrina y jurisprudencia societaria que concibe que el deber de fidelidad no exija apoyar una propuesta de este alcance, ni siquiera en las sociedades extremadamente cerradas[368]. Por esta razón, en principio, no puede exigírsele sacrificios al socio para mantener la sociedad a flote por lo que su voto en contra de medidas de saneamiento económico puede observarse no tanto como un ejercicio antisocial del derecho de voto sino como un instrumento más para negociar su salida en mejores condiciones[369].

En consecuencia, este criterio rector —la libertad de voto del socio— no puede entenderse como absoluto, porque el derecho no puede amparar el ejercicio antisocial o desleal del mismo, sino que más bien hay que entender que el derecho de votar negativamente

368 Desde una posición contractualista clásica, para impugnar un acuerdo conforme al art. 204 LSC no bastaría sólo alegar el daño al interés social, sino que sería necesario que el socio que determina la adopción o no adopción del acuerdo (positivo o negativo) se beneficie particularmente. Por tanto, la exégesis del art. 204 LSC en clave puramente contractualista haría entender como irrelevante si el acuerdo o su frustración es objetivamente óptimo para la sociedad y para la empresa social (en este aspecto no debería entrar la valoración judicial), sino que sirva exclusivamente al interés de quien ha determinado su adopción o no en perjuicio de la sociedad y del resto de socios.

369 En efecto, si el valor de funcionamiento de la empresa es superior al valor de la liquidación el resultado más eficiente es que el socio que propuso la refinanciación vía capital, pero no consiguiendo su aprobación en junta realice una oferta de compra de la participación del consocio que votó en contra, ya fuera paritario o minoritario, pero con capacidad de bloqueo. De este modo, el voto en contra tendría una utilidad determinante para su socio porque le permitiría poner un precio a su salida por medio de su rechazo de la medida de saneamiento. Se confirmaría así el Teorema de Coase, en el sentido de que la contratación privada es preferible a la intervención judicial o legislativa porque las reglas de propiedad son más eficientes que las reglas de responsabilidad. Vid. COASE, R. H., "The problem of social cost", cit., págs. 1-44, y en "La naturaleza de la empresa", cit., págs. 303-321.

una propuesta en sede de junta general puede entrañar límites que el ordenamiento societario y los jueces mercantiles no pueden desconocer en atención a otros bienes jurídicos protegibles. Este sería el caso del socio que vota en contra de una propuesta y lo hace no porque no lo considera oportuno o razonable para sus intereses particulares —lo cual sería legítimo—, sino cuando ejercita ese voto negativo en mala fe para causar perjuicio a la sociedad obstruyendo su normal funcionamiento, o porque beneficia indirectamente a algún tercero.

En este supuesto, el problema suele centrarse en la actividad probatoria, pues la impugnación del acuerdo negativo por parte del socio paritario que votó a favor del mismo ha de ir acompañada de una sólida argumentación junto con la prueba del daño irrogado a la sociedad. Ésta será probablemente difícil de obtener porque entra dentro del fuero subjetivo, volitivo o intencional del socio que votó en contra, y tal vez concurran motivaciones extrajurídicas que pueden exceder del conocimiento y competencia del órgano jurisdiccional (animadversión personal entre los dos socios, otros litigios entablados entre ambos fuera o dentro de la sociedad, etc.). En cualquier caso, la pretensión del socio paritario que alegue vulneración del deber de fidelidad del consocio por votar negativamente contra una determinada medida debe demostrar la conveniencia que la medida rechazada tiene o hubiera tenido para el interés social, así como los daños materiales causados a la sociedad por la frustración de su adopción. Así pues, el fundamento de la acción de impugnación debería sostener que la situación de origen de la sociedad debería ser crítica y que no había más alternativas que la medida de saneamiento económico que se propuso en la junta y fue rechazada con el voto en contra del socio.

Por esta razón, observada la restrictividad del cauce impugnatorio de un acuerdo negativo, se infiere que sólo será realmente operativo cuando haya habido un claro conflicto de interés por parte del socio que ejercitó su voto en contra o un ejercicio antisocial del derecho de voto. Si no es posible probar ese conflicto de interés, o al menos un nexo causal entre el rechazo de la propuesta y la obtención de una ventaja particular, entonces difícilmente podría prosperar la acción de impugnación del acuerdo negativo junto con una pretensión cumulativa de proclamación del resultado positivo de la votación. En consecuencia, si no hay una relación de causalidad claramente establecida y probada entre el acuerdo negativo y una ventaja particular del socio que ejercitó su voto en contra, ya sea directa o indirecta (en beneficio de un *stakeholder* o tercero), entonces resultará complicado que puede admitirse que en sede judicial se consiga impugnar el acuerdo negativo y proclamarse el resultado positivo[370].

No obstante a lo anterior, esta visión contractualista puede ser matizada en función de la casuística que presenten las circunstancias personales de los socios y la situación financiera de la sociedad. Si bien es cierto que no siempre será posible probar la existencia de una ventaja particular del socio derivada del rechazo de la propuesta, en ciertas ocasiones en las que la sociedad presente una situación de desbalance patrimonial, el deber de fidelidad puede exigir el voto a favor del socio, si así se requiere en la junta por su estructura de capital y voto en orden a evitar la quiebra de la sociedad. En tales situaciones, lo prudente es la proposición y adopción de una medida de saneamiento económico que limite potenciales daños a terceros, pero también propios, dado que la no adopción de una medida a tal efecto podría incluso repercutir negativamente en el valor y transmisibilidad de las participaciones sociales.

Por lo anterior, la no demostración de un nexo causal entre el acuerdo negativo y una ventaja particular del socio que votó en contra e impidió su aprobación no debe dar por cerrada la vía de la impugnación judicial del acuerdo negativo acompañada de una satisfactoria proclamación del resultado positivo. Esto será conforme siempre y cuando haya una base fáctica que refuerce el deber de fidelidad del socio —ya de por sí reforzado en el contexto de la sociedad cerrada—, para, en atención al interés social, no obstaculizar propuestas de saneamiento eficaces realizadas y apoyadas de buena fe por el consocio.

Por supuesto, este criterio de índole neo-institucionalista ha de acogerse restrictivamente, pero a nuestro juicio constituiría una vía prudencial para reforzar extraordinariamente la efectividad del de-

---

370 Vid. MARÍN DE LA BÁRCENA GARCIMARTÍN, F., "Proclamación de acuerdos y acciones declarativas del resultado positivo de una votación", *Revista de Derecho Mercantil*, N° 275, 2010, pág. 197 y sigs.

ber de fidelidad y extenderlo a situaciones límite en las que el ordenamiento societario y los jueces pueden exigir conductas proactivas de todos los socios para velar por el interés social por encima de sus legítimos intereses particulares o extrasociales. El criterio para apoyar la restrictividad de esta vía se encontraría en que ha de ser la última *ratio* para mantener operativa la empresa que constituye el objeto social siempre y cuando además fuera imposible adoptar una medida menos intervencionista[371].

En consecuencia, sólo cabría la impugnación del acuerdo negativo si el socio paritario ejerció su derecho de voto de mala fe, o en abuso de derecho, esto es, oportunistamente, a sabiendas de que también para él, y no sólo para el consocio que votó a favor de la medida de saneamiento, el valor de funcionamiento de la empresa es superior al valor de liquidación, y por tanto, puede alegarse y probarse en sede judicial —a pesar de su lógica dificultad—, que lo más beneficioso para el interés social es la "anulación" del acuerdo negativo, con la subsiguiente proclamación del resultado positivo de la votación de la medida de saneamiento deducido el voto del socio desleal.

Así pues, para que la demanda de impugnación del acuerdo negativo sea admitida y dé lugar a una sentencia estimatoria, ha de superarse la dificultad que supone dejar meridianamente claro en sede judicial que el valor de la participación en caso de liquidación de la sociedad es inferior al valor de la misma en el momento de adoptar la medida de saneamiento[372]. Por tanto, en buena lógica, el juzgador

---

371 En este sentido, la tutela del socio minoritario o paritario que impida la adopción de una medida de saneamiento se justifica desde la teoría contractualista porque se entiende que el socio no está obligado a hacer sacrificios en interés de la sociedad ni de los socios. En cambio, si a la medida de saneamiento económico no le sigue ningún coste individual para el socio, entonces la impugnación del acuerdo negativo, siempre que sea la única eficaz para el saneamiento y no haya otra alternativa, será válida, puesto que la conducta obstruccionista del socio que votó en contra ya no tendría justificación. Por tanto, el socio de la sociedad cerrada, desde la óptica contractualista, no estará obligado a sacrificarse votando a favor del saneamiento económico salvo que dicha medida no le cause ninguna carga y entonces su voto negativo pueda reputarse realizado en mala fe o abuso de derecho ("abuso de igualdad" en el caso del socio paritario).

372 Esta solución o conclusión a la problemática que se ha analizado sería la que se extraería de situaciones claras donde se hace evidente en sede judicial que el voto fue ejercitado deslealmente y que la oposición a la medida de saneamiento

debería analizar este extremo y verificar si la decisión óptima en el caso concreto es la de mantener la empresa en funcionamiento, lo cual justificaría la impugnación del acuerdo negativo.

En definitiva, vista la dificultad en la impugnabilidad de los acuerdos negativos se hace preciso proponer de *lege ferenda* la positivización de un sistema más explícito de deberes de fidelidad de los socios y un específico reforzamiento para el caso de las sociedades cerradas. En las sociedades 50/50 el acuerdo negativo será impugnable cuando sea evidente que el voto en contra de uno de los consocios fue ejercitado en perjuicio del interés común para obtener una ventaja extrasocial o para terceros próximos, o bien porque puede deducirse de la situación patrimonial de la sociedad un interés legítimo del socio demandante para producir un acuerdo positivo que contenga una medida de saneamiento que resuelva el desbalance patrimonial de la sociedad, beneficiándose así no sólo la sociedad sino también sus socios. Es en este caso donde con más claridad se observa que el derecho de voto exige ejercitarlo con cautela para no causar daño patrimonial a la sociedad ni a sus socios, porque en tal caso el voto en contra debe ser concebido como una conducta realizada en mala fe por causar perjuicios ajenos (y propios).

En síntesis, el derecho de voto lleva implícito su reverso, el deber de fidelidad, que es reforzado en la sociedad cerrada. Esto supone que en el ejercicio del voto se ha de considerar también el interés de los demás socios y la evitación de su ejercicio de forma oportunista o irracionalmente lesiva contra el consocio, máxime si las medidas de saneamiento rechazadas con un voto negativo son eficaces para superar el desbalance patrimonial de la sociedad. En tales casos, nos parece claro entender que se infringe el deber de fidelidad y que por tanto el acuerdo negativo ha de ser impugnable judicialmente, anulado el voto negativo del socio obstruccionista y declarado, en consecuencia, el resultado positivo de la votación.

Adicionalmente, además de la estimación total de la demanda de impugnación y de la pretensión cumulativa para la proclamación del

---

tenía como fin chantajes al socio para salir de la sociedad o forzar a que la refinanciación vía ampliación de capital fuera realizada enteramente con cargo al patrimonio del consocio.

resultado positivo, hay que añadir la posibilidad de reclamación de la responsabilidad civil al socio desleal o infiel por los daños irrogados al patrimonio social en el caso de que la medida de saneamiento económico ya no surta efecto o el desbalance de la sociedad se haya agravado desde el acuerdo negativo y la sentencia estimatoria de la demanda de impugnación. En este sentido, la exigencia de responsabilidad civil al socio paritario que votó en contra de la medida de saneamiento de la sociedad puede ser una vía eficaz para compensar el aumento del daño derivado de la adopción de medidas más onerosas llevadas a cabo posteriormente o por la pérdida del valor de las participaciones sociales de la sociedad en virtual causa de disolución y liquidación.

3.4 TAXONOMÍA DE LAS SITUACIONES DE BLOQUEO EN EL DERECHO SOCIETARIO ESPAÑOL

3.4.1 Aproximación funcional

A la hora de sistematizar las situaciones de bloqueo, pueden identificarse varías vías para proceder a su categorización. Por una parte, puede hacerse centrando la cuestión en la naturaleza del conflicto, ya fuere relativo a aspectos jurídicos o a aspectos de índole empresarial. El primero de ellos se refiere a disputas de interpretación del contrato de sociedad, de sus estatutos y de los pactos parasociales si los hubiere, o a aspectos técnicos u organizativos relativos al funcionamiento de la estructura biorgánica. En este tipo de disputa se subsumen aquellas desavenencias relativas al contenido de las relaciones obligatorias, alcance de los derechos y consecuencias de los incumplimientos. Por su parte, las disputas de naturaleza empresarial serían aquellas concernientes a las decisiones del negocio, equilibrio de poderes o rol asumido por cada parte, como inversores y gestores[373].

---

[373] Cfr. FELIU REY, J., *Los pactos parasociales...*, cit., pág. 238, incluye dentro de esta categoría el tipo de disputas de naturaleza técnica, para el caso de conflictos en el marco de pactos de socios, en cuanto a la determinación de cantidades pendientes de pago y satisfacción de ciertos criterios.

Otra vía para categorizar las situaciones de bloqueo sería aquella que las distingue en función de su gravedad. De este modo obtendríamos una clasificación dual, entre aquellas disputas "ordinarias", que permiten a las partes proseguir su relación y solventar la controversia, sin incidencia en el marco societario, y aquellas otras "extraordinarias" que efectivamente implican la ruptura definitiva de la colaboración, ya sea por vía disolutoria y liquidatoria (por acuerdo o por resolución judicial) o a través de la instrumentación de alguna medida que asigne el patrimonio social a uno de los socios paritarios o bien a un tercero adquirente.

Las dos categorizaciones anteriores son de carácter descriptivo cuya utilidad radica en poner de relieve la importancia del marco convencional tanto para distinguir cuando la disputa se debe a un enconamiento que tiene su origen en un aspecto jurídico-técnico o cuando trae causa del aspecto empresarial. Paralelamente, este marco servirá para discernir si la situación de parálisis es remediable, porque su incidencia sobre la relación de los socios es salvable y momentánea, y tampoco lo suficientemente severa como para causar la terminación de la colaboración, o por el contrario, es de tal entidad que la sociedad y la empresa que desarrolla su objeto no puede realizar la actividad económica sin grave quebranto.

Por nuestra parte, la taxonomía que aquí se propone es mixta o híbrida. Primeramente, porque intenta aunar ambas categorizaciones en orden a obtener una clasificación que atienda tanto a la dimensión ordinaria y extraordinaria del conflicto intra-corporativo como a su gravedad. En segundo lugar, porque el enfoque para agrupar las diferentes situaciones de bloqueo, de naturaleza distinta, se realiza para poner énfasis en el aspecto jurídico, atendiendo preferentemente al tenor de la norma positiva y a los contenidos y alcance autorregulatorio de los estatutos sociales, más que a la dimensión empresarial, que se corresponde mayormente con disputas de carácter abierto e indeterminado. Dichas disputas podrán ser identificadas y tratadas oportunamente por medio de pactos parasociales o por vía de remisión al plan de negocio.

Por esta razón, como soluciones paradigmáticas de las situaciones de bloqueo, la agrupación de las situaciones de bloqueo propuesta a continuación delimita aquellos supuestos de hecho que requieren un tratamiento común: (1) bloqueo por falta de aprobación de las cuentas anuales y aplicación del resultado del ejercicio; (2) bloqueo de modificaciones estatutarias y operaciones sobre el capital necesarias para la pervivencia de la sociedad o la conservación de la empresa que constituya su objeto social; y (3) bloqueo efectivo como causa de disolución de la sociedad. A esta última estará dedicada enteramente la Parte III.

3.4.2 Falta de aprobación de las cuentas anuales y de la distribución del resultado del ejercicio

La primera situación de bloqueo a analizar es aquella que imposibilita la aprobación de las cuentas anuales de la sociedad y con ello la aplicación del resultado del ejercicio. Como es sabido, la falta de depósito de las cuentas anuales impide que se pueda inscribir en el Registro Mercantil documento alguno referido a la sociedad, salvo el cese o dimisión de administradores, apoderados o liquidadores, o la renuncia o revocación de poderes y asientos ordenados por la autoridad judicial o administrativa (art. 282 LSC). A ello se une un severo régimen sancionador mediante la imposición de multas por el Instituto de Contabilidad y Auditoría de Cuentas (art. 283 LSC). La falta de depósito de las cuentas puede provenir de la falta de aprobación por la junta general, en cuanto se ha de mantener en ella, como órgano soberano, la decisión discrecional de aprobación de las cuentas (arts. 160-164 LSC y arts. 378.5 y 6 RRM). Fuera de ello resultará de aplicación el régimen de responsabilidad de los administradores sociales en caso de inejecución del acuerdo[374].

En relación con la aplicación del resultado vuelve a emerger el criterio causal que anima el contrato de sociedad, que se corresponde con el principio lucrativo, informado por los arts. 1665 CC y 116 C.Com, así como por el art. 93 a) LSC, precepto que reconoce el derecho del socio a participar en las ganancias de la sociedad[375]. Pues

---

374 Vid. VÁZQUEZ CUETO, J. C., "Las cuentas y la documentación contable en la sociedad anónima", *Tratado de Derecho Mercantil*, Vol. 5, Madrid, 2001, pág. 382 y sigs.

375 Vid. CAMPUZANO, A. B., "Artículo 93. Derechos del socio", en ROJO/BELTRÁN, *Comentarios a la Ley de Sociedades de Capital*, Cizur Menor, 2011, págs. 789-794.

bien, la cuestión problemática que se suscita es cómo se dirime la discrepancia en torno a la aplicación del resultado cuando esa discrepancia acaba por convertirse en una situación paralizante de la junta si uno de los socios paritarios ejerce un control negativo impidiendo la distribución de dividendos. Como avanzamos *supra*, el criterio rector que debe resolver el conflicto intra-corporativo acerca de la aplicación del resultado positivo del ejercicio ha de ser el interés social concebido desde una conciliación de la tesis institucionalista y contractualista de la sociedad.

De este modo el interés social delimitará el comportamiento debido del socio, en cumplimiento del deber de fidelidad, permitiendo un correcto equilibrio de intereses, tanto de la sociedad en sí como de los socios, pero también del mercado, ya que en ocasiones la situación financiera y las inversiones requeridas por la empresa que constituye el objeto social pueden exigir la retención de los beneficios de la sociedad y la dotación de reservas voluntarias[376]. A este respecto, el proyecto empresarial o plan de negocio y las diligentes previsiones presupuestarias e informaciones contables elaboradas por los administradores sociales contribuirían activamente a la presunción de legitimidad de la retención de los beneficios (art. 253.1 LSC). En sentido contrario, la retención de beneficios en la sociedad sin causa ni interés social que lo justifique habrá de ser considerada como una actuación abusiva de uno de los socios paritarios, que con su voto negativo impide arbitrariamente la legítima distribución de los beneficios generados por la empresa[377]. Por esta razón, no debería reputarse fuera de lugar el hecho de estimar que el reparto de

---

376 Esta posición es mantenida por HERNANDO CEBRIÁ, L., *El abuso...*, cit., págs. 232-233, que propugna el principio material del razonable criterio empresarial, desde la teoría de empresa, pero sin decantarse por una tesis más institucionalista. Aboga por encontrar un punto de equilibrio en la ponderación de intereses encontrados en la sociedad, frente a otras soluciones que consideradas en términos absolutos podrían resultar arbitrarias.

377 Vid. IRACULIS ARREGUI, N., "Impugnación del acuerdo de no repartir dividendos: atesoramiento abusivo de los beneficios", *Revista de derecho mercantil*, N° 281, 2011, págs. 251-270.

dividendos debe devenir obligatorio cuando no se llega a un acuerdo para su imputación como reservas voluntarias[378].

3.4.3 El bloqueo de modificaciones estatutarias y de operaciones sobre el capital

Como se ha examinado *supra,* en la sociedad limitada la modificación de los estatutos sociales y las decisiones sobre operaciones de capital constituyen acuerdos especiales que exigen una mayoría reforzada, esto es, más del 50% de los votos correspondientes a las participaciones en que se divida el capital social (art. 199 a LSC)[379].

Adicionalmente, otro conjunto de acuerdos exigen una mayoría superrerforzada (dos tercios del capital con derecho de voto), como son la realización de modificaciones estructurales[380], la autorización al administrador para realizar actividades competitivas, o la supresión o limitación del derecho de asunción preferente (art. 199 b LSC)[381]. Por tanto, la facultad de bloqueo o control negativo del socio paritario se extenderá a su dimensión pasiva cuando se abstenga en la junta de la sociedad limitada. Alternativamente, en la sociedad anónima, la exigencia de un quórum de constitución reforzado en los supuestos de modificaciones estatutarias hará potencialmente factible que la inasistencia de cualquiera de los socios impida a la junta constituirse válidamente en primera convocatoria (art. 194 LSC)[382].

---

378 Vid. HENAO BELTRÁN, L. F., "El abuso de la posición jurídica del socio", *Revista E-Mercatoria,* Vol. 13, N° 2, 2014, págs. 125-126.

379 Vid. ÁVILA DE LA TORRE, A., *La modificación de los estatutos en la sociedad anónima,* Valencia, 2001 y BERCOVITZ RODRÍGUEZ-CANO, A., "Modificación de estatutos sociales", en *La sociedad de responsabilidad limitada,* Pamplona, 1998, pág. 419.

380 Vid. GARRIDO DE PALMA y otros., *Las modificaciones estructurales de las sociedades mercantiles,* Valencia, 2013.

381 Vid. BAUTISTA FAYOS FEBRER, J., *El derecho de asunción preferente en las sociedades de responsabilidad limitada,* Valencia, 2013, passim.

382 El examen del quórum de asistencia o de constitución es nuclear para entender en su debida magnitud el fenómeno del bloqueo societario, puesto que éste no se circunscribe únicamente al momento de la adopción de acuerdos. En este sentido, la reforma de 1989 que derogó la LSA de 1951 avanzó en la mejora de su marco normativo sobre tres ejes: (1) la sustitución del criterio mixto de capital y personas por el de capital; (2) la reducción del quórum exigiendo la

Desde esta perspectiva, el criterio rector que debe presidir en nuestra opinión el tratamiento de este conflicto intra-corporativo ha de girar nuevamente sobre el examen de la conducta activa (voto positivo/negativo) o pasiva (abstención o inasistencia) del socio paritario, a la luz de su adecuación con el deber de fidelidad al interés social (art. 204.1 LSC)[383]. En este sentido, la facultad de bloqueo en junta sobre acuerdos especiales que exigen mayorías reforzadas o superreforzadas —que no significa sólo votar sistemáticamente en contra de tal acuerdo sino abstenerse o inasistir a la junta al efecto de que no haya quórum de constitución—, ha de compaginarse con el deber de fidelidad en la forma en que el socio paritario ejercita los derechos políticos y especialmente el derecho de voto. El bloqueo de un acuerdo especial podría hacer incurrir al socio paritario en abuso de derecho ("abuso de igualdad") en caso de que su oposición al acuerdo fuera injustificada y arbitraria. Un voto negativo, su ausencia

---

concurrencia de una cifra aritméticamente determinable del capital suscrito con derecho a voto; y (3) el establecimiento del cómputo sobre accionistas presentes o representados. Establecidos unos remedios legales contra el absentismo (representación de accionistas y emisión de acciones sin voto) y rebajados los porcentajes legales, la formalidad de la constitución de la junta se reduce actualmente al cálculo del quórum de asistencia, el cual se realiza sobre la base de la cifra de capital suscrito con derecho a voto concurrente a la junta. Sobre este punto, RODRÍGUEZ ARTIGAS, F., *La representación de los accionistas en la Junta General*, Madrid, 1990, passim. Por tal motivo, la LSC exige un quórum de asistencia para determinados acuerdos de forma que operen como presupuesto previo para la deliberación y aprobación de cualquier acuerdo. El sistema de quórum está basado en la doble convocatoria. A nuestro juicio, ésta en realidad constituye un formalismo, porque provoca que las sociedades anónimas celebren la junta la mayor parte de las veces en segunda convocatoria. Para contrarrestar este problema, se intenta incentivar la participación de los accionistas minoritarios, acudiendo a la figura de las primas de asistencia, que son legales en tanto no supongan un reparto de dividendo encubierto y asimétrico, por ejemplo, si se pagase incluso aunque la junta general no se llegara a celebrar.

383 El trabajo de MARTÍNEZ MARTÍNEZ, M. T., "Los acuerdos adoptados con abuso de mayoría en perjuicio de los socios minoritarios: caracterización y casuística", *Revista de derecho mercantil*, Nº 310, 2018, expone los supuestos más representativos de la aplicación jurisprudencial de dicha norma. El análisis realizado evidencia la necesidad de delimitar racionalmente el control judicial sobre las decisiones mayoritarias que, sin afectar el interés social, reflejan la divergencia de intereses entre los socios de acuerdo con sus expectativas particulares dentro de la sociedad.

o abstención podrán determinar la existencia de un perjuicio para la sociedad respecto de todos aquellos acuerdos que fueren necesarios para su conservación y para el cumplimiento de los requisitos de equilibrio que exige el capital social.

En este sentido, hay que remarcar que los derechos políticos del socio no podrán transformarse en unos pretendidos "derechos de bloqueo" o de obstrucción arbitrarios. La posición jurídica del socio paritario se caracteriza por un deber de fidelidad proactivo, lo cual supone poner el énfasis en el interés social por encima de la facultad de hacer incurrir a la sociedad en una situación de bloqueo efectivo, o lo que es más grave, hacer incurrir a la sociedad en causa disolutoria (paralización de los órganos sociales ex art. 363.1 d LSC) o en insolvencia patrimonial (art. 372 LSC).

Por este motivo, es preciso conjugar los derechos políticos del socio paritario —entre los que se encuentra votar negativamente, abstenerse de votar, ausentarse de la junta o no asistir— con la debida sujeción a una fidelidad proactiva en interés de la sociedad, cuando el acuerdo sometido a votación pueda afectar a la empresa y a sus exigencias financieras, en particular, a la correlación del patrimonio neto y el capital social. Así acontecerá, por ejemplo, si la falta de aprobación de la reducción de capital por pérdidas fuere constitutiva de una causa disolutoria o dejare reducido el patrimonio neto a una cantidad inferior a la mitad del capital social (art. 363.1 e LSC).

Evidentemente, no habrá dudas sobre la intencionalidad obstruccionista del socio que efectúe un bloqueo en junta cuando la modificación estatutaria atienda a la necesidad de ajustar el texto de su articulado a las exigencias legales, como pudiera suceder si se advirtiese la falta de relación entre el domicilio registral y el domicilio efectivo de la sociedad (art. 9 LSC). Pero en otras ocasiones, la valoración de una hipotética existencia de un abuso de igualdad por parte de uno de los socios paritarios será más difusa o controvertida. De ahí la necesidad de delimitar primeramente el interés social en el caso concreto y determinar consecuentemente el comportamiento de ambos socios de acuerdo al deber de fidelidad, lo cual implicaría la obligación de votar unánimemente en un determinado sentido.

En suma, ante determinadas situaciones, el socio paritario ha de adoptar la decisión que permita la conservación de la sociedad, aun cuando ello pudiera suponer la dilución de su participación en la misma, pues de lo contrario estaría contraviniendo el interés social, causando daño patrimonial, propio y ajeno, con su conducta renuente a la supervivencia temporal de la sociedad. Este sería el caso de una ampliación de capital con entrada de nuevos socios ante la delicada situación patrimonial de la sociedad (y también de los socios) para concurrir a la suscripción de dicho aumento. En este caso, el interés social se identificaría con la necesidad de la ampliación de capital en la medida suficiente a fin de remover la concurrencia de una causa de disolución obligatoria (art. 362.1 e LSC). De ahí que ese mecanismo para equilibrar las proporciones de capital social y patrimonio neto, así como otras modificaciones estatutarias o estructurales, deban entenderse encuadradas en esta exigencia[384].

Cuestión diferente es el margen de opción que haya en la elección del mecanismo técnico-jurídico más adecuado para solventar el desequilibrio patrimonial y procurar la conservación de la empresa. Podrá asumirse cierta discrepancia entre los socios paritarios acerca de la forma de determinar el mejor mecanismo para superar la dificultad financiera que atraviesa la sociedad dentro de las posibilidades existentes (ampliación/reducción de capital, fusión/cesión de activos y pasivos etc.), pero lo que no será conforme al principio general de buena fe ni a su concreción específica en el deber de fidelidad es que uno de ellos rechace injustificadamente y de forma sistemática cualquier alternativa que permita alcanzar un acuerdo necesario que garantice la preeminencia del interés social. En este caso, la conducta del socio obstruccionista impedirá la pervivencia de la sociedad

---

384 Ciertamente no puede esgrimirse que haya un interés público en que las sociedades no se disuelvan o que las empresas tengan que continuar su actividad pese al rechazo de algunos de los socios con facultad de control negativo. Pero lo que aquí se invoca es que sí existe un interés social a que se active una operación de capital como posible y eficaz mecanismo legítimo para reequilibrar una difícil situación patrimonial de la sociedad, tanto desde una vertiente de tutela potencial de terceros, que se verían perjudicados por un hipotético desbalance, como respecto del consocio. Una negativa a este respecto causaría un mayor daño que el que el socio disidente quiere evitar (su dilución si no concurre a la ampliación de capital), forzando la disolución por pérdidas. Vid. DE LA CUESTA RUTE, J. M., "El aumento y la reducción del capital social", en ROJO, A. (dir.), *La reforma de la ley de sociedades anónimas*, Madrid, 1987, pág. 173 y sigs.

lesionando el interés social, que comienza por la salvaguarda de su propia existencia como persona jurídica.

Por tanto, atendido el análisis anterior sería conveniente una reforma que regulara y explicitara el deber de fidelidad a fin de determinar en qué casos el interés social, el interés del socio a la continuación o no de la sociedad y el interés de la empresa común (de la cual emergen las relaciones con los trabajadores y con el mercado) deben anteponerse a la voluntad del socio para votar libremente en la junta, ausentarse, inasistir, abstenerse, salir de la sociedad o ejercitar un bloqueo efectivo de los órganos sociales.

PARTE III

4. TRATAMIENTO DE LA DISOLUCIÓN COMO MECANISMO REGLADO DE RESOLUCIÓN DEL BLOQUEO DE LOS ÓRGANOS SOCIALES

4.1 APROXIMACIÓN FUNCIONAL A LA VÍA DISOLUTORIA DE LA SOCIEDAD BLOQUEADA

La dinámica societaria nos muestra cómo los bloqueos societarios no siempre traen causa de una oposición frontal de intereses prohibidos y permitidos sino entre opciones o preferencias perfectamente acordes con el marco regulatorio, pero de orientación divergente, defendidas por cada socio o grupo de socios paritarios. Al fundarse en razones de índole extrajurídica, las discrepancias económico-financieras, estratégicas, comerciales e incluso afectivas escapan del perímetro de los órganos jurisdiccionales[385]. La apertura del proceso judicial con la interposición de la demanda de disolución por uno de los socios paritarios operará como una vía para evidenciar o exteriorizar el malestar por el bloqueo de la sociedad y de ese modo forzar al consocio hacia un desempate a su favor, a una liquidación pactada o a una negociación de salida[386]. La naturaleza extrajurídica del

---

385 Cfr. CHESTERMAN, M., cit., pág. 163: "the courts themselves have for a long time displayed an attitude of not wanting to get themselves involved in internal squabbles within private companies". En Reino Unido, esta actitud judicial de no intervención en controversias intra-corporativas sufrió un revés significativo a partir del caso *Ebrahimi v. Westbourne Galleries Ltd.* (1973), como se tratará *infra* más detalladamente.

386 Como apunta MAHLER, P., "Shareholder Wars…", cit., págs. 28-29, la demanda de disolución judicial puede ser utilizada como estrategia para forzar las negociaciones de compraventa de la sociedad, algo frecuente en sociedades de servicios con contratos a largo plazo con clientes: "The dynamics often are such that one faction feels that just by bringing a dissolution proceeding it can gain an advantage in buy-out negotiations. Particularly in service companies without long-term customer contracts, the faction that believes it controls the customer relationships, and therefore can walk off with the dissolution spoils, may feel that blowing up the company is its best option. For the same reasons, the other 50% faction has a strong incentive to fight dissolution".

conflicto entre los socios, exteriorizada por el bloqueo de sus órganos, hace que difícilmente una sentencia firme de disolución tenga capacidad para poner fin eficazmente al conflicto intra-corporativo, teniendo en cuenta que a la disolución le sigue la liquidación hasta la efectiva extinción de la persona jurídica[387].

Si enfocamos esta cuestión sobre un hipotético modelo de negociación, el legislador debería establecer medidas que las partes hubieran adoptado si estuvieran completamente informadas y no existieran costes de transacción asociados a las soluciones adoptadas[388]. En este sentido, podría argumentarse que, si los socios hubieran pretendido establecer una protección especial para dotarse de derechos de salida ante un eventual conflicto, habrían escogido constituir una sociedad de personas o en su caso haber incluido una cláusula de salida en los estatutos sociales o en un pacto de socios. Si las partes no acordaron ningún derecho de salida especial ni tampoco facilitar el ejercicio del derecho de separación, debería presumirse, a priori, que las partes adoptaron la forma corporativa porque restringe la salida de los socios y favorece la estabilidad del negocio común[389].

Con todo, la realidad societaria nos revela que el razonamiento anterior resulta ser más intrincado en la práctica jurídica. Conforme a los estudios empíricos disponibles sobre esta materia, lo cierto es que en la casi totalidad de las pequeñas y medianas empresas que adoptan la forma corporativa, los socios toman modelos de estatutos sociales que son meros formularios o plantillas estándar, sin muchas veces siquiera contemplar medidas preventivas ni solutivas ante eventuales conflictos[390].

---

387 En la teoría de conflictos, se denomina "permitido-permitido". El sistema judicial no resulta eficiente para dar solución a este tipo de conflictos. A este respecto, ENTELMAN, R., *Teoría de conflictos*, Barcelona, 2009, págs. 23 y 58.

388 Vid. CHEFFINS, B. R., *Company Law: Theory, Structure and Operation*, Oxford, 1997, pág. 264 y ROMANO, R., *Foundations of Corporate Law*, Nueva York, 1993, págs. 34, 101 y 236.

389 Vid. EASTERBROOK, F./FISCHEL, D., *The economic structure...*, cit., pág. 228 y sigs.

390 En España, una de las causas por la que a nuestro juicio los socios de sociedades cerradas no despliegan efectivamente la autonomía privada en materia societaria se debe a la celeridad que impone el sistema de constitución telemática, así como el uso de formularios o plantillas en la redacción de los estatutos sociales.

Esta conducta responde parcialmente a la creencia de que la ley proporcionará una solución razonable y equitativa a los conflictos que puedan sobrevenir[391]. Incluso aquellos socios que podrían estar

---

Estas prácticas hacen que la autonomía privada necesaria para "personalizar" eficazmente la sociedad cerrada se traslade, y no siempre, a los pactos parasociales, como vía para derogar la LSC como ley supletoria de la voluntad de los socios, con la consecuencia de la inoponibilidad *erga omnes* de su clausulado y la opacidad que provoca que queden reservados. Estos problemas podrían resolverse, parcialmente, mediante una apuesta decidida por una mayor libertad contractual societaria. De este modo, los estatutos sociales se utilizarían verdaderamente en clave contractual más que formal o institucional. En este sentido, la publicidad de los estatutos sociales se limitaría básicamente al capital social y a la identidad de los administradores, esto es, a la "constitución" de la persona jurídica. El resto de pactos estatutarios constituirían el genuino contrato de sociedad de capital cerrada, como organización basada en relaciones privadas y confidenciales. Este replanteamiento de la libertad contractual en derecho societario implica un cambio de concepción sobre la función del ordenamiento, en el sentido de entenderlo como instrumento para facilitar la coordinación entre particulares y reducir los costes de transacción. Así, la ley societaria, en cuanto a las sociedades no cotizadas, y más precisamente en cuanto a las capitalistas con caracteres personalistas, se entendería como un sistema de reglas dispositivas que no obliga a los particulares a incurrir en las ineficiencias que representa el coste de publicitar los estatutos sociales (y sus sucesivas modificaciones), con un clausulado mayormente estandarizado que fuerza a los socios a derogar las normas supletorias por vía parasocial. En consecuencia, el límite de las reglas imperativas y de los principios configuradores del tipo debería flexibilizarse porque en ocasiones no son justificables cuando no hay afectación a intereses de terceros ni al orden público, pues como reza el art. 6.2 CC "la exclusión voluntaria de la ley aplicable y la renuncia a los derechos en ella reconocidos sólo serán válidas cuando no contraríen el interés o el orden público ni perjudiquen a terceros". Por esta razón, los inversores, asesorados diligentemente por abogados, tienen que prever las características de su inversión en la sociedad cerrada y protegerse contractualmente frente al riesgo de quedar en minoría, personalizando la sociedad mediante mayorías reforzadas o derechos de separación, y si la sociedad es conjunta o fácilmente bloqueable, previendo ex ante sistemas de antibloqueo o de desbloqueo. Sobre estas posibilidades en materia de "personalización" de la relación societaria capitalista, véase ALONSO ESPINOSA, F. J., "La sociedad de responsabilidad limitada, ¿corporación personalizable?", *Revista de Derecho de Sociedades*, N° 7, 1996, págs. 31-46.

391 Cfr. NEVILLE, M., "Conflicts…", cit., pág. 40. Desde la perspectiva comunitaria, con la *Societas Privata Europea* (SPE), es claro que esa confianza no está justificada ya que la omisión en la reforma de la propuesta de 2009 de un mecanismo de salida en caso de bloqueo societario (por vía de derechos de exclusión y separación —arts. 17 y 18 de la propuesta de 2008—) hace que dicha materia

más interesados en el contenido de los estatutos sociales tampoco suelen anticipar las situaciones de conflicto, ya que la negociación de los derechos de separación y exclusión junto con la contratación de los servicios jurídicos necesarios a tal efecto comportarían posiblemente un coste inasumible para las partes negociadoras en el contexto de empresas pequeñas y familiares.

A lo anterior se suma el hecho de que incluso los propios socios fundadores sufren dificultades para afrontar el desembolso del capital mínimo que permita la puesta en marcha del negocio común[392]. En otras ocasiones la falta de predisposición a ajustar los estatutos a sus necesidades reales y a negociar pactos de salida responde a la intención de evitar quebrar esa confianza mutua al momento de la fundación, bien sugiriendo cláusulas de terminación con medidas para resolver posibles conflictos, o bien insinuando la posibilidad de futuras disputas en el marco de la sociedad común[393]. No obstante, no es posible desestimar la necesidad de regulación legal de los conflictos intra-corporativos simplemente porque las partes no pueden

pase a regularse por los regímenes nacionales de los Estados Miembros. Por tanto, no hay todavía una solución homogénea en el marco de las SPE para resolver estatutariamente este tipo de conflictos por medio de la salida pactada o forzada de los socios. Si la propuesta realmente se adaptara a las específicas necesidades de las sociedades pequeñas y medianas, debería prever un amplio catálogo de soluciones a los conflictos societarios graves y duraderos, como el bloqueo efectivo de la sociedad.

392 Vid. NEVILLE, M., "Conflicts…", cit., págs. 20-21.

393 Cfr. CHESTERMAN, M., cit., pág. 180: "the parties may have made little or no attempt to adapt this constitution to their needs: at this stage they contemplate mutual harmony and are too preoccupied with getting the business going to take time spelling out what should happen if this harmony should later cease to exist". En este sentido, la ausencia de cláusulas de terminación en la formalización del contrato de sociedad podría reforzar la mutua confianza entre los socios, operando como un instrumento de disciplina o un compromiso de credibilidad que mitigaría el oportunismo dentro de la sociedad. En el mismo sentido, FLEISCHER, H. / SCHNEIDER, S., "Shoot-Out Clauses in Partnerships and Close Corporations —An Approach from Comparative Law and Economics—", *Max Planck Private Law Research Paper*, N° 11/13, junio 2012, pág. 36. Para profundizar a este respecto nos remitimos a la Parte IV.

o no quieren ejercitar su autonomía privada para negociar y autorregularse contractualmente[394].

4.2 LA DISOLUCIÓN JUDICIAL COMO ÚLTIMO RECURSO

La mayor parte de los ordenamientos societarios de relevancia jurídico-económica (ámbito de derecho continental europeo y *common law*) contemplan de forma directa o indirecta alguna vía para superar e impedir la paralización de las actividades de la sociedad por falta de acuerdos válidos y necesarios. Como último recurso, los ordenamientos societarios prevén la disolución judicial de la sociedad de capital bloqueada funcionalmente[395].

No obstante, la disolución de la sociedad tampoco podrá poner fin al conflicto intra-corporativo hasta la efectiva extinción de la sociedad, toda vez que la misma necesita tomar importantes decisiones durante el proceso liquidatorio, comenzando por el nombramiento del liquidador. A falta de acuerdo para disolver la sociedad —como es previsible en una sociedad bloqueada— la disolución judicial se

---

394 La reintroducción de los arts. 17 y 18 (derecho de exclusión y de separación) de la propuesta original de estatuto de la SPE podría cumplir con las necesidades regulatorias actuales a fin de homogeneizar la regulación de los mecanismos de salida ante bloqueos efectivos de la sociedad en lo referido a empresas pequeñas y medianas de ámbito comunitario. Vid. NEVILLE, M., "Conflicts...", cit., pág. 25 y sigs.

395 Que la sociedad esté bloqueada funcionalmente porque sus socios no se entiendan no quiere decir que la empresa social deje de operar en el tráfico mercantil o no produzca beneficios. En este sentido, la mayoría de los ordenamientos societarios contemplan la disolución, aunque la empresa social siguiera siendo operativa y obtuviera buenos resultados. Para iluminar esta cuestión podemos fijarnos en el famoso caso *Re Yenidje Tobacco Co Ltd* (1916) en el que prevalece el sentido contractualista sobre la visión institucionalista de la sociedad —que en ámbito español podríamos identificar aquí con el principio de conservación de la empresa—, siendo irrelevante el hecho de que la sociedad genere beneficios a pesar de estar bloqueada. En el referido caso, Lord Cozens-Hardy sostiene que: "It is contrary to the good faith and essence of the agreement between the parties that the state of things which we find here should be allowed to continue". Sobre este punto: BAILEY, J./MCCALLUN, I., *Company Law*, Oxford, 1990, pág. 223.

realizará sin posibilidad de adjudicar los activos y pasivos de forma eficiente[396]. De hecho, es posible que la liquidación que sigue a la disolución judicial tenga como resultado que el conjunto del activo no alcance para pagar el pasivo. Esta situación podrá agravarse si se tiene en cuenta que los salarios o los dividendos de la sociedad cerrada representan normalmente la principal fuente de ingresos para sus socios y que dependiendo de la coyuntura económica del mercado donde opere la sociedad, el liquidador podrá afrontar ciertas dificultades para encontrar un comprador dispuesto a adquirir la empresa que desarrolle el objeto social por un precio razonable[397].

Tampoco es trivial contemplar la posibilidad de que una sociedad cerrada y empresarialmente exitosa, a resultas de las desavenencias insuperables entre sus socios paritarios, termine con la cesación de pagos como fruto de ciertas contingencias y de las extinciones de contratos que una liquidación forzosa puede ocasionar (indemnizaciones laborales de su personal, cláusulas penales, daños etc.).

En consecuencia, la disolución en sede judicial y posterior liquidación deben concebirse como el último recurso porque conducen en su conjunto a la pérdida de integridad patrimonial de los activos de una sociedad bloqueada al privárseles de su capacidad para generar rendimientos. Adicionalmente, la extinción de la persona jurídica puede representar la peor medida desde un punto de vista de política social y legislativa, porque acarreará la terminación de los contratos laborales de los empleados, el fin de la percepción de ingresos tributarios procedentes de la actividad económica por parte

---

396 Resulta muy oportuna la propuesta de FERNÁNDEZ DEL POZO, L., *La paralización de los órganos sociales en las sociedades de capital…*, cit., págs. 57-58, sobre la conveniencia de establecer una conciliación obligatoria previa a la disolución judicial.

397 Vid. AA.VV., "Deadlock in a close corporation…", cit., pág. 659: "Winding-up a close corporation is a drastic remedy which will deny the shareholders-officers the opportunity to participate in an enterprise which has likely provided participants with their primary source of income. Depending on local economic conditions, a court-appointed receiver may be unable to find a buyer willing to purchase the enterprise as going concern at a reasonable price. Failure to find such a buyer will necessitate the pricemeal selling of the corporation's assets, a disposition which ordinarily results in the realization of an amount substantially less than if the business were sold as a going concern".

de la Hacienda Pública, y la pérdida de las condiciones contractuales y competitivas de que disfrutaran clientes y proveedores[398].

4.3 TRATAMIENTO DE LAS SITUACIONES DE BLOQUEO EN DERECHO ESPAÑOL

La paralización o bloqueo de los órganos sociales constituye una de las causas legales de disolución de las sociedades de capital, recogida en el actual art. 363.1 d) LSC. Anteriormente a la aprobación del citado texto legal podíamos hallar dicho precepto en el art. 260.1.3° del capítulo IX de la Ley de Sociedades Anónimas (LSA) y en el art. 104.1 c) del capítulo X de la Ley de Sociedades de Responsabilidad Limitada (LSRL), ambas derogadas por la LSC desde el 1 de septiembre de 2010[399].

Dicha causa de disolución no genera controversia desde un punto de vista teórico, hasta el punto de que puede afirmarse que la jurisprudencia emanada del Tribunal Supremo al respecto resulta razonablemente pacífica[400]. La doctrina jurisprudencial ha venido

---

398 Cfr. NEVILLE, M., "Conflicts...", cit., pág. 32. Puede encontrarse un monográfico de esta cuestión en la obra de MELERO BOSCH, L. V., *La disolución judicial de las sociedades de capital por paralización de órganos sociales*, Tirant lo Blanch, Valencia, 2023.

399 La LSC es una ley que nació "con decidida voluntad de provisionalidad", según lo expresa la Exposición de Motivos en su apartado V, por lo que parecía que su vigencia estaría limitada hasta la aparición del un nuevo Código Mercantil, que sustituiría al Código de Comercio de 1885 y que contendría un Libro específico dedicado a las sociedades mercantiles (integrando a la LSC y cubriendo asimismo al resto de tipos societarios existentes en el ordenamiento jurídico español). Vid. BERCOVITZ RODRÍGUEZ-CANO, A., "El nuevo Código Mercantil", *Anales de la Academia Matritense del Notariado*, Tomo 53, 2013, págs. 13-32. A este respecto QUIJANO, J, "El proceso de elaboración de la LSC" en ROJO/BELTRÁN (dirs.), *Comentario de la Ley de Sociedades de Capital*, Tomo II, Madrid, 2011, pág. 162: "La misma Exposición de Motivos se muestra más bien consciente de esa función mediata, orientada hacia el impulso de una tarea inacabada (...). La expresa voluntad de provisionalidad que su apartado V proclama, es la más cualificada confesión de parte que cabría esperar".

400 Al final del trabajo se incorpora un listado con las referencias jurisprudenciales que tratan las distintas cuestiones concernientes a la paralización de los órganos sociales en materia de disolución.

exigiendo que la paralización sea de tal entidad que resulte imposible el funcionamiento de la sociedad, requiriendo que tal imposibilidad sea de carácter grave, manifiesto, permanente, definitivo o insuperable[401].

Cuestión distinta es la casuística y su fenomenología práctica, teniendo en cuenta que la disolución es un proceso que ha de continuar con la liquidación hasta concluir con la extinción de la sociedad. Sería erróneo suponer que cualquier bloqueo de los órganos sociales es suficiente para provocar la disolución. La gravedad de las consecuencias que derivan de la puesta en marcha de una causa legal de disolución basta, en principio, para comprender que sólo en determinados casos —cuando la paralización social revista una cierta gravedad— deberá abrirse el cauce de la disolución de la sociedad. No debe reputarse pues como causa de disolución la existencia de una paralización transitoria, momentánea y vencible que se pueda soportar sin menoscabo para el interés social. Tampoco es requisito necesario que exista una inoperatividad absoluta de los órganos sociales, bastando la imposibilidad del funcionamiento de la sociedad.

La cuestión problemática consiste, por lo tanto, en determinar cuáles son, en concreto, los requisitos que ha de reunir la paralización para que pueda calificarse como causa de disolución de una sociedad de capital. Así, hay que centrarse en distinguir qué órgano se exige que esté paralizado para contemplar la concurrencia o no de la causa de disolución. Anticipamos aquí que la situación de bloqueo será definitiva en el caso de que recaiga en la junta general, en cuanto que órgano deliberante, dado que es en su seno donde se producirá una paralización de carácter definitivo. La razón por la que se exige que sea la junta la que se haya paralizado es porque un eventual bloqueo en el órgano de administración podría resolverse por la actuación de la junta, adoptando decisiones conducentes al desbloqueo, como podría ser un cambio en el régimen de adminis-

---

401 Así, PAZ-ARES, C., "Disolución de la sociedad de responsabilidad limitada por paralización de los órganos sociales", *Anuario de Derecho Civil*, 1983, pág. 1075, quien hace notar de conformidad con la literatura doctrinal y jurisprudencial que las desavenencias que motivan el conflicto intra-corporativo deben ser graves o manifiestas, debiendo revestir el carácter definitivo.

tración, procediendo a la cesación y nombramiento de nuevos administradores o por la reducción o aumento de su número[402].

4.3.1 Régimen de la disolución de las sociedades de capital

A) Falta de armonización del régimen disolutorio en derecho comunitario

La desaparición de una sociedad de capital es un fenómeno jurídico complejo todavía no armonizado a nivel de derecho comunitario. En la UE no existe actualmente una normativa aplicable en materia de disolución de sociedades de capital, excepto en lo tocante a la publicidad de la disolución que conforme a la Primera Directiva es obligatoria, aunque su inscripción no sea constitutiva sino informativa (art. 2 h de la Directiva 68/151/CE)[403]. El Libro Blanco de la Comisión para el Consejo Europeo de 1985 recogía, entre las propuestas relativas a las sociedades, la de realizar una Directiva sobre esta materia[404].

No obstante, la Propuesta de Reglamento del Consejo sobre el Estatuto de la Sociedad Europea de 25 de agosto de 1989 sí contenía un régimen completo de la disolución y liquidación, bajo la rúbrica: "Disolución, liquidación, insolvencia y suspensión de pagos" (Título VII)[405]. Solamente existe un Anteproyecto de Propuesta de Directiva

---

402 Vid. SEQUEIRA MARTÍN, A., "Disolución de la sociedad anónima", en ARROYO/EMBID/GÓRRIZ, *Comentarios a la Ley de Sociedades Anónimas*, 2ª ed., Madrid, 2009, pág. 2482 y BELTRÁN, E., *La disolución de la sociedad anónima*, Madrid, 1991, pág. 103. En contrario, BLANQUER, R., "La disolución, la liquidación y la extinción de la sociedad anónima", *AAMN*, XXX-1, 1991, pág. 455, quien entiende que la paralización no ha de quedar reducida a la junta, sino que ha de incluirse el órgano de administración.

403 Vid. WERLAUFF, E., *EU Company Law*, 2ª ed., Copenhague, 2003, pág. 105 y sigs.

404 Vid. COM 85 310 final, pág. 40 y sigs. Se encuentra publicado como apéndice en AAVV., *La reforma del derecho español de sociedades de capital*, Madrid, 1987, págs. 1101-1196.

405 Pueden encontrarse los antecedentes del régimen disolutorio de esta Propuesta en la anterior Propuesta modificada del Proyecto de Estatuto de la Sociedad Europea presentada por la Comisión Europea en 1975 y que es comentada por AGUILERA RAMOS, A., "Régimen de la disolución en el proyecto de Estatuto de Sociedad Anónima Europea", en GIRÓN (dir.), *Estudios y textos de derecho de sociedades de la Comunidad Económica Europea*, Madrid, 1978, pág. 335 y sigs.

del Consejo de 1987 relativa a la disolución y liquidación de ciertas formas de sociedades, dedicando cuatro artículos a la disolución, en los que configura los distintos modos en que puede disolverse la sociedad.

Por otro lado, el Reglamento del Consejo por el que se aprueba el Estatuto de la Sociedad Anónima Europea tampoco contiene un régimen completo y propio de disolución y liquidación, sino que en virtud del art. 63 ha de entenderse aplicable la legislación nacional del Estado miembro en que dicha sociedad tenga su domicilio. Por lo mismo, tampoco disponemos de ningún texto de derecho positivo comunitario que se refiera a los conflictos intra-corporativos en las sociedades mercantiles[406]. Sin embargo, el Anteproyecto de 1987 merece una valoración favorable porque establece la determinación del momento en que se produce la disolución y garantiza convenientemente que ésta se lleve a cabo por medio de la disolución judicial.

Adicionalmente, se echan en falta otros aspectos que resolverían las dudas interpretativas y permitirían una armonización real de los diferentes regímenes de los Estados miembros. Por ejemplo, deberían, a nuestro juicio, incluirse preceptos que precisaran, por un lado, el régimen de funcionamiento y las competencias de la junta general en este periodo de la vida activa, como pudiera ser la posibilidad de adoptar un acuerdo de fusión, de escisión, de cesión global de activo y pasivo, de aportación de rama de actividad o de reactivación, especificando las condiciones en que ésta puede realizarse. Por otra parte, también deberían precisarse las funciones del órgano de gestión y liquidación. Por todo ello, las dudas interpretativas podrían evitarse o solucionarse con un pronunciamiento expreso. Es de lamentar que el Reglamento de la Sociedad Anónima Europea no contemple un régimen completo de disolución y liquidación de sociedades de capital.

Con todo, merecen ser destacados los avances que en materia de gobierno societario se están llevando a cabo en el ámbito comunitario, aunque dichos avances difícilmente puedan adaptarse a las tipologías societarias cerradas. En este contexto se sitúa el informe

---

406 Vid. WHITLEY, R./KRISTENSEN, P. H., *The changing European firm*, Londres, 1996, págs. 1-64.

del grupo de alto nivel de expertos en derecho de sociedades sobre "un marco moderno que regula el derecho societario en Europa", conocido comúnmente como el Segundo Informe Winter. El informe pone de manifiesto que el derecho de sociedades europeo está estancado, que las tradiciones jurídicas de los Estados miembros son diversas y que la elaboración de Directivas se revela como una tarea excesivamente laboriosa y compleja[407]. Por todas estas razones, el Informe sugiere que se utilicen otras vías de regulación distintas a las Directivas. Este estancamiento de los procesos de homogeneización y uniformización del derecho societario y sus dificultades parece indicar que de momento sólo desde el derecho contractual podría encontrarse una aproximación apropiada para regular parasocialmente las soluciones a los potenciales conflictos intra-corporativos de las sociedades[408].

B) El sistema extintivo de la sociedad capitalista en derecho español

El legislador español (Título X LSC), en defecto de armonización comunitaria, ha intentado uniformizar para todas las sociedades de capital en dos fases diferenciadas[409], al igual que sucede en el ordenamiento societario italiano[410]: una primera de disolución (Capítulo

---

407 Vid. VILLIERS, C., *European Company Law. Towards Democracy?*, Hampshire, 1998, pág. 223 y sigs.

408 Para ampliar, consúltese GARRIDO, J. M., "El informe Winter y el gobierno societario de la UE", *Revista de Derecho de Sociedades*, Nº 20, 2003, págs. 111-133.

409 Así se resalta en la Exposición de Motivos de la LSC, al aludirse a que la armonización "era particularmente necesaria en lo referente a la determinación de la competencia de la junta general y sobre todo en lo relativo a la disolución y liquidación de las sociedades de capital, pues contrastaba el muy envejecido Capítulo IX de la LSA con el más moderno Capítulo de la LSRL que se ha tomado como base de la refundición".

410 El legislador italiano afrontó una amplia reforma en materia disolutoria con el Decreto Legislativo de 17 de enero de 2003, de "riforma organica della disciplina della società di capitali e società coperative". La reforma llevada a cabo tuvo su fundamento en la Ley de Bases Nº 366/2001 de 3 de octubre, que estableció las directrices sobre las cuales debía desarrollarse el régimen general. Los arts. 8 y 9 de esta Ley de Bases recogían los principios inspiradores de la reforma: (1) acelerar y simplificar el procedimiento, especificando las causas de disolución, regulación del nombramiento judicial de los liquidadores, régimen de la

responsabilidad por las deudas no satisfechas y por los activos y pasivos sobrevenidos, la revocación del estado de liquidación, la delimitación de poderes y deberes de los administradores y liquidadores, prestando especial atención al desarrollo de nuevas operaciones y a los criterios de elaboración de los balances de liquidación; (2) el art. 9 de la Ley de Bases precisa el régimen de la cancelación de la sociedad en el registro de la empresa, recogiendo la forma en que debe darse esa publicidad. Sobre este punto MUÑOZ PEREZ, A., "El nuevo régimen italiano de la disolución y liquidación de las sociedades de capital", *Revista de Derecho de Sociedades*, N° 21, 2003, pág. 472; FERNÁNDEZ TORRES, I., *La Junta general...*, cit., pág. 50 y sigs., y GONZALEZ VÁZQUEZ, C., "Observaciones sobre el Decreto Legislativo italiano de 17 de enero de 2003, de reforma orgánica de la disciplina de las sociedades de capital y de la sociedad cooperativa", *Revista de Derecho de Sociedades*, N° 20, 2003, pág. 415. El Decreto Legislativo italiano de 17 de enero de 2003, en su art. 4, modificó la disciplina relativa a la disolución y liquidación de las sociedades de capital, añadiendo un nuevo Capítulo (VIII) al Título V del Libro V del Codice Civile (arts. 2484-2496). La finalidad principal que persiguió el legislador con esta reforma fue la simplificación del derecho de sociedades de capital en general, y en particular, por lo que se refiere al régimen disolutorio y liquidatorio, abordar con más precisión las causas de disolución y su procedimiento, así como concretar con mayor detenimiento la regulación del procedimiento liquidatorio contemplando expresamente la posibilidad de revocar el estado de liquidación y desarrollando la forma de elaboración de los documentos contables de la sociedad en liquidación. Como se sostiene en el art. 2 a) 1° de la Ley de Bases 366/2001, la pretensión del legislador era promocionar el nacimiento, crecimiento, competitividad de las empresas y su conservación. Así, en lo que a nosotros interesa, como veremos *infra*, destaca DI MAJO, D./SANTORELLI, M. L., *La reforma delle società, Nápoles*, 2003, que la reforma italiana termina con las dudas interpretativas del régimen anterior en cuanto a la operatividad de las causas "ya que distingue nettamente il momento del verificarsi della causa di scioglimento dal momento in cui tale causa ha effetto, quest'ultimo identificato, per tutte le ipotesi, nell'atto dell'iscrizioni nel registro della deliberazione del consiglio che accerta la causa o della deliberazioni assembleare che dispone lo scioglimento. Si resolve cosî un antico ed annoso dubio, legato alla operativià di diritto delle cause di scioglimmento (non ancorata cioè ad un momento formale), la quale comporta che gli effetti dello scioglimento (non di poco conto, se solo pensiamo alla responsabilità degli amministratori per le nuove operazioni) si producono dal momento in cui la causa si è verificata. Ma l' identificazione esatta di tale ultimo evento non si ê mostrata sempre agevole, specie per alcune ipotesi (ad esemplio l'imposibilità del conseguimento dell'oggetto sociale), causando perciò grosse differencze di vedute in dottrina e giurisprudenza" (pág. 294). Para ahondar a este respecto: SALAFIA, V., "Scioglimento e liquidazione delle società di capitali", *Le società (speziale riforma)*, N° 2, 2003, pág. 377 y D'ALESSANDRO, F., "Società per azioni: le linee generali della riforma", *La riforma del diritto societario*, Milán, 2003, págs. 29-30.

I) y una segunda de liquidación (Capítulo II), que se abre al término de la primera (art. 371.1 LSC)[411].

La disolución es, por tanto, una institución jurídica cuyo sentido radica en marcar el final del periodo de vida activa de la sociedad capitalista, encaminado al ejercicio de una actividad económica para la obtención y reparto de ganancias (ex art. 1665 CC y 116 C.Com), y el comienzo del periodo de liquidación dirigido a la extinción de la sociedad a través de la eliminación de sus relaciones jurídicas[412].

---

411 La desaparición de una sociedad mercantil es un mecanismo sustancialmente inverso al de la creación o fundación de la misma, por ello, como sostiene BELTRÁN, E., *La disolución...*, cit., pág. 23 y DE EIZAGUIRRE, J. M., *La disolución...* cit., págs. 17-18, no es de extrañar que compartan ciertas similitudes. Así, de la misma manera que la fundación constituye un proceso o concatenación de actos jurídicos que desembocan en el nacimiento de la sociedad, su muerte jurídica es igualmente el resultado final de una serie de operaciones relevantes para el derecho de las que la disolución no es sino un hecho desencadenante. Vid. FERNÁNDEZ TORRES, I., *La Junta general en las sociedades de capital en liquidación*, Madrid, 2006, págs. 72-73, nota 82.

412 Como ya nos referimos *supra*, lo normal es que las sociedades cerradas se constituyan bajo tipos capitalistas, normalmente asumiendo como forma societaria la de responsabilidad limitada, pero ello no impide que también elijan otras formas, como la colectiva o comanditaria. Sin embargo, la problemática conflictual se plantea exclusivamente respecto de las sociedades capitalistas (limitadas y anónimas) en la medida en que las sociedades personalistas permiten a cualquiera de los socios solicitar la disolución de la sociedad con arreglo al régimen establecido en el art. 224 C.Com que dispone: "En las compañías colectivas o comanditarias por tiempo indefinido, si alguno de los socios exigiere su disolución, los demás no podrán oponerse sino por causa de mala fe en el que lo proponga. Se entenderá que un socio obra de mala fe cuando, con ocasión de la disolución de la sociedad, pretenda hacer un lucro particular que no hubiera obtenido subsistiendo la Compañía". Por otra parte, el Código de Comercio de Sainz de Andino de 1829 recogió, bajo la rúbrica del "término y liquidación de las compañías de comercio", la primera regulación sistemática de la disolución y liquidación de las sociedades mercantiles (arts. 336-353). La regulación contenida en el Código de 1829 puede caracterizarse como fraccionada. Por lo que a la disolución se refiere, el art. 329 recogía una enumeración simple y general de las causas de disolución, a las que se añadieron otras dos en virtud de lo dispuesto en la Ley de 28 de enero de 1848 y su Reglamento de 17 de febrero del mismo año. Estas causas podían dividirse en dos grandes grupos atendiendo a su operatividad: la disolución por transcurso del término que produce la disolución de pleno derecho sin que quepa acordar prórroga alguna y el resto de las causas de disolución, cuya efectividad frente a terceros dependía de su inscripción en el Registro y su publicación en los tribunales donde tuviera

De esta forma, disolución y liquidación se revelan como acontecimientos sucesivos y complementarios del fenómeno extintivo. En este sentido, la disolución de la sociedad se agota en sí misma al operar como un hecho instantáneo cuya importancia radica en poner fin al periodo de explotación ordinario y la apertura de la liquidación[413].

---

la sociedad su domicilio o establecimiento fijo (art. 335 C.Com de 1829). Por tanto, en virtud de lo dispuesto por los arts. 329 y 330 del citado Código, la sociedad habría de disolverse: por cumplimiento del término establecido en el contrato de sociedad, la conclusión de la empresa que fue objeto especial de su formación y la pérdida entera del capital social. Al lado de ellas, el principio de libertad de pactos establecido en el art. 286 C.Com de 1829 abría las puertas a otras posibles causas o supuestos que se establecieran por vía estatutaria. La entrada en vigor del Código de 1885 no supuso un cambio o mejora importante en el tratamiento de la disolución de las sociedades mercantiles, salvo la de incluir de forma expresa la quiebra como causa común a todo tipo de sociedades. La promulgación de la LSA de 1951 implicó el reconocimiento de una regulación específica y más completa de la disolución (así como de la liquidación) al introducir diferentes novedades, a pesar de conservar en su mayoría las disposiciones contempladas por el Código de Comercio de 1885. La promulgación de la LSRL de 1953 no mejoró esta situación, ya que en materia de disolución se limitó a establecer cuáles eran las causas de disolución (art. 30), perpetuando la inseguridad jurídica derivada de la existencia de lagunas legales, y haciendo necesario completar dicho régimen jurídico recurriendo a la aplicación analógica de las normas previstas en el C.Com. Tras las Leyes de 1951 y 1953 se elaboraron algunos Anteproyectos con el fin no sólo de dar una regulación más completa de la materia, sino también de seguir las Directivas comunitarias aprobadas. Esos anteproyectos tuvieron como fruto la promulgación de la LSA de 1989, que como señalan URÍA, R. /MENÉNDEZ, A. / GARCÍA DE ENTERRÍA, E., "La sociedad anónima: disolución", en URÍA/MENÉNDEZ (dirs.), *Curso de Derecho Mercantil*, 2ª ed., Madrid, 2006, pág. 1089 y sigs., apenas afectó a la disolución ya que los preceptos reproducen en su mayoría la regulación contenida en la normativa anterior. La evolución más determinante de nuestro ordenamiento societario en materia de disolución vino de la mano de la LSRL de 1995, que supuso una auténtica revolución al establecer no sólo un régimen propio de disolución y liquidación sino también por incorporar soluciones y criterios recogidos en el Anteproyecto de Propuesta de Directiva de 1987, si bien dichas novedades no se hicieron extensivas a la sociedad anónima. A este respecto, FERNÁNDEZ TORRES, I., *La Junta general...*, cit., pág. 39-40 y 46, y CARLÓN SÁNCHEZ, L., "Ley de Sociedades de Responsabilidad Limitada", en MOTOS/ALBALADEJO (dirs.), *Comentarios al Código de Comercio y legislación mercantil especial*, Madrid, 1984, págs. 323-324.

413 Vid. BELTRÁN, E., "La extinción de la sociedad de responsabilidad limitada y sus consecuencias", *AAMN*, Tomo XXXVI, pág. 432; SOLA CAÑIZARES, F., *Las sociedades de responsabilidad limitada en el nuevo derecho español*, 1954, pág.

En primer lugar, hay que dejar sentado que el procedimiento tendente a la extinción es común, aunque las causas de disolución de las sociedades de capital sean diversas (voluntarias u obligatorias, automáticas, subsanables o removibles por acuerdo social). Como es conocido, para la validez de la extinción de una sociedad es imprescindible cumplir la secuencia: disolución, liquidación y cancelación registral[414].

A lo largo del procedimiento la sociedad está abocada a la extinción, con la consiguiente modificación implícita de su objeto social, aunque no se encuentre todavía extinta, puesto que conserva su personalidad jurídica (art. 371.2 LCS)[415] y mantendrá, en mayor o menor medida, actividad en el tráfico jurídico-económico[416].

201; FERNÁNDEZ TORRES, I., *La Junta general...*, cit., pág. 70-71; SACRISTÁN BERGIA, F., *La extinción por disolución de la sociedad de responsabilidad limitada*, Madrid, 2003, págs. 28-30 y DE EIZAGUIRRE, J. M., "Disolución y liquidación. Obligaciones", en SANCHEZ CALERO, F. (dir.), *Comentario a la Ley de sociedades anónimas*, Tomo VIII, Madrid, 1993, págs. 3-5 y 14-15, entre otros muchos. Con respecto a la doctrina italiana la opinión es similar, GALLESIO-PIUMA, M. E., "I poteri dell'assemblea di società per azioni in liquidazione", *Quaderni di Giurisprudenza commercial*, Nº 81, Milán, 1986, pág. 36 y anteriormente PORZIO, M., *L'estinzione...*, cit., pág. 531.

414 A este respecto GIRÓN, J., *Derecho de sociedades...*, cit., pág. 333, señala que la extinción de sociedades no se puede producir en un solo instante, sino que se precisa de un verdadero proceso o sucesión de fases, porque la existencia de un patrimonio necesita afrontar los créditos de terceros respecto de la sociedad y la distribución de su remanente entre los socios.

415 La disolución de la sociedad no pone fin a la persona jurídica ni convierte a esa persona jurídica en otra distinta. Vid. FERNÁNDEZ TORRES, I., *La Junta general...*, cit., pág. 73. Así pues, como determina la STS (Sala 1ª) de 11 de junio de 1982 (R. 3415), la sociedad disuelta conserva su personalidad jurídica durante el periodo de liquidación, pero como se trata de una etapa en la que la actividad de la sociedad no es el ejercicio de su objeto social, sino efectuar la liquidación de la misma, esta ha de girar con su razón o denominación social a la que se debe añadir "en liquidación". La doctrina italiana, tras un largo debate, es hoy pacífica en cuanto al reconocimiento de la personalidad jurídica a la sociedad disuelta. En este sentido, entre otros, GRAZIANI, A., *Diritto delle società*, 5ª ed., Nápoles, 1962, pág. 531 y FERRARA, J. R., *Gli imprenditori...*, cit., pág. 591.

416 Abordando el tema de la naturaleza jurídica de la disolución, DE EIZAGUIRRE, J. M., *La disolución de la sociedad de responsabilidad limitada*, Madrid, 2000, págs. 28 y 29, comenta que la doctrina española, con expresiones no enteramente coincidentes, se orienta en este punto hacia la doctrina alemana en el sentido de que no hay cambio de objeto sino una modificación del fin social, tendente

Por tanto, de manera similar al requisito de inscripción en el Registro Mercantil para la adquisición de plena personalidad jurídica por las sociedades de capital (ex art. 33 LSC), tampoco se extinguen completamente en tanto que no queden debidamente cancelados sus asientos en el Registro Mercantil; es decir, hasta que se ponga fin a sus relaciones jurídicas con otros sujetos de derechos (acreedores y socios) y se elimine registralmente la organización creada. En la medida en que aún no se haya extinguido y aunque haya quedado disuelta y se encuentre en fase de liquidación, será posible reactivarla siempre que se cumplan determinados requisitos tendentes a evitar perjuicios para socios o terceros. En el caso de la paralización social esta reactivación se presenta complicada pues el perjuicio para el socio es la misma permanencia en una sociedad bloqueada, aunque efectivamente la remoción de la causa fuere posible. Así, debe afirmarse que el procedimiento de extinción de sociedades de capital está regulado de manera flexible y reversible, siempre que se salvaguarden los derechos de los socios y terceros potencialmente afectados[417].

En lo referente a la extinción societaria en tanto que procedimiento que engloba a la disolución, debe apuntarse la creciente importancia del derecho concursal en materia de extinción societaria a raíz de la presente crisis económica. Por tal motivo, el régimen estrictamente societario ha de complementarse con el marco del procedimiento concursal, en el cual puede producirse la extinción de la sociedad de capital si la empresa que desarrolla su objeto social es inviable por insolvencia. En aquellos supuestos en que con ocasión de la realización de las operaciones de liquidación los liquidadores

---

hasta la disolución a la obtención de beneficios. Así, el fin social común (la obtención de beneficios) no cesa por la disolución, sino que al mismo se superpone la finalidad liquidatoria. No obstante, como señala este autor, hay un sector minoritario que se decanta por una consideración más limitativa del sentido de la liquidación, según la cual el advenimiento de la disolución implica que las actividades sociales cesan o cambian de signo (RUBIO y DE LA CÁMARA), sector que a juicio de DE EIZAGUIRRE no toma en consideración la concepción más moderna y flexible de la disolución y liquidación que permite la legislación reguladora de las sociedades de capital. Para ahondar sobre este punto: REDONDO TRIGO, F., "Objeto social y disolución de una sociedad anónima. La analogía de las causas de disolución", *RCDI*, Nº 688, 2005, pág. 559 y sigs.

417 Vid. FERNÁNDEZ TORRES, I., *La Junta general…*, cit., pág. 74.

adviertan que la sociedad se encuentra en estado de insolvencia —manifestándose una imposibilidad de cumplimiento regular de sus obligaciones (art. 2 LC)—, los liquidadores deberán solicitar la declaración de concurso de conformidad con lo dispuesto en el art. 3 LC, dentro de los dos meses siguientes a la fecha en que hubieran conocido o debido conocer su insolvencia ex art. 5.1 LC[418]. En caso de insolvencia por causa del bloqueo efectivo, se seguirá el cauce del procedimiento concursal sin importar hasta la conclusión del mismo si los socios tienen desavenencias insuperables, pues el control sobre la sociedad recaería ya por ley en el juez de lo mercantil que conozca del concurso y en los administradores concursales[419].

Por tanto, el propio concurso de acreedores desbloqueará la sociedad paralizada dado que tras la declaración del mismo los liquidadores continuarán ejerciendo sus funciones bajo el régimen de intervención o suspensión previsto en el art. 40 LC. No obstante, la apertura de la liquidación concursal como vía de solución al concurso de acreedores determinará el cese automático de los liquidadores sociales y su sustitución por la administración concursal (art. 145.3 LC), así como la realización de la liquidación concursal conforme al procedimiento previsto en la LC y no de acuerdo al régimen societario de liquidación[420].

---

418 Como se refiere PULGAR EZQUERRA, J., "La extinción de las sociedades de capital: Disolución, liquidación y cancelación registral", *Revista de Derecho de Sociedades*, N° 36, 2011, pág. 222, el incumplimiento del plazo legalmente establecido por el liquidador de su obligación de solicitar la declaración de concurso podría determinar la calificación culpable del concurso sobre la presunción *iuris tantum* contenida en la ley, pudiendo condenarse en la sentencia de calificación, en supuestos en que dicha calificación conecte con la apertura de la liquidación concursal, a los liquidadores de hecho o de derecho y a quienes lo hubieran sido en los dos años anteriores a la declaración del concurso a satisfacer a los acreedores concursales lo que no perciban en la liquidación de la masa activa (responsabilidad por cobertura del déficit patrimonial).

419 Como afirma BATALLER, J., "La disolución de las sociedades de capital", en ROJO/BELTRÁN (dirs.), *Comentarios de la Ley de Sociedades de Capital*, Tomo II, Madrid, 2011, pág. 2552, no está fuera de lugar pensar en una sociedad con un órgano de administración completamente paralizado que pueda llegar a desembocar en una situación concursal, por no efectuar pagos a terceros aun siendo completamente solvente.

420 Vid. PULGAR EZQUERRA, J., "La extinción...", cit., pág. 222. Sin embargo, a diferencia del derecho español, en el derecho británico existen una plurali-

De otra parte, con carácter novedoso en nuestro ordenamiento jurídico, la disolución de la sociedad puede venir impuesta como pena derivada de la comisión de determinados delitos por los que se considera responsable penalmente a la persona jurídica (arts. 31 bis y 33.7 del Código Penal). Estas dos vías legales, tanto la concursal como la penal, deben tenerse en cuenta a efectos extintivos, pero se

---

dad de procedimientos extintivos de la sociedad. Ninguno de ellos responde al esquema de disolución, liquidación y extinción del derecho español y de los ordenamientos continentales. Más bien al contrario, la técnica contemplada en el derecho inglés conocida como *winding-up* se caracteriza porque en ella se encuentran entrecruzados aspectos tanto del derecho concursal como del derecho de sociedades. La disolución como se entiende en derecho español encontraría su correspondencia bajo derecho británico en lo que se conoce como "members' voluntary winding-up". No obstante, la terminología empleada por el derecho británico y el derecho español es diferente. Así, el concepto "dissolution" en el derecho inglés no es la primera etapa del proceso extintivo, sino que alude simplemente a la muerte de la sociedad. Ha de tenerse en cuenta que no todas las sociedades en *winding-up* son insolventes. En efecto, el derecho británico reconoce, por un lado, la insolvencia del deudor-persona física (*bankrupcy*) aplicable tanto a la persona física como al empresario individual, y por otro, la *winding-up* o disolución-liquidación, aplicable a las personas jurídicas. Las diferencias entre ambos regímenes son sustanciales: la *bankrupcy* es un procedimiento que se desarrolla bajo el control de la autoridad judicial y presupone la insolvencia del deudor mientras que en el caso del *winding-up* el procedimiento es similar tanto si se trata de una liquidación voluntaria (*voluntary liquidation*) de una sociedad solvente decidida por la junta, como si es una liquidación judicial o coactiva (*compulsory liquidation*) declarada por la autoridad judicial a instancia de los acreedores en caso de insolvencia. A este respecto, TOPHAM/IVAMY, *Topham & Ivamy's Company Law*, 16ª ed., Londres, 1978, pág. 432 y sigs., y TIRADO MARTÍ, I., "La liquidación concursal en el derecho inglés", *Revista de Derecho de Sociedades*, Nº 17, 2001, pág. 205, nota 39. En el derecho estadounidense la situación no dista de la británica. Por "dissolution" se entiende el fin de la existencia legal de la sociedad, pero en función de la ley estatal por la que se rija la sociedad, a veces sigue o precede a la "liquidation". Así, la *dissolution* es técnicamente la extinción de la existencia de una entidad de tipo corporativo y debe ser diferenciada de la *liquidation* y de la *winding up*. Áquella es la reducción a metálico de los activos de la empresa y no comporta necesariamente la *dissolution*, aunque es frecuente que vaya acompañada de una cesación de la normal actividad negocial de la sociedad. La segunda comporta la terminación ordenada de los negocios de la sociedad, a través de la enajenación de sus activos, el pago a los acreedores y distribución del haber a los accionistas. Sobre este punto, véase, SOLOMON/STEVENSON/SCHWARTZ, *Corporation. Law and Policy. Materials and problems*, St. Paul-Minn., 1982, pág. 371.

dejan aparte en este estudio para poner el foco exclusivamente en el aspecto societario.

C) Concepto de disolución

El primer punto de discusión es el referente al significado del concepto "disolución" en el derecho de sociedades español, puesto que sus efectos no coinciden con los que dispensa el lenguaje común o de los que proyecta en otros sectores del ordenamiento jurídico[421]. Más allá de hacer referencia al rompimiento de unos vínculos entre varias personas, con la noción de disolución la persona jurídica no desaparece, ni el contrato social se extingue, ni implica para el socio la automática pérdida de su condición de miembro de aquélla (art. 371.2 LSC)[422]. La conservación de la personalidad jurídica en la so-

---

421 El término "disolución" en sentido jurídico amplio ha sido tomado en su sentido usual por equivalente de proceso de desaparición, como apunta GARRIGUES, J., *Tratado...*, cit., pág. 1179 y parte de la doctrina italiana como GRECO, P., *Le società...*cit., pág. 374 y sigs., y LINDA, G., "Fattispecie constituiva ed estintiva dell'ente società", *Dir. Fall.*, Tomo II, 1959, pág. 374 y sigs. De todos modos, como advierte GARCÍA-PITA Y LASTRES, J. L., "La disolución de la sociedad anónima (aspectos generales)", *Cuadernos de Derecho y Comercio*, N° 6, 1989, pág. 110, en el derecho inglés la noción de "dissolution" no se corresponde con nuestro término "disolución", ni con otros análogos como el italiano "scioglimento", sino que ha de entenderse más bien como equivalente de la extinción definitiva, a la etapa final de la vida social, que es consecuencia y no causa del proceso liquidatorio llamado "winding up". En este sentido, como se tratará *infra*, son claras las opiniones de la doctrina británica al comentar que producida la liquidación social se procede por el "Registrar" a la cancelación de la inscripción registral de la sociedad de la sociedad liquidada. Por otra parte, la doctrina anglosajona reconoce que es posible que la "dissolution" tenga lugar sin haber ido precedida de la liquidación, como es el caso de las sociedades "moribundas", sociedades inactivas que han dejado de operar.

422 Cfr. ALFARO ÁGUILA-REAL, J., "La disolución como terminación del contrato de sociedad teoría y algunas consecuencias prácticas", *Revista de derecho de sociedades*, N° 61, 2021, argumenta en este trabajo que la disolución implica la terminación del contrato de sociedad y, por tanto, la de los vínculos obligatorios entre los socios. La disolución no sería según él, como sostiene la doctrina mayoritaria, una novación del contrato de sociedad, ni una modificación del fin común, ni, simplemente, la apertura de la fase de liquidación.

ciedad disuelta tiene un carácter instrumental para que subsista la organización durante la fase de liquidación[423].

Por tanto, no puede compartirse la opinión de que la disolución resuelve el contrato de sociedad, pues éste sigue teniendo eficacia durante la liquidación en cuanto que la propia ley lo determina expresamente[424]. La disolución tampoco supone una paralización de la vida social sino una transformación de sus actividades. La función que cumple la disolución se concreta en la apertura del proceso de desaparición de la sociedad, independientemente de la forma específica en que posteriormente opere la extinción, ya sea abriendo la fase de liquidación o mediante otras alternativas posibles como las modificaciones estructurales a que pueden someterse todas las sociedades mercantiles[425].

La disolución de una sociedad de capital es una fase desencadenante que marca, sin solución de continuidad, el fin de sus actividades ordinarias y el inicio de su proceso de liquidación y posterior cancelación registral[426]. Se trata de una fase jurídica de tracto único, que produce sus efectos no automáticamente, sino por medio de la constatación —por el registrador mercantil, por la junta general o por el juez mercantil—, de la concurrencia de una causa de disolución y la declaración de la apertura de la fase de liquidación. La disolución se

---

423 Cfr. BELTRÁN, E., *La disolución…*, cit., págs. 21-22: "La disolución no pone fin a la persona jurídica ni convierte a la sociedad en otra persona jurídica. La sociedad anónima subsiste ("conserva la personalidad jurídica") hasta que sean satisfechos los acreedores sociales y se distribuya el patrimonio social entre los socios, si bien sufre importantes modificaciones". Sobre el sentido especial que para el derecho de sociedades reviste el término disolución, véase también DE EIZAGUIRRE, J. M., *La disolución…*, cit., pág. 17, que confirma que la jurisprudencia se ha abierto a esta idea de disolución, como se observa en la STS de 12 de junio de 1989 (AC 1989/942).

424 Así, BELTRÁN, E., *La disolución…*, cit., pág. 22, quien disiente de BOTER, DE LA CÁMARA y GARCÍA PITA.

425 No obstante, cabe apuntar que los arts. 3 y 2, respectivamente, de las Tercera y Sexta Directivas de Sociedades consideran la fusión y la escisión como operaciones de "disolución sin liquidación". En particular, podrá ser útil tener en cuenta la operación de escisión como alternativa a la liquidación como fase predispuesta en el proceso de desaparición de una sociedad ante un bloqueo societario. Remisión Parte IV.

426 Cfr. DE EIZAGUIRRE, J. M., *La disolución…*, cit., pág. 19.

limita a un acuerdo de junta general por el que, ante la concurrencia de determinada causa legal o estatutaria, se activa el procedimiento de extinción de la persona jurídica. Este hecho, como se examinará *infra*, entraña una dificultad considerable en el supuesto de la paralización de los órganos sociales, puesto que no puede esperarse razonablemente que su junta convoque, celebre y finalmente acuerde su propia disolución. No cabe, en consecuencia, referirse a sociedades en disolución, porque, o bien la sociedad ha removido la causa disolutoria o aún no se ha constatado la concurrencia de la misma, o ya ha sido disuelta y se encuentra en fase liquidatoria[427].

En definitiva, el concepto de disolución no se remite a una fase instantánea y estática que conduce a la extinción del vínculo societario, sino que opera como presupuesto y basamento para la extinción[428]. Como ha apreciado un sector de la doctrina, la decisión del legislador de que la extinción no se produzca de un modo inmediato ha obligado a fijar una fase divisoria entre la vida social activa y el periodo de extinción paulatina y gradual de sus relaciones jurídicas. Esa fase divisoria es la que da sentido y función a la disolución. Aunque el término original parezca traslucir un significado ligado a la desaparición de la sociedad, en la actualidad se remite al presupuesto jurídico de la extinción social[429]. Por tanto, la disolución no es sino el efecto de un acto jurídico que abrirá automáticamente la liquidación de la sociedad, haciéndola entrar en vías de extinción[430].

---

427 Vid. BOTER Y MAURI, F., *Disolución y liquidación de sociedades mercantiles*, Barcelona, 1947 y BATALLER GRAU, J., "La disolución", en ROJO/BELTRÁN/CAMPUZANO LAGUILLO (dirs.), *Disolución y liquidación de sociedades mercantiles*, Madrid, 2009, págs. 23-92.

428 Vid. FERNÁNDEZ TORRES, I., *La junta general...*, cit., pág. 72 y nota 81, quien puntualiza que sólo excepcionalmente disolución y liquidación pueden coincidir, como sucederá en caso de que no exista patrimonio que liquidar ni existan deudas sociales. En este supuesto, cabe la posibilidad de que la sociedad adopte simultáneamente el acuerdo de disolución y el de aprobación del balance final.

429 Vid. BELTRÁN, E., *La disolución...*, cit., pág. 23.

430 BELTRÁN, E., op. cit., pág. 24 y SÁNCHEZ CALERO, F., *Instituciones de Derecho Mercantil*, 12ª ed., Madrid, 1986, págs. 295-296. La STS (Sala 1ª) de 6 de julio de 1961 recoge la distinción entre disolución y extinción de la sociedad. Sin embargo, en determinadas circunstancias hay casos en los que se admite que la sociedad se declare simultáneamente disuelta y liquidada, mediante un solo

D) Concepto de causa de disolución. Clases

Una vez conceptualizada la disolución como fase primera del proceso de resolución del vínculo societario que direcciona hacia la liquidación y extinción de la sociedad, hay que proceder a definir el término "causa de disolución". Las causas de disolución conducen a un efecto extintivo, pero con la singularidad de que son viables si se hacen depender de la ley o de los estatutos (art. 362 LSC)[431].

Ahora bien, el que acontezca una causa de disolución no supone necesariamente la entrada de la sociedad de capital afectada en el proceso de disolución como "sociedad en liquidación". Al igual que siendo cierto que esta situación conlleva normalmente a la liquidación patrimonial de la sociedad y con ella a su extinción, esto no significa que dogmáticamente acaezca de este modo. La sociedad afectada por una causa de disolución puede dejar de estarlo por la desaparición de dicha causa o por su desactivación desde la propia sociedad, constatando su junta la existencia de la causa y adoptando las medidas para la remoción de la misma (art. 365.2 LSC)[432]. Ese sería el caso de los socios que resuelven sus desavenencias y desbloquean la junta y la administración social. En consecuencia, las causas de disolución comprenderán aquellos supuestos de hecho, legales o estatutariamente pactados, cuyo acaecimiento —salvo remoción expresa de la junta—, abrirán el proceso de desaparición de la sociedad de capital[433].

---

acuerdo social, como sucedió con respecto a una sociedad de responsabilidad limitada en la RDGRN de 20 de julio de 1984 (R. 3855).

431 No obstante, siguiendo a RUBIO, J., *Curso de derecho de sociedades anónimas*, 3ª ed., Madrid, 1974, pág. 492 y GIRÓN, J., cit., págs. 460 y 469, es necesario advertir que los estatutos sociales no pueden modificar o eliminar los supuestos legales de disolución. Si los estatutos pudieran eliminar o dulcificar las causas de disolución legalmente establecidas, entonces todas se reducirían a una única, la disolución de la junta general. Por tanto, la autonomía de la voluntad está limitada a la posibilidad de incluir nuevos supuestos de disolución y a la posibilidad de adoptar el correspondiente acuerdo. Entendemos que también podría caber la posibilidad de que los estatutos agravasen el funcionamiento de las causas de disolución.

432 Vid. SEQUEIRA MARTÍN, A., "Disolución...", cit., págs. 2466-2467.

433 Sobre el diverso fundamento teleológico y operatividad de las causas de disolución: DE EIZAGUIRRE, J. M., *La disolución...*, cit., págs. 32 y 86-88.

En particular, la LSC prevé tres tipos de causas de disolución de las sociedades de capital: (1) disolución de pleno derecho, automática, *ope legis* o *ipso iure*; (2) disolución por causa legal o estatutaria debidamente constatada por la junta general; y (3) disolución por causas que sólo se configuran en virtud de un acuerdo de la junta general, esto es, la propia voluntad de la sociedad expresada en junta como causa de disolución[434]. Estas dos últimas categorías han sido calificadas tradicionalmente por nuestra doctrina como causas *ex voluntate*, sin embargo, es necesario precisar que, si bien pueden ser designadas con este término, puesto que el efecto disolutorio depende en principio directamente de la voluntad de la sociedad, existen sustanciales diferencias entre ellas. Mientras que el segundo grupo aglutina aquellas causas que se producen con independencia de la voluntad social, como es la paralización social (aunquc los motivos últimos de dicha situación se deban a las voluntades encontradas de los socios y ésta sólo opera a posteriori al objeto de enervarla o de acordar su disolución), la causa contemplada en el tercero de los grupos no se produce con independencia de la voluntad social, sino que es ésta la que crea la causa, siendo la propia sociedad la que decide disolverse sin apoyar su decisión en ninguno de los hechos objetivos configurados en la ley o en los estatutos con carácter disolutorio[435].

---

434 Como se refiere MALAGÓN RUIZ, P., cit., pág. 62, las causas estatutarias distintas de las previstas legalmente no son habituales. Los socios cuando fundan la sociedad no acostumbran a prever las futuras desavenencias por lo que es muy poco frecuente la inclusión en los estatutos de causas estatutarias de disolución distintas de las legales, del mismo modo y por las mismas razones que son inusuales las capitulaciones matrimoniales anteriores al matrimonio.

435 Sobre este punto, véase MUÑOZ MARTÍN, N., "La disolución…", *Revista de Derecho de Sociedades*, N° Extraordinario, 1994, pág. 556; SEQUEIRA MARTÍN, A., "La eficacia de las causas de disolución en la sociedad anónima según la Ley de reforma parcial y adaptación de la legislación mercantil a las Directivas de la Comunidad Económica Europea, en materia de sociedades y su regulación en el Texto Refundido de la Ley de Sociedades Anónimas", en AA.VV., *Derecho Mercantil de la Comunidad Económica Europea. Estudios en homenaje a José Girón Tena*, Madrid, 1991, pág. 1041 y sigs., y críticamente GARCÍA-PITA Y LASTRES, J. L., "La disolución…", cit., pág. 157 y sigs. Por otro lado, señalar que nuestra doctrina no ha formulado únicamente esta clasificación de las causas disolutorias. El criterio que aquí adoptamos es el más frecuente y mayoritario porque descansa en la operatividad de las causas de disolución. Sin embargo, como hace notar FERNÁNDEZ TORRES, I., *La Junta general…*, cit., pág. 78, nota 95, otro sector

La paralización de los órganos sociales como causa de disolución se enmarca en el segundo grupo de la clasificación, constituyendo un supuesto en que a pesar de que la disolución venga impuesta por una norma legal o estatutaria, es necesaria que sea debidamente constatada por la junta general o en su defecto por el juez mercantil. Así, la disolución por paralización requiere de dos elementos necesarios: la concurrencia de la situación de bloqueo y el acuerdo de disolución, que es sustituible por una resolución judicial. En este sentido, del hecho de que la disolución de la sociedad paralizada no se produzca de forma automática se deduce el carácter constitutivo del acuerdo de la junta o en su caso de la resolución judicial. Por esta razón puede afirmarse que la causa legal disolutoria es un suceso que acontece con independencia de la resolución judicial o del acuerdo de la junta general pero que no disuelve por sí misma la sociedad de capital[436].

---

de la doctrina no lo comparte sobre la base de que esta clasificación prescinde del concepto de disolución centrando la atención exclusivamente en las causas de disolución, entendidas como hechos o actos jurídicos desencadenantes del proceso extintivo de la sociedad de forma que el concepto de disolución quedaría convertido en el efecto derivado de la concurrencia de una causa de disolución que sería también de liquidación. Por lo que se refiere al derecho italiano —que tomamos como referencia en esta sección por ser el precursor de nuestro moderno derecho de sociedades— presenta muchas similitudes en cuanto a las vigentes causas de disolución del derecho español. En un origen, la distinción entre causas de disolución que operaban de derecho y aquellas que requerían de un acuerdo de junta fue obra de la doctrina italiana que comentó el Código de Comercio de 1882: STOLFI, G., *La liquidazione delle società commerciali*, Milán, 1938, págs. 35-38; NAVARRINI, U., *Tratatto teorico-pratico di diritto commerciale*, Tomo V, Turín, 1921, págs. 59-61 y VIVANTE, C., *Trattato di Diritto Commerciale*, vol. II, Milán, 1935, págs. 445-446. Sin embargo, tal y como afirma BELTRÁN, E., *La disolución...*, cit., pág. 44, parece claro que el Codice Civile de 1942 repudió expresamente esta distinción, pero para ello fue necesario disponer expresamente en el art. 2449, que cuando se verifique un hecho que determine la disolución de la sociedad, los administradores deberán convocar junta para los acuerdos relativos a la liquidación sin poder emprender nuevas operaciones. Se trata de una norma bastante diferente de la española, que obliga a los administradores a convocar la disolución y sólo les impide realizar nuevas operaciones cuando la sociedad se declare en liquidación.

436 Cabe tener en cuenta a este respecto la opinión de MUÑOZ MARTÍN, N., *Disolución y derecho a la cuota de liquidación en la sociedad anónima*, Valladolid, 1991, págs. 77-78, quien afirma que el acuerdo de la junta no es meramente declarativo ni constitutivo. Por un lado, entiende que el acuerdo de la junta es declarativo en lo que se refiere a la constatación de la causa de disolución, la cual existe

Ahora bien, el carácter constitutivo del acuerdo de la junta no significa que la disolución dependa de la voluntad social, en el sentido de que concurriendo una causa de disolución ésta pueda decidir no disolverse, sino que ante la concurrencia de una causa disolutoria la ley requiere una respuesta de la sociedad, bien procediendo a su remoción (si fuera posible) o bien acordando su disolución, en cuyo defecto se abriría el cauce judicial. En definitiva, la *ratio legis* es que la sociedad no permanezca pasiva ante la presencia de una causa con fuerza disolutoria. La ley ofrece a la sociedad la posibilidad de enervar la causa de disolución (mediante modificaciones estatutarias, extraestatutarias o estructurales oportunas), o, al contrario, constatar y asumir su disolución[437].

---

en virtud de la ley o de los estatutos con independencia de que se produzca o no una declaración por parte de la junta de la sociedad. Por otro lado, considera que el acuerdo tiene carácter constitutivo por cuanto determina el momento a partir del cual se produce la disolución. Aunque la doctrina es mayoritaria en esta posición, RUBIO, *Curso...*, cit., pág. 488 y GIRÓN, J., *Derecho de Sociedades*, cit., págs. 333-334, entienden que el acuerdo social es declarativo y la razón de ser de la exigencia descansa en la necesidad de proporcionar seguridad jurídica de tal manera que no exista duda alguna en relación con la situación en la que la sociedad se encuentra. Siguiendo la opinión de FERNÁNDEZ TORRES, I., *La Junta general...*, cit., pág. 75, nota 87, entendemos que ciertamente el acuerdo de la junta es declarativo en el sentido de que pone de manifiesto la concurrencia de una causa de disolución, sin embargo, su adopción tiene carácter constitutivo porque su resultado es producir la efectiva disolución ya que sin ese acuerdo la causa de disolución no podría desplegar efectos.

437 En derecho italiano, la novedad que introdujo el art. 2484 del Codice descansa en la determinación del momento a partir del cual la disolución produce efectos, que se fija a partir de su inscripción en el registro. Esta modificación tuvo como fin dotar al sistema de una mayor seguridad jurídica, resolviendo la incertidumbre anterior que tantas disputas había ocasionado en la doctrina italiana. El debate se centraba en las diferencias de interpretación en cuanto a si la aparición de una causa de disolución producía el efecto disolutorio. Para un sector de la doctrina italiana, se consideraba que el acuerdo de la asamblea o la decisión judicial tenían únicamente efectos declarativos. En este sentido, LANZA, A., "Scioglimento della società e responsabilità degli amministratori. Sopravivenza dell'ente e volontá dei soci", *Riv. Dir. Civ.*, 1972, pág. 23 y FRÉ, G., "Società per azioni", en SCIALOJA/BRANCA, *Comentario del Codice Civile*, Bolonia-Roma, 1982, págs. 836. De otro lado, SANTINI, G., "Della società a responsabilità limitada", *Comentario del Codice Civile Scialoja-Branca*, Bolonia, 1992, pág. 365; PORZIO, M., *L'estinzione delle società per azioni*, Nápoles, 1959, pág. 15 y MOSSA, L., *Trattato del nuovo diritto commerciale*, Tomo IV, Padua, 1957, pág. 545

A este respecto cabe remarcar la diferencia de la disolución por paralización social en relación a las causas de pleno derecho. Estas últimas operan de forma automática y objetiva, en tanto que se entiende que la sociedad ha gozado ya de un tiempo suficiente para enervar la causa de disolución antes de su efectiva concurrencia. Son causas con una eficacia constitutiva con fuerza suficiente para arrastrar a la sociedad en fase de liquidación, sin necesidad del concurso de ningún acto jurídico adicional[438]. Que la paralización social esté asignada al grupo de causas legales de disolución otorga a la junta general un mecanismo un tanto discrecional para determinar la disolución de la sociedad y esto entraña un problema de orden lógico: partiendo de una situación de bloqueo insuperable y que haga imposible el funcionamiento social, será también muy poco probable o prácticamente imposible que en sede de junta general se enerve dicha causa o se asuma la disolución. Por eso la vía legal que quedará expedita será la disolución judicial[439].

El requisito de constatación por la junta de la causa de disolución se prevé con carácter general, aunque se establece un sistema especial de responsabilidad por la falta de promoción de la disolución por parte de los administradores sociales que conozcan o deban conocer la concurrencia de la causa de disolución. Sin embargo, tal y como se ha indicado antes, el requisito de constatación por la junta general no es absoluto. Es por ello que el ordenamiento jurídico societario, en tutela de los socios o terceros interesados en la efectiva disolución de la sociedad de capital, prevé un mecanismo específico para casos de inactividad por parte de sus órganos sociales. En su régimen ordinario, el art. 364 LSC establece que la concurrencia de alguna de las causas previstas en el art. 363 requerirá que la junta general acuerde la disolución de la sociedad con la mayoría ordinaria

---

sostenían la naturaleza constitutiva de la declaración judicial o del acuerdo de la asamblea.

438 Vid. DE EIZAGUIRRE, J. M., *La disolución...*, cit., pág. 87.

439 Los efectos de la concurrencia de cualquiera de estos tipos de causas de disolución son fundamentalmente idénticos ex art. 371.1 LSC: apertura de la fase de liquidación y sus correspondientes consecuencias, aunque cabe anotar que no se despliegan del mismo modo. Esto podría dar lugar a pensar si un tratamiento más adecuado de la causa de bloqueo debiera ser el de causa de disolución *ipso iure* o automática.

establecida para las sociedades de responsabilidad limitada en el art. 198 LSC, y con el quórum de constitución y las mayorías establecidas para las sociedades anónimas en los art. 193 y 201 LSC.

Así las cosas, ante la concurrencia de alguna de las causas legales bastará la adopción de acuerdos conforme a las mayorías propias de los acuerdos generales de junta: mayoría de los votos válidamente emitidos (sin computar los votos en blanco), siempre que representen al menos un tercio de los votos correspondientes a las participaciones sociales en que se divida el capital social de la sociedad limitada; o quórum no reforzado, excepto estatutariamente, del 25% del capital en primera convocatoria y sin quórum mínimo en segunda convocatoria y mayoría simple o relativa de los votos de los accionistas presentes o representados en el caso de las sociedades anónimas (esto es, más votos a favor que en contra)[440].

Este sistema presenta el contrasentido antes indicado, pues presupone el hecho de que una mayoría en junta general acuerde, bien la disolución o bien la enervación de la causa disolutoria. Evidentemente, ante una situación de grupos de socios con facultad de bloqueo o control negativo, aunque la LSC permita la adopción de acuerdos conforme a las reglas de quórum y mayorías no reforzadas, pretendiendo así facilitar que la junta pueda constatar la concurrencia de la causa de disolución, no será una regla efectiva, sobre todo si la propia junta no ha podido siquiera ser convocada debido al bloqueo, o aun convocándose formalmente, no ha sido posible su constitución y celebración.

---

440 Cabe recordar aquí el cambio terminológico experimentado por la LSC a raíz de su reforma mediante la Ley 31/2014, eliminando del art. 201 LSC el término confusorio de mayoría ordinaria por el de mayoría relativa. Así lo expresa SÁNCHEZ-CALERO GUILARTE, J., "Algunos cambios…", cit., pág. 90: "Esa terminología no zanjaba el debate clásico en torno a si el cómputo debía hacerse sobre la base de la mayoría relativa (mayor número de votos a favor que en contra) o de la mayoría absoluta (el acuerdo se adopta con más de la mitad de los votos presentes o representados)". El informe de la comisión de Expertos de 2014 se refería a mayoría relativa, pero en la Ley 31/2014 aparece como mayoría simple, con idéntico significado, es decir, el acuerdo se entenderá adoptado cuando haya más votos a favor que en contra".

Por esta razón, para reforzar la adopción del acuerdo de remoción de la causa o del acuerdo disolutorio, el art. 365 LSC impone a los administradores un deber de convocatoria de la junta en el plazo de dos meses desde que conociesen o debieran haber conocido la concurrencia de la causa legal o estatutaria de disolución para que ésta adopte el acuerdo de disolución o, si la sociedad fuera insolvente, que inste el concurso de acreedores. Adicionalmente, se amplía el derecho de convocatoria y se permite que cualquier socio —con independencia de su participación en el capital social— pueda solicitar de los administradores la convocatoria de la junta si, a su juicio, concurriera alguna causa de disolución. En todo caso, a nuestro juicio, la LSC es clara al no imponer exclusivamente una decisión afirmativa o negativa a la junta general sobre la concurrencia de la causa de disolución, puesto que el art. 365.2 LSC permite que la junta no sólo adopte el acuerdo de disolución, sino que siempre que conste en el orden del día, adopte también aquél o aquéllos que sean necesarios para la remoción de la causa de disolución.

No puede obviarse que la constatación de la concurrencia de la causa de disolución no impone a la junta general el deber de declarar la sociedad disuelta e iniciar la liquidación, sino que es libre de salvar la causa de disolución concurrente si estima que la continuación de la sociedad es más conveniente para el interés social a través de las oportunas modificaciones estatutarias, extraestatutarias o estructurales. En este sentido, tanto para los administradores como para cualquier socio resulta necesario, a la hora de ejercitar sus deberes o derechos respectivos a la convocatoria de la junta, determinar si se dan los presupuestos del art. 363.1 d) LSC (1° paralización de los órganos sociales y 2° imposibilidad de funcionamiento), examinando caso por caso la actividad de la junta general de socios de la sociedad afectada, esto es, si se produce, reiteradamente, la imposibilidad de alcanzar acuerdos debido a las posiciones antagónicas entre los dos únicos socios o grupos paritarios de socios que ostentan, cada uno de ellos, participaciones representativas del 50% del capital social y además se pone de manifiesto una voluntad deliberada y pertinaz de seguir en la situación de enfrentamiento. Si concurren ambos presupuestos estaremos indudablemente en presencia de la causa de disolución por paralización de órganos sociales, ante lo cual la junta, si consigue convocarse y celebrarse por el procedimiento ordinario, podrá salvar o declarar la sociedad efectivamente disuelta a causa de la paralización de sus órganos.

En todo caso, si a pesar de esta flexibilización del funcionamiento de la junta general no es posible constituirla o que adopte un acuerdo que constate o rechace la existencia de la causa de disolución —que será lo habitual en el caso de la causa analizada— la LSC dispone de un mecanismo alternativo de promoción de la disolución judicial de la sociedad (más efectivo en caso de paralización social), para evitar que la inactividad de la junta o su falta de convocatoria mantengan a la sociedad incursa en causa de disolución más allá del plazo máximo previsto en la norma. A este respecto, el art. 366 LSC prevé que en los casos en que la junta no fuera convocada, no se celebrara, o no se adoptara alguno de los acuerdos previstos (acuerdo de disolución y apertura de la fase de liquidación, o alternativamente, el acuerdo o acuerdos necesarios para la remoción de la paralización social), cualquier interesado pueda instar la disolución de la sociedad ante el juez mercantil del domicilio social, dirigiendo la solicitud de disolución judicial contra la sociedad.

4.3.2 Fundamentación de la paralización social como causa disolutoria

A) Antecedentes

El derecho de sociedades español ha seguido una trayectoria paralela a la del derecho italiano en cuanto a la regulación de la paralización de los órganos sociales como causa de disolución de las sociedades mercantiles. El Código de Comercio italiano de 1882 no la recogía como causa de disolución, de modo que hasta que se incluyó dicha causa expresamente en el Codice Civile de 1942 (art. 2448.3°), la doctrina y la jurisprudencia encuadraban el supuesto por subsunción en el art. 189.2 del Código de Comercio de 1882, exigiendo que la paralización fuese "absoluta", es decir, que no se tratase de una mera dificultad transitoria[441]. Esta exigencia implica que las desave-

---

441 Codice Civile Italiano: R.D. 16 marzo 1942, n. 262 Approvazione del testo del Codice Civile (Pubblicato nella edizione straordinaria della Gazzetta Ufficiale, n. 79 del 4 aprile 1942).

nencias han de ser insuperables, entendiendo por tales las relativas a acuerdos que deben ser necesariamente adoptados para la continuación de la vida social[442].

En España, la STS de 14 de febrero de 1945 fue uno de los primeros pronunciamientos judiciales que abordó las situaciones de bloqueo en las sociedades capitalistas. Dicha resolución exigió que la imposibilidad de alcanzar el fin social tuviese carácter definitivo, no siendo suficiente una paralización de la vida social[443]. A tal

---

442 *Cfr.* FRADEJAS RUEDA, O. M., "Paralización de los órganos sociales: supuestos de hecho y consecuencias. Una revisión.", *Documentos de Trabajo del Departamento de Derecho Mercantil* (Facultad de Derecho de la Universidad Complutense de Madrid), Ponencia del IX Seminario Harvard-Complutense, 2012, págs. 4 y 5, quien recoge la principal doctrina italiana sobre este punto, doctrina societaria precursora de la española: BRUNETTI, A., *Trattato del Diritto delle societá (vol. II), Società per azioni*, Milán, 1948, pág. 554; FERRARA/COSTI, *Gli imprenditori e le societá*, Milán, 1987, pág. 592; FRÉ, G., "Società per azioni", en SCIALOJA/BRANCA, *Comentario del Codice Civile*, Bolonia-Roma, 1982, págs. 849-850; GALGANO, F., "Le società per azioni", en GALGANO, F. (dir.), *Trattato di diritto commerciale e di diritto pubblico dell'economina*, Tomo VII, Padua, 1988, pág. 412; GRECO, P., *Le società nel sistema legislativo italiano. Lineamenti generali*, Turín, 1959, pág. 381; MAISANO, A., *Lo scioglimento delle società*, Milán, 1974, págs. 111-112; NICCOLINI, G., "Scioglimento, liquidazione ed estinzione di società di capitale", *Giur. Comm*, 1991, Tomo I, pág. 772 y sigs. y PORZIO, M., *L'estinzione delle società per azioni*, Nápoles, 1959, págs. 67-68. En cambio, en el derecho francés, el art. 1844.7.5° del Code, es un precepto situado entre las normas comunes a todas las sociedades y recoge como causa de disolución, si bien con una limitación innecesaria de supuestos: "las desavenencias entre los socios que paralicen el funcionamiento de la sociedad". Esta causa de disolución no ha sido apenas verificada en relación con las sociedades anónimas y ha sido objeto de una nula atención por la doctrina francesa, mientras que la jurisprudencia se ha limitado a decir que dicha causa sólo puede ser tomada en consideración si compromete el funcionamiento de la sociedad (vid. RIPERT/ROBLOT, *Traité de droit commercial*, vol. I, París, 1989, pág. 1129). Por su parte, en derecho alemán, su doctrina se limita a señalar, en el marco del análisis del art. 61 GmbH ("disolución judicial por imposibilidad de conseguir el fin social o existencia de causa importante que afecte al funcionamiento de la sociedad"), que las desavenencias entre los socios, al impedir la formación de la voluntad social, inciden sobre la sociedad en su funcionamiento.

443 La cuestión de la paralización social no fue tratada jurisprudencialmente en España hasta 1945. SENÉN, G., *La disolución...*, cit., pág. 185, confirma que "en la doctrina mercantil española anterior a la Ley de 17 de julio de 1951 ningún autor se enfrentó, pues, de un modo directo, con la paralización de los órga-

efecto deja sentado que "la mera paralización de la vida social o la privación temporal de la empresa que constituía su objeto no eran, por sí solas, determinantes de la paralización (...) y que no debe reputarse causa de disolución la existencia de meras dificultades u obstáculos transitorios y vencibles en la realización del fin social. Ha de tratarse de una imposibilidad manifiesta. Es decir, de una falta de posibilidad clara y definitiva, o de una situación de la que sea sumamente difícil salir y que la sociedad no pueda aguantar sin grave quebranto"[444].

En la doctrina mercantil española anterior a Ley de Sociedades Anónimas de 17 de julio de 1951 ningún autor se enfrentó de un modo directo con la paralización de los órganos sociales como posible causa de disolución de la sociedad anónima[445]. De forma tácita e indirecta sería reconocida como causa de disolución a través de

---

nos sociales como posible causa de disolución de la sociedad anónima, aunque LANGLE rozase el problema, pero con un criterio por completo equivocado a nuestro juicio".

444 Esta sentencia se ha visto ratificada por la STS de 3 de junio de 1967 (RJ 1967/2939) y STS de 5 de junio de 1978 (RJ 1978/2220).

445 La STS de 15 de febrero de 1982 (RJ 1982/685) aborda la problemática de la paralización social en el marco de una sociedad limitada familiar. En ella se recoge el fundamento de derecho de la STS de 3 de julio de 1967 (R. 2939): "Que esta Sala en su sentencia de 3 de julio de 1967 contempló el supuesto que se calificó de sugestivo, de si en una sociedad de responsabilidad limitada integrada sólo por dos socios, con igual participación e idénticas facultades de administración, al surgir desacuerdos entre los mismos podía acordarse su disolución impetrada por uno de los socios con la oposición del otro, llegando a la conclusión afirmativa y ello por cuanto, ante tan encontradas posturas, no podía adoptarse ninguna decisión que permitiera el desarrollo del fin social, situación idéntica a la que en el presente caso es objeto de enjuiciamiento, estableciéndose en el párrafo 2° del art. 30 de la Ley reguladora del Régimen jurídico de las Sociedades de Responsabilidad limitada, al contener la misma "una fórmula genérica para todos aquellos supuestos que verdaderamente sean de reglas de criterio humano, produzcan el colapso de la vida de la compañía, imposibilitando su normal funcionamiento de manera permanente y definitiva". *Vid.* APARICIO GONZÁLEZ/DE MARTÍN MÚÑOZ, *La sociedad anónima. Legislación, jurisprudencia y bibliografía*, Madrid, 1999, pág. 914.

la causa disolutoria por imposibilidad manifiesta de alcanzar el fin social (vía art. 150.2 LSA de 1951[446])[447].

Esta situación se prolongaría hasta la reforma de la LSA de 1989 con la introducción de una nueva regulación de la eficacia de esta causa de disolución (260.1 3° LSA[448]), aunque no fuera propiamente una novedad en el derecho positivo español habida cuenta de que ya venía recogida en términos bastante parecidos en los arts. 30 de la Ley de Ordenación del Seguro Privado de 1984[449] y 103.4° de la Ley General de Cooperativas de 1987[450]. El Anteproyecto del Ministerio de Justicia de 19 de enero de 1988, que introdujo por primera vez la modificación del art. 150.2 de la Ley de 17 de julio de 1951, se refería a la causa de disolución por paralización de los órganos sociales, por

---

446 Por tanto, hasta 1989, con la entrada en vigor de la LSA que derogaba la Ley de 17 de julio de 1951, no apareció como tal de forma expresa la paralización de órganos sociales como causa de disolución. Véase, entre otras, la STS de 2 de marzo de 1998 (RJ 1998/1126), que, aplicando la LSA de 1951, sostuvo que el art. 150 de esta ley incluía tácitamente el bloqueo societario como supuesto de la imposibilidad manifiesta de realizar el fin social, derivada de la existencia de una casi total paralización de la actuación de los órganos de la sociedad.

447 A este respecto SENÉN, G., *La disolución...*, cit., pág. 187, recoge lo comentado sobre la interpretación del art. 150.2 LSA de 17 de julio de 1951: "Incluso debe reputarse supuesto de imposibilidad de realizar el fin social, el hecho de que el funcionamiento de la sociedad se haga imposible por meras disensiones o diferencias entre los socios. En la práctica, se da con frecuencia ese supuesto en las sociedades que teniendo un número reducido de accionistas se halla repartido el capital social en forma que no permita reunir en las Juntas Generales o en los Consejos de Administración las mayorías necesarias para constituirse o para tomar acuerdos. Cuando por unas u otras razonas se produce la inactividad de los órganos sociales, la sociedad así paralizada no podrá realizar el fin para el que se constituyó y deberá abrirse el camino de la disolución".

448 Art. 260.1 3° LSA 1989: "Por la conclusión de la empresa que constituya su objeto o la imposibilidad manifiesta de realizar el fin social o por la paralización de los órganos sociales, de modo que resulte imposible su funcionamiento".

449 Este precepto enunciaba causas especiales con relación al régimen general de las sociedades aseguradoras, ya fueran anónimas o cooperativas. En su apartado 1° letra c) contemplaba como causa de disolución: "la inactividad de los órganos sociales de modo que resulte imposible su funcionamiento".

450 Este precepto contemplaba como causa de disolución de las sociedades cooperativas: "la paralización o inactividad de los órganos sociales durante dos años consecutivos".

ser "tan frecuente cuando en la sociedad existen dos grupos enfrentados de capital con el cincuenta por ciento cada uno de ellos".

La misma causa de disolución se reproduciría en la LSRL de 1995 en idénticos términos (art. 104.1 c). Con ella se intentaría abordar de forma más precisa la problemática de los conflictos intra-corporativos en las sociedades pequeñas y familiares, que revestían forma societaria de tipo limitada, puesto que bajo la anterior Ley Reguladora del Régimen Jurídico de las Sociedades de Responsabilidad Limitada de 1953 (arts. 30.2 y 31) —como queda patente en la STS de 3 de julio de 1967 (R. 2939)—, se venía haciendo una aplicación analógica con base en el régimen de la disolución de las sociedades personalistas. Así sucedía cuando ante las posturas encontradas de los socios no podía adoptarse en junta general ninguna decisión que permitiera la realización del fin social. El colapso de la vida de la sociedad imposibilitaba su normal funcionamiento y al no poder formarse una mayoría estable, estas sociedades limitadas compuestas por dos socios, familias o grupos de socios paritarios debían reputarse como sociedades de tipo personalista, aplicándose subsidiariamente la vía del art. 218.7° C.Com, en conexión con lo establecido en la ley especial en su art. 31[451].

B) Estado de la cuestión

Actualmente, la paralización de los órganos sociales es una de las causas de disolución contempladas en el elenco de causas legales del art. 363 LSC. En la refundición operada en 2010 el legislador optó por incluir específicamente esta causa de disolución en una letra separada diferenciándola así de las causas de disolución por la conclusión de la empresa que constituya su objeto y por la imposibilidad

---

451 Este criterio es recogido en la STS de 25 de octubre de 1963 (R. 4215) y reiterado en la STS de 18 de enero de 1962 (R. 448) y STS de 13 de febrero de 1962 (R. 696): "Cuando sean sólo dos los socios con idéntica participación de capital, al no haber mayoría posible, deben reputarse como sociedades de tipo familiar y de carácter personalista y se está en el caso de aplicar subsidiariamente el núm. 7° del art. 218 del C.Com, que admite la Ley especial en su art. 31".

manifiesta de conseguir el fin social, que permanecían vinculadas en las leyes refundidas (LSA y LSRL)[452].

La LSC confirma la reiterada doctrina y jurisprudencia que llevaban contemplando esta causa disolutoria como autónoma o específica[453], aunque en puridad no opere sino como un supuesto concreto o subtipo de la imposibilidad de conseguir el fin social, con la cual sigue conservando una comunidad de motivación[454]. Sin embargo, la sustantivación de la que ahora goza con la nueva redacción contrasta con la interpretación histórica u originaria, que exigía que la

---

452 La Propuesta de Código de Sociedades Mercantiles de 2002, elaborada por la Ponencia Especial de los Profesores Fernando SÁNCHEZ CALERO, Alberto BERCOVITZ y Ángel ROJO, de la Sección de Derecho Mercantil de la Comisión General de Codificación, mantuvo igual el régimen jurídico de la disolución (Libro VI) y la causa de paralización en parecidos términos: "Por la conclusión de la actividad que constituya el objeto social, la imposibilidad manifiesta de realizarlo o la paralización de los órganos sociales de modo que resulte imposible su funcionamiento" (art. 554.4º). Asimismo, la Propuesta de Código Mercantil de 2013 mejoró sustancialmente el tenor literal de esta causa legal de disolución, al ceñir el bloqueo únicamente a la junta general, evitando el equívoco de entender que han de ser los dos órganos sociales los que estén bloqueados simultáneamente para que la causa y procedimiento disolutorio tenga eficacia. Así, el art. 272-8.1 d) de dicha Propuesta contempló como causa de disolución: "La paralización de la junta general, por imposibilidad manifiesta de adoptar acuerdos sociales". Por tanto, puede decirse que la Propuesta avanzó en la línea de lo que la jurisprudencia ya había afirmado, en el sentido de que basta que sea la junta el órgano que esté bloqueado de forma indefinida y manifiesta, puesto que, si el conflicto se limitara al órgano administrativo, correspondería a la misma removerlo. Lamentablemente, el tenor de la Propuesta no se ha visto trasladado al Anteproyecto de Ley de Código Mercantil de 2014, que regresa a los términos vigentes: "La paralización de los órganos sociales de modo que resulte imposible su funcionamiento" (art. 272-8.1 d del Anteproyecto). No obstante, hay que reconocer el avance novedoso en cuanto al régimen de disolución judicial, con el inciso que se hace en el segundo párrafo del art. 272-10.1: "En el caso de paralización de la junta de socios, la disolución judicial podrá solicitarse directamente por cualquier interesado".

453 *Vid.* BATALLER, J., "La disolución de las sociedades de capital", en ROJO/BELTRÁN (dirs.), *Comentario de la Ley de Sociedades de Capital*, Tomo II, Madrid, 2011, pág. 2552.

454 *Vid.* BELTRÁN, E., *La disolución de la sociedad anónima*, Madrid, 1991, pág. 103; GARRIGUES, J., *Dictámenes* III, Madrid, 1976, págs. 743-744; SENÉN, G., *La disolución...*, cit., págs. 159-161 y DE EIZAGUIRRE, J. M., *La disolución de la sociedad de responsabilidad limitada*, Madrid, 2000, pág. 52.

paralización de los órganos sociales fuese definitiva e insuperable, de acuerdo con los postulados de la causa de donde procede y escinde ("la imposibilidad de alcanzar el fin social")[455]. La paralización de los órganos sociales se concebía como una manifestación de aquella imposibilidad[456]. Así, un empate sistemático derivado de una disputa entre los socios en junta general se reputaba como una causa originaria de la disolución, por lo que la técnica jurídica consistía en una operación de subsunción del supuesto de paralización de los órganos sociales en el precepto de la imposibilidad de realizar el fin social, con igual planteamiento que el Código italiano de 1882[457].

En este sentido, la STS de 5 de junio de 1978 (RJ 1978/2220), reconduce la paralización de los órganos sociales a la imposibilidad de realizar el fin social: "la sociedad anónima se disolverá por la imposibilidad manifiesta de realizar el fin social; y esto se produce, precisamente cuando la junta general como el consejo de administración se ven impedidos de funcionar, es decir, se ven afectados por una paralización absoluta que le impide adoptar acuerdos, ya que la actividad empresarial exige la exteriorización de la voluntad social para poder cumplir tanto su fin, como diferentes objetos; ello se infiere, además, de las normas que regulan el modo de operar de la junta general y del consejo de administración, y especialmente del principio de sumisión al voto de la mayoría como procedimiento para formar la voluntad social, y de los requisitos que se exigen para que aquellos

455 *Cfr.* URÍA, R., *Derecho Mercantil*, 28ª ed., Madrid, 2002, pág. 419.

456 *Vid.* BERCOVITZ, A., *La sociedad de responsabilidad limitada*, 2ª ed., Madrid, 2006, pág. 419, confirma que en algunos casos este supuesto se ha tratado como una variante del supuesto general consistente en la imposibilidad de conseguir el fin social.

457 Cabe recordar que el Código de Comercio de 1885, en su art. 221.1, se limitaba a decir que las compañías de cualquier clase se disolverán totalmente: "1. Por el cumplimiento del término prefijado en el contrato social, o la conclusión de la empresa que constituya su objeto (…)". Lo que quiere decir que literalmente el Código de Comercio no ampliaba esta causa de disolución al supuesto de imposibilidad manifiesta de alcanzar el fin social. Fue precisamente con la publicación de la Ley de Sociedades Anónimas de 17 de julio de 1951, en su art. 150.2, cuando por primera vez se consideraba de modo expreso como causa de disolución para este tipo de sociedades, no sólo la conclusión de la empresa que constituya su objeto, sino también "la imposibilidad manifiesta de alcanzar el fin social".

órganos se entiendan válidamente constituidos (...) Que, aunque no existiera este precepto, siempre subsistiría la necesidad de reputar ese empate entre los accionistas, como una de las causas que originan "la imposibilidad manifiesta de alcanzar el fin social —que a su vez es causa de la disolución de la sociedad—, ya que por aquel empate de votos no se podrá alcanzar un acuerdo social de disolución, impugnable por la vía procesal del art. 67 y tendrá que ser decretada aquélla por resolución judicial".

En consecuencia, puede reconocerse una evolución en nuestro ordenamiento positivo desde una aplicación tácita e indirecta de la paralización social por medio de la subsunción en la causa disolutoria por imposibilidad manifiesta de alcanzar el fin social (LSA 1951) hacia la previsión legal expresa (LSA 1989, LRSL 1995 y LSC 2010)[458]. De tal forma que en la actualidad el fundamento de la causa de disolución descansa exclusivamente en la norma positiva, lo cual facilita su invocación por los interesados. En sentido contrario, es evidente que antes de aparecer entre las causas de disolución de la LSA, las dificultades para aplicarla eran mucho mayores por la imposibilidad de fundamentarlo directamente en un precepto específico. La LSC, por tanto, unifica el régimen de disolución para las sociedades de capital, estableciendo unas causas de disolución comunes tanto para las sociedades anónimas como para las sociedades de responsabilidad limitada.

C) Alcance de esta concreta causa disolutoria

Para observar el alcance de esta causa recogida en el art. 363.1 d) LSC hay que proceder a examinar con detalle la doctrina y jurisprudencia, ya que limitándonos al tenor literal del precepto vigente será muy difícil captar nítidamente en qué supuestos puede hablarse de paralización y qué requisitos han de darse para que concurra como

---

[458] En opinión de PAZ-ARES, C., "La disolución...", cit., págs. 1073-1074, esta subsunción, bajo la rúbrica de "parálisis de los órganos sociales" dentro de los preceptos referidos de la LSRL (art. 30.2) y LSA 1951 (art. 150.2), fue efectuada de forma técnicamente impecable. En esta misma línea según se refiere dicho autor, la subsunción ha sido avalada por otros autores como SENÉN, GIRÓN, URÍA, GARRIGUES y DE LA CÁMARA.

causa de disolución. De hecho, como antes se ha señalado, cuando la paralización social no estaba prevista de un modo expreso en la ley, el fundamento había que encontrarlo incluido en el supuesto de imposibilidad manifiesta de alcanzar el fin social, que sí era el que estaba previsto desde la LSA de 1951.

En efecto, la sociedad afectada se verá impedida de alcanzar el fin social cuando sus órganos sociales sufran una paralización absoluta e insalvable, es decir, cuando la junta general y el órgano de administración no puedan funcionar normalmente hasta el punto de no poder desarrollar el objeto para el que se constituyó. Si la sociedad no puede desarrollar el objeto social, no podrá, por consiguiente, realizar el fin social, que es el cumplimiento del principio de ánimo de lucro que informa toda actividad mercantil y que en derecho societario se materializa en el axioma de la distribución periódica de dividendos. Ello sucederá si la junta general, por haber incurrido en una situación de bloqueo, no aprueba las cuentas anuales del ejercicio anterior y como consecuencia se produce el cierre registral de la compañía mercantil[459].

Igualmente, la sociedad tampoco podrá funcionar normalmente ni realizar el objeto social si debido a la paralización de la junta no puede utilizar los distintos procedimientos que la ley ofrece a las sociedades de capital para captar recursos, como pudieran ser las ampliaciones de capital, la emisión de obligaciones o la modificación estatutaria de carácter necesario para la adaptación de la sociedad a la evolución del tráfico mercantil. La imposibilidad para alcanzar el fin social todavía será más evidente si además se encuentra paralizado el órgano de administración, ya que al verse la sociedad privada de representación no podrá entrar en relación con terceros ni realizar actuación alguna en el mercado[460].

---

459 La no presentación al registro de las cuentas anuales hace que la hoja de la sociedad permanezca temporalmente cerrada hasta que se encuentren depositadas y calificadas correctamente (arts. 11 y 378 RRM y RDGRN de 26 de mayo de 2009 y 25 de mayo de 2011).

460 Como recoge SENÉN, G., *La disolución...*, cit., págs. 160-161, así sucedería en el caso de una sociedad anónima de obras públicas en la que tanto la junta general como el consejo de administración dejasen de funcionar. Es evidente que, por un lado, al no poder acudir a los concursos y subastas del Estado ni firmar contrato alguno con terceros para la ejecución de obras, la sociedad no

Partiendo de la autonomía con la que aparece en la nueva redacción legal, la realidad es que ambas causas de disolución se complementan, reputando comprendidas en ambos preceptos —arts. 363.1 c) y 363.1 d) LSC— todos aquellos casos en que por razones externas o internas fuere imposible el funcionamiento de la sociedad y la realización del fin social. El alcance operativo de las respectivas causas disolutorias se caracterizará por el despliegue de una doble vía: para los hechos de índole externa, como pudieran ser un obstáculo natural o un impedimento técnico, operaría la causa disolutoria por imposibilidad manifiesta de conseguir el fin social[461]; para las circunstancias internas operaría la causa disolutoria por paralización social, en tanto quede probado que el funcionamiento normal de la sociedad resulta imposible con motivo de graves disensiones entre los socios que paralicen definitivamente la actividad de los órganos sociales[462].

La objeción se plantea acerca de lo que se considera por paralización "definitiva", es decir, si la incoación del procedimiento di-

---

podría realizar las actividades propias de su objeto social. Y si a esto se añade la imposibilidad de financiar sus trabajos, al verse impedida para acordar aumentos de capital, emisión de obligaciones etc., por la paralización de la junta general, será forzoso llegar a la conclusión de que tal sociedad se ve impedida para conseguir el fin para el que se constituyó y debe ser disuelta. Asimismo, FERNÁNDEZ-TRESGUERRES GARCÍA, A., "El poder de representación en la sociedad anónima: poder orgánico y apoderamiento", *AAMN*, T. XXX, 2°, 1991, pág. 264 y sigs.

461 Como señala MUÑOZ MARTÍN, N., "La disolución...", cit., pág. 560, son muchas las causas que pueden impedir la consecución del fin social y de carácter también diverso: obstáculos naturales, técnicos o humanos: falta de materias primas, falta de mano de obra, revocación de concesiones necesaria para la realización de la actividad que se constituye como actividad social etc. Sin embargo, sea cual sea el obstáculo, éste ha de ser manifiesto, ha de presentarse como causa ineludible e insubsanable y por ello de carácter permanente. Este carácter permanente de los supuestos que dan lugar a esta causa de disolución y su incidencia sobre la actividad social, convirtiéndose en supuestos de imposibilidad sobrevenida de cumplir el objeto social, hará que la sociedad, tras la constatación del hecho, sólo pueda evitar su disolución a través de un acuerdo de cambio del objeto social, que deberá adoptarse con los requisitos establecidos para la modificación de los estatutos sociales.

462 *Vid.* FLAQUER, J., "La paralización de la Junta general de accionistas (reflexiones en torno a la STS de 12 de noviembre de 1987)", *Revista General del Derecho*, 1989, pág. 1885 y URÍA, R., *Derecho Mercantil*, cit., pág. 419.

solutorio debe esperar a la completa paralización de los órganos sociales con carácter insuperable o basta una mera constatación de la existencia del conflicto intra-corporativo. Atendida la tradición jurisprudencial al respecto, se ha venido interpretando que para la eficacia de esta causa de disolución se requiere necesariamente que se produzca una paralización manifiesta y que tenga un carácter definitivo e insalvable, en el sentido de que haya una situación de la que sea sumamente difícil salir y que la sociedad no pueda funcionar sin grave quebranto[463].

Esta interpretación estaba en relación con el origen mismo de esta causa de disolución, en tanto que prolongación o variante tácita de la imposibilidad manifiesta de alcanzar el fin social, de donde resulta que existirá imposibilidad de funcionamiento de la sociedad siempre que se acredite la incapacidad por parte de la junta de alcanzar una decisión que legalmente fuera necesario tomar, como una reforma estatutaria, un aumento o reducción del capital, o el cambio de objeto social[464]. Sin embargo, la nueva autonomía de la causa disolutoria parece matizar su eficacia restrictiva considerando como requisito suficiente que el conflicto intra-corporativo genere una inmediata puesta en peligro de la economía de la sociedad o incluso una disfunción temporal considerable, no necesariamente reiterada ni absoluta.

Esto no significa que haya que entender que la autonomía de la que goza esta causa legal de disolución autorice a superar sin más una interpretación histórica de marcado signo institucionalista, a pesar de la tendencia judicial favorable a la disolución en caso de sociedades de dos únicos socios o grupos de éstos con igualdad de participaciones[465]. Esta interpretación tiene uno de sus fundamentos

---

463 Entre otros, GARRIGUES, J., *Dictámenes* III, cit., págs. 589-596, 743-744, 908-910; FLAQUER, J., "La paralización...", cit., pág. 1887, y con anterioridad y mayor exhaustividad SENÉN, G., *La disolución...*, cit., págs. 159-161. La jurisprudencia menor también acoge mayoritariamente esta doctrina: Auto del Juzgado 1° de lo Mercantil de Cádiz de 23 de abril de 2007 (RJ 2007/136408) y la DGRN en su Resolución de 24 de marzo de 2007 (RJ 2007/1794).

464 *Cfr.* BLANQUER, *Disolución, liquidación y reactivación de las sociedades anónimas y limitadas*, Valencia, 2001, pág. 35.

465 Vid. STS de 18 de enero de 1962 (R. 448), STS de 25 de octubre de 1963 (R. 4215), STS de 3 de julio de 1967 (R. 2939) y STS de 5 de junio de 1978 (RJ

en el principio de supervivencia o conservación de la empresa, de ahí que la paralización sea adjetivada por los jueces como definitiva, insuperable, permanente o reiterada, como criterio de exigencia para la admisión de la demanda de disolución. A nuestro juicio, este principio de conservación de la empresa encontraría hoy su actualización teorética por medio de su encuadre en la tesis institucionalista de la responsabilidad social corporativa, en aras de la defensa de los *stakeholders* (principalmente acreedores, trabajadores y Hacienda Pública). Por ello, ante una situación de bloqueo, el vigente régimen disolutorio y en particular la causa de disolución del art. 363.1 d) LSC no parece que sea una vía satisfactoria en atención al conjunto de intereses implicados[466].

No obstante, que la sociedad siga funcionando o que incluso mejore sus resultados económicos temporalmente no es óbice para denegar la concurrencia de causa de disolución judicial si existe y se prueba una paralización de sus órganos sociales[467]. Es por ello que no hay que confundir la imposibilidad de desarrollar el objeto social con la imposibilidad de realizar el fin social, que es la consecución por los socios de un beneficio repartible, en tanto que fundamento del principio de ánimo de lucro que informa a toda la actividad mercantil. La razón se funda en que el fin social exige la adopción

---

1978/2220).

466 *Cfr.* BATALLER, J., "La disolución...", cit., pág. 2552. En torno al principio de conservación de la empresa que informa a toda la regulación mercantil tenemos uno de los trabajos de referencia de nuestra doctrina en RUBIO, J., *El principio de conservación de la empresa y la disolución de sociedades mercantiles en Derecho español*, Madrid, 1935, págs. 10-11: "El interés en la conservación de la empresa (...) crece en proporciones extraordinarias al tratarse de sociedades mercantiles (...). La sociedad mercantil de hoy, cuya extensión e importancia de funciones (...) recubre una organización económica, una empresa para cuyo establecimiento y vida es necesario el esfuerzo conjunto y prolongado de capital y trabajo, que una disolución injustificada haría ineficaz. La empresa —en este caso la empresa social— constituye una unidad de valor propio cuya descomposición destruye, en perjuicio del empresario, en perjuicio de sus acreedores y, en definitiva, en perjuicio también del interés general. De ahí la necesidad de que la ley asegure su mantenimiento defendiéndola en lo posible de aquellas contingencias personales que no afecten a su esencia como organización objetiva".

467 A este respecto la SAP de La Coruña de 26 de mayo de 2003 (JUR 2003/237363), sentencia no exenta de crítica, que se aparta de esa doctrina, tratando de favorecer el funcionamiento de la empresa.

de acuerdos más allá de la gestión ordinaria, tales como aumentos o reducciones de capital, reparto de dividendos o aprobación de las cuentas anuales. No basta, pues, que la sociedad se limite a cumplir con la actividad empresarial que constituya su objeto social. El fin social no podrá alcanzarse debidamente si los órganos sociales se encuentran paralizados por un tiempo prolongado, aunque la sociedad siga temporalmente desarrollando su objeto social.

Por tanto, si se considera que el fin social es la obtención de beneficios a través del ejercicio de una actividad económica, la imposibilidad de conseguirlo puede nacer tanto de la imposibilidad de obtener beneficios (fin último) con el ejercicio del objeto social, cuanto de la imposibilidad de desarrollar el objeto social (fin medio). A nuestro juicio, esta interpretación es la que debe primar, puesto que una sociedad paralizada, al no poder desarrollar el objeto social, a la larga no podrá realizar el fin social[468].

---

468 Sobre la distinción entre fin social y objeto social véase GIRÓN, J., cit., págs. 203-204 y RUBIO, J., *Curso...*, cit., pág. 489. A este respecto, es ilustrativo la posición que se adopta en derecho estadounidense. En algunos de sus ordenamientos estatales la situación económica de la propia sociedad será un factor determinante para la aplicación o no de la causa disolutoria a las sociedades cerradas, en la idea de que la disensión intra-corporativa perjudica (o puede perjudicar) a los socios. A este respecto, la Section 1104 (a) (3) de la vigente *Business Corporation Law* de Nueva York, autoriza la disolución judicial cuando "there is an internal dissension and two or more factions of shareholders are so divided that dissolution would be beneficial to the shareholders". Por tanto, para acogerse a esta causa de disolución, el socio que la promueva tendrá que alegar que aparte del disenso interno, la disolución sería beneficiosa para los socios. Vid. MAHLER, P., "Shareholder Wars...", cit., pág. 29. Así, si la sociedad 50/50, a pesar de las desavenencias existentes entre sus socios, tiene unas cuentas saneadas y genera beneficios, los jueces podrían rechazar la solicitud de demanda judicial porque entienden que la voluntad de terminar con el vínculo societario se sustenta en la mera voluntad y no se justifica atendiendo a la situación patrimonial de la sociedad. En este sentido los casos *In re Cantelmo* (1949), *In re Bankhalter* (1953), *In re Radom&Neidorff* (1953), *In re Seamerlin Operating Co* (1954), *In re Dubonnet Scarfs, Inc* (1985), *In re Kaufman* (1996), *In re Glamorise Foundations, Inc* (1996) e *In re Parveen* (1999). En todos ellos, los jueces se decantan por la viabilidad de la sociedad y no por la disolución del vínculo societario sobre la base de la mala fe del socio que quiere disolver abusivamente una sociedad rentable, lo que a su vez pondría de relieve que no está realmente paralizada porque genera beneficios, realizando su objeto social con éxito en el mercado. La razón por la que el socio demandaría la disolución sería para obtener en la liquidación activos

A la cuestión doctrinal de fondo se suma la que gira en torno a la dimensión y significado de la *affectio societatis* en el contrato de sociedad. Por una parte, algunos autores consideran dicho principio como un elemento esencial del contrato de sociedad, aún en las sociedades capitalistas[469]. Esta opinión parece haber sido superada por

líquidos a fin de satisfacer a sus acreedores personales. La disolución, por tanto, no sería beneficiosa y no se podría acoger a la causa estipulada, por ejemplo, en la Section 1104 (a) (3) de la *Business Corporation Law* de Nueva York. Por otro lado, en el Estado de California se permite la disolución judicial de una *close corporation* cuando sea necesario proteger los intereses de los accionistas que reclaman. Sin embargo, la mera desavenencia existente entre los administradores no es causa para invocarla. A este respecto, el caso *Stuparich vs. Harbor Furniture Mfg. Inc.* (California Ct. App, 2000), en el que los demandantes interpusieron demanda solicitando la disolución de una *corporation* familiar al surgir conflictos y discrepancias entre los administradores. El tribunal sostuvo que la solicitud de disolución debía reservarse para circunstancias que realmente la mereciesen, no siendo éste el caso, a pesar de la confrontación entre algunos miembros del consejo de administración. Mientras la empresa siguiese progresando económicamente tras las pérdidas de la década anterior, el remedio al conflicto no debía ser la disolución. Se ratificó la sentencia dictada en favor de la sociedad demandada. Sin embargo, sería procedente la disolución si se prueba que, además de la mala relación entre los socios, la contabilidad de la sociedad refleja un estado patrimonial negativo. Las demandas de disolución son admitidas por los tribunales estadounidenses porque la disensión personal entre los socios tiene más peso que la conservación del negocio común. Véase el caso *In re Pivot Punch & Die Corp* (1959), en el que el Juez Ponente Jasen autoriza la disolución al asimilar una sociedad cerrada con una sociedad de personas, que puede disolverse por voluntad de cualquiera de sus socios. En este caso, la sociedad en cuestión, según razona el juez "is simply a partnership consisting of the petitioner and respondent, clothed with the benefits peculiar to a corporation, limited liability perpetuity and the like". Por tanto, cuando cesan las características personalistas (fidelidad, lealtad, confianza), las sociedades de capital cerradas y paritarias también deben cesar, porque dejan de ser beneficiosas para sus socios, incapaces de reconciliarse y de ejercer una administración coordinada y eficiente. En la misma línea, los casos *In re Surchin* (1967), *In re Gordon & Weiss, Inc* (1969), *In re T. J. Roman Paint Corp* (1984) y *Goodman & Lovett* (1994).

469 Cuestión que se plantea DÍEZ-PICAZO, L., *Sistema de Derecho Civil*, Vol. 2, 11ª ed., Madrid, 2003, pág. 461: "Aunque la noción de la *affectio societatis* tenga todavía algún arraigo en la doctrina y en la jurisprudencia, son hoy muchos los autores que impugnan la existencia de ese pretendido elemento característico del contrato y muchos también los que lo mantienen, aunque con escasa fe o lo rechazan implícitamente al pasarlo al silencio. Y es que añade CASTÁN, tanto si se sigue un criterio subjetivo para definir la *affectio societatis* (considerándola como intención de asociarse o de someterse al contrato de sociedad), como

aquellos que entienden que la *affectio societatis* ha de quedar relegada en lo que respecta a las sociedades anónimas, y más concretamente, en lo referido a las sociedades cotizadas. En esta tipología social, dada su magnitud y el carácter fungible de los socios, los elementos subjetivos y personalistas de los socios tienden a desaparecer y no se tienen en consideración al constituirlas, invertir o participar en ellas[470].

Esto no es así respecto de las sociedades limitadas (y anónimas estatutariamente cerradas), en las cuales aún se pueden reconocer ciertos rasgos personalistas y es factible advertir que el *intuitu personae* puede desempeñar un papel importante[471]. En este sentido, bastaría la ausencia de *affectio societatis* —materializada en constantes

---

si se prefiere un criterio objetivo (viendo en ella un elemento económico de cooperación activa), siempre resulta que la *affectio societatis* viene a refundirse en los otros requisitos del contrato de sociedad". Finalmente, DÍEZ-PICAZO toma posición afirmando que la *affectio societatis* "no parece ser otra cosa que el genérico consentimiento contractual, unido al fin que las partes persiguen. Pero ese fin se valora en todos los contratos para interpretar sus pactos y sus estipulaciones y para someterlos a una determinada calificación, no es específico de la sociedad".

470 Para SENÉN, G., *La disolución...*, cit., pág. 164, esta opinión se basa en razones no siempre válidas: "en efecto, cuando la doctrina resta valor a la *affectio societatis*, desde el punto de vista de la disolución de la sociedad anónima, se basa, por lo general, en el carácter fungible de la cualidad de socio de una sociedad anónima y en la posibilidad ilimitada de transmitir las acciones a terceras personas como medio de abandonar una compañía en la que ya no se desea permanecer". Para ello esgrime el argumento de la facilidad de transmitir ilimitadamente las acciones de una sociedad anónima, que "sólo existe cuando se trata de una gran sociedad anónima con miles de accionistas y con sus acciones admitidas a la contratación y a la cotización oficial en las Bolsas Oficiales de Comercio, ya que en estos casos sí puede decirse que los títulos de la sociedad tienen un mercado permanentemente abierto y fluido. Pero no ocurre lo mismo cuando se trata de una sociedad anónima pequeña, con escaso número de socios (...) difícilmente encontrarán comprador para sus títulos".

471 Y de igual modo que en la sociedad limitada, en la sociedad anónima de tipo cerrada. En este punto, señala CORTÉS DOMÍNGUEZ, L. J., en *Funciones de la Sociedad Anónima. Legislación y práctica española*, Zaragoza, 1985, pág. 58: "que al desenvolvimiento del *intuitu personae* ha contribuido, ante todo, la amplia sanción legislativa de las limitaciones estatutarias a la libre transmisibilidad de las acciones que, como es sabido, pueden introducirse tanto en la constitución de la sociedad cuanto, en un momento posterior, se trate de acciones nominativas o lo sean al portador".

desavenencias intra-corporativas (fehacientemente acreditadas)— para operar como fundamento favorable en orden a la solicitud de disolución por parte del socio interesado[472].

La importancia de la *affectio* es de carácter instrumental y radica en su valor para hacer patente y complementar la argumentación del demandante cuando la junta general no ha logrado constituirse válidamente, por el continuado absentismo de un socio paritario que impide alcanzar los quórum mínimos exigidos para la adopción de determinados acuerdos o, aun constituyéndose, cuando en las votaciones se ponga de manifiesto un desacuerdo total entre los socios, incapaces de formar una mayoría estable en junta para decidir sobre alguno de los asuntos del orden del día que sean relevantes para la buena marcha de la vida de la persona jurídica. El acaecimiento de un bloqueo pondrá de relieve que los socios no tienen ya ese deseo de permanecer en sociedad, motivo determinante de la constitución de la sociedad o de la toma de participación en la misma. De esta forma, la paralización social debidamente acreditada por el correspondiente libro de actas (del consejo de administración —si lo hubiere— y de la junta general) servirá para esgrimir la pérdida de la *affectio societatis,* demostrando que los socios no pueden convivir entre ellos, o lo que es lo mismo, carecen de ese "espíritu de asociación" que hace posible la vida en sociedad[473].

Dicha situación conduce a que la única vía legal —dado el carácter limitado del derecho de separación y del régimen de transmisibilidad de las participaciones— lo constituya la disolución de la sociedad, aunque ni siquiera los socios se pongan de acuerdo para disolverla[474]. Por tanto, en la fundamentación del socio paritario demandante que se sienta "prisionero" de una sociedad cerrada parali-

---

472 Conforme con FLAQUER, J., "La paralización...", cit., pág. 1886, quien precisa: "este carácter limitado del derecho de separación, unido a la pérdida de la llamada *affectio societatis* en los casos de desavenencias entre los socios, pueden justificar la disolución de la compañía en aras a la evitación de situaciones de encarcelamiento de un socio en sociedades anónimas de tipo cerrado, que, por lo general, contienen restricciones a la libre transmisibilidad de las acciones y en las que no olvidemos que el *intuitu personae* juega un papel muy importante".

473 Sobre el valor probatorio de las actas de la junta general, vid. PATERNOTTRE, A., *Las actas de las juntas de accionistas,* Madrid, 1994, passim.

474 *Cfr.* SENÉN, G., *La disolución...*, cit., pág. 165.

zada por su consocio ha de valorarse la pérdida de la *affectio societatis* a fin de obtener una estimación judicial favorable a la disolución.

El hecho de que la paralización social se consagre ya en letra separada como supuesto o causa específica (art. 363.1 d LSC) parece autorizar a flexibilizar una interpretación de signo institucionalista que estaba ligada a su origen. Una interpretación más laxa consideraría suficiente que el conflicto intra-corporativo generase una inmediata puesta en peligro de la economía social o incluso una disfunción temporalmente considerable, aunque no necesariamente reiterada[475]. Este argumento alternativo descansa en el principio de rendimiento y consiste en flexibilizar la fundamentación originaria y restrictiva para contemplar la concurrencia de la causa de disolución, sin atender a la ausencia actual de *intuitus* o *affectio* sino a la peligrosidad y potenciales daños económicos que se irroguen con raíz en el conflicto intra-corporativo[476].

4.3.3 Análisis positivo y jurisprudencial de los supuestos de hecho

A diferencia de la formulación dada por otros ordenamientos jurídicos extranjeros, el tenor literal del art. 363.1 d) LSC se refiere a la paralización de los órganos sociales, en plural, es decir, dando a entender, a priori y quizá de forma equívoca, que se exige la concurrencia de dos paralizaciones simultáneas: una en el seno de la junta

---

475 Por esta nueva interpretación aboga BATALLER, J., "La disolución...", cit., pág. 2552: "Se supera así una interpretación histórica del precepto que asume los postulados propios de la causa de donde proviene —la imposibilidad de alcanzar el fin social—, para acoger una interpretación más acorde con los valores que deben preservarse".

476 A juicio de PAZ-ARES, C., "La disolución...", cit., pág. 1076, la clave de la solución a este problema deberá encontrarse en el denominado principio de rendimiento, como *ratio* disolutoria, en vez de en el principio *intuitus* del contrato social. La solución que propone es una vía intermedia que ponga el acento en la relación de causalidad entre los conflictos intra-corporativos y lo que IMMENGA denomina una inmediata puesta en peligro de la economía de la sociedad, tal como está estipulado en los ordenamientos más avanzados como el alemán o el norteamericano, en el que la disolución se decreta cuando las desavenencias internas impiden a la sociedad operar ventajosamente en el mercado.

y otra en el seno del órgano de administración[477]. Sin embargo, la práctica muestra una decantación por circunscribir el bloqueo societario únicamente al producido en la junta. Esta aseveración se justifica en que una eventual paralización del órgano de administración puede ser subsanada por la junta general tomando acuerdos que impliquen el final de la paralización. Estos acuerdos sociales tendentes al desbloqueo serán propiamente el cese y sustitución de los administradores o la reducción o aumento de su número[478].

---

477 Fundamento Jurídico 2º de la STS de 15 de junio de 2010 (2010, 3901): "Aunque el precepto legal es en plural, basta con que se paralice cualquiera de ellos, con tal de que sea suficiente para producir aquella consecuencia negativa. Por otro lado, como el bloqueo del órgano de administración podrá ser superado normalmente por la junta general, se entiende que, como regla, es la paralización de este órgano la verdaderamente causante de la disolución". En relación con este punto conviene citar la SAP de Madrid (Sección 10ª) de 12 de julio de 2005 que hace especial referencia a lo equívoco que resulta la referencia legal a los órganos sociales: "Ahora bien, la referencia a los órganos sociales puede resultar equívoca, porque en rigor esta causa de disolución sólo tiene sentido respecto de la junta general. Así se entiende porque, en definitiva, la eventual inactividad del órgano de administración siempre puede ser eliminada por el órgano deliberante, que es a quien corresponde la facultad de nombrar y cesar a los administradores (RDGRN de 24 de marzo de 1994). Más aún si se tiene en cuenta que la Ley proporciona instrumentos añadidos para impedir la inactividad del órgano de administración. En este sentido, la Ley señala que "en caso de muerte o cese del administrador único, de todos los administradores que actúen conjuntamente, o de la mayoría de los miembros del consejo de administración, sin que existan suplentes, cualquier socio podrá solicitar del juez del domicilio social la convocatoria de junta general para el nombramiento de los administradores". Además, cualquiera de los administradores que permanezcan en el ejercicio del cargo podrá convocar la junta general con ese único objeto (art. 45.4). Si la junta no es capaz de terminar con las dificultades operativas del órgano de administración, habrá que estimar que la paralización afecta, en realidad, a la junta general". Asimismo, tenemos la SAP de Madrid (Sección 28ª) de 7 de mayo de 2018: recuerda que no es necesario que la paralización se dé conjuntamente en ambos órganos sociales, el de administración y la junta de socios, "basta con que se paralice cualquiera de ellos" (ver en este sentido, STS de 15 de junio de 2010); señalando además que como regla general será la paralización de la junta la causante de la disolución, ya que el bloqueo del órgano de administración normalmente puede ser resuelto por la actuación de la junta (cambiando el régimen de administración o cesando a los administradores y nombrando a otros).

478 Entre otros, BELTRÁN, E., *La disolución...*, cit., pág. 103; PORFIRIO CARPIO, L. J., "Comentario...", cit., pág. 1125; PAZ-ARES, C., "Disolución...", cit., pág.

A continuación, se examinarán qué situaciones pueden llevar a la inactividad del órgano de administración y si cabe contemplar para dicho órgano una paralización que sea causa de disolución. En lo que a la junta se refiere, se desglosarán los tres supuestos de los que puede derivarse una paralización de la junta de tal modo que implique causa de disolución.

A) Paralización del órgano de administración

El órgano de administración es el órgano permanente de gestión, representación y relación con terceros. Así es como está previsto legalmente en la LSC y por tanto, parece lógico que su inactividad traiga consigo la imposibilidad del funcionamiento social, empezando por la falta de convocatoria de las juntas generales ordinarias o la falta de aprobación de las cuentas anuales si los administradores no las formularon. El hecho de que en una sociedad de capital el órgano de administración sea incapaz de formular cuentas anuales debido a una paralización interna causará que tampoco puedan aprobarse en junta el reparto de beneficios. Ello hará imposible la consecución del fin último que los socios persiguieron al entrar en sociedad.

La inactividad paralizante del órgano de administración puede producirse por diversas causas, ya sea por vaciamiento del órgano (acefalia estructural o funcional), por negligencia de los administradores o por continuas confrontaciones entre sus miembros que les impidan tomar decisiones[479]. En cualquiera de estas situaciones, la

---

1075; LÓPEZ ORTEGA, R., "Comentario a la STS de 25 de julio de 1995", *Cuadernos Civitas de Jurisprudencia Civil*, N° 40, 1996, págs. 128-129; RODRÍGUEZ DELGADO, J. P., "Comentario...", cit., págs. 533-534, y más detalladamente SENÉN, G., *La disolución...*, cit., págs. 159-161, 188-190 y 199-203.

479 Vid. ESPÍN GUTIÉRREZ, C., "La convocatoria judicial de la Junta general de accionistas ante la acefalia del órgano de administración", Comunicación presentada en la *Jornada Internacional "Reflexiones sobre la Junta general de las sociedades de capital"*, Colegio Notarial de Madrid, 20 de abril de 2009, pág. 2: "Bajo la expresión acefalia del órgano de administración de una sociedad anónima se agrupan las situaciones de acefalia estructural, que son los casos de muerte o cese del administrador único o de todos los administradores que actúan solidaria o mancomunadamente, y las situaciones de acefalia funcional que son los casos de muerte o cese de un administrador que actúa conjuntamente o de la mayoría de los miembros del consejo de administración. Los orígenes del cese son di-

inoperancia de la administración social sería teóricamente superable con la adopción de acuerdos pertinentes por parte de los socios en junta, quienes podrían convocarla judicialmente o constituirse directamente en junta universal[480]. Si los socios no actúan para resolver el bloqueo ejerciendo su competencia para cesar *ad nutum* a los administradores y nombrar unos nuevos, la causa de disolución deberá entenderse referida a la junta y no al órgano de administración[481].

Lo natural es que el órgano de administración que sufre el bloqueo sea correlato lógico de la conformación del capital social. En las sociedades con un capital social divido paritariamente, con dos socios o dos grandes bloques de socios, lo común es que el órgano de administración responda a esta misma paridad[482]. De ello resulta que en casos de conflicto entre socios, el bloqueo en el órgano de

---

versos: renuncia, separación, caducidad del nombramiento o la declaración de nulidad del nombramiento". Las confrontaciones también pueden causar una batalla de impugnaciones de los acuerdos entre los consejeros, como expone, DÍAZ DE LEZCANO, N., *Los acuerdos del Consejo de administración. Especial referencia a su régimen de impugnación*, Barcelona, 1999, passim.

480 A este respecto cabe mencionar la RDGRN de 24 de marzo de 1994 (RJ 1994/2029):"la ausencia temporal del órgano de administración (...) aboca a la sociedad a una situación de inoperancia que, de prolongarse, determinará la paralización de su funcionamiento. Pero habrá de ser la voluntad soberana de los socios la que, a través de la junta general, siempre susceptible de convocatoria, decida poner fin a tal situación, bien proveyendo el cargo vacante, bien aceptando que su propia imposibilidad para lograrlo deriva de una causa legal de disolución (...)".

481 Cfr. BELTRÁN, E., *La disolución...*, cit., pág. 103 y DE EIZAGUIRRE, J. M., *La disolución...*, cit., pág. 53.

482 En la STS de 25 de julio de 1995 (RJ 1995/6201) se enjuicia un litigio típico acerca de esta causa de disolución, que recae sobre una sociedad en conflicto, integrada sólo por dos socios, con igual participación e idénticas facultades de administración. Esta sentencia es comentada por LÓPEZ ORTEGA, R., "Comentario...", cit., págs. 121-138, y se remite a los mismos argumentos empleados por la STS de 15 de febrero de 1982 (RJ 1982/8373). La SAP de Vizcaya 14 de marzo de 2000 (AC 2000/1078) resuelve la paralización en un caso de una sociedad familiar donde había dos grupos de socios enfrentados, encabezados por los dos administradores mancomunados de la sociedad. Esta sociedad estaba integrada por seis socios, uno de los cuales poseía el 50% del capital social y los cinco restantes el 10% cada uno. Uno de los administradores mancomunados representaba al socio mayoritario y el otro administrador mancomunado era un socio minoritario en representación del resto.

administración sea consecuencia del conflicto previo de los socios, desembocando en una situación donde finalmente los dos órganos sociales acaben paralizados. Que la ley se refiera en plural —órganos sociales— no supone que la paralización deba afectar necesariamente a la junta y al órgano de administración simultáneamente, aunque lo más probable es que el conflicto se inicie primero entre los socios y después se traslade a los administradores. Resulta congruente, siguiendo a una parte de la doctrina, que al representar el órgano de administración la composición social, un hipotético conflicto intracorporativo se instale rápidamente en todas las esferas sociales[483].

La cuestión se suscita más problemática si el colapso se ciñe exclusivamente al órgano de administración. En relación con esta situación se plantean posibles circunstancias a tener en consideración. Una de ellas es si el órgano de administración se paraliza por completo hasta el punto de no efectuar los pagos a los terceros[484].

Otro de los supuestos de paralización que pueden plantearse es el relativo a la convocatoria de la junta por los administradores sociales de una sociedad anónima con cargo caducado. Aunque el Tribunal Supremo ha declarado irregular la convocatoria si los cargos de los integrantes del órgano de administración están caducados —lo que determina la nulidad de los acuerdos que en ella se adopten— exceptúa el acuerdo que tenga por objeto regularizar los órganos sociales con nuevos nombramientos de administradores[485]. Esta excepción ya ha sido positivizada en el art. 171 LSC, precepto que prevé que "cualquiera de los administradores que permanezcan en el

---

483 Cfr. BATALLER, J., "La disolución...", cit., pág. 2552 y de nuevo en "La simplificación...", cit., pág. 549.

484 Vid. BATALLER, J., "La simplificación...", cit., pág. 549.

485 La STS de 5 de julio de 2007 (RJ 2007/3875) declaró la validez de una convocatoria llevada a cabo por administradores de hecho (que habían dimitido), al valorar las diversas circunstancias que concurrían en el caso, como eran: la errática actividad de los actores, la buena fe de los convocantes, la protección de terceros de buena fe, la posterior normalización de la actividad jurídico-societaria y los perjuicios que se derivarían de la declaración de nulidad; todo ello con independencia de que en rigor hubiera sido "más conforme al ordenamiento jurídico, que la convocatoria de la Junta hubiera tenido forma judicial". Sobre la evolución de la doctrina del administrador de hecho en relación con la convocatoria de la junta general, véase ESPÍN GUTIÉRREZ, C., "La convocatoria...", cit., págs. 4 y 5.

ejercicio del cargo podrá convocar la junta general con ese único objeto". Esta previsión excepcional tiene el fin de evitar la paralización de los órganos sociales, y en consecuencia, la incursión en causa de disolución en los supuestos de acefalia funcional del órgano de administración[486].

---

486 La RDGRN de 14 de febrero de 2012 (BOE de 8 de marzo de 2012) abordó exhaustivamente este problema de paralización por acefalia, en el recurso interpuesto contra la negativa del Registrador Mercantil XVI de Madrid a la inscripción del nombramiento de presidente de Corporación de Radio y Televisión Española, SA. Como consecuencia de la dimisión del Presidente de RTVE, el propio consejo nombró otro de forma rotatoria, por sorteo y con duración limitada. Se suspendió la inscripción en virtud de dos defectos porque según el Registro, el consejo de administración había de estar compuesto por doce miembros (art. 11 RRM) y de los consejeros inscritos, seis tenían el cargo caducado. La DGRN finalmente defendió la viabilidad del nombramiento de Presidente interino en base a las propias competencias del consejo y ello mientras no se reuniera y decidiera el Congreso de los Diputados (de acuerdo con el artículo 12 de la Ley 17/2006, que establece que "agotado el mandato, los consejeros salientes continuarán en sus funciones hasta el nombramiento de los nuevos"). Respecto del primer defecto dice que "no puede obstaculizar el nombramiento de un cargo del consejo el que éste, por circunstancias sobrevenidas, no esté compuesto por el número que fijan los estatutos de la sociedad, especialmente teniendo en cuenta la especial naturaleza de la sociedad y lo complejo del nombramiento de sus vocales por el órgano competente para ello" (...). "Por tanto, el hecho de que el consejo deba estar compuesto por doce miembros y haya una vacante en el mismo, no debe impedir ni su válido funcionamiento, ni la posible inscripción de los acuerdos que el mismo adopte", "la mayoría exigida en precepto calendado se predica de los vocales, de los vocales realmente existentes, no de los posibles, ya que de lo contrario parecería ilógico a la luz del principio de conservación de la empresa, que reputa indeseable la paralización de los órganos sociales, devenida causa de disolución legal". En cuanto al segundo defecto, la RDGRN declara que "dado que las Cortes Generales no han procedido a la renovación parcial del Consejo, todos sus consejeros cuyo mandato ha expirado, según dice la misma ley especial, "continuarán en sus funciones hasta el nombramiento de los nuevos", sin que de tal norma se deriven particulares limitaciones funcionales a los consejeros así prorrogados". De esta RDGRN se extrae el hecho de que aunque existan vacantes en un consejo, con número fijo de miembros, no es obstáculo a su funcionamiento, siempre que los consejeros restantes sean los suficientes para tomar acuerdos: "en caso de caducidad de consejeros sin que conste que hayan sido renovados debe estimarse que existe una prórroga tácita o de hecho de los mismos, al menos a los efectos de tomar decisiones que impidan la paralización de la sociedad y sobre todo a efectos de poder convocar junta general con la finalidad de reconstituir el órgano de administración. Este mismo criterio aparece confirmado por el art.

Igualmente, con el fin de facilitar un adecuado tratamiento a estas situaciones se ha admitido que la junta general pueda acordar la reelección o el nombramiento de administradores, sin que conste en el orden del día, en aquellos casos en que de no hacerlo así, al cesar los administradores por caducidad de su nombramiento, la sociedad quedaría sin órgano de administración[487]. También se puede plantear el mismo problema en las sociedades comanditarias por acciones, dado que en este tipo de sociedades de capital debe haber como mínimo un socio administrador ilimitadamente responsable[488]. Para evitar que la sociedad comanditaria por acciones se quede sin socios administradores ilimitadamente responsables, y por tanto en situación de paralización del órgano de administración, la ley prevé un mecanismo doble con el fin de evitar la disolución por esta causa: la

---

171 de la Ley de Sociedades de Capital que permite la convocatoria de la Junta por los administradores que permanezcan en el cargo, aunque el órgano de administración no esté debidamente constituido, siempre que esa convocatoria se limite al acuerdo relativo al nombramiento de nuevos administradores. En el mismo sentido la sentencia del Tribunal Supremo de 22 de octubre de 1974 entendió que el transcurso del plazo de duración no implica el cese automático de los administradores "sino que deberá llevarse a cabo la oportuna celebración de Junta general convocada por los mismos para el nombramiento de nuevos administradores", pues si se sentara el criterio de caducidad automática la sociedad quedaría sin representación legal (...)". Adicionalmente, véase GONZÁLEZ GONZÁLEZ, C., "Como evitar la paralización de los órganos sociales en supuestos de administradores con cargo caducado", *Revista Aranzadi Doctrinal*, Nº 1, 2011 (BIB 2011/358). Este criterio corresponde a la *ratio decidendi* de la STS (Sala de los Civil) de 9 de diciembre de 2010 (RJ 2011/291) que admite que los administradores sociales cuyo cargo hubiera caducado puedan convocar una junta general que se limite a designar un nuevo órgano de administración. En el mismo sentido, la STS de 5 de julio de 2007 (RJ 2007/3875), que ya se pronunció al respecto sobre este asunto, afirmando que "cualquiera de los administradores que permanezcan en el ejercicio del cargo podrá convocar la junta general con ese único objeto" y la STS de 23 de diciembre de 2002 (RJ 2003/637) que concluye que no se pierde la condición de administrador porque el cargo esté caducado y que el cese no puede ser opuesto a terceros sino a partir de la inscripción.

487 Para mayor profundidad, véase SANCHEZ-CALERO, J., *Los administradores en las sociedades de capital*, Pamplona, 2005, págs. 119-120.

488 En este sentido, FERNÁNDEZ DE LA GÁNDARA, L., "La sociedad comanditaria por acciones (arts. 151 a 157 del Código de Comercio)", en URÍA/MENÉNDEZ/OLIVENCIA, *Comentarios al régimen legal de las sociedades mercantiles*, Tomo XIII, Madrid, 1992, pág. 202.

incorporación de un socio colectivo o la transformación de la sociedad siguiendo el cauce de la LME[489].

Por otra parte, si sólo es la junta el órgano social bloqueado, la sociedad podrá desarrollar las actividades que constituyan su objeto por un periodo de tiempo limitado, hasta que por la prolongación del bloqueo pueda reputarse insuperable. Mientras no suceda esa imposibilidad de funcionamiento, los administradores pueden seguir cumpliendo las funciones normales de gestión ordinaria. No es necesario, por lo tanto, que la actividad de la empresa que desarrolle el objeto social se encuentre totalmente paralizada, pudiendo el órgano de administración funcionar con normalidad y la actividad económica proseguir su curso habitual[490]. De hecho, si la actividad

---

489 La LSC refundió y armonizó la regulación de la sociedad comanditaria por acciones que se encontraba anteriormente en la Sección 4ª, Título I, Libro II, del Código de Comercio de 1885 (artículos 151 a 157).

490 Puede no concurrir causa legal de disolución, aunque siga funcionando la empresa, un supuesto que contempla la SAP de La Coruña (Sección 1ª) de 26 de mayo de 2006 (JUR 2003/237363), en el que la empresa había funcionado durante un largo periodo a pesar de que el funcionamiento de la sociedad paritaria desde su constitución se realizaba al margen de la ley. Sólo a raíz de la jubilación de uno de los socios y su sustitución por el otro en la gestión de la empresa, empezaron a producirse enfrentamientos entre los socios paritarios por la exigencia del socio jubilado de disolver la sociedad, siendo incapaces de convocar y celebrar las juntas, así como para alcanzar las mayorías de votación exigidas. Así lo expresa su Fundamento de Derecho Tercero que concluye con la denegación de la disolución por voluntad unilateral del socio paritario jubilado por entender que una variación de la gestión del objeto social no lleva aparejado causa legal disolutoria: "El funcionamiento del ente mercantil desde su formación evidencia la vida al margen de los formalismos de la LSRL, dado que no se celebran juntas, los dos socios actúan con el apoyo de una gestoría y un banco para el buen fin de las cuestiones laborales, fiscales y contables, se reparten los beneficios obtenidos en la tarea de pesca de bajura y, como dice la sentencia apelada "la empresa funcionaba e incluso había mejorado últimamente sus resultados económicos". "Un tema exclusivamente personal, esto es, la jubilación del actor y consiguiente dejación de la tarea de patrón de barco, con asunción de aquella por el otro socio, edifica el fondo de la petición de disolución. A recordar que la voluntad unilateral no es, ni de lejos, razón legal habilitante" y que "si la Junta general está hibernada ello se debe a la común decisión de quienes representan la totalidad de las participaciones (...). Se antoja sumamente paradójico que lo que valía en la constitución y mientras un socio ejercía la función de dirección del buque, torne en inválido cuando por su jubilación y abandono de ese trabajo (permaneciendo invariable la vida social

de la empresa se encontrase paralizada, la sociedad podría hallarse ante otra causa de disolución distinta, como es la establecida en el art. 363.1 a) LSC, consistente en el cese en el ejercicio de la actividad o actividades que constituyan el objeto social, entendiéndose que se ha producido el cese tras un periodo de inactividad superior a un año[491].

En síntesis, no existe como tal una causa específica de disolución por paralización del órgano de administración pues, en rigor, ésta puede ser removida por la junta, en tanto que órgano deliberante, que es al que le corresponde la facultad de nombrar o cesar a sus miembros[492]. Consecuentemente, el legislador reconoce que la inactividad del órgano de administración se resuelve con la actividad de la junta y que la paralización constitutiva de la causa de disolución sólo debe entenderse referida a ésta última[493]. Si la junta general no es capaz de acabar con las dificultades operativas de los administradores, habrá que estimar que la paralización afecta realmente a la junta[494].

---

y el cumplimiento de su objeto) es el tenedor de la otra parte igual del capital quien asume no la gestión sino sólo el mando del pesquero cuando éste faena, sin mudar siquiera el sistema previo de distribución de lo obtenido por ventas, ni la función administrativa, ni la contable, sosteniendo o aumentando los réditos económicos de los servicios de pesca".

491 Desaparece de la LSC, por tanto, el antiguo contenido de la LSRL, que en su art. 104.1 d) exigía para admitir causa de disolución la paralización de la actividad en que consistiera el objeto social durante 3 años. Vid. STS de 4 de noviembre de 2000 (RJ 2000/9209).

492 Vid. RDGRN de 24 de marzo de 1994 (RJ 1994/2019).

493 Vid. MUÑOZ MARTÍN, N., "La disolución...", cit., pág. 560 y SÁENZ GARCÍA DE ALBIZU, J. C., *El objeto social...*, cit., pág. 346: "no cabe pensar que el órgano administrativo quede paralizado definitiva y permanentemente cuando la propia ley pone en manos de la junta general la posibilidad de desbloquear dicha situación y, en consecuencia, si ella no lo hace o se encuentra impedida para hacerlo por su propia paralización, habrá que entender entonces que la causa de disolución se encuentra referida a dicho órgano y no al de administración".

494 No se puede descartar que la paralización de la sociedad anónima sea total, en el sentido de que la inactividad de la junta general provoque la paralización del órgano de administración o a la inversa, como sucedería en un consejo de administración paritario de una filial común participada también paritariamente. Con todo, alguna sentencia ha admitido que se pueda considerar como causa de disolución la paralización del órgano de administración, resolución judicial marginal y todavía de carácter excepcional, como la SAP de Madrid de 4 de

B) Paralización de la junta general

En la práctica, la paralización de los órganos sociales se reduce a la paralización de la junta general ya que, en caso de paralización del órgano de administración, la junta —previa celebración universal o incluso convocada judicialmente— puede remover la situación de bloqueo mediante el cese de los administradores y nombramiento de unos nuevos, o reduciendo o aumentando su número.

Imposibilidad de convocatoria

Un requisito esencial para la constitución de la junta es que haya sido convocada válidamente (art. 164 LSC). La competencia para convocarla recae en los administradores (arts. 166 y 168 LSC)[495], sal-

---

marzo de 1993 que dice que "concurre la causa de disolución cuando la parálisis de funcionamiento afecta a cualquiera de los dos órganos". En atención a lo cual, se abriría la posibilidad de acelerar esta causa de disolución, en el sentido de que no debe esperarse a la completa paralización de los órganos sociales con carácter definitivo e insuperable, sino que bastaría la mera constatación del conflicto corporativo para aplicarse, aunque el bloqueo se manifieste primero en el órgano de administración.

495 La competencia para la convocatoria de la junta irá en función del modo que se haya adoptado para organizar la administración social. Si el órgano de administración es unipersonal, será competente el administrador único. Si hay dos administradores, habrá que atender a los estatutos y al modo elegido para que actúen, solidaria o mancomunadamente. Cuando el órgano revista la forma de consejo de administración, la convocatoria corresponderá al propio consejo ex art. 210.2 LSC y no a los consejeros separadamente, salvo que se delegue esta función a uno de ellos. Sin embargo, si no media expediente de delegación, ni siquiera el presidente del consejo podría convocarla. Sobre este particular, FRADEJAS RUEDA, O. M., "Paralización...", cit., pág. 11. Para ahondar en la convocatoria de la junta y los administradores: GARCÍA-CRUCES, J. A., "La convocatoria de junta general de la sociedad anónima", *Cuadernos de derecho y comercio*, Nº 14, 1994, págs. 145-170; HERNÁNDEZ MARTÍN, T., "La convocatoria de junta general de accionistas por un consejero delegado", *Revista de Derecho de Sociedades*, Nº 32, 2009; DE LA CUESTA RUTE, J. M., "Consideraciones sobre la convocatoria de la junta general de la sociedad anónima" (STS de 11 de junio de 1982), *La Ley*, 1982-4, pág. 462; IGLESIAS PRADA, J. L., *Administradores y delegación de facultades en la sociedad anónima*, Madrid, 1971, págs. 201-202, nota 17; MARTÍNEZ SANZ, F., "Régimen interno y delegación de facultades en el Consejo de administración de la sociedad anónima", en *Libro homenaje al profesor Fernando Sánchez Calero*, vol. II. Madrid, 2002, pág. 1739 y sigs.; ROCA FERNÁN-

vo en caso de junta universal (art. 178.1 LSC), cuando podrá quedar válidamente constituida si está presente todo el capital desembolsado y los socios unánimemente aceptan su celebración. Pero si la junta general ordinaria no fuese convocada dentro del plazo legal, podrá ser convocada judicialmente a solicitud de los socios (art. 169 LSC)[496]. Igualmente, también tiene la facultad de convocarla el comisario del sindicato de obligacionistas en el caso de que la sociedad se hubiera retrasado en más de seis meses en el pago de los intereses vencidos o en la amortización del principal y estime a su vez la sustitución de los administradores (art. 428.2 LSC).

Resulta improbable considerar, por consiguiente, que la paralización se derive de la falta de convocatoria de la junta, pues para afirmar la concurrencia de la causa de disolución sería necesario no sólo que el órgano de administración incumpliese su deber de convocarla, sino que los socios no solicitaran su convocatoria o no instaran la convocatoria judicial[497].

Llegado a este punto hay que diferenciar la facultad de convocatoria de la facultad de iniciativa. Salvo las excepciones antes vistas, la facultad para convocar la junta corresponde con carácter exclusivo a los administradores, no así la facultad de iniciativa, que es compartida con los socios. Por un lado, porque la LSC otorga a los socios la facultad de requerir notarialmente a los administradores para que convoquen junta general extraordinaria (art. 168 LSC) y los administradores deben proceder a su convocatoria cuando así lo soliciten un conjunto de socios titulares de al menos 5% del capital social. Por otro lado, en cuanto a que se faculta a los socios a instar la convoca-

---

DEZ-CASTANYS., J. A., "La delegación de facultades por el Consejo de administración en la sociedad anónima", en *Libro homenaje al profesor Fernando Sánchez Calero*, vol. II, Madrid, 2002, pág. 1819 y sigs.; RODRÍGUEZ ARTIGAS, F., "La delegación de facultades del Consejo de Administración de la sociedad anónima", *Revista de Derecho de Sociedades*, N° 1, 1993, pág. 91 y sigs., y RODRÍGUEZ ARTIGAS, F., *Consejeros delegados, comisiones ejecutivas y Consejos de Administración*, Madrid, 1971, págs. 247-249. En cuanto a la jurisprudencia sobre esta materia, destacar la STS de 13 de mayo de 1976 (RJ 1976/2177) y la STS de 8 de marzo de 1984 (RJ 1984/1205).

496 Vid. MORALEJO, I., "Artículo 169. Convocatoria judicial", en ROJO/BELTRÁN, *Comentarios a la Ley de Sociedades de Capital*, Cizur Menor, 2011, págs. 1240-1245.

497 Cfr. BELTRÁN, E., *La disolución...*, cit., pág. 104.

toria judicial de la junta, sin ninguna exigencia de representación de un porcentaje del capital social (art. 169 LSC)[498]. Es la convocatoria judicial que se solicita por cualquier socio la que tiene como función la normalización de la vida social y el cumplimiento de los estatutos y de la ley cuando una junta ordinaria no se ha convocado en el plazo legal[499]. Por último, también figura la facultad especial que la ley otorga a todos los socios para requerir a los administradores la convocatoria de junta cuando a su entender concurra alguna de las causas de disolución previstas en el art. 363 LSC[500].

Por otra parte, las normas reguladoras del usufructo y de la prenda de acciones permiten entender que la facultad de iniciativa también puede recaer en personas que careciendo de la condición de socio tienen atribuido el derecho de asistir y votar en las juntas. Si

---

498 Vid. MORALEJO, I., "Artículo 169. Convocatoria judicial", en ROJO/BELTRÁN, *Comentarios...*, cit., págs. 1240-1245.

499 Vid. ÁVILA JARRÍN, F. J., *Convocatoria judicial de la Junta General en SA y SL*, Barcelona, 2004.

500 El derecho para solicitar la convocatoria a los administradores que ostentan todos los socios, incluyendo en las sociedades anónimas a los titulares de acciones sin voto (art. 102.1 LSC), no opera en caso de la filial que hubiera adquirido acciones de su sociedad dominante, que no estará legitimada para instar la convocatoria de ésta (art. 148 a LSC). Tampoco estará legitimada para solicitar la convocatoria de la sociedad en la que participa, aquella sociedad que incumpla las prescripciones legales sobre la reducción de las participaciones recíprocas (art. 152.3 LSC). Por último, tampoco en una sociedad cotizada estará legitimado el titular de acciones que hayan sido adquiridas sin la previa oferta pública cuando por el volumen de la adquisición fuese preceptivo de conformidad con la LMVSI. Por el contrario, sí que estará legitimado para instar la convocatoria de la junta, el accionista moroso en el pago de los dividendos pasivos, puesto que esta legitimación forma parte del contenido mínimo inherente a toda acción, al que se integran los derechos de asistencia y voto. Aunque por el art. 83 LSC se priva del ejercicio del derecho de voto, ha de entenderse que está legitimado para instar la convocatoria, en conexión con el derecho de asistencia, incluido en el art. 93 LSC entre los derechos que informan la posición jurídica del accionista y del que no está privado. Véase, DUQUE, J. F., "Absentismo del accionista y acciones sin voto", en *Homenaje a Juan Berchmanns Vallet de Goytisolo*, vol. VII, Madrid, 1991, pág. 178. Igualmente, como hace notar FRADEJAS RUEDA, O. M., "Paralización...", cit., pág. 13, dado que la privación se impone a todo socio que se encuentre en mora en el pago, el destinatario de la sanción podrá ser no sólo aquellos titulares de acciones que confieran derecho de voto, sino también los titulares de acciones sin voto, parcialmente desembolsadas, que estén en mora cuando se les otorgue el derecho de voto.

bien la LSC reserva estos derechos al nudo propietario y al propietario de las acciones pignoradas, no hay impedimento legal para que los estatutos atribuyan todos o sólo algunos derechos del socio al usufructuario y al acreedor pignoraticio. Si se pueden atribuir el derecho de asistencia y voto, lógicamente también se atribuirán la facultad de iniciativa[501].

Una vez examinada la articulación de las vías existentes para la convocatoria de las juntas generales, la paralización como causa de disolución surgirá a raíz de un incumplimiento por parte de los administradores del deber de convocar la junta ordinaria dentro del plazo legal para hacerlo, es decir, en los seis primeros meses de cada ejercicio social (art. 164 LSC) o de cualquier otra prevista en los estatutos, así como por la negligencia de aquellos que estando legitimados para instar la convocatoria, no ejercieran la facultad o no la solicitaran judicialmente. Por tanto, la imposibilidad de convocatoria de una junta extraordinaria no puede reputarse como un supuesto de paralización que haga imposible el funcionamiento de la sociedad, porque los administradores pueden estimarla improcedente o porque ningún socio o agrupación es capaz de alcanzar el 5% exigido. Mientras la sociedad convoque y celebre juntas ordinarias, la imposibilidad respecto a las extraordinarias no supondrá la incursión en causa disolutoria por paralización de la junta[502].

En suma, del mismo modo que la normativa anterior, con el régimen vigente la dificultad de la falta de convocatoria de la junta gene-

---

501 En el mismo sentido, PANTALEÓN PRIETO, F., "Las acciones: copropiedad, usufructo, prenda y embargo", en *Comentario al régimen legal de las sociedades mercantiles*, Madrid, 1992, pág. 71 y sigs., y 127 y sigs. Para un estudio pormenorizado del ejercicio de los derechos sociales cuando existe una relación prendaria, consúltese VEIGA COPO, A. B., "La prenda de acciones y participaciones sociales", en VEIGA COPO, A. B., *Estudios jurídicos sobre la acción*, Cizur Menor, 2014, págs. 359-481; el Capítulo IV de la obra de VEIGA COPO, A. B., *La prenda de acciones*, 2ª ed., Madrid, 2015 y SALINAS ADELANTADO, C., *El régimen jurídico de la prenda de acciones anotadas en cuenta*, Valencia, 1996, passim.

502 Así opina FERRARA, J. R., *Gli imprenditori e le società*, Milán, 1980, pág. 530, y en general la doctrina italiana, en el sentido de que la situación de bloqueo solamente es preocupante para la junta ordinaria ya que ésta es la esencial para la vida de la sociedad.

ral es legalmente salvable a través de la convocatoria judicial, tanto para la ordinaria como para la extraordinaria[503].

Imposibilidad de constitución

La imposibilidad de constitución es el segundo de los supuestos de hecho en que puede dar lugar esta causa de disolución. Como se dijo *supra*, para que la junta se constituya y pueda actuar válidamente como órgano y por tanto adoptar acuerdos en su seno, tienen que cumplirse las exigencias relativas al quórum de asistencia previsto legalmente o reforzado por los estatutos sociales. Es posible, por tanto, que los socios abran la posibilidad de que los estatutos eleven los quórum y mayorías respecto de los previstos legalmente, pero en ningún caso su reducción.

En relación con el quórum de asistencia, cabe señalar que incluso en relación con la imposibilidad de constitución de la junta se han reducido las dificultades para conseguir una constitución válida del órgano deliberante. En este sentido, hay que indicar que las sociedades anónimas cuentan con previsiones legales correctoras del absentismo que pueden evitar que tal imposibilidad suceda. Una de ellas es facilitando la representación de los socios por medios de comunicación a distancia con el fin de evitar que la inasistencia haga imposible la constitución de la junta. La otra herramienta es la disminución de los porcentajes legalmente exigidos para su constitución o la no exigencia de un número mínimo en segunda convocatoria ex art. 193 LSC cuando se ventilen asuntos ordinarios. También puede incluirse entre estas previsiones encaminadas a facilitar la constitución de la junta la emisión de las acciones sin voto, que, aunque constituyen esencialmente un instrumento de financiación para la sociedad y de inversión para el ahorrador, sus características han dado lugar a que sean utilizadas como remedio contra el absentismo[504].

---

503 Esta idea se desprende de la STS de 23 de marzo de 1974 (RJ 1974/1057), como un remedio adecuado para desbloquear situaciones de continuo desacuerdo entre los socios determinante de una inmovilidad social.

504 Cfr. BELTRÁN, E., *La disolución…*, cit., pág. 104. Misma función económica en las sociedades limitadas: CAMPUZANO LAGUILLO, A. B., "Las participaciones sociales sin derecho de voto", *Cuadernos de Derecho y Comercio*, N° 39, 2003, págs. 51-76.

No obstante a las anteriores medidas, el continuado absentismo de los socios a las reuniones de las juntas generales puede ser, sin lugar a dudas, uno de los motivos desencadenantes de la paralización de la junta que impida la formación de la voluntad social y provoque, en consecuencia, la disolución de la sociedad[505].

Con todo, la cuestión problemática en torno a la imposibilidad de la constitución de la junta se reduce a que las cifras de capital social concurrente no alcancen los porcentajes legales o estatutarios[506]. Esta tipología de paralización se circunscribirá en la mayoría de los casos a las sociedades de responsabilidad limitada o anónimas que estatutariamente hayan restringido la transmisibilidad de las acciones, ya que su carácter eminentemente cerrado hará más factible que desavenencias entre sus escasos socios conduzcan a una situación en

505 Cfr. DUQUE, J. F., "Absentismo del accionista...", cit., pág. 178.

506 La verificación de la válida constitución se realiza a partir de la formación definitiva de la lista de asistentes, en la cual habrá de expresarse el carácter o representación de cada asistente y el número de acciones propias y ajenas con que concurran, haciéndose constar al final de la lista el número de socios presentes o representados y el importe del capital del que sean titulares, especificando el que corresponde a los socios con derecho a voto (art. 192 LSC). Quedan excluidas del cómputo del quórum de constitución las acciones sin voto, salvo que recuperen el derecho y mientras lo ostenten (arts. 99 y 100 LSC). En cuanto al importe de las acciones de los socios morosos en el pago de los dividendos pasivos, cuyo cómputo puede ser impeditivo para tomar acuerdos cuya adopción les está vedada, viene expresamente excluido por el art. 83 LSC. Exclusión que, evidentemente, cercena de raíz la posibilidad de que los socios morosos, con su inasistencia, puedan bloquear la válida constitución de la junta. De igual forma, quedarán fuera del cómputo, por tener suspendidos sus derechos, las acciones que la sociedad incumplidora de las prescripciones sobre reducción de participaciones recíprocas posea en la sociedad participada (art. 152.3 LSC) y las acciones adquiridas sin la preceptiva oferta pública que den lugar a una participación significativa de conformidad con la LMVSI). No así las acciones propias, que aun teniendo en suspenso los derechos de asistencia y voto (art. 148 a LSC), se consideran capital concurrente por disposición expresa de la ley, tanto para determinar el quórum de asistencia, como el de votación (art. 148 b LSC), una solución que ante el silencio legal se ha aplicado analógicamente cuando las acciones permanecen en poder de sociedades filiales. Adicionalmente, se incluirán también en el cómputo aquellas acciones que la propia sociedad posea en prenda u otras formas de garantía, de conformidad con el art. 149.3 LSC.

la cual se impida alcanzar los quórum de asistencia reforzados estatutariamente[507].

Es en relación a este punto donde entra en juego la licitud o ilicitud de las cláusulas estatutarias que agravan el régimen de mayorías respecto del quórum de constitución legalmente previstos hasta hacer prácticamente imposible la constitución de la junta[508]. Se trata de una cuestión ampliamente debatida por la doctrina que, en líneas generales, se inclina por sostener que una cláusula estatutaria que de forma directa o indirecta consagre la necesidad de asistencia de todos los socios será inadmisible por ser contraria al principio mayoritario[509]. Nos encontraríamos entonces ante una potencial nulidad

---

507 Sobre este particular, BATALLER, J., "La disolución...", cit., pág. 2553: "Es precisamente en las sociedades cerradas donde las desavenencias entre los socios resultan más difíciles de soslayar y se manifiestan en el bloqueo de las decisiones sociales", y BELTRÁN, E., *La disolución...*, cit., pág. 104. En la jurisprudencia, destacan las siguientes sentencias: STS de 20 de julio de 2002 (RJ 2002/7475) y STS de 11 de mayo de 2006 (RJ 2006/3953).

508 Es interesante el caso recogido en la STS de 12 de noviembre de 1987 (RJ 1987/8373) en el marco de una sociedad anónima en el que un socio era poseedor del 33% de las acciones y había una cláusula estatutaria que exigía para la válida constitución de la junta general la asistencia en 1ª convocatoria del 80% de los socios que representen el 75% del capital con reducción de este porcentaje en 2ª convocatoria al 70% de los socios como del capital social presente. Esta cláusula atribuía verdaderamente un poder de veto que dejaba sin efecto el funcionamiento mayoritario previsto por ley. Pero la sentencia aclara que este reforzamiento de quórum no es razón suficiente para postular la anulación de esta cláusula por no ser contraria a ningún precepto legal y porque las cláusulas potestativas son admisibles en los estatutos sociales sin más limitaciones que los requisitos especiales de convocatoria y quórum, que no han de ser inferiores a los que la ley expresamente señala.

509 Cfr. QUIJANO, J., "Comentario...", cit., pág. 5155: "El principio mayoritario opera en el ámbito de la adopción de acuerdos y no en el de la válida constitución del órgano, y se concreta en saber cuándo hay que entender que, de entre los socios presentes, hay mayoría favorable a una determinada decisión que valga como voluntad social (...). Quórum de asistencia y mayoría en las votaciones son, claramente, dos conceptos distintos que inciden, pues, sobre dos momentos también diversos como son la válida constitución del órgano que lo habilita para deliberar como tal y la adopción de acuerdos sociales". En igual sentido, GARCÍA-CRUCES, J. A., "Quórum estatutario...", cit., pág. 111: "No parece posible entender que la válida constitución de la junta general —que es un órgano social necesario— requiera la unanimidad o cuasi unanimidad de asistencia de los socios, por cuanto que el principio fundamental y orientador

de la cláusula estatutaria por ser lesiva de uno de los principios configuradores de la sociedad capitalista.

Aunque en la práctica este tipo de cláusulas que exigen unanimidad no deberían acceder a la inscripción a causa de la doble barrera de control notarial y registral, el problema reside cuando habiendo una cláusula válida de reforzamiento del quórum de constitución de la junta, una eventual variación en la composición del capital termina por implicar en un momento determinado la asistencia personal o por representación de todos los socios[510]. En este caso podría producirse una paralización social si surgieran desavenencias entre ellos que hicieran imposible la constitución de la junta, otorgando de facto a una facción de la base social un auténtico poder de veto. Consecuentemente los estatutos no pueden elevar el quórum de constitución hasta el punto de imposibilitar que funcione la junta exigiendo unanimidad en sede de constitución de junta[511].

Es en este aspecto donde el socio minoritario o el grupo de socios minoritarios de una sociedad de capital podrían verse perjudicados si la mayoría acordara una modificación estatutaria que introdujese una cláusula que elevara el quórum de asistencia de tal forma que se imposibilitara en la práctica la constitución de la junta. En este sentido, la existencia de una cláusula estatutaria que reforzara el quórum de constitución sin exigir la unanimidad no significa que, llegado el caso de una paralización del ente social por desacuerdos entre socios, la presencia de dicha cláusula implicara *per se* un abuso de derecho o su nulidad de pleno derecho. La libertad de regulación incluye la de acentuar el rigor del quórum de asistencia, al margen de que el sistema libremente establecido pueda producir, al cabo del tiempo de vida social normal, un estado de paralización, de muy complejo origen y motivación, que aunque alcance una imposibilidad de funcionamiento, encuentra su remedio en la propia ley por la vía de la

---

de tal constitución es el principio de la mayoría". Coincide FRADEJAS RUEDA, O. M., "Paralización...", cit., pág. 17, quien igualmente sostiene que el principio de la mayoría sólo opera en el plano de la adopción de acuerdos y no en el de la válida constitución de la junta.

510 Vid. BELTRÁN, E., *La disolución...*, cit., pág. 105.

511 Vid. QUIJANO, J., "Comentario...", cit., págs. 5156-5159.

disolución judicial, sin sustituir la expresa voluntad que los socios pactaron en los estatutos sociales[512].

En definitiva, si no se constituye la junta general de la sociedad anónima en la fecha de la segunda convocatoria, es desde ese momento en que deberá considerarse producida su paralización. Con todo, no parece razonable entender que existe tal paralización por el mero hecho de que falle una sola junta. La solución deberá venir de una correspondiente previsión estatutaria que permita reunir nuevamente la junta, a la espera de que, en un plazo prudencial previsto, se logre el quórum necesario[513].

Imposibilidad de adopción de acuerdos

La imposibilidad de adopción de acuerdos es el tercer supuesto típico que puede dar lugar a la paralización social. Este supuesto deriva del principio de sumisión a la mayoría que rige las votaciones de las juntas generales o, lo que es lo mismo, la formación de la voluntad social. Consiste, por lo tanto, en la imposibilidad de lograr una mayoría en el seno de las juntas generales. De producirse la paralización de la junta, es muy probable que tampoco dicho órgano pueda adoptar el acuerdo de disolución, por lo que constatado esta imposibilidad, se ha de considerar que el cauce para hacer valer la causa disolutoria será la disolución judicial de la sociedad a instancias de cualquier interesado o de un administrador.

No parece lógico suponer, en consecuencia, que una junta general paralizada vaya a adoptar, precisamente, el acuerdo de disolución legalmente exigido. En sentido más amplio, la imposibilidad reside en no poder alcanzar las mayorías establecidas ex arts. 198 y 201 LSC para adoptar los acuerdos.

La jurisprudencia demuestra en numerosos pronunciamientos que en caso de conflictos internos entre socios en los que se consigue

---

512 Conforme QUIJANO, J., "Comentario...", cit., pág. 5155, quien, avalando la decisión de la STS de 12 de noviembre de 1987 (RJ 1987/8373), recalca que "no es adecuado anular una cláusula, libre y lícitamente insertada por acuerdo de todos los socios, por el hecho de que, en determinadas circunstancias deriven de su aplicación efectos perniciosos".

513 Conforme con FRADEJAS RUEDA, O. M., "Paralización...", cit., pág. 18.

superar la convocatoria y la constitución, la junta termina bloqueada a la hora de adoptar las decisiones, incluyendo el acuerdo de disolución[514]. Sin embargo, si la junta general que los administradores deben convocar se celebra válidamente y adopta acuerdos distintos del acuerdo disolutorio habrá que estimar que en realidad no concurría causa de disolución por paralización, o que ésta fue finalmente removida[515].

Por tanto, la paralización no ha de entenderse solamente como una inerte pasividad o como un silencio absoluto de los órganos sociales, sino que ha de comprender necesariamente lo que se denomina como "bloqueo efectivo"[516], esto es, aquellos supuestos en los que aun celebrándose formalmente las reuniones del órgano de administración y convocándose y celebrándose las juntas generales los socios no pueden lograr acuerdos en las votaciones o los acuerdos adoptados no se ejecutan[517]. En consecuencia, la primera decisión

---

514 Vid. STS de 25 de julio de 1995 (RJ 1995/6201), STS de 7 de abril de 2000 (RJ 2000/2348), STS de 20 de julio de 2002 (RJ 2002/7475), STS de 4 de noviembre de 2000 (RJ 2000/9209) y STS de 11 de mayo de 2006 (RJ 2006/3953).

515 Cfr. GARRIGUES, J., *Dictámenes III*, cit., págs. 594-596.

516 Sobre el concepto de "bloqueo efectivo" se refiere la STS de 4 de noviembre de 2000 (RJ 2000/9209): "aun celebrándose formalmente reuniones del consejo de administración y convocándose Juntas Generales, no pueden lograrse acuerdos o los acordados no se ejecutan".

517 En el caso concreto enjuiciado en la STS de 4 de noviembre de 2000 (RJ 2000/9209) se hizo imposible la adopción de ciertos acuerdos para los que se requería un quórum especial de votación, puesto que entre los dos socios integrantes de la sociedad había una manifiesta hostilidad (dos hermanos que poseían el 50% y el 30% respectivamente, perteneciendo el 20% restante a una herencia yacente aún no aceptada). En otro caso, como el que se enjuició en la SAP de Murcia (Sección 4ª) de 2 de enero de 1992 (AC 1992/3034), la disputa se centró sobre si resultaba rechazable o no considerar ausente a un socio paritario que asiste a una junta general y manifiesta de manera inequívoca su voluntad contraria a la adopción de un determinado acuerdo. En el Fundamento de Derecho Primero, reconocida una previa situación de bloqueo por ambos socios señala que "en efecto, si llegados a este extremo y cuando se entra en el segundo punto del orden del día, sobre renovación-reelección de consejeros, se expresa (...) que si no se le reconocía el derecho a nombrar un número de consejeros igual al del otro grupo del 50%, consideraría que el Presidente estaba persiguiendo una actuación irregular, y por ello se retiraría y no participaría en la junta, y efectivamente el señor A se retiró acto seguido, no puede equiparase tal actitud a una abstención y menos todavía a un voto a favor. Por ello habiendo

que se verá truncada por esta situación de bloqueo efectivo será la aprobación de las cuentas anuales, lo que impedirá el depósito de las mismas en el Registro Mercantil, llegando a producirse el cierre registral previsto en el art. 378 RRM, en caso de que no se acuda al trámite previsto en el inciso 5° del citado precepto[518].

La paralización de la junta se debe pues a la imposibilidad de expresar la voluntad social, que sólo los socios, a través de dicho órgano, tienen ocasión de ejercer por medio del voto, en tanto derecho que faculta a la declaración de una voluntad no recepticia destinada

---

concurrido a la junta (...) la totalidad del capital social, era necesario el voto favorable de más del 50% para aprobar el segundo punto del orden del día, habida cuenta de la manifestación de voluntad al mismo del señor A; y si éste se ausentó de la Junta tras un debate referido a dicho segundo punto y tras dejar clara su voluntad contraria al mismo, es evidente que debe prosperar el recurso de apelación interpuesto, puesto que resulta rechazable, desde el punto de vista lógico, considerar ausente a una persona que asiste a una Junta de accionistas y manifiesta de manera inequívoca su voluntad contraria a la aprobación de determinado acuerdo una vez que se está debatiendo ese punto concreto del orden del día".

518 En efecto, la falta de depósito de las cuentas impide que se pueda inscribir en el Registro Mercantil documento alguno referido a la sociedad, salvo el cese o dimisión de administradores, apoderados o liquidadores, o la renuncia o revocación de poderes y los asientos ordenados por autoridad judicial o administrativa (art. 282 LSC). A ello se une el régimen sancionador mediante imposición de multas por el Instituto de Contabilidad y Auditoría de Cuentas (art. 283 LSC). La falta de depósito de las cuentas puede provenir de la falta de aprobación por la junta general, en cuanto se ha de mantener en ella, como órgano soberano, la decisión discrecional de aprobación de las cuentas; fuera de ello resultará de aplicación el régimen de responsabilidad aplicable a los administradores sociales en caso de inejecución del acuerdo. En el marco de la doctrina italiana, tal como recoge SENÉN, G., *La disolución...*, cit., pág. 197, ASCARELLI se refiere a la Sentencia de la Corte de Casación de 17 de enero de 1950, según la cual "debe declararse disuelta por imposibilidad de funcionamiento una sociedad en la cual, por el permanente equilibrio de los votos, no sea posible la formación de una mayoría". Y a continuación se refiere a la hipótesis típica de la falta de aprobación de las cuentas anuales, afirmando ASCARELLI que, "la imposibilidad de funcionamiento es, en mi opinión, la de la falta de aprobación del balance, exactamente porque ésta (la aprobación) no puede ser realizada por la autoridad judicial, y de otro lado la sociedad no puede funcionar sin la anual aprobación del balance. Si éste no se aprueba (porque cincuenta socios votan a favor y cincuenta en contra) se verifica legalmente una imposibilidad de funcionamiento".

a unirse con la de los demás socios para llegar a acuerdos colectivos[519]. La LSC establece que la junta general decidirá por mayoría, legal o estatutaria. Por tanto, la adopción de acuerdos está supeditada a que los votos emitidos válidamente en sentido favorable a los mismos sean la mitad más uno de los emitidos (mayoría absoluta), los dos tercios del capital presente o representado, o en su caso, el de la mayoría estatutariamente establecida (mayoría cualificada).

Así, por ejemplo, lo ha declarado el Tribunal Supremo en la STS de 19 de julio de 2005 (RJ 2005/6554) en cuyo Fundamento de Derecho Segundo constata la falta de adopción del acuerdo por mayoría para la renovación del consejo de administración a causa de la ausencia durante la junta general de un accionista titular del 50% del capital social: "en el presente caso, el demandante en la instancia, accionista titular del 50% del capital social, integra el quórum de constitución y frente al acuerdo de renovación de los consejeros, no vota a favor (porque se ha ausentado), por lo que en el quórum de votación no se obtiene la mayoría. Por lo cual, al no haberse alcanzado la mayoría, el acuerdo no se ha producido. No hay acuerdo; más que acuerdo nulo, hay una apariencia de acuerdo; su nulidad (*rectius*, inexistencia) es preciso declararla para eliminar tal apariencia"[520].

Por esta razón, lo más común para que surja una paralización será al enfrentamiento de dos bloques de socios titulares del 50% del capital social respectivamente o una gran dispersión de socios que por enfrentamientos recíprocos sean incapaces de llegar a las mayorías suficientes para aprobar acuerdos necesarios. Si bien es más probable que esto ocurra en sociedades pequeñas y cerradas, tam-

---

519 Todos los accionistas tienen derecho al voto en proporción al valor nominal de sus acciones. Sin embargo, los estatutos de la sociedad anónima pueden exigir con carácter general la posesión de un número mínimo de títulos para ejercitarlo. Esta premisa no supone una privación del derecho al voto sino una limitación, ya que los socios pueden agruparse para ejercerlo. A este respecto, véase ALBORCH BATALLER, C., *El derecho de voto*..., cit., págs. 106-111 y en doctrina italiana SENA, G., *Il voto nella assemblea della società per azioni*, Milán, 1961, págs. 13-48.

520 No obstante, en la STS de 19 de enero de 2000 (RJ 2000/110), el Tribunal Supremo admitió la revocación de un poder por acuerdo social en junta con el voto favorable sólo del 50% del capital social, es decir, sin que fuera necesario alcanzar el umbral de la mayoría absoluta.

bién puede suceder en las grandes y más abiertas sobre la base de dos instrumentos: (1) la limitación del número de voto que puede emitir un mismo accionista o sociedades pertenecientes a un mismo grupo; y (2) por la sindicación de voto[521].

La limitación del número máximo de votos, permitida ex art. 188.3 LSC, es concebida como un medio de defensa de las minorías, mediante el cual se restringe la influencia de los grandes accionistas en las juntas generales. Esta limitación ha sido extensamente debatida por la doctrina y jurisprudencia en torno a la posibilidad de que desnaturalice la estructura capitalista de la sociedad anónima[522]. En ningún caso esta limitación puede llegar hasta el extremo de sustituir el principio real por el principio viril. Suele aplicarse estableciendo un voto decreciente a partir de la posesión de un determinado número de acciones, hasta alcanzar un máximo que no puede superarse cualquiera que sea el total de acciones poseídas[523].

Por su parte, el fundamento de la sindicación de voto radica en la defensa de las minorías, como mecanismo extraestatutario o parasocial para conseguir un influjo estable y seguro en la marcha de la vida social. Puede definirse doctrinalmente a los sindicatos de voto como "aquellos acuerdos, en cuya virtud los socios de una sociedad se comprometen, entre sí o con terceros, a ejercitar el derecho de voto en un sentido determinado. La finalidad del sindicato es por consiguiente incidir tanto sobre el proceso de toma de decisiones de la junta como sobre los acuerdos que haya de adoptar el órgano de administración, con las particularidades que inmediatamente diremos"[524].

---

521 La dispersión del capital social en grupos enfrentados entre sí impedirá la formación de una mayoría ordinaria, porque, aunque no todos estos grupos cuenten con el mismo número de votos, es muy posible que ninguno de ellos reúna la mitad más uno de los votos asistentes a la reunión. Así, SENÉN, G., *La disolución...*, cit., pág. 194.

522 Vid. SÁNCHEZ CALERO, F., "La limitación del número máximo de votos correspondientes a un mismo accionista (con especial referencia a los bancos privados y al mercado de valores)", *Revista de Derecho Bancario y Bursátil*, N° 42, 1971, pág. 271 y sigs.

523 Vid. RECALDE, A., *Limitación estatutaria...*, cit., pág. 206.

524 Definición de sindicato de voto tomada de FERNÁNDEZ DE LA GÁNDARA, L., "Sindicato de voto y de bloqueo", *Revista de Derecho y Sociedades*, N° 5, 1995, págs.

Así pues, el sindicato de voto tiene una naturaleza contractual pues es una manifestación del principio de autonomía de la voluntad, pudiendo distinguirse los de carácter unilateral, si sólo estipula obligaciones para una parte de los socios firmantes, y sindicatos bilaterales o plurilaterales, cuando existe una declaración de voluntad que engendra obligaciones entre dos o más partes[525].

Los sindicatos plurilaterales, en particular, son contratos asociativos que exigen a sus firmantes que observen una conducta uniforme con el fin de votar en un determinado sentido en la junta general y así imponer su voluntad a otros socios y al órgano de administración (sindicato de mando)[526]. De ese modo, se permite a una agrupación de socios establecer una determinada política de actuación empresarial tendente a asegurar la estabilidad y el ordenado funcionamiento de una gestión social con vocación de permanencia frente a actitudes desinteresadas o directamente contrarias al interés social. Esto no excluye que puedan existir otros socios externos al control, como socios minoritarios o incluso sindicatos de la minoría, que puedan

---

191 y 192. Para mayor profundidad, véase PEDROL RIUS, A., *La Anónima actual y la sindicación de acciones*, Madrid, 1969 y FERNÁNDEZ DE LA GÁNDARA, L. / GARRIGOS, J./SÁNCHEZ ÁLVAREZ, M. M., "Sindicatos de voto y de boqueo", *Revista de Derecho de Sociedades*, Nº 5, 1995, págs. 181-202.

525 Conforme GALEOTE MUÑOZ, M. P., "Los sindicatos de voto. Concepción tradicional y su futuro próximo a la luz de la Propuesta de Código Mercantil", *Working Paper IE Law School*, 2013, pág. 6.

526 Existen dos tipos esenciales de sindicación de acciones: aquellos en los que los accionistas conservan sus acciones y se obligan a votar en el sentido pactado, y aquellos en los que se entregan las acciones a un tercero para que éste vote en el sentido acordado. El primer tipo de pacto entre accionistas no garantiza que el accionista vaya a cumplir el acuerdo y votar en el sentido convenido, ya que al conservar sus acciones no se puede controlar, a priori, cual va a ser en principio su sentido del voto. Para evitar este problema, pueden pactarse cláusulas penales que impongan al accionista incumplidor el pago de una sanción económica. Sin embargo, el incumplimiento del accionista no afectará a la validez del voto emitido, que será eficaz frente a la propia sociedad que no se verá afectada por dicho incumplimiento. El segundo tipo de pacto de sindicación, puede ser revocable por la mera presencia del accionista representado. Conforme al art. 185 LSC, esto determina la revocación del mandato. Vid. ROMERO FERNÁNDEZ, J. A., "Los sindicatos de bloqueo como manifestación de la sindicación de acciones", *La Ley*, XXIV, Nº 5781, 2003, págs. 1422-1432 y SÁNCHEZ GONZÁLEZ, J. C., "Los convenios y sindicatos de voto. Su instrumentación jurídica en la LSA", en AA.VV., *Estudios sobre la sociedad anónima*, Madrid, 1991, pág. 75 y sigs.

actuar en defensa de su común posición jurídica (sindicatos de defensa). El alcance de su influencia irá en función del volumen de capital social que el sindicato sea capaz de captar[527].

Ambos instrumentos, la limitación del número máximo de votos y la sindicación de acciones, podrán generar un equilibrio de fuerzas en la junta que conduzca a empates sistemáticos que imposibiliten de esta forma la adopción de acuerdos necesarios para el normal funcionamiento de la sociedad. En las sociedades paritarias la falta de control por parte de sus socios puede ser suplida por un mecanismo de sindicación para un control paritario conjunto que permita a uno de los socios alcanzar una posición de control mediante actuaciones concertadas con el consocio. A este respecto, las limitaciones derivadas del control conjunto podrán provenir de los pactos mismos de

527 Resulta interesante a colación de la sindicación de voto referirse al derecho societario estadounidense. En él, como consecuencia de que los propietarios de las *close corporations* no tienen un mercado establecido en el que vender sus participaciones en caso de desacuerdo, la jurisprudencia y las leyes societarias estadounidenses han evolucionado para ofrecer a las sociedades cerradas una protección especial en las áreas de control y abuso de control. Las leyes societarias estadounidenses han reconocido el derecho que tienen los socios de las *corporations* cerradas a celebrar acuerdos para votar de forma conjunta (*voting agreements*) y así asegurarse sus inversiones cuando no existe un mercado líquido de desinversión. Los tribunales han declarado reiteradamente que tales acuerdos son un instrumento válido que los socios pueden utilizar para ejercer influencia sobre las sociedades cerradas. En *Ringling Bros. Barnum & Bailey Combined Shows vs. Ringling* (Delaware. Ch. 1947), el demandante y la demandada acordaron votar siempre de forma conjunta en una sociedad de tres accionistas y someter a arbitraje los casos en que no estuvieran de acuerdo. Cuando surgió un desacuerdo en cuanto a quien debía ser nombrado para el consejo de administración, el demandado incumplió el acuerdo y votó por su cuenta, argumentando que el referido acuerdo era nulo. El tribunal sostuvo que la sindicación de voto era válida y procedió a ordenar una nueva votación, esta vez descontando el voto del demandado. En *Galler vs Galler* (Illinois, 1964) se declaró que los acuerdos entre los propietarios de una *close corporation* relativos a su administración se reputan como válidos cuando se celebran entre propietarios y administradores, no haya menoscabo a los intereses de minoritarios, del público o de acreedores, y no exista evidencia de fraude o incumplimiento de la ley. En *Galler*, el tribunal confirmó que el pacto de accionistas era válido y sostuvo que los propietarios de una sociedad cerrada (donde los propietarios y gestores son las mismas personas), pueden obligar a los administradores cuando se puede demostrar que no hay fraude o desventaja para los minoritarios.

sindicación, concediendo a uno de los socios o a un representante del mismo una capacidad de decisión autónoma de forma que se prevea la sindicación como un mecanismo de consenso en la adopción de decisiones, tanto en el sindicato como en la junta general (art. 293.2 LSC)[528].

Un aspecto diferente es el de la prohibición o suspensión del ejercicio del derecho de voto que afecta a la sociedad que ha adquirido acciones propias o de su sociedad dominante, a las participaciones que la sociedad incumplidora posea en la participada, a las acciones adquiridas sin la preceptiva oferta pública que den lugar a una participación significativa y cuyo voto acarrea la nulidad de los acuerdos adoptados, y al accionista moroso en el pago de los dividendos pasivos[529]. En este último supuesto, podría darse un escenario de laboratorio en el caso de que todos los socios fueran morosos. Si como resultado de ello todo el accionariado fuera privado del derecho de voto, la paralización funcional de la sociedad no vendría por el hecho de que el número de votos no fuera, cuanto menos, la mitad más uno de los emitidos, los dos tercios del capital presente o representado o, en su caso, el de la mayoría estatutariamente establecida, sino por la suspensión del derecho de voto que establece el propio texto legal.

Por último, el abuso del socio paritario en la junta general se circunscribirá básicamente a unos determinados tipos de acuerdos cuya imposibilidad de aprobación determinará la causa de disolución. En este sentido, el abuso en situaciones de paridad entre los socios encuentra reflejo en aquellos casos en los que uno de los socios ejerce su facultad de bloqueo en perjuicio del interés social a través de la falta de aprobación de las cuentas anuales, el bloqueo de modificaciones estatutarias y operaciones de capital necesarias para la pervivencia de la sociedad o conservación de la empresa que desarrolla su objeto social, así como también por ejercitar su facultad de bloqueo en situaciones de disolución y liquidación de la sociedad.

---

528 Cfr. HERNANDO CEBRIÁ, L., "El conflicto…", cit., pág. 97.

529 Vid. PAZ-ARES/PERDICES, "Los negocios sobre las propias acciones", en URÍA/MENÉNDEZ/OLIVENCIA (dirs.), *Comentario al régimen legal de las sociedades mercantiles*, Tomo IV, 2°, B, Madrid, 2003, y BELTRÁN, E., *Los dividendos pasivos*, Madrid, 1988 y en "Los dividendos pasivos en la reforma de la sociedad anónima", *AC*, 1989, pág. 697 y sigs.

Como ya se ha comentado *supra*, la imposibilidad de aprobar las cuentas anuales es uno de los supuestos típicos de paralización de la junta al momento de la adopción del acuerdo y donde se puede poner de manifiesto —especialmente en las sociedades paritarias— el "abuso de igualdad" de uno de los dos socios. La falta de aprobación de las cuentas anuales sin motivo alguno conduce a su vez a la imposibilidad de aplicación del resultado del ejercicio, lo que sin duda excede de lo que exigen los límites naturales del ejercicio subjetivo del derecho de voto en las juntas generales, generando un perjuicio para la sociedad sin ninguna utilidad, al menos legítima, para el socio que adopta esa posición.

Otro de los supuestos relativos a la imposibilidad de alcanzar acuerdos se produce con motivo de la imposibilidad de resolver las exigencias financieras, en particular, por la correlación del patrimonio neto y el capital social. La falta de aprobación de la reducción de capital por pérdidas es constitutiva de causa de disolución cuando las pérdidas dejan reducido el patrimonio neto a una cantidad inferior a la mitad del capital social (art. 363.1 e LSC)[530]. Desde esta óptica, como argumentamos en la Parte II, puede afirmarse que el deber de fidelidad del socio exige una actuación proactiva dirigida a adoptar la decisión que permita la subsistencia de la sociedad, aun cuando ello pueda suponer una dilución de su participación. Así sucedería en la ampliación de capital como medida eficiente para remover la concurrencia de esta causa disolutoria y favorecer la conservación de la empresa[531].

Por ello, desde una moderada visión institucionalista del contrato de la sociedad capitalista puede abogarse por la obligación del socio de apoyar con su voto las modificaciones estatutarias pertinentes para salvaguardar las reglas de capital y realizar una de las opciones técnicas que existen para superar una eventual causa de disolución de la sociedad, desde la ampliación o reducción de capital hasta una fusión o cesión global de activo o pasivo. Ante esta tesitura, nos alineamos con el sector de la doctrina a la que no le parece admisible en

---

530 Vid. PÉREZ DE LA CRUZ BLANCO, A., "La reducción del capital", en URÍA/MENÉNDEZ/OLIVENCIA, *Comentario al régimen legal de las sociedades mercantiles*, Tomo VIII, Vol. III, Madrid, 1995, pág. 20.

531 Vid. DE LA CUESTA RUTE, J. M., "El aumento...", cit., pág. 173 y sigs.

este punto la teoría contractualista pura u ortodoxa de acuerdo con la cual un socio paritario podría arrogarse la facultad de obstruir de forma indistinta cualquier alternativa viable que permitiese superar la situación de desequilibrio patrimonial o de insolvencia social. Más controvertible sería la cuestión de si el socio obstruccionista puede rechazar puntualmente uno de los medios que se propusiesen sobre la base de un interés particular debidamente justificado.

Con todo, el interés social, el interés legítimo del socio a la continuación de la sociedad y el interés de la empresa de la cual emergen las relaciones con trabajadores y terceros, han de anteponerse en este concreto supuesto al interés subjetivo del socio paritario de mantener su porcentaje de participación social[532].

No es razonable estimar que existe paralización por la sola imposibilidad de alcanzar acuerdos, sino que la mejor solución, a nuestro juicio, sería fijar el momento del bloqueo apelando a una previsión estatutaria[533]. Por esta razón, cobra especial importancia la prueba que se practique en el proceso, pues de lo contrario, la circunstancia de la paralización no será perceptible en fecha determinada[534].

C) Requisitos para la concurrencia de esta causa de disolución

El desarrollo de los supuestos de hecho anteriormente examinados permite la enunciación sintética de una serie de requisitos imprescindibles que habrán de concurrir en el caso de paralización de los órganos sociales para que pueda entenderse que ha sobrevenido esta causa de disolución. Para su desglose se toma como referencia la formulación de los requisitos según lo viene haciendo la jurisprudencia que ha apreciado la causa de disolución por paralización de los órganos sociales. Así pues, no basta cualquier dificultad en el fun-

---

532 En este punto, en cuanto a la imposibilidad de adoptar acuerdos para resolver las exigencias financieras, adoptamos una posición conforme a HERNANDO CEBRIÁ, L., "El conflicto...", cit., pág. 114, que otorga una superioridad al interés de la sociedad y de terceros sobre el del socio paritario.

533 Cfr. FRADEJAS RUEDA, O. M., "Paralización...", cit., pág. 21.

534 En este sentido, DE EIZAGUIRRE, J. M., *La disolución...*, cit., pág. 93, quien además sostiene que "lo que ocurrirá normalmente es que, en el curso de una evolución poco perceptible en su comienzo, llegue una época —no necesariamente un día del calendario— en que la existencia de la causa sea manifiesta".

cionamiento de la sociedad, sino que requiere que la paralización sea de tal naturaleza que resulte imposible la marcha de la sociedad, debiendo tratarse de una paralización permanente e insuperable. Normalmente la manifestación de esta situación se produce respecto de la junta general cuando ésta no sea capaz de eliminar la eventual inactividad del órgano de administración, esto es, cuando no pueda terminar con las dificultades operativas del órgano de administración, lo que se produce, con frecuencia, cuando no puedan alcanzarse acuerdos esenciales debido al enfrentamiento entre dos grupos paritarios de socios o accionistas, o por la exigencia de mayorías reforzadas de votación.

Por otro lado, la doctrina es mayoritaria al afirmar que en los supuestos de enfrentamiento entre dos grupos de socios que representan igual porcentaje de votos la sociedad queda inevitablemente abocada a la disolución, dado que no hay medio de adoptar los acuerdos si carece de mayoría estable, ni existe medio de dirimir los empates dado el principio mayoritario que inspira el funcionamiento orgánico de la sociedad capitalista. La concurrencia de esta causa pone en marcha el mecanismo legal relativo al acuerdo social de disolución y en particular, quedando obligados los administradores a convocar junta general. Si la junta, como sucederá previsiblemente, no adopta el acuerdo de disolución, los referidos administradores deberán solicitar la disolución judicial, pudiendo hacerlo igualmente cualquier interesado[535].

En consecuencia, para la concurrencia de esta causa de disolución se requiere:

- Que la imposibilidad de convocar o celebrar válidamente la junta general y de reunirse el órgano de administración sea clara y definitiva, dando lugar a una situación de bloqueo que no sea transitoria sino permanente[536].

---

535 Estos mismos cinco requisitos subsiguientes son glosados por PORFIRIO CARPIO, L. J., "Comentario...", cit., pág. 1124; BLANQUER, R., "La disolución", cit., págs. 433 y sigs., y más detalladamente por SENÉN, G., *La disolución...*, cit., págs. 199-201.

536 Un ejemplo llamativo de este requisito de permanencia en la situación de bloqueo se recoge en la SAP de Álava (Sección 1ª) de 11 de junio de 2008 (AC 2008/2358) en la que la junta de la sociedad paritaria que se disuelve sufrió un

- Que la inactividad sea insuperable o insalvable, es decir, que no puedan removerse por el procedimiento que sea los obstáculos que impidan la adopción de acuerdos.
- Que la imposibilidad de adoptar un acuerdo social se refiera necesariamente a uno que deba ser adoptado para que la sociedad pueda seguir funcionando con normalidad, como pudiera ser una la aprobación de sus cuentas anuales, una reforma estatutaria necesaria, un aumento o reducción del capital, el cambio del objeto social o el traslado del domicilio.
- Que la sociedad no pueda seguir actuando, a pesar de la paralización, por la simple inercia. Es preciso apuntar que este requisito depende en cierta medida del momento en que haya acontecido la paralización social. Ahora bien, la actividad empresarial objeto de la sociedad sólo podrá continuar por inercia hasta que llegue el momento de la aprobación de las cuentas anuales del último ejercicio, pues como afirma unánimemente la doctrina, la aprobación de las cuentas anuales es un acto necesario para que toda la sociedad pueda seguir funcionando.

Por tanto, no es difícil advertir que si en una sociedad, por las razones que sean (el empate sistemático en las votaciones), transcurren varios meses sin que pueda adoptarse un solo acuerdo y llega el momento de adoptar una decisión de carácter esencial (como la aprobación de las cuentas anuales o una reforma estatutaria impuesta por las circunstancias), sin que se logre el oportuno acuerdo —por

---

bloqueo durante quince años, declarando en su Fundamento de Derecho Tercero que dicha situación "puede considerarse como de auténtico e irremediable bloqueo social, no mera coyuntura o dificultad transitoria susceptible de mejora o superación. La actividad social no existe y la actividad mercantil se mantiene sobre una precaria e insuficiente gestión de hecho, que no representa ninguna garantía de continuidad para la relación societaria. Por ello es indudable la aplicación de la causa de disolución deducida de la paralización de los órganos sociales". Por otra parte, precisa SEQUEIRA MARTÍN, A., "Disolución…", cit., pág. 2482, que la paralización del funcionamiento de los órganos sociales no requiere ser identificado necesariamente con el hecho de una falta absoluta de inactividad, sino que es suficiente el hecho de una disfunción temporalmente considerable de los órganos, y no necesariamente reiterada, con respecto a lo que es el normal funcionamiento de la sociedad.

no poderse convocar y constituir válidamente la junta o por ser imposible la adopción de acuerdos—, deberá reputarse que ha sobrevenido la causa de disolución por paralización de los órganos sociales y procederá, por consiguiente, el inicio del proceso de extinción de la sociedad.

Es significativa en este sentido la SAP de Barcelona (Sección 15ª) de 4 de diciembre de 2009 que señala: "Lo verdaderamente relevante es la situación objetiva de paralización, de imposibilidad de adopción de acuerdos, siendo irrelevante la intención o razón que subyace en uno y otro bloque de socios para oponerse al contrario. Eso sí, es necesario que esta situación se haya puesto de manifiesto de forma clara, que constate la imposibilidad de constituirse válidamente la junta o de adoptar acuerdos, y que las circunstancias concurrentes pongan en evidencia que ello no es un hecho puntual, sino que esta situación presumiblemente se prolongará en el tiempo". Asimismo, la SAP de Barcelona (Sección 15ª) de 30 de septiembre de 2024 precisa que para comprobar que concurre la causa de disolución consistente en la paralización de los órganos sociales (bloqueados por las discrepancias entre dos socios al 50%), que las cuentas de los años anteriores estuvieran falseadas es irrelevante. La Audiencia expone que no es necesario haber solicitado previamente la convocatoria de la junta para solicitar la disolución judicial[537].

Por todo lo anterior, la paralización orgánica propiamente dicha se predica de la junta. El bloqueo del órgano de administración no es sino una consecuencia de aquella, aunque, en ocasiones, concurran

---

[537] Sentencia de la Audiencia Provincial de Barcelona (Sección 15ª) de 17 de abril de 2019: es irrelevante también por qué están enfrentados los socios y qué motivos tienen para enfrentarse al otro: "La existencia dos bloques enfrentados, cada uno con el 50% del capital social, que ha impedido la adopción de cualquier acuerdo en las distintas juntas celebradas desde el año 2013. Por ello, la sociedad demandada tiene cerrada la hoja registral. Estimamos, por tanto, que la situación de enfrentamiento se ha puesto de manifiesto de forma inequívoca y que es insuperable. En este contexto de conflicto insuperable y de parálisis social, no es necesario, para estimar la acción, enjuiciar la causa del enfrentamiento y determinar responsabilidades. Basta con constatar la situación objetiva de paralización de un órgano social para que la causa de disolución exista y haya de procederse en la forma establecida en el artículo 366 de la Ley de Sociedades de Capital".

los dos bloqueos simultáneamente, como en los supuestos en que no solo existen dos socios o grupos de socios al 50%, sino, a su vez, administradores enfrentados, ya fueren solidarios o mancomunados.

D) Momento en que debe entenderse producido el supuesto de hecho

A diferencia de lo que ocurre con otras causas legales de disolución, de invocación frecuente en la práctica forense, la que se refiere al art. 363.1 d) LSC cuenta con la dificultad de determinar cuál es el momento exacto en la que concurre. Es común a los tres supuestos de hecho de paralización de la junta examinados anteriormente el momento en que ha de entenderse producido el bloqueo.

A nuestro juicio, sería conveniente que se previera en los estatutos un número determinado de veces en que se haya convocado la junta sin adoptarse acuerdos o un cierto número de meses en los cuales no hayan podido adoptarse en orden a contemplar la concurrencia de la causa de disolución por paralización. Aunque esta previsión estatutaria sería lo deseable a fin de evitar problemas interpretativos, en su ausencia habría que entender que en la sociedad anónima el bloqueo se entenderá producido durante la celebración de la segunda convocatoria, en el momento en que se constate que no se pueden adoptar los acuerdos.

4.3.4 Modo de operar de esta causa de disolución

Procede ahora resolver una de las más importantes cuestiones prácticas que plantea la disolución de las sociedades de capital por paralización de sus órganos sociales como es el modo de operar de esta causa de disolución.

A) Disolución por acuerdo

Con carácter general, las sociedades de capital que incurran en una causa legal de disolución se disolverán, en primer lugar, por acuerdo ordinario de la junta general o subsidiariamente por resolución judicial. La disolución no puede quedar al arbitrio de la voluntad de los socios, individualmente considerados, sino que debe ser acordada en junta general. Por esta razón, la competencia de la junta para acordar la disolución o la remoción de la causa ha de considerarse indelegable sin que quepa que la junta faculte al órgano de administración para que éste decida la disolución de la sociedad, ni tampoco la acuerde facultando a los administradores para ejecutar o no el acuerdo[538]. Por ello, será nula la cláusula estatutaria que alterare o eliminare esta vía disolutoria, de forma directa o indirecta[539].

Por otra parte, se ha discutido sobre la naturaleza constitutiva o declarativa del acuerdo de disolución. A nuestro juicio, en ambos casos debe defenderse su naturaleza constitutiva, lo que implica entender que junto al motivo disolutorio ha de concurrir un acuerdo social o una sentencia judicial. La junta general, al reunirse, debe establecer en primer lugar que la causa efectivamente concurre, lo que implica una determinación o constatación de la realidad. Ahora bien, al apreciar la concurrencia del motivo disolutorio y acordar la disolución, la sociedad está emitiendo una declaración de voluntad. Este acuerdo no es la única opción, pues cabe que la junta general haga desaparecer la causa, evitando así la disolución.

Cuando la sociedad no adopte un acuerdo favorable a su disolución ni remueva la causa, se debe acudir subsidiariamente al juez para que supla esta omisión del comportamiento debido. La resolución judicial establecerá si existe realmente un motivo que obligue a la disolución, pero también, y aquí reside el punto esencial, el silencio de la sociedad. La disolución judicial, consecuentemente, requiere tanto de la concurrencia de la causa como de la omisión del comportamiento debido, que es la remoción de los motivos disolutorios, una circunstancia que se presenta bastante improbable en una sociedad que se encuentra paralizada.

Dicho de otro modo, parece que el legislador confiere al silencio de la junta general bloqueada una especial significación, equiparándola al acuerdo de disolución. Así, la ausencia de voluntad de remover la causa lleva aparejada la disolución de la sociedad, constatada

---

538 Cfr. GARRIGUES, J., *Dictámenes III*, cit., págs. 939-942.

539 Cfr. BELTRÁN, E., *La disolución...*, cit., pág. 83.

por resolución judicial, con efectos equivalentes al acuerdo de disolución[540].

Convocatoria de la junta general

Una vez detectada la existencia de alguno de los supuestos de hecho causantes de la paralización social, los administradores deberán convocar una junta general con el fin de acordar la disolución de la sociedad. Esta misma junta se podrá convocar a instancia de cualquier socio. Si la junta supuestamente no funciona, el hecho de que la ley exija que sea ella la que constate su propia paralización y además adopte el acuerdo de disolver la sociedad, resulta, como antes se ha repetido, una contradicción de orden lógico, aunque tal posibilidad no puede descartarse[541].

El acuerdo de la junta general

Para la adopción del acuerdo en junta no serán exigibles los requisitos de las modificaciones estatutarias (quórum reforzado de constitución y formalidades específicas para la convocatoria), pero en todo caso es innegable que los estatutos pueden someter el acuer-

---

540 Vid. BATALLER, J., "La simplificación...", cit., págs. 532-533.

541 Cfr. BERCOVITZ, A., *La sociedad de responsabilidad limitada*, cit., pág. 419. A tal efecto, la SAP de Zamora de 4 de marzo de 2000 (EDJ 2000/6943) señala que "no puede admitirse que la junta general no se ha constituido para pronunciarse sobre la disolución de la sociedad porque no ha sido convocada por los administradores de la sociedad en el plazo de dos meses, porque, como se ha puesto de manifiesto, uno de los socios, D. Jesús, ha instado y reiterado a su hermano para que se convoque la junta incluyendo en el orden del día la cuestión sobre la disolución de la sociedad, y la respuesta ha sido de desconocimiento y evasión de cuanto se le solicitaba, cuando no de abierta negativa; es decir, que ha habido un requerimiento reiterado por parte del socio D. Jesús para que se convocase la junta con esa finalidad. Por ello, acreditada la reiterada solicitud, si el administrador obligado a la convocatoria se muestra terne, remiso o negativo a la convocatoria en el plazo aproximado de 2 años, llegando a una paralización de la voluntad social ante la falta de toma de acuerdos dirigidos al fin de la buena marcha de la empresa, ha de estimarse que falta una efectiva voluntad para discutir y proceder a la disolución; y ante ello, esa imposibilidad de convocatoria para ese exclusivo fin, ha hecho irremediable la solicitud de disolución por vía judicial, para la que aparece, por lo expuesto el socio demandante".

do extraordinario de disolución al cumplimiento de esas formalidades, elevando el quórum de constitución y de votación, asimilándolos a los requisitos de las modificaciones estatutarias[542]. Lo cierto es que la situación de bloqueo que padece la sociedad llevará normalmente a que no se alcance un acuerdo en junta con respecto a la disolución propuesta[543]. De hecho, por lo general, uno de los socios paritarios preferirá que la sociedad siga en situación de bloqueo, porque obtiene de esa circunstancia alguna ventaja temporal, si por ejemplo continúa controlando el órgano administrativo[544].

Por tanto, no es necesario que se celebre la junta y menos aún que se tome el acuerdo. La disolución judicial se abrirá cuando no haya acuerdo posible por falta de quórum, o habiendo acuerdo, éste fuere contrario a la disolución, o también cuando se inicie una batalla de impugnaciones[545].

En este punto, el derecho italiano salva esta dificultad de una forma más inteligente porque el legislador reconoce directamente la imposibilidad de obtener un acuerdo meramente declarativo de la junta general cuando la causa que provoca la disolución de la sociedad anónima consiste precisamente en la paralización de los órganos sociales. Por tal razón, se abstiene de exigir el trámite del acuerdo de la junta, tanto para disolver la sociedad como para nombrar a los

---

542 Cfr. BELTRÁN, E., *La disolución...*, cit., pág. 84.

543 Tesis general que sostiene la jurisprudencia. A tal efecto puede glosarse la STS de 10 de junio de 1994 (RJ 1994/4908), que tiene su antecedente doctrinal inmediato en la STS de 12 de noviembre de 1987 (RJ 1987/8373): "no puede exigirse el acuerdo disolutorio de la junta cuando la misma no es capaz ya de constituirse válidamente ni de tomar cualquier acuerdo". Sobre esta sentencia, véase el comentario de PORFIRIO CARPIO, L. J., "Comentario...", cit., págs. 1117-1134.

544 Vid. ÁLVAREZ ROYO-VILLANOVA, S., "Situaciones de bloqueo en las sociedades de capital. La disolución judicial y sus alternativas", *Cuadernos de Derecho y Comercio*, N° 49, 2008, págs. 63-64. En la STS de 20 de julio de 2002 (RJ 2002/7475) se enjuicia un caso de paralización social en el cual el socio que se oponía a la disolución era administrador solidario, pero consideraba que con la disolución lo que el otro socio pretendía era terminar de captar para su empresa paralela la clientela de la sociedad.

545 Como afirma BELTRÁN, E., *La disolución...*, cit., pág. 85, la impugnación por razones de fondo del acuerdo de disolución sólo podrá basarse en la lesión, en beneficio de uno o varios accionistas o terceros, de los intereses de la sociedad.

liquidadores[546]. En este sentido, la ley española debería aproximarse en este punto a la italiana para que la disolución judicial no precisara legalmente de una previa e innecesaria convocatoria de junta general, que resulta inútil, pues, es precisamente esta falta de acuerdo la que motiva su disolución[547]. Aunque la jurisprudencia sostiene ya la innecesaridad del acuerdo previo de la junta general, no sería insustancial su precisión en la norma positiva[548].

---

546 Vid. SENÉN, G., *La disolución...*, cit., pág. 217: "Esta interpretación del Código Civil ha sido, por lo demás, expresamente admitida por los Tribunales de Justicia italianos, los cuales han declarado en varios fallos que la aplicación de la causa de disolución prevista en el número 3 del art. 2448 no requiere acuerdo de la Junta general. En este sentido se pronunció la Corte de Casación italiana en su sentencia de 17 de enero de 1950 al decir que "ninguna causa de disolución deviene operativa sin una expresa declaración que, si no es o no puede ser hecha por la Junta, debe ser pronunciada por el juez en un procedimiento contencioso".

547 Vid. PRENDES CARRIL, P., cit., pág. 691. En la doctrina italiana, véase a este respecto la doctrina sobre la disolución (*scioglimento*) regulado por los arts. 2484 y sigs. del Codice: FIMMANO, F. (dir.), *Scioglimento e liquidazione delle società di capitali*, Milán, 2011, passim; ZANARONE, G., "Società a responsabilità limitata", en GALGANO (dirs.), *Trattato de Diritto Commerciale e di Diritto Pubblico dell'economia*, Tomo VIII, Padua, 1985, págs. 19-184; STOLFI, G., "Scioglimento di società per impossibilità di funzionamento della assemblea e nomina dei liquidatori", *Rivista Trimestralle di Diritto e Procedura Civile*, 1949, pág. 741 y sigs.; ASCARELLI, T., "Sulla constatazione delle cause di scioglimento delle società per azioni e sulla varia natura delle deliberazioni dell'assemblea", en *Studi in tema di società*, Milán, 1952, pág. 334; CAIAFA, A., *Società. Scioglimento e liquidazione*, Padua, 1987, págs. 105-106, texto y notas 23 y 24; CAPPIELLO, S., "Scioglimento, liquidazione ed estinzione di società di capital", *Riv. Giur. Comm.*, Nº 25, 1998; FICO, D., *Lo scioglimento del rapporto societario: recesso, esclusione e morte del socio*, Milán, 2012; MIGNOLI, A., "Scioglimento e liquidazione nella pratica statutaria", *Rev. Soc*, 1961, pág. 663 y sigs., y MORELLO, U., "Il problema de lo scioglimento di diritto nelle società per azioni". *Riv. Trim. Dir e Proc Civ.*, 1973, pág. 669 y sigs.

548 Así, la STS (Sala 1ª) de 15 de mayo de 2000 (RJ 2000/3412), en su Fundamento Jurídico 3º, sostiene la innecesaridad del acuerdo previo de la junta cuando la imposibilidad de realizar el fin social proviene de la paralización de los órganos sociales: "La imposibilidad de formar la voluntad social es causa de disolución, el hecho de que para la misma se produzca sea preciso un acuerdo previo de la junta, requisito éste exigible en los supuestos normales, no puede jugar, cuando precisamente, la causa de esta petición de disolución es la imposibilidad, acreditada durante largos años, de formar una voluntad social que, si no pudo obtenerse en los casos anteriores, no puede ser exigida como requisito previo al

B) Disolución judicial

La situación de bloqueo por desavenencias entre los socios también se extiende normalmente a la forma de solucionar la controversia, dado que algún socio o administrador podría preferir que siguiese subsistiendo la sociedad. Será entonces la disolución judicial el mecanismo que opere subsidiariamente ante una falta en la adopción del acuerdo de disolución, bien porque no se ha podido convocar la junta o bien porque no se ha podido adoptar favorablemente dicho acuerdo[549].

La LSC prevé en su art. 364 que sea la junta la que adopte el acuerdo, estando los administradores obligados a convocarla en el plazo de dos meses desde que se produzca la situación de bloqueo (art. 365.1 LSC). Pero si la junta no es convocada, no se celebra o no adopta el acuerdo de disolución, según lo previsto en el art. 366 LSC, cualquier interesado puede instar la disolución de la sociedad ante el juez de lo mercantil del domicilio social[550].

---

acuerdo de disolución, llegándose con ello a la situación, que debe calificarse de absurda, de que, precisamente para acordar la disolución de la sociedad en razón de que no pueden, por gracia de la aludida cláusula, que fue declarada válida por sentencia firme, adoptarse acuerdos sociales, se venga a exigir, como requisito previo, la adopción de un acuerdo social". Asimismo, la SAP de Barcelona (Sección 15ª) de 17 de abril de 2019 establece que la previa convocatoria y celebración de una junta para acordar la disolución no es un requisito para solicitar la disolución judicial: "Debe tenerse presente que los administradores vienen obligados legalmente a convocar junta general en el plazo de dos meses a partir del momento en que concurra alguna de las causas legales de disolución (artículo 365.1°, en relación con el artículo 363 de la LSC). Es cierto que el párrafo segundo del artículo 365 faculta a cualquier socio a solicitar de los administradores la convocatoria. Sin embargo, esa facultad tiene como presupuesto y guarda relación con el incumplimiento del deber legal de convocar la junta por parte de los administradores. Se contempla en la norma, por tanto, como un derecho o facultad del socio y no como un requisito que impida el ejercicio posterior de la acción de disolución judicial".

549 Vid., MELERO BOSCH, L. V., *La disolución judicial de las sociedades de capital por paralización de órganos sociales*, Tirant lo Blanch, Valencia, 2023; SEQUEIRA MARTÍN, A., "Disolución...", cit., pág. 2515 y SANTOS REQUENA, A. A., "La disolución judicial de las sociedades mercantiles: cuestiones procesales", *Revista de Derecho Procesal*, 1999, pág. 625 y sigs.

550 Asimismo, recordemos que puede utilizarse el cauce procedimiental del Expediente de Jurisdicción Voluntaria del Capítulo V del Título VIII de la Ley

En este aspecto varía el tratamiento vigente en comparación a cómo lo hacía la LSA, en cuyos arts. 262.2 y 262.3 se contemplaba la posibilidad de que el socio acudiera a la disolución judicial sólo si una vez solicitado a los administradores la convocatoria de la junta, ésta no era convocada. A tenor de la extinta LSA, el socio, antes de acudir a la disolución judicial, debía solicitarlo de conformidad con el procedimiento del art. 100.2 LSA[551]. Sin embargo, bajo la LSRL no era requisito necesario que se solicitara al órgano de administración. Bastaba que el socio considerara que concurría la causa y que hubieran transcurrido dos meses para que pudiera acudir al juez si no se alcanzaba el acuerdo de disolución (art. 105.3 LRSL)[552]. En este sentido, en el anterior régimen legal el requisito de la convocatoria de la junta operó con cierta flexibilidad[553].

En la misma línea se posiciona el régimen vigente, que al tratarse de una refundición legal no ha podido abordar satisfactoriamente la cuestión de si es pertinente que haya o no una solicitud de convocatoria por parte del socio con carácter previo a que el interesado acuda al juez para instar la disolución judicial, teniendo en cuenta que más adelante la norma dice que la solicitud ha de formularse en el plazo de dos meses a contar desde la fecha prevista para la celebración de la junta, cuando ésta no se haya constituido (art. 366.2 2° LSC).

En efecto, el tenor literal de los preceptos reguladores del procedimiento (arts. 363-365 LSC) parecen establecer la necesidad de acudir a una previa junta general —aunque finalmente no se celebre o ni siquiera llegue a convocarse— antes de admitir la solicitud de la disolución judicial.

15/2015, de 2 de julio de la Jurisdicción Voluntaria. A estos efectos, están legitimados para pedir la disolución judicial por paralización de los órganos sociales no sólo los socios, sino también los terceros con un interés legítimo (art. 126.2 LJV).

551 Vid. NEILA NEILA, J. M., "La disolución judicial de la sociedad anónima", *Revista de Derecho Privado*, N° 74, 1990, pág. 875 y sigs.

552 Cfr. ALVAREZ ROYO-VILLANOVA, S., "Las situaciones de bloqueo...", cit., pág. 64.

553 La STS de 4 de noviembre de 2000 (RJ 2000/9209) estableció que no era requisito necesario la solicitud de convocatoria, puesto que el consejo de administración había apreciado dos años antes la existencia de causa de disolución por pérdidas y en una junta se había debatido sobre la disolución.

A nuestro juicio, esta solución legal es procesalmente inadecuada al demorar la disolución e ineficiente económicamente, porque incrementa los riesgos sobre la integridad patrimonial. Si el bloqueo societario se ha constatado previamente y el socio, administrador o el tercero interesado, pueden probarlo, no habría razones para impedir la solicitud directa de disolución judicial sin una previa solicitud de convocatoria de junta general. Se trataría de una junta que carecería de sentido porque de celebrarse sería inoperante y lo único que conseguiría es dilatar la situación de bloqueo. Por eso podría abogarse por adelantar los trámites y permitir la petición directa de disolución, todo ello conforme con la protección de los intereses de los socios y de terceros, principio básico que debería presidir la interpretación de las normas societarias reguladoras de los procedimientos.

En suma, de no convocarse o celebrarse la junta, o no resultar posible alcanzar el acuerdo propuesto, cualquier interesado podrá instar la disolución judicial de la sociedad[554]. La disolución judicial prosperará siempre y cuando se den los presupuestos señalados *infra*, con independencia de que la situación de bloqueo haya sido forzada o impuesta por uno de los socios o grupos de socios, siendo únicamente relevante, a los efectos pretendidos, que los órganos sociales se encuentren efectivamente paralizados, de tal forma que se haga imposible el funcionamiento de la sociedad. Con todo, como se ha analizado *supra*, en este supuesto disolutorio adquiere plena vigencia la disolución judicial, ya que en lógica no resulta probable un acuerdo disolutorio o de remoción de la causa.

Requisitos formales

– Legitimación activa

Paralizada la junta general, se produce a priori la imposibilidad de acordar su disolución. Esta circunstancia fáctica hace que adquie-

554 En definitiva, se abrirá la vía de la disolución judicial si no se convoca la junta, si se convoca, pero no se celebra por falta de quórum, si se celebra, pero no hay acuerdo o si celebra, pero se adopta un acuerdo contrario o que no constituya la remoción del bloqueo permanente como se infiere del art. 365.2 LSC.

ra especial relevancia la legitimación concedida por ley a cualquier interesado para solicitar la disolución judicial de la sociedad[555].

En primer lugar, están legitimados activamente para instar la disolución judicial los administradores sociales. Su legitimación es forzosa por virtud del art. 366.2 LSC, debido a que están obligados a solicitar la disolución judicial de la sociedad cuando el acuerdo social fuere contrario a la disolución o no pudiera lograrse[556]. Por lo que se refiere al consejo de administración, es donde más dudas se pueden suscitar. En principio, parece que ningún obstáculo se opone a que la demanda de disolución se formule por el consejo en tanto que órgano de representación de la sociedad, previo acuerdo adoptado en este sentido por las mayorías ordinarias si el consejo todavía funciona y advierte que ha sobrevenido esta causa legal de disolución. En caso contrario, las mismas facultades deben reconocerse a cualquier consejero aislado cuando la paralización también afectare al consejo[557].

En el caso de que sólo fueran algunos administradores los que iniciasen aquella vía porque no todos los miembros del órgano colegiado están conformes en el reconocimiento de la causa disolutoria, habría que entender que sólo esos administradores (aquellos que en su momento consideraron los hechos como constitutivos de la causa disolutoria), estarán legitimados para acudir al juzgado. Este sería el caso de un consejo de administración que, convocado al efecto, adoptara la decisión de convocar la junta, pero no por unanimidad.

555 Vid. MUÑOZ MARTÍN, N., "La disolución...", cit., pág. 561.

556 Según confirma SENÉN, G., *La disolución...*, cit., pág. 245, para la doctrina italiana el tema de la legitimación ha tenido un gran interés. SENÉN recoge la opinión de ASCARELLI: "La acción puede ser promovida por todos los interesados que no estén de acuerdo con la decisión de la junta que niegue que se ha verificado la causa de disolución". Esto quiere decir que es muy amplia la legitimación activa de este proceso, ya que en principio pueden tener un interés evidente en la disolución de la sociedad no sólo los socios, sino también los administradores e incluso acreedores.

557 Vid. SENÉN, G., *La disolución...*, cit., pág. 250 y PORFIRIO CARPIO, L. J., "Comentario...", cit., pág. 1127: "En mi opinión, en supuestos de inactividad total, de paralización permanente del consejo de administración, cualquier administrador está legitimado para acudir al Juez y demandar la disolución de la compañía. En último extremo, el administrador es también un interesado pudiendo por ello solicitar la disolución".

También cabe preguntarse si sería posible que alguno de los consejeros que en su momento desestimaron la concurrencia de dicha causa de disolución puedan, posteriormente, variar de criterio y accionar para pedir judicialmente la disolución. Este sería el caso cuando estuvieran ante el hecho de incurrir en la responsabilidad solidaria por no promover la disolución ante el acaecimiento de una causa disolutoria. En nuestra opinión, la doctrina de los actos propios no debería ser tan rígida que impidiese a un consejero o administrador cambiar de parecer, si es que la nueva aprobación de la disolución no fuera a él debida, ya que, en este último caso, debería, en efecto, asumir las consecuencias de tal oposición[558].

El deber de diligencia que la LSC impone a cualquier administrador y la obligación de vigilar el cumplimiento de la ley justifican la legitimación activa e imperativa de cualquier administrador para pedir la declaración judicial de disolución. El interés en promover la disolución judicial radica en que si no lo hace incurrirá en responsabilidad solidaria en virtud del art. 367 LSC, como se examinará *infra*[559]. Por tanto, la obligación de entablar demanda de disolución es adicional a la de convocar junta y por su condición de administradores están sometidos a la observancia del plazo de dos meses para el ejercicio de la acción de disolución[560]. Como su deber de solicitar la disolución judicial se halla anudado a la convocatoria de la junta, el *dies a quo* para el cómputo del plazo es el de la junta, ya sea aquel en

---

558 Vid. NEILA NEILA, J. M., "La disolución judicial de la sociedad anónima", *Revista de Derecho Privado*, N° 74, 1990, págs. 877-878 y GIMENO BAYÓN-COBOS, "Algunos aspectos conflictivos de la responsabilidad de los administradores por no promover la disolución de las sociedades anónimas concurriendo causa", en AA.VV., *Derecho de Sociedades*, vol. II, *CGPJ*, Madrid, 1998, pág. 25 y sigs.

559 Vid. BATALLER GRAU, J., "Art. 367", en ROJO/BELTRÁN (dirs.), *Comentario de la Ley de Sociedades de Capital*, Tomo II, Madrid, 2011, pág. 257 y los trabajos de QUIJANO GONZÁLEZ, J., "La responsabilidad de los administradores por la no disolución de la sociedad y las causas de exoneración", *Revista de Derecho de Sociedades*, N° 19, 2002, pág. 73 y sigs., y "Responsabilidad de los administradores por no disolución de la sociedad (Comentario a la Sentencia de la Audiencia Provincial de Burgos de 24 de julio de 1995)", *Revista de Derecho de Sociedades*, N° 5, 1995, pág. 265 y sigs.

560 Vid. ÁVILA JARRÍN, F. J., *Acciones de disolución en SA y SL*, Barcelona, 2004, passim.

que debía haberse celebrado (fecha prevista para la celebración) o en el que se celebró efectivamente[561].

En segundo lugar, es legitimado voluntario cualquier interesado ex art. 366.1 LSC, entendiendo por interesado no sólo a los socios, sino también, en principio, a cualquier acreedor[562]. Evidentemente, si lo que la LSC pretende es que la sociedad se disuelva cuando sobreviene una causa de disolución de las admitidas directa o indirectamente por la ley, cada uno de los socios gozará del derecho esencial para solicitar que la sociedad entre en liquidación con el fin de recibir la cuota liquidatoria que en derecho le corresponde. Es claro que estarán tan sólo legitimados aquellos socios que, o bien votaron a favor del acuerdo de disolución (o en su caso, en contra del acuerdo de no disolución) o bien aquellos que no asistieron a la junta[563]. Por

---

561 Cfr. DE EIZAGUIRRE, J. M., *La disolución...*, cit., pág. 101.

562 Vid. BLANQUER, R., *Disolución...*, cit., pág. 54, quien extiende la legitimación activa a cualquier deudor de la sociedad, incluso a otras sociedades concurrentes en el mismo mercado: "Pienso que interesado puede ser cualquier accionista, o cualquier administrador, o cualquier tercero acreedor o deudor de la sociedad, incluso otras sociedades concurrentes en el mismo mercado". Y más adelante añade que "pueden encontrarse serias y buenas razones para calificar y considerar como interesados a los acreedores de los anteriores interesados y tenerlos por legitimados cuando concurran los presupuestos legales para el ejercicio vía acción subrogatoria de los derechos y acciones de sus deudores (art. 111 CC y complementarios)". Por su parte NEILA NEILA, J. M., "La disolución...", cit., pág. 879, también incluye entre los acreedores a los obligacionistas.

563 La legitimidad para el ejercicio de la acción de disolución presupone objetivamente la inscripción del socio en el libro registro de socios o de acciones nominativas, pues la sociedad sólo reputará como socio o accionista quien en él esté inscrito (arts. 104.2 y 116.2 LSC). El problema surge cuando estamos ante un socio que no puede legitimarse, esto es, cuando se ha producido una transmisión de participaciones o acciones cuya inscripción no se ha podido practicar por estar el órgano de administración en situación de bloqueo, que es al que le corresponde su llevanza, custodia y corrección (arts. 105.1 y 120.1 LSC). Ciertamente, como afirma PERDICES, A., *El libro registro de socios. La legitimación del socio en las sociedades de capital*, Madrid, 2000, passim, el libro registro no representa papel alguno en la transmisión sino sólo a efectos internos de la sociedad, pues de lo contrario, si la inscripción en el libro fuera elemento del supuesto de hecho transmisivo, perdería sentido el mismo concepto de acción como título-valor. La cuestión radica en el alcance de la eficacia legitimadora que se otorgue al libro registro. Por esta razón, la concepción de la eficacia legitimadora como constitutiva o inamovible (tesis dominante) podría conculcar el derecho al ejercicio de la acción por parte del titular que ha adquirido derivativamente las

analogía con lo establecido para la impugnación de acuerdos sociales en el régimen previgente, entendemos que no estarán legitimados aquellos socios que se abstuvieron en la votación e incluso los que votaron en contra, si así se hizo constar nominativamente en el acta. Por tanto, la legitimación activa del socio no reviste ninguna dificultad puesto que podrá acudir al juez y pedir una declaración de disolución de la sociedad que sustituya al acuerdo que la junta general no pudo adoptar por su estado de paralización absoluta[564].

Más dudas presenta la legitimación activa respecto de los acreedores sociales. El crédito frente a la sociedad no autoriza al titular a inmiscuirse en la vida interna de la sociedad pidiendo su disolución. En apoyo a esta tesis se encuentra la idea de que en tanto la sociedad conserve su personalidad jurídica aun estando paralizada, los acreedores tendrán siempre en su mano los medios necesarios para reclamar su crédito e incluso para exigir garantías del cumplimiento de cualquier obligación asumida por la sociedad. Ahora bien, el hecho de haber quedado paralizada la sociedad no impide al acreedor o a cualquier otro interesado demandar en juicio a la sociedad e incluso pedir que se adopten medidas cautelares encaminadas a garantizar la satisfacción de un crédito. Si la sociedad paralizada no comparece en el procedimiento será condenada en rebeldía por la inactividad de sus órganos representativos. De otra parte, nada impide tampoco

---

acciones o transmisiones cuya inscripción no ha podido practicarse o certificarse por el órgano de administración, por estar en una situación de bloqueo que impide que el registro pueda actualizarse. En este sentido, sería más apropiado abogar por la concepción de una eficacia legitimadora fundada en el valor de la apariencia, que atribuya a la inscripción en el libro el valor de mera presunción con eficacia simplemente declarativa, de forma que la realidad de los hechos (la titularidad no inscrita) deba prevalecer sobre la mera apariencia una vez que ésta se destruye por la presencia de pruebas líquidas en contra en sede judicial al momento del ejercicio de la acción de disolución por paralización de los órganos sociales, pues precisamente es el bloqueo del órgano de administración la causa que impide la propia legitimación del socio.

564 Vid. SEQUEIRA MARTÍN, A., "Disolución...", cit., pág. 2571, quien considera acertado que se haya configurado la legitimación activa voluntaria de forma amplia, "aunque se requerirá el examen específico en cada caso en función de constatar la presencia de un concreto interés".

que el acreedor pida en su momento la ejecución de la sentencia y, en su caso, el embargo de los bienes sociales[565].

Por nuestra parte, no compartimos la mencionada amplitud a cualquier interesado de la legitimación para solicitar la disolución y sí apostamos por una mayor restrictividad. Esta formulación conduciría a que el acreedor pudiera solicitar la disolución con indiferencia de cual fuera la causa de disolución, pero tenga que remitirse al régimen general de responsabilidad civil de los administradores sociales en el resto de causas. Por esta razón, debería reformularse la extensión al tercero de la legitimación activa para solicitar la disolución judicial[566].

Como se observa, el legislador permite a cualquier interesado solicitar la disolución de la sociedad. Ello entraña la problemática de ofrecer a una persona ajena al contrato de sociedad la facultad de solicitar la disolución. No obstante, el tenor literal del precepto alude por un lado a la legitimación activa para solicitar la disolución y por otro, a la responsabilidad. De este modo, la petición de responsabilidad civil planteada por un acreedor exigiría, en principio, acumular la acción de disolución. El interés legítimo del acreedor se centra-

---

565 Ciertamente, el acreedor tiene derecho a supervisar la efectividad y eficiencia de las garantías prestadas por el deudor, pero eso no significa que pueda inmiscuirse en la decisión de disolver la sociedad (deudora) en un pretendido derecho de legitimación activa, en caso de que entienda que su situación patrimonial puede verse agravada si los órganos sociales se encuentran paralizados y de esa forma se pone en riesgo el cumplimiento de las obligaciones. En este sentido, VEIGA COPO, A. B., *La verificación de créditos en el concurso*, Cizur Menor, 2009, págs. 193-194: "No todo acreedor puede permitirse el coste de vigilar la actividad del deudor cuyo comportamiento estratégico no siempre se puede supervisar y menos prever; los considerables costes de vigilar la actividad y el riesgo moral del deudor se desactivan perfectamente a través de la contratación de garantías y las preferencias que éstas llevan consigo". Sólo los acreedores profesionales serán capaces de anticipar una situación problemática o potencialmente problemática respecto de sus créditos.

566 SENÉN, G., *La disolución*..., cit., pág. 251, cita a URÍA ante la pregunta de si pueden los acreedores pedir judicialmente la disolución de la sociedad alegando una paralización social: "A nuestro juicio, no. Los acreedores podrán pedir la declaración de quiebra, pero no la disolución y liquidación de la sociedad cualquiera que sea su situación económica. (...) La exclusión de los acreedores en la promoción de la liquidación aparece como uno de los caracteres constantes en el desarrollo histórico de la institución".

rá en cobrar, por lo que normalmente acumulará ambas acciones (disolución y responsabilidad civil), aunque no es impensable que un tercero pudiese utilizar como amenaza la acción de disolución a sabiendas de la inexistencia de responsabilidad civil. Ciertamente, al acreedor ha de asegurársele que será resarcido y por ello ha de reconocérsele una acción de responsabilidad civil que garantice sus intereses.

Ahora bien, en nuestra opinión, admitir que un tercero pueda alcanzar la disolución sería dar un margen demasiado amplio a la legitimación activa. Además, cabe recordar que las causas de disolución que inician el procedimiento disolutorio parten de la solvencia de la sociedad por lo que el interés del acreedor debería encontrar satisfacción suficiente por otras vías. Por ello, sería más adecuado reservar la legitimación para solicitar la disolución judicial al acreedor con interés legítimo únicamente en lo referido a la causa de disolución por pérdidas. En este caso, sí se debería exigir la acumulación con la acción de responsabilidad civil. La justificación de aceptar la legitimación en la causa de disolución por pérdidas reside en el convencimiento de que es el supuesto que mayores peligros puede entrañar. La escasa magnitud del capital social mínimo, especialmente en la sociedad de responsabilidad limitada, recomendaría evitar demoras en la disolución. Adicionalmente, la función preconcursal de esta causa de disolución le confiere un añadido de interés público. Sería, en definitiva, el único supuesto en que los peligros que implican las pérdidas cualificadas aconsejarían que el acreedor pudiera inmiscuirse en la vida social.

En las demás causas de disolución se entiende que el acreedor no debería tener legitimación para solicitar la disolución judicial de la sociedad, aunque sí podría exigir responsabilidad a los administradores. Este es el caso de la disolución por paralización de los órganos sociales. La situación de bloqueo puede conducir rápidamente al colapso de la actividad social y de ahí a la cesación de pagos a terceros, generando perjuicios a los acreedores sociales, aunque la sociedad fuera solvente. En este concreto supuesto no sería recomendable que un tercero dirimiese la confrontación entre los socios admitiendo que planteara una acción judicial de disolución. Cuestión distinta es que el acreedor pueda exigir la indemnización por los daños y perjuicios que se le irroguen por la inactividad de la sociedad ante la causa disolutoria.

Por lo demás, los legitimados voluntarios no están sometidos a la observancia de plazo alguno para proponer la acción de disolución, pero en caso de falta de convocatoria lo que sí deberán acreditar es haberla solicitado. Igualmente, en el supuesto de frustración de la junta, habrán de observar el plazo de diligencia en el cumplimiento de su deber de instar la disolución judicial impuesto a los administradores, ya que si anticiparan su acción exonerarían a éstos de la responsabilidad especial, salvo que la convocatoria hubiese resultado tardía[567].

– Legitimación pasiva

El art. 366.1 LSC determina que la solicitud de disolución deberá dirigirse contra la sociedad. Por tanto, el legitimado pasivo es la sociedad misma, a quien se ha de demandar. En principio, esta cuestión no ofrece duda alguna ya que la persona jurídica es la que ha de sufrir de un modo directo los efectos de la sentencia en el caso de que el juez admita la demanda de disolución.

Sin embargo, la cuestión no es tan sencilla, pues habrá que dilucidar si es necesario o no que se proceda a demandar a todos y cada uno de sus socios[568]. La LSC determina taxativamente que sea la sociedad el legitimado pasivo, pero esta solución puede implicar no pocos problemas prácticos ya que puede ocurrir que en los casos de paralización absoluta la sociedad se vea privada del órgano que habría de representarla en el juicio en que se ventile la petición de

567 Cfr. DE EIZAGUIRRE, J. M., *La disolución*..., cit., pág. 101.

568 La STS de 28 de octubre de 1991 (RJ 1991/7869) exigió que se demandara a los socios. No obstante, la jurisprudencia mayoritaria posterior ha confirmado que el requisito sólo se refiere a la sociedad, como demandada necesaria, como ha declarado la STS de 6 de marzo de 2000 (RJ 2000/1295). Bajo la LSC (art. 366.1), al igual que el derogado art. 105 LSRL, ya no hay lugar a dudas, pues se dice taxativamente que "la solicitud de disolución judicial deberá dirigirse contra la sociedad". En relación con esta cuestión ÁLVAREZ ROYO-VILLANOVA, S., "Situaciones de bloqueo...", cit., pág. 65, afirma que el socio solicitante deberá pedir que se dé traslado al otro socio, sobre todo si los órganos sociales están inactivos o los demás socios están alejados de la administración de la sociedad.

disolución. En efecto, si al ser notificada la demanda de disolución formulada por cualquier socio el consejo de administración no puede adoptar válidamente acuerdo alguno, por no asistir a la reunión sus miembros o por alcanzarse en ella un empate como en todas las ocasiones anteriores, es evidente que el órgano de representación así paralizado funcionalmente no podrá decidir la posición jurídica de la sociedad frente a la demanda, ni siquiera nombrar abogado y procurador que la defiendan y actúen por ella ante el juzgado. Esto es justo lo que ocurrirá en las sociedades paritarias, siempre que a consecuencia de graves discrepancias entre los dos socios o grupos de socios al 50%, sea precisamente uno de ellos el que pida la disolución de la sociedad. Simultáneamente, el otro socio se opondrá con sus votos a la propuesta del primero.

Por tanto, es previsible que, en los casos de paralización de los órganos sociales, cuando llegue al consejo la notificación de una demanda de disolución, los consejeros representantes del grupo que hubiera formulado esa petición de disolución ante el juzgado pretendan que la sociedad se allane a la demanda. Sin embargo, los consejeros representantes del otro grupo paritario buscarán oponerse a las pretensiones de los demandantes, de donde resultará que el consejo no podrá adoptar acuerdo alguno válido en orden a la comparecencia de la sociedad en juicio y respecto a la posición que debe adoptarse en la contestación a la demanda.

Esta situación ha hecho que un sector minoritario de la doctrina haya propuesto ampliar el criterio con el que debe determinarse la legitimación pasiva, de forma que se reconozca como demandado a cualquier socio o administrador que se oponga a la petición de disolución de la sociedad formulada por los demandantes. Si la disolución se basa en la paralización de los órganos sociales por las graves discrepancias entre dos grupos paritarios, deberá admitirse que asuman la representación de la sociedad y se opongan a la disolución los socios que integren el grupo no demandante y los administradores que representen a este grupo en el consejo de administración[569].

---

569 En este sentido, SENÉN, G., *La disolución…*, cit., págs. 254-255.

A favor de la extensión de la legitimación pasiva a los socios no demandantes podría aducirse que de lo que se trata realmente es de ofrecer las máximas garantías de la existencia de la causa de disolución en respeto del principio de conservación de la empresa, pues toda oposición a la demanda servirá para contrastar las diferentes posiciones de los socios. Con ello se facilitaría al juez el mayor número de pruebas sobre la paralización social o su no concurrencia, a fin de decidir si debe o no acceder a la petición de disolución que le ha sido formulada.

– Competencia, procedimiento y título inscribible

La competencia objetiva para conocer las demandas de disolución judicial de los socios corresponde a los juzgados de lo mercantil, ya que a éstos les compete el conocimiento de todas aquellas cuestiones que sean de la competencia del orden jurisdiccional civil y que se promuevan al amparo de la normativa reguladora de las sociedades mercantiles, de conformidad con el art. 86.ter 2 a) LOPJ. En cuanto a la competencia territorial, la ley se limita a decir que se instará la disolución judicial ante el juez de lo mercantil del domicilio social (art. 366.1 LSC). Sin embargo, en cuanto al tipo de procedimiento guarda silencio, por lo que se entiende que el administrador o el interesado deberán acudir al juicio ordinario de acuerdo con el art. 249.1.3 LEC[570]. El título inscribible, en virtud del art. 239 RRM, será

570 Vid. ÁLVAREZ ROYO-VILLANOVA, S., "Situaciones de bloqueo...", cit., pág. 65, plantea la cuestión de si es posible acudir a través del procedimiento de jurisdicción voluntaria. Descarta esta opción debido a que los trámites probatorios necesarios para determinar la concurrencia de la causa de disolución tienen un difícil encaje en este procedimiento. Adicionalmente, el art. 239 RRM establece la inscripción de la sentencia, no de un auto, que sería lo resultante de este tipo de procedimientos. En el mismo sentido, PORFIRIO CARPIO, L. J., "Comentario...", cit., pág. 1129, que sostiene la inadecuada vía de la jurisdicción voluntaria, centrándose básicamente en el argumento de que la resolución del expediente de jurisdicción voluntaria con que concluye este procedimiento carece de fuerza de cosa juzgada, lo que significa que el auto que resuelve el procedimiento pueda atacarse mediante un procedimiento contencioso. En sus propias palabras: "Es innecesario señalar las graves consecuencias para todas las partes interesadas en el proceso disolutorio (socios, administradores, acreedores, obligacionistas,...) que, una vez, declarada disuelta la sociedad a través

la sentencia. A este respecto cabe mencionar que la presentación en el Registro de mandamiento con testimonio de la sentencia es conforme con el art. 239.1 RRM[571].

B) Requisitos materiales: la prueba

La apertura de la vía de la disolución judicial exige que exista una paralización de los órganos que haga imposible el funcionamiento de la sociedad. Para la determinación del órgano que tiene que estar paralizado y cuando existe o no bloqueo nos remitimos a lo expuesto *supra*, donde se ha analizado que el órgano afectado por la paralización ha de ser la junta, como órgano soberano y conformador de la voluntad social. Es únicamente este órgano el que podría resolver un eventual bloqueo del órgano de administración y por tanto es en cuya sede donde puede producirse una paralización de carácter definitivo[572]. En la práctica, en casos de concurrencia de paralización

---

de un expediente de jurisdicción voluntaria, liquidado su haber, extinguida y cancelada, un Tribunal, posteriormente, pudiera decidir que la "sociedad no se debió de disolver y sigue, por tanto, viva, decretando la nulidad de todas las operaciones de liquidación realizadas al amparo de la resolución dictada en el en el expediente de jurisdicción voluntaria (SENÉN, G., *La disolución*..., cit., pág. 230)". En contrario SEQUEIRA MARTÍN, A., "Disolución...", cit., pág. 2517: "ante el silencio (legal) es factible su solicitud por la jurisdicción voluntaria si no hay oposición (por la vigente LEC se mantiene temporalmente el régimen de la anterior LEC en su Disp. Derog. Única.1.1ª)".

571 Así fue resuelto en la RDGRN de 12 de marzo de 2001 (RJ 2002/2179). No cabe confundir el efecto de la extinción con el efecto de la disolución ya que la inscripción de la disolución en el Registro tiene carácter declarativo y no constitutivo. Desde ese momento la sociedad se encuentra disuelta y en liquidación sin necesidad de esperar a su inscripción y posterior publicación. En este sentido, son de aplicación los arts. 21 y 226 C.Com, por los cuales, salvo en el supuesto de disolución por transcurso del término fijado en los estatutos, no puede oponerse a los terceros de buena fe la disolución no inscrita y publicada. Por lo tanto, de acuerdo con GIRÓN, J., *Derecho de sociedades*, cit., pág. 572 y BELTRÁN, E., *La disolución*..., cit., págs. 53-54, entre otros, la inscripción lo que hace es declarar que la disolución ya se ha producido. En cambio, desde el derecho italiano se determina que la disolución produce efectos desde su inscripción (art. 2484 Codice).

572 Como se ha mantenido a lo largo del presente trabajo, el art. 363.1 d) LSC se refiere a la paralización de los "órganos", en plural, lo que podría interpretarse que han de ser ambos, la junta y el órgano de administración, o cualquiera de

de órganos sociales la disolución sólo puede ser judicial, pues no puede exigirse el acuerdo disolutorio de la junta cuando la misma no es capaz ya de constituirse válidamente ni de tomar ningún tipo de acuerdo[573]. También se ha sostenido que la paralización ha de ser de tal entidad que resulte imposible el funcionamiento de la sociedad, es decir, que sea permanente e insuperable[574].

Estrechamente ligado a la disolución judicial se encuentra la cuestión de cómo plantear la prueba de la paralización permanente de la sociedad. Es decisivo que quede acreditado en sede judicial la existencia de un enfrentamiento prolongado en el tiempo de manera que haya tenido como consecuencia la imposibilidad de llegar a acuerdos, entre los que se incluye el propio acuerdo de disolución[575]. Por consiguiente, la actividad probatoria irá encaminada a poner de manifiesto que ha desaparecido la *affectio societatis* entre los socios y que, a resultas de las desavenencias constantes e insuperables, no hay ningún indicio de que pueda restaurarse, partiendo de la base de que hay una igualdad de fuerzas en junta o un reparto del capital social que hace materialmente imposible alcanzar los quórum necesarios para que se constituya o para adoptar determinados acuerdos.

En cuanto a las pruebas a aportar por el legitimado activo, sea el administrador cumpliendo con su obligación o cualquier interesado, bastará acreditar las actas de las juntas en las que se revelen enfrentamientos radicales y permanentes entre dos grupos de socios[576],

---

ellos. Sin embargo, la jurisprudencia ha acogido a la doctrina que ha entendido que sólo es definitiva la paralización de la junta.

573 Vid. STS de 10 de junio de 1994 (RJ 1994/4908).

574 Vid. SAP de Salamanca de 25 de noviembre de 2002 (JUR 2003/66652).

575 En la STS de 22 de junio de 2006 (RJ 2006/3742) se entiende constatada la paralización social porque se prueba la existencia de varias juntas sin que se tomaran acuerdos y que desde hacía años se venía planteando la posibilidad de acordar la disolución.

576 Vid. STS de 20 de julio de 2002 (RJ 2002/7475): "Las actas de las dos juntas habidas (...) revelan enfrentamientos radicales e imposibilidad de tomar acuerdos sociales. En contra no se puede alegar que los bloques estuvieron de acuerdo en la adaptación de los estatutos sociales, impuesto por ley". Por su parte, la SAP de La Coruña (Sección 4ª) de 9 de mayo de 2001 (JUR 2001/224655), en su Fundamento de Derecho Tercero acude para acreditar la paralización de los órganos sociales de modo que resulte imposible su funcionamiento y los

la imposibilidad de adoptar acuerdos trascendentales como son el aumento o reducción de capital[577], o la impugnación de todos los acuerdos adoptados y en situación de litispendencia[578].

En suma, la solicitud de la disolución por parte de un socio o administrador deberá estar debidamente documentada en el correspondiente libro de actas, bien del consejo de administración —si lo hubiere— o de la junta general, de forma que se pueda demostrar en sede judicial el enconamiento del conflicto intra-corporativo.

---

supuestos de patente hostilidad entre los socios que impiden la gestión y adopción de acuerdos sociales, como legítima causa de disolución, a la existencia de una serie interminable de denuncias y querellas criminales entre los socios, a la adopción de la medida judicial de designación de administradores judiciales, a la falta de aprobación de las cuentas anuales en varios ejercicios y a los pagos a terceros mediante consignación ante las discrepancias de los socios.

577 En la STS de 7 de abril de 2000 (RJ 2000/2348) se consideró la existencia de bloqueo societario, aunque se habían tomado acuerdos ordinarios porque sobre los acuerdos que exigían mayorías especiales habían sido imposible su adopción: "la labor obstruccionista de uno de ellos, por la patente hostilidad existente entre ambos, impida la adopción de determinados y fundamentales acuerdos sociales para cuya adopción se exige un quórum especial y cualificado".

578 La SAP de Madrid de 21 de julio de 2001 (RJ 2001/251193) consideró la existencia de la disolución por bloqueo en una situación societaria en la que, habiéndose tomado acuerdos, éstos eran anulados o impugnados, con la particularidad de que el presidente y secretario eran de un grupo y sistemáticamente negaban al otro (el actor) la posibilidad de asistir a la junta, alegando que no exhibía los títulos representativos de las acciones, que al parecer nunca se habían emitido. La situación de litispendencia no impidió que se resolviera la disolución. En sentido contrario, la SAP de La Coruña de 26 de mayo de 2003 (JUR 2003/237363) admitió la existencia de enfrentamientos entre los socios, pero no reconoció la concurrencia de causa de disolución porque la empresa estaba funcionando y había mejorado recientemente los resultados económicos. Entiende que se puede realizar la actividad social, "siendo irrelevantes las opiniones de los marineros sobre las relaciones interpersonales de los socios". Para ÁLVAREZ ROYO-VILLANOVA, S., "Situaciones de bloqueo...", cit., pág. 67, esta sentencia es criticable porque confunde la imposibilidad de realizar el objeto social con la imposibilidad de obtener el fin social, que es la obtención de un lucro repartible. Por otra parte, como advierte este mismo autor, este supuesto ha de tomarse con cautela, pues si no, dada la lentitud de la Justicia, cualquier socio podría impugnar todos los acuerdos y pedir la disolución.

4.3.5 Consideraciones derivadas de la disolución por paralización social

A) Responsabilidad de los administradores por incumplimiento de la obligación de disolver la sociedad

El sistema regulatorio de la disolución se completa con un régimen especial de responsabilidad que tiene el fin de reforzar la efectividad de la ley y presionar a los administradores a adoptar las medidas necesarias para su cumplimiento. Esta es la orientación del art. 367 LSC, que regula la responsabilidad solidaria de los administradores[579].

---

579 Sobre las notas características de la responsabilidad actualmente regulada en el art. 367 LSC puede glosarse el fragmento de la STS (Sala 1ª) de 28 de abril de 2006: "(...) el tema fundamental se encuentra en la relación que cabe establecer entre las dos acciones de responsabilidad que se ejercitan, en el sentido de determinar si la acción «ex» artículo 262.5 LSA (RCL 1989/2737 y RCL 1990/206) es, en el fondo, una especie de la acción de responsabilidad que deriva de los artículos 133 y 135 LSA, los cuales, a su vez, traducen un régimen especial de la genérica responsabilidad extracontractual del artículo 1902 del Código Civil. De modo que la responsabilidad de los administradores en el supuesto del artículo 262.5 LSA (como en el del 105.5 LSRL [RCL 1995/953]), que la jurisprudencia de esta Sala ha ido configurando como objetiva o como cuasi objetiva (Sentencias de 20 de diciembre de 2000 [RJ 2000/10130], de 20 de julio de 2001 [RJ 2001/6865], de 25 de abril de 2002 [RJ 2002/4159], de 14 de noviembre de 2002 [RJ 2002/9762]) tuviera que ser templada en razón de una valoración de la conducta de los responsables, a la que también es necesario llegar si se parte de una concepción de la responsabilidad de que se trata como una suerte de sanción (Sentencias de 15 de julio de 1997 [RJ 1997/5609], de 2 de julio de 1999 [RJ 1999/4900], 20 de julio de 2001 [RJ 2001/6865], 7 de mayo de 2004 [RJ 2004/2155], 15 de diciembre de 2005). Esto es, si se parte de que la responsabilidad de que se trata (artículos 262.5 LSA y 195.5 LSRL) es un supuesto de responsabilidad extracontractual (no obstante decisiones orientadas en otro sentido, como las Sentencias de 12 de febrero de 2002 [RJ 2002/3112] y de 16 de diciembre de 2004 [RJ 2004/8215]) en que se ha de tomar como punto de partida la existencia de un daño, que en general consistirá en el impago del crédito que se reclama (un crédito contra la sociedad, cuya frustración, desde la perspectiva del artículo 135 LSA, sería un daño indirecto, ya que la insolvencia de la sociedad deudora no puede tomarse como un supuesto de lesión directa causada por los administradores) que se relaciona causalmente de modo muy laxo con el comportamiento omisivo de los administradores (carencia de convocatoria en plazo, omisión del deber de solicitar la disolución judicial o el concurso), pero que, a partir de ese dato (daño y relación de causalidad pre-

La importancia práctica de este precepto radica en la imposición de una sanción civil a aquellos administradores que incumplan los deberes de convocar la junta general cuando concurra una causa legal de disolución, de solicitar la disolución judicial cuando la junta no adopte el correspondiente acuerdo o de solicitar el concurso de acreedores en caso de insolvencia[580]. Esta previsión de responsabilidad de administradores contenida en la LSC ya se contemplaba en los arts. 262.5 LSA y 104 LSRL, respecto de la cual la reforma introducida por la Ley 19/2005, de 14 de noviembre, reducía la responsabilidad a las obligaciones nacidas después del acaecimiento de la causa de disolución[581].

---

establecida) requeriría la aplicación de las reglas y de las técnicas de la responsabilidad civil, evaluando los problemas de imputación objetiva (conocimiento por los reclamantes de la situación de la sociedad en el momento de generación del crédito, solvencia de la sociedad, existencia de créditos compensables de la sociedad frente a los acreedores que reclaman) y de imputación subjetiva, esto es, la posibilidad de exoneración de los administradores que, aun cuando hayan de pechar con la carga de la prueba (artículo 133.3 LSA) demuestren una acción significativa para evitar el daño (lo que se ha de valorar en cada caso) o que se encuentren ante la imposibilidad de evitarlo (han cesado antes de que se produzca el hecho causante de la disolución, se han encontrado ante una situación ya irreversible). Valoración de la conducta de los administradores que se ha de producir forzosamente si se estableciera que estamos ante una sanción o pena civil (lo que requiere una matización, como se verá) pues lo exigen los principios del sistema, y que aparece ya en decisiones anteriores, bajo diversos expedientes (STS de 1 de marzo [RJ 2001/2588] y 20 de junio de 2001, de 12 de febrero [RJ 2003/1007] y 16 de octubre de 2003 [RJ 2003/7390], de 26 de marzo de 2004 [RJ 2004/2306], de 16 de febrero de 2006, entre otras)".

580 Sobre la naturaleza sancionatoria, BATALLER GRAU, J., "Art. 367", en ROJO/ BELTRÁN (dirs.), *Comentario…*, cit., pág. 2575; SÁNCHEZ CALERO, F., *Los administradores en las sociedades de capital*, Pamplona, 2005, págs. 380 y 402; BELTRÁN, E., "La responsabilidad por las deudas sociales de administradores de sociedades anónimas y limitadas incursas en causa de disolución", en AA.VV., *La responsabilidad de los administradores de sociedades de capital*, Madrid, 2000, pág. 245: "Se trata, pues, de una sanción civil (o, si se prefiere, de una responsabilidad-garantía legal), y no de una responsabilidad-indemnización (responsabilidad por daños)", y PARDO PARDO, J. M., *El nuevo régimen de responsabilidad de los administradores de empresas en crisis*, Barcelona, 2015, pág. 401 y sigs.

581 La Ley 19/2005, de 14 de noviembre, sobre la sociedad anónima europea domiciliada en España, a través de su Disposición Final Segunda, estableció que las obligaciones de las que deben responder los administradores por el incumplimiento del deber de disolver la sociedad se limitan a las surgidas con poste-

El art. 367 LSC es una disposición que no introduce un supuesto de responsabilidad de los administradores por daños, como el contemplado en los arts. 236 y sigs. LSC, sino en cierto modo una sanción o pena civil, no tanto por incumplimiento de los deberes legales que la LSC les atribuye ante la concurrencia de una causa de disolución, cuanto por continuar la sociedad a pesar de la causa disolutoria. Por esto, lo determinante para estimar la responsabilidad no es que concurra una causa de disolución, sino que concurrente ésta el administrador permanezca inactivo e incumpla el mandato legal, de

---

rioridad a la causa legal de disolución. Por otro lado, dejar indicado que este precepto no tiene antecedentes en derecho comparado. Vid. SANCHEZ CALERO, F., *Los administradores...*, cit., pág. 412: "El régimen de la responsabilidad de los administradores por las deudas sociales en la forma prevista por nuestro ordenamiento, puede considerarse como un régimen particular o especial que no se aplica en los países de nuestro entorno". No obstante, puede encontrarse un precedente más restrictivo en la legislación italiana, pero mucho más restringido y con un sentido ciertamente diferente a la norma española, pues mientras ésta se ha interpretado como instrumento para la satisfacción de los acreedores, la italiana se ha reformado posteriormente para excluir esta posibilidad y restringir su aplicación a la protección del patrimonio social y los derechos de los accionistas. Así, tras la reforma del Codice Civile establecida por el Decreto Legislativo 6/2003, de 17 de enero, la nueva redacción de su art. 2485 ha suavizado la norma inicial, aclarando el sentido de la misma: los administradores responden ante los socios por no conservar el valor de la sociedad una vez apreciada la causa de disolución, pero no responden de estas deudas ante terceros. Por lo cual su alcance es mucho más limitado que el de la norma española, tanto en su redacción original como en la reformada. Por tanto, el art. 2485 del Codice impone a los administradores el deber de declarar la concurrencia de la causa. El retraso o incumplimiento se sanciona haciéndoles personal y solidariamente responsables por los daños sufridos por la sociedad. Por otra parte, el régimen italiano prevé un régimen específico de interinidad para las funciones de los administradores más claro y completo, abandonando el criterio anterior del art. 2279 que reducía el ámbito de sus facultades mediante la prohibición de realizar nuevas operaciones. El nuevo art. 2486 prescribe que los administradores mantienen su poder y deber de gestión con el fin de lograr la conservación de la integridad y del valor del patrimonio social hasta el momento en que entreguen los libros de cuentas a los liquidadores en los términos que establece el art. 2487.3 bis. De esta forma, parece acogerse una responsabilidad resarcitoria, personal y solidaria por los daños causados —a la sociedad, a los socios, a los acreedores o a terceros— que precisa el análisis del comportamiento antijurídico y su conexión causal con el daño producido. Vid. PACIELLO, A., "Comentario al art. 2486", *La riforma delle società*, Turín, 2003, págs. 247-248 y anteriormente, PORZIO, M., *L'estinzione...*, cit., págs. 12-34.

ahí que se les haga personalmente responsables de las deudas sociales nacidas tras el acaecimiento de la causa disolutoria[582].

Este tipo contrasta con la responsabilidad ordinaria del administrador que es de naturaleza indemnizatoria o resarcitoria. Esta responsabilidad está presidida por el carácter causal, que requiere la demostración ante el juzgador del *iter* racional del acto realizado u omisión, el daño emergente y la relación de causalidad entre el acto y el daño, es decir, que éste sea consecuencia lógica del anterior y que no se hubiera producido de no mediar el acto. Por el contrario, el tipo de responsabilidad consagrado en el vigente art. 367 LSC ha recibido en nuestra jurisprudencia y doctrina diversas calificaciones: responsabilidad sancionadora, *ex lege*, por incumplimiento, abstracta o formal, objetiva, cuasi-objetiva o por riesgo. En la jurisprudencia se considera desvinculada totalmente de la carga de la demostración causal y se configura como sanción al administrador omisivo de su obligación de promover la disolución de la sociedad. Por tanto, debe considerarse esta acción como independiente de la teórica acción individual del art. 241 LSC (antiguo art. 135 LSA 1989[583]), pues se entiende basada en un presupuesto diferente de los previstos en el art. 238[584].

---

582 Vid. BATALLER GRAU, J., "Art. 367", en ROJO/BELTRÁN (dirs.), *Comentario...*, cit., pág. 2575.

583 Vid. ÚBEDA DE LOS COBOS., J. J., "Aspectos sustantivos de la acción individual de responsabilidad del art. 135 de la Ley de Sociedades Anónimas", en AA.VV., *Responsabilidad civil derivada de los procesos concursales*, Madrid, 1999, pág. 285 y sigs.; SANTOS BRIZ, J., "Responsabilidad civil de los administradores y representantes de empresas y sociedades mercantiles", *Revista de Derecho Privado*, 1995, pág. 315 y sigs., y MARÍN DE LA BÁRCENA GARCIMARTÍN, F., *La acción individual de responsabilidad frente a los administradores de sociedades de capital*, Madrid, 2005, passim.

584 Sobre este particular: ESTEBAN VELASCO, G., "Algunas reflexiones sobre la responsabilidad de los administradores frente a los socios y terceros: acción individual y acción por no promoción o remoción de la disolución", en *Estudios jurídicos en homenaje al profesor Aurelio Menéndez*, II. Madrid, 1996, pág. 1679 y sigs.; QUIJANO GONZÁLEZ, J., *La responsabilidad de los administradores de la sociedad anónima. Aspectos sustantivos*, Valladolid, 1985; PRADES, D., *La responsabilidad del administrador en las sociedades de capital en la jurisprudencia del Tribunal Supremo*, Valencia, 2014 y SALDAÑA VILLOLDO, B., "La acción individual de responsabilidad en el marco de la crisis disolutoria y concursal de la sociedad de capital. Especial referencia al cierre de hecho", *Revista de Derecho Mercantil*, N° 274, 2009,

Este incumplimiento acarrea la obligación del administrador de satisfacer solidariamente las deudas sociales con su propio patrimonio, aún en el caso de que la sociedad disponga de patrimonio suficiente. Por esta razón también se habla de responsabilidad abstracta o formal al entenderla, en toda su extensión, como una sanción por incumplimiento de la obligación legal de disolver[585]. En consecuencia, bastará con que la sociedad continúe actuando, no obstante el incumplimiento de las obligaciones legales relativas a la disolución, ya sea por causa legal o estatutaria, para que la responsabilidad nazca, sin que los acreedores tengan que probar o justificar otra circunstancia, ya fuere la causación de un daño, la insuficiencia patrimonial

págs. 1329-1369. Para ECHEVERRÍA ECHEVERRÍA, G., "La errónea consideración del artículo 367 de la ley de sociedades de capital como responsabilidad objetiva", *Revista de derecho de sociedades*, N° 61, 2021, el art. 367 LSC contiene los presupuestos de la responsabilidad subjetiva (comportamiento antijurídico y culpable, daño y relación de causalidad entre ambos), lo que le hace concluir que se trata de un supuesto específico de responsabilidad subjetiva consustancial al régimen general de responsabilidad del administrador establecido en el artículo 236.1 LSC.

585 La jurisprudencia es profusa en sus pronunciamientos en torno a la caracterización de esta clase de responsabilidad como pena civil *ex lege*, cuasi-objetiva y abstracta. Así tenemos la STS (Sala 1ª) de 15 de julio de 1997 (RJ 1997/5609), que fue la primera sobre la materia que estableció el carácter de responsabilidad *ex lege*, como pena civil; la STS (Sala 1ª) de 29 de abril de 1999 (RJ 1999/8697) definiéndola como cuasi-objetiva; la STS (1ª) de 22 de diciembre de 1999 (RJ 2000/9749), para calificarla de ajena a la causalidad y de carácter sancionador; la STS (1ª) de 26 de junio de 2006 (RJ 2006/3747) para calificarla de responsabilidad abstracta o formal. En estos pronunciamientos jurisprudenciales se mantiene el concepto de responsabilidad-sanción que opera de forma automática y objetiva, sin necesidad de daño real en el patrimonio del reclamante y consecuentemente ajena a la relación causal. Como señala PRADES, D., *La responsabilidad...*, cit., pág. 260: "no hay duda sobre el criterio del Tribunal Supremo sobre la calificación del supuesto como una responsabilidad sanción, que además se aplica en toda su extensión posible —de dónde la constante apreciación de solidaridad— por tratarse de una pena civil que, según se razona, no necesita justificación de su procedencia sino automatismo en la aplicación, y que autoriza su calificación como responsabilidad objetiva". Este autor aboga por una interpretación restrictiva ya que la solución jurisprudencial tiene el inconveniente de fundamentarse en exceso en la literalidad de la ley, sin tomar en cuenta otras posibles interpretaciones igualmente acordes con el espíritu de la norma, pero más proporcionadas en sus consecuencias y, sobre todo, más acordes con los principios rectores del derecho de las sociedades capitalistas.

de la sociedad o la relación de causalidad entre la conducta realizada por los administradores y el perjuicio padecido[586].

Como se ha examinado *supra*, la solicitud de disolución judicial por parte de los administradores habrá de formularse en el plazo de dos meses a contar desde la fecha prevista para la celebración de la junta, cuando ésta no se haya constituido, o desde el día de la junta, cuando el acuerdo hubiera sido contrario a la disolución o no se hubiera adoptado, tres situaciones muy frecuentes en los casos de bloqueo. En caso de que los administradores sociales incumplan su deber de promoción de la disolución, ya sea por falta de convocatoria de la junta conforme al art. 365.1 LSC, o en caso de resultar necesaria, por falta de solicitud de disolución judicial conforme al art. 366.2 LSC, quedarán sometidos al régimen especial de responsabilidad previsto en el art. 367 LSC, por el cual "responderán solidariamente de las obligaciones sociales posteriores al acaecimiento de la causa legal de disolución".

Hay que tener en cuenta que el propio art. 367.2 LSC establece la presunción *iuris tantum* de que las obligaciones sociales se presumirán de fecha posterior al acaecimiento de la causa legal de disolución de la sociedad, salvo que los administradores acrediten que son de fecha anterior. De esta forma, los administradores se arriesgan a garantizar solidariamente el pago de todos los acreedores sociales o, en caso de llevar una contabilidad adecuada, de los que hayan adquirido créditos con posterioridad a la causa de disolución. Esto implica que deberían tener un fuerte incentivo para someter a la considera-

---

586 Vid. PULGAR EZQUERRA, J., "La extinción…", cit., pág. 206. Sobre la génesis de este precepto: ROJO, A., "Los deberes legales de los administradores en orden a la disolución de la sociedad de capital como consecuencia de pérdidas" en AA.VV., *Libro homenaje al profesor Fernando Sánchez Calero*, vol. II, Madrid, 2002, págs. 1443-1447. En BELTRÁN, E., *La responsabilidad…*, cit., págs. 215-216, se expone dicha génesis con algunas diferencias, justificándose la decisión finalmente reflejada en el texto de la Reforma de 1989. Puede encontrarse otra versión del origen de la norma en DÍAZ ECHEGARAY, J. L., *Deberes y Responsabilidad de los Administradores de Sociedades de Capital*, Cizur Menor, 2006, pág. 375 y sigs., y en la doctrina italiana, BRIZZI, F., *Doveri degli amministratore e tutela nel diritto societario delle crisi*, Turín, 2015, pág. 72 y sigs.

ción de la junta, o en última instancia al juez mercantil, la eventual concurrencia de la paralización de la junta[587].

Esta vocación anticipatoria de la concurrencia de las causas legales de disolución está en sintonía con la orientación de la Ley Concursal. Descansa en la asunción de que en caso que la sociedad se vea inmersa en una causa de disolución, la vía será más tuitiva de los derechos de todos los implicados cuanto antes se adopten medidas para remover dicha causa o, de no ser posible o por decidirlo así la junta, cuanto antes se abra la liquidación. Máxime cuando se trata de una causa como la de una paralización definitiva y permanente que haga dudar de la viabilidad de la empresa social por el riesgo de insolvencia inminente[588].

---

587 Por tanto, la responsabilidad de convocatoria recae en los administradores, pues son éstos quienes deben convocar la junta, para que ésta en su caso acuerde la disolución, cuando en el plazo de dos meses hayan apreciado la causa de disolución. Así pues, el *dies a quo* será el día en el que, conforme a su diligencia, aprecien la misma. Como indica FRADEJAS RUEDA, O. M., "Paralización...", cit., pág. 2, esto no es un mero mandato legal más, sino que el mismo es de extrema importancia.

588 Como se observa, el fundamento de esta norma tenía un sentido preconcursal, cuyo objeto era acoger en nuestra legislación lo dispuesto en la Directiva 77/91/CEE de 13 de diciembre de 1976, sobre la obligación de los administradores de las sociedades anónimas de convocar junta general, en caso de elevadas pérdidas, para decidir sobre la procedencia de la disolución de la sociedad o la adopción de las medidas necesarias para su saneamiento. Lo que se pretendía, en definitiva, era prevenir las insolvencias obligando a disolver la sociedad o reequilibrar capital y patrimonio antes de producirse el desbalance definitivo en que el patrimonio neto resultara negativo. Así por ejemplo BELTRÁN, E., *La responsabilidad...*, cit., págs. 218-220, señala que la norma cumple funciones de prevención (preconcursal), de represión por su carácter coactivo y, finalmente, paraconcursal como medio de satisfacción de los créditos. Por ello, como afirma este autor en la pág. 14 de la obra referenciada, este sistema legal cobra pleno sentido cuando la causa de disolución concurrente sea la de pérdidas graves del capital social y la sociedad sea, al propio tiempo, insolvente, porque se convierte entonces en un atractivo instrumento de satisfacción de los acreedores sociales. En efecto, los casos más frecuentes de utilización de este sistema serán aquellos de falta de disolución oportuna de sociedades insolventes, con independencia de que se hubiese abierto o no el procedimiento concursal. La *ratio* de la norma es pues evitar que el deterioro económico de una sociedad lleve al simple abandono de ésta o su cierre de facto, dejando insatisfechos los créditos de sus acreedores y sin ceñirse a las normas legales previstas para las crisis empresariales. Sobre este fundamento de la norma disiente PRADES, D., *La responsabilidad...*,

Las notas características de esta clase de responsabilidad especial (o extraordinaria) no es otra que la de ser común a todas las causas de disolución. Como hemos dicho, no se trata de una responsabilidad por daños, como sucede con las acciones de responsabilidad que se pueden ejercitar contra los administradores que de forma negligente o dolosa produzcan un perjuicio patrimonial a la sociedad, a los socios o a terceros —tal como queda establecido en los arts. 236 y sigs. LSC—, sino de una sanción o pena civil que se impone a los administradores por el hecho de incumplir los deberes legales atribuidos ante la concurrencia de una causa de disolución[589]. Así, ante un bloqueo efectivo de la sociedad, esta responsabilidad nacerá por el simple incumplimiento de los deberes legales de los administradores en materia de disolución, haciéndoles personal y solidariamente responsables de las deudas de la propia sociedad, sin que los acreedores sociales tengan que justificar o probar el daño ni la relación de causalidad entre la conducta de los administradores y el perjuicio[590].

Con todo, el art. 367 LSC es un precepto que todavía ofrece algunas dudas interpretativas de gran alcance. El primero de los problemas es el relativo al carácter de la responsabilidad atribuida a los

---

cit., pág. 270, en la línea de no concebirlo como simplemente una medida preconcursal, sino que la norma más bien desempeña una función de saneamiento y limpieza del tráfico, con independencia de que en el caso concreto del supuesto de la disolución como consecuencia de pérdidas excesivas entre los previstos, sí pueda tener un sentido preconcursal que entiende extendido indebidamente a todo el contenido de la norma, consistente en abrir la liquidación cuando aún hay patrimonio suficiente para atender los créditos. En este sentido podemos encontrar la opinión de QUIJANO, J., "La responsabilidad de los administradores...", cit., pág. 85: "Puede alegarse, y es cierto, que el efecto advertencia que el precepto produce está cumpliendo una sana función de depuración del tráfico de personas jurídicas virtuales que conviene que sean disueltas".

589 Sobre la configuración de la responsabilidad: DE EIZAGUIRRE, J. M., *La disolución...*, cit., pág. 108.

590 Como sanción civil la califica expresamente, ya con respecto a la LSC, BATALLER, J., "art. 367", en ROJO/BELTRÁN (dirs.), *Comentario de la Ley de Sociedades de Capital*, Tomo II, Madrid, 2011, pág. 2575: "Estamos ante una sanción civil que convierte a los administradores en garantes solidarios de las deudas que acontezcan con posterioridad a la concurrencia de la causa de disolución. (...) La responsabilidad impuesta no puede incardinarse en la estructura propia de una responsabilidad por daños. Ciertamente estamos ante una sanción civil por el incumplimiento de un deber legal".

administradores, que se establece solidaria, pero sin especificarse si la solidaridad se produce con la sociedad o sólo entre los administradores. Sobre este punto, el tenor literal de la norma parece más próximo a la lectura de la solidaridad únicamente entre los propios administradores y no con respecto a la sociedad. Sin embargo, la tendencia en la jurisprudencia ha sido entender la solidaridad, en interpretación extensiva, como predicada entre los administradores y con la sociedad[591]. Ante esta responsabilidad han de caber circunstancias atenuantes o eximentes, siendo de aplicación el art. 237 LSC, que recoge las causas de exoneración de responsabilidad.

Por consiguiente, después de atendido el pago, como las deudas no son del administrador sino de la sociedad, podrá reclamarle a ésta su importe, pues de lo contrario se produciría un enriquecimiento injusto de la sociedad al verse gratuitamente liberada de sus deudas. La pena o sanción consiste en responder solidariamente de las deudas sociales y a ellas habrá de hacer frente íntegramente, con independencia de que luego pueda repetir de la sociedad lo pagado a terceros y enfrentarse a una acción social —entablada por la propia sociedad o por los socios— por los daños causados por permitir el deterioro del patrimonio social sin informar a los socios ni ofrecer la opción de remover la causa de disolución o recuperar el patrimonio en el estado en que se encontraba en el momento de concurrir la causa[592].

Por otra parte, emerge la cuestión problemática relativa a la inversión de la carga de la prueba por la inexigibilidad de nexo causal. Es una medida dirigida a la consecución de una efectiva disolución de la sociedad, una vez verificado un supuesto de hecho que constituye causa de disolución. Al invertir la carga de la prueba no bastará para

---

591 En el mismo sentido extensivo se pronuncia BATALLER, J., "Art. 367", cit., pág. 2576: "No sólo los administradores responden de forma solidaria todos entre sí, también éstos responden junto a la obligada".

592 Como hace notar PRADES, D., *La responsabilidad…*, cit., pág. 292, esta responsabilidad por las deudas no prejuzga la diligencia del administrador en los asuntos sociales sino la omisión del deber de disolver: "De prejuzgar negligencia general sería responsabilidad directa del administrador sustituyendo íntegramente en la obligación de pago a la sociedad. Quedará pues abierta luego tanto la posibilidad de repetición por el administrador como la de ejercitar acción social de responsabilidad para los legitimados".

el administrador la alegación de que la deuda reclamada es anterior a la obligación de disolver, sino que habrá de ser él mismo quien lo demuestre, con lo que se le obliga indirectamente a probar también la fecha en que concurrió la obligación de liquidar. Se trata de una solución evidentemente ajustada a los parámetros de objetividad, pero también de justicia en la práctica probatoria, pues con ello se obliga al administrador a aportar la documentación que demuestre la concurrencia de la causa además de la preexistencia de la deuda, elemento probatorio que en lógica no estaría disponible para su aportación por el reclamante.

Adicionalmente, también será procedente valorar las excepciones legales de responsabilidad del administrador —como los supuestos de haber hecho todo lo posible para evitar la omisión, o de ignorancia no negligente de los hechos— en lugar de deducirse automáticamente la responsabilidad de la sola concurrencia de la causa de disolución[593]. Asimismo, en todos los casos será preciso tener en cuenta la actuación del acreedor, para determinar su posible negligencia, que podría reducir o excluir la responsabilidad del administrador demandado[594]. Por lo tanto, en lo referente a la responsabilidad ex art. 367 LSC, deberán ser valoradas tanto la actuación de los adminis-

---

593 La aplicación del criterio jurisprudencial del Tribunal Supremo ha sido integrada en la jurisprudencia menor como la SAP de Valladolid de 26 de junio de 2006 (JUR 2006, 229947): "La acción llamada "individual" de responsabilidad ex arts. 133 y 135 LSA, requiere, aunque ajustados a su especialidad, acción u omisión, daño (entendido como lesión directa al patrimonio del acreedor), relación de causalidad y culpa (por más que se presuma). No es así en la responsabilidad «ex» artículo 262.5 LSA, sin perjuicio de que los principios del sistema, y en especial la necesaria conexión entre ambas responsabilidades de la LSA y las reglas generales de los artículos 1902 y sigs. CC (LEG 1889, 27) (y jurisprudencia que desarrolla) hayan de impedir que se establezca la responsabilidad respecto de los administradores que no hayan podido, a pesar de un esfuerzo diligente, conseguir que se convoque la Junta, o que se pida la disolución o (ahora) el concurso".

594 En este sentido, como expone PRADES, D., *La responsabilidad...*, cit., pág. 292, se hace necesario valorar la actitud del reclamante en el momento de la generación del crédito: conocimiento por los reclamantes de la situación de la sociedad en el momento de generación del crédito, solvencia de la sociedad, existencia de créditos compensables de la sociedad frente a los acreedores que reclaman, en clara y evidente remisión a la posible negligencia propia del supuesto perjudicado y a la necesidad de juzgar a las partes en plano de igualdad,

tradores como las causas de su omisión, pero también la diligencia y buena fe del demandante[595].

El problema de la aplicación de este régimen de responsabilidad en el caso de las situaciones de bloqueo radica en la determinación del momento a partir del cual debe empezarse a computar el plazo de dos meses en el que los administradores han de convocar la junta[596]. Esto remarca la importancia de la determinación de la concurrencia de la paralización social, que particularmente se omite en el tenor literal del art. 363.1 d) LSC. Precisamente, esta causa de disolución es la que para algunos autores presenta mayores dificultades en cuanto a la determinación del momento en que se entiende producida la causa en orden a la exigencia de responsabilidad de los administradores, en el caso de haberlos, y asimismo, en la determinación del momento en que podrán o no alegar ignorancia del hecho disolutorio[597].

A nuestro juicio, en supuestos de dudosa concurrencia de esta causa de disolución, el comienzo efectivo del plazo deberá ser proba-

---

no con el sesgo forzado de descargar automáticamente la responsabilidad en el administrador como se ha venido haciendo.

595 Vid. ÁLVAREZ SOUSA, B., "Algunas cuestiones sobre la responsabilidad de los administradores de sociedades anónimas por daños y deudas sociales", *Revista de Derecho de Sociedades*, N° 25, 2005, pág. 380: "La buena fe hace inadmisible la pretensión del acreedor que contrata con la sociedad o prosigue con ella una relación contractual anterior, a pesar de tener conocimiento de que la sociedad está incursa en causa legal de disolución por pérdidas (siendo consciente, por tanto, del riesgo de no cobrar su crédito) y que, posteriormente, cuando se produce el impago de la deuda por parte de la sociedad reclama la responsabilidad de los administradores".

596 En principio, el plazo de dos meses se cuenta desde que los administradores conocieron o debieron conocer la existencia de la causa de disolución. El art. 28.1 C.Com establece la obligación de formular balances trimestrales, de modo que el Tribunal Supremo ha considerado que los administradores tienen obligación de conocer si existe causa de disolución cada trimestre (STS de 20 de febrero de 2007, STS de 4 de julio de 2007 y STS de 16 de julio de 2007). Sin embargo, como señala BELTRÁN, E., *La disolución...*, cit., pág. 128: "No será fácil precisar el día de la concurrencia de la causa, lo que es grave por la responsabilidad impuesta a los administradores que incumplan la obligación, si bien, en todo caso, corresponderá al demandante probar la concurrencia de la causa".

597 Vid. PARDO PARDO, J. M., *El nuevo régimen de responsabilidad de los administradores de empresas en crisis*, Barcelona, 2015, pág. 385 y sigs.

do por quien ejercite la responsabilidad contra los administradores, conforme a la doctrina del *onus probandi*, ex art. 1214 CC[598]. Por lo demás, únicamente en el caso de que los legitimados voluntarios del art. 366.1 LSC soliciten la disolución judicial antes del transcurso de los dos meses, no llegará a nacer la responsabilidad prevista por el art. 367 LSC[599]. La acción de responsabilidad prescribirá a los cuatro años del cese del administrador (art. 949 C.Com), conforme a las reglas de publicidad material del Registro Mercantil (art. 21 C.Com)[600].

B) Publicidad registral de la disolución

Conforme al régimen simplificado de publicidad de acuerdos societarios —establecido por el Real Decreto-Ley 13/2010, de 3 de diciembre, de actuaciones en el ámbito fiscal, laboral y liberalizadoras para fomentar la inversión y la creación de empleo— el art. 369 LSC exige que la disolución de la sociedad se inscriba en el Registro Mercantil, de oficio, a instancia de la propia sociedad o, incluso, por mandamiento judicial, y que finalmente el registrador mercantil remita de oficio, de forma telemática y sin coste adicional alguno, la inscripción de la disolución para su publicación en el BORME. Además, si se trata de una sociedad anónima, la disolución se publicará en la página web de la sociedad o en el caso de que ésta no exista, en uno de los diarios de mayor circulación del lugar del domicilio social.

---

598 Vid. DE EIZAGUIRRE, J. M., *La disolución*..., cit., pág. 94, quien deja indicado cierta jurisprudencia en relación con la carga de la prueba para ejercitar la acción de responsabilidad contra los administradores: STS de 1 de febrero de 1995 (AC 1995, 393) y STS de 28 de febrero de 1995 (AC 1995, 511).

599 En relación con todo ello, puede traerse a colación la SAP de Zaragoza (Sección 5ª) de 5 de noviembre de 2007 (EDJ 2007/299307), que en su Fundamento de Derecho Sexto estima abuso del socio paritario en el ejercicio de una acción de responsabilidad contra el administrador por falta de disolución de la sociedad existiendo causa para ello, cuando era también por aquél conocida.

600 Cfr. DE EIZAGUIRRE, J. M., *La disolución*..., cit., pág. 111, quien confirma que este plazo de prescripción es una opinión generalizada en la doctrina. Igualmente, MACHADO PLAZAS, J., *Pérdida del capital social y responsabilidad de los administradores por las deudas sociales*, Madrid, 1997, pág. 370: "La unanimidad de la doctrina que, hasta ahora, ha interpretado el precepto, considera aplicable a este supuesto el artículo 949 C.Com".

La paralización social, como el resto de las causas de disolución de tipo legal o estatutario, exige que para la publicidad de la misma se lleve a cabo mediante una inscripción en el Registro Mercantil, presentando título inscribible conforme a lo previsto en el art. 239.1 RRM. Este precepto establece que la inscripción de la disolución de las sociedades de capital por causa legal o estatutaria distinta del mero transcurso del tiempo de duración de la sociedad se practique en virtud de escritura pública o testimonio judicial de la sentencia firme por la que se hubiere declarado la disolución de la sociedad incursa en paralización permanente de sus órganos sociales. En la inscripción de la disolución se harán constar, además de las circunstancias generales, la causa que la determina, el cese de los administradores, las personas encargadas de la liquidación y las normas que, en su caso, hubiera acordado la junta general para la liquidación y división del haber social (art. 241 RRM)[601].

Debe tenerse en cuenta que, conforme a lo previsto en el art. 242 RRM, cabe instar la anotación preventiva de la demanda de disolución judicial de la sociedad en aquellos casos en que se haya recurrido al mecanismo de disolución judicial (art. 366 LSC).

C) Liquidación y nombramiento de liquidadores

Como se mencionó al principio de la Parte III, la disolución de la sociedad por paralización social, así como por cualquier otra causa de pleno derecho o legal, conlleva la apertura de la fase de liquidación (art. 371.1 LSC). La liquidación societaria es, por tanto, la segunda fase en el procedimiento de extinción societaria y se extiende desde la inscripción del acuerdo de disolución (art. 369 LSC) hasta la

---

[601] Salvo cláusula estatutaria de nombramiento de liquidadores, si la junta que acuerda la disolución no procediese a su designación, surgiría la obligación de los administradores de convocar una nueva junta general. En tanto ese nombramiento se produce, no será posible iniciar las operaciones de liquidación. Sin embargo, como sostiene BELTRÁN, E., *La disolución*..., cit., pág. 86, la escritura de disolución podrá acceder al Registro Mercantil, aunque no puedan constar las personas encargadas de la liquidación. Vid. MEZQUITA DEL CACHO, J. L., "Un defecto perverso en la normativa sobre inscripción de los ceses de administradores de sociedades de capital", *Revista de Derecho Patrimonial*, 2003, pág. 68 y sigs.

inscripción de la escritura de extinción (art. 369.1 LSC)[602]. Por consiguiente, el procedimiento liquidatorio presupone la concurrencia de una causa de disolución, como hecho desencadenante[603].

La liquidación, en una primera acepción, es un procedimiento que comprende un conjunto de operaciones materiales y jurídicas encaminadas a satisfacer íntegramente a los acreedores sociales, y en su caso, repartir el patrimonio resultante entre los socios, al objeto de conseguir así la extinción de la sociedad con independencia de la causa de disolución que la haya originado y con la única excepción de la liquidación de sociedades en el marco de un procedimiento concursal, que se realizará conforme a la Ley Concursal. A la liquidación como procedimiento hay que sumarle una segunda acepción que reconoce la liquidación como un estado en que se encuentra la sociedad desde que se ha producido su disolución hasta que sobreviene la extinción definitiva[604]. Mientras la sociedad disuelta subsiste opera un cambio en lo referente al fin social[605], que no será ya la

---

602 La RDGRN de 12 de marzo de 2001 (RJ 2001/2179) establece la posibilidad de que se pueda inscribir la disolución decretada judicialmente, aunque no se hayan nombrado liquidadores. Por otra parte, cabe señalar que la doctrina ha definido esta fase de distintas maneras. PAZ-ARES, C., *La sociedad colectiva...*, cit., pág. 675, define la liquidación "como el proceso a través del cual se libera a los socios y al patrimonio social de los vínculos contraídos con motivo de la sociedad", mientras que para DE EIZAGUIRRE, J. M., *Disolución...*, cit., págs. 4 y 106, se trata más bien de una desvinculación del patrimonio social respecto de terceros y de los propios socios.

603 En lo que se refiere a la contabilidad social, la disolución de la sociedad altera sustancialmente la contabilidad, sustituyéndose la obligación de formular, aprobar y depositar las cuentas anuales por la elaboración de estados de cuentas e informes de liquidación que habrán de ser publicados en el BORME (art. 388.2 LSC).

604 Vid. BELTRÁN, E., *La disolución...*, cit., pág. 24 y GARCÍA-CRUCES GONZÁLEZ, J. A., "Liquidación societaria y formas de actuar la liquidación social", *Revista general de derecho*, Nº 640-641, 1998, págs. 549-614. En la doctrina italiana puede encontrarse originariamente esta misma distinción en STOLFI, G., *La liquidazione delle società commerciali*, Milán, 1938, págs. 8-61 y en GALLESIO-PIUMA, M. E., *I poteri...*, cit., págs. 19-20 y 35, y AULETTA/SALANITRO, *Diritto commerciale*, 2ª ed., Milán, 1982, pág. 224.

605 Conforme COTTINO, G., *Diritto commerciale*, T. I, vol. 2º, 2ª ed., Padua, 1987, pág. 237, quien afirma que, como consecuencia de la iniciación del proceso de liquidación de la sociedad, debida a la disolución de la misma, se produce un cambio de fin social ("mutamento di scopo").

obtención de beneficios a través del ejercicio de una actividad económica y su reparto entre los socios sino la extinción de la sociedad[606].

Sobre estas dos diferentes acepciones es posible apreciar que existe una falta de coincidencia entre el momento inicial —liquidación como estado— y el momento final —la liquidación como procedimiento—. A este respecto, la situación jurídica que sigue a la liquidación se determina por la concurrencia de una causa de disolución mientras que el procedimiento técnico de liquidación comienza en el momento del nombramiento de los liquidadores. Desde esta perspectiva, el procedimiento liquidatorio presupone la concurrencia de una causa de disolución (y también la liquidación como estado), de forma que la sociedad podrá encontrarse en liquidación sin que el procedimiento se haya iniciado, pero no al revés. El estado de liquidación permanece sin que los efectos o consecuencias que de él se derivan puedan ser modificados por la junta en tanto que la causa de disolución exista y no haya sido removida. Por el contrario, el procedimiento técnico de liquidación puede sufrir modificaciones e incluso puede ser revocado por la junta siempre y cuando concurran los requisitos legales[607].

---

606 Respecto del cambio del fin social BELTRÁN, E., *La disolución…*, cit., pág. 64, mantiene una visión diferente: "No puede decirse que la sociedad deje de perseguir lucro, en cuanto que debe tender a la obtener buenos resultados de la liquidación patrimonial, o que no deba distribuir beneficios, en cuanto que no otra cosa es el reparto final del patrimonio entre los socios cuando supera la cifra del capital; pero eso no constituye ahora fin en sí mismo, sino medio para la obtención del verdadero fin, que es la extinción de la sociedad". En nuestra opinión, la finalidad de obtener una ganancia se sustituye por el objetivo de la división del patrimonio social entre los socios. El ciclo operativo y lucrativo de la vida social se cierra, y la actividad económica para la que se había constituido la sociedad cesa. En adelante, solamente se tratará de establecer los frutos del trabajo desarrollado y proceder al reparto entre los socios. En este sentido, nos aproximamos más a la postura de FERRI, G., cit., pág. 908, al entender que la disolución determina una nueva dirección de la actividad social que ya no será una actividad lucrativa, sino la de liquidar las relaciones preexistentes, aunque ello no implique un verdadero cambio del objeto social.

607 Como se verá más adelante, el problema de la reactivación de la sociedad disuelta viene generalmente resuelto en sentido afirmativo en cuanto a su admisibilidad, aunque no así el régimen de mayorías que sería el necesario para la adopción del acuerdo. Sobre este particular, FERNÁNDEZ TORRES, I., *La Junta general…*, cit., pág. 85.

Disuelta la sociedad, se produce una modificación de su estructura orgánica. Por una parte, la junta general subsiste durante el periodo liquidatorio, si bien sus facultades, así como su régimen de funcionamiento se ven afectados como consecuencia de la disolución. Aunque pueden nombrarse interventores encargados de vigilar o fiscalizar la liquidación, éstos no son considerados "órganos sociales", dado que no expresan voluntad social, sino que operan como un instrumento de protección de las minorías con funciones de carácter marcadamente informativo[608].

Por su parte, los administradores cesan en su cargo y comienza la actuación de los liquidadores (art. 374 LSC)[609]. Los liquidadores son el órgano de gestión y administración de la sociedad disuelta y ocupan una posición jurídica semejante a la de los administradores durante el periodo de vida social activa. De hecho, la similitud funcional entre administradores y liquidadores lleva incluso a la extensión del régimen legal de los administradores a los liquidadores en todo aquello que no se encuentre expresamente previsto y no sea incompatible con su especial naturaleza (art. 375.2 LSC)[610].

---

608 Vid. BELTRÁN, E., *La disolución...*, cit., págs. 76-77 y MUÑOZ MARTÍN, N., *Disolución...*, págs. 264-265. NAVARRO MORALES, A., "El interventor designado a propuesta de la minoría, órgano fiscalizador de las operaciones de liquidación", *Revista de derecho de sociedades,* N° 61, 2021, analiza la figura del interventor designado a petición de la minoría que, a pesar de que es un cargo al que hasta ahora se le ha prestado escasa atención en la doctrina y en la práctica societaria, puede constituir un sistema útil de protección también en las sociedades paritarias, pues permite el control y supervisión de las operaciones de liquidación. En cuanto al procedimiento para su designación, su competencia la tienen compartida, desde el año 2015, los Letrados de la Administración de Justicia y los Registradores Mercantiles.

609 El procedimiento liquidatorio no se inicia hasta que los liquidadores sean designados y acepten el cargo, ya que únicamente son ellos quienes pueden desarrollar o llevar a término las operaciones liquidatorias para conseguir la extinción de la sociedad. La sustitución de los administradores por los liquidadores adquiere relevancia en las sociedades comanditarias por acciones, puesto que se altera de forma sustancial el marco de las relaciones jurídicas con los terceros, quienes dejan de contar con la responsabilidad personal e ilimitada de los socios administradores, quedando los liquidadores sujetos a un estatuto propio.

610 Cabe señalar que para proceder a la inscripción del nombramiento de liquidadores en el Registro Mercantil será necesario que previamente se haya procedido a la aceptación del cargo por la persona designada, dado que el art. 141 RRM establece la necesidad de aceptación del cargo de administrador para proceder

Las formas que el órgano de liquidación pueda adoptar serán idénticas a las que puede revestir el órgano de administración, es decir, un liquidador único, varios liquidadores con facultades conjuntas o solidarias, o un órgano colegiado de liquidadores[611]. La salvedad a lo anterior se encontraba, en el caso de las sociedades anónimas, en la limitación a la libre configuración del órgano de liquidación con la exigencia de que hubiera un número impar de liquidadores, de conformidad con el art. 376.2 LSC (en la redacción anterior a la reforma parcial operada por la Ley 25/2011, de 1 de agosto[612]). Este requisito, ahora inexistente, parecía establecer la presunción en favor de la necesaria constitución de un órgano colegiado que decidiera por mayoría a efectos de evitar posibles empates que paralizaran el desarrollo de la liquidación. La exigencia de un número impar de liquidadores es, a nuestro juicio, una solución legal óptima para evitar bloqueos entre liquidadores que debería haberse conservado para las sociedades anónimas y extrapolado su exigencia a las socie-

---

a su inscripción en el Registro Mercantil. Por otro lado, el art. 243 RRM establece que junto a la identidad de los liquidadores se hará constar el modo en que éstos han de ejercitar sus facultades, así como la duración del cargo, entendiéndose efectuado el nombramiento sin fijación de plazo por todo el periodo de liquidación. En el art. 245 RRM se establece que la inscripción se practicará por cualquiera de los medios previstos para la inscripción del nombramiento de administradores, esto es, mediante certificación del acta de la junta general, por testimonio notarial de dicha acta o mediante copia autorizada del acta notarial de la junta general. Asimismo, la inscripción también podrá practicarse mediante testimonio de la sentencia que contenga el nombramiento hecho por designación judicial. La inscripción del nombramiento de los liquidadores, de modo paralelo a lo que acontece en relación a la escritura de disolución, sólo tiene efectos declarativos, asumiendo los liquidadores sus funciones desde el momento de la aceptación del cargo, aunque su nombramiento sólo será oponible a terceros de buena fe desde el momento en que se produjo la publicación del nombramiento en el BORME, de conformidad con el art. 21.1 C.Com). Adicionamente, resulta de interés el trabajo de VERCHER MOLL, J., ¿Puede impartir la junta general instrucciones al liquidador de una sociedad de capital?, *Revista de derecho de sociedades*, Nº 63 (septiembre-diciembre), 2021.

611 Sobre la estructura orgánica de la sociedad en liquidación, véase FERNÁNDEZ TORRES, I., *La junta general...*, cit., pág. 94 y sigs.

612 Ley 25/2011, de 1 de agosto, de reforma parcial de la Ley de Sociedades de Capital y de incorporación de la Directiva 2007/36/CE, del Parlamento Europeo y del Consejo, de 11 de julio, sobre el ejercicio de determinados derechos de los accionistas de sociedades cotizadas.

dades limitadas. No obstante, no habría impedimento legal para que por medio de una cláusula estatutaria los socios configuren el órgano liquidador con un número impar de miembros[613].

Los medios comunes de designación o nombramiento de liquidador, tras la declaración de cualquier tipo de disolución, tanto para sociedades anónimas como limitadas, son tres, según lo previsto en el art. 376.1 LSC (modificado por la reforma parcial operada por la Ley 25/2011, de 11 de agosto): (1) la designación estatutaria; (2) el nombramiento por junta general; o (3) la conversión legal en liquidadores de quienes fueran administradores al tiempo de la disolución de la sociedad.

En lo que se refiere a la designación estatutaria, los estatutos pueden determinar directamente quienes serán los liquidadores, si bien es cierto que la designación estatutaria *nominatim* es poco frecuente en la práctica. También pueden los estatutos sociales establecer directamente quienes lo serán, siendo así algo más común la designación mediata o *per relationem.* Otra alternativa es que los estatutos establezcan unas reglas sobre el nombramiento de liquidadores, pero sin concretar su identidad de modo directo o indirecto.

A falta de previsión estatutaria, el nombramiento de liquidadores y su forma de actuación podrá acordarse en junta general. El acuerdo de nombramiento se toma conforme a los quórum y mayorías ordinarias, no siendo precisos quórum especiales ni mayorías reforzadas. Incluso en el supuesto de que los liquidadores hubiesen sido designados en los estatutos, nada impide que la junta general pueda efectuar una nueva designación sustitutiva, esta vez cumpliendo con los requisitos previstos para la modificación estatutaria. Lógicamente, en una sociedad paralizada funcionalmente esta posibilidad hay que descartarla.

El tercer mecanismo es la regla de conversión de los administradores en liquidadores. Se trata pues de un sistema de aplicación subsidiaria y automática en defecto de previsión estatutaria de designación de liquidadores o de acuerdo social de nombramiento en junta

---

613 Vid. BELTRÁN SÁNCHEZ, E., "El nombramiento de liquidadores en la sociedad anónima", *Derecho mercantil de la Comunidad Económica Europea. Estudios en homenaje a José Girón Tena,* Madrid, 1991, págs. 135-155.

general. Este sistema tiene como fin facilitar el desarrollo de la fase liquidatoria, en la medida en que los antiguos administradores ya dispondrán de la información necesaria para llevar a cabo la liquidación del patrimonio societario de manera inmediata.

Los tres medios de designación no resultan a nuestro juicio del todo idóneos para solventar las patologías que se derivan de una situación de bloqueo. Basta pensar en la persona física o jurídica, designada como liquidador —directa o indirectamente por los estatutos sociales— cuya objetividad pueda resultar dudosa por estar alineado con alguno de los grupos enfrentados.

Por otra parte, la designación de liquidador por acuerdo de la junta general será muy improbable dado que no parece lógico pensar que, estando la sociedad funcionalmente paralizada e inoperativa, fuere viable un acuerdo en junta en tal sentido, y que incluso convocándose y celebrándose formalmente, adoptara algún tipo de acuerdo referente a la designación del liquidador.

También resulta patológico el sistema subsidiario de conversión legal del órgano de administración en órgano de liquidación, pues normalmente quien controla la gestión de la sociedad se encontrará igualmente involucrado en la confrontación social de la que la disolución trae causa y será partidario de la conversión automática en la medida que le permita monopolizar la fase de liquidación y hacerse con el control de los activos críticos de la empresa[614].

---

614 En cuanto a la técnica de liquidación social en el sistema italiano, merece destacar, por contraste al sistema español, la claridad con que actualmente se afronta la sucesión orgánica de los administradores en liquidadores, cesando los primeros a partir de la inscripción del nombramiento de los segundos (art. 2487 bis del Codice). Asimismo, con el objetivo de evitar la paralización de la sociedad, se contempla la posibilidad de que se convoque la junta judicialmente o que sea el propio juez quien designe a los liquidadores. No obstante, continúa siendo conflictiva la cuestión relativa a la delimitación de competencias entre órganos, en particular entre la junta general y los liquidadores. Si bien los liquidadores asumen las funciones gestoras, la política legislativa ha consistido en otorgar un amplio margen a la autonomía de la voluntad hasta el punto de que se ha llegado a establecer por vía del art. 2487 del Codice la máxima libertad a los socios o a la junta para delimitar la estructura y funcionamiento del órgano liquidador. Así se llega incluso a mencionar la posibilidad de que los liquidadores realicen los actos necesarios para la conservación de la empresa y también que puedan decidir operaciones de venta en bloque o cesiones de rama de actividad. Por

Todos estos motivos confirman que en los supuestos de paralización social la posibilidad de que la junta sea la que elija a los liquidadores será muy remota y que generalmente, en defecto de disposición estatutaria, operará la conversión automática de los administradores en liquidadores[615].

En consecuencia, si la administración, al igual que la junta, se encuentra bloqueada, la paralización social se extenderá irremisiblemente a la fase de liquidación. Ello contraviene la *ratio* de la norma-

---

esta razón, emerge un complicado problema interpretativo en relación con la delimitación de competencias entre junta general y liquidadores. Esta dificultad se centra en el hecho de que el texto legal no determina los límites de actuación de los socios para decidir sobre la liquidación ni hasta qué punto pueden interferir en el ámbito de poderes de los liquidadores, con el agravante de que desde el momento en que el art. 2488 del Codice determina que las normas relativas a los acuerdos de los socios, la junta y los administradores serán de aplicación siempre y cuando sean compatibles con la liquidación.

615 Así se ha venido entendiendo desde la STS de 5 de junio de 1978 (RJ 1978/2220). No obstante, como señala ÁLVAREZ ROYO-VILLANOVA, S., "Situaciones de bloqueo...", cit., pág. 67, los tribunales han sido bastante restrictivos con esta materia, como puede observarse en la SAP de Álava de 6 de junio de 2003 (RJ 2003/189850), que establece que, si se ha acordado la disolución sin nombrarse liquidadores por no haberse podido llegar a un acuerdo sobre su nombramiento, no procede nombramiento judicial, sino la convocatoria de otra junta para su elección. En el mismo sentido la SAP de Salamanca de 25 de noviembre de 2002 (JUR 2003/237363), que tampoco accede al nombramiento judicial, aunque entiende que es posible, porque no se ha intentado en junta: "los demandantes ni siquiera han indicado el nombre de la persona o personas que pudieran ostentar el referido cargo". En opinión de este autor, esta solución judicial cae en un absurdo por cuanto ya se ha comprobado la imposibilidad de acuerdo en una junta anterior. Por nuestra parte, también compartimos esta opinión crítica respecto a la previsión legal de conversión automática de los administradores en liquidadores, porque pueden darse potenciales deficiencias en los supuestos de paralización social como la que se observa en la STS de 11 de abril de 2011 (RJ 2011/3444), que rechazó la designación judicial, aceptando la aplicabilidad de la conversión automática como liquidador de un administrador único en el ámbito de una disolución por paralización de los órganos sociales de una sociedad limitada con dos socios al 50%, afirmando que no cabía el nombramiento por el juez mercantil de liquidador a instancias de otro socio por aplicación del art. 377 LSC, aunque si cabe usar dicho procedimiento, excepcionalmente, en caso de fraude, idoneidad patente, manifiesta complejidad o imbricación de otras sociedades, pero no puede prosperar si el motivo es la mera desconfianza subjetiva, o existencia de acciones penales o de responsabilidad con resultado aún incierto.

tiva liquidatoria que pretende que esta fase se desarrolle en el menor tiempo posible, pero sin repartir apresurada o ruinosamente el patrimonio social. Por esta razón, la pretendida facilidad que otorga la LSC con esta regla automática de conversión no lo es tanto ante un supuesto de paralización social si ésta se ha extendido al órgano de administración.

Aunque el régimen de liquidación tiene un marcado tono imperativo, el principio de la autonomía de la voluntad permite que los socios o accionistas introduzcan en los estatutos sociales cláusulas que modifiquen el régimen ordinario. Ello permite que el procedimiento liquidatorio se articule de forma diversa[616]. A propósito del nombramiento de los liquidadores por disposición estatutaria, el caso que más nos interesa en lo referido a la causa de disolución por bloqueo societario es aquel por el que la designación estatutaria de los liquidadores recae expresamente en los administradores cesantes. La primacía estatutaria en esta materia podría abocar inexorablemente a la sociedad a carecer de órgano de gestión y representación en caso de que se produjese una paralización total, máxime cuando debido al antagonismo entre los miembros del órgano de administración y entre los socios se hiciera impracticable una modificación estatutaria, operación que requiere de un quórum reforzado.

Sin embargo, en caso de paralización social de carácter parcial, es decir, cuando la parálisis sólo afectara a la junta, los administradores, en calidad de liquidadores estatutariamente designados, llevarían adelante las funciones detalladas en el art. 383 LSC y sigs. En defecto de disposición estatutaria, cabe alternativamente el nombramiento de los liquidadores por parte de la junta general de socios que acuerde la disolución de la sociedad[617]. Por lo general, la paralización social implicará la imposibilidad de acordar la disolución en junta, y por extensión, el nombramiento de los liquidadores, de donde re-

---

616 Cfr. FERNÁNDEZ TORRES, I., *La Junta general...*, cit., pág. 86. Adicionalmente, más allá de lo que establecen la LSC y los estatutos, la junta puede acordar las reglas que estime por conveniente en relación con la liquidación y la división del haber social (art. 240 RRM).

617 Vid. BELTRÁN SÁNCHEZ, E., "Comentarios a los artículos 371 a 394 LSC" en ROJO/BELTRÁN (dirs.), *Comentario de la Ley de Sociedades de Capital*, Tomo II, Madrid, 2011, págs. 2591-2703.

sulta que, aún disuelta la sociedad, ésta no podría ser liquidada. Por tanto, ante una situación de bloqueo resultará improbable que se produzca el nombramiento de liquidadores por acuerdo de la junta, de tal forma que la disolución judicial sustituirá al acuerdo social de disolución, así como la designación de los liquidadores, que será también judicial[618].

En consecuencia, si el juez puede disolver la sociedad, deberá poder igualmente designar a los liquidadores o proceder a su separación, como en efecto así se refiere el art. 380 LSC. La separación de los liquidadores nombrados por el juez sólo podrá ser decidida por éste, a solicitud fundada de quien acredite interés legítimo[619]. A tal efecto, uno de los remedios contractuales para anticipar y prevenir este problema será el de una liquidación pactada desde la constitución de la sociedad, tanto el propio reparto como los mecanismos para la valoración de los activos sociales. La designación judicial de los liquidadores tendrá un carácter subsidiario, ya que sólo se contempla en defecto del acuerdo social correspondiente, y sólo puede producirse a instancia de parte, estando legitimados para solicitarlo los mismos que lo están para solicitar la disolución judicial (art. 366 LSC)[620].

---

618 A este respecto se pronuncia la STS de 5 de junio de 1978 (RJ 1978/2220) cuyo fallo fue favorable a abrir el periodo de liquidación nombrando, en ejecución de sentencia, a tres liquidadores.

619 En este sentido podría argumentarse analógicamente la aplicabilidad del art. 1708 CC, que, a su vez, remite a las normas sobre partición de herencias, en las que se permite la designación de un administrador judicial en caso de desacuerdo entre coherederos (art. 1059 CC).

620 Sobre los pactos estatutarios en materia de disolución y liquidación, consideramos admisibles junto con SEQUEIRA MARTÍN, A., "Disolución...", cit., pág. 2568, los siguientes pactos: 1) pactos que atribuyan privilegios en materia de cuota de liquidación a los titulares de acciones privilegiadas; 2) pactos que establezcan el derecho de alguno, algunos o incluso todos los accionistas a percibir su cuota de liquidación mediante la restitución de sus aportaciones no dinerarias (pactos de reversión de activos); 3) pactos relativos a la organización y al funcionamiento interno y externo del órgano de liquidación; 4) pactos mediante los cuales, dentro de los límites que se derivan de la ley, se sometan a arbitraje las controversias que puedan suscitarse durante el periodo de liquidación entre los socios, o entre los socios y los liquidadores; y 5) pactos relativos al tratamiento del activo y del pasivo sobrevenidos.

De lo anterior se extrae que el art. 376 LSC relativo al nombramiento de los liquidadores genera potenciales deficiencias en caso de paralización total de la sociedad, puesto que en defecto de una cláusula estatutaria que los designe o de un acuerdo social que se pronuncie a este respecto, los administradores quedarán convertidos automáticamente en liquidadores[621]. Por esta razón, en las sociedades paritarias, aquel socio que encuentre en el administrador único una persona afín a sus intereses, intentará generalmente que sea éste quien asuma la condición de liquidador social. Por el contrario, el consocio disconforme con el administrador social pretenderá la designación de un liquidador judicial[622]. Esto demuestra que la previ-

---

621 Sobre este particular la STS (Sala de lo Civil, Sección 1ª) de 30 de mayo de 2007 (RJ 2007/3609), en su Fundamento de Derecho Tercero señala que "si no hay designación estatutaria y la junta general no los designa, opera la conversión automática en liquidadores de los que en el momento de la disolución eran administradores. Pero esta previsión legal es subsidiaria, y no justifica una actuación fraudulenta respecto de la previsión preferente —designación por la junta—. Es cierto también que, en el caso, no hay la designación en los Estatutos, ni la junta los designó. Sin embargo, no debe operar la conversión automática porque ha existido una conducta viciada de fraude, que el ordenamiento jurídico repudia (art. 6.4 CC) y los tribunales no deben amparar. La inactividad del grupo familiar de D. Ismael no respondió a disconformidad con la persona propuesta por la otra parte, pues no se dio ninguna razón o explicación al respecto. Aludir a que la designación de un tercero era antieconómica, no le excusaba de formular otra propuesta menos onerosa como la de sugerir la designación de miembros de los dos grupos o ramas familiares. La total pasividad premeditada respondió únicamente al propósito —torticero— de monopolizar la función de liquidación, aprovechando el control total del consejo de administración, privando con ello de cualquier eficacia al precepto estatutario" y "exige procurar, dentro de lo posible que se efectúe por personas capacitadas y dotadas de las condiciones de objetividad e imparcialidad. De ahí que, como ocurre en el caso, cuando la previsión estatutaria es someter la designación de los administradores a la junta de la sociedad, la falta de la mayoría al efecto, deba ser sustituida por la designación judicial" y "por último debe señalarse que la pretensión del grupo familiar de D. Ismael conculca asimismo el principio de la buena fe, conforme al cual deben ejercitarse los derechos (art. 7.1 CC), y en definitiva, al margen de la calificación de fraude, constituye un ejercicio abusivo del derecho (art. 7.2 CC)".

622 Un ejemplo de esta delicada situación de bloqueo puede estudiarse en la STS (Sala de lo Civil, Sección 1ª) de 30 de mayo de 2007 (RJ 2007/3609), que en su Fundamento de Derecho Segundo afirma que "el grupo que venía ostentando el monopolio del control quiere aplicarlo también a la liquidación, en tanto el

sión subsidiaria del art. 376.1 LSC no resulta en absoluto satisfactoria, al convertir automáticamente al administrador en liquidador social. Al mismo tiempo, esta norma otorga un oportunismo desleal para el socio paritario que aplica un bloqueo a fin de obtener por una vía o por otra (en junta general o por el art. 376.1 LSC) una ventaja táctica de cara al procedimiento liquidatorio.

La única salida óptima ante el inconveniente de la falta de designación de los liquidadores por junta general ante una situación de bloqueo sería la aplicación del art. 377 LSC por vía analógica respecto de los casos de cobertura de vacantes: por "fallecimiento o cese del liquidador único, de todos los liquidadores solidarios, de alguno de los liquidadores que actúen conjuntamente, o de la mayoría de los liquidadores que actúen colegiadamente, sin que existan suplentes". De ese modo, operaría una analogía en cuanto a su ámbito de aplicación, a todos aquellos otros supuestos en los que exista un previo conflicto entre los socios que ponga en riesgo una solución de equilibrio de intereses[623]. Se trataría pues de un remedio extraordinario amparado en situaciones notoriamente abusivas y contrarias a la buena fe[624].

En todo caso, el carácter restrictivo de la doctrina del abuso de derecho exige el estricto cumplimiento de las condiciones que le dan lugar, circunstancias objetivas que justifiquen la necesidad de la designación judicial. Además, esta doctrina, como se analizó *supra* en Parte II, exige una intencionalidad de causar un perjuicio a

---

otro se manifiesta partidario de que esta liquidación se efectúe por una persona imparcial (...), lo que, como señalan los apelantes, encubre una actuación fraudulenta que no puede autorizar la conversión perseguida y debe justificar por razones de analogía la designación judicial del administrador o administradores que el art. 110.3 LSRL prevé para el supuesto, ciertamente distinto pero análogo, de que la junta convocada al efecto no proceda al nombramiento de liquidadores, caso en el que cualquier interesado podrá solicitar su designación del juez de primera instancia del domicilio social".

623 Cfr. HERNANDO CEBRIÁ, L., "El conflicto...", cit., pág. 118.

624 Sobre este particular, LÓPEZ ORTEGA, R., "La cobertura de vacantes en el órgano de liquidación de las sociedades de capital por el cese o la separación de liquidadores", *Revista de derecho de sociedades*, Nº 51, 2017, págs. 207-253, estudia el procedimiento establecido legalmente para cubrir las vacantes producidas atendiendo a las causas que han podido originarlo y a la situación en que haya quedado el órgano de liquidación tras el cese.

los restantes socios o, al menos, que no se reconozca en tal ejercicio del derecho del socio la existencia de un fin legítimo. Cuando así sea esta medida garantizaría la independencia del órgano social a fin de asegurar un ajustado reparto de las respectivas cuotas de liquidación.

Observada toda la problemática anterior, ante la existencia previa de una vinculación entre uno de los socios paritarios y un administrador social, por solapamiento en la misma persona de ambas posiciones jurídicas, la LSC debería ofrecer una mejor solución encaminada a autorizar al otro socio paritario, en protección de sus legítimos derechos, a solicitar directamente la intervención de un liquidador judicial. Con una medida en tal sentido, se garantizaría la independencia del órgano social a fin de asegurar un procedimiento de liquidación imparcial y equitativo. Ciertamente lo propio de estas situaciones es que se pida al juez el nombramiento de un liquidador independiente por parte de quien promueva la disolución, consciente de que es la única manera de solventar el presumible bloqueo en la fase liquidatoria. Pero en caso de que no se pida, habría que considerar la petición implícita, si no se dice lo contrario, por ser consecuente con la intención del demandante de acabar con el bloqueo social. A nuestro juicio, lo recomendable sería que en la demanda se interese directamente del juez el nombramiento de un tercero como liquidador, al objeto de evitar que este cargo recaiga en manos del socio administrador contrario; o incluso que tal pedimento se deduzca por vía reconvencional.

De *lege ferenda* proponemos una norma que legitimara expresamente al juez para la designación de un liquidador profesional ajeno a la sociedad para los casos de disolución judicial por paralización de los órganos sociales. Así, la decisión judicial de disolución sería simultánea al nombramiento de liquidador evitando el perjudicial retraso de las operaciones liquidatorias. El juez designaría al liquidador de oficio cuando la sociedad no procediese a su nombramiento, o a instancia de parte, cuando habiéndose procedido al mismo o tras la conversión legal, el nombramiento fuera contrario a la buena fe. Así, la designación judicial de liquidadores no se aplicaría como última *ratio*, es decir, únicamente ante la ausencia de voluntad social, sino también pese a su existencia, siempre y cuando concurriesen circunstancias objetivas que lo justificaran, alegadas y fehacientemente probadas en sede judicial por la parte que las invoque[625].

A este respecto, la STS de 11 de abril de 2011 (RJ 2011/3444) ha venido a descartar que dicha opción pueda convertirse en regla general a pesar de que reconoce que los conflictos societarios protagonizados por dos socios con igual participación plantean cierta singularidad respecto de otras causas de disolución. Admite, sin embargo, que en presencia de determinadas circunstancias objetivas (fraude, inidoneidad patente, manifiesta complejidad o imbricación de otras sociedades etc.) pueda justificarse la designación judicial de un liquidador distinto de su administrador, especificando que dichas circunstancias no pueden sin más equiparse a meras desconfianzas subjetivas, o preparación de la situación mediante el ejercicio de acciones de responsabilidad social o de naturaleza penal, de resultado desconocido o incierto[626].

---

625 GUTIÉRREZ GILSANZ, A., "Aprobación judicial de liquidación societaria en situaciones de bloqueo (a propósito de la SAP la Coruña de 1 de abril de 2022 y de la SJM nº 13 de madrid de 23 de marzo de 2021)", *Diario La Ley*, Nº 10121, 2022, quien opina que una vez decretada la disolución, y la situación de bloqueo societario persista e impida la aprobación en junta general del informe de las operaciones de liquidación, el balance final de liquidación y el proyecto de división del haber social, resulta necesario que los tribunales, a instancia de parte, puedan anular el acuerdo social de rechazo y proceder a homologar la liquidación. Para este autor, con quien coincidimos, esta facultad judicial resulta procedente ante evidencias de un flagrante abuso de derecho por parte de uno de los socios, materializado en una conducta obstruccionista, contraria a la buena fe y a los deberes de lealtad societaria. Este principio ha sido avalado por recientes resoluciones, como la Sentencia de la Audiencia Provincial de La Coruña de 1 de abril de 2022 y la Sentencia del Juzgado de lo Mercantil Nº 13 de Madrid de 23 de marzo de 2021. Dichos fundamentos se sostienen en la impugnabilidad de los acuerdos sociales negativos y en el mandato de garantizar una tutela judicial efectiva para el socio perjudicado. Lejos de constituir una sustitución indebida de la voluntad social, estos pronunciamientos representan la garantía de que dicha voluntad colectiva pueda prevalecer, eliminando obstáculos abusivos que la distorsionan.

626 La Sentencia del Juzgado de lo Mercantil Nº 2 de Bilbao de 15 de mayo de 2013 (JUR 2013/220014) descarta ese nombramiento automático del administrador en liquidador, a la vista de su previa conducta. La demanda desestima la regla de la conversión por la cual el administrador único debiera ejercer de liquidación atendiendo a la falta de independencia de éste y por tanto a su más que probable falta de atención al interés social, lo que le inhabilita para ese nom-

En suma, en la disolución judicial por bloqueo societario el sistema de nombramiento de liquidador que debería prevalecer es el judicial con el fin de garantizar el derecho de todos los implicados. No debería seguir utilizándose la conversión automática de los administradores en liquidadores como un sistema de nombramiento subsidiario.

D) Medidas cautelares

Otro de los puntos de interés conexos a la paralización social en materia de disolución judicial son las medidas cautelares que puede pedir el socio paritario demandante. Se toma como referencia el Auto del Juzgado de lo Mercantil Nº 1 de Cádiz de 23 de abril de 2007 (JUR 2007, 136408) que expone los requisitos generales para la toma de medidas cautelares, adaptadas a un supuesto de paralización social.

En primer lugar, se requiere del *fumus bonis iuris* o apariencia de buen derecho, de manera que el tribunal ante el cual se pidan las medidas cautelares deberá examinar, aunque sea sumariamente, si existe una apariencia de bloqueo societario. En segundo término, tiene que darse el *periculum in mora*, es decir, que exista un posible perjuicio de no adoptarse estas medidas y tener que esperar a la resolución del pleito. Este posible perjuicio se producirá, por ejemplo, cuando haya dos administradores mancomunados que representan cada uno al 50% del accionariado, por lo que el mismo bloqueo de la junta se extenderá al órgano de administración.

---

bramiento: "La disolución supone la apertura de la liquidación social (art. 371 LSC) procediendo el nombramiento de liquidador, sin que se haya ofrecido argumento alguno que habilite la conveniencia de la posibilidad estatutaria, prevista para el caso de que la junta no decida al respecto, sin perjuicio de que el administrador social haya dejado, sin explicación o justificación alguna, de convocar junta con el orden del día contenido, posteriormente, en el suplico de la demanda (ofreciendo una evidencia de que se encuentra alineado con uno de los dos grupos enfrentados, sin que su intervención ofrezca, a priori, garantías suficientes para desbloquear el conflicto). Por ello se nombrará a un liquidador de entre la lista de auditores de cuentas que obra en el Juzgado Decano, si bien, el actual administrador continuará como liquidador hasta su nombramiento".

Por tanto, se exige que haya una legación concreta del riesgo y no una genérica, ajustando la justificación a las circunstancias del caso. Adicionalmente, es preciso que la medida sea conforme al principio de proporcionalidad, esto es, que no exista otra medida menos gravosa. Todo ello sin obviar que las medidas cautelares llevan aparejada la prestación de una caución por parte de quien la solicita y que para establecerla se valora la importancia de la pretensión, que la valoración que se realice sobre el fundamento de la pretensión, así como los costes que esa misma medida pueda tener[627].

Las medidas que pueden solicitarse dependerán de la casuística de la paralización social. Entre el conjunto de medidas cautelares, pueden destacarse varias: la anotación de la demanda de conformidad con el art. 727.5° y 6° LEC, la solicitud de un inventario, o la intervención o administración judicial, como se desprende del art. 727.2° LEC[628]. En el caso de nombramiento de administrador judicial, se aplicará analógicamente el art. 632 LEC, y, por tanto, el administrador necesitará autorización judicial para enajenar o gravar participaciones en la empresa o de éstas en otras, así como bienes inmuebles[629].

---

627 Los costes que entrañan este tipo de medidas cautelares revisten una gran importancia. Por ejemplo, el Auto del Juzgado de lo Mercantil N° 1 de Cádiz (JUR 2007/136408) fijó la caución en 10.000 euros, frente a los 600 euros ofrecidos por el demandante. HUALDE LÓPEZ, I., "La suspensión cautelar de acuerdos sociales impugnados", *Revista de derecho de sociedades*, N° 58, 2020, examina una de las medidas cautelares cuya adopción está legalmente prevista en el ámbito de los procesos de impugnación de acuerdos sociales, como es la suspensión de tales acuerdos sociales impugnados.

628 Estas dos últimas medidas (inventario e intervención judicial) fueron acordadas en la SAP de Asturias de 28 de enero de 2002. Esta resolución judicial entiende justificada la intervención por la forma de operar, pues todos los pagos y cobros se hacían en metálico, según confesó el administrador, y parecía haber sustracción de cantidades de la sociedad. El peligro que fundamentaron los demandantes es que las actuaciones de dicho administrador implicaban un riesgo, lo cual hacía imposible saber si la administración se desarrollaba correctamente.

629 Vid. Auto del Juzgado de lo Mercantil N° 1 de Cádiz (JUR 2007/136408).

E) Reactivación de la sociedad disuelta por paralización

Como es sabido y la norma así lo regula, el proceso de disolución y liquidación de una sociedad bloqueada no es irreversible. De igual forma que inicialmente la sociedad de capital goza de la alternativa de remover la causa de disolución concurrente o acordar su propia disolución, a lo largo de la fase de liquidación, y en tanto no se haya iniciado el reparto del patrimonio remanente entre los socios, la junta general retiene la facultad de frenar el proceso de extinción social y reactivar la sociedad[630].

Una situación de bloqueo permanente e insuperable en fase de disolución puede resolverse en liquidación a favor de algunas de las alternativas de desbloqueo, ya que puede ocurrir que los socios tarden en conseguir eliminar la causa de disolución, siendo necesario buscar alternativas a la estructura actual de la propiedad del capital que haya motivado la paralización de la junta general. También puede suceder que la paralización desaparezca de manera sobrevenida, por ejemplo, debido a una eventual desaparición de las desavenencias internas entre los socios. En todos estos casos, obligar a los socios a completar la liquidación y extinción de la sociedad y a reconstituir

---

630 Con anterioridad a la LSRL de 1995, el término reactivación no era ajeno al derecho de sociedades español ni a las normas reguladoras de las sociedades de capital. La ausencia de una regulación suscitó en el seno de la doctrina numerosas y variadas opiniones. Puede encontrarse una exposición de las diferencias tendencias en BATALLER, J., *La reactivación de la sociedad de responsabilidad limitada*, Madrid, 2000, págs. 43-46. Para ahondar en la reactivación societaria, véase GARCÍA-CRUCES GONZÁLEZ, J. A., "La reactivación de la sociedad", *La liquidación de sociedades mercantiles* (coord. Campuzano Laguillo, A. B.; Rojo Fernández Río, A. (dir.), Beltrán Sánchez, E. (dir.), 2016, págs. 101-165, y GARCÍA-CRUCES GONZÁLEZ, J. A., *La reactivación de la sociedad de responsabilidad limitada en liquidación*, Thomson Reuters Aranzadi, Madrid, 2001; y más anteriormente PALÁ BERDEJO, F., "La disolución de sociedades y su revocabilidad", *Revista de Derecho Mercantil*, N° 41, 1952, págs. 149-216. Por su parte, ALFARO ÁGUILA-REAL, J., "La reactivación como modificación estructural: celebración de un nuevo contrato de sociedad y sucesión universal", *Revista de derecho de sociedades*, N° 62, 2021, sostiene que la reactivación ha de calificarse como una modificación estructural puesto que hay sucesión universal (la sociedad reactivada sucede universalmente en el patrimonio social a la sociedad disuelta) y que el acuerdo de reactivación supone la celebración de un nuevo contrato de sociedad entre los socios que votan a favor de la reactivación.

de nuevo la sociedad supone sin ningún lugar a dudas una rigidez innecesaria que contraviene el principio de conservación de la empresa, y en todo caso, podría generar una pérdida injustificada de tiempo y recursos[631].

En consecuencia, la posibilidad de reactivación de la sociedad disuelta a causa de la paralización de sus órganos sociales es un interesante mecanismo de flexibilización de la normativa societaria que requiere, fundamentalmente, que las ventajas generadas para los socios que pretendan reactivar la sociedad no mermen los derechos de los acreedores y demás socios que ya estaban inmersos en el proceso de liquidación y extinción social. Precisamente la tutela de estos derechos es la principal preocupación de la LSC en materia de reactivación[632].

A este respecto, el art. 370 LSC dispone las condiciones en que una sociedad en liquidación puede reactivarse[633]. En particular, la LSC prevé que la junta general pueda acordar el retorno de la sociedad disuelta a la vida activa siempre que: (1) haya desaparecido la causa de disolución, es decir, que haya desaparecido la paralización social o que se haya encontrado una fórmula alternativa de desbloqueo; (2) que el patrimonio contable no sea inferior al capital social; y (3) que no haya comenzado el pago de la cuota de liquidación a los socios. Dichas condiciones estipulan requisitos de carácter cumu-

---

631 Como sostiene PACIELLO, A., "Comentario al art. 2487 ter", *La riforma delle società*, Turín, 2003, págs. 269 y 272, la posibilidad de acordar la reactivación puede entenderse como una expresión de la voluntad o incluso de la exigencia de defender el principio de conservación de la empresa.

632 Sobre el régimen legal anterior (LSA 1989), BELTRÁN, E., *La disolución…*, cit., págs. 55-57, sostenía que la disolución abría necesariamente la liquidación y ésta concluía con la extinción de la sociedad. Ratificaba su tesis negativa en que si la sociedad disuelta puede remover la causa legítima de disolución todo el sistema legal caería por su base porque inmediatamente después de la disolución judicial la sociedad podría acordar su revocación, convirtiendo en ilusorio el derecho de los interesados a pedir la disolución. De ahí que el legislador actual, a través del art. 370 LSC, haya intentado formular una solución intermedia flexible, abriendo la posibilidad de reactivación, pero sujetándola a unas condiciones muy determinadas.

633 El art. 370 LSC unificó el régimen relativo a la reactivación sobre la base del extinto art. 106 LSRL.

lativo y, por tanto, la imposibilidad de satisfacer cualquiera de ellas impedirá la reactivación societaria.

Teniendo en cuenta la dificultad existente para que la junta general acuerde el retorno de la sociedad a la vida activa cuando la misma sociedad ha sido disuelta judicialmente —que será lo más frecuente en caso de bloqueo—, el acuerdo de reactivación se adoptará con los requisitos establecidos para la modificación de estatutos[634]. Esto implica por una parte un cambio de orientación de los socios, teniendo en cuenta los requisitos de quórum y mayorías agravados para la adopción del acuerdo conforme a lo dispuesto en el art. 199 LSC sobre mayoría legal reforzada en la sociedad limitada, y conforme a lo dispuesto en los artículos 194 y 201 LSC para la sociedad anónima y sociedad comanditaria por acciones.

Por otra parte, los socios que no voten a favor de la reactivación tendrán derecho a separarse de la sociedad (art. 370.3 LSC), de conformidad con lo previsto en el art. 346.1 c) LSC. Este precepto afirma la reactivación como causa legal de separación de los socios que se regirá por las normas de los arts. 353 a 359 LSC. Así pues, si la sociedad de capital paralizada fue disuelta por acuerdo de junta o judicialmente a causa de su paralización, podrá ser reactivada en fase de liquidación si los socios en junta remueven dicha causa superando sus diferencias. En el marco de la negociación que desemboque en un acuerdo para reactivar la sociedad jugará un papel fundamental la forma en que se pacte la separación del socio o de un bloque de socios, así como la conformación de la nueva estructura de propiedad, de tal forma que se resuelva definitivamente la parálisis societaria. Esta reactivación vendría además avalada por el principio de la conservación de la empresa cuyo titular se encuentra en liquidación[635].

---

634 Como advierte SEQUEIRA MARTÍN, A., "Disolución…", cit., pág. 2595: "la revocación de la disolución será improbable dado el carácter extremo, difícilmente reversible, de esta causa".

635 Sobre este punto discrepa BELTRÁN, E., *La disolución…*, cit., pág. 58, para quien el principio de conservación de la empresa no debe confundirse con la conservación de la sociedad: "La Ley no impide la conservación de la empresa cuyo titular se encuentra en liquidación, pues permite su fusión y su escisión total y la cesión total de su activo y su pasivo; pero parece exigir la extinción de la sociedad disuelta". A propósito del principio de conservación de la empresa, puede traerse a colación la opinión de DE EIZAGUIRRE, J. M., *La disolución…*,

4.4 VALORACIÓN CRÍTICA

Como se ha expuesto en el estudio de los fundamentos de esta causa de disolución, el art. 363.1 d) LSC acogió de forma autónoma la paralización de los órganos sociales, pero al ser fruto de una refundición legal conserva el mismo tenor literal con el que aparecía redactado en la LSA y LSRL, limitándose el legislador con la habilitación regularizadora o refundidora. Por tanto, las exigencias doctrinales y jurisprudenciales que se desprenden para reconocer esta causa de disolución son las mismas que en las leyes derogadas, es decir, que la paralización haga imposible el funcionamiento de la sociedad de forma permanente e insuperable. Estos caracteres son consecuencia del agravamiento determinante que se han exigido para que el supuesto pueda operar como causa de disolución, lo que la otorga un carácter excesivamente restrictivo[636].

Con todo, a pesar de la autonomía literal de la que goza el precepto vigente, al no haberse podido modificar su dicción a través de una reforma legislativa, sigue presentado problemas de aplicación práctica. Las deficiencias que siguen latentes podrían resolverse mediante la inclusión de ciertas modificaciones. Por ello, frente al régimen de las causas disolutorias y su modo de operar, hay que abogar por una nueva sistemática ordenadora de la materia en la que cada causa

---

cit., pág. 20, quien entiende que hay que relativizar sensiblemente su alcance: "Una cosa es la idea del mantenimiento o continuidad de la empresa, como actividad socialmente beneficiosa, y hasta la misma noción del mantenimiento del vínculo societario entre los socios, que el propio Derecho de sociedades tiende a facilitar en múltiples circunstancias, con ciertos límites, como el de evitar las vinculaciones indefinidas. Pero, como se ha advertido por la doctrina, el dogmatismo de aquel supuesto principio es muy dudoso. El mecanismo selectivo del sistema de economía de mercado, que recogía el Tratado de Roma, no considera un mal la eliminación de empresas y empresarios económicamente injustificados. Dicho mecanismo selectivo más bien indica que tan bueno o tan malo es conservar como extirpar, que se trata de un falso dilema". A nuestro juicio, el trasfondo de que el tratamiento positivo no sea satisfactorio a la luz del principio de conservación de la empresa descansa precisamente en la separación absoluta entre sociedad de capital y empresa. La LSC consagra un procedimiento disolutorio y liquidatorio totalmente inadecuado para las sociedades conjuntas cuando lo más eficiente sería una aproximación hacia lo establecido en el régimen concursal, que promueve el mantenimiento de las unidades productivas.

636 Cfr. BELTRÁN, E., *La disolución…*, cit., pág. 154.

de disolución sea acompañada de una regulación concerniente a su modo de operar[637]. En efecto, si bien es cierto que la existencia de diversas causas de disolución no conlleva que los efectos de la disolución varíen (liquidación ex art. 371.1 LSC), no lo es menos que en la práctica es distinto el modo de operar de dichas causas[638].

Las dificultades de este supuesto ya no giran en torno a la subsunción en el precepto más amplio de la imposibilidad manifiesta de alcanzar el fin social sino en la determinación de los caracteres de la paralización, inexistentes en la LSC. No están clarificados los límites por los cuales una paralización transitoria puede o no producir la imposibilidad de funcionamiento de la sociedad. Igualmente, la norma tendría que referirse específicamente a la junta general y no al equívoco término en plural de "órganos sociales", pues tal y como se ha demostrado, si el órgano de administración no puede ser desbloqueado por la junta, quiere decir que a ésta también se le ha extendido la parálisis.

Otra de las deficiencias detectadas radica en que la norma no precisa en qué momento una paralización es determinante de la imposibilidad de funcionamiento. Carecemos de un criterio normativo nítido sobre cuánto tiempo es necesario que se prolongue una situación de bloqueo para entender concurrente la causa disolutoria. La falta de un plazo legal para poder hacer valer la existencia de una paralización social permanente como causa de disolución por parte de cualquier interesado supone que la solución a esta dificultad únicamente deba esperarse de una previsión estatutaria que se pronuncie a tal efecto.

Una posible vía de solución de *lege ferenda* sería optar por incluir en el tenor literal de la norma una previsión parecida a la que contiene el art. 70.1 c) de la Ley General de Cooperativas de 16 de julio de 1999, que estipula una paralización o inactividad de los órganos sociales durante dos años consecutivos. Ciertamente para las sociedades de capital dicho plazo, por exigencias lógicas del tráfico mer-

---

637 Vid. ROJO, A., "Disolución y liquidación de la sociedad de responsabilidad limitada", *Revista crítica de derecho inmobiliario*, Nº 618, 1993, pág. 1488 y sigs.

638 Vid. PULGAR EZQUERRA, J., "La extinción...", cit., págs. 203-228.

cantil, debería ser bastante menor, sin que ello repercutiera en la consideración de la paralización social como permanente.

Esta propuesta iría acompañada de la dificultad para la determinación del punto temporal de referencia desde el cual iniciar el cómputo del plazo. En ausencia de previsión legal en tal sentido, la solución corresponde a los socios paritarios por medio de la incorporación de una cláusula estatutaria que fije un plazo máximo en que se ha de resolver internamente el bloqueo societario, precisando un número máximo de veces consecutivas en que puede paralizarse la sociedad y, cumulativamente, un plazo de tiempo máximo en que pueden acaecer estos empates insuperables y sistemáticos. Una vez transcurridos estos bloqueos dentro de los plazos fijados, habría certeza de que existe una imposibilidad para el funcionamiento social como consecuencia de la paralización de los órganos sociales[639]. El tratamiento estatutario también debería contener el momento a partir del cual se empieza a computar el plazo, pudiendo fijarse, según los casos, en la imposibilidad de la convocatoria de la junta, en la imposibilidad de constituirla o en la imposibilidad de llegar a acuerdos[640].

Por otra parte, como se ha analizado *infra* en la Parte III, la excesiva limitación del derecho de separación en el ordenamiento societario español constituye también uno de los factores que obligan a pensar en la disolución de la sociedad cuando surgen graves discrepancias entre los socios que impiden la adopción de acuerdos. Si el derecho de separación tuviese una mayor amplitud, sería probablemente más fácil eliminar tales diferencias mediante la resolución

---

639 Como recuerda FERNÁNDEZ DEL POZO, L., "Un apunte sobre los posibles mecanismos societarios previstos en estatutos para «romper el empate» («tie-break provisions»)", *La Ley mercantil*, Nº 35 (marzo), 2017, algunos de los otros casos de conflictos corporativos que no entrañan un verdadero empate en voto pueden ser resueltos por los mismos mecanismos.

640 Sobre este particular, FRADEJAS RUEDA, O. M., "Paralización…", cit., pág. 7, defiende que la solución debería venir dada por la correspondiente previsión estatutaria, en el sentido de precisar un número máximo de veces consecutivas (p.ej. 2 ó 3) y un plazo de tiempo prudencial (p.ej. entre 6 y 9 meses) que podrían jugar solos o cumulativamente, a lo largo de los cuales se pueda resolver positivamente la paralización. A partir de entonces, si no se han obtenido resultados positivos, existirá certeza de la imposibilidad de funcionamiento de la sociedad.

parcial del contrato de sociedad respecto del socio paritario que optase abandonar la sociedad paralizada.

En cuanto al régimen de exclusión de socios una posibilidad para amplificar su régimen puede ser por vía de incorporación a los estatutos como causa de exclusión la condena a aquel socio paritario que en abuso de derecho ("abuso de igualdad") se comporte en perjuicio del interés social bloqueando los órganos sociales. Además, si el conflicto entre los socios se desenvuelve en una sociedad limitada paritaria, la ejecución de esta previsión estatutaria permitiría al socio paritario fiel al interés social obtener la mayoría necesaria para la adopción del acuerdo de exclusión en la junta general, de acuerdo con lo dispuesto en el art. 190 LSC en relación con el art. 199 b) LSC[641].

Lógicamente, ante la disconformidad del socio afectado, la exclusión, para hacerse efectiva, requerirá de una resolución judicial firme que ratifique la existencia de la causa de exclusión. Además, en tanto que la exclusión trae causa de un abuso de derecho, ésta requerirá condena de indemnización de daños al socio obstruccionista[642].

Debería también flexibilizarse el régimen que obliga a acudir a una previa junta general antes de solicitar la disolución judicial (arts. 362, 364 y 365 LSC). El tenor literal de estos preceptos reguladores del procedimiento conduce a que resulte inapelable acudir a una previa junta, se celebre o no, antes de admitir la solicitud de diso-

---

641 Cfr. HERNANDO CEBRIÁ, L., "El conflicto...", cit., págs. 129-130. Sobre la exclusión, nos remitimos al subapartado 5.3.4 B, de la Parte IV de la presente investigación.

642 Una de los modelos que podrían tenerse en cuenta para la revisión de la separación y exclusión del socio de una sociedad conjunta puede ser la solución que al respecto ofrece el art. 273 a) del Título 8° del Código de Delaware (EEUU), que permite que uno de los socios pueda separarse de la sociedad conjunta mediante un plan de división de activos: "(...) file with the Court of Chancery a petition stating that it desires to discontinue such joint venture and to dispose of the assets used in such venture in accordance with a plan to be agreed upon by both stockholders or that, if no such plan shall be agreed upon by both stockholders, the corporation be disolved". Sobre esta oportuna solución prevista en la regulación de Delaware, véase GRUEBNER, M., "Delaware's answer to management deadlock in the limited liability company: judicial dissolution", *The Journal of Corporation Law*, N° 32, 2006-2007, págs. 641-657.

lución judicial[643]. Sin embargo, los intereses sociales de los socios y de terceros aconsejarían adelantar los trámites y permitir la petición directa de disolución por parte del socio o del administrador cuando el bloqueo societario se haya constatado previamente[644]. Una posible propuesta de *lege ferenda* sería regresar al tenor literal de la extinguida LSRL en su art. 105.3, con el que resultaba innecesario que se solicitara la convocatoria de junta al administrador si el socio consideraba que se daba la situación de bloqueo y habían transcurrido dos meses[645]. Asimismo, no debería prosperar la acción de disolución si el demandante dispuso de una oferta de adquisición de sus participaciones por valor no inferior al previsible de liquidación. Menos aún si él fuera el causante o beneficiario del bloqueo[646].

Por todas estas razones, algo que puede parecer tan normal como es distribuir el capital y los derechos de voto de forma paritaria (50/50), en la mayoría de los casos puede no ser algo recomendable porque a futuro puede generar potencialmente un problema societario complejo, salvo que se hayan fijado estatutaria o extra-estatutariamente unas reglas para el desbloqueo o un tratamiento disolutorio estatutariamente mejorado para evitar potenciales conflictos *ex post*[647].

---

643 Vid. BELTRÁN, E., *La disolución...*, cit., pág. 125: "En el supuesto de paralización de los órganos sociales, parece razonable pensar que la junta general no adopte acuerdo alguno. También en este caso hubiera sido más adecuado prever la posibilidad de una disolución judicial directa".

644 Vid. BATALLER, J., "La disolución...", cit., pág. 2553, hace notar, tomando como ejemplo el caso enjuiciado en la STS de 4 de noviembre de 2000 (RJ 2000/9209), que carece de sentido convocar una junta general que se sabe inoperante, demorando la disolución y poniendo en peligro la sociedad, especialmente su integridad patrimonial. Coincidentemente SEQUEIRA MARTÍN, A., "Disolución...", cit., pág. 2483: "Se origina así un proceso disolutorio que es previsible en sus resultados desde el principio y que pudiera haber sido aligerado mediante el expediente de permitir para este caso la solicitud directa de una disolución judicial para cualquier interesado, excluyendo a los socios que pudiendo haber solicitado la convocatoria judicial no lo hicieron".

645 Vid. DE ELÍAS OSTÚA, R., "Crítica de determinados preceptos de la legislación de sociedades anónimas en materia de disolución y liquidación", *Cuaderno de Derecho y Comercio*, Nº 18, 1995, pág. 47 y sigs.

646 Cfr. DE EIZAGUIRRE, J. M., *La disolución...*, cit., pág. 53.

647 Remisión a la Parte IV

Las valoraciones críticas anteriormente expuestas ponen de relieve la falta de adecuación de los tipos societarios actuales a las necesidades de los socios y el fenómeno nocivo de que las sociedades cerradas, generalmente de responsabilidad limitada, con socios personas físicas y en situaciones paritarias, se ajusten en el momento de la constitución social a modelos estandarizados de estatutos sociales (art. 22 LSC)[648]. Por esta razón, es preciso encontrar soluciones que acomoden el régimen jurídico a las necesidades y participación real de los socios en los órganos sociales según su composición capitalista, dimensión y mercado en el que opere la sociedad[649]. A ello se une la necesidad de acompasar el régimen jurídico de las sociedades de capital a las orientaciones que los socios tratan de conjugar en la empresa común, para lo que sin duda lo óptimo sería que se anticiparan las distintas cuestiones problemáticas mediante mecanismos correctores recogidos en acuerdos de socios y protocolos familiares. Todo ello debería acompañarse de las previsiones estatutarias que los socios dispongan en ejercicio de la autonomía privada. Por estos motivos, lo recomendable sería que las sociedades paritarias, por ser

648 A este respecto, la Orden JUS/31/3185/2010, de 9 de diciembre, por la que se aprueban los Estatutos tipo de las sociedades de responsabilidad limitada. Vid. EMBID IRUJO, J. M., "La incesante reforma del derecho español de sociedades", *Cuadernos de Derecho y Comercio*, Nº 55, 2011, págs. 33-34, quien pone de relieve la escasa utilidad que tiene la asunción de estatutos estandarizados para la adecuada resolución de conflictos intra-corporativos. Por su parte, QUIJANO, J., "Comentario…", cit., pág. 5158, también se refiere a la inadecuación del tipo societario como fuente del conflicto societario a propósito de la imposibilidad de constitución de la junta de una sociedad anónima con una cláusula estatutaria que exija un quórum reforzado que otorgue a uno de los socios un derecho de veto por exigir de hecho la unanimidad (STS de 12 de noviembre de 1987): "Es, en tantas ocasiones, lo que sucede cuando un tipo construido hipotéticamente para servir de forma jurídica a empresas colectivas de cierto volumen, se introducen elementos que pretenden salvaguardar ciertos niveles de personalización como, en definitiva, es esta cláusula que, a través de un quórum muy reforzado, produce de hecho la exigencia de unanimidad de presencia para el funcionamiento orgánico. Se trata pues, de una disfunción que procede de la aplicación del tipo único a sociedades abiertas y cerradas, sean estas familiares o no, sobre todo cuando la adaptación pretende hacerse insertando elementos personalistas en un esquema configurado bajo otros principios como es el de la sociedad de capitales, específicamente la anónima".

649 Vid. HERNANDO CEBRÍA, L., "El conflicto…", cit., pág. 89 y FRADEJAS RUEDA, O. M., "Paralización", cit., pág. 21.

más propensas al bloqueo, ejercitaran la amplia capacidad de autorregulación que concede la LSC para prevenir soluciones *ex ante* a los conflictos intra-corporativos[650].

Adicionalmente, como ya se ha avanzado *supra*, las dificultades que plantea la prueba de la paralización y el momento en que debe entenderse bloqueada la sociedad hace que adquiera interés una nueva reforma legislativa orientada a fijar un plazo de tiempo máximo de duración del bloqueo tras el cual dejar expedita la vía judicial para proceder a la disolución. Proponer un criterio temporal centrado en la inactividad de la sociedad por causa de la parálisis resultaría un acierto en aras del afianzamiento de la seguridad jurídica. Además, facilitaría en su caso la prueba al socio ajeno a la gestión social. La inactividad por bloqueo de la sociedad conectaría con la falta de rentabilidad de la inversión como fundamento disolutorio, por lo que una tipificación en tal sentido facilitaría su invocación al socio paritario que no controlase el órgano de administración.

Así, entendiendo que el fin de toda sociedad de capital es la obtención de un lucro, la pérdida de la rentabilidad por motivo de

---

650 A pesar de la amplia capacidad de autorregulación que permite la LSC, hay que tener en cuenta que la RDGRN de 27 de abril de 1989 (RJ 3408/1989), en lo concerniente al consejo de administración, excluyó que los estatutos sociales permitan recurrir, para solucionar la situación de bloqueo, a la designación de un tercero para que emita un voto de desempate. Igualmente, de acuerdo con la STS de 5 de noviembre de 1990 (RJ 8523/1990), tampoco pueden los estatutos atribuir un voto de calidad al presidente de la junta general como medio para resolver la situación de igualdad de votos a favor y votos en contra en la reunión de socios. En cualquier caso, el límite constitucional a esta capacidad de autorregulación de las sociedades en lo referente a la exclusión de socios lo deja expuesto la RDGRN de 30 de marzo de 1999 (RJ 1999/2189), que señala que "si bien la jurisprudencia constitucional no niega en su interpretación del art. 22 CE la potestad de auto-organización de las asociaciones que les permita determinar en los estatutos las causas de expulsión de sus socios, no es posible, según la jurisprudencia reiterada, que bajo ese manto normativo se establezca una auténtica jurisdicción privada, que imponga decisiones graves para los socios tales como la expulsión de la sociedad. Las facultades de auto-organización social no pueden suplantar el derecho a la tutela judicial efectiva ni obstaculizarlo con mecanismos complicados, por lo que, en el caso planteado, debe supeditarse a la autoridad judicial la decisión sobre la exclusión del socio, lo cual, por otra parte, es coherente con la atribución en exclusiva a jueces y tribunales de la potestad de juzgar y hacer ejecutar lo juzgado (art. 117 CE)".

la inactividad de la sociedad paralizada fundamentaría la causa de disolución, siempre que presentara las notas de durabilidad e insuperabilidad, es decir, siempre que fuera un bloqueo permanente y efectivo. En este sentido, también sería recomendable introducir expresamente una presunción que facilitara la actividad probatoria en este supuesto, vinculando así la paralización de los órganos sociales con el trascurso de un periodo de tiempo sin que se haya procedido a la generación de beneficios. Esta formulación proporcionaría un instrumento efectivo al socio ajeno a la gestión o al socio no obstruccionista a la hora de acreditar el supuesto disolutorio, a la vez que eludiría la inevitable inconcreción que en este punto se produciría si fuera la jurisprudencia la encargada de apreciar los requisitos exigidos para desencadenar la consecuencia jurídica.

La anterior propuesta de *lege ferenda* requiere dos matizaciones finales por nuestra parte. En primer lugar, la presunción debería tomar como referencia la generación de beneficios, no la distribución de dividendos. La generación de beneficios incide sobre la rentabilidad de la inversión y la distribución de dividendos sobre la liquidez. Este criterio permitiría abordar eficazmente el problema de aquellas sociedades cerradas paritarias propensas al abuso de uno de los socios, sobre todo si hubiera uno que detentara el control del órgano de administración. En este contexto, el consocio o el resto de socios verían imposibilitada la transmisión de sus participaciones sin obtener, por otro lado, ninguna rentabilidad, que sería absorbida sistemáticamente cada ejercicio por la retribución del socio-administrador único. La segunda matización va en la línea de aclarar que la resolución del conflicto intra-corporativo debe afrontarse exclusivamente entre los socios, sin que ningún tercero, especialmente el acreedor, deba participar.

PARTE IV

5. TRATAMIENTO DE LOS MECANISMOS NEGOCIALES Y ESTATUTARIOS DE PREVENCIÓN DE LAS SITUACIONES DE BLOQUEO

5.1 APROXIMACIÓN FUNCIONAL A LAS ALTERNATIVAS PARALEGALES A LA DISOLUCIÓN JUDICIAL

El tratamiento positivo del ordenamiento español y el de los principales ordenamientos jurídicos de nuestro entorno ante el advenimiento de un bloqueo efectivo conducen a la sociedad de capital a la disolución y liquidación social, ya fuere por acuerdo de la junta (improbable en una sociedad inoperativa) o bien por resolución judicial. El conjunto de deficiencias de este mecanismo legal y judicial conduce a la exploración de otras vías de prevención y solución de este conflicto intra-corporativo, en orden a la configuración de alternativas de índole "paralegal" amparadas en la autonomía de la voluntad de los socios[651].

Tratándose de sociedades paritarias con mayor propensión natural a los conflictos entre sus socios, la introducción de pactos estatutarios y/o parasociales que incluyan mecanismos para deshacer el bloqueo será el cauce idóneo para salvar la disolución social a la que aboca la norma positiva. Serán estipulaciones que terminarán o no

651 Al margen de los mecanismos legales, la inmensa mayoría de las vías alternativas son importadas del derecho anglosajón y norteamericano bajo la forma de "out of court solutions". De ahí que se deba en adelante utilizar terminología y fórmulas conceptuales propias o derivadas del derecho anglosajón, al objeto de discutir tanto su racionalidad funcional como su posible aplicación bajo el derecho español. En este mismo sentido, la opinión de GALEOTE MUÑOZ, P., *Sindicatos de voto...*, cit., pág. 90: "existen ordenamientos jurídicos como el estadounidense o el anglosajón donde este fenómeno (pactos al margen de la realidad estatutaria) es mucho más que habitual. En realidad, muchas de las cláusulas utilizadas son exportadas de los referidos ordenamientos. Se trata de sistemas jurídicos mucho más flexibles que el nuestro".

en los estatutos sociales, en la medida en que respeten o no la legalidad en materia societaria[652].

La primera fase para la prevención y remoción del bloqueo consiste en tratar de solucionarlo *ad intra* de la estructura orgánica de la sociedad paritaria mediante la posibilidad de que prevalezca alguna de las dos posiciones que han entrado en conflicto o elevando la negociación a unas instancias superiores. La autonomía privada en materia societaria y contractual permite establecer disposiciones estatutarias o parasociales que introduzcan mecanismos jurídicos de supervivencia de la sociedad, de modo que la situación de bloqueo en junta general no lleve aparejada necesariamente la disolución y liquidación de la sociedad común y la consecuente destrucción de valor económico.

A tal efecto, todas las disposiciones estatutarias o parasociales de desbloqueo tendrán que distinguir con claridad el reconocimiento del bloqueo, esto es, el conjunto de criterios por los cuales los estatutos determinan la existencia de una situación de bloqueo y autorizan el mecanismo proyectado para la superación del mismo. En tal sentido, sería necesario que los estatutos o los pactos de socios precisaran detalladamente cómo y cuándo se aplicará el procedimiento de desbloqueo[653]. Evidentemente, cuanto más detallada sean las cláusulas

---

652 En materia de conflictos intra-corporativos, los pactos parasociales confirman el Teorema de Coase en el sentido de que las ineficiencias en el ordenamiento positivo se salvan a través de la contratación, al ser menores sus costes aun cuando los tribunales fallen en contra de éstos. Vid. COASE, R. H., *La empresa, el mercado y la ley*, Madrid, 1994 y GÓMEZ, F., "Derechos de propiedad y costes de transacción: ¿Qué puede enseñar Coase a los juristas?", *Anuario de derecho civil*, vol. 51, N° 3, 1998, págs. 1035-1070. Más recientemente, GONCALVES DO ESPIRITO SANTO, J., *Las cláusulas antibloqueo como mecanismos para solucionar y evitar los conflictos entre socios en las sociedades mercantiles cerradas igualitarias de tipo paritario*, Universidad Autónoma de Madrid, 2022, coincide con nuestra tesis en el sentido de concebir a las cláusulas antibloqueo como económicamente eficientes, al ser mecanismos cuyo fin es facilitar la solución y auto-tutela por parte de los propios socios, para reducir los costes de transacción, y en definitiva generando una distribución más eficiente de la riqueza derivada de la aplicación de dichas cláusulas antibloqueo.

653 Vid. LUCEÑO OLIVA, J. L./GUERRERO CAMACHO, E., "Los mecanismos contractuales para evitar las situaciones de bloqueo en las joint ventures o sociedades conjuntas. Un análisis de posibles cláusulas tipo", *Diario La Ley*, N° 8610, 2015, pág. 2: "La negociación sobre el contenido de estas cláusulas, dirigidas

que establezcan los sistemas de desbloqueo, menor incertidumbre existirá cuando las situaciones de bloqueo se produzcan. Por esta razón, lo más recomendable es identificar supuestos de hecho en los que se determine la existencia de una situación de bloqueo y de esta manera establecer un procedimiento ad hoc para resolverla. La prioridad, en todo caso, es generar una solución paralegal eficiente y alternativa a la disolución judicial en la que sea posible, al menos, consensuar un sistema para desbloquear la sociedad y poner fin a la relación con el menor daño patrimonial, y también en la mayor medida, que el mecanismo de desbloqueo sea acorde a los intereses de ambos socios, o al menos, al interés del socio que no ha causado la situación de bloqueo.

La identificación de la situación de bloqueo no es una cuestión simple, porque, aunque los socios hubieran previsto estatutariamente o parasocialmente los requisitos que debe reunir una disputa para dar lugar a unos determinados efectos con objeto de desbloquear la sociedad, podrían alegar problemas interpretativos de las cláusulas en orden a discutir su aplicabilidad. Únicamente es la norma legal —con las amplias deficiencias detectadas en la Parte III— la que define cuando la sociedad está en una situación de bloqueo determinada como causa de disolución (art. 363.1 d LSC). Es evidente que esta única forma de conceptualizar la situación de bloqueo puede no satisfacer a los socios, quienes podrán autorregular supuestos de bloqueo de menor entidad y asignarles mecanismos de prevención y de remedio no tan drásticos como el contemplado en la ley. Nada obsta para que las partes también puedan estimar como situaciones relevantes de bloqueo muchas otras que se refieren a la ocurrencia de hechos determinados relacionados con la dirección y control de la sociedad[654].

---

a definir e intentar solventar las situaciones de bloqueo, deviene un elemento esencial en la negociación sobre la futura sociedad. Su carácter preventivo anticipa la voluntad de las partes de establecer mecanismos de resolución de la situación de bloqueo que indudablemente agilizarán la salida al mismo y permitirán conservar el mayor valor económico posible de la sociedad conjunta".

654 En este sentido, FELIU REY, J., *Los pactos parasociales…*, cit., pág. 239, se refiere a lo que se denomina en la práctica anglosajona *key issues* o asuntos clave, donde las partes establecen qué supuestos o circunstancias concretas son especialmente sensibles. Cuando sobrevenga una *key issue*, debidamente recogida en

La problemática realza pues la importancia de que los socios pacten al constituir la sociedad unos mecanismos contractuales de salida, amparándose en el principio de la libertad de pactos (art. 28 LSC), máxime cuando se han realizado fuertes inversiones específicas[655]. Así sucede en las sociedades conjuntas que por la interdependencia entre socios y la necesidad de estabilidad requieren de herramientas contractuales diseñadas para, llegado el caso, protegerse mutuamente del comportamiento oportunista del consocio[656]. Teniendo en cuenta la falta de idoneidad de una parte de la regulación positiva de la disolución judicial, así como el gran número de escenarios potencialmente conflictuales en cuanto a las previsiones estatutarias en caso de conflictos entre socios paritarios, la disolución únicamente debería operar como último recurso, una vez agotados otros mecanismos solutivos que permitiesen conservar la sociedad y la empresa que desarrolla el objeto social[657]. De otro modo, la solución positiva, de índole judicial, siempre será la vía más costosa y dilatada en el tiempo que un acuerdo entre los socios para deshacer el bloqueo.

5.2 MECANISMOS NEGOCIALES *EX ANTE*

5.2.1 Plan de negocio

El mecanismo más preliminar de todos es la formalización de un plan de negocio vinculante a medio plazo. Consistiría en una fórmu-

---

estatutos o pactos parasociales, se pondrá automáticamente en marcha el procedimiento de desbloqueo. Pero si tampoco hubiera consenso de los socios en la aplicación de la *key issue* entonces la sociedad estará inexorablemente sujeta a lo dispuesto en la ley, con la consecuencia más grave que ello comporta.

655 La referencia más directa a la autonomía de la voluntad en la configuración estatutaria se encuentra en el art. 28 LSC, pero los límites a dicha configuración siempre han sido problemáticos.

656 Cfr. SAÉZ LACAVE/BERMEJO GUTIÉRREZ, "Inversiones específicas, oportunismo y contrato de sociedad. A vueltas con los pactos de tag— y de drag-along", *Indret*, Nº 1, 2007, pág. 1 y sigs., y 8-37.

657 La SAP de Barcelona (Sección 15ª) de 16 de febrero de 2009 (AC 2009/264) así lo reconoce en su Fundamento de Derecho Tercero: "tanto el precepto estatutario como el legal, no resultan previsiones idóneas o aptas para solventar patologías como las que derivan de una situación de bloqueo social como la existente en la sociedad demandada".

la cuya utilidad radicará en la anticipación del bloqueo, pues cuanto más detallado fuere, reduciría en mayor medida el número de asuntos que podrían dar lugar a futuras desavenencias internas.

5.2.2 Distribución no paritaria (51/49)

En segundo lugar, se encontraría la evitación de un reparto paritario, es decir, de una distribución del capital y de los derechos de voto al 50%. Una medida alternativa a este respecto consistiría, por ejemplo, en la distribución con un sistema 51/49, de modo que esa diferencia porcentual del 2% de capital con derecho a voto a favor de uno de los socios paritarios tuviera como contrapartida la articulación negocial de alguna compensación, como una tutela especial, prerrogativas económicas (mayores dividendos) o la cesión del control del órgano administrativo al socio minoritario, máxime si tenemos en cuenta que la artificialidad de la distribución 50/50 implica la presunción de que las aportaciones no dinerarias de los dos socios a la sociedad son idénticas, como ya nos referimos en la Parte I.

Desde el ámbito de la práctica negocial se suele desaconsejar el reparto paritario del poder político, por lo menos en cuanto a las decisiones no trascendentales para la sociedad[658]. Quien ostentara el 51%, aunque podría adoptar unilateralmente los acuerdos sociales del día a día, no podría adoptar las decisiones de mayor trascendencia (acuerdos especiales), siendo necesario en estos casos el voto a favor del otro consocio conforme a los estatutos sociales[659].

---

658 Cfr. BEASLEY, R. C., "Mechanism to resolve deadlock...", cit., pág. 36: "I simply encourage circumspection at the development stage of the enterprise, and not let the exuberance of starting a new company result in equal voting rights when the roles are not in fact equal". No obstante, la cultura de igualdad a la que nos hemos referido en la Parte I, hace muy difícil la implementación de dicha prevención. Por esta razón se hace preciso explorar funcionalmente los diversos y complejos mecanismos estatutarios y extraestatutarios a los que acudir para remediar y prevenir las situaciones de bloqueo.

659 Sobre la importancia de la negociación para la constitución de una sociedad de capital cuyo control sea compartido, puede atenderse a GALEOTE MUÑOZ, P., "Un modelo de negociación para la creación de una sociedad conjunta", *IE Working Paper-Derecho, Centro de Negociación y Mediación (Instituto de Empresa)*, Madrid, mayo 2004, en especial, en lo relativo al sindicato de voto (pág. 11). En cuanto a los sindicatos de bloqueo, toma la definición de ROMERO FERNÁNDEZ, J.

5.3 MECANISMOS ESTATUTARIOS

5.3.1 Sobre el órgano de administración

A) Reserva de determinadas materias al órgano de administración cuando éste sea colegiado

A fin de evitar disputas entre los socios en sede de junta general, un sistema que puede instrumentarse es la atribución al órgano de administración de las máximas competencias posibles a fin de descargar a la junta general de asuntos con potencial conflictividad entre los socios paritarios.

B) Nombramiento de administradores irrevocables

El nombramiento de un administrador irrevocable por cada socio paritario al momento del acto constitutivo de la sociedad permitiría la permanencia activa y estabilidad de órgano administrativo. El nombramiento podría ser del mismo socio o de un tercero de confianza, incluyendo la designación de suplentes (sujetos a la misma condición). De este modo, con dicha medida ninguna decisión pendiente podría paralizar la administración de la sociedad de capital en el caso de acefalia sobrevenida del órgano (renuncia, remoción o fallecimiento)[660].

A., "Los sindicatos de bloqueo...", cit., pág. 1423, en el sentido de que vienen a completar la eficacia de los sindicatos de voto, ya que los fines de éstos no se conseguirían si se produjera una transmisión de las acciones o participaciones sindicadas de forma total o parcial (pág. 13).

660 Vid. ESTEBAN VELASCO, G., "Configuración estatutaria del órgano de administración", en ALONSO UREBA, *Derecho de sociedades anónima: en homenaje al profesor Girón Tena,* Vol. 1, Madrid, 1991, págs. 345-380. Por la misma razón, podría considerarse la figura de la cooptación en caso de un consejo con alguna vacante imprevista o con consejo deficitario. La imposibilidad de cubrir dichas vacantes a través de la convocatoria de una junta extraordinaria o a través de la celebración de una junta universal por los dos accionistas en conflicto recomendaría tanto el nombramiento de consejeros irrevocables con suplentes como el sistema de cooptación. En este sentido, la situación de parálisis de la junta ante las vacantes del consejo de administración justificaría como la cooptación como mecanismo extraordinario para dar continuidad a la administración social de la sociedad cerrada bloqueada, del mismo modo que se justifica su figura para la gran sociedad anónima por la escasa frecuencia, lentitud y gastos que implica la

C) Procedimientos de escala o cascada en bloqueos de sociedades participadas paritarias

Por medio de un procedimiento de escala o cascada el bloqueo de una sociedad conjunta se somete a la negociación de los órganos administrativos de las personas jurídicas participantes. Supone la adopción de fórmulas de negociación intra-orgánicas, a fin de no dar lugar a soluciones más drásticas y severas inmediatamente al acaecimiento de la disputa. Estrechamente vinculado con los procedimientos de escala o cascada se encuentran las cláusulas conocidas en el argot societario como "gin and tonic" o "steering comitties", instrumentos habituales en el ámbito de las sociedades conjuntas[661]. Consiste básicamente en la convocatoria de una reunión especial para dirimir la controversia entre las partes. Esta reunión puede ser una junta general extraordinaria, modalidad poco operativa si lo que se pretende es celeridad, salvo en caso de junta universal, o bien una reunión del consejo de administración, si en el mismo están presentes los administradores que representen la voluntad de los socios enfrentados.

Por lo general, el procedimiento de escala o cascada, así como la *gin and tonic clause*, tienen como finalidad la traslación del conflicto intra-corporativo a un ámbito más propicio para su resolución, considerando que hay expectativas razonables de evitar la ruptura definitiva y la consiguiente disolución y liquidación social. Elevando a instancias superiores la controversia se consigue evitar el enconamiento del conflicto a nivel de socios o a nivel de mandos ejecutivos intermedios, redirigiéndolo hacia el órgano de administración, donde se

---

convocatoria y celebración de la junta general. En todo caso, en situaciones de normalidad orgánica de la junta (socios paritarios bien avenidos), afirmamos la opinión de MARTÍNEZ SANZ, F., *Provisión de vacantes…*, cit., págs. 33-34: "en las sociedades de menores dimensiones, en las que, además, los accionistas todavía ejercen como tales, el empleo de la auto-integración se revela innecesario las más de las veces. Su lugar será ocupado por la propia junta, reunida con el carácter universal. Se podrá afirmar que la cooptación tiene su campo natural de actuación en las grandes sociedades, existiendo una relación directamente proporcional entre cooptación y dimensión de la sociedad anónima". Para ahondar a este respecto, véase ROJO, A., "La facultad de cooptación del Consejo de Administración", *Revista de Derecho Mercantil*, 1988, pág. 367 y sigs.

661 Vid. LUCEÑO OLIVA, J. L./GUERRERO CAMACHO, E., "Los mecanismos contractuales…", cit., pág. 3.

espera que el conflicto pueda examinarse desde una perspectiva más neutral. Lógicamente, este mecanismo contiene unas limitaciones evidentes si nos encontramos con una sociedad paritaria donde los socios también son los administradores. Ante esta situación, es natural que los convocados a la reunión no sean capaces de alcanzar ninguna solución y que estén condicionados por los mismos factores que los llevaron a la disputa. A pesar de sus limitaciones, la observancia de este mecanismo tiene como principal utilidad la de permitir a las partes enfrentadas ganar tiempo para resolver sus diferencias, examinar su comportamiento y no precipitarse en la adopción de medidas irreversibles[662].

D) Voto de calidad del presidente del consejo de administración

El otorgamiento de un voto de calidad al presidente del consejo de administración operaría como un sistema para deshacer empates sistemáticos en sede de órgano de administración[663]. Esta facultad para desempatar en junta podría darse al vicepresidente en ausencia del primero. En cualquier caso, dada la trascendencia que podría adquirir la decisión en un sentido o en otro, podría exigirse que este voto de calidad para el desempate estuviera revestido de imparcialidad. Para ello, podría requerirse una motivación suplementaria de forma que el sentido del voto fuera avalado por un dictamen técnico de experto independiente, según la materia objeto de votación. Lógicamente, el coste que implicara la contratación de este servicio adicional sería sufragado por la sociedad, lo cual puede desincentivar la puesta en marcha de este mecanismo si además las controversias son variadas y se prevén frecuentes.

Este voto dirimente o de calidad al presidente del consejo, para desbloquear el órgano de administración, podría ir acompañado de un sistema rotatorio, semestral, anual o bianual, previsto estatutariamente, para involucrar a los dos grupos paritarios en la solución

---

662 En este sentido, FELIU REY, J., *Los pactos parasociales...*, cit., pág. 241 y COMBEN, A., *Joint Ventures & Shareholders'Agreement*, Londres, 2000, pág. 143.

663 Puede encontrarse una mayor explanación de este punto en FERNÁNDEZ DEL POZO, L., La paralización de los órganos sociales en las sociedades de capital..., cit., págs. 86-90.

de desempate y evitar que hubiera un presidente permanentemente afín a una de las partes con poder de desempatar siempre a su favor. Constituye sin duda una solución simple y económica. El inconveniente de la falta de objetividad del consejero con voto dirimente podría suplirse con la asistencia de experto independiente, como nos hemos referido *supra*, pero tal medida encarecería el sistema de desempate, por lo que si la sociedad se ahorra ese coste antibloqueo, el riesgo está en que el presidente del consejo o el consejero que ostente la facultad de dirimir en caso de empate podría interpretar el interés social de la forma más provechosa al socio o grupo paritario afín. Al mismo tiempo, la rotación podría generar una suerte de "esquizofrenia corporativa" si cada turno o rotación en la presidencia implica ejercer diferentes criterios determinantes a la hora de desempatar en sede del órgano de administración.

E) Regla de solidaridad para determinadas materias

El órgano de administración de la sociedad paritaria compuesto por dos administradores solidarios permitiría una mayor flexibilidad en su funcionamiento que si se configurara por medio de la mancomunidad. En el caso de que la opción elegida fuera la mancomunidad de la administración, podrían evitarse las dificultades de la firma conjunta si se combinara con un poder que se dieran los dos a uno o a ambos, con facultades solidarias para algunas materias consideras *ex ante* trascendentales en la marcha de la sociedad. Esta medida permitiría restringir la actuación individual a los actos más propiamente de gestión[664]. No obstante, existe el riesgo de que este sistema de administración no supere la barrera notarial y registral por entender que existe una falta de claridad respecto a la organización de la administración social[665].

---

664 La RDGRN de 24 de marzo de 1994 (RJ 1994/2029) admite que se pueda conceder ese poder por los dos administradores y señala que es revocable por uno solo de los administradores. La Resolución argumenta que sólo subsiste en cuanto subsiste la voluntad de ambos. En nuestra opinión, la justificación se encuentra en que en sentido contrario dejaría de ser soberano sobre el mantenimiento del poder.

665 Vid. RDGRN de 1 de septiembre de 2005 (RJ 2005/2179). Por otra parte, para GARCÍA VALDECASAS BUTRÓN, esta postura es criticable, aun entendiendo

F) Consejeros independientes

En caso de que el órgano de administración revistiera la forma de consejo de administración, los efectos de un conflicto intra-corporativo se podrían paliar mediante la introducción de consejeros independientes[666]. Desde esta perspectiva, la figura del administrador independiente trataría de difuminar la influencia de los socios de control sobre el órgano de administración sumando a su presencia la capacidad de emitir un voto dirimente en situaciones de divergencia en el seno del órgano colegiado u otorgándole la facultad de solicitar la convocatoria del consejo, de la inclusión de nuevos puntos en el orden del día o de dirigir la evaluación de la labor desempeñada por los administradores de cada socio o de los propios socios[667].

En las sociedades de capital bipersonales de gran dimensión, también se podría encomendar a los consejeros independientes la distribución de las actividades en comisiones ejecutivas, de control o *compliance*. De ese modo, junto a los socios paritarios, el consejero independiente podría orientar la gestión del interés social resolviendo eventuales discrepancias entre los dos socios o grupos de socios.

La creación de un comité a tal efecto podría actuar como un instrumento de prevención de actuaciones desleales de alguno de los

---

que la DGRN no cierra este tipo de sistemas de administración sino que exige más claridad en los mismos: "Aunque como venimos defendiendo la norma establecida en los estatutos de la sociedad se adaptaba al nombramiento y solo desde una excesiva rigidez se la puede estimar contradictoria con el mismo, es indudable que dicha norma estatutaria se podría haber redactado de forma tal que, sin entrar en nombramientos personales, por los inconvenientes que ello conlleva, hubiera reflejado la forma en que se iba a organizar la administración de la sociedad" (www.notariosyregistradores.com).

666 Vid. TRICKER, R. I., *The independent director*, Plymouth, 1978, págs. 46-47.

667 Sobre la figura del consejero independiente véanse las Recomendaciones 10-13 y 29 del Código Unificado de Buen Gobierno Corporativo de las Sociedades Cotizadas (CNMV 2006), las cuales podrían servir de inspiración para cláusulas estatutarias en las sociedades no cotizadas. Para profundizar sobre el tema en relación a su inclusión en las sociedades cotizadas: MEGÍAS LÓPEZ, J., *El consejero independiente. Estatutos y funciones*, Madrid, 2012; RODRÍGUEZ RUIZ DE VILLA, D., *Los consejeros independientes en las sociedades de capital españolas*, Madrid, 2008 y MARCOS/SANCHEZ GRAELLS, "Necesidad y sentido de los consejeros independientes. Dificultades para el trasplante al derecho de las sociedades cotizadas españolas", *Revista de Derecho Mercantil*, N° 268, 2008, págs. 499-568.

socios paritarios, especialmente cuando éstos fueran a su vez administradores o tuviesen asignadas funciones ejecutivas. Mediando un consejero independiente, se evitaría el riesgo implícito de que cualquiera de los socios o grupos paritarios pudiera obtener ventajas particulares en detrimento del consocio y de la sociedad. Su labor de vigilancia del funcionamiento orgánico sería, por tanto, una excelente medida preventiva de las situaciones de bloqueo en lo concerniente a la administración social, aunque no una medida suficiente si el bloqueo se origina en sede de junta general. Sin necesidad de recurrir al nombramiento de un administrador independiente, que por lo demás podría generar ciertas reticencias en los socios por la introducción de una persona ajena a ellos, también sería posible la división funcional de las figuras del presidente del consejo y del consejero delegado entre los socios paritarios, de forma que ninguno de ellos tuviera una posición dominante en el órgano de administración.

5.3.2 Sobre la junta general

A) Reforzamiento del quórum de constitución

Con la imposibilidad de constitución de la junta general, es cuando se advierte la especial relevancia de las cláusulas estatutarias de reforzamiento del quórum. En este sentido, tal y como se ha examinado *supra*, son inadmisibles aquellas cláusulas contrarias al principio mayoritario cuando de forma directa o indirecta consagren la necesidad de la asistencia de todos los socios para la adopción de acuerdos sociales. Esta imposibilidad de constitución no supone estar ante una causa de disolución derivada de la paralización de la junta general, sino ante la nulidad de la cláusula estatutaria que lesiona uno de los principios configuradores del tipo capitalista. Por tanto, aquellas cláusulas que de facto exijan la asistencia unánime de todos los socios no deberían superar el control notarial y registral.

En términos prácticos, el problema surgirá cuando ante una cláusula perfectamente válida en su origen para el reforzamiento del quórum de constitución de junta, una variación posterior de la composición del capital social implique la necesidad de asistencia de todos los socios para su constitución.

B) Mayorías reforzadas para la aprobación de acuerdos especiales

El hecho de fijar una serie de mayorías reforzadas para determinadas cuestiones, respetando los límites legales, es una solución que puede tornarse problemática porque más que evitar las situaciones de bloqueo tratando de salvaguardar el fin social a veces puede provocarlas e intensificarlas.

C) Restricción a la transmisibilidad de acciones y participaciones

A fin de evitar que se modifique el equilibrio de la sociedad, una posible vía a la que los socios paritarios pueden acudir es el establecimiento de limitaciones a la transmisión de participaciones. Esta medida es admisible tanto en las sociedades anónimas como en las limitadas, aunque en éstas últimas su aplicación sea más extendida[668]. De hecho, en caso de que se elija el tipo de la sociedad anónima para

---

668 Vid. PERDICES HUETOS, A., *Cláusulas restrictivas...*, cit., págs. 27 y 30-31. La sindicación de acciones es referida por ROMERO FERNÁNDEZ, J. A., "Los sindicatos de bloqueo...", cit., pág. 1423, como "aquellos contratos por los que dos o más accionistas, personas físicas o jurídicas, se obligan durante un periodo de tiempo determinado, bien a no transmitir sus acciones, bien a someter su transmisión a determinadas limitaciones, ya a la autorización del sindicato, ya a un derecho de adquisición preferente reconocido a favor del resto de los sindicados, ya a las exigencias de que el eventual adquirente cumpla determinados requisitos". Por su parte, MIQUEL, J. en AA.VV., *Autonomía de la voluntad y exigencias imperativas en el derecho internacional de sociedades y otras personas jurídicas*, Barcelona, 2013, pág. 171 y sigs., trata las cláusulas de restricción de la transmisión indirecta de acciones y su relación con los principios configuradores a partir de la STS de 10 de enero de 2011. Analiza la citada decisión criticando algunas de sus conclusiones y posicionándose a favor del voto discrepante que en ella aparece (del Magistrado GIMENO-BAYÓN). Además, argumenta que impone una excesiva rigidez al tipo societario de la anónima provocando que se elimine la libertad estatutaria y sustituyéndola por la opción tipológica: "aunque es verdad que existe un principio general de transmisibilidad de las acciones este principio no debe entenderse en términos absolutos, al tiempo que no puede negarse que la identidad de los adquirentes tenga alguna relevancia" (pág. 178); "es evidente que el pretendido muro existente alrededor de la posible personalización de una sociedad anónima está lleno de huecos abiertos por el propio legislador" (págs. 179-180); "la polivencia funcional lo que obliga precisamente es a tratar a las sociedades anónimas cerradas de una manera especial, teniendo en cuenta las limitaciones o prohibiciones formuladas de manera expresa por el legislador y valorando con mayor flexibilidad el contexto" (pág. 181).

llevar a cabo un negocio conjuntamente, las acciones nacerían para no circular, lo que es contrario al uso que de ellas espera el ordenamiento societario. Por esta razón, en vez de constituir una sociedad anónima cerrada, que sería ciertamente una forma híbrida pero posible, lo óptimo es la constitución de una sociedad limitada donde su configuración legal pivota sobre su carácter cerrado, esto es, sobre la existencia de restricciones a la transmisibilidad de las participaciones sociales[669].

El problema de las desavenencias internas entre los socios, como origen de la paralización social, resulta de una quiebra en la confianza. Esta pérdida de la confianza en el consocio puede estar motivada cuando uno de ellos sea a su vez una persona jurídica en la que se haya operado un cambio de control. En principio, no caben limitaciones a la transmisibilidad, pues las acciones o participaciones no han cambiado de titularidad, ni tampoco es factible influir en la base propietaria de la otra sociedad. La prevención del bloqueo societario en este tipo de casos podría venir por medio de una opción de compra condicionada a que se diera ese cambio de control. El problema es que será un pacto *inter partes* que no tendría efectos frente a terceros[670].

D) Voto dirimente, derechos de veto y el problema del administrador único

Para aquellos asuntos que no se hayan acordado previamente los socios paritarios deberán estar a lo que establezcan los mecanismos de toma de decisión de los órganos sociales. Dado que en la junta general no está permitido el voto dirimente de ninguno de los socios

---

669 Vid. MIQUEL RODRÍGUEZ, J., *La Sociedad Conjunta...*, cit., pág. 197. Así, como se refiere ROJO, A., "La sociedad de responsabilidad limitada, problemas de política y de técnica legislativa", en BONARDELL (coord.), *La reforma de la sociedad de responsabilidad limitada*, Madrid, 1994, pág. 59, la sociedad de responsabilidad limitada se configura como una sociedad esencialmente cerrada frente al carácter de la sociedad anónima, que es una sociedad naturalmente abierta y accidentalmente cerrada.

670 En opinión de ÁLVAREZ ROYO-VILLANOVA, S., "Situaciones de bloqueo...", cit., pág. 74, el derecho de opción puede anotarse en el libro-registro de socios y en el título del concedente.

en caso de empate en las votaciones, una posible solución pasaría por reservar determinadas materias al órgano de administración, cuando éste fuera colegiado. En tal caso, además, podría otorgarse un voto de calidad al presidente del consejo de administración, recayendo en un consejero independiente o en un cargo que alternare periódicamente entre los diversos grupos de socios representados en dicho órgano. En orden a salvaguardar un mayor equilibrio, este cargo debería destinarse a un consejero independiente o rotatorio, de forma aleatoria o bien entre consejeros que representen a una parte significativa de la base social[671].

En todo caso, tanto en la junta general como en el consejo de administración, podrían también reservarse derechos de veto de algún socio o consejero. Esta alternativa no puede ser prevista estatutariamente pero sí por vía parasocial, y se destinaría a las materias consideradas sensibles para la sociedad paritaria con el fin de evitar paralizaciones con motivo de su tratamiento en junta general o en sede de órgano de administración. Se trataría de reducir al máximo las situaciones en las que potencialmente se puede producir un bloqueo por la negativa de un solo socio o administrador.

En todo caso, debe evitarse el nombramiento de un administrador único en sociedades al 50%. El socio que no fuera administrador, o perdiese la confianza en él, se vería en la imposibilidad de revocarlo. A este problema se le sumaría la dificultad de la participación en los asuntos de gestión, como los relativos a los activos sociales, cuando el administrador único, en vistas de la hipotética oposición del consocio en la junta general, no sometiera la adquisición o enajenación del activo a la junta contraviniendo la atribución competencial regulada ex art. 160 f) LSC[672].

---

671 Vid. DIGNAM, A./LOWRY, J., cit., pág. 195: "In practice it is rare for there to be a total deadlock in the management of a company because the char of a meeting will generally have a casting vote".

672 Como hace notar ÁLVAREZ ROYO-VILLANOVA, S., "Situaciones de bloqueo…", cit., pág. 72, en determinados casos se opta por la opción de nombrar un administrador único para evitar el alta en la Seguridad Social del otro socio. Es su opinión, lo prudente en estos casos sería al menos establecer un límite temporal al cargo, y no optar por un plazo indefinido, que es la opción más común en el caso de las sociedades limitadas.

En la sociedad 50/50 con un administrador único afín a uno de los socios se desvirtuaría la *ratio* del art. 160 f) LSC, que es reducir el coste de agencia haciendo participar al socio minoritario en la decisión sobre la enajenación o adquisición de un activo social esencial para el desarrollo del objeto social. Una cuestión que a nuestro juicio no es sino una situación análoga a una modificación estructural porque puede afectar relevantemente a la actividad de la sociedad, a la posición de los socios y al valor de las participaciones[673].

Sobre la consideración de activo esencial a estos efectos, cabría la posibilidad de entender también como esenciales aquellos activos que no alcanzan el porcentaje determinado por el art. 160 f) LSC, que debe considerarse como presunción *iuris tantum* de esencialidad para el desarrollo del objeto social (más del 25% del valor de los activos sociales en el último balance aportado)[674]. A nuestro juicio, aunque el activo cuya adquisición, enajenación o aportación a otra sociedad no alcanzase dicho porcentaje, su enajenación también debería ser aprobada por la junta si la operación fuera susceptible de afectar al interés de al menos uno de los socios paritarios. A tales efectos, sería recomendable estipular en los estatutos y pactos parasociales qué activos se consideran esenciales para los socios y para el

---

673 Vid. MEGÍAS LÓPEZ, J., "Competencia de la junta general…, cit., pág. 5: "con esta medida se pretende evitar que los administradores decidan sobre ciertas operaciones que pudieran entenderse como de gestión, o cuando menos neutras pero incorporadas en su ámbito de poder de representación, pero que sin embargo se trata de decisiones de una relevancia vital para la sociedad y potencialmente con destacada incidencia en el interés de los socios".

674 Vid. SÁNCHEZ ENCISO, M., "El Tribunal Supremo y la competencia exclusiva de la junta general en materia de operaciones de activos esenciales. Comentario a la STS número 1045/2023, sala de lo civil, de 27 de junio", *Revista de derecho de sociedades*, N° 71, 2024. La Sentencia de la Sala de lo Civil del Tribunal Supremo de 27 de junio de 2023, resuelve el recurso de casación interpuesto relativo a la aplicación del art. 160 letra f) de la LSC y del art. 226.1 de la LSC en la toma de decisiones del consejo de administración. Define, más allá de la presunción establecida en la LSC, el concepto de activo esencial y determina que el principio de discrecionalidad empresarial no puede constituir una justificación legal para incumplir los requisitos legales y/o estatutarios en la toma de decisiones del órgano de administración.

desarrollo del objeto social, y que, en consecuencia, no podrían ser enajenados sin un total consenso.

Por esta razón, para evitar una valoración abierta sobre la esencialidad o no del activo que pudiera causar un conflicto intra-corporativo en junta y también un posible problema de reparto inter-orgánico para delimitar cualitativamente el carácter esencial de los activos, el mejor modo sería su previsión estatutaria al momento de la constitución, o al menos, la determinación de un criterio objetivo para delimitar activos esenciales de los que no lo son. La determinación de los activos esenciales por vía estatutaria ofrecería seguridad jurídica tanto a los socios como a los terceros que contrataran con la sociedad sobre dichos activos.

En virtud de lo anterior, es desaconsejable la configuración del órgano de administración con un administrador único porque su afinidad hacia uno de los socios y la hipotética dificultad para calificar un activo social como esencial haría probablemente muy complicado determinar si su enajenación o adquisición debe someterse a la junta ex art. 160 f) LSC, principalmente porque tal extremo guarda estrecha vinculación con la dimensión estratégica o de proyecto empresarial. Un abuso del administrador a este respecto podría incluso liquidar de facto la sociedad enajenando los activos esenciales o sustituyendo también de facto el objeto social sin someter tal decisión a la junta.

En suma, en la sociedad paritaria con administrador único afín a uno de los consocios se podría más fácilmente eludir la imperatividad de atribuir a la competencia de la junta la gestión social respecto de los activos esenciales, no produciendo el efecto esperado por el art. 160 f) LSC que es reducir los costes de transacción. En todo caso, quedaría a salvo del socio paritario la acción de exigir responsabilidad al administrador único por no someter a la junta la aprobación de la operación. En estos casos, lo determinante será examinar si el administrador actuó negligentemente en la valoración de un activo como esencial y por tanto su enajenación o adquisición hubiera requerido aprobación de la junta. A nuestro juicio, no nos cabe duda que la discrecionalidad empresarial no ampara si el administrador decide que el activo no es esencial para prescindir de la autorización de la junta, es decir, del socio paritario no controlador, tomando esta decisión sin la debida diligencia, esto es, sin asesorarse diligentemente sobre la naturaleza esencial del activo adquirido o enajenado[675].

E) Creación de dos clases de acciones en las sociedades anónimas paritarias

La creación de dos clases de acciones en las sociedades anónimas paritarias sería un sistema antibloqueo de utilidad muy limitada que consistiría en el otorgamiento a cada accionista paritario de una clase de acción. Cada clase tendría el derecho a nombrar un administrador y un suplente. De este modo, cuando llegara el momento de la renovación de los cargos de los administradores, el órgano administrativo no quedaría paralizado por la falta de acuerdo de los socios, dado que cada socio nombraría a los administradores de la clase de acciones que ostentara[676].

---

675 Sobre este particular, véase ÁLVAREZ ROYO-VILLANOVA, S./SÁNCHEZ SANTIAGO, J., "La nueva competencia de la junta general sobre activos esenciales: a vueltas con el artículo 160 f) LSC", *Diario La Ley*, N° 8546, 2015, passim.

676 Evidentemente, la creación de clases de acciones en la sociedad anónima "cerrada" difícilmente prevendría un conflicto intra-corporativo, porque la base de la clase sería igualitaria, y además, como afirma CAMPUZANO LAGUILLO, A. B., *Las clases de acciones en la sociedad anónima*, Madrid, 2000, pág. 110, la función de la emisión de clase de acciones es sobre todo económica, "como un instrumento de recolección de capitales", esto es, como técnica de autofinanciación para generar recursos propios, o también como medida de saneamiento. Por tanto, el cierre estatutario de la sociedad anónima paritaria contravendría el espíritu de la tipología abierta y la función económica de la acción, como instrumento de financiación con transmisibilidad, es decir, con carácter mobiliario. Únicamente tendría virtualidad dicha emisión si en efecto la creación de clases de acciones en la sociedad paritaria responde a la función de agrupar acciones que atribuyan idénticos contenidos de derechos, también políticos. En este sentido, en el seno de una sociedad anónima paritaria, habría clase de acciones si los socios o los dos grupos de socios paritarios quieren atribuirse diferentes derechos económicos desde la constitución, pero la hipótesis de la situación de bloqueo persistiría puesto que las acciones tienen conferidos iguales derechos de voto en junta general. Vid. CAMPUZANO LAGUILLO, A. B., "Las clases de acciones.: Tipología y limitaciones", VEIGA COPO, A. B., *Estudios jurídicos sobre la acción*, Cizur Menor, 2014, págs. 19-88.

F) Voto de calidad a uno de los socios paritarios o al presidente de la junta

El otorgamiento de un voto de calidad a uno de los socios paritarios consistiría en establecer un régimen de alternancia, de tal forma que estando bloqueada la sociedad por el acaecimiento de empates consecutivos, uno de los socios tuviera la facultad de desempatar de forma sucesiva y alternada.

Mención especial es la cuestión de una posible atribución al presidente de la junta de la sociedad anónima de un voto de calidad en caso de empate en el número de votos. Esta práctica era bastante frecuente bajo la vigencia de la LSA de 1951, cuando muchos estatutos sociales atribuían al presidente de junta la facultad de ejercitar un voto decisivo para decidir el empate. Esta técnica de desbloqueo fue avalada por la doctrina, máxime teniendo en cuenta que también era aplicada en el consejo de administración, donde se aceptaba su práctica atribuyendo a su presidente un voto de calidad para desempatar[677]. En la actualidad, para el caso de la junta, esta solución, que a nuestro juicio podría ser muy eficaz para deshacer el bloqueo, no es, sin embargo, aceptada, ya que tanto la jurisprudencia como la DGRN la han considerado como un supuesto de voto plural, y, por tanto, dicho voto de calidad sería inválido[678].

Decimos que sería una medida muy eficaz porque el otorgamiento al presidente de la junta de una facultad decisoria posibilitaría una fácil, rápida e inmediata vía para el desbloqueo de la junta de la sociedad paritaria, que se produciría en el mismo acto de la votación, permitiendo así la adopción del acuerdo disputado. Evidentemente,

---

677 Vid. SÁNCHEZ LINDE, M., *El principio de mayoría...*, cit., pág. 519.

678 En este sentido la RDGRN de 17 de julio de 1956 (RJ 1956/2942), que estima que el voto decisivo del presidente de junta es contrario al principio de proporcionalidad entre el capital de sus acciones y el derecho de voto, constituyendo un supuesto de voto plural. En igual sentido denegatorio, la RDGRN de 26 de octubre de 2005, que inadmite el voto de calidad del presidente y lo deniega por falta de norma habilitante. En la jurisprudencia, misma conclusión en la STS de 5 de noviembre de 1990 (RJ 1990/8523) al declarar que el otorgamiento de un voto de calidad al presidente de la junta: "equivaldría a que el accionista que presida tiene derecho a un voto plural, lo que chocaría frontalmente con la rotunda prohibición que en este sentido hace el art. 38 al condenar todo supuesto directo o indirecto de creación de acciones de voto plural".

el problema se suscitaría en lo referido a la forma de regular el acceso a la presidencia de la junta y su control y condiciones por parte de los socios o grupos de socios paritarios. Por ello, este mecanismo exigiría adicionalmente a la cláusula estatutaria del voto de calidad del presidente, un sistema rotativo de la presidencia, pues el acceso temporal a esta posición orgánica conferiría al socio paritario una extraordinaria herramienta para desempatar a su favor la junta general y sacar adelante propuestas de acuerdo mediante su voto, de facto "plural".

La problemática que presenta esta medida es que sería harto dudoso que los estatutos de la sociedad anónima reconocieran esta suerte de voto doble o privilegiado a una de las partes, ya que el hecho de atribuir esa facultad al presidente de la junta en caso de empate dentro de la votación no se encuentra entre los supuestos tasados para variar la proporcionalidad entre votos y acciones, tales como las acciones sin voto, las clases de acciones o la limitación máxima de votos a emitir por un mismo socio. Así pues, conforme a una interpretación lógica de la vigente legislación societaria, la atribución estatutaria de un voto de calidad al presidente de la junta no puede ser defendible ya que el legislador no lo ha excepcionado.

En lo que respecta a la sociedad limitada, y puesto que la LSC permite en dicha sede variar o alterar estatutariamente la proporción entre voto y capital social, la DGRN normalmente autoriza los supuestos en lo que los estatutos sociales estipulan un voto de calidad al presidente de la junta, siempre que no se utilice con fines abusivos, es decir, dejando al socio sin voto de calidad a merced de quién lo tiene[679].

G) Procedimiento de sorteo después de un número determinado de empates

Este sistema consistiría en la fijación de un número máximo de empates consecutivos al término de los cuales se sometería la decisión a sorteo. Dicho sorteo requeriría de dos posiciones contradicto-

---

679 Vid. SOTO VÁZQUEZ, R., *Nuevo régimen jurídico de la sociedad de responsabilidad limitada*, Granada, 1990, págs. 112 y 150.

rias en cuanto a una propuesta determinada, esto es, de una moción a favor de un acuerdo y de otra moción a favor de un acuerdo diferente. Dicho sorteo no sería operativo si la disyuntiva se fundara en una mera moción de aprobar y otra de rechazar sino de mociones con contenidos contradictorios. Por tanto, el socio paritario que bloqueara la aprobación de un acuerdo tendría que elaborar una moción con contenido alternativo para ser considerada base del sorteo.

5.3.3 Sobre el régimen de disolución y liquidación

A) Constitución de la sociedad para una obra concreta

La disolución de la sociedad paritaria sería obligatoria si se constituyese para una obra concreta, de modo que la conclusión de la empresa que constituye su objeto determinaría la causa disolutoria (art. 363.1 b LSC). En este caso, aunque seguiría haciendo falta de un acuerdo de junta o en su defecto de una resolución judicial en orden a su efectiva disolución, se evitaría la necesidad de probar la paralización[680].

B) Inclusión de una causa estatutaria de disolución por bloqueo

La cuestión que se suscita es si los socios podrían incorporar a los estatutos sociales una causa de disolución específica relativa al acaecimiento del bloqueo ex art. 363.1 h) LSC. La nueva causa estatutaria de disolución fijaría un determinado modo de operar, por ejemplo, especificando un número de empates en junta general tras los cuales se entendería acontecida la causa de disolución y la apertura del proceso de liquidación.

---

680 A fin de evitar dificultades en el modo de operar esta causa disolutoria, lo óptimo sería reconducirla por vía del art. 363.1 h) LSC, de forma que se establezca en los estatutos sociales la obra específica cuya finalización determina la disolución de la sociedad o las condiciones que han de reunirse para entender realizado el objeto que desarrollaba la empresa de la que es titular la sociedad. En todo caso, se constata de nuevo aquí la idoneidad de asumir costes de transacción en la negociación de unos estatutos sociales definidos, en orden a regular bien las condiciones que darían lugar a la disolución legal, evitando oportunismos, ya sea fijando un término a la sociedad o constituyéndola para una obra concreta.

Pues bien, la autonomía estatutaria no es absoluta, sino que está sujeta a una serie de límites, como es el respeto a la norma imperativa, especialmente el propio art. 363 LSC, en el sentido de que las causas legales de disolución constituyen supuestos mínimos inderogables cuya aplicación no podrá resultar enervada, suprimida ni moderada por vía estatutaria. Puesto que no es posible suavizar o suprimir las causas legales de disolución, parece lógico defender que tampoco puede agravarse el procedimiento disolutorio, pues sería una forma indirecta de dificultar o incluso impedir la disolución. De ese modo, modificar el procedimiento a través de alguna cláusula que elevara la disposición establecida por el legislador supondría introducir trabas al comportamiento debido por la sociedad. Por esta razón, se entiende que sería nula una cláusula que restringiera la legitimación para solicitar la disolución judicial u otra que incrementara la mayoría requerida para adoptar el acuerdo disolutorio.

Por una parte, hay que tener en cuenta los límites propios que resultan del art. 1255 CC en cuanto al carácter general de la autonomía de la voluntad, por los cuales, los estatutos sociales deben respetar la ley, la moral y el orden público, así como los principios configuradores del tipo social[681]. El problema radica pues en si la introducción

---

681 Respecto a los límites establecidos por la moral y el orden público, hay que recordar que ambos son conceptos jurídicos indeterminados y que, como tales, su contenido está en función de la realidad social del momento, por lo que han de ser interpretados de acuerdo con la Constitución y el resto del ordenamiento jurídico. En este sentido, ESPÍN CÁNOVAS, D., *Los límites de la autonomía de la voluntad en el Derecho Privado*, Murcia, 1949, pág. 58 afirma: "Ambos principios, de orden público y buenas costumbres, están colocados por el propio legislador, en la cima escalonada de normas jurídicas; con el mayor rango que la misma ley se reserva, cuando quiere que su mandato, sea imperativo, coactivo, sin posibilidad de desconocimiento por los particulares en su vida negocial. (...). Por ello, es de decisiva importancia, en los ordenamientos jurídicos en que tiene primacía de ley, el estudio de la aplicación a la realidad jurídica, de esas otras normas no codificadas a que se remite el legislador en el ámbito del derecho privado. Precisamente, estas normas tienen una mayor flexibilidad, que la propia ley, que les da vida formal, y por ello, con el tiempo, y sobre todo, ante los avances de la realidad jurídica no seguida de conformación jurídico-legal, pueden servir en gran medida para remediar ese retraso legislativo, si bien sea preferentemente con la sanción limitadora". La sanción para el caso de violación de las referidas normas limitadoras, como señala, este autor, "consiste en la nulidad o invalidez del propio acto realizado en contravención a las mismas,

de una causa estatutaria relativa al bloqueo de la junta general podría ser admisible y compatible en relación con la causa legal referida en el art. 363.1 d) LSC (disolución por paralización de los órganos sociales). En tal caso, habría serias dudas en cuanto a la operatividad de su aplicación, a partir de la constatación de una serie de empates en junta general en orden a reputar la sociedad efectivamente paralizada, y, en consecuencia, para proceder posteriormente a la apertura del cauce disolutorio.

Cabe observar que el principio de la autonomía de la voluntad estatutaria en sede de disolución social no impone la necesidad del consentimiento de todos los socios, lo que así sucederá si nos referimos a los estatutos fundacionales. Pero nada impide que tales supuestos adicionales de disolución puedan ser incluidos con posterioridad a través del cumplimiento de los requisitos necesarios para la modificación estatutaria. La razón estriba en que ello no afectaría directa e individualmente a los socios, que conservarían sus derechos liquidatorios cuando la inclusión estatutaria conllevare la disolución social[682].

de suerte que el que lleva a cabo, ve frustrado su propósito" (pág. 49). Entrando en materia societaria, cabe traer a colación a FERNÁNDEZ DEL POZO, L., "La sociedad de base personalista en el marco de la reforma del derecho de sociedades de responsabilidad limitada", *Revista General del Derecho,* N° 596, 1994, pág. 5454 y sigs., quien sostiene la licitud de la personalización convencional siempre que quepa dentro del principio de autonomía de la voluntad. En lo que se refiere a los principios configuradores del tipo, cabe señalar la cada vez menor incidencia que éstos tienen para la jurisprudencia, motivada por la pluralidad de estructuras societarias (abiertas-cerradas). Así lo confirma MIQUEL RODRÍGUEZ, J., "La autonomía de la voluntad en las sociedades de capital: ejemplos de la reciente jurisprudencia del TS y la doctrina de la RDGRN", en AA.VV., *Autonomía de la voluntad y exigencias imperativas en el derecho internacional de sociedades y otras personas jurídicas,* Barcelona, 2013, pág. 17, quien señala que "es significativa la escasa presencia que han tenido a lo largo de más de dos décadas los principios configuradores en la jurisprudencia del Tribunal Supremo (tampoco abundan en los pronunciamientos de Audiencias ni en los Juzgados Mercantiles o anteriormente los tribunales de 1ª Instancia) y en las resoluciones de la DGRN. Además de ser invocados con muy poca frecuencia, no aparecen nunca en el centro de la decisión, sino que han tenido un papel secundario, a veces como mera coletilla a modo de invocación ritual".

682 Cfr. PRENDES CARRIL, P., *La sociedad de responsabilidad limitada…*, cit., pág. 695.

En este marco estatutario hay que resaltar que el principio mayoritario, presente tanto en la sociedad anónima como en la sociedad de responsabilidad limitada, excluiría la posibilidad de prever como causa de disolución la simple denuncia de cualquiera de los socios o de un determinado porcentaje de capital social, como establece la RDGN de 20 de julio de 1957, en contraposición a lo que sucedería en sociedades colectivas y comanditarias constituidas por tiempo indefinido (art. 224 C.Com)[683].

Por otra parte, se suscita la duda de si en una sociedad limitada podría contemplarse como causa de disolución el fallecimiento de uno de los socios paritarios, en previsión de una probable situación de bloqueo al momento de la subrogación de los sucesores por transmisión *mortis causa* en la posición jurídica del socio[684]. Una causa de disolución en tal sentido reforzaría el *intuitu personae* de la sociedad capitalista paritaria[685].

Sin embargo, a pesar del marcado carácter personalista que la autonomía estatutaria podría brindar a la sociedad, no se puede desconocer su origen capitalista, puesto que el capital social asume una función de garantía, de intangibilidad y retención, y que cuenta con

683 A este respecto, PULGAR EZQUERRA, J., "La extinción...", cit., pág. 207; IGLESIAS PRADA/GARCÍA DE ENTERRÍA, "La disolución y liquidación de las sociedades mercantiles", MENENDEZ/BELTRÁN (dirs.), *Lecciones de Derecho Mercantil*, Madrid, 2010, pág. 588 y PRENDES CARRIL, P., *La sociedad de responsabilidad limitada...*, cit., pág. 696, quien sostiene que atentaría contra los principios configuradores del tipo de limitadas y contra el principio mayoritario, que tiene carácter imperativo. En contra, ROJO, A., "Disolución...", cit., pág. 1495, quien admitía bajo la vigencia de la LSRL la posibilidad de configurar la denuncia de un socio o de una determinada minoría como causa de disolución de sociedades cerradas.

684 Como apunta PULGAR EZQUERRA, J., "La extinción...", cit., pág. 207, las causas de disolución de origen estatutario serán distintas en el marco de la SA y de la SRL, pues mientras en relación a la primera no serían admisibles causas de disolución que afectaran a los socios, como es el caso de fallecimiento, sí abre la puerta a su admisión en lo que respecta a la sociedad limitada, dado su carácter cerrado.

685 En este sentido quedaría asimilada a las sociedades colectivas y comanditarias, donde el fallecimiento de un socio constituye causa disolutoria ex art. 222. 1ª C.Com. Vid. FERNÁNDEZ-TRASGUERRES GARCÍA, A., *Transmisión mortis causa de la condición de socio. Un estudio en la sociedad limitada familiar*, Cizur Menor, 2008, passim.

una estructura orgánica objetiva basada en un principio de mayorías (simples o reforzadas) que operan a modo de pilares básicos, configuradores del tipo social de la sociedad limitada. Admitir que todo este entramado social se viniese abajo por el mero hecho del fallecimiento de un socio supondría tanto como elevar a rango estatutario que la razón de ser de la sociedad reside exclusivamente en la confianza en esa concreta persona física, desnaturalizando el principio capitalista esencial de su estructura legal[686].

En definitiva, la existencia de una causa legal de disolución como la del art. 363.1 d) LSC excluye, a nuestro juicio, la tipificación por vía estatutaria de otra que tuviera como objeto la situación de bloqueo como hecho desencadenante de la extinción social. La aparición de nuevas causas estatutarias supondría una "personalización" que alteraría el elemento objetivo de la sociedad de capital, en favor de la autonomía estatutaria sobre la disposición positiva y, por tanto, no cabría la disolución por motivos que afectaren a cuestiones *intuitu personae*. Tampoco parece admisible que mediante cláusulas estatutarias los socios dulcificaran este procedimiento[687]. Sería nula, por tanto, una cláusula que ampliara el plazo de dos meses para convocar la junta general o aquella que exonerara del deber de convocar la junta general a los administradores. La imperatividad en este sentido vendría impuesta por el carácter indisponible de la responsabilidad de los administradores por no disolver la sociedad[688].

---

686 En sentido contrario, RODRÍGUEZ DÍAZ, I., *La empresa familiar en el ámbito del derecho mercantil*, Madrid, 2000, pág. 174, para quien la disolución ante la muerte de un socio requerirá acuerdo de la junta general, aunque en su opinión es posible también configurarla como causa automática. No obstante, DE EIZAGUIRRE, J. M., *La disolución...*, cit., pág. 89, va más allá al admitir la posibilidad de que la denuncia unilateral y la muerte de un socio actúen de pleno derecho.

687 Sobre este particular, en el trabajo de FERNÁNDEZ DEL POZO, L., "La posible previsión de una causa estatutaria de separación del socio como mecanismo para resolver el bloqueo estatutario", *La Ley mercantil*, Nº 36 (mayo), 2017, aboga por resolver estos bloqueos corporativos mediante la incorporación estatutaria de una causa de separación voluntaria para cualquiera o todos los socios, activable en casos de paralización orgánica.

688 Sobre la posibilidad de que se incorporen por vía estatutaria causas de disolución que son propias de las sociedades personalistas, MENÉNDEZ MENÉNDEZ, A., *Ensayo sobre la evolución actual de la sociedad anónima*, Madrid, 1974, pág. 11 y sigs.

C) Disolución automática o de pleno derecho por el transcurso del término

La previsión estatutaria de una disolución automática de la sociedad, acudiendo a la fijación de un término es otra de las posibilidades negociales que se pueden articular por vía estatutaria. Con ello se conseguiría evitar la prolongación temporal y la complicación de una paralización social, los costes judiciales y la difícil prueba de la causa objetiva de disolución. En este caso, la disolución se produciría de pleno derecho sin necesidad de acuerdo de la junta general. En caso de que al término del plazo fijado a la sociedad los socios pactaran una prórroga, ésta habría de ser acordada por unanimidad, decisión que ya presume la vocación de los socios paritarios de paliar sus diferencias reafirmando la *affectio societatis* por otro periodo.

D) Designación judicial del liquidador

En cuanto a la cuestión del nombramiento de liquidadores, ya se ha examinado *supra* que la conversión automática de los administradores en liquidadores no es una solución legal adecuada debido a las potenciales deficiencias que entraña en caso de que la paralización social sea la causa de disolución. Lo recomendable, a nuestro juicio, sería que al momento de interponer la demanda de disolución se solicitara el nombramiento judicial del liquidador, indicando la persona que se propone para el cargo. En caso contrario, dependiendo de la posición del órgano jurisdiccional, podrá surgir la necesidad de acudir de nuevo a los tribunales en un nuevo procedimiento para esta cuestión[689].

A este respecto, sería oportuna una reforma normativa en la línea de dotar a la disolución judicial de una simultánea designación judicial de los liquidadores. De ese modo, prevista la posibilidad de

---

689 A este respecto, ÁLVAREZ ROYO-VILLANOVA, S., "Las situaciones de bloqueo…", cit., pág. 70, aduce que, aun tratándose de una sociedad limitada, si la estructura del órgano de administración refleja el enfrentamiento de la junta —como sería el caso de dos administradores mancomunados— cree conveniente que sea el juez quien nombre a los liquidadores y que, dado el carácter subsidiario del nombramiento, parece necesario en este caso que los administradores dimitan previamente.

disolución judicial como vía para evitar que una sociedad incursa en una causa de disolución la ignore, si luego se omitiera o se negase la designación judicial de los liquidadores, la sociedad podría permanecer bloqueada con los efectos patrimoniales nocivos que esta situación puede conllevar.

5.3.4 El derecho de separación del socio paritario ante situaciones de bloqueo

A) Consideraciones preliminares

El objeto del siguiente apartado es analizar la idoneidad del derecho de separación, examinando su regulación legal y el margen de libertad estatutaria para su configuración e invocación por los socios paritarios en el marco de una situación de bloqueo. Para ello, se desarrollará una aproximación crítica aplicada a esta problemática, siguiendo la sistematización que comparte actualmente junto al derecho de exclusión, en el Título IX de la LSC[690].

El derecho de separación es un derecho individual, de naturaleza económico-patrimonial, inderogable e irrenunciable[691]. Teniendo

---

690 En este sentido, SEQUEIRA MARTÍN, A., "Derecho de separación...", cit., pág. 194, considera que la refundición operada tras la LSC dota de mayor claridad a la exposición sistemática de ambos institutos en comparación con la técnica de la LSRL.

691 Aunque no venga expresamente contemplado en el catálogo de derechos del socio del art. 93 LSC, el derecho de separación es un auténtico derecho individual de naturaleza económico-patrimonial, como han observado unánimemente la doctrina: URÍA, R./MENÉNDEZ, A./IGLESIAS PRADA, J. L., "La sociedad de responsabilidad limitada: exclusión y separación de socios", en URÍA/MENÉNDEZ, *Curso de Derecho Mercantil*, 2ª ed., Tomo I, Cizur Menor, 2006, págs. 1261-1287; BRENES CORTÉS, J., *El derecho...*, cit., pág. 153; FARRANDO MIGUEL, I., cit., págs. 64-65; MARTÍNEZ SANZ, F., cit., pág. 22; ALONSO LEDESMA, C., "La autonomía de la voluntad en la exclusión y separación de socios", *Revista de Derecho Mercantil*, Nº 287, 2013, pág. 96; RODAS PAREDES, P., cit., págs. 28-29; SÁNCHEZ ANDRÉS, A., "La acción y los derechos del accionista", en *Comentario al régimen legal de las sociedades mercantiles*, Tomo IV, Vol. 1°, Madrid, 1994, pág. 104 y PERALES VISCASILLAS, M. P., *El derecho de separación del socio en las sociedades de capital*, Madrid, 2001, passim. El derecho de separación es un instituto que no puede ser suprimido por la mayoría. En este sentido, GIRÓN, J., cit., págs. 183 y 469; BRENES CORTÉS, J., *El derecho...*, cit., págs. 153-154;

en cuenta que la *ratio legis* del derecho de separación es la protección del socio minoritario —sin ser expresamente un derecho de minoría—, al ofrecerle una vía de salida frente a los acuerdos de modificación de la sociedad adoptados por mayoría, nuestra posición en el presente análisis será explorar si es factible llevarlo más allá de la tradicional *ratio* para extender su tutela a las sociedades presididas por una absoluta relación de paridad en la composición del capital social[692].

El derecho de separación no puede ser suprimido o hacerse más gravoso su ejercicio por la vía de la modificación estatutaria ya que entonces se estaría contraviniendo la *ratio* de este instituto, que es servir de contrapeso al poder de la mayoría. La mayor parte de la doctrina se posiciona en el sentido de negar la renunciabilidad del derecho a priori, pero también a posteriori. A priori porque el socio sólo puede renunciar a algo de lo que sea titular de conformidad con el art. 6.2 CC. A posteriori, en el sentido de que los socios no pueden renunciar *in genere* al derecho de separación, aun cuando lo hagan por unanimidad, sobre la base de la consideración del derecho de separación como un principio configurador de la sociedad de capital y como tal, integrado en el concepto de orden público invocado como límite a la autonomía de la voluntad.

Adicionalmente, en el marco de las sociedades cerradas, en las que no hay mercado de desinversión líquido, o al menos es extremadamente reducido, renunciar a priori al derecho de separación

---

BONARDELL LENZANO, R./CABANAS TREJO, R., *Separación y Exclusión…*, cit., pág. 25; FARRANDO MIGUEL, I., cit., pág. 67; MARTÍNEZ SANZ, F., cit., pág. 23; MOTOS GUIRAO, M., cit., pág. 165 y VELA TORRES, P. J., "El derecho de separación del socio en las sociedades de capital: una reforma incompleta y parcialmente fallida", *Derecho de los Negocios*, N° 268, 2013, págs. 53-61.

692 Vid. FARRANDO MIGUEL, I., cit., pág. 55; GONZÁLEZ CASTILLA, F., cit., págs. 313-314: "En las sociedades capitalistas (…), [el derecho de separación] se considera básicamente un derecho de protección de la minoría: como contrapartida a la vigencia del principio mayoritario se reconoce al socio la posibilidad de salir de la sociedad con el reembolso de su participación en el caso de que se adopten determinados acuerdos sociales", y EMPARANZA, A., "Artículo 346…", cit., pág. 2471: "(…) el derecho de separación viene a tutelar el interés de los socios minoritarios que no están de acuerdo con las decisiones adoptadas por la mayoría de socios porque suponen un cambio fundamental del escenario societario interno".

equivaldría a eliminar una salida de la misma, pudiendo quedarse el socio atrapado en la sociedad contra su voluntad. Cuestión diferente a la renuncia del derecho es la renuncia a su ejercicio para una situación determinada, que queda dentro del libre arbitrio de cada socio y de su política de inversión[693].

Más discutible sería la renuncia a priori, al constituirse la sociedad o por vía de reforma de los estatutos sociales. Sus defensores defienden que esta clase de renuncia no es contraria al orden público al actuar en un ámbito que está desligado de las situaciones de deber jurídico y que tampoco perjudica a terceros, incluida la propia sociedad[694].

El derecho de separación se configura, por tanto, como un derecho de salida de la sociedad de capital, siendo exigido para su ejercicio el acogimiento a una causa legal o estatutaria habilitante, ex-

---

693 A pesar de la posición institucionalista, que es la nos parece aquí más razonable, un sector de la misma, afiliada a la corriente contractualista, como GARRIGUES/URÍA, *Comentario...*, cit., pág. 206; MOTOS GUIRAO, M., cit., pág. 165 y GIRÓN, J., cit., págs. 468-469, apoya la renuncia del derecho de separación *a posteriori* y por unanimidad, una vez ya integrado en la esfera jurídica de su titular, cuando se toma posición como socio, porque entiende que no se altera el carácter de la norma ni se perjudica a tercero. Así, el derecho de separación renunciable, es decir, permeable a la autonomía de la voluntad, pero no a la regla mayoritaria, como hace notar CAMPINS VARGAS, A., "Derecho de separación por no reparto de dividendos: ¿es un derecho disponible por los socios?", *La Ley*, Nº 7824, 2012, págs. 7 y 9.

694 En este punto es de nuevo ilustrativa la opinión de CAMPINS VARGAS, A., cit., pág. 10: "Aunque (...), en términos generales, desde la dogmática, existen buenos argumentos para defender a priori la renunciabilidad estatutaria del derecho de separación a futuro, desde un punto de vista práctico, reconocemos, sin embargo, la dificultad de que la doctrina registral y judicial admita la inscripción y validez de un pacto de renuncia a futuro en abstracto firmado por todos los socios". No obstante, como otras tantas veces, el derecho societario italiano es más clarificador, al tener un precepto específico que recoge la irrenunciabilidad de *il diritto di recesso*, como es el art. 2437 *Codice*: "È nullo ogni patto che esclude il diritto di recesso o ne rende più gravoso l' esercizio". Esta norma, como apuntan FRÈ, G., "Della Società...", cit. pág. 614 y BRENES CORTÉS, J., *El derecho...*, cit., págs. 154-156, sostiene la nulidad del pacto que excluya el derecho de separación o haga más gravoso su ejercicio, de tal modo que se configura en derecho como un instituto de orden público. Sería necesario, de *lege ferenda*, que el derecho español contemplara una manifestación similar, para cerrar la polémica.

cluyéndose así el uso oportunista del mismo[695]. Además del ejercicio voluntario del derecho de separación, otra de sus notas características es la unilateralidad. Su ejercicio es independiente del concurso de la voluntad del resto de los socios. En el contexto de una sociedad paritaria, cualquiera de los dos socios podría ejercitarlo en orden a abandonar la sociedad, sin que resultara prescriptivo el consentimiento del consocio. La única obligación es la de realizar en el plazo de un mes y por escrito un acto comunicativo recepticio (art. 348.2 LSC)[696].

La separación del socio no implica la disolución social, excepto que como efecto de la reducción de capital operada tras el reembolso de su participación se redujese la cifra de capital por debajo del mínimo determinado legalmente (art. 358.2 LSC). Por esta razón, hay que distinguir el ejercicio del derecho de separación —cuya función es ofrecer una salida al socio disidente sin disolver la sociedad— de la potencial infracapitalización que puede causar el reembolso de

---

695 La doctrina española sobre el derecho de separación es prolija y no exenta de posiciones enfrentadas sobre aspectos sustanciales que tendremos ocasión de apuntar *infra*. Vid. GIRÓN, J., *Derecho de Sociedades Anónimas (Según la Ley de 17 de julio de 1951)*, Valladolid, 1952; GARRIGUES /URÍA, *Comentario...*, cit., págs. 202 y 468; BRENES CORTÉS, J., *El derecho de separación del accionista*, Madrid, 1999, pág. 26; DUQUE, J. F., "Las formas del derecho de separación del accionista y la reorganización jurídica y financiera de la sociedad", *Boletín de Estudios Económicos*, N° 139, abril 1990, pág. 75; FARRANDO MIGUEL, I., cit., págs. 71-72; MOTOS GUIRAO, M., "La separación voluntaria del socio en el Derecho Mercantil español", *Revista de Derecho Notarial*, N° 11, 1956, págs. 81-83; VELASCO ALONSO, A., El derecho de separación del accionista, Madrid, 1976, pág. 11; GONZÁLEZ CASTILLA, F., "Reformas en materia de separación y exclusión de socios", en FARRANDO MIGUEL, I./GONZÁLEZ CASTILLA, F./ RODRÍGUEZ ARTIGAS, F. (Coords.), *Las reformas de la Ley de Sociedades de Capital*, 2ª ed., Cizur Menor, 2012, págs. 312-313; EMPARANZA, A., "Artículo 346. Causas legales de separación" en ROJO/BELTRÁN (dirs.), *Comentarios a la Ley de Sociedades de Capital*, Cizur Menor, 2011, pág. 2470.

696 A este respecto, GIRÓN, J., cit., pág. 469, califica la comunicación del socio disidente a los administradores ejercitando el derecho de separación como "(...) de unilateral recepticia" y GALGANO, F., cit., pág. 368: "Il recesso è una dichiarazione unilaterale del socio, che non richiede alcuna accettazione da parte della società: debe essere comunicato, se il recedente era intervenuto all'assemblea, entro tre giorni dalla chiusura di questa e, se non vi era intervenuto, entro quindici giorni dalla data dell'iscrizione della deliberazione nel registro delle imprese (...)".

su participación sobre la cifra de retención patrimonial de tutela de acreedores.

Así, si la reducción de capital a resultas de la separación del consocio disidente no reduce la cifra de capital por debajo del mínimo legal, la sociedad seguirá subsistiendo al permanecer participada por el socio único, quedando intacta la persona jurídica que desarrolla el objeto social[697]. En la sociedad paritaria, por su carácter cerrado, habrá que atender al volumen total del haber social que debe ser reembolsado por la sociedad. Dependiendo del alcance dinerario del mismo y de su situación patrimonial y financiera —tanto de la sociedad como del consocio no disidente— la reducción de capital subsiguiente al ejercicio del derecho de separación podría ocasionar indefectiblemente la disolución social[698].

A este respecto, como confirma un sector de la doctrina, hay un argumento crítico contra el derecho de separación que descansa en el peligro de descapitalización que puede traer consigo, si el reembolso de la cuota al socio saliente compromete el equilibrio patrimonial de la sociedad, su propia subsistencia[699]. Pero precisamente, en nuestra opinión, este peligro de descapitalización constituye realmente la función disuasoria del derecho de separación, por tratarse del "precio" que el socio obstruccionista tendría que asumir para sacar al consocio que no está dispuesto a seguir en una sociedad paralizada funcionalmente[700].

---

697 Cfr. VELASCO ALONSO, A., cit., pág. 21; BRENES CORTÉS, J., *El derecho...*, cit., pág. 29 y GARCÍA SANZ, A., "Derecho de separación en caso de falta de distribución de dividendos", *Revista de Derecho de Sociedades*, N° 38, 2012, pág. 57: "(...) el ejercicio del derecho de separación no provoca una disolución total de la sociedad que la conduzca a su extinción. La separación sólo supone una ruptura del vínculo societario respecto del socio que ejercita su derecho de separación. Los demás socios permanecerán vinculados por el contrato social".

698 En caso de desacuerdo sobre la valoración de la participación del socio saliente, nuestro derecho de sociedades contempla, como mecanismo de verificación patrimonial de la sociedad, el recurso a la valoración de experto independiente, preferentemente designado por el Registrador Mercantil (art. 353.1 LSC).

699 Conforme con GIRÓN, J., cit., pág. 468 y MOTOS GUIRAO, M., cit., pág. 111.

700 Vid. VELASCO ALONSO, A., cit., pág. 21; MARTÍNEZ SANZ, F., cit., pág. 25 y ALONSO LEDESMA, C., "La autonomía...", cit., págs. 93-94: "(...) Constituye este aspecto un efecto tuitivo de la minoría (aunque se configure como un derecho individual del socio y no como un derecho de minoría en sentido estricto),

En las relaciones mayoría-minoría no hace falta ir tan lejos. Basta comprobar ese efecto disuasorio al momento de valorar la adopción de un acuerdo que puede producir una modificación sustancial del contrato de sociedad. En tal circunstancia, la mayoría debe medir con precisión si conviene o no a la economía de la sociedad que los minoritarios ejerciten o no su derecho de separación. En ello reside el verdadero efecto tuitivo de las minorías y de control de administradores, así como de los socios mayoritarios que los sustentan[701]. En consecuencia, puede afirmarse que el derecho de separación se revela como un instrumento adecuado para armonizar los distintos intereses de los socios, y en especial el del saliente o disidente, ya fuera minoritario o paritario, frente a situaciones que devienen ajenas a las condiciones originales en las que entró en sociedad y que se consideran de alta trascendencia[702].

---

fundamentalmente por el efecto preventivo o disuasorio que puede ejercer el derecho de separación sobre la mayoría que intentará presentar propuestas de acuerdos o adoptar decisiones que aglutinen a la mayor parte del capital para evitar que se active la separación. De otra, sin embargo, el derecho de separación tutela la conservación de la empresa social, al permitir la disolución parcial de la sociedad y la continuidad de la misma con el resto de los socios. De ahí que haya podido afirmarse que desde el punto de vista de su finalidad última el derecho de separación es una figura destinada a tutelar no tanto los intereses individuales del socio cuanto la propia continuidad de la sociedad como ente".

701 De conformidad con MARTÍNEZ SANZ, F., cit., pág. 29.

702 A este respecto, BONARDELL LENZANO, R./CABANAS TREJO, R., *Separación y Exclusión...*, cit., pág. 24. Por otra parte, en derecho estadounidense el fundamento del derecho de separación o *appraisal right* se concibe de forma muy diferente en relación al derecho español. Como hace notar EINSENBERG, M. A., *The Structure of the Corporation: A Legal Analysis*, Boston, 1976, pág. 67, el *appraisal right* pone el acento en el aspecto patrimonial, esto es, la valoración del paquete accionarial, de tal forma que lo fundamental no es el hecho en sí de la separación sino el reembolso del valor real de su participación en la sociedad. Esta diferencia nos permite hacer una interesante comparativa con el fundamento del derecho de separación en nuestro ordenamiento jurídico. Así, mientras que la *ratio* en el nuestro es la salida del socio como tutela, en el ordenamiento estadounidense lo que prima ante todo es el derecho a obtener el reembolso de la inversión, siendo la salida una consecuencia intrínseca a esa petición de valoración y reembolso. Por tanto, puede afirmarse, siguiendo a PERALES VISCASILLAS, M. P., "Origen, evolución y tendencias actuales del appraisal right estadounidense (el derecho de separación y de exclusión del socio)", *Actualidad Civil*, N° 2000-2, pág. 765, que en nuestro ordenamiento la concepción del derecho de separación deriva de la tesis contractualista de la sociedad, mientras

Hay que tener en cuenta, adicionalmente, que la reducción de capital no es la única vía posible para cumplir con el deber de reembolsar la participación del consocio saliente[703]. La propia socie-

---

que en el derecho estadounidense, el *appraisal right* responde más bien a una visión patrimonialista más que contractualista. En derecho español, la base argumentativa de la separación pivota sobre el eje de que la modificación que se produce como consecuencia de una decisión mayoritaria supone una alteración sustancial del contrato social o por el acaecimiento de un conflicto intra-corporativo insuperable y por tanto, de las condiciones que en su día hicieron al socio ingresar en la sociedad. Sin embargo, por parte del derecho estadounidense lo que prima es la protección al socio en su inversión, es decir, la recuperación del valor y liquidez de las cantidades inicialmente aportadas a la sociedad. En síntesis, como afirma PERALES VISCASILLAS, M. P., "Origen…", cit., pág. 767, el *appraisal right* se concede cuando tienen lugar determinadas operaciones corporativas que afectan de una manera importante al valor de las acciones, de tal forma que si esa operación produce unas diferencias muy notables en ese valor está justificado el ejercicio del derecho de separación, entendiendo la salida como un mecanismo tutelar. Dichas operaciones corporativas están previstas en la sección 13.02 de la *Model Business Corporation Act* y son operaciones tales como: fusión (*merger*), cesión de paquete de control (*share exchange*), venta de la totalidad o parte de los activos (*disposition of assets*), determinadas modificaciones de los estatutos sociales (*amendment of the articles of incorporation*) y transformación de la sociedad (*conversion*). Ante este tipo de operaciones corporativas que pueden lesionar el interés del socio (minoritario), el mecanismo de protección del *appraisal right* se centra, no tanto en examinar la causa que se invoca para hacer efectiva la salida considerando que ha habido una modificación sustancial de las condiciones en las que se tomó participación en el contrato de sociedad (como así sucede en derecho español), sino en el reembolso de la inversión del socio y en la determinación de su valor justo. A este respecto, WERTHEIMER, B. M., "The shareholders' appraisal remedy and how courts determine fair value", *Duke Law Journal*, 1998, vol. 47, Nº 4, págs. 613-614.

703 Vid. EMPARANZA, A., "Artículo 346…", cit., págs. 2470-2471: "El ejercicio del derecho de separación lleva consigo la obligación de la sociedad de restituir al socio que se separe el valor de sus participaciones o acciones. La cuestión más controvertida será a menudo precisamente determinar dicho valor. La forma en que se materialice dicha devolución será a través de la amortización de las acciones o participaciones con la consiguiente reducción del capital, proporcional a la amortización practicada o por la adquisición por la sociedad de tales acciones o participaciones". Para una aproximación al régimen de liquidación del socio, vid. FARRANDO MIGUEL, I., cit., pág. 73; ALFARO, J./CAMPINS VARGAS, A., "La liquidación del socio que causa baja como consecuencia de su separación o exclusión", en *Derecho de sociedades: libro homenaje al profesor Fernando Sánchez Calero*, vol. 3, Madrid, 2002, págs. 3151-3188 y MASTURZI, S., cit., pág. 905: "(…) la società deve ridurre il capital annullando le azioni rimaste scoperte (…). La

dad, el socio no saliente (a los nuevos efectos "socio único") o un tercero, pueden preferir adquirir su participación, como permite el art. 359 LSC[704]. Igualmente, en el caso de que el socio no saliente tuviese fondos suficientes podría promover una ampliación de capital simultánea al ejercicio del derecho de separación a fin de evitar una potencial infracapitalización. En todo caso la diferencia básica entre estas alternativas es que por medio de reducción de capital se procedería a una liquidación parcial de la sociedad, amortizándose las participaciones equivalentes a la mitad del capital social, mientras que la transmisión de la titularidad de esa mitad subrogaría al socio paritario no disidente en la posición del socio disidente, que entonces dejaría de serlo[705].

B) Relación del derecho de separación con el derecho de exclusión

El derecho de exclusión opera como el reverso del derecho de separación al permitir a la sociedad extinguir las relaciones existentes con un socio, evitando la extinción de la sociedad, una vez se ha producido alguna de las causas contempladas en la ley o en los estatutos sociales, mediante la correspondiente amortización de su cuota[706]. Así, la existencia de un conflicto de intereses dentro de las

---

norma sembra, pertanto, riconoscere a questo recesso un'efficacia retroattiva reale estranea al sistema che, all'esercizio del diritto collega sempre e soltanto il rimborso o la liquidazione del vallore della partecipazione al capitale".

704 En este sentido, BRENES CORTÉS, J., *El derecho...*, cit., pág. 30 y VELASCO ALONSO, A., cit., pág. 14.

705 Sobre las formas de evitar la descapitalización de la sociedad en derecho comparado, véase MARTÍNEZ ROSADO, J., "Conductas opresivas de la mayoría frente a la minoría en las sociedades cerradas (a propósito del art. 18 de la propuesta de reglamento de la Sociedad Privada Europea y de la Regulación Norteamericana)", en ALONSO LEDESMA, C./ALONSO UREBA, A./ESTEBAN VELASCO, G. (Dirs.), *La modernización del Derecho de sociedades de capital en España. Cuestiones pendientes de reforma*, Tomo I, Cizur Menor, 2011, págs. 325-362.

706 Conforme URÍA, R., "La transformación de las sociedades anónimas y el derecho de separación del accionista", *Boletín del Ilustre Colegio de Abogados de Madrid*, enero-febrero 1953, pág. 40. Por otro lado, entender al derecho de exclusión como el reverso conceptual del derecho de separación ha sido la tendencia en el derecho continental. Sin embargo, esto no sucede en el ámbito estadounidense. En derecho estadounidense el término *appraisal right* se identifica apro-

especialidades de la sociedad de responsabilidad limitada impediría al socio afectado emitir su voto en el acuerdo de exclusión en junta general (art. 190 en relación con el art. 199 b LSC)[707].

Si nos ceñimos a las causas de exclusión tasadas legalmente, no parece que se permita que el socio que adopte una postura abusiva, incumpliendo sus deberes de fidelidad, pueda ser excluido de la sociedad. Podría pensarse que esta vía sería una solución excesivamente gravosa para sancionar toda conducta antisocial, salvo previsión estatutaria del deber de fidelidad. Este sería el caso de una prestación accesoria, para de esta forma aplicar las sanciones previstas en caso de incumplimiento, como por ejemplo la exclusión del socio o la venta forzosa de las acciones o participaciones[708].

Su carácter sancionador —como ha puesto de manifiesto la jurisprudencia (SSTS de 7 de noviembre de 1986, de 25 de octubre de 1990, de 16 de julio de 1992 y de 4 de marzo de 1993 y de 26 de marzo de 1994)— configuraría la exclusión como un sistema defensivo del socio leal al interés social contra el socio obstruccionista, permitiendo sancionar con la expulsión al socio que incumpliera los debe-

---

ximadamente con nuestro derecho de separación, aunque también hay que incluir en él determinadas situaciones de expulsión de socios, que a diferencia de lo que sucede en nuestro derecho de sociedades, no tienen su razón de ser en determinados incumplimientos del contrato social o de los estatutos. A este respecto, EINSENBERG, M. A., *The Structure of the Corporation...*, cit., pág. 67. Para ahondar en aspectos generales del derecho de exclusión, véase BONARDELL LENZANO, R./CABANAS TREJO, R., *Separación y exclusión de socios en la sociedad de responsabilidad limitada*, Pamplona, 1998, pág. 27 y FARRANDO MIGUEL, I., cit., pág. 23.

707 En cualquier caso, la exclusión requerirá la mediación de condena de indemnizar a la sociedad, que se conforma como una de las acciones dimanantes del abuso de derecho, o bien, ante la disconformidad del socio afectado que fuere titular de al menos un 25%, de resolución judicial firme que ratifique la existencia de la causa de exclusión (arts. 350 y 352 LSC). Vid. NOVAL PATO, J., "La acción de exclusión del socio: plazo de ejercicio y legitimación: Sentencia de la Audiencia Provincial de Asturias núm. 209/2006 (Sección 1ª), de 1 de junio de 2006", *Revista de derecho de sociedades*, Nº 27, 2006, págs. 475-484.

708 Vid. MIQUEL RODRÍGUEZ, J., "Reflexiones sobre los deberes de fidelidad de socios y accionistas", en SÁEZ GARCÍA DE ALBIZU, J. C/OLEO BANET, F./ MARTINEZ FLÓREZ, A. (coords.), *Estudios de Derecho Mercantil: en memoria del Profesor Aníbal Sánchez Andrés*, Cizur Menor, 2010, pág. 469.

res de fidelidad[709], al mismo tiempo que garantizaría la pervivencia de la persona jurídica societaria, que en el caso de la sociedad 50/50, devendría entonces unipersonal por efecto de la expulsión del socio paritario infractor[710].

A nuestro juicio, como ya sucede en otros ordenamientos de nuestro entorno, como el portugués[711], este mecanismo de exclusión cobraría especial sentido, sobre todo en lo relativo a las sociedades cerradas como las paritarias, al servir de herramienta disciplinaria de tipo disuasorio respecto del socio que lesionara sistemáticamente el

---

709 En este sentido, ALFARO, J., "Conflictos intrasocietarios...", cit., pág. 1081, aboga por concebir la exclusión como derivado natural de las exigencias de la buena fe. Así lo ha entendido también la SAP de Cádiz de 30 de enero de 2004 (AC 2004/706) que en su Fundamento Jurídico 3º sostiene la exclusión de un socio administrador que propició la inactividad de la sociedad y la paralización de sus órganos, contraviniendo el principio de buena fe contractual. Misma posición favorable a la facultad de exclusión como concreción del principio de buena fe es mantenida por FRAMIÑÁN, SANTAS, F. J., *La exclusión del socio en la sociedad de responsabilidad limitada*, Granada, 2005, pág. 149: "el principio de buena fe exige, tal y como hemos fundamentado, reconocer una facultad de exclusión en las SRL. (...) En una sociedad, no puede imponerse a los socios que soporten como consocio a aquel que impide o dificulta de forma grave alcanzar el fin común último que se hayan propuesto —en términos absolutos o relativos. En estas circunstancias, como se afirma en Alemania, el socio, por imperativo de la buena fe, debe aceptar (en realidad, debe poder) ser excluido— continuando la sociedad con los demás".

710 De esta forma, como la sociedad no es un contrato sinalagmático, como sostiene GARCÍA VILLAVERDE, R., *La exclusión de socios*, Madrid, 1977, pág. 23: "los vicios, incumplimientos, etc., que afecten a una de las partes no invaliden el negocio fundacional ni hagan desaparecer el ente creado, salvo en la medida en que la parte afectada sea esencial para la consecución del fin común. Esto es lo que permite la posibilidad (...) de extinción de la posición de socio sin que suponga la disolución de la sociedad".

711 De *lege ferenda* podría tomarse como referencia a seguir el art. 242.1 del Código das Sociedades Comerciais, que permite la exclusión judicial del socio de la *sociedade por quotas* (equivalente formal de nuestra sociedad limitada) cuando mediante una conducta desleal o gravemente perturbadora hubiera causado o pudiera causar graves perjuicios. Para ahondar en el tratamiento de esta materia en derecho portugués, TRIUNFANTE, A. M., *A tutela das minorias nas sociedades anónimas*, cit., pág. 437, quien además se muestra favorable a extender esta norma a las sociedades anónimas de carácter cerrado.

interés social al realizar conductas obstruccionistas en sede de junta general[712].

Como se observa, ambos institutos tienen evidentes puntos de conexión. Tanto la separación como la exclusión cumplen la función de resolver conflictos intra-corporativos graves, deshaciendo una relación contractual y organizativa que deviene insuperable. Los dos sistemas, el de salida (separación) como el de expulsión (exclusión), provocan la pérdida de la condición del socio, con los derechos y obligaciones inherentes a tal posición jurídica, aunque posibilitan la conservación de la sociedad y de la empresa que desarrolla su objeto social, que podrá continuar operativa si consigue amortizar la cuota del socio que se separa o es excluido[713].

No obstante, la diferencia cardinal existente entre ambas instituciones radica en su fundamento. Mientras que el derecho de separación pretende proteger al socio que ya no desea permanecer en una sociedad donde se han modificado los presupuestos esenciales que motivaron su ingreso en la misma, el derecho de exclusión permite

---

712 De acuerdo con VELASCO SAN PEDRO, L., "Amortización de participaciones y responsabilidad de los socios reembolsatarios", *Revista de Derecho de Sociedades*, N° 17, 2001, págs. 31-46, podría mantenerse para el caso de las sociedades limitadas la responsabilidad solidaria por las deudas anteriores del socio excluido cuyas participaciones fueran amortizadas, una responsabilidad limitada al reembolso de su valor (art. 357 en relación con el art. 331 LSC). Por otra parte, nótese de nuevo la diferencia de fundamento del derecho de exclusión con respecto al ámbito estadounidense. En el derecho estadounidense apenas existen supuestos de exclusión de socios, aunque puede apreciarse cierta similitud en los casos de morosidad, donde los socios, a cambio de recibir sus participaciones, se ven obligados a abonar la *consideration* fijada por los administradores, de tal modo que si no lo hacen existirá responsabilidad para los socios. En este sentido la previsión de la sección 6.22 *Model Business Corporation Act*: "(a) A purchaser from a corporation of its own shares is not liable to the corporation or its creditors with respect to the shares except to pay the consideration for which the shares were authorized to be issued (section 6.21) or specified in the subscription agreement (section 6.20)".

713 Para ALFARO, J., "Conflictos intrasocietarios...", cit., pág. 1081, en la exclusión es la mayoría la que desea deshacerse de una relación con un socio minoritario mientras que la separación cumple una función simétrica, permitiendo al socio minoritario "salir" de la sociedad y acabar así con una relación con la mayoría social. Por ello, califica la separación como un caso particular de denuncia extraordinaria.

expulsar al socio incumplidor. La separación es una decisión libre y voluntaria —siempre que se adopte de conformidad con una causa legal o estatutaria—, mientras que la exclusión opera como sanción, porque el socio excluido no tiene capacidad de elección sobre la misma. En consecuencia, las causas respectivas de separación y exclusión tienen una naturaleza jurídica inversa pero complementaria, en el sentido de que las primeras lo son por cuanto presuponen modificaciones esenciales que legitiman al socio a salirse del contrato de sociedad, mientras que las segundas permiten salvaguardar la conservación de la empresa a pesar del incumplimiento de unas determinadas obligaciones por parte de uno de los socios[714].

La cuestión problemática que se plantea es cómo articular un derecho de separación del socio paritario cuando la *ratio* que informa todo el régimen de separación es concebida con respecto a conflictos intra-corporativos de sociedades donde rige el principio de mayoría. Por tanto, el fundamento de la separación, en última instancia, se encuentra en la tutela de los socios minoritarios frente a determinados acuerdos adoptados por la mayoría, válidos y eficaces, pero que alteran sustancialmente algún elemento esencial de la sociedad[715]. Es

---

714 Vid. BRENES CORTÉS, J., *El derecho...*, cit., págs. 33-34 y VELASCO ALONSO, A., cit., pág. 17.

715 A este respecto, BRENES CORTÉS, J., *El derecho...*, cit., págs. 152-153: "La doctrina ha intentado buscar un fundamento a este derecho, bien en la Ley ("teoría de la ley"), bien en el negocio genérico del que nace la sociedad anónima ("teoría del contrato"); pero, en definitiva, el fin último de la institución, el elemento aglutinador de ambas teorías, viene constituido por su consideración como instrumento de tutela del socio frente a acuerdos sociales mayoritarios que modifican sustancialmente alguno de los elementos de la estructura social considerados como presupuestos esenciales de adhesión del socio a la compañía". Por su parte, IRACULIS ARREGUI, N., "La separación del socio sin necesidad de justificación: por no reparto de dividendos o por la propia voluntad del socio", *Revista de Derecho de Sociedades*, Nº 38, 2012, pág. 231, considera que "el fundamento de la institución es la inexigibilidad de continuar en sociedad en aquellos supuestos en que un cambio trascendental en la base del negocio lo justifique". Igualmente, en esta línea encontramos la opinión de ALONSO LEDESMA, C., "La autonomía...", cit., pág. 93: "(...) el derecho de separación se ha configurado inicialmente como un instrumento jurídico para permitir al socio apartarse de la sociedad ante modificaciones estatutarias que alteran algunos elementos de la estructura social que el legislador presume que fueron esenciales para que el socio entrara a formar parte de la sociedad. El derecho de

ahí donde, sin ánimo de alterar ese fundamento, hay margen para ensanchar su alcance e incluir a las sociedades paritarias, organizaciones donde no hay socios mayoritarios ni socios minoritarios.

Por esta razón corresponde examinar si bajo la expresión "modificación sustancial de algún elemento esencial de la sociedad" podemos referirnos a un conjunto de situaciones que abocan al bloqueo de los órganos sociales y donde la configuración de un derecho de salida al socio perjudicado por dicha situación insuperable puede contribuir, entre otros mecanismos resolutivos posibles y alternativos, a deshacer una situación que deviene insuperable. Es en este sentido por donde puede abrirse un cauce para su eficiente configuración estatutaria, de modo que se definiera el alcance de dicha categoría, esto es, la de aquellos comportamientos generadores de opresión que hacen que la relación socio/sociedad devenga intolerable[716].

A nuestro juicio, el comportamiento que motiva el bloqueo orgánico de la sociedad paritaria consiste en el ejercicio del poder de veto de forma sistemática, continua y vicaria con un *animus nocendi* hacia otro socio, es decir, aplicando un control negativo en junta ("abuso de igualdad"). La justificación de este instituto se encontraría en ofrecer una vía de salida al consocio que no está dispuesto a asumir el riesgo que entraña permanecer en una sociedad bloqueada. En este

---

separación se establece, pues, esencialmente, como un mecanismo jurídico para permitir la salida del socio sin necesidad de recurrir a la solución extrema de disolver y liquidar la sociedad". Este fundamento ha sido avalado por la DGRN, en cuya Resolución de 2 de noviembre de 2010, estableció: "(...) el fundamento del derecho de separación del socio previsto en el art. 95 LSRL es la protección del socio y de la minoría frente a los acuerdos de la mayoría relativos a las modificaciones esenciales del contrato social", y de EMPARANZA, A., "Artículo 346...", cit., pág. 2471: "Se propugna su fundamento con base no tanto en el carácter más o menos duradero de la sociedad, sino en la necesidad de proteger a la minoría. Esta protección se articula a través del derecho de separación del socio que cobra su sentido cuando la mayoría, legítimamente, modifica las reglas estatutarias generándose un marco regulador distinto al anterior que no se ajusta a las expectativas que hasta entonces tenían los socios minoritarios. Al socio minoritario se le otorga, en suma, la posibilidad de dejar la sociedad porque las circunstancias en las que él se incorporó han variado y no está de acuerdo, habiéndose expresado expresa o tácitamente su disconformidad con dicho cambio".

716 Así, ALFARO, J., "Conflictos intrasocietarios...", cit., pág. 1132.

sentido, el derecho de separación constituirá un mecanismo de defensa más, aparte de otros que pudieran articularse alternativamente en pactos estatutarios o extraestatutarios, para que el socio paritario pudiese hacer frente a las actuaciones opresivas, oportunistas y obstruccionistas del consocio sobre los órganos sociales. En consecuencia, desde esta perspectiva el fundamento original del derecho de separación no se traiciona si se abre a la sociedad paritaria, dado que lo que procura es dar una respuesta transaccional para conciliar unos intereses contrapuestos sin necesidad de que la sociedad se disuelva y liquide judicialmente.

C) Modo de articular el derecho de separación del socio paritario. La pertinencia de la separación por justa causa

Se ha determinado *supra* que el derecho de separación puede operar como un cauce válido para resolver el bloqueo de las sociedades paritarias, a pesar de que su *ratio* está pensada para su ejercicio en estructuras corporativas que presentan una relación mayoría/minoría, siendo el fundamento, en última instancia, tutelar al socio minoritario facilitándole la salida ante una modificación de elementos esenciales del contrato de sociedad o ante conductas opresivas de la mayoría. Ahora corresponde examinar críticamente cómo debe instrumentarse el derecho de salida del socio paritario disconforme ante una modificación de un elemento esencial del contrato de sociedad o cuando sea directamente perjudicado por el acaecimiento de un bloqueo societario insuperable promovido por su consocio.

En primer lugar, nada obsta para que los socios, al momento fundacional o posteriormente, incorporen unánimemente a los estatutos el supuesto de bloqueo orgánico como causa de separación (art. 347 LSC). Esta medida permitiría anticiparse al mismo, pero para que pudiera ser realmente operativa debería estipularse detalladamente el modo en que debe acreditarse la causa por aquel socio que la invocara, la forma de ejercitar el derecho y el plazo de ejercicio, conforme con el art. 204.1 RRM.

A nuestro juicio, la implementación de este mecanismo no excedería los límites impuestos por el principio de la autonomía privada de la voluntad (art. 1255 CC) sino que sería una manifestación de la libertad estatutaria para la creación y configuración de causas de separación[717]. Este pacto estatutario no supliría la causa legal de disolución por paralización de los órganos sociales (art. 363.1 d LSC) sino que tomando el mismo supuesto fáctico (bloqueo orgánico de la sociedad) lo transforma en causa estatutaria de separación. De este modo se posibilita un marco de resolución anticipado y potestativo del conflicto por parte del socio lesionado en su interés, que podría ejercitarlo o alternativamente, demandar judicialmente la disolución de la sociedad.

En segundo lugar, el derecho español es sumamente restrictivo en la tipificación de esta materia, al no contemplar una cláusula general de separación por justa causa para las sociedades capitalistas a modo de técnica de cierre del catálogo de causas legales de separación[718], como en efecto existe ya en nuestro ordenamiento societario para

---

717 En sentido general, conforme con FELIU REY, J., "Derecho de separación, flexibilización societaria y autonomía de la voluntad", *Derecho de los Negocios*, Nº 260, 2012, págs. 23-27.

718 Critican la restrictividad de la tipificación legal de las causas de separación ALFARO, J., "Conflictos intrasocietarios...", cit., pág. 1133 y SÁNCHEZ-CALERO GUILARTE, J., "La transmisión...", cit., págs. 11-26. Partiendo de esta crítica, nos parece razonable aducir que este carácter restrictivo del derecho de separación en la tipificación legal, al no contemplar la separación por justa causa, responde a una suerte de prejuicio ideológico que nuestro derecho de sociedades tantas otras veces padece, en el sentido de fundar la regulación sobre la base de la sociedad anónima, que, por su carácter abierto, permite a sus socios liquidar inmediatamente su inversión mediante la enajenación de sus acciones. Mismo prejuicio ideológico se manifiesta en lo tocante al origen del *appraisal right* en el contexto estadounidense, que nace vinculado a la *public corporation* (análoga a la sociedad anónima) y de ahí se ha ido extendiendo a otros tipos sociales, como las *close corporations*. A este respecto, resulta interesante traer a colación a DUQUE, J. F., "Las formas...", cit., págs. 81-83. Sin embargo, cuando se trata de sociedades cerradas, que no disponen de un mercado de desinversión líquido, la restrictividad del *numerus clausus* legal desprotege al socio que quiere salirse de la sociedad, estrechando el margen de invocación y ejercicio del derecho, lo cual se agravará en defecto de cláusulas estatutarias de separación. Así, en los casos de grave conflicto, como una situación de bloqueo insuperable, el socio de la sociedad cerrada sólo tiene abierta la puerta de la impugnación judicial de los acuerdos o en su caso la disolución judicial, no pudiendo simplemente separarse y recuperar su inversión cuando la permanencia en la sociedad sea a todas luces insoportable.

las sociedades profesionales[719] o para las Agrupaciones de Interés Económico[720], así como en muchos ordenamientos jurídicos continentales[721].

---

719 La justa causa de separación está prevista en el art. 13.2 de la Ley de Sociedades Profesionales: "Si la sociedad se ha constituido por tiempo determinado, los socios profesionales sólo podrán separarse, además de en los supuestos previstos en la legislación mercantil para la forma societaria de que se trate, en los supuestos previstos en el contrato social o cuando concurra justa causa". Para ahondar a este respecto, GARCÍA PÉREZ, R., "La salida voluntaria y forzosa del socio profesional y su reflejo en las cláusulas estatutarias de separación y exclusión", en TRIGO GARCÍA/FRAMIÑÁN SANTAS (Coords.), *Estudios sobre sociedades profesionales: Ley 2/2007, de 15 de marzo, de sociedades profesionales*, Madrid, 2009, págs. 183 204.

720 Art. 15.1 de la Ley de Agrupaciones de Interés Económico: "Cualquier socio podrá separarse de la Agrupación en los casos previstos en la escritura, cuando concurriese justa causa o si mediare el consentimiento de los demás socios".

721 A este respecto, es de lamentar la falta de tratamiento de esta materia en el derecho europeo, si se tiene en cuenta que la separación por justa causa sí se recomendaba en el Informe Winter, si bien circunscrito únicamente a las sociedades cotizadas. Así lo pone de relieve FERNÁNDEZ DEL POZO, L., cit., págs. 276-277 y nota 27. La justa causa como derecho separación está contemplada en varios ordenamientos de derecho continental. En el derecho suizo, por ejemplo, el art. 822.C 2 del Código de obligaciones recoge el derecho de separación por justa causa, así como la posibilidad de solicitar la disolución de la sociedad. El mismo sistema puede encontrarse en derecho alemán, el cual configura un derecho de separación por justa causa al trasladar por analogía *iuris* al régimen de la sociedad limitada la cláusula general contenida en el Código de Comercio a propósito de las sociedades personalistas (arts. 133 y 140 HGB). En este sentido, VÁZQUEZ LÉPINETTE, T., "La separación por justa causa...", cit., págs. 180-181 afirma: "La jurisprudencia ha permitido el ejercicio de la resolución extraordinaria que supone este derecho de separación por justa causa en los casos en que, a la vista de las circunstancias, es irrazonable hacer que el socio permanezca en la sociedad (en este sentido la Sentencia del Tribunal de Apelación de Colonia de 26 de marzo de 1999). En particular, se ha considerado justa causa destinar sistemáticamente los beneficios a reservas, sin que haya una justificación económica para ello, combinada con una rebaja del precio en el contrato de servicios que había celebrado el minoritario con la sociedad, así como el hecho de que la sociedad hiciera préstamos a bajo interés al mayoritario (Sentencia del Tribunal de Apelación de Colonia de 26 de marzo de 1999). En estos casos, el minoritario tiene derecho a separarse de la sociedad, percibiendo el valor razonable de su participación (Sentencia del Tribunal Supremo alemán de 16 de diciembre de 1991 y Sentencia del Tribunal de Apelación de Colonia de 26 de marzo de 1999)". Para ahondar sobre este punto, ULMER, P., *Principios fundamentales del Derecho alemán de sociedades de responsabilidad limitada*, Madrid,

Si hubiera una cláusula general en tal sentido, en defecto de regulación estatutaria de la causa de separación por bloqueo, el socio paritario podría acogerse a la misma y solicitar ante los tribunales la separación. La ventaja que tendría la incorporación de este tipo de cláusula general es que limitaría el riesgo de un fallo en la configuración estatutaria de las causas específicas de separación, de modo que supliría el coste que tiene para los socios definir y pactar todos los potenciales conflictos intra-corporativos que pueden acontecer a lo largo de la relación jurídica que pone en marcha el contrato de sociedad. Además, en el caso que nos atañe, si los socios no hubieran previsto estatutariamente el bloqueo como causa de separación, en el caso de que sobreviniese efectivamente, dejaría al socio perjudicado por el mismo en una situación de desprotección[722].

Por esta razón, debería abogarse por una reforma de la tipificación legal de la LSC que incluyera la cláusula general de separación por justa causa, de modo que los socios de sociedades cerradas pudieran ampararse en la existencia de justos motivos para salirse, siempre y cuando la relación societaria hubiera devenido intolerable y el conflicto intra-corporativo existente no pudiera resolverse de ninguna otra forma[723].

1999 (traducción: J. Alfaro). Este derecho de salida también ha sido propuesto en otros ordenamientos jurídicos de derecho continental como el belga, no como un derecho de separación sino más bien como un derecho de venta forzosa. El *Code des Sociétés* belga (arts. 340 y 642) obliga a que los socios que han provocado la justa causa de salida procedan a adquirir todas las participaciones o acciones, así como las obligaciones convertibles en acciones o los derechos de suscripción preferente para el caso de la sociedad anónima, existentes en ese momento y que son propiedad de los socios que han instado el procedimiento de venta forzosa al existir un justo motivo para ello. A este respecto, VÁZQUEZ LÉPINETTE, T., "La separación por justa causa...", cit., pág. 181: "La jurisprudencia considera que existe justa causa si existe un desacuerdo profundo y permanente que impide de hecho cualquier colaboración ulterior entre los socios. No es necesario que proceda de un comportamiento doloso, pero es necesario que sea imputable al socio frente al que se ejercita el derecho de compra forzosa".

722 Vid. MARTÍNEZ SANZ, F., cit., pág. 44.

723 En igual sentido, MARTÍ MIRAVALLS, J., "La ampliación del derecho de separación del socio en las sociedades de capital cerradas", en HIERRO ANIBARRO, S. (Dir.), *Simplificar el Derecho de Sociedades*, Madrid, 2010, pág. 496.

El fundamento de la separación por justa causa radicaría en el principio de denunciabilidad de las relaciones perpetuas[724]. Este principio general de derecho privado, en su dimensión societaria, significa que no puede exigirse al socio permanecer vinculado eternamente a una organización donde la *affectio societatis* se ha desvanecido[725]. Adicionalmente, cabe señalar a favor de esta posición el hecho

---

724 Haciendo más énfasis en la denunciabilidad de las relaciones duraderas como fundamento del derecho de separación, ALFARO, J., "Conflictos intrasocietarios...", cit., págs. 1108-1109: "El fundamento del derecho de separación es, en todos los casos idéntico: constituye una concreción del principio cuasiconstitucional del derecho privado de denunciabilidad de las relaciones duraderas, o más precisamente, de la idea según la cual nadie puede quedar vinculado eternamente (y, por lo tanto, las relaciones sin término de duración son libremente denunciables —denuncia ordinaria—) y, la complementaria, según la cual, todos tienen derecho a desvincularse de una relación pensada como permanente si hay razones serias para ello (denuncia extraordinaria) en particular, en el derecho de sociedades, una perturbación que determine la inexigibilidad al socio de permanecer en la sociedad. Consecuentemente, el contrato de sociedad, como cualquier otra relación duradera debe poder denunciarse anticipadamente por una causa justificada cuando la relación afecta en una medida importante la actividad vital de los participantes".

725 Vid. ALFARO, J., "Conflictos intrasocietarios...", cit., págs. 1100, 1113-1114: "Constituyen justos motivos de separación, a nuestro juicio, dos conjuntos de circunstancias. En primer lugar, la adopción por la sociedad de medidas que modifiquen la situación jurídica y económica del socio en una forma que su aceptación no resulte exigible para el socio. En segundo lugar, la existencia de un conflicto permanente y duradero entre mayoría y minoría cuyo origen se encuentre en el comportamiento antiestatutario o ilegal de la mayoría". Adicionalmente, FERNÁNDEZ DEL POZO, L., cit., pág. 280 afirma: "Suele entenderse que constituye justa causa cualesquiera incumplimientos graves de las obligaciones sociales, aunque sean incumplimientos parciales o no reiterados y aunque tales incumplimientos no sean culpables o dolosos. No sólo eso: se entiende que, en general, procede reconocer justa causa para la separación en todas aquellas situaciones en que deba convenirse en la inexigibilidad de la permanencia del socio dentro de la sociedad". Por su parte, RETORTILLO ATIENZA, O., cit., pág. 320: "En cuanto a cuáles son esos justos motivos de separación, se incluirían todas aquellas medidas adoptadas por la sociedad que modifiquen la situación jurídica y económica del socio en una forma cuya aceptación no resulta exigible para el mismo, así como la existencia de un conflicto permanente y duradero entre mayoría y minoría, cuyo origen se encuentre en el comportamiento antiestatutario o ilegal de la mayoría de forma sistemática". Para ver ejemplos concretos de justas causas en el marco de sociedades cerradas, MARTÍ MIRAVALLS, J., cit., págs. 510-516.

de que existen ciertos pronunciamientos en nuestra jurisprudencia apoyando la justa causa de separación. En particular, la STS de 10 de febrero de 1997, en la que se consideró procedente la pretensión de separación voluntaria alegada por un socio en el que concurría justa causa, declarando que la inexistencia de un expreso reconocimiento de ese derecho en la LSRL de 1953 no constituía un obstáculo decisivo para su admisibilidad[726].

En sentido contrario por el que abogamos se posiciona un sector de la doctrina, desde el argumento de la seguridad jurídica, en el sentido de que los justos motivos supondrían realizar una valoración *ex post* del hecho o circunstancia que provoca la resolución, lo que contravendría directamente con el sistema *ex ante* de determinación de las causas habilitadoras para la separación[727]. A nuestro juicio, esta posición contraria a la separación por justa causa no es satisfactoria. Nuestro derecho no desconoce la separación por justa causa para el caso de las sociedades profesionales ni para las Agrupaciones de Interés Económico.

Por tanto, la falta de previsión estatutaria de determinados conflictos intra-corporativos, como el bloqueo de los órganos sociales, no debería ser óbice para impedir al socio interesado separarse de la

---

726 Para un comentario sobre esta sentencia, consúltese ECHEBARRÍA SAENZ, J. A., "El derecho de separación del socio en la SRL (comentario a la STS de 10 de febrero 1997), *Revista de Derecho de Sociedades,* Nº 9, 1997, págs. 390-402.

727 Opinión esgrimida por BONARDELL LENZANO, R. y CABANAS TREJO, R., *Separación y exclusión...*, cit., págs. 34-39; MARTÍNEZ SANZ, F., cit., págs. 104-106, nota 124; FERNÁNDEZ DEL POZO, L., cit., pág. 278 y ALONSO LEDESMA, C., "La autonomía...", cit., págs. 105-106, quien considera que en el sistema legal español no cabe establecer una cláusula estatutaria de separación por justos motivos pues no se acomodaría al art. 347 LSC: "(...) la exigencia legal de que los motivos habilitantes para la separación tengan que estar "causalmente fundados" resulta coherente no solo con la fundamentación que justifica el derecho de separación (que no es otra que la protección de intereses del socio dignos de tutela), sino también la de protección de los intereses de la sociedad, como antes se dijo, al eliminar la inseguridad jurídica que podría generar la determinación de la "justeza" de la causa esgrimida por el socio para separarse de la sociedad. Además, la introducción de una cláusula general como la indicada haría superflua la inserción de cualquier otra especificando los justos motivos que permiten la separación ya que todas las causas que justifican el abandono de la sociedad deben ser "justas" y, en consecuencia, todas ellas formarán parte de la causa genérica establecida".

sociedad por la vía de su invocación, porque ante el acaecimiento de un hecho de gravedad insuperable, el ordenamiento jurídico no puede exigirle seguir vinculado a la sociedad o forzarle inexorablemente a la demanda de disolución y liquidación judicial. Esta última opción le supondría con casi total seguridad, aparte de una mayor dilación en la consecución del resultado, una notable pérdida en el retorno de la inversión, pues el valor de su participación a desembolsar será presumiblemente mayor si la sociedad sigue en funcionamiento que si su patrimonio se atomiza durante las operaciones de liquidación que siguen a la disolución judicial. En cambio, a través de la separación, la propia sociedad, el consocio paritario o un tercero podrían adquirir la participación del socio paritario saliente por un valor mayor que el que resultara de una hipotética cuota liquidatoria, la cual muy remotamente podría alcanzar el valor inicial de su inversión.

Por las razones esgrimidas, consideramos que el principio de justa causa de separación es especialmente necesario en las sociedades cerradas, porque por su particular configuración, el socio que pretende ejercitarlo carece de la debida tutela a través de las actuales causas legales de separación. El reconocimiento positivo de la separación por justa causa contribuiría a reforzar el cumplimiento de los deberes de fidelidad, limitando potenciales abusos de igualdad derivados de la facultad de bloqueo o control negativo.

D) Valoración crítica de la separación *ad nutum* en sociedades paritarias

Igual de problemática se presenta la proposición de un derecho de separación *ad nutum* o sin causa en las sociedades capitalistas de derecho español, más aún teniendo en cuenta la jurisprudencia que ya lo ha reconocido[728]. A ello hay que sumar la especificidad que

---

728 A este respecto, la SAP de Madrid de 24 de septiembre de 2002, la SAP de Santa Cruz de Tenerife de 22 de mayo de 2007, la SAP de Guipúzcoa de 28 de octubre de 2008 y las SSTS de 3 de mayo de 2002 y la de 15 de noviembre de 2011, resolviendo ésta última definitivamente la validez de las cláusulas estatutarias que atribuyen a los socios de una sociedad limitada el derecho a separarse sin necesidad de alegar causa alguna, con independencia de que se hayan hecho intransmisibles las participaciones sociales.

comportan las sociedades de capital paritarias, por su intrínseca base constitutiva cerrada de carácter personalista. A pesar de tener formalmente una configuración corporativa que *a priori* debería desinteresarse de ofrecer un mecanismo de salida voluntario al socio sin alegación de causa alguna, lo cierto es que la preeminencia en la sociedad paritaria del *intuitu personae* la aproxima funcionalmente al régimen de la sociedad de personas, donde nuestro derecho sí contempla, en virtud de los arts. 1705 CC y 224 C.Com, la denuncia unilateral, por repugnancia de las vinculaciones perpetuas[729].

Únicamente el art. 108.3 LSC podría servir para entender reconocido el derecho de separación *ad nutum* en las sociedades capitalistas, pero sólo con un alcance limitado, esto es, cuando se configurara la separación *ad nutum* como la consecuencia jurídica ligada a la adopción por la sociedad de una cláusula que prohibiera las transmisiones voluntarias de las participaciones sociales por actos inter vivos. Hacer intransmisibles las participaciones sociales puede no suponer una carga excesiva teniendo en cuenta el mercado de desinversión tan ilíquido que tienen las participaciones sociales de las sociedades cerradas[730]. No obstante, el socio que quisiera proteger la estabilidad de su inversión podría utilizar la previsión del art. 108.4 LSC para establecer un periodo mínimo inicial durante el cual no pudiera ejercitarse el derecho de separación[731].

Pues bien, la cuestión que se nos plantea es sí es conveniente la inclusión de tal derecho por vía estatutaria en una sociedad paritaria. Hay suficientes argumentos para sostener una posición favorable para su reconocimiento, aparte de su similitud funcional con

---

729 En la sociedad civil (art. 1705 CC) y en las sociedades colectivas y comanditarias (art. 224 C.Com) no existe como tal un derecho de separación, sino un derecho potestativo de denuncia cuyo ejercicio tiene como efecto la disolución del vínculo societario personalista. Hay que entenderlo, por tanto, como un derecho a disolver, y no propiamente como un derecho a separarse. Vid. RETORTILLO ATIENZA, O., cit., pág. 321.

730 Vid. PERDICES HUETOS, A. B, "Comentarios al art. 108 LSC", en ROJO/BELTRÁN (dirs.), *Comentario de la Ley de Sociedades de Capital*, Tomo II, Madrid, 2011, pág. 893 y sigs.

731 Sobre este particular, ALONSO ESPINOSA, F. J., "La posición jurídica del socio en la Ley 2/1995, de 23 de marzo, de sociedades de responsabilidad limitada (aspectos generales)", *Revista de Derecho de Sociedades*, Nº 4, 1995, pág. 26.

la sociedad personalista y los pronunciamientos jurisprudenciales que ya lo han asentado, como la STS (Sala 1ª) de 15 de noviembre de 2011 (RJ 2012/1492) que señala que "no cabe entender como límite de la libertad autonormativa de los particulares el carácter cerrado de las sociedades de responsabilidad limitada, constitutivo de un principio configurador que solo quiebra excepcionalmente, dado que la posibilidad de separación de los socios en cualquier momento —cláusula de puerta abierta— está expresamente admitida por Lay —incluso subordina la validez de las cláusulas de prohibición de transmisión voluntaria de participaciones al reconocimiento de la facultad de separación en cualquier momento (art. 30 LRSL, hoy art. 108.3 LSC)"[732].

En primer lugar, la separación *ad nutum*, al igual que sucedía con la separación por justa causa, tampoco supone una novedad en nuestro derecho societario, habida cuenta de que aparece recogido en el art. 13.1 de la Ley de Sociedades Profesionales[733]. Considerando que la *ratio* es la misma —evitar vinculaciones perpetuas— no se entiende por qué el legislador ha preferido regularlo expresamente para el caso de sociedades profesionales y no hacer lo propio con las sociedades capitalistas, negando la denuncia unilateral en aquellas sociedades limitadas (intrínsecamente cerradas) y en las sociedades

---

732 Vid. FELIU REY, M. I., "Comentario a la Sentencia de 15 de noviembre de 2011. Separación ad nutum del partícipe en la sociedad de responsabilidad limitada", *Cuadernos Civitas de Jurisprudencia Civil*, Nº 90, 2012, pág. 7, quién observa como muy positivo la validez de la cláusula estatutariamente establecida consistente en el derecho de separación ad nutum, que demuestra para este autor que nuestro derecho de sociedades se encuentra "no ya en un proceso de flexibilización, como así reza la Exposición de Motivos de la LSC, sino en una constante y necesaria fase de adaptación y renovación".

733 Art. 13.1 de la Ley de Sociedades Profesionales de la siguiente forma: "Los socios profesionales podrán separarse de la sociedad constituida por tiempo indefinido en cualquier momento. El ejercicio del derecho de separación habrá de ejercitarse de conformidad con las exigencias de la buena fe, siendo eficaz desde el momento en que se notifique a la sociedad". A este respecto, CAMPÍNS VARGAS, A., *La sociedad profesional*, Madrid, 2000, passim. Los socios profesionales tienen reconocido el derecho de separación sin causa porque están obligados a realizar prestaciones accesorias, que se corresponde con sus actividades profesionales. Por esta razón, si no se les reconociera la separación *ad nutum* podrían quedar encarcelados en la sociedad y en una profesión, lo cual violaría el art. 35 CE, que declara la libertad de profesión u oficio.

anónimas (estatutariamente cerradas). De ello se deduce que el vigente régimen de separación no es un sistema eficiente. La tutela del socio paritario ante conflictos intra-corporativos de la sociedad —manifestativos de la pérdida de la *affectio societatis* (como así sucede en las situaciones de bloqueo)— no puede ser debidamente encauzada si el marco regulatorio no permite una posible separación sin causa, en caso de que *ex ante* no se hubiera recogido estatutariamente una causa a tal efecto[734].

En segundo lugar, la separación sin causa en ningún caso puede entenderse que contravenga lo dispuesto por el art. 1256 CC, ya que este precepto no impide que los socios, en el marco de un contrato de duración indefinida como el contrato de sociedad, se asignen derechos potestativos ni sometan a condición resolutoria dependiente de un acto volitivo de uno de ellos la efectividad de la relación jurídica. Por tanto, dicho precepto no prohíbe que los contratantes se concedan el derecho de denunciar el contrato unilateralmente[735].

Por los dos argumentos anteriores estamos en posición de afirmar la conveniencia de amplificar el alcance del derecho de separación, en orden a que sirva de efectivo instrumento para la resolución de conflictos intra-corporativos, tutelando eficientemente el interés del socio lesionado y su voluntad contraria a quedarse encarcelado indefinidamente en una sociedad o a disolverla judicialmente con potencial quebranto contra su patrimonio. Este objetivo se conseguiría por vía del reconocimiento de una cláusula de cierre del sistema, a través de la separación por justa causa o por la separación *ad nutum*. En este último caso, sería preciso modular el sistema previsto de causas legales tasadas (art. 346 LSC) dada la lógica imposibilidad de cumplir con los requisitos establecidos en el art. 347 LSC, pues no puede acreditarse la existencia de la causa cuando esta categoría de separación descansa en la mera voluntad del socio.

---

734 Vid. LUCEÑO OLIVA, J. L., "Estatutos y derecho de separación *ad nutum*", *Actualidad jurídica Aranzadi*, N° 842/2012 (BIB 2012/899), passim.

735 En este sentido, ALFARO, J., "In dubio, contra libertatem: cláusulas estatutarias de separación ad nutum en la doctrina de la Dirección General de Registros", *Revista de Derecho de Sociedades*, N° 23, 2004, pág. 247; MARTÍ MIRAVALLS, J., cit., pág. 503, nota 37 y ECHEBARRÍA SAENZ, J. A., cit., págs. 396-400.

En sentido contrario, se ha negado virtualidad al derecho de separación *ad nutum* sobre la misma base crítica con que lo hace para la separación por justa causa. Se insiste en el argumento del peligro de descapitalización y consiguiente potencial desprotección de los acreedores, argumento idéntico que se puede sostener en términos generales contra el derecho de separación, cualquiera que sea su categoría, legal o estatutaria. Como ya nos referimos *supra* en lo atinente a la separación por justa causa, este efecto potencialmente nocivo puede evitarse acudiendo a opciones distintas de la reducción de capital como, por ejemplo, la adquisición por la propia sociedad o por uno de los socios o un tercero, de las acciones o participaciones del socio disidente, la revocación del acuerdo que produce la causa de separación para así evitar la salida del socio o la ampliación de capital simultáneo al ejercicio del derecho de separación.

Además, como también apuntamos *supra*, la descapitalización o infracapitalización tiene una función disuasoria, constituyendo el "precio" que tiene que pagar el socio obstruccionista por querer imponer una determinada modificación del contrato de sociedad o una determinada conducta. Tampoco es admisible una argumentación contraria a la separación *ad nutum* sobre la base de la desprotección que genera en los acreedores, pues el efecto patrimonial sobre los mismos es idéntico al ejercicio del derecho bajo cualquier otra categoría de separación, ya fuere legal o estatutaria. No hay razón, a nuestro juicio, que obligue a establecer un procedimiento más garantista ante la separación *ad nutum* vía estatutaria que en uno *ex lege*[736].

Ahora bien, expuesto lo anterior, la clave de la utilidad e idoneidad de la separación *ad nutum* depende de la ponderación de intereses en juego, de acuerdo a la realidad corporativa de que se trate en particular. La conveniencia de ampliar el derecho de separación para acabar con una hipotética desprotección del socio paritario ante la eventualidad de una situación de bloqueo podría al mismo tiempo perjudicar su inversión si la sociedad tiene como patrimonio social

[736] Vid. ALFARO, J., "In dubio…", cit., págs. 247-248 e IBÁÑEZ ALONSO, J., "Posible admisión de una cláusula de separación ad nutum en una SRL y sistema de valoración de las participaciones. Comentario a la Resolución de la Dirección General de los Registros y del Notariado de 2 de noviembre de 2010 (RJ 2009/5678)", *Revista de Derecho de Sociedades*, N° 36, 2011, pág. 463.

activos críticos y las prestaciones accesorias anexas a las participaciones son difícilmente sustituibles o reemplazables[737].

Así, el hecho de ofrecer al socio de una sociedad capitalista la misma facilidad para salir que tiene el socio de la sociedad personalista sería únicamente factible en sociedades que carecen de activos críticos. En dicha tipología social no importa que haya un cierto tráfico de salida y entrada de socios, porque, aunque el elemento de *affectio societatis* sea esencial para su formación y funcionamiento normal, al no haber activos críticos, la sociedad podría reorganizarse patrimonialmente sin menoscabo para sí ni para los socios, cuando alguno decidiera salirse o separarse voluntariamente. Sin embargo, si la sociedad paritaria tuviera activos críticos, como es habitual en la sociedad conjunta que sirve de estructura formal para canalizar una *joint venture*, la configuración de un derecho de salida "fácil" podría traer consigo más efectos negativos que positivos, al dificultar la captación de recursos financieros.

Por todo ello, tanto la tipología corporativa elegida como la presencia o ausencia de activos críticos incidirán determinantemente a la hora de valorar la amplitud del derecho de separación que se quieran dar los contratantes, en orden a controlar y limitar *ex ante* los costes que tendría la salida de uno de ellos del proyecto empresarial[738].

---

737 Por esta razón no compartimos la opinión de GIMENO BEVIÁ, V., "Derecho de separación *ad nutum* y prestaciones accesorias", *Revista de Derecho de Sociedades*, N° 42, 2014, págs. 280-305, para quién la validez de la separación *ad nutum* "facilita la inversión en las sociedades de carácter cerrado, pues tanto inversores profesionales como socios emprendedores que prestan sus servicios a una sociedad creada para tal fin, ven protegida su aportación ya que tienen mayor facilidad para, llegado el momento, retirarse. En consecuencia, cuanto más difícil resulte el derecho de separación en una sociedad, menos atractiva resultará su inversión por terceros, ante la incertidumbre existente sobre el retorno de su aportación". Ciertamente no se alcanza a ver cómo la regulación *ad nutum* va a generar una atracción y tutela de la inversión, cuando precisamente las inversiones específicas que se vehiculizan a través de las sociedades cerradas exigen un compromiso duradero, una fidelidad definida a través de deberes de conducta y, en general, una implicación personal en el proyecto empresarial por parte de los socios, factores incompatibles con un derecho de salida fácil que perjudicaría la estabilidad financiera de la empresa.

738 Remisión a la Parte I.

6. TRATAMIENTO DE LOS MECANISMOS EXTRAESTATUTARIOS DE RESOLUCIÓN DE LAS SITUACIONES DE BLOQUEO

6.1 CONSIDERACIONES GENERALES SOBRE SU INSTRUMENTACIÓN CONTRACTUAL

6.1.1 Pactos parasociales

El mecanismo extraestatutario por antonomasia es el pacto parasocial, también denominado acuerdo de socios. El criterio dominante en la doctrina española es el de entender por pacto parasocial aquel acuerdo o conjunto de acuerdos, suscritos por todos o varios socios, que no accederán al ámbito público a través de los estatutos, sino que quedarán en el ámbito privado de los firmantes[739]. No obstante, la heterogeneidad de concepciones en el derecho comparado acerca del pacto parasocial coadyuva a entender que nos encontramos ante una materia muy poliédrica, donde difícilmente podemos aproximarnos a una naturaleza jurídica unívoca del mismo[740].

---

739 Como señala GALEOTE MUÑOZ, P., *Sindicatos de voto...*, cit., pág. 90, el término pacto parasocial fue por primera vez utilizado por OTTO, en su obra, *I contrato parasociali*, Milán, 1942.

740 Buena prueba de esta heterogeneidad de nociones sobre el término "pactos sociales" puede observarse en los ordenamientos jurídicos de nuestro entorno. Así, por ejemplo, en el ámbito del *common law* el pacto parasocial o *shareholder's agreement*, es un acuerdo que se caracteriza por su elemento subjetivo, a la hora de identificarlos. La doctrina alemana, como hace notar GALEOTE MUÑOZ, P., *Sindicatos de voto...*, cit., pág. 92, utiliza el término "Nebenabreden", cuyo elemento diferenciador es la accesoriedad que tienen respecto a los estatutos sociales. En cambio, el ordenamiento jurídico francés pone el acento en que haya nacido el "accord extra-statutaires" en el ámbito privado inter-partes, tal como ha sostenido PARLEANI, G., "Les pactes d'actionnaires", *Rev. Soc*, 1991, pág. 1 y sigs. Por nuestra parte, somos de la opinión, al igual que la doctrina anglosajona del *common law* y parte de la doctrina italiana, como RESCIO, A., "La distinzione del sociale dal parasociale (sulle c.d. clausole statutarie parasociali"), *Riv. Società*, N° 36, 1991, pág. 595, de que el mejor criterio para acercarse a la naturaleza jurídica del pacto parasocial es el elemento subjetivo, esto es, que la relación jurídica que formalice el pacto sea consecuencia de la relación

Las caracterizaciones teoréticas sobre el pacto parasocial resultan extremadamente limitativas cuando nos aproximamos al complejo fenómeno de las sociedades 50/50, al objeto de estudiar dicho pacto como instrumento solutivo al bloqueo societario. Por una parte, porque en las sociedades paritarias no cabe que uno de los socios quede al margen del mismo, pues en efecto, para ser tal, deberá ser firmado necesariamente por ambos o por los dos grupos de socios ("pacto omnilateral"); y por otro, porque su función primaria no es quedar reservado sino servir de instrumento dinamizador para utilizar el derecho contractual en orden a mejorar la relación jurídica entre los socios hasta donde no puede llegar el derecho de sociedades[741].

La relación jurídica que formaliza el pacto parasocial regulador del desbloqueo nace como consecuencia del contrato de sociedad y las partes suscriptoras lo hacen en su condición de socios, si bien cabe concebir pactos parasociales firmados *ex ante* a la constitución de la sociedad, durante los tratos preliminares de la fase negocial. De hecho, todo lo que pacten las partes antes de la constitución de la sociedad conjunta al 50% serán acuerdos privados (desde el con-

---

societaria. En derecho español, siguiendo al italiano, también prevalece esta comprensión subjetiva del pacto parasocial, si bien con mucho menor grado de desarrollo normativo. Con todo, nuestro derecho de sociedades ha oscilado de la nulidad (art. 6 LSA 1951) hasta la inoponibilidad (art. 7.1 LSA 1989). La jurisprudencia, mucho más prolija en el alcance de su caracterización, ha tratado al pacto parasocial mayormente desde la óptica de su incumplimiento, siendo de aplicación los arts. 1101 y 1258 CC.

741 Así, como se refiere MIQUEL RODRÍGUEZ, J., *La Sociedad Conjunta…*, cit., pág. 172: "la discusión se centraría en determinar hasta qué punto los socios pueden imponerse una serie de derechos y obligaciones que no corresponden con el tipo elegido, y especialmente la eficacia inter partes y ante terceros de tales estipulaciones". Sobre los pactos parasociales suscritos por todos los socios y la problemática que puede generar a efectos de su oponibilidad, NOVAL PATO, J., *Los pactos omnilaterales. Su oponibilidad a la sociedad*, Madrid, 2012. Este autor, a diferencia de lo que mantenemos *supra*, discrepa sobre los límites a la validez de los pactos omnilaterales, pues entiende que, si una norma prohíbe introducir una determinada previsión estatutaria, los socios no pueden salvar dicha prohibición a través del pacto omnilateral (pág. 131), así como cuando sostiene que la cláusula de un pacto omnilateral que infrinja una norma societaria imperativa o prohibitiva debe ser considerada nula de pleno derecho (pág. 133). Más recientemente, del mismo autor: NOVAL PATO, J., "La jurisprudencia del Tribunal Supremo en materia de pactos omnilaterales. Comentario a la sentencia 300/2022, de 7 de abril", *Revista de derecho de sociedades*, Nº 66, 2022.

trato de *joint venture*). Sólo en el momento de la constitución de la sociedad capitalista que opere como vehículo formal de la *joint venture*, una parte de esos pactos adquirirán publicidad, pero no así los otros[742]. Eso no significa que no pudieran acceder a la fe pública registral el resto de acuerdos alcanzados si esa fuera la voluntad de las partes y no infringen la ley societaria[743].

En la sociedad paritaria, el hecho de que ciertos mecanismos de desbloqueo queden en el margen extraestatutario no se debe a la voluntad de mantenerlos reservados —pues no habrá socios externos al mismo—, sino por causa de albergar una incompatibilidad jurídica-técnica para acceder a los estatutos y elevarse a público. Este sería el caso de pactos parasociales que incluyeran acuerdos de desbloqueo que infrinjan los principios configuradores del tipo y normas imperativas que rigen a la sociedad capitalista.

Por tanto, la función de los pactos parasociales en la sociedad paritaria —intrínsecamente omnilaterales—, no es mantenerlos ocultos a terceros, evitando que accedan al registro, sino desplegar en ellos la autonomía privada de los socios para apartarse del marco restrictivo de las reglas imperativas del ordenamiento societario. Por esta razón, si todos los socios acuerdan determinados asuntos extraestatutariamente, la distinción de estos acuerdos con los estatutos ya no es realmente eficaz, excepto para terceros.

Así, si los socios paritarios estipularan en el pacto parasocial un sistema para dotar de liquidez a la sociedad, no cabe duda de que ésta debería poder exigir el cumplimiento si uno de los socios posteriormente incumple lo pactado. Ahora bien, evidentemente, los pactos parasociales no son pactos estatutarios, y por eso no pueden trasladarse automáticamente a aquellos la eficacia del régimen jurídico de éstos. Pero esto no significa que ningún aspecto del régimen jurídico

---

742 No obstante, terminológicamente, estimamos que es impropio denominar pacto parasocial al acuerdo realizado en el *iter* que va desde los tratos preliminares de la fase negocial de la *joint venture* hasta el momento inmediatamente anterior a la efectiva constitución de la sociedad de capital. Precisamente, por no estar todavía constituida la sociedad ni operativa en el tráfico mercatil, no podemos hablar todavía de pacto parasocial, en el sentido de pacto accesorio, puesto que no hay negocio principal.

743 Conformidad con GALEOTE MUÑOZ, P., *Sindicatos de voto...*, cit., pág. 91.

de los estatutos sociales sea aplicable a los pactos parasociales, si pese a su naturaleza obligacional han sido adoptados unánimemente por todos los socios de la sociedad[744].

Desde esta óptica, es discutible, a nuestro modo de ver, que exista y prevalezca una escisión absoluta entre el marco jurídico aplicable a la esfera estatutaria y el aplicable a la esfera extraestatutaria en el tratamiento a los problemas que se suscitan en las sociedades cerradas con pactos parasociales omnilaterales. En este caso, la omnilateralidad del pacto aconsejaría su consideración como parte del ordenamiento societario, siempre que sus efectos no contravinieren el orden público y las reglas imperativas. De esta forma, dicho pacto debería obligar a los socios firmantes y ser oponible a la sociedad, aunque la sociedad no lo haya suscrito.

En consecuencia, de lo anterior se infiere que los pactos parasociales suscritos por los socios paritarios vinculan no sólo a ellos sino también a la sociedad, y que por tanto, los socios tienen la facultad de impugnar acuerdos sociales adoptados en contravención del pacto parasocial omnilateral, así como utilizar el mismo como criterio hermenéutico del interés social y de la voluntad de la persona jurídica, a efectos de interpretar teleológicamente las disposiciones de los estatutos sociales, siempre que no haya afectación a intereses de terceros[745].

---

744 Hay que tener en cuenta que en sus resoluciones de 11 de octubre y de 29 de noviembre de 2024, la Dirección General de Seguridad Jurídica y Fe Pública ha confirmado la posibilidad de inscribir en el Registro Mercantil cláusulas en los estatutos de cualquier sociedad de capital que establezcan una prestación accesoria consistente en cumplir un protocolo familiar o un pacto parasocial, determinando el contenido de esa prestación al margen de los estatutos y sin necesidad además de dar ninguna publicidad al pacto. Sobre este punto, véase PÉREZ MILLÁN, D., "De nuevo sobre la prestación accesoria de cumplimiento de pacto parasocial. Comentario de las Resoluciones de la Dirección General de Seguridad Jurídica y Fe Pública de 11 de octubre y de 29 de noviembre de 2024", *Revista de derecho de sociedades*, Nº 74, 2025.

745 Nos sumamos, en definitiva, a la posición de PAZ-ARES, como puede leerse en sus trabajos: "La cuestión de la validez de los pactos parasociales", *Revista Actualidad Jurídica,* Nº Extraordinario, 2011, pág. 252 y sigs.; "La validez de los pactos parasociales", *Diario La Ley*, Nº 7714, Sección Tribuna (13 de octubre de 2011, Año XXXII) y "El *enforcement* de los pactos parasociales", *Actualidad Jurídica Uría*

Cuestión aparte a la discusión sobre la naturaleza jurídica y caracterización del pacto parasocial es la categorización de aquellos pactos cuyo contenido funcional sea el de operar como mecanismos de desbloqueo. La multiplicidad y funcionalidad de estos sistemas hace necesario la búsqueda de nuevas categorizaciones. En este sentido pueden diferenciarse aquellos que únicamente afectan a los socios firmantes (pactos relacionales), de otros que procuran para la sociedad ciertos beneficios (pactos de atribución), de aquellos que inciden más directamente en la vida orgánica de la sociedad (pactos organizatorios)[746]. Los mecanismos de desbloqueo que se instrumentan por vía parasocial pueden encuadrarse en varias de estas categorías, pero con singular preeminencia del tercero, que es aquel que incide en el control de la sociedad conjunta, regulando el reparto de poder en la decisión[747].

Desde esta perspectiva es cómo se podrá analizar si un determinado pacto parasocial (o cláusula incorporada a él) es neutral o no respecto al control conjunto de la sociedad paritaria, es decir, si a resultas de su activación por parte de uno de los socios paritarios, se altera o no dicho control[748].

Así, de un lado figurarían aquellos pactos reguladores del control, como los sindicatos de voto de socios y administradores, a través de los cuales se establecen la orientación de su voto cuando deliberen sobre determinadas materias, tanto en sede de junta como de órgano de administración[749]. De otro lado tendríamos los sindicatos de bloqueo, si lo que pactan los socios es no desprenderse de la participación si no se cumplen determinados requisitos o no se sigue un

---

Menéndez, N° 5, 2003, pág. 19 y sigs. Le sigue en igual sentido, NOVAL PATO, J., *Los pactos omnilaterales...*, cit., pág. 124 y sigs.

746 Vid. MIQUEL RODRÍGUEZ, J., *La sociedad conjunta...*, cit., pág. 310 y originalmente en la doctrina italiana, OPPO, G., *Scritti giuridici. Diritto delle società*, Padua, 1992., pág. 8 y sigs.

747 Cfr. GALEOTE MUÑOZ, P., *Sindicatos de voto...*cit., págs. 95-96.

748 Vid. BONVICINI, D., *Le joint ventures...*, cit., pág. 330 y sigs.

749 Sobre el uso del pacto parasocial para la regulación del sindicato de voto del órgano administrativo, MENÉNDEZ MENÉNDEZ, A., "Los pactos de sindicación para el órgano administrativo de la sociedad anónima", en *Estudios de Derecho Mercantil en homenaje a Rodrigo Uría*, Madrid, 1978, pág. 360.

procedimiento establecido[750]. Asimismo, se encuadran también los pactos parasociales que instrumentan la salida de uno de los socios por medio de la compra de sus participaciones por el consocio, el cual devendría en socio único, o la venta conjunta de la sociedad a un tercero[751].

La sociedad de capital 50/50 podrá operar formalmente a través de pactos parasociales reservados y omnilaterales que incluyan cláusulas de sindicación de voto y de bloqueo, siendo por lo general en el caso de la sociedad conjunta, formalizados diligentemente al momento de su fundación[752]. El sindicato como tal es un pacto extraestatutario de vinculación, bien de voto, para coordinar las condiciones y aplicación de la unanimidad en sede de adopción de acuerdos en junta general y órgano de administración, (sindicación de voto —y de derechos sociales— requerida para el funcionamiento normal de los órganos sociales); o bien el sindicato de bloqueo, cuando los socios tienen el propósito específico de limitar o condicionar la transmisión de sus acciones o participaciones.

Así pues, con ambas modalidades de vinculación, los socios concretan, completan o modifican el régimen estatutario de la sociedad, de forma que se obligan a actuar dentro de la relación jurídica-so-

---

750 Los sindicatos de voto y de bloqueo son funcionalmente independientes. Pero nada obsta a que se formalicen vinculados, es más, entre ambos, a pesar de sus fines distintos, mantienen una relación de complementariedad, aunque nada impide que el sindicato de bloqueo pueda constituirse con independencia del de voto y viceversa. Sin embargo, para garantizar la efectividad del de voto, será preciso y recomendable, establecer determinadas limitaciones a la libre transmisibilidad de las acciones o participaciones vinculadas, lo cual constituiría una sindicación de bloqueo, ya que, sin dicho pacto, la salida fácil de cualquiera de ellos desvirtuaría la sindicación de voto. Para un pormenorizado estudio de esta materia, nos remitimos a las obras de PEREZ MORIONES, A., *Los sindicatos de voto para la Junta general de la sociedad anónima*, Valencia, 1996, passim, y de MORENO UTRILLA, D., *La sindicación de bloqueo en las sociedades anónimas*, Valencia, 2015, passim.

751 Y como se refiere LUCEÑO OLIVA, J. L./GUERRERO CAMACHO, E., "Los mecanismos contractuales...", cit., pág. 5, todos estos posibles compromisos extraestatutarios deben garantizarse mediante la correspondiente cláusula penal, que será determinante a la hora de asegurar el cumplimiento de lo pactado.

752 Vid. FERNÁNDEZ DEL POZO, L., "La transparencia de los sindicatos de voto entre accionistas", *Revista de Derecho Bancario y Bursátil*, N° 45, 1992, pág. 83 y sigs.

cietaria de un modo predeterminado. La sindicación, tanto de voto como de bloqueo, es pues una manifestación de lo parasocial que permite "personalizar" el contrato de sociedad, adaptando mecanismos de voto o aquellos relativos a la transmisibilidad de las acciones o participaciones sociales según las necesidades y particularidades de los socios, poniendo de manifiesto la voluntad de estabilidad y permanencia en el proyecto común[753]. La sindicación persigue, en consecuencia, coordinar la formación de la voluntad común de la persona jurídica y mantener una determinada estructura y composición de la propiedad de la misma.

Si la sindicación de bloqueo lo fuera de una sociedad anónima, su mera existencia determinaría de facto una pretensión o vocación de cerrar su estructura de capital —que es teórica y tipológicamente abierta—, ya que lo que buscarían los accionistas paritarios a través del mismo sería evitar la entrada de accionistas no deseados. Es a través del mecanismo del sindicato de bloqueo, aunque terminológicamente no se denomine así en el clausulado parasocial, cómo los accionistas de la sociedad anónima paritaria pueden formalizar pactos reguladores de procedimientos de desinversión ajustados a sus necesidades, siendo perfectamente admisible que incluyan una flexibilización del ordenamiento societario disponible[754].

6.1.2 Protocolo familiar

El protocolo familiar es el mecanismo que agrupa un conjunto de pactos relativos a la organización presente y futura de la empresa

---

753 Vid. MORENO UTRILLA, D., cit., pág. 31 y sigs.

754 Evidentemente, la validez de estos pactos se acoge a las manifestaciones de la libertad negocial que preside la actuación de los operadores económicos (arts. 1255 y 1257 CC). Sin embargo, el hecho de que se admita la validez general de los sindicatos de voto y de bloqueo no significa que todos los pactos que incluyan gocen de licitud, puesto que éste dependerá de su conformidad a las reglas generales del derecho de obligaciones. Por tanto, habrá que estar a la aplicación de sus contenidos a la luz del orden público, del abuso de derecho, de los límites de la autonomía privada y de las reglas societarias imperativas. A este respecto, VICENT CHULIÁ, F., "Licitud, eficacia y organización de los sindicatos de voto", en *Estudios en homenaje a José Girón Tena*, Madrid, 1991, págs. 1203-1252 y MORENO UTRILLA, D., cit., pág. 47 y sigs.

familiar. Recoge tanto pactos meramente corporativos, que se trasladan al texto de los estatutos sociales, como otros de carácter parasocial, que permanecen ocultos al público, en el ámbito privado de los firmantes[755].

Estos últimos, en nada se desmarcan a lo dicho respecto del pacto parasocial, salvo por la materia objeto de regulación, que es la delimitación del marco de desarrollo entre sus tres pilares fundamentales: la familia, la empresa y el patrimonio[756]. La interrelación de estos tres pilares requerirá delimitar adecuadamente las reglas de actuación y comportamiento de los firmantes, una característica que hace que el protocolo, aparte de constituir un instrumento jurídico, deba ser considerado en sí mismo como una técnica de gestión o administración que permite organizar un negocio complejo sobre un sentido bidireccional: familia-propiedad y familia-empresa[757].

Dentro del protocolo familiar se configurarán como pactos parasociales aquellos que: (1) no sean susceptibles de inscripción en el Registro Mercantil[758]; (2) aquellos que sólo afecten a determinados miembros de la familia o a todos en el caso de que sean socios de la misma también terceros ajenos a la familia; y (3) aquellos que han

---

755 Vid. FERNÁNDEZ-TRESGUERRES GARCÍA, A., “Protocolo familiar: un instrumento para la autorregulación de la sociedad familiar”, *Revista de Derecho de Sociedades*, Nº 19, 2002, pág. 89 y sigs.; VICENT CHULIÁ. F., “Organización jurídica de la sociedad familiar”, *Revista de Derecho Patrimonial*, Nº 5, 2000, pág. 38 y sigs., y FERNÁNDEZ DEL POZO, L., *El protocolo familiar*, Madrid, 2008, passim.

756 Vid. FERNÁNDEZ DEL POZO, L., “El enforcement societario y registral de los pactos parasociales. La oponibilidad de lo pactado en protocolo familiar”, *Revista de Derecho de Sociedades*, Nº 29, 2007, pág. 171 y sigs. Como se refiere GELINIER, O./GAULTIER, A., cit., pág. 87: “cualesquiera que sean las soluciones a largo plazo que contempla la empresa, desde que alcanza una cierta dimensión, resulta muy útil que un protocolo familiar precise las grandes líneas de las relaciones familia-empresa: en primer lugar, las disposiciones concernientes a la sucesión en la dirección, luego las reglas que afectan a los dividendos, contrato, salario y promoción de los miembros de la familia, estableciendo su paridad con los directivos no familiares. La empresa saldría perdiendo al desalentar a los directivos no familiares”.

757 Vid. GALEOTE MUÑOZ, P., *Sindicatos de voto...*, cit., pág. 106 y FERNÁNDEZ DEL POZO, L., *El protocolo familiar*, Madrid, 2008, págs. 139-183.

758 Cabe recordar que desde el RD 171/2007, de 9 de febrero, que desarrolla la Disposición Final Segunda de la Ley 7/2003, los protocolos familiares pueden acceder a la fe pública registral.

querido mantenerse reservados entre los firmantes. Al igual que lo anteriormente referido sobre los pactos parasociales, la utilización de este instrumento en la sociedad paritaria no obedece estrictamente a la necesidad de mantenerlos reservados, pues en una sociedad donde sus dos miembros son los cónyuges, dos hermanos o dos ramas familiares en paridad, ambas partes lo suscriben. El elemento teleológico para su suscripción será por tanto el mismo, esto es, asegurar el control conjunto de la sociedad familiar[759].

6.2 LAS CLÁUSULAS *SHOOT-OUT*

6.2.1 Aproximación funcional a las cláusulas shoot-out

A) Preliminar

La iliquidez de las participaciones de las sociedades cerradas paritarias, habida cuenta de la ausencia de un mercado ávido de las mismas, hace que sus socios permanezcan como destinatarios naturales del patrimonio social. Si los activos sociales conservan más valor conjuntamente que atomizados, la posición racional en orden al desbloqueo de la sociedad paritaria será aquella que arbitre —con anticipación al bloqueo o más difícilmente durante el mismo— alguna regla para terminar con la relación y destinar el patrimonio social a uno de los consocios[760].

A este respecto, las cláusulas *shoot-out* operan como un conjunto de soluciones contractuales (parasociales), que tienen en común la finalidad de deshacer el bloqueo mediante la puesta en marcha de un sistema de subastas que culmine en una compraventa. Los diversos sistemas *shoot-out* son mecanismos ampliamente conocidos en derecho estadounidense, y en menor medida en derecho continental[761].

---

759 Vid. FERNÁNDEZ DEL POZO, L., "El protocolo familiar sucesorio y su ejecución societaria. Un examen especial del derecho civil catalán", *Revista de Derecho Mercantil*, N° 284, 2012, pág. 53-102.

760 Cfr. FLEISCHER, H. /SCHNEIDER, S., "Shoot-Out Clauses…", cit., pág. 37.

761 En ámbito de derecho angloamericano, estos sistemas para deshacer bloqueos son ampliamente usados en la práctica jurídica y muy recomendados por los abogados de empresa. Vid. GARCÍA-CREMADES MIRA, A., *Mecanismos de solución del bloqueo societario*, Universitat d'Alacant, Servicio de Publicaciones, 2023,

quién también propone la inclusión de cláusulas provenientes del sistema anglosajón, consistentes en el establecimiento de derechos de separación o exclusión del socio, mecanismos de compraventa forzosa (cláusulas "shoot-out") o el sometimiento de la disputa a instituciones como el arbitraje o la mediación. Asimismo, MANCUSO, A./LAURENCE, B. K., *Buy-sell agreement handbook: Plan ahead for changes in the ownership of your business*, 2ª ed., 2003. Como demostración empírica de la relevancia de este tipo de cláusulas podemos referirnos al interesante estudio de GOMTSIAN, S., "Interest (share) transfer restrictions: theory and evidence from business organization contracts", *Comunicación Conferencia AEDE*, Santander, 2015, quien realiza un exhaustivo análisis de los pactos parasociales de una población de 289 sociedades de responsabilidad limitada (LLC) operativas en el Estado de Delaware y publicitados por la Securities Exchange Comission (SEC). Sus resultados confirman el positivo efecto que tienen estos mecanismos de resolución de conflicto para las sociedades cerradas. En lo que se refiere a las sociedades paritarias: "We would expect buy/sell-out arrangements in 50% projects. The data show that these provisions were almost in all cases used in 2-member firms. Though equal economic interest in the equity was not a necessary condition for contracting for a buy/sell out provisions, equal voting rights and equal board representation in general were" (págs. 40-41). Adicionalmente, la importancia de estos sistemas de desbloqueo es tal que su no inclusión o error en su recomendación por el letrado asesor pueden considerarse como mala praxis. A este respecto, BROOKS, R., /SPIER, K., "Trigger happy or gun shy?: Dissolving common-value partnerships with Texas shootouts", *CSIO Working Paper-Northwestern University, Center for the Study of Industrial Organization*, N° 0045, 2004: "The importance of buy-sell agreements is now so broadly recognized that a lawyer's failure to recommend or include them in modern joint venture agreements is considered mal practice among legal scholars and practitioners". En la misma línea, FLEISCHER, H. /SCHNEIDER, S., "Shoot-Out Clauses...", cit., pág. 36: "Inclusion of this procedure has become so widespread that it may be perceived as malpractice when legal advisors do not recommend it to company founders". En este sentido, resulta interesante apuntar que las *partnerships* estadounidenses pueden incluir pactos de compra que permitan a un socio adquirir la participación de otro en caso de fallecimiento o de otras circunstancias (*buyout agreements*), dado que una sociedad personalista no se disuelve ni se liquidan los activos automáticamente al fallecer uno de los socios. A este respecto, el caso *G&S Investments vs. Belman* (Arizona Ct. App, 1984), en el que el demandante interpuso demanda para disolver una sociedad personalista con el demandado (socios al 50%) debido a discrepancias mutuas. Al fallecer el demandado, el demandante interpuso una demanda para adquirir la participación del demandado y continuar con la sociedad. Los representantes del demandado, que preferían la disolución y liquidación de la sociedad porque les permitía obtener mayores ingresos que a través de la compra de la participación por parte del demandante, sostuvieron que éste no podía continuar con la sociedad personalista puesto que se había interpuesto ya una demanda instando la disolución y por tanto la sociedad estaría disuelta. El tribunal no fue

La ejecutabilidad de la cláusula dependerá de cómo se haya establecido la verificación del conflicto, de modo que el socio paritario interesado pueda invocar la cláusula para proceder a la ejecución de la compraventa. Para evitar que la invocación de esta cláusula sea realizada sin la debida justificación, suele incluirse un periodo de negociación después de que una parte haya notificado a la otra su interés de ejecutar la cláusula. Si el conflicto no puede ser resuelto durante este periodo, se entenderá que el bloqueo es insuperable y procede la puesta en marcha del mecanismo de terminación. Esto hace recomendable que los socios definan en la propia cláusula cuando se entenderá producido un bloqueo societario, detallando pormenorizadamente los requisitos que han de concurrir para que pueda ejecutarse la cláusula *shoot-out*, por ejemplo, fijando una serie de materias sobre las que tiene que haber consenso o una serie de decisiones que necesariamente tienen que ser aprobadas.

La idea fundamental de estos sistemas de subastas es la atribución del patrimonio social de la empresa común al socio paritario que más valore patrimonialmente sus participaciones. A tal efecto, la principal cuestión entre los diferentes sistemas de subastas girará en torno a la fijación del precio de la sociedad. Las *shoot-out clauses* prescinden de la referencia objetiva de un tercero independiente bajo el presupuesto de que en las sociedades cerradas y pequeñas serán los propios socios quienes, a priori, puedan medir el valor real de la sociedad al contar con mayor y mejor información que la que pudiera obtener un tercero independiente, ya fuere auditor externo o árbitro. Valorando su propia participación, cada socio tratará de ser equitativo para evitar quedarse en la sociedad forzosamente o salirse de forma ineficiente, vendiendo a un precio desproporcionadamente bajo[762].

---

favorable a tal pretensión y declaró que la mera interposición de una demanda de disolución de una sociedad personalista no significa en modo alguno que esté disuelta, ya que debe haber una sentencia firme que así lo declare. En consecuencia, en este caso resultó aplicable el acuerdo que permitía al demandante comprar la participación del demandado en caso de fallecimiento. El importe a pagar a los representantes del demandado debía ser el valor contable y no el valor del mercado.

762 Cfr. FLEISCHER, H./SCHNEIDER, S., "Shoot-Out Clauses...", cit., pág. 40, quien recoge el comentario del juez Easterbrook en la sentencia del caso *Valinote v. Ballis* (7th Circuit, 2000): "The possibility that the person naming the price

Con todo, hay que decir que a diferencia de las sociedades cerradas de naturaleza más familiar y patrimonial (sociedades compuestas por los cónyuges, hermanos, socios personas físicas con negocio común basado en activos tangibles e inmuebles), en las sociedades conjuntas cuyo objeto social requiera mayormente de prestaciones accesorias profesionales y continuadas para su realización, es posible que no interese a ninguno de los dos socios la compra de la participación del otro en caso de que se desate un conflicto intra-corporativo de carácter grave y previsiblemente duradero. La sociedad conjunta es ante todo un instrumento de cooperación de personas jurídicas, basado en el *intuitu personae.* Por tanto, si el bloqueo de los órganos sociales imposibilita la cooperación empresarial, pierde sentido que las partes tengan, además, un interés especial en hacer un desembolso para adquirir el paquete accionarial o de participaciones. Aunque de ese modo uno de los dos se haría con el control total de la sociedad, y se convertiría en socio único, el problema es que la sociedad ya no podría desarrollar el objeto social de la manera en que lo venía haciendo, dado que las cualidades personales del socio vendedor necesarias para su realización efectiva desaparecen con su salida[763].

Este sería el caso de una *joint venture* que fuera una sociedad filial común y sus activos críticos, intangibles y separables, dependiesen de las sinergias entre el personal laboral de las dos personas jurídicas, esto es, de las sociedades matrices. La situación de bloqueo de los órganos sociales impide la continuación de la actividad por lo que la adquisición de la participación de una por la otra no supone que el negocio original pueda reanudarse, salvo que fuera acompañada por la contratación del personal laboral de la saliente. La sociedad conjunta como tal deja de tener sentido sin las condiciones personales que permitían o posibilitaban el buen fin de la cooperación. En esto casos, por consiguiente, se requerirá una alta diligencia en la

---

can be forced either to buy or sell keeps the first mover honest". En definitiva, el sistema de desbloqueo pone en marcha un procedimiento de partición y selección, que en la jerga contractual anglosajona relativa a los problemas de las divisiones justas o equitativas (*fair division*) es conocido como la *cake-cutting solution rule* ("I cut, you choose"). Para ahondar sobre este tema, véase, BRAMS, S. J./TAYLOR, A. D., *Fair division: from cake-cutting to dispute resolution*, Cambridge, 1996, passim.

763 Vid. MIQUEL RODRÍGUEZ, J., *La Sociedad Conjunta…*, cit., pág. 196.

fase de negociación, para establecer la adaptación del régimen de la bipersonalidad a la unipersonalidad en el caso de que se proceda a una transmisión *inter partes*, con el debido ajuste económico, pues la titularidad de la sociedad que sirvió del vehículo para la *joint venture* deja de tener trascendencia sin la cooperación de ambas partes.

Por tanto, el sentido de la inclusión de cláusulas *shoot-out* por vía parasocial será el de acometer el desbloqueo cuando se presuponga interés y certeza en la continuidad del objeto social, al menos por una de las partes, aún en régimen de unipersonalidad, y no fuere factible u oportuno otra medida alternativa a la compraventa inter partes, por no haber interés de tercero ni mercado líquido ávido de esa participación. Si las desavenencias no fueran de entidad, pero sí quebraran totalmente la cooperación y por tanto la efectividad del negocio, la disolución social por acuerdo entre ambas partes sería también una medida posible. Sin embargo, si la cooperación empresarial a través de la sociedad conjunta ha implicado una confusión patrimonial de activos tangibles e intangibles, e incluso de aportaciones ya inseparables, o la contratación de personal relevante para el funcionamiento del negocio, por parte de la sociedad común, así como la generación de nuevos activos críticos en régimen de copropiedad, entonces lo óptimo es la activación rápida del mecanismo *shoot-out* a fin de forzar una compraventa que ponga fin al bloqueo con la salida del vendedor y permita reanudar el negocio con una sola de las partes.

B) La ruleta rusa

Entre las cláusulas *shoot-out* más comunes en la práctica societaria figura la ruleta rusa (*russian roulette*), también conocida como *buy-sell out clause* y en el argot español como "cláusula mallorquina"[764].

---

764 En ocasiones, en el argot de la práctica contractual internacional también se conocen como "Chinese o Phoenician option" o "Solomon's option". Estos sistemas de origen anglosajón apenas son utilizados en España, que, no obstante, acuña este sistema bajo el nombre de "cláusula mallorquina", como señala VÁZQUEZ LÉPINETTE, T., *La protección…*, cit., pág. 47. No obstante, para otros autores, lo más parecido y utilizado a estas medidas de desbloqueo en el sistema societario español se conoce como "cláusula andorrana" o pacto andorrano (cuyo equivalente funcional en derecho comparado se conoce como *Dutch Action*).

Por medio de este mecanismo contractual el socio que desea salir de la sociedad o quedarse con la totalidad de las participaciones o acciones realiza una oferta: de venta en el caso de que quiera salirse o de compra de las participaciones de su consocio, en caso de que prefiera hacerse con el completo control de la sociedad[765]. Pero el

---

Su nombre se remonta a la resolución del litigio sobre el dominio del Condado de Urgel en el siglo XIII. Al igual que la ruleta rusa constituye una modalidad de acuerdo utilizado para decidir el precio de algún bien cuando sus propietarios no se ponen de acuerdo. Típicamente, la cláusula andorrana se aplica en sociedades en las que los dos socios no logran pactar un precio para vender su participación. El acuerdo consiste en que uno de los socios decide un precio para cada acción o participación de la sociedad y se lo ofrece al otro, dejándole un plazo de tiempo para que decida si, por el precio propuesto, prefiere enajenar sus acciones o participaciones, o por el contrario comprar las del primero. Con esta fórmula se obtiene una valoración objetiva, pues es el segundo socio el que decide cómo conseguir más beneficio, ya sea comprando o vendiendo, por lo que, a la hora de adjudicar un valor, el socio que decide el precio de cada acción está obligado a encontrar un equilibrio (Vid. ALVAREZ ROYO-VILLANOVA, S., "Situaciones de bloqueo...", cit., pág. 77). El funcionamiento del pacto andorrano es relativamente simple: uno de los socios paritarios deposita ante notario un sobre cerrado que contiene una oferta de compra de las participaciones de su consocio. Éste ofrecerá asimismo su oferta de compra en sobre cerrado por las participaciones del socio que activó el mecanismo. Una vez hechas las ofertas, se procede a la apertura de los sobres y la parte que haya ofrecido el precio menor estará obligada a enajenar sus participaciones por el citado precio.

765 La cláusula de ruleta rusa ha sido objeto de atención por nuestra jurisprudencia en la STS (Sala 1ª) de 2 de marzo de 1998 (RJ 1998/1126). En el caso tratado, la cláusula tenía el siguiente tenor literal: "Si en los órganos de gobierno de P, S.A., y/o (...) se produjera un desacuerdo entre los representantes de Business Press G y Ediciones S, S.A., de tal naturaleza que ello afectara al normal desenvolvimiento de las actividades de la sociedad, cada una de las partes tendrá el derecho de ofrecer a la otra la totalidad de sus acciones para separarse de la sociedad, indicando el precio de las mismas, la forma de pago y el plazo en que deberá llevarse a cabo la compraventa. La parte que reciba dicha oferta, notificará su aceptación o rechazo de la misma. En este último caso, la parte que recibió la oferta en los mismos términos y condiciones en que la oferta fue formulada y la parte que recibió la oferta quedará obligada a vender sus acciones en las mismas condiciones que su oferente". Ahora bien, la inviabilidad de la cláusula vendrá cuando no tenga la suficiente claridad en cuanto al precio y a los criterios para su fijación, como así resolvió el Tribunal Supremo: "la referida cláusula 11 no prevé mecanismo alguno acerca del caso de inexistencia de acuerdo sobre el ofrecimiento de la venta o compra de las acciones para el supuesto en ella descrito, o para el caso el caso en que la oferente, si la parte rechaza la oferta, sea la que deba adquirir las acciones. Sin embargo, la carencia del mecanismo expre-

socio que recibe dicha oferta será quien decida libremente si adquirir o vender las suyas, al mismo precio o con una determinada prima, según las reglas prefijadas en el pacto[766]. La cláusula debería claramente regular qué sucede si este socio no decide si comprar o vender en un periodo de tiempo concreto y si la falta de comunicación de la decisión constituye o no la aceptación tácita de la oferta[767].

Como se observa, dado el alto nivel de incertidumbre que contiene la ruleta rusa como mecanismo de desbloqueo, lo normal es que su ejercicio quede reservado a situaciones extremas donde los socios paritarios mantienen una posición de fuerza similar, es términos de capacidad financiera[768]. Por eso, cuando la sociedad paritaria está compuesta por un socio emprendedor o profesional (propietario o cesionario del *know how*), y un socio inversor que sólo aporta financiación, este instrumento parasocial puede resultar extremadamente peligroso para el primero. En caso de disputa y activación de la ruleta rusa, la falta de recursos del socio emprendedor hará que su posición contractual en el sistema de subasta quede deteriorada, puesto que, a la hora de ofrecer sus participaciones al consocio, si fija un precio muy alto correrá el riesgo de que éste ofrezca las suyas al citado precio, no teniendo el socio emprendedor o profesional capacidad financiera para asumir tal desembolso. Además, a esto hay que unir el hecho de que habitualmente en esta clase de sociedades cerradas

---

sado no tiene relevancia en el caso que nos ocupa ya que las realidades fácticas que fueron relacionadas en el primer fundamento de la presente, han quedado incólumes en casación, mereciendo ser destacadas, entre ellas, las relativas a la existencia de la discrepancia entre los socios y a la imposibilidad de llegar a un acuerdo sobre la interpretación de la ya mencionada cláusula 11, con lo cual, la solución contemplada en la cláusula no tiene viabilidad alguna".

766 Vid. FELIU REY, J., *Los pactos parasociales...*, cit., págs. 246-247.

767 Cfr. COMINO, S./NICOLO, A./TEDESCHI, P., "Termination Clauses...", cit., pág. 4. Para adentrarse en el mecanismo de este tipo de cláusula desde una óptica económica, véanse los trabajos de KITTSTEINER, T./FRUTOS, M. A., "Efficient partnership dissolution under buy-sells clauses", *Rand Journal of Economics*, N° 1, Vol. 39, 2008, págs. 184-198 y LI, J./WOLFSTETTER, E., "Partnership Dissolution, Complementarity, and Investment Incentives", *CESifo Working Paper*, N° 1325, 2004, pág. 1.

768 Cfr. COMBEN, A., *Joint Ventures...*, cit., pág. 220.

se incluye un pacto de no competencia, lo cual situaría al socio emprendedor en una posición aún más vulnerable[769].

C) El tiro mejicano

Como variante de la cláusula de ruleta rusa figura el denominado "tiro mejicano" (*mexican shoot-out*), también conocido como *texas shoot-out.* Mediante esta cláusula una de las partes ofrece, en sobre cerrado, comprar todas las participaciones de la contraparte por un precio determinado. El socio paritario que recibe la oferta puede aceptarla o realizar a su vez una contraoferta alternativa mejorando el precio. El mismo derecho puede ser concedido al primer oferente. Este proceso de ofertas y contraofertas puede prolongarse durante varias rondas, siempre y cuando el precio ofertado vaya incrementándose. El incremento del precio de cada oferta o contraoferta podrá regularse en función de un cierto porcentaje.

Por medio de este mecanismo se deja abierto qué socio será el que permanezca en la sociedad, por hacer la oferta más alta por la sociedad, y qué socio será el que tenga que salir, por no hacer la mejor oferta durante la subasta. Lo determinante en este sistema es que los sobres se abran de forma simultánea, y generalmente ante un tercero imparcial o neutral, como puede ser un fedatario público, siendo el socio adquirente de las participaciones de su consocio quien realice la oferta más alta. Una vez activada la cláusula y determinado el comprador, la adquisición deviene obligatoria. En consecuencia, hay que tener en cuenta que la parte que active este mecanismo puede no ser el que adquiera finalmente, sino que si no puja más alto que su consocio puede verse obligado a transmitir sus participaciones o acciones.

A efectos prácticos a la hora de establecer este mecanismo antibloqueo, resulta muy recomendable que la cláusula regule el plazo con el que cuenta el socio que no activa el mecanismo para dirigir su contraoferta al otro socio, y así sucesivamente, y también donde y la forma en que tendrá lugar la apertura de los sobres[770].

---

769 Vid. FELIU REY, J., *Los pactos parasociales...*, cit., pág. 247.

770 Vid. LUCEÑO OLIVA, J. L./GUERRERO CAMACHO, E., "Los mecanismos contractuales...", cit., pág. 7.

D) Sale shoot-out

Por su parte, la cláusula *sale shoot-out* funciona de la misma manera que la *mexican shoot-out,* pero a la inversa. Una de las partes realiza una oferta de venta de sus participaciones a la contraparte. Si ésta no las adquiere, estará obligado a vender sus participaciones al consocio por un precio menor con respecto a la primera oferta. La minoración del precio deberá ser regulada en la cláusula, aplicando un cierto porcentaje. Por tanto, la cuestión clave de este sistema de desbloqueo es que el socio interesado en activarlo, al hacer uso de esta opción de compra, ha de estar seguro de poder desembolsar el pago en el supuesto de que su oferta fuera aceptada[771].

E) Deterrent approach

Por último, la cláusula conocida como *deterrent approach* constituye un sistema de subasta por el cual el valor de cada acción o participación queda fijado previamente en los términos que así lo establezca el pacto pertinente. Partiendo de ese precio inicial, el socio que recibe la oferta de compra o venta podrá adquirir la sociedad aplicando un descuento determinado sobre el precio fijado o alternativamente vender sus participaciones al otro socio aplicando una prima sobre dicho precio. De esta forma, se busca que las partes lleguen a soluciones mutuamente aceptables al mismo tiempo que se les disuade de iniciar de forma oportunista todo el procedimiento de compraventa[772].

6.2.2 Problemática de las cláusulas **shoot-out**

El principal problema que presentan las cláusulas *shoot-out* gira en torno a la información incompleta y asimétrica en la fijación del precio. Ello puede conducir a resultados no equitativos en la medida en que los socios tienen que valorar sus respectivas participaciones, y, por ende, el conjunto de los activos sociales, pero no disponen de toda la información necesaria para establecer criterios objetivos de

---

771 Vid. FLEISCHER, H. /SCHNEIDER, S., "Shoot-Out Clauses…", cit., pág. 39.

772 Ibídem, pág. 40.

valoración[773]. Si como sucede en el caso de la *texas shoot-out* un socio paritario fija el precio y el otro elige si compra o vende, este último, con su capacidad de elegir, obtendrá una ligera ventaja porque dispondrá de más información con la que tomar su decisión de seguir o salirse de la sociedad[774].

Al valor público asignado a la participación por parte del primer socio paritario se sumará la propia valoración privada respecto a su participación igualitaria. Si el precio del socio que valora es menor que la del socio decisor, este último tendrá más incentivos para adquirir la otra participación y quedarse como socio único. Si, por el

---

773 Respecto a la fijación del valor, MELCHOR GIMÉNEZ, E., "La fijación estatutaria del valor contable como criterio para la determinación del valor razonable en la transmisión de participaciones sociales", *Revista de derecho de sociedades*, N° 72, 2024, discute la admisibilidad e implicaciones de la práctica societaria (observada en un considerable número de resoluciones dictadas por la Dirección General de Seguridad Jurídica y Fe Pública en los últimos años) consistente en fijar estatutariamente que, en la transmisión de participaciones sociales, se entenderá por valor razonable el valor contable obtenido a partir del último balance aprobado. Como recuerda el autor, cláusulas similares a la mencionada han sido admitidas en la regulación estatutaria de todo tipo de transmisiones de participaciones (inter vivos, mortis causa y forzosa), lo que plantea importantes interrogantes con respecto a los límites de la autonomía estatutaria y la protección del derecho del socio a obtener el valor de su participación.

774 A este respecto, véanse los trabajos de LANDEO, C. L./ SPIER, K. E., "Irreconciliable differences: judicial resolution of business deadlock", *University of Chicago Law Review*, N° 81, 2013, págs. 210-213 y LANDEO, C. L./ SPIER, K. E., "Shotguns and deadlocks", *Yale Journal on Regulation*, N° 31, 2014, págs. 160-162. En ambos estudios se pone de relieve la importancia que tiene analizar la posición de partida del socio que ejecuta la cláusula *shoot-out* para mitigar las potenciales ineficiencias de la compraventa y asegurar un resultado equitativo cuando hay asimetrías de información. Por esta razón, lo más razonable es prever una fase de negociación previa a la activación de la cláusula para determinar quién debe salir y quien debe hacerse con todo el patrimonio social y a qué precio. Como estos estudios concluyen, en un escenario ideal el socio activador de la cláusula debería ser el que cuente con mejor información, esto es, el que esté más informado sobre la empresa común (porque tiene un papel más activo en la gestión social), de modo que pueda valorar adecuadamente las participaciones. Evidentemente, como ponemos de manifiesto aquí, la realización de este escenario ideal no siempre es posible porque las cláusulas *shoot-out* pueden contemplar que cualquiera de los socios se reserva la facultad de poner en marcha el mecanismo de su salida o la de su consocio, o motivar un bloqueo orgánico y esperar a que sea el consocio quien promueva la ejecución del mecanismo.

contrario, el precio del socio que valora es mayor que el precio atribuido privadamente por el socio decisor a su propia participación, éste último podría preferir la salida de la sociedad obteniendo la ventaja que le ha otorgado su posición en el sistema de subasta.

Los resultados que se alcancen por medio de la aplicación de la cláusula *shoot-out* dependerán en gran medida de la racionalidad y preferencia subjetiva del socio paritario decisor. Si valora más las sinergias actuales de los activos sociales entonces se decidirá por la adquisición a fin de hacerse con el control total de la sociedad. Pero si no valora suficientemente la capacidad de los activos sociales para generar rendimientos futuros entonces optará por salir de la sociedad procediendo a la enajenación de su participación al precio fijado por el consocio[775]. Por tanto, este tipo de cláusulas pueden causar el fenómeno conocido como "maldición del ganador", una paradoja formulada por la teoría de juegos según la cual en estas situaciones resulta menos favorable valorar que seleccionar, porque asignar un mayor precio en la oferta por parte del socio que valora suele bene-

---

775 En el marco de sociedades bipersonales y en un escenario de información incompleta, MORGAN, J., "Dissolving a partnership (un) fairly", *Economic Theory*, N° 4, Vol. 23, 2003, págs. 910 y 920, demuestra bajo formulación econométrica que el mecanismo de valoración-selección favorece sistemáticamente al socio que tiene el poder de elegir en primer lugar una vez realizada la oferta. Nótese que el esquema matemático aplicado por este autor parte de la consideración de que la asignación del activo que va a ser dividido tiene el mismo valor para las partes, es decir, que el potencial de futuros ingresos se presume similar para ambos socios, una presunción que en muchas situaciones reales sería bastante objetable (por ejemplo, respecto al aprovechamiento de una lista de clientes o el *know how* de la empresa). Para ahondar en el estudio de la problemática de los mecanismos de división o reparto equitativo de activos que estaban previamente unidos en una sociedad: vid. CRAMTON, P./GIBBONS, R. /KLEMPERER, P., "Dissolving a partnership efficently", *Econometrica*, N° 55, 1987, págs. 615-632; McAFEE, R. P., "Amicable divorce: dissolving a partnership with simple mechanisms", *Journal of Ecomomic Theory*, N° 56, 1992, págs. 266-293 y MOLDOVANU, B., "How to dissolve a partnership", *Journal of Institutional and Theoretical Economics*, N° 158, 2002, págs. 66-80. Sobre el problema de la información asimétrica en el contexto de la disolución de sociedades (personalistas) paritarias, TURNER, J. L., "Dissolving (in) effective partnership", *University of Georgia*, 2012, passim.

ficiar al socio que posteriormente decide si vender o comprar a un determinado precio[776].

La problemática de la cláusula *shoot-out* respecto a la información asimétrica en la fijación del precio debe estudiarse desde una óptica mixta que no desatienda el principio de eficiencia[777]. Por esta razón, a nuestro juicio, la solución equitativa pero también más eficiente será la articulación de un mecanismo alternativo y más complejo, mediante el nombramiento de un tercero independiente. Este tercero independiente, nombrado de común acuerdo, asignaría los activos sociales a cualquiera de los socios después de que le hubieran comunicado privadamente la valoración de sus respectivas participaciones. Esta solución requiere de un acuerdo de mínimos para otorgar ese poder decisorio a un tercero en un momento en que el conflicto intra-corporativo ya se ha manifestado[778].

La cuestión clave radicará en la determinación sobre cuál de los dos socios es el que realiza la propuesta de venta o de compra a la hora de la negociación contractual de las cláusulas *shoot-out*. Este aspecto negocial supondrá en cualquier caso dejar la solución del bloqueo y la consiguiente determinación de la posición del socio como destinatario final del patrimonio común a un elemento aleatorio difí-

---

776 En cuanto al fundamento de la "maldición del ganador" o "winner's curse problem", vid. MORGAN, J., "Dissolving…", cit., pág. 920:"In the case of the divide and choose mechanism, the desirable fairness properties in the complete information are lost in the presence of incomplete information. Instead, the dividing player is faced with a winner's curse problem which leaves him with less than 50% of the surplus". Para ampliar esta perspectiva, RABIN, M., "Incorporating Fairness into Game Theory and Economics", *American Economics Review*, N° 83, 1993, pág. 1281 y sigs.

777 En cuanto a los problemas de asimetría informativa en los procesos negociales, ARRUÑADA, B., *Teoría contractual de la empresa*, Madrid, 1998, págs. 137-138. Sobre el principio de eficiencia, PAZ-ARES, C., "Principio de eficiencia…", cit., pág. 2843 y sigs.

778 En el estudio antes referido de MORGAN, J., "Dissolving…", cit., pág. 920, se muestra que un sistema arbitral de división mejora la equidad y la eficiencia del reparto de los activos sociales porque equilibra las posiciones de las dos partes: "Finally, under binding arbitration, we are able to recapture the desirable fairness properties of the divide and choose mechanism in an incomplete information setting. Specifically, by deciding which side of the market each of the claimants for the asset will be on at random after their report of values, the mechanism achieves an ex post and ex ante fair allocation".

cil de anticipar. Esto puede deberse, por un lado, a la incertidumbre procedente de las valoraciones de las participaciones, y por otro, a la inexistencia de valores de mercado sobre participaciones de sociedades no cotizadas, cerradas y pequeñas. En el caso de que el resultado producido por la ejecución de este tipo de cláusulas fuera insatisfactorio para ambas partes, nada obsta a que posteriormente pudieran iniciarse nuevas negociaciones con la contraparte para que se recomprara o revendiese la participación paritaria por un precio superior. De ahí que la solución al bloqueo societario a través de estas cláusulas nunca será irreversible porque caben múltiples posibilidades para renegociar la asignación formalmente equitativa de los activos sociales, corrigiendo las potenciales ineficiencias que se hubieran causado, por ejemplo, respecto si el obligado a vender hubiera sido el socio paritario propietario del *know how*, de los activos críticos, o el profesional a cargo de las relaciones públicas o comerciales[779].

Por esta razón, la asignación resultante de este tipo de cláusulas no tiene por qué ser definitiva ya que a través de una eventual renegociación las partes siempre podrán adjudicar determinados activos a la propia contraparte o a un tercero (si dichos activos tienen un mercado). En consecuencia, una posible asignación ineficiente por la vía de estos mecanismos podría corregirse ulteriormente mediante la transacción de los recursos comunes atribuidos al socio comprador.

Por otra parte, que el reparto de las ganancias en las sociedades paritarias constituya un juego de suma cero no significa que se desincentive a la generación de las mismas por desconocer los socios, al momento de la negociación contractual de las cláusulas *shoot-out*, que la producción de un bloqueo orgánico podrá situarles en una posición desfavorable en el sistema de subasta previsto[780]. Si el régimen

---

779 Cfr. FLEISCHER, H./SCHNEIDER, S., "Shoot-Out Clauses…", cit., pág. 41: "the absence of this knowledge or connections may have dire consequences for the remaining shareholders".

780 Como nos referimos en la Parte I, no estamos aquí ante un juego de suma positiva que obligue al socio a contribuir al fin común de la sociedad paritaria sino a una negociación de reparto que se encuadra en el tipo de suma cero, donde cada socio tiene un derecho legítimo a obtener la mayor porción posible en el reparto de los activos sociales sin más límites que el derecho de su contraparte y la buena fe en el ejercicio de su derecho.

legal disolutorio facilita la disolución (judicial) en caso de paralización de los órganos sociales, entonces las partes podrán anticiparlo antes de tomar participación en la sociedad común. Si, por el contrario, el régimen legal disolutorio hace demasiado gravoso disolver y liquidar una sociedad de capital en situación de bloqueo —porque se requiere judicialmente acreditar un enconamiento insuperable entre los socios para que se produzca la intervención legal— entonces los socios podrían ir al otro extremo y optar por una sobreinversión que incremente las ventajas competitivas de la empresa común al no estimar probable la disolución de la sociedad. Si los socios esperan que la disolución legal de la sociedad común se produzca con mucha probabilidad, intentarán minimizar los costes, limitando o reduciendo su exposición en la sociedad. Pero si estiman muy improbable la disolución, optarán por implicarse personalmente renovando la confianza en un control conjunto. Inversamente, una vez realizadas fuertes inversiones en la sociedad paritaria, lo razonable es que hiciesen todo lo posible para que la disolución no tuviese lugar, por conllevar unas consecuencias completamente lesivas para sus intereses[781].

Sin perjuicio de la validez general de los mecanismos alternativos por vía de las cláusulas *shoot-out*, las implicaciones más conflictivas en cuanto a su aplicabilidad radicarán cuando uno de los socios apele a ellas en un contexto de gran asimetría de capacidad financiera al momento del bloqueo societario[782]. En este sentido, la invocación a este tipo de cláusula por parte de un socio paritario ante el acaecimiento de un conflicto intra-corporativo podría no ser conforme con el principio de la buena fe si se prueba que tenía conocimiento de

---

781 Sobre la relación entre inversión en la sociedad y el régimen disolutorio, LI, J./ WOLFSTETTER, E., "Partnership Dissolution...", cit., pág. 2, y FLEISCHER, H./SCHNEIDER, S., "Shoot-Out Clauses...", cit., pág. 42. La fluctuación en el nivel de inversión en la sociedad es muy patente en las sociedades matrimoniales en función de la situación de la relación afectiva entre los cónyuges.

782 Cfr. BEASLEY, R. C., "Mechanism to resolve deadlock...", cit., pág. 36: "This mechanism may not be viewed as fair when one party has significantly more financial strength than the other, but this can be alleviated by allowing an adequate time period for the other party to find a financial backer while the buy sell proposal is pending". La misma cuestión es advertida por FLEISCHER, H./ SCHNEIDER, S., "Shoot-Out Clauses...", cit., págs. 41 y 48-49.

que el consocio no disponía de medios financieros para adquirir su parte en la subasta[783].

El abuso de derecho emergería aquí por la invocación a la cláusula *shoot-out* en mala fe con el fin de hacerse con el patrimonio común a un precio notablemente inferior. Por lo tanto, el momento de la ejecución de la cláusula *shoot-out* será determinante para esclarecer la actuación en abuso de derecho por parte del socio paritario que apele a su activación a sabiendas que su consocio atraviesa dificultades financieras que le imposibilitan realizar una oferta por un precio mayor en la subasta[784].

---

783 La disparidad de capacidad financiera entre los socios paritarios ha despertado en la jurisprudencia estadounidense una tendencia tuitiva para con el socio que se encuentra en desventaja financiera. Si los tribunales encuentran evidencias de que el socio realiza la oferta a sabiendas de que su consocio no tiene capacidad financiera para el pago de dicho precio, tenderán a rescindir la venta de la participación promovida por éste. Véase el caso *Johnson v. Buck* (Texas, Court of Civil Appeal, 1976). En sentido contrario, cabe citar el caso *Larken Minnesota, Inc v. Wray* (District Court of Minnesota, 1995), que no entendió haber lugar a una rescisión de la venta porque no estimó incumplido el deber de fidelidad del socio-administrador, que había invocado la cláusula de desbloqueo realizando una oferta de compra por debajo del valor de mercado: "It is difficult to see how an action taken directly pursuant to the express terms of the partnerships agreements, i.e. the submission of a bid that meets the requirements of the partnership agreements could constitute a breach of fiduciary duty". Adicionalmente, como se recuerda en el caso *Schaefer v. RMS Realty* (Court of Appeals of Ohio, 2000), las negociaciones en cumplimiento de un acuerdo de socios no derogan el deber de fidelidad entre socios, en el caso de que uno de ellos use su posición para obtener una ventaja financiera sobre el otro.

784 También se advertiría un abuso por aplicación en mala fe de la cláusula *shoot-out* si la parte que la invoca conoce que la compra o venta de las participaciones no es recomendable por razones estratégicas o fiscales. En este sentido, estamos de acuerdo con la opinión de GOMTSIAN, S., "Interest (share) transfer restrictions…", cit., pág. 39, quien sintetiza perfectamente la problemática de fondo de las cláusulas shoot-out: "In particular, where one of the partner possesses information about the financial position of other partner, it can trigger a buy-out mechanism to force a financially weaker partner out of the firm. Even if the offered Price is below the market Price, the financially constrained partner may not be able to make a counteroffer. Similar moral hazard behavior can be stipulated in situations where one of the parties knows that the sale or purchase of the securities is costly or not affordable for its partner owing to strategic or tax reasons or for public law limitations, such as competition rules or foreign investment limitations".

La viabilidad de estos mecanismos dependerá generalmente de las posibilidades financieras del socio o grupo de socios adquirentes. En ocasiones la falta de liquidez o el tener que enajenar ciertos activos hace que estos mecanismos no operen eficientemente. De no ser posible la puesta en marcha de estos mecanismos —porque ningún socio dispone de fondos para adquirir del otro su participación— podría establecerse una cláusula subsidiaria por la cual ambos socios paritarios procedieran obligatoriamente a la venta de sus participaciones a un tercero que hiciese una oferta por ellas, teniendo siempre el derecho de preferencia para igualar la oferta[785].

6.2.3 Análisis crítico

La multiplicidad de modalidades *shoot-out* que existen para desbloquear una sociedad contrasta con su poca aplicación real en la práctica societaria continental[786]. De hecho, la jurisprudencia sobre esta materia es muy escasa en derecho europeo continental[787], por

---

785 A este respecto, resulta de sumo interés el Anexo I del Capítulo IV de la obra de FERNÁNDEZ DEL POZO, L., *La paralización de los órganos sociales en las sociedades de capital...*, cit., págs. 181-182, que expone un modelo de cláusula *shoot-out*, así como la formalización analítica de un ejemplo que viene a continuación en el Anexo II (págs. 183-187).

786 No sucede así en la práctica contractual angloamericana que es la que ha desarrollado mayormente estos mecanismos de compraventa. Vid. FLEISCHER, H. /SCHNEIDER, S., "Shoot-Out Clauses...", cit., pág. 36. Sin embargo, hay que tener en cuenta que aunque sean acordados entre las partes no quiere decir que sean efectivamente empleadas. Sobre este particular, véase BROOKS/ LANDEA/SPIER, cit., pág. 650 (nota 8): "Despite their widespread inclusion in business contracts, even the most experienced attorneys have rarely (if ever) seen a Texas shoot-out triggered".

787 En Francia, por ejemplo, las cláusulas *shoot-out* son utilizadas ocasionalmente en acuerdos de socios, pero es muy infrecuente su invocación en la práctica societaria. En el año 2006, sin embargo, una resolución del Tribunal de Apelación de París revisó la validez de dichas cláusulas con motivo de que una de las partes argumentaba que la *buy-sell clause* constituía realmente una cláusula de exclusión. El tribunal rechazó dicha objeción, en el presupuesto de que una *buy-sell clause*, en contraste con una cláusula de exclusión, no puede ser reconocida como una sanción pues su fundamento es operar cómo un procedimiento voluntario de salida de acuerdo con la autonomía privada caracterizadora del derecho contractual. Véase la Sentencia del Tribunal de Apelación de París de 15 de diciembre de 2006, en *Rev. trim. dr. comm.*, 2007, págs. 169-170: "Una telle

contraste con el ámbito estadounidense, de donde deriva primigeniamente su práctica contractual[788]. A esto hay que sumar la escasa

condition ná rien d'illicite; la sortie de la société, consequence de la mise en oeuvre de l'engagement, n'est pas une sanction et n'est pas imposée puisqu'elle a été librement acceptée". Por lo que respecta a Alemania, las cláusulas *shoot-out* tampoco han sido tratadas extensamente por la jurisprudencia, sin embargo, la doctrina suele aceptar su validez general. No son entendidas como una restricción del derecho a disolver una sociedad de personas de acuerdo con el art. 723.3 BGB porque cada socio es libre de iniciar el procedimiento de salida. El hecho de que cada socio pueda transmitir sus participaciones al otro por vía de un derecho de venta en vez de un derecho a disolver la sociedad es irrelevante a efectos jurídicos, puesto que la transmisión de las participaciones por medio de la venta al consocio es equivalente a la terminación de la sociedad personalista. La principal diferencia es que la parte que pretende salirse mediante este mecanismo puede terminar como socio único una vez que el procedimiento se haya ejecutado. Así, el socio que se haga con la propiedad de todo el patrimonio común podrá elegir si continuar operando en el marcado como sociedad unipersonal, venderla o liquidarla. Vid. FLEISCHER, H. /SCHNEIDER, S., "Shoot-Out Clauses...", cit., pág. 45. Un sector de la doctrina alemana ha observado que el sistema de determinación del precio en las cláusulas *shoot-out* normalmente protege a los socios de potenciales desventajas y conductas oportunistas, de manera que la violación del principio de orden público recogido en los arts. 138.1 y 138.2 BGB resulta improbable. En circunstancias excepcionales, las cláusulas *shoot-out* pueden incurrir en dicha vulneración si a resultas de su aplicación, uno de los socios no está en posición de financiar una hipotética adquisición de las participaciones, es decir, cuando existe una disparidad en la capacidad financiera de los socios que termina por desvirtuar el equilibrio contractual en la formación del precio de las ofertas y contraofertas en el sistema de subastas. En derecho alemán, esta doctrina se conoce como "la espada de Damocles" y ha sido desarrollada por el Tribunal Federal para invalidar las cláusulas de terminación que permitan exclusiones arbitrarias de socios en sociedades cerradas. Este fundamento, se extiende, por tanto, a las cláusulas *shoot-out,* por lo que una determinada oferta oportunista contravendría los principios de buena fe contractual y fidelidad en las sociedades cerradas (art. 242 BGB). En derecho austríaco se permite la inclusión de las cláusulas *shoot-outs* en los estatutos sociales de las sociedades cerradas y su inscripción en el registro mercantil. Como confirman la escasa jurisprudencia austríaca al respecto, estos mecanismos previenen suficientemente a la parte que los invoca de tomar ventaja sobre el otro socio. Vid. FLEISCHER, H. /SCHNEIDER, S., "Shoot-Out Clauses...", cit., págs. 44-45. Véase la Sentencia del Tribunal de Apelación de Viena de 20 de abril de 2009 (GesRZ 2009, 28 R 53/09h).

788 La jurisprudencia sobre la validez de las cláusulas *shoot-out* es muy escasa en derecho continental europeo y mucho más abundante en el ámbito anglosajón, de donde deriva primigeniamente su práctica contractual. En la práctica societaria estadounidense, este tipo de cláusulas son frecuentemente incluidas

en la regulación contractual de las sociedades, especialmente en materia de sociedades conjuntas. Como botón de muestra, la referencia del Juez Easterbrook en una resolución de 2002: "The possiblity that the person naming the price can be forced either to buy or sell keeps the first mover honest" (caso *Valinote v. Ballis*, 7th Circuit, 2000). De hecho, la *American Bar Association* (ABA) publicó en 2008 un modelo de contrato para sociedades conjuntas dedicadas al mercado inmobiliario, de conformidad con la *Delaware Limited Liability Company Act*, en el que se incluía una cláusula de desbloqueo. Vid. AA.VV., "American Bar Association, Model Real Estate Development Operating Agreement with Commentary", *Business Lawyer*, N° 63, 2008, págs. 385-472. Sobre este respecto, consúltese GRAIWER, S., "Revisiting Joint Venture Agreements in an uncertain Real Estate Market", *The Real State Finance Journal*, 2008, pág. 8 y sigs., CAREY, S. A., "Buy/sell agreements in Joint Venture Real Estate Agreements", *Real Property Problems & Trade Journal*, N° 39, 2005, pág. 651 y SPORE, R. R., "Management and governance of real state joint ventures: avoiding surprises and resolving conflict in tough times", *Probate & Property*, N° 23, 2009, pág. 33 y sigs. Como ponen de relieve ambos autores, en las sociedades conjuntas inmobiliarias estadounidenses, la asimetría de información entre los socios es muy reducida ya que la valoración de los activos sociales es relativamente fácil incluso por terceros ajenos a la sociedad y al mercado. Esto hace que las cláusulas *shoot-out* sean eficientes para terminar con la sociedad conjunta independientemente del socio que active el mecanismo de compraventa. Por otra parte, el art. 273 del Capítulo VIII del Código de Delaware (EEUU) permite que uno de los socios pueda separarse de la sociedad conjunta mediante un plan de división de activos. El interés de este modelo de contrato de sociedad radica en que advierte de que el mecanismo de desbloqueo (instrumentado a través de una *buy-sell clause*) está basado en la asunción de que los socios de la sociedad conjunta tienen acceso a financiación suficiente y a información completa para poder realizar una oferta o contra-oferta de interés para la contraparte. Esta medida trata de incentivar tanto a los socios como a los administradores hacia el cumplimiento de los deberes de fidelidad horizontal, preservando el principio de buena fe en todo momento durante la ejecución del procedimiento de desbloqueo. Así, si el socio que invoca la cláusula es el socio-administrador, éste deberá facilitar al consocio toda la información necesaria sobre la sociedad para que pudiera realizar con suficiente margen de tiempo su propia valoración de las participaciones antes del inicio de la subasta. Vid. AA.VV., "American Bar Association...", cit., pág. 474. Esta obligación de suministrar información por parte del socio que ostente el control del órgano de administración de una sociedad bloqueada antes de la ejecución del procedimiento de subasta fue confirmada en el caso *Blue Chip Emerald LLC v. Allied Partners, Inc* (Nueva York, 1° Dept. 2002). En este caso, el socio paritario era también administrador de una sociedad que tenía un local comercial en la ciudad de Nueva York. Este socio, mediante una cláusula de desbloqueo, adquirió del otro el restante 50% del accionariado y dos semanas más tarde vendía dicho local por un precio 250% superior que el precio de adquisición del 50% de las acciones del que fuera su consocio. El tribunal reco-

atención que con frecuencia prestan a la salida los propios socios de sociedades paritarias susceptibles de disolverse ineficientemente[789].

Las reglas positivas y jurisprudenciales sobre la disolución y liquidación social priorizan la salvaguarda de la igualdad entre las partes sobre el principio de eficiencia. Esto explica que muchos socios al 50% se abstengan de negociar mecanismos para resolver *ex ante* potenciales situaciones de bloqueo[790]. En efecto, a la luz del derecho positivo y de los precedentes jurisprudenciales de la mayoría de los más importantes ordenamientos, pueden anticiparse decisiones razonablemente equitativas a las situaciones de bloqueo, puesto que los socios paritarios prefieren ajustarse a la seguridad de la equidad (por vía judicial) que a la posible inseguridad de la eficiencia (por vía contractual).

En este sentido, diversos estudios empíricos avalan la idea de que es imposible disolver eficientemente las sociedades paritarias, sobre todo aquellas que presentan un control asimétrico, es decir, en las que la administración descansa enteramente sobre el socio paritario activo, en contraposición al consocio que actúa pasivamente, como un mero inversor o financiador. Estas sociedades podrán mitigar los efectos de su bloqueo si sus socios están dispuestos durante el procedimiento disolutorio a procurar una venta a un tercero de mutuo acuerdo o a la entrada de nuevos socios en el capital[791].

Esta aparente falta de atención de los socios por facilitar una terminación eficiente de la sociedad paritaria en conflicto puede responder, paradójicamente, a una estrategia de fondo mucho más

---

noció que el socio-administrador había violado su deber de fidelidad y que para que la invocación de la cláusula de desbloqueo fuera conforme a la buena fe la decisión del socio vendedor debía haber sido una decisión informada.

789 De conformidad con COMINO, S./NICOLO, A./TEDESCHI, P., "Termination Clauses...", cit., pág. 2: "(...) of the many aspects of alliance management, planning its termination ranks among the most ignored by partners".

790 Como afirma NEVILLE, M., "Conflicts...", cit., pág. 18, la experiencia británica y norteamericana en esta materia demuestra que los socios de sociedades pequeñas no suelen estar interesados en el contenido de los estatutos sociales antes de que surjan los conflictos intra-corporativos.

791 A este respecto, ORNELAS, E./TURNER, J. L., "Efficient dissolution of partnerships and the structure of capital", *Games and Economic Behavior*, vol. 60, 2007, págs. 187-199.

racional de lo que pudiera inducirse *a priori*, contradiciendo la potencial ineficiencia a la que conducen las situaciones de bloqueo. El razonamiento se funda en que precisamente la negociación y posterior regulación contractual *ex ante* de esta patología intra-corporativa podría reducir el incentivo para realizar mayores inversiones[792]. Por esta razón, bajo ciertas circunstancias, puede ser más ventajoso no incluir este tipo de cláusulas de terminación en orden a incentivar a las partes a permanecer unidos y comprometidos en la sociedad común[793].

Una hipotética justificación de que los socios paritarios no planifiquen la terminación de la sociedad conjunta reside en la peculiar órbita de las relaciones interpersonales —como se examinó *supra*— condicionadas por vínculos emocionales, familiares o de afinidad entre sus reducidos socios. La negociación del contrato social incluyendo sistemas de resolución de conflictos puede problematizar la propia constitución de la sociedad, fase negocial que requiere de una especial demostración de confianza recíproca[794].

Por ese motivo muchos socios paritarios prefieren abstenerse de incluir cláusulas de terminación y pactos de salida con opciones de compra o venta para deshacer bloqueos orgánicos efectivos. Esta preferencia se sustenta en la certeza de que el último recurso —la disolución y liquidación judicial de la sociedad— constituye un mecanismo legal extintivo equitativo. De ahí la paradoja de la frecuente falta de uso de los mecanismos de desbloqueo para prevenir y resolver con-

---

792 Por tanto, el coste del proceso judicial que resuelva el conflicto entre los socios operará como un incentivo *ex ante* para que los socios realicen más esfuerzos para hacer de la sociedad conjunta una empresa más exitosa. Cfr. COMINO, S./NICOLO, A./TEDESCHI, P., "Termination Clauses...", cit., pág. 17: "the contract without a termination clause can outperform any ex post efficient complete contract; that is, the beneficial effect of a larger incentive to invest might dominate the ex-post inefficiency that an incomplete contract induces".

793 Vid. FLEISCHER, H./SCHNEIDER, S., "Shoot-Out Clauses...", cit., pág. 42.

794 Conforme COMINO, S./NICOLO, A./TEDESCHI, P., "Termination Clauses...", cit., pág. 2: "(...) discussing a termination clause when forming the alliance might sour the deal; it might reveal the lack of trust of partners. In addition, also difficulties in working out the various possible contingencies that might occur and designing what parties should do in these cases may justify the absence of a termination clause (...) By not determining the rules for separation, partners wanted to demonstrate their commitment into the relationship".

flictos en el marco de un gran número de sociedades de capital cerradas. La disolución judicial, en tanto que tratamiento legal supletorio en defecto de pactos estatutarios o extraestatutarios al respecto, parece representar un cauce suficientemente idóneo cuando los socios paritarios buscan limitar la incertidumbre y confiar en una intervención judicial para poner fin al bloqueo equitativamente. Aunque eso signifique un posible resultado ineficiente a causa de la desaparición de la empresa común.

La suposición de que la equidad en la disolución judicial de una sociedad de capital al 50% es preferible a la inseguridad de la eficiencia por medio de una resolución contractual se evidencia cuando se contrasta con la configuración de la sociedad personalista. En las sociedades de personas la voluntad de cualquiera de sus socios permite terminarla mediante la denuncia unilateral, excepto en los supuestos en que se hubiera celebrado un contrato de sociedad de duración determinada[795]. Sin embargo, la elección de un tipo personalista para la constitución de una sociedad común, si bien solucionaría de principio el problema del conflicto intra-corporativo mediante la denuncia unilateral y consiguiente disolución social, presenta en contrapartida tantas deficiencias respecto a otras materias de índole funcional y operativa —sobre todo si hay inversiones específicas y activos críticos—, que hace preferible la elección de un tipo capitalista, a pesar del riesgo de encarcelamiento por bloqueo y la concurrencia de comportamientos oportunistas, extractivos y abusivos en el marco orgánico de la estructura corporativa. Las sociedades personalistas paritarias conducirán a un defecto de inversiones en la empresa común, mientras que las sociedades capitalistas, al tener un régimen restringido en cuanto a la vía de terminación positiva y judicial, no tendrían, en principio, que suponer un defecto de inversión en la sociedad común (aunque tampoco necesariamente un exceso)[796].

Como se ha examinado, la cuestión de los instrumentos que ofrece el derecho societario para las valoraciones objetivas de las partici-

---

795 Vid. GALGANO, F., *Il contratto di società. La società di persone*, 2ª ed., Bolonia, 1980, pág. 124.

796 Sobre la sociedad colectiva, PAZ-ARES, C., "Sociedad colectiva: disolución y liquidación", en URÍA/MENÉNDEZ (dirs.), *Curso de Derecho Mercantil*, Tomo I, Madrid, 2000, pág. 675 y sigs.

paciones sociales constituye un elemento central en la problemática que nos ocupa, en orden a deshacer el bloqueo efectivo mediante la compra de la participación paritaria por parte del otro socio en aplicación de algún mecanismo contractual fijado específicamente a tal efecto. La valoración de un conjunto de acciones o participaciones que representan el 50% del capital social no difiere en la práctica de valorar la mitad exacta de la sociedad, capitalizando los rendimientos futuros esperados de los activos que componen la empresa y dividiéndolo por la mitad[797].

Cualquier valoración supone una operación compleja donde hay que contemplar un factor de incertidumbre nada desdeñable. Sin embargo, en un contexto de conflicto intra-corporativo donde lo que se pretende es negociar o aplicar un procedimiento para deshacer un bloqueo efectivo, a la notable dificultad derivada de la incertidumbre intrínseca a toda valoración hay que sumar el hecho de que muchos mecanismos de salida hacen del socio paritario juez y parte, como sucede en las cláusulas *shoot-out*[798].

Por esta razón, los socios paritarios deben buscar todas las posibilidades al alcance del derecho de sociedades y del derecho contractual para formalizar sistemas de desbloqueo que mitiguen esa incertidumbre[799].

---

797 Vid. ALCOVER GARAU, G., "Cláusulas estatutarias de valoración de las participaciones sociales", *Revista de derecho de sociedades*, N° 74, 2025.

798 Puede ampliarse este razonamiento en MATOUSCHEK, N., "Ex post inefficiencies in a property rights theory of the firm", *Journal of law, economics and organization*, Vol. 20, N° 1, 2004, págs. 125-147.

799 En esta línea, MAHLER, P., "Shareholder Wars…", cit., pág. 34: "The best insurance against the uncertainty of business divorce is a shareholders 'agreement with reasonable buy-sell provisions. Other techniques include arbitration agreements, voting trusts and appointment of provisional directors. Clients starting new business ventures with co-owners should be strongly encouraged to make the up-front investment in these types of consensual arrangements to minimize the later risk of a judicially imposed death —or life— sentence for their corporation". Por otra parte, resulta conveniente establecer al menos las bases para la valoración, como un balance especial confeccionado bajo determinados parámetros o la utilización de alguno de los métodos de valoración que se ajuste a las particularidades de la empresa (flujos de fondo descontados, valor de activos netos de pasivos, valor que el mercado asigna a empresas similares, un múltiplo del EBIDTA normalizado…). En España las cláusulas estatutarias que

Una solución que se entendería óptima a este respecto pasaría por articular una regla que generase incentivos adecuados tanto al socio comprador como al socio vendedor para no infravalorar o sobrevalorar su participación. A falta de un mercado de participaciones de sociedades cerradas, este sistema podría modularse externalizando la valoración a peritos especialistas en la materia, de modo que cada socio designara a uno y en una segunda fase, ambas valoraciones de parte fueran sujetas a revisión por un tercer perito independiente, designado de mutuo acuerdo por los peritos de parte. Este tercer perito fijaría finalmente el precio final al que el socio comprador habría de adquirir la participación del socio vendedor.

En la determinación del valor de la participación paritaria, el tercer perito podría fundar su decisión en indicios que proporcionase el propio mercado y el entorno económico de la sociedad paritaria bloqueada objeto de litigio. Estos indicios serían los correspondientes a aquellas transacciones que reflejen un valor para una parte o para la totalidad de la participación del socio paritario, como por ejemplo pudieran ser transacciones precedentes, ofertas alternativas negociadas con terceros para subrogarse en la posición de alguno de los socios paritarios, la aceptación de las participaciones en garantía por una entidad bancaria etc. El tercer perito podría determinar el precio completando la información con el fin de corregir posibles infravaloraciones o sobrevaloraciones de parte[800].

Este mecanismo supondría la articulación de un sistema mixto para deshacer el bloqueo efectivo de una sociedad paritaria corrigiendo las deficiencias de las cláusulas *shoot-out* en lo concerniente a los comportamientos oportunistas en la valoración de acciones o participaciones. La introducción de un sistema de dos peritos de par-

---

contemplen tales previsiones son admitidas a Registro, como asevera SÁNCHEZ CRESPO CASANOVA, A., *El protocolo familiar*, Madrid, 2009, pág. 128.

800 Vid. PERDICES HUETOS, A., *Cláusulas restrictivas...*, cit., pág. 244: "El mejor método es el de una valoración según resultados esperados, que es la que mejor responde a lo que un hipotético comprador estaría dispuesto a pagar por la participación del saliente (...). La finalidad de este método de aproximación o petanca es, por tanto, la de favorecer, en primer lugar, que las cifras propuestas por las partes sean lo más ajustadas posibles a la realidad, desincentivando el aumento exagerado o la reducción injustificada de los precios propuestos por cada parte".

te y uno tercero independiente a la hora de la determinación del precio de la participación paritaria reforzaría una solución equitativa a la par que eficiente, eliminando la incertidumbre en el caso de que el conflicto intra-corporativo se judicializara. Salvo que hubiera pruebas fehacientes de que no existen indicios disponibles del tercer perito, los jueces no tendrían motivos para no aceptar la pericia de los tres expertos (dos de parte y el común)[801].

6.3 OPCIONES DE COMPRA Y VENTA (*CALL/PUT*)

6.3.1 Consideración preliminar

El impacto de la salida de un socio en sociedades cerradas, sobre todo si su aportación no dineraria consiste en activos vitales para el funcionamiento de la empresa, podría ser de muy difícil reemplazo, más aún en el caso de que fueran activos de propiedad intelectual o industrial, *know how* etc. Una vía para remediar este problema sería el otorgamiento de opciones de compraventa a favor de uno o de los dos socios. Las opciones *call/put* son verdaderos derechos a favor del titular que corresponda para comprar y/o vender. Con esta medida, el socio paritario adquiriría la participación de su consocio para asegurar la continuidad de la empresa que desarrolla el objeto social.

Hay que destacar que estos derechos de compraventa deben ser estipulados detalladamente, concretando los supuestos de hecho que permiten activarlos, así como el procedimiento que ha de seguirse para su ejecución. En todo caso, la viabilidad de este mecanismo

---

801 Si bien este mecanismo tiene su encaje natural en derecho anglosajón, sería complicada su introducción en el derecho societario español, ya que cómo examinamos *supra*, existen no pocas remisiones a la revisión judicial de las valoraciones efectuadas por auditores de las participaciones sociales en materias como el derecho de adquisición preferente, el derecho de separación o la exclusión de socios. Sin embargo, en términos generales, siguiendo a FLEISCHER, H./ SCHNEIDER, S., "Shoot-out clauses…", cit., págs. 43-44 y 45-46, podemos decir que la dinámica de contrapesos o equilibrios entre los socios y el efecto disuasorio del oportunismo que genera entre ellos el sistema de fijación del precio en las cláusulas *shoot-out* (tendente a su objetivación, o precio justo), son buenas razones para la validez y admisión por los tribunales de este tipo de mecanismos contractuales.

dependerá en última instancia de la capacidad financiera del socio adquirente, del sistema de fijación del precio y de la decisión sobre a quién le corresponde comprar o vender, pues en una situación de grave conflicto entre socios es posible que resulte muy difícil llegar a un acuerdo sobre su activación y ejecución.

6.3.2 Opción de compra (**call**)

En virtud de la opción de compra uno de los socios paritarios tiene el derecho de adquirir las participaciones del consocio, y éste asume la obligación de venderlas. Los supuestos más comunes en los que suele recurrirse a esta fórmula son un posible incumplimiento de una de las partes del pacto parasocial o la pérdida de algún elemento o condición para ser socio, como puede suceder en las sociedades profesionales con la pérdida de la condición habilitante del socio profesional. También puede regularse la opción de compra para garantizar la salida del socio al que le sea imputable una situación, como estar incurso en una situación de insolvencia o sufrir un cambio de control. De este modo, la opción de compra permitiría continuar el negocio solitariamente al socio que se vea perjudicado por la insolvencia o cambio de control de su consocio.

Asimismo, es posible que la opción de compra se utilice para abordar otras situaciones que no son necesariamente conflictivas, o como mecanismo de recuperación de la inversión por parte de los socios minoritarios ante determinadas conductas opresivas por parte de la mayoría.

Por lo mismo, también pueden utilizarse como mecanismo de desbloqueo en sociedades paritarias, en el que uno de los bloques de socios se reserva la facultad de adquirir la participación del otro bloque (50%), deshaciendo de tal forma su vínculo societario en común, quedando el socio comprador en solitario. En este último caso, dada la drástica consecuencia del ejercicio de la opción, resulta muy relevante la descripción detallada y precisa en el pacto de las situaciones que activarán este procedimiento[802]. En cuanto al precio de la compraventa, salvo que pudiera haber alguna justificación para

---

802 De conformidad con FELIU REY, J., *Los pactos parasociales…*, cit., págs. 245-246.

aplicar un precio especial, lo natural es que el precio sea el de valor de mercado, determinado por un experto independiente, o, por ejemplo, mediante un ratio específico, como pudieran ser los fondos propios o los múltiplos del EBITDA. Lo que es claro es que dejar la *call option* con un precio abierto e indefinido en el pacto parasocial no sería recomendable porque imposibilitaría una activación eficaz de la cláusula, como así sucedería si en el momento del ejercicio de la opción se requiere la determinación del precio por acuerdo[803].

*6.3.3 Opción de venta (***put***)*

A la par de la inclusión parasocial de una opción de compra, los socios pueden formular una opción de venta, por la cual el titular del derecho está facultado para vender al consocio su participación bajo determinadas circunstancias. Generalmente, la opción de venta se configura como un derecho conferido a la parte perjudicada para que pueda enajenar directamente su participación, obligando a su consocio a la adquisición.

Esta fórmula, por lo tanto, implica asumir que la parte vendedora no tiene interés en continuar en la sociedad y que ejercita la facultad de activar el procedimiento de venta recogido en el pacto parasocial cuando a causa de determinados incumplimientos del consocio la confianza resulta lesionada.

Del mismo modo que en la *call option*, en la opción de venta es esencial que los socios hayan acordado parasocialmente las condiciones en que puede ser activada, y sobre todo, la determinación del precio de las participaciones o acciones. A este respecto, lo aconsejable es la fijación de un sistema para determinar el valor de mercado en el momento del ejercicio de la opción. Dicha medida sería razonable para ambas partes, porque ofrecería seguridad, y simultáneamente, permitiría la efectividad de la cláusula frente a un precio abierto e indefinido.

---

803 Vid. LUCEÑO OLIVA, J. L./GUERRERO CAMACHO, E., "Los mecanismos contractuales…", cit., pág. 6.

6.3.4 Valoración crítica de las opciones **call/put**

Las opciones *call/put* son uno de los mecanismos parasociales más apropiados para resolver los bloqueos en sociedades paritarias con inversiones específicas. Estas cláusulas se diseñan para optimizar la cooperación entre las partes y asegurar una división "predecible" de la sociedad común. Las opciones de compraventa inducen a los socios a invertir óptimamente, de modo que cuando surja un conflicto, antes de ejecutar directamente la opción, haya fuertes incentivos para que los socios terminen con sus desavenencias. Si las negociaciones no prosperan porque la disputa intra-corporativa es irreversible, entonces las opciones *put* o *call* permiten remover el conflicto provocando rápidamente la salida de uno de los socios paritarios.

Tanto la opción *call* como la opción *put* son mecanismos contractuales cuya principal ventaja económica es la preservación de la sociedad en funcionamiento, al mismo tiempo que el socio saliente obtiene una compensación por sus participaciones. Así, puede afirmarse que las opciones *put* y *call* contribuyen a una inversión óptima, previendo *ex ante* la salida de uno de los socios ante el acaecimiento de un conflicto grave que pueda paralizar la sociedad.

El tipo de opción y la identidad del socio que la active dependen de la naturaleza de los problemas que puedan surgir *ex post,* como el oportunismo del consocio o la obtención de beneficios privados del control por parte del órgano de administración afín al consocio. De ahí que la identidad del socio que tiene conferida contractualmente la facultad de ejercitar una opción sea determinante.

Este es el caso, por ejemplo, del socio inversor o financiero en una sociedad conjunta con un socio industrial que aporta *know how*, propiedad industrial, clientes o trabajo[804]. Su posición sería muy vulnerable en caso de conductas desleales del consocio (competencia, autocontratación etc.), si no se reservara una opción de venta. Con

---

[804] Vid. OLIVIERI, G., "Il conferimenti di know how ed il decreto di atuazione della Seconda direttiva comunitaria in materia di società" *Riv. Soc.*, 1987, pág. 14 y sigs. En nuestro derecho, resulta de interés el trabajo de FERNÁNDEZ CARBALLO-CALERO, P., "La aportación del "know-how" al capital social (Comentario a la Resolución de la Dirección General de los Registros y del Notariado de 4 de diciembre de 2019)", Revista de derecho de sociedades, N° 59, 2020.

una opción *put*, el socio inversor desincentiva la realización de conductas potencialmente expropiatorias del socio industrial, porque de lo contrario, ante la activación de la opción, éste se obligaría a afrontar una fuerte inversión *ex post* consistente en la compra de su participación. De este modo, otorgándose una opción *put ex ante*, el socio inversor protege su inversión y asegura el compromiso del consocio a continuar la cooperación creando valor para ambas partes por medio de la sociedad común[805].

Por esta razón, en casos de sociedades paritarias con identidades o perfiles de los socios muy marcados y diferenciados debido a la complementariedad de los activos que aportan (socio financiero o inversor; socio industrial y normalmente también administrador de hecho), la estrategia de negociación más eficiente es el otorgamiento al socio inversor de una opción *put* que produzca un efecto disuasorio de conductas oportunistas por parte del consocio.

El mismo criterio sería aplicable a la sociedad conjunta con una relación de mayoría-minoría, pero en la que la aportación y gestión efectiva del socio minoritario es muy determinante, hasta el punto de que su efectivo control de la empresa le permitiría comportarse oportunistamente y obtener beneficios privados de dicho control en detrimento del interés social y del consocio mayoritario.

Este caso es paradigmático cuando el socio minoritario es el socio local y conoce el mercado donde se ha implantado la empresa de la que es titular la sociedad conjunta. El socio mayoritario se protegería eficientemente ante el riesgo de conductas desleales del minoritario si se confiere contractualmente *ex ante* una opción *put* que le permita vender su participación mayoritaria al minoritario, o en su caso, por medio de una opción *call* que le faculte a adquirir la participación minoritaria. Pero esta última medida, sólo en caso de que el activo y *know how* del minoritario pudieran ser obtenidos o retenidos de otra forma. No obstante, lo más probable es que si el socio minoritario es el socio local su salida e imposibilidad de fácil reemplazo provoquen

---

805 Vid. CHEMLA/HABIB/LLJUNGQVIST, "An analysis of shareholder agreements", *Journal of European Economic Association*, N° 5, 2007, págs. 93, 98-99.

un menor rendimiento de la empresa o incluso que se pierda la ventaja competitiva que motivó la inversión[806].

Por otra parte, si el riesgo de expropiación lo tiene el socio minoritario porque es el mayoritario quien tiene más fácil la posibilidad de explotar su posición controladora en detrimento de la sociedad y del consocio, entonces la solución contractual pasa por otorgar al minoritario una opción *put* de modo que, si se ejecuta, la sociedad conjunta pasaría a ser una sociedad unipersonal propiedad del antiguo socio mayoritario. La existencia de esta opción o la mera intención de ejecutarla ante una situación de conflicto confiere al socio minoritario la posibilidad de reequilibrar parcialmente su posición y disuadir al mayoritario de conductas extractivas[807].

Con todo, a pesar de las ventajas de las opciones como sistemas de resolución de conflictos intra-corporativos, su aplicabilidad práctica puede ser muy problemática. En efecto, la introducción de este tipo de cláusulas puede generar "riesgo moral" si una de las partes fuerza una situación de bloqueo "artificial" (oportunistamente) en orden a poder activar la opción para salir de la sociedad conjunta o provocar la salida a su consocio[808].

La dificultad de este problema es que en la fase de negociación es muy difícil que las partes contemplen y regulen escenarios hipotéticos de conflictos bilaterales. Normalmente, en la fase inicial y precontractual del negocio conjunto, los socios no tienen la predisposición psicológica para negociar este tipo de clausulados en que se regule el sistema de salida de uno de ellos, sobre todo en las sociedades con un acentuado elemento personalista, como aquellas basadas en la confianza y afinidad, cuyos socios son amigos o familiares (hermanos), o las sociedades matrimoniales, es decir, compuestas por los cónyuges con participaciones sociales igualitarias. El entusiasmo que

---

806 Si el *know how* del socio minoritario o local es una licencia no exclusiva, su salida, una vez ejecutada la opción *call*, podría solventarse comprando otra licencia. Sobre este particular, MASSAGUER, J., *El contrato de licencia de know how*, Barcelona, 1989, passim.

807 Vid. CHEMLA/HABIB/LLJUNGQVIST, "An analysis…", cit., págs. 103-104.

808 Sobre este particular, DEMSKI, J. S./SAPPINGTON, D. E., "Resolving double moral hazard problems with by-out agreements", *RAND Journal of Economics*, N° 22, 1991, págs. 232 y 236-238.

acompaña generalmente a la creación de negocios conjuntos impide a sus socios en muchas ocasiones valorar debidamente todos los extremos que una relación negocial requiere tratar al momento de la fundación de la sociedad de capital que va a vehicular dicha relación. La paradoja de este problema se encuentra por tanto en la dificultad psicológica de adoptar un clausulado de opciones de compra o venta en la fase inicial, momento en que la confianza mutua y el optimismo se presumen más intensos, pero que es precisamente cuando más conviene pactarlo a fin de eliminar el riesgo moral de conductas oportunistas posteriores[809].

Esta dificultad psicológica para introducir *ex ante* las opciones *put/call* adecuadas tiene una base racional y es la implícita asimetría de información existente en la fase negocial sobre los potenciales conflictos intra-corporativos que pueden plantearse *ex post*. Esta asimetría de información impedirá a los socios paritarios realizar una contratación plenamente óptima, definiendo exhaustivamente todas y cada una de las eventualidades que pueden acontecer en una relación societaria con vocación duradera. Incluso asumiendo la superación de esta dificultad psicológica de los socios y su voluntad de negociar un clausulado de opciones *call* y *put ex ante*, dicho clausulado será probablemente incompleto ya que difícilmente los socios pueden prever las posibles disputas que pueden surgir entre ellos, y menos aún estipular el modo en que debe deshacerse el negocio conjunto con una división eficiente de los activos sociales.

La introducción de este mecanismo exigirá una igualdad de origen en el acceso a la información por ambos socios paritarios, pero también en el acceso a la información *ex post*, una vez ocurrido el conflicto, de tal forma que ambos puedan valorar correctamente la activación de la opción y fijar el precio a la participación que se vende o que se compra. Además, en caso de que el efecto disuasorio de la opción no fuera suficiente y el socio decidiese su activación surge el problema de la valoración de la participación en fecha determinada. Obviamente, el mecanismo más eficiente

---

809 Vid. HOBERMAN, J. M., "Practical considerations for drafting and utilizing deadlock solutions for non-corporate business entities", *Columbia Business Law Review*, 2001, pág. 242.

sería el de fijar el precio o la fórmula para obtenerlo en el momento de la inclusión de la cláusula, a fin de evitar una mayor y ulterior conflictividad. Sin embargo, la fijación de un precio o una fórmula óptima para fijarlo puede ser imposible de negociarlos *ex ante* o que dicho precio o fórmula originalmente predispuesta no refleje la realidad de la empresa o la coyuntura del mercado en la fecha en que se pretende activar la opción después de producirse el conflicto.

Tampoco parece que la fijación *ex ante* de un precio por un tercero predeterminado en la cláusula contractual elimine la incertidumbre en la aplicabilidad de la opción de compraventa, puesto que la presunta objetividad, neutralidad o independencia del referido tercero en el momento inicial puede desvirtuarse con el transcurso del tiempo[810]. Sin embargo, diferir su elección al momento de la activación de la opción puede añadir mayores costes a la salida y no elimina completamente el riesgo de la falta de imparcialidad del tercero[811].

Por esta razón, un mecanismo alternativo para reducir el coste de la activación de la opción y la dificultad en la valoración del precio de la compraventa es el que resulta de la combinación de estas opciones con las cláusulas *buy-sell out* analizadas *supra*. De esta manera, la cláusula de la opción dejaría abierta la cuestión de la fijación del precio, que se diferiría al momento de la activación por parte del socio que tenga conferida contractualmente esa facultad en función de

810 Vid. CHEMLA/HABIB/LLJUNGQVIST, "An analysis...", cit., pág. 94.

811 Caben mencionar aquí las múltiples variaciones que pueden aplicarse para la determinación del precio de la opción *call* o *put* por tercero. Una de las variaciones consiste en establecer una primera fase en la que la fijación del precio se adopte de mutuo acuerdo. Evidentemente, como en caso de conflicto previo esta posibilidad será bastante remota, una segunda fase consecutiva sería que cada parte fijara un precio. Si las valoraciones difieren en un cierto porcentaje (por ejemplo, un 5 o 10%), el precio se fijaría en el punto medio. Como alternativa, también podría estipularse que cada socio paritario designara un perito para fijar su participación. Si la valoración de los peritos no difiere significativamente, la media de sendos valores determinaría el precio a aplicar a la opción. Si las dos valoraciones difieren considerablemente, entonces los dos peritos designarían a un tercero. El precio final sería la media entre la valoración del tercero y la más cercana a ese valor ofrecido originalmente por cada uno de los peritos de parte.

la situación contemplada para ello. El socio que ejercitara la opción se obligaría a proponer un precio justo bajo la condición de que, si es rechazado por su consocio, éste debe decidir si comprar o vender su participación a ese precio.

Así, la amenaza que tiene el socio que active la cláusula de terminar vendiendo su participación a un precio bajo o comprarla a un precio alto le incentiva a fijar un precio justo, un precio objetivo de consenso, que impida la aplicación subsiguiente del mecanismo *buy-sell out* por su consocio. Pero como nos referimos *supra* en lo atinente a las cláusulas *roussian roulette* y *mexican shoot-out*, los mecanismos *buy-sell out* sólo son realmente efectivos si los socios tienen participaciones paritarias y disponen de la misma o parecida capacidad financiera. En caso contrario, en una sociedad conjunta con relación mayoría-minoría y con asimetrías en el acceso a financiación por parte de sus socios, el mecanismo *buy-sell out* suplementario a la cláusula de opción hará difícil obtener un resultado realmente equitativo en la resolución del conflicto intra-corporativo.

6.4 VENTA CONJUNTA DE LA SOCIEDAD PARITARIA

La venta conjunta de la sociedad paritaria debería contar con la previsión de cláusulas que aseguraran un procedimiento justo y un precio adecuado. A tal efecto, podría pactarse, según la dimensión de la sociedad de capital en cuestión, la inclusión de un determinado banco inversor para dirigir la operación de venta. Alternativamente, en caso de que fuera una sociedad anónima, podría valorarse la salida a Bolsa de la sociedad mediante una Oferta Pública de Venta (OPV).

6.5 CLÁUSULAS *TAG ALONG* Y *DRAG ALONG*

El denominado *tag along*, o derecho de adhesión, es un sistema de salida en el cual, si un socio va a vender su participación a un tercero, sólo pueda efectuar dicha venta si a los otros socios les es posible vender las suyas en las mismas condiciones. Este pacto, en el marco de una sociedad paritaria, permite al socio que lo invoca liderar el proceso de venta, vinculando a la transmisión de su participación la del consocio[812].

El denominado *drag along*, o derecho de arrastre, por otra parte, es el sistema inverso al anterior. Ofrece la posibilidad de que, si uno de los socios tiene una oferta de un tercero en unas determinadas condiciones, podrá forzar a los demás a vender en esos términos. De este modo, el socio debería comunicar el negocio transmisivo proyectado a su consocio, quien no tendrá facultad de autorizar o de adquirir preferentemente, sino la de adherirse y tomar parte proporcionalmente en la operación[813].

---

[812] Sobre la eficacia de este tipo de pactos: SAÉZ LACAVE/BERMEJO GUTIÉRREZ, "Inversiones específicas", cit., págs. 12-15. Por su parte, PERDICES, A., "Llévame contigo" (Las cláusulas estatutarias de venta conjunta de acciones y participaciones), *Working Paper (Universidad Autónoma de Madrid)*, 2003, págs. 3-5, dice que las cláusulas de venta conjunta consisten en esencia en que "el socio que pretende enajenar su participación en la sociedad debe ofrecer la oportunidad de participar en dicha operación a los restantes consocios en las mismas condiciones y a prorrata de sus respectivas participaciones". Para CAMPINS VARGAS, A., "Articulación contractual y régimen jurídico de los pactos de acompañamiento (cláusulas de «tag along»)", *Revista de derecho de sociedades*, N° 48, 2016, págs. 65-98, es recomendable complementar este contenido obligacional mínimo con medidas que fortalezcan el compromiso de no enajenar por parte del transmitente y que incrementen las consecuencias de su incumplimiento. Con tal finalidad, según se sostiene en este trabajo, el reconocimiento de una opción de venta (put) a favor del socio adquirente frente al transmitente incumplidor, asociada a una penalización en el precio de ejercicio, constituye la alternativa contractual más idónea. Desde la perspectiva del derecho de sociedades, la eficacia de esta cláusula puede reforzarse otorgándole rango estatutario y reconociendo paralelamente un derecho de separación a favor del socio minoritario, ejercitable a un precio equivalente al ofrecido por el tercero adquirente del control.

[813] Por su parte, GARCÍA MARTÍNEZ, A., "Las cláusulas de arrastre en la doctrina de la Dirección General de los Registros y el Notariado (A propósito de la resolución de la DGRN de 4 de diciembre de 2017)", *Revista de derecho de sociedades*, N° 53 (mayo-agosto 2018), 2018, analiza la doctrina emanada de la Resolución de la DGRN de 4 de diciembre de 2017, referente a las denominadas «cláusulas de arrastre». Aunque este tipo de pactos, que permiten la transmisión forzosa de las acciones o participaciones de los socios minoritarios, no se encuentran expresamente regulados en la Ley de Sociedades de Capital, su admisibilidad ha sido ya reconocida por la doctrina jurisprudencial. No obstante, el debate actual se centra en determinar su naturaleza jurídica y, en consecuencia, el tipo

Se suscita pues la cuestión sobre la admisibilidad estatutaria de este tipo de cláusulas de venta conjunta en derecho español. El problema se centraría en la interpretación estricta del art. 123.5 RRM que establece que "no podrán inscribirse en el Registro Mercantil las restricciones estatutarias por las que el accionista o accionistas que las ofrecieren de modo conjunto queden obligados a transmitir un número de acciones distinto a aquél para el que solicitan la autorización".

Aunque a nuestro juicio lo más práctico sería que este tipo de clausulado pudiera incluirse en los estatutos sociales, en principio, el criterio general es que no accederían al Registro porque en ellas el socio paritario verá reducidas sus participaciones en venta en la cuantía en que su consocio ejercite su derecho de adherirse a la operación sometida a los mismos[814]. Conforme a nuestro derecho vigente este tipo de cláusulas sólo pueden incluirse en pactos parasociales, con el inconveniente que entraña, siendo inoponible tanto frente a la sociedad como frente al adquirente[815].

---

de consentimiento requerido para su integración en el marco estatutario de la sociedad.

814 Cfr. FERNÁNDEZ DEL POZO, L., *La paralización de los órganos sociales...*, cit., págs. 120-135, sí mantiene con salvedades una posición favorable a la incorporación estatutaria de cláusulas *drag along*.

815 Vid. PERDICES, A., "Llévame contigo...", cit., págs. 3-5, quien apuesta por la admisibilidad estatutaria de las cláusulas de venta conjunta, que forzarán una negociación entre los socios para ceder el control de la sociedad, so pena de concluir la empresa a través de una venta que beneficiará a todos proporcionalmente y que, en concreto, perjudicará al mayoritario por no lograr ni una plena desvinculación de la sociedad ni la plena desinversión que pretendía. En consecuencia, concluye que los arts. 123.5 RRM (para el caso de sociedades anónimas) y 30.2 LSRL (vigente art. 108.2 LSC, para el caso de sociedades limitadas) no constituyen en sí mismos causa suficiente para el rechazo del derecho de venta conjunta: "Con esta cláusula se trata simplemente de garantizar estatutariamente a los socios una paridad de trato absoluta, de modo que ninguno de ellos pueda valerse de su posición para negociar con un tercero. Que ello sea legalmente obligatorio en sociedades abiertas queda abierto a múltiples críticas; que sea admisible su previsión estatutaria en una sociedad cerrada como una joint venture o una sociedad de capital riesgo parece desde luego mucho menos criticable. Que en una sociedad cotizada la legislación de Opas imponga una restricción a la transmisión de acciones, en concreto a su número, no parece repugnante; no se ve por qué lo ha de ser en una sociedad cerrada donde todos los socios han consentido en ello". Sobre las posibilidades de incorporar estos

6.6 MEDIACIÓN Y ARBITRAJE DE CONFLICTOS INTRA-CORPORATIVOS

Como alternativa a los anteriores instrumentos estatutarios y extraestatutarios se encuentra la introducción de un mecanismo extrajudicial de conflictos intra-corporativos, es decir, el arbitraje o la mediación de un tercero independiente que pueda acercar posturas o bien resolver directamente el disenso entre los socios paritarios. En principio, estos sistemas serán los indicados para dirimir desavenencias objetivas que traigan causa de aspectos jurídicos. Pero al igual que sucede en sede judicial, será más complicado que los árbitros o mediadores "desempaten la junta", esto es, determinen si las propuestas de acuerdo sometidas a la junta deben ser aprobadas o no. Lo complicado en la práctica es que un tercero, hasta entonces ajeno por completo a la relación societaria, resuelva el conflicto cuando las desavenencias entre los socios paritarios se deben fundamentalmente a su incapacidad de aunar estrategias de orden empresarial sobre la marcha del negocio común.

La puesta en marcha de estos sistemas alternativos de resolución de conflictos podría ir a continuación de un periodo de negociación obligatoria entre ambos socios (por ejemplo de 15 días), luego seguido de otro plazo similar para una mediación obligatoria y finalmente, en caso de no solucionarse el conflicto, de un arbitraje intracorporativo sobre la controversia que causa el bloqueo, que deberá dirimirse en un plazo perentorio. Si los socios bloqueados fuesen a su vez filiales, se podría elevar la decisión a sus respectivas matrices. En ambos casos, la mera existencia de tal posibilidad supondría una medida disuasoria para los socios y administradores a la hora de bloquear el funcionamiento de la sociedad. De ahí que sea muy importante que los socios no difieran a un momento posterior las circunstancias y requisitos de la cláusula de sometimiento al arbitraje[816].

A pesar de esta limitación operativa, la notable ventaja de ambos sistemas es que permiten asegurar la confidencialidad a fin de evitar posibles daños reputacionales si la materia objeto de la controversia

---

acuerdos a los estatutos de la sociedad, véase también SAÉZ LACAVE/BERMEJO GUTIÉRREZ, "Inversiones específicas…", cit., págs. 25-27.

816 Vid. GALEOTE MUÑOZ, P., "Un modelo de negociación…", cit., pág. 16.

entre los socios paritarios fuera pública, como así probablemente sucedería en el caso de un procedimiento judicial.

6.6.1 Mediación societaria

Con carácter previo o alternativo al arbitraje, los socios paritarios pueden incorporar un pacto para la intervención de un mediador, en orden a alcanzar un consenso entre ambas partes para desbloquear la sociedad de capital. Mediante el mismo, los socios solicitan a un tercero la prestación de asistencia para conseguir un arreglo amistoso para la controversia subyacente a la situación de bloqueo[817].

De este modo, la mediación representaría un recurso idóneo si las partes tienen la voluntad inicial de alcanzar un consenso y entienden que la disputa no debe significar la ruptura de la colaboración, salvo que la situación de bloqueo verse específicamente sobre la terminación de la relación social, en cuyo caso el mediador tendría como misión alcanzar un acuerdo que pusiera fin a la sociedad pacíficamente, procediendo a la disolución social seguida de una liquidación ordenada. En cualquier caso, la diferencia entre un mediador y un árbitro es sustancial, ya que al primero sólo se le puede encomendar que facilite un acercamiento que propicie el acuerdo, sin poder reservarse facultad alguna para imponer una determinada decisión vinculante[818].

La mediación está regulada por la Ley 5/2012, de 6 de julio, de mediación en asuntos civiles y mercantiles, que da cumplimiento a la Directiva 2008/52/CE, del Parlamento Europeo y del Consejo, de 21 de mayo de 2008[819]. Sobre este marco regulatorio, los socios

---

[817] Vid. LUCEÑO OLIVA, J. L./GUERRERO CAMACHO, E., "Los mecanismos contractuales...", cit., pág. 4.

[818] Vid. WEINER, B. Y., "Mediation and the business divorce: resolving disputes when the business relationship ends", *Business Law Today*, N° 17, 2008, pág. 45 y sigs.

[819] Aunque esta norma va más allá, ya que, si la Directiva se centra en los acuerdos de mediación transfronterizos, el Real Decreto-Ley conforma un régimen general aplicable a toda mediación en asuntos civiles y mercantiles, ya sea nacional o transfronteriza. Vid. TRIGO SIERRA, E./MOYA FERNÁNDEZ, A. J., "La mediación civil y mercantil en España y en el Derecho Comparado", *Actualidad Jurídica Uría Menéndez*, N° 32, 2012, pág. 102 y sigs.

paritarios deberán determinar las condiciones de la mediación, especificando la persona o institución mediadora, los requisitos para su designación, cómo se desarrollará dicha función, lugar de celebración e idioma. Todas estas cuestiones serán determinantes para el buen fin de la mediación si los socios paritarios pertenecen a diferentes jurisdicciones, como sucede habitualmente en las sociedades conjuntas, donde el elemento transfronterizo en la mediación puede adquirir mucha relevancia, ya que en función del idioma y procedimiento que se elija, alguno de los socios paritarios podría obtener alguna ventaja.

6.6.2 Arbitraje de disputas intra-corporativas

A) Consideraciones preliminares

En los últimos años el derecho de sociedades ha experimentado un creciente interés sobre las posibilidades que ofrece el arbitraje para dirimir conflictos intra-corporativos, utilizando cláusulas arbitrales dentro del marco estatutario o parasocial de las sociedades mercantiles para someter ante un determinado Tribunal Arbitral la totalidad de las cuestiones litigiosas que se susciten en la sociedad entre sus administradores, entre socios, o entre administradores y socios. En este creciente interés ha tenido mucha incidencia la velocidad del tráfico jurídico-económico a través de los vehículos societarios, así como la inexistencia en la actualidad de órganos jurisdiccionales especializados y rápidos que solventen los conflictos de naturaleza intra-corporativa. Ello está propiciando la aparición de instituciones arbitrales especializadas que pretenden dar respuesta a la multitud de conflictos que potencialmente pueden acontecer en el seno de las sociedades de capital cerradas[820].

Evidentemente, en términos comparativos con la vía judicial, la institución del arbitraje ofrece una posibilidad más rápida y eficaz para la resolución de controversias, como así pudiera ser respecto de los conflictos derivados de la impugnación de acuerdos sociales o

---

820 Vid. OLAVARRÍA TÉLLEZ, A., "Las sociedades mercantiles y el arbitraje de Derecho Privado", en *Homenaje a Lanzas y Telva*, vol. II, Madrid, 1998, pág. 1701 y sigs.

violación de los pactos restrictivos de la transmisión de acciones[821]. Sin embargo, estas ventajas que presenta el arbitraje no pueden conducirnos a la equívoca premisa de que por sí misma dicha institución tiene capacidad para resolver efectivamente los múltiples problemas orgánicos que pueden acontecer en el seno de la sociedad capitalista. Nuestro derecho de sociedades es lo suficientemente rígido y complejo en determinadas materias que hace que el perímetro de actuación de la institución arbitral haya sido limitado por razones de orden público, imposibilitando que algunos conflictos corporativos puedan reconducirse por el mismo.

Por otro lado, ya está fuera de toda duda doctrinal y jurisprudencial la afirmación de la tesis contractual del arbitraje. El arbitraje constituye una expresión de la libertad contractual, y, por tanto, una ley no puede imponer este sistema de resolución de conflictos privados sin la voluntad de todos los afectados[822]. Dado que el arbitraje supone una renuncia a la jurisdicción estatal por la del árbitro o tribunal arbitral, y esto conlleva la exclusión de la vía judicial, la imposición

---

821 Vid. NEILA NEILA, J. M., "A vueltas sobre la cláusula estatutaria de sometimiento a arbitraje en la impugnación de acuerdos sociales", *La Ley*, Nº 3, 1999, págs. 2132-2136, y CARAZO LIÉBANA, M. J., "La aplicación del arbitraje a la impugnación de acuerdos societarios en las sociedades de capital", *Revista de Derecho Mercantil*, Nº 229, 1998, págs. 1211-1222. No obstante, hay que decir que, si bien esta cualidad de celeridad vinculada al arbitraje es cierta generalmente en términos comparativos respecto del orden jurisdiccional civil, no lo sería tanto si la cláusula arbitral estipula un arbitraje de clase institucional. En este caso, el arbitraje perdería su efectividad si lo que se somete es un conflicto intracorporativo que por su naturaleza requiere rapidez en su solución. Celeridad que se vería mermada si se tiene que poner en marcha la maquinaria de un órgano administrativo arbitral. Normalmente, los socios de una sociedad 50/50 bloqueada no desearán poner en marcha una burocracia para la formalización del colegio arbitral, un sistema poco ágil para resolver el desacuerdo, salvo que los socios fueran grandes empresas y la sociedad bloqueada una sociedad *joint venture* internacional y compleja. En este caso, probablemente sí convendría un procedimiento institucional. Salvando estos supuestos, lo normal es que el arbitraje *ad hoc* sea preferible, recogiéndolo en una cláusula arbitral estatutaria o parasocial, incorporando pormenorizadamente todas las condiciones esenciales del arbitraje y su procedimiento: la designación de árbitro, previsión de suplentes y un plazo máximo para dictar el laudo.

822 Vid. OLIVENCIA RUIZ, M., "Comentario al Artículo 11 bis LA", en GONZÁLEZ SORIA, J., *Comentarios a la nueva Ley de Arbitraje*, 2ª ed., Cizur Menor, 2011, págs. 175-176.

del arbitraje a tercero sin su consentimiento supondría un atentado a su derecho a la tutela judicial efectiva (arts. 24.1 y 117.3 CE). Así se pronuncia la STC de 23 de noviembre de 1995, al afirmar que "la autonomía de la voluntad de las partes —de todas la partes— constituye la esencia y el fundamento de la institución arbitral (...), por tanto, resulta contrario a la CE que la Ley suprima o prescinda de la voluntad de una de las partes para someter la contraria al arbitraje".

Ya en materia societaria, esta tesis contractual del arbitraje fue asumida por la jurisprudencia del Tribunal Supremo, como se verifica en la STS (Sala 1ª) de 9 de julio de 2007, donde se vinculan los requisitos del convenio arbitral (en tanto exigencia de voluntad inequívoca de someter el litigio al arbitraje) con el principio de la autonomía privada de la voluntad. Así se pronuncia respecto de la modificación de los estatutos de una sociedad, "que comporte una sumisión a arbitraje para la resolución de los conflictos sociales o una ampliación de su ámbito objetivo, en cuanto comporta una forma de restricción o limitación del derecho a la tutela judicial efectiva (...) exige el requisito de la aceptación de los afectados".

Pero esta asunción de la tesis contractual del arbitraje por la jurisprudencia, no significa que en la dimensión legislativa se haya traducido en una tesis favorable al requisito de la unanimidad en su incorporación a los estatutos sociales (vía modificación estatutaria), sino que en la sociedad capitalista será válida y aplicable a todos los socios la cláusula arbitral estatutaria con tal de que una mayoría reforzada de ellos lo haya consentido. Esta tesis predominó sobre la tesis favorable de la unanimidad, ya que ésta, en términos pragmáticos, podría haber obstaculizado la utilización de la institución arbitral para resolver los litigios societarios, teniendo en cuenta que el ordenamiento societario no permite establecer la unanimidad como criterio decisorio[823]. Así, conforme al art. 11 bis LA, la introducción en los estatu-

---

823 El abandono de la tesis favorable a la unanimidad también hace decaer la posición subsidiaria de la inoponibilidad de la cláusula de sumisión a arbitraje en estatutos sociales a los socios que voten en contra expresamente contra una modificación estatutaria en ese sentido. Esta tesis no podía prosperar por el potencial riesgo de contradicción que se generaría entre los litigios societarios resueltos arbitralmente y los resueltos judicialmente sobre una misma materia, si llegara el caso a admitirse que los socios disidentes de la sumisión estatutaria

tos sociales de una cláusula de sumisión a arbitraje requerirá el voto favorable de, al menos, dos tercios de los votos correspondientes a las acciones o a las participaciones en que se divida el capital social[824].

---

de arbitraje se pudieran excluir. En las sociedades paritarias no habrá problema alguno, pues esta mayoría reforzada requiere de la concurrencia del voto favorable de los dos socios o grupos de socios, por lo que de facto implica unanimidad, a la par que en las sociedades personalistas.

824 La doctrina favorable a la tesis de la unanimidad alega, a nuestro modo de ver, con mejores razones, que el sistema mayoritario en materia de arbitraje supone la imposición a la minoría (representantes de menos de un tercio del capital suscrito) de un arbitraje ajeno o contrario a la libre voluntad de estos socios ausentes o disidentes, y, por tanto, atentatorio de la tesis contractual afirmada constitucionalmente. El argumento base de los contrarios a la sumisión arbitral por mayoría radica precisamente en que el principio mayoritario tiene límites constitucionales, por lo que una mayoría de socios no puede privar de derechos amparados por la CE a una minoría, ni tampoco imponer obligaciones tan gravosas (renunciar a la tutela judicial efectiva ex art. 24 CE) por disentir en la junta de la sociedad de capital. A favor de la teoría de la unanimidad, POLO SÁNCHEZ, E., "Introducción y ámbito de eficacia de la cláusula compromisoria en las sociedades mercantiles", *Butlletí del Tribunal Arbitral de Barcelona*, Nº 4, 1992, págs. 65-100; MUÑOZ PLANAS, J. M./ MUÑOZ PAREDES, J. M., "La impugnación de acuerdos de la Junta general mediante arbitraje", *Revista de Derecho Mercantil*, Nº 238, 2000, págs. 1411-1478 y GÓMEZ PORRÚA, J. M., "Sociedades anónimas. Impugnación de acuerdos sociales. Sumisión a arbitraje", *CCJC*, Nº 48, 1998, págs. 1109-1132. En sentido contrario, favorables a la teoría del principio mayoritario para la regulación societaria del arbitraje, los trabajos de FERNÁNDEZ DEL POZO, L., "Sobre la arbitrabilidad de las controversias relativas a la impugnación de acuerdos sociales", *Revista General del Derecho*, Nº 609, 1995, pág. 6913 y sigs., "XVI tópicos antiarbitrales y un modelo de convenio arbitral en estatutos", *Revista de Derecho de Sociedades*, Nº 24, 2005, pág. 239 y sigs., y "La arbitrabilidad de un derecho estatutario de separación por "justa causa" en una Sociedad Anónima. En torno a la STC 9/2005, de 17 de enero de 2005", *Revista de Derecho de Sociedades*, Nº 26, 2006, págs. 269-309; CAMPO VILLEGAS, E., "El arbitraje en las sociedades mercantiles", *RJC*, Nº 2, 1998, pág. 9 y sigs.; PERALES VISCASILLAS, M. P., *Arbitralidad y convenio arbitral. Ley 60/2003 de arbitraje y Derecho societario*, Pamplona, 2005, y RODRÍGUEZ ROBLERO, M. I., "El arbitraje societario en la nueva Ley de Arbitraje 11/2011, de 20 de mayo, de reforma a la Ley 60/2003, de 23 de diciembre, de Arbitraje y de regulación del arbitraje institucional en la Administración General del Estado", *Revista de Derecho de Sociedades*, Nº 37, 2011, págs. 103-118. Para evitar la objeción de inconstitucionalidad que surge de la imposición del arbitraje estatutario en la minoría, puede traerse a colación el derecho italiano que contempla el derecho de separación de los socios ausentes y disidentes. Vid. GENNARI, F., "L'Arbitrato societario", en GALGANO, F., *Trattato de Diritto Commerciale e di Diritto pubblico dell'economia*, vol.

Aclarado este punto, la cuestión que aquí se plantea es si el arbitraje intra-corporativo puede extenderse a las situaciones de bloqueo, y en particular, a la acción de disolución por paralización de los órganos sociales (art. 363.1 d LSC), o, por el contrario, el tratamiento de este conflicto debe limitarse exclusivamente a los órganos jurisdiccionales.

B) Posicionamiento favorable a la sumisión al arbitraje del bloqueo societario

Si se parte de la premisa de que la paralización de los órganos sociales constituye una causa legal de disolución de carácter disponible, la cuestión litigiosa planteada entre la sociedad y uno de los socios, o entre socios paritarios, podría ventilarse en sede arbitral. En este sentido, las situaciones de bloqueo de las sociedades de capital quedarían sometidas a arbitraje si los socios lo estiman conveniente. En función de su posición procesal, el socio paritario demandado o la misma sociedad podrían excepcionar la declinatoria contemplada en el art. 65.2 LEC en relación con los arts. 63 LEC y 11 LA, por entender que "la cuestión litigiosa está sometida a arbitraje".

A propósito de este posicionamiento resulta de sumo interés la STS (Sala 1ª) de 30 de noviembre de 2001 (RJ 2001/2000) que invoca y comparte los mismos argumentos utilizados por la RDGRN de 19 de febrero de 1998: "ha de aceptarse que los estatutos, en cuanto conjunto de reglas llamadas a regir la organización y funcionamiento

51, 2009, págs. 100-108. De *lege ferenda* sería deseable un precepto en la LA en tal sentido, pues de esa forma se ofrecería la salida a aquellos socios minoritarios que no estuvieran a favor de esa medida. Esta solución sería un remedio óptimo ante un precepto, como el art. 11. bis. 2 LA, que puede entenderse que adolece de un vicio de inconstitucionalidad, si bien no declarado así, todavía, por el TC, por lo que no cesará en su vigencia hasta que el TC no lo declare en ejercicio de sus funciones ex arts. 161.1b CE y 29.1 b LOTC (cuestión de inconstitucionalidad promovida por los jueces y tribunales, de oficio o a instancia de parte). Para una exégesis de este precepto, véase DÍAZ MORENO, A., "Impugnación de acuerdos sociales y arbitraje administrado (alcance, lógica e implicaciones de una relación controvertida)", *Revista de derecho de sociedades*, Nº 50, 2017, págs. 27-65, quién presta especial atención a la forma en la que ciertas importantes figuras procesales (cosa juzgada, litispendencia, intervención adhesiva de terceros) se comportan en el seno de los procedimientos arbitrales.

de la sociedad tiene su origen en la voluntad unilateral o plurilateral de los fundadores que son los llamados a integrar su contenido en la propia escritura de constitución. Ese negocio constitutivo puede contener un convenio arbitral accesorio para la resolución de controversias derivadas de los pactos de carácter estrictamente contractual, al que tan solo quedarán sujetos los propios contratantes y frente al que el futuro socio sería ajeno. Pero puede el convenio arbitral integrarse en los propios estatutos para la solución de las controversias de carácter social, en cuyo caso, por más que puede calificarse como regla paraestatutaria, se independiza de la voluntad de los fundadores para pasar a ser una regla orgánica más, como lo puedan ser las restricciones a la transmisión de participaciones sociales, la obligación de realizar prestaciones accesorias, el régimen de separación y tantas otras que en la medida en que son objeto de publicidad registral vinculan y sujetan a quienes en cada momento lo estén al conjunto normativo constituido por los propios estatutos. Un pacto compromisario extrasocial o no inscrito vinculará tan sólo a los contratantes y sus herederos, pero, si se configura como estatutario y se inscribe, vincula a los socios presentes y futuros. El convenio arbitral inscrito configura la posición del socio, el complejo de derechos y obligaciones que configuran esa posición, en cuyo caso toda novación subjetiva de la posición del socio provoca una subrogación de la de la anterior, aunque limitado a las controversias derivadas de la relación societaria".

En dicha sentencia, el Tribunal Supremo aborda la controversia en torno a la cláusula arbitral en materia de disolución, extendiendo su criterio de validez por entender que se trata "de una cuestión litigiosa controvertida y disponible y comprendida en el objeto del convenio arbitral". Como se observa, la sentencia extiende mecánicamente los argumentos pro-arbitraje sobre la impugnación de acuerdos sociales para una materia tan distinta como es el régimen de disolución[825].

---

825 A este respecto, LAMIKIZ GARAI, F., "La necesidad de consolidar un criterio jurisprudencial en materia de arbitraje societario. Un caso particular: La sumisión a arbitraje de la acción de disolución de sociedades mercantiles por paralización de órganos sociales", en ECHANO BALDASÚA, J. I. (coord.), *Estudios Jurídicos en memoria de José María Lidón*, Bilbao, 2002, pág. 1028, se muestra totalmente partidario de la inaplicación de la cláusula arbitral para la acción de disolución

Por su parte, la STS (Sala 1ª) de 18 de abril de 1998 (RJ 1998/2984) en su Fundamento Jurídico 4° recoge la doctrina siguiente: "La posibilidad de someter a un arbitraje la nulidad de la junta general y la impugnación de acuerdos sociales fue admitida por esta Sala en sentencias de 26 de abril de 1905 y 9 de julio de 1907, la sentencia de 15 de octubre de 1956 cambió el criterio y negó aquella posibilidad, que fue reiterada por las sentencias de 27 de enero de 1968, 21 de mayo de 1970 y 15 de octubre de 1971; actualmente, tras las reformas legales tanto de la legislación de arbitraje como de la societaria, esta Sala debe pronunciarse confirmando la última doctrina o volviendo a la más antigua. Esta Sala estima que, en principio, no quedan excluidas del arbitraje, y por tanto del convenio arbitral la nulidad de la junta de accionistas ni la impugnación de acuerdos sociales; sin perjuicio, de que, si algún extremo está fuera del poder de disposición de las partes, no puedan los árbitros pronunciarse sobre el mismo, so pena de ver anulado total o parcialmente su laudo. Se tienen en cuenta varios argumentos: la impugnación de los acuerdos sociales está regida por normas de *ius cogens* pero el convenio arbitral no alcanza las mismas, sino al cauce procesal de resolverlas; el carácter imperativo de las normas que regulan la impugnación de acuerdos sociales, no empece el carácter negocial y, por tanto, dispositivo de los mismos; no son motivos para excluir el arbitraje en este tema, ni el art. 22 de LOPJ que se refiere a la jurisdicción nacional frente a la extranjera, ni el art. 118 LSA que se refiere a la competencia territorial, ni se puede alegar bajo ningún concepto, el orden público como excluyente del arbitraje".

Aunque las resoluciones reseñadas no se ocupan de la causa de disolución por paralización social, sí nos conducen a un criterio de máxima amplitud favorable a la validez general de la cláusula de sumisión al arbitraje intra-corporativo[826]. Por tanto, la admisión de la inscripción

---

por paralización, afirmando que la citada sentencia aborda la cuestión de forma genérica y desacertada. Por nuestra parte, estimamos que no es posible homologar la acción de disolución con la acción de impugnación de acuerdos sociales.

826 Sobre la admisibilidad del recurso al arbitraje en las sociedades capitalistas, a la luz de estos dos pronunciamientos glosados *supra*, BOTANA AGRA, M., "Acerca de la sumisión a arbitraje de la impugnación de acuerdos de sociedades anónimas", *Derecho de los Negocios*, N° 100, 1999, págs. 9-20; CARAZO LIÉBANA, M. J., "La aplicación del arbitraje a la impugnación de acuerdos societarios en las sociedades de capital", *Revista de Derecho Mercantil*, N° 229, 1998, págs. 1211-1222;

registral del pacto de sumisión a arbitraje de las controversias de naturaleza societaria de los socios entre sí y de éstos con la sociedad o sus órganos dotaría de carta de naturaleza a esta opción, contemplada jurisprudencialmente con anterioridad (arts. 114.2 y 178.2 RRM), ya fuere al momento constitutivo en los estatutos sociales o al momento de la aprobación del acuerdo social, que requeriría el voto favorable de al menos dos tercios del capital social (art. 11.bis 2 LA)[827].

En cuanto a la modalidad de arbitraje, la regla general contemplada por la Ley de Arbitraje es el arbitraje de derecho (art. 11 bis 2 LA), que se corresponde con la práctica mercantil internacional. Con todo, hay que tener en consideración que en defecto de declaración expresa, el art. 1690 CC estipula el arbitraje de equidad para las controversias de la sociedad civil. Para un sector de la doctrina esta modalidad sería la más apropiada para dirimir la controversia central del problema del que trae causa[828].

A nuestro juicio, en efecto, el arbitraje de equidad sería más ventajoso que el arbitraje de derecho, principalmente porque ajustarse

---

NEILA NEILA, J. M., "A vueltas sobre la cláusula estatutaria de sometimiento a arbitraje en la impugnación de acuerdos sociales", *La Ley*, Nº 3, 1999, págs. 2132-2136; PICO I JUNOY/VÁZQUEZ ALBERT, "El arbitraje en la impugnación de acuerdos sociales: nuevas tendencias y nuevos problemas", *Revista de Derecho de Sociedades*, Nº 11, 1998, pág. 183 y sigs.; MARTÍNEZ MARTÍNEZ, M. T., "Impugnación de acuerdos de las juntas generales de las sociedades anónimas y arbitraje", *Revista de Derecho de Sociedades*, Nº 11, 1998, págs. 335-362 y VICENT CHULIÁ, F., "El arbitraje en materia de impugnación de acuerdos sociales", *Revista General del Derecho*, Nº 646-647, 1998, págs. 9355-9372.

827 Arts. 11 bis y ter, introducidos por el art. 1 3º de la Ley 11/2011, de 20 de mayo, de reforma de la Ley 60/2003, de diciembre, de Arbitraje y de regulación del arbitraje institucional en la Administración General del Estado. Sobre este particular, MARTÍN MORAL, M. F., "El arbitraje estutario en las sociedades de capital", *Revista de derecho de sociedades*, Nº 51, 2017, págs. 255-274.

828 En este punto es de interés la opinión de HERNANDO CEBRIÁ, L., *El abuso…*, cit., pág. 284: "Este particular ámbito del conflicto entre socios que tiene lugar extramuros de la sociedad todavía escapa a la impugnación de los acuerdos sociales, si bien se puede entender comprendido entre las cuestiones sociales por la trascendencia que puede tener respecto del funcionamiento de los órganos sociales. *Lato sensu*, corresponderá al árbitro en estos supuestos atender a los deberes de corrección, fidelidad y colaboración del socio, como manifestaciones de la *affectio societatis*. De ese modo, la falta de una regulación sustantiva de la relación entre los socios aproxima la solución arbitral a la esfera de la equidad (…)".

a este último dotaría al procedimiento y decisión arbitral de una rigurosidad excesiva, teniendo en cuenta que el problema de que trae causa el conflicto intra-corporativo comprenderá materias no tanto de índole jurídico sino de gestión y administración social, cuestiones estratégicas que exceden del perímetro normativo. A esto se suma el hecho de que el recurso de anulación del laudo en el arbitraje de equidad presenta menos supuestos que en lo referido al arbitraje de derecho, por lo que se cerraría la vía a potenciales dilaciones oportunistas del socio que impugnara el laudo como táctica procesal para prolongar el conflicto y su disidencia, y de ese modo, evitar la ejecución del acuerdo social[829].

C) Posicionamiento contrario a la sumisión al arbitraje del bloqueo societario

La doctrina mayoritaria mantiene un posicionamiento frontalmente opuesto a la de aceptar la extensión del arbitraje en materia de disolución societaria. La inaplicabilidad de la cláusula arbitral para la acción de disolución se fundaría en su origen mismo, ya que nace del principio de la autonomía de la voluntad (art. 1255 CC). Toda cláusula arbitral se vería limitada, en cuanto a su contenido, en virtud de lo expresado en el art. 1255 CC, esto es, por lo dispuesto en las leyes, la moral y el orden público; no pudiendo oponerse a las leyes, ni contradecir los principios configuradores de las sociedades mercantiles.

Así, admitida esa libertad de pactos y la relatividad de los mismos (art. 1257 CC), la acción de disolución de la sociedad, al afectar a terceros (trabajadores, clientes, proveedores, entidades financieras, Hacienda Pública...), quedaría fuera del ámbito disponible y, en consecuencia, al regirse la disolución por normas de *ius cogens*, los socios no tendrían facultad de disposición sobre la misma, excluyéndose del ámbito objetivo arbitral. Asimismo, el art. 22 LOPJ determina expresamente la competencia exclusiva de los Juzgados y Tribunales para conocer de las materias de constitución, validez, nulidad o disolución de sociedades o personas jurídicas.

---

829 Cfr. MUÑOZ PAREDES, J. M., "De nuevo sobre el arbitraje societario", *Revista de derecho de sociedades*, N° 66, 2022.

Por tanto, desde esta perspectiva, se vetaría la posibilidad de conocer en sede arbitral de las acciones de disolución de sociedades de capital y de litigios relativos al bloqueo de los órganos sociales para quedar bajo el conocimiento exclusivo de los órganos jurisdiccionales competentes.

Por otra parte, el art. 239 RRM establece que la inscripción de la disolución de las sociedades anónimas, de responsabilidad limitada y comanditarias por acciones, por causa legal o estatutaria distinta del mero transcurso del tiempo de duración de la sociedad, se practicará en virtud de escritura pública o testimonio judicial de la sentencia firme por la que se hubiera declarado su disolución. A este respecto, es patente que el legislador veta el acceso al Registro Mercantil a cualquier documento como el laudo arbitral que no sea la escritura pública del acuerdo adoptado en tal sentido por los socios o el testimonio judicial de una sentencia firme con motivo de la trascendencia jurídica que tiene la disolución.

Además, el art. 241 RRM posibilita la anotación preventiva de la demanda de disolución de la sociedad, siempre y cuando se cumplan los requisitos contenidos en los arts. 155 y 156 RRM referidos siempre a una resolución judicial. Hay que advertir que la anotación preventiva de demanda únicamente tiene acceso por vía de mandato judicial, siendo ésta de trascendental importancia en el supuesto en que se ejercite la acción de disolución con el fin de proteger los extraordinarios efectos expansivos que ésta produce en los intereses de terceros, que, sin duda alguna, se verán afectados directamente por el resultado de aquella anotación, un resultado que nunca se podría obtener por vía arbitral.

D) Análisis crítico sobre la validez de la cláusula arbitral para deshacer un bloqueo societario

Sobre el arbitraje societario de la acción de disolución de sociedades mercantiles paralizadas no hay un criterio definido en nuestra doctrina[830]. A ello se une la escasa jurisprudencia sobre la denomina-

---

830 La RDGRN de 27 de abril de 1989 (RJ 1989/3408) deniega la inscripción de una cláusula estatutaria que remitía al arbitraje, en el caso de desavenencias

da cláusula arbitral societaria y aún menos en materia de disolución y liquidación, lo cual genera una manifiesta inseguridad jurídica al respecto. En principio, aunque su inclusión pudiera presentarse teóricamente como una vía eficaz para dar solución al bloqueo de los órganos sociales —especialmente para llegar a los acuerdos mínimos que ha de adoptar la junta general para salvaguardar la integridad del capital en relación con el patrimonio neto y para la conservación de la empresa— lo cierto es que, en consonancia con una parte de la doctrina, la sumisión al arbitraje de una acción de disolución por paralización de los órganos sociales puede resultar sumamente perjudicial para los intereses de los socios, sociedad y terceros[831].

Es por ello que parece más razonable sostener la inaplicabilidad de este tipo de cláusulas arbitrales societarias en materia de disolución, en virtud de la limitación de orden público a que se sujeta la autonomía de la voluntad (art. 1255 CC) y al principio de relatividad de los contratos (art. 1257 CC)[832]. Además, en el hipotético caso de acatamiento del laudo arbitral declarativo de la disolución social, éste no supondría aceptación del proceso liquidatorio y ello obligaría a las partes a acudir al auxilio de los tribunales ante la más que probable disconformidad o reanudación del conflicto durante el mismo.

---

dentro del consejo de administración. Sobre la sumisión al arbitraje de una disputa societaria generadora de bloqueo, PAZ-ARES, C., "La disolución", cit., pág. 1074, hace notar el carácter potestativo del recurso al arbitraje frente al carácter imperativo según han prescrito los jueces franceses o como postula la doctrina alemana o como recoge la legislación de Carolina del Norte (EEUU). Para ahondar en la materia de arbitraje en el seno de las sociedades de capital: MUÑOZ PLANAS, J. M., "Algunos problemas del arbitraje en materia de sociedades mercantiles", en *Estudios de Derecho Mercantil en homenaje a Rodrigo Uría*, Madrid, 1978, págs. 488-493.

831 Cfr. LAMIKIZ GARAI, F., "La necesidad...", cit., págs. 1020 y 1030. No obstante, que no sea indicado someter a arbitraje la acción de disolución por paralización no significa que, para otras materias, "la institución de arbitraje da una más rápida y mejor respuesta a problemas derivados de la impugnación de acuerdos sociales, la violación de los pactos restrictivos de la transmisión de acciones, etc.".

832 Vid. DE EIZAGUIRRE, J. M., *La disolución...*, cit., pág. 103: "La legitimación de los terceros, ajenos al convenio arbitral, impide no obstante que esta vía resulte admisible". Este autor deja apuntado que, en Alemania, cuyo ordenamiento restringe la legitimación a los socios (art. 61 II GmbHG), la vía del arbitraje es admitida por la opinión mayoritaria.

Por tanto, un reconocimiento de la validez de la cláusula arbitral en lo tocante a la disolución social tampoco resolvería la situación que potencialmente se producirá durante el periodo comprendido entre el inicio del arbitraje y la emisión del laudo arbitral, obligando implícitamente a las partes a acudir a los órganos jurisdiccionales para la adopción de medidas cautelares[833].

En definitiva, es obvio que ante una situación de enfrentamientos irreversibles entre los socios paritarios que conduzca a la paralización de los órganos sociales, difícilmente podrá ser resuelta satisfactoriamente por medio del instituto del arbitraje[834]. Si se descarta el arbitraje intra-corporativo en materia de disolución, una efectiva medida de desbloqueo podría ser la articulación de un sistema doble formado por una previa mediación societaria junto con la inclusión de determinadas cláusulas de desbloqueo, que operarían como cauces contractuales de autotutela y autoejecutables para neutralizar o prevenir una situación de bloqueo societario.

---

833 Cfr. LAMIKIZ GARAI, F., "La necesidad...", cit., pág. 1029.

834 FERNÁNDEZ DEL POZO, L., "La arbitrabilidad de las situaciones de paralización de los órganos sociales", *Revista de derecho de sociedades*, N° 51, 2017, págs. 77-127, se decanta por la procedencia de someter a arbitraje la declaración de disolución de una sociedad de capital, exigiendo que el laudo constate expresamente la existencia de una causa legal —especialmente la paralización de los órganos sociales—. El autor sostiene la arbitrabilidad tanto de la disolución societaria como de la designación de liquidadores por el árbitro en su laudo, incluso bajo el marco de la nueva Ley de Jurisdicción Voluntaria, que regula un expediente mercantil específico para la disolución judicial. Asimismo, propone una alternativa para resolver la situación de bloqueo orgánico mediante el reconocimiento en laudo de un derecho voluntario de separación para el socio, ejercitable en tales circunstancias. Fernández del Pozo defiende la viabilidad jurídico-societaria de lo que denomina "liquidación arbitral", esto es, la resolución vía arbitraje de las cuestiones relativas a las operaciones de liquidación, realizadas o supervisadas por el árbitro. Si bien el autor reconoce la licitud de un convenio arbitral ad hoc, acordado por todos los socios una vez surgido un conflicto, el supuesto canónico examinado en su trabajo es el que deriva de una cláusula arbitral "genérica" incluida previamente en los estatutos sociales. Dicha cláusula somete a la decisión de árbitros —designados por institución arbitral, de derecho o de equidad— la resolución de toda controversia de naturaleza societaria no expresamente excluida (arbitraje estatutario).

6.7 ACCIONES JUDICIALES DE COMPRAVENTA

Desde el ámbito del *common law* se reconoce al socio minoritario de sociedades cerradas la facultad de ejercitar una acción judicial para que el socio mayoritario que haya actuado ilegítimamente adquiera su participación. La promoción de una acción que pretenda la compra obligatoria por parte del socio infiel al interés social se incluye pues entre las medidas que el socio externo afectado puede reclamar del socio controlador. Junto a esta posibilidad, también existe la pretensión contraria de una acción de venta obligatoria como remedio añadido que permite superar la situación de bloqueo en el funcionamiento de la sociedad[835].

Este mecanismo está regulado en el art. 994 de la *Companies Act* de 2006. Respecto de la legitimación activa, autoriza el ejercicio de la acción al socio ante una actuación contraria al interés social o contra su propio interés. Respecto de la legitimación pasiva permite reclamar en relación con cualquier perjuicio ilegítimo causado por un socio o por aquel que haya transmitido de tal forma su participación en la sociedad. En cuanto al ámbito objetivo, la acción comprende no sólo todo acto u omisión contrario al interés social o al de alguno de los socios, sino también los actos u omisiones de la sociedad que sean perjudiciales, como lo es el bloqueo efectivo de la junta general. En estos casos, además de acciones de rectificación, cesación o prohibición, de ejecución, de nulidad y de responsabilidad, el art. 996.2 e) de la *Companies Act* de 2006 permite que el socio pueda solicitar tanto la compra de su participación por la sociedad con reducción de su capital, como la compra por otros miembros de la sociedad.

---

835 Asimismo, en la doctrina norteamericana se contempla esta posibilidad, que en inglés se denomina *buyout/sellout*: MOLL, D. K., "Reasonable expectations v. Implied-in-fact contracts: Is the shareholder oppression doctrine needed?, *University of Houston Law Review*, N° 42, 2001, págs. 989-1080; y "Shareholder oppresion & Reasonable exectations: of change, gifts and inheritances in close corporation disputes", *Minnesota Law Review*, N° 86, 2002, págs. 717-789; MEANS, B., "A contractual approach to shareholder oppresion law", *Fordham Law Review*, N° 2, vol. 79, 2010, págs. 1161-1211 y ART, R. C., "Shareholder rights and remedies in Close Corporations: oppression, fiduciary duties and reasonable expectations", *Journal of Corporate Law*, N° 28, 2003, pág. 371.

En realidad, el ejercicio de esta acción judicial de compraventa se admite como una pretensión específica que tiene el actor —el socio demandante— de reclamar frente al socio infiel —que actúa en abuso de derecho—, la obligación de adquirir su participación o alternativamente de exigir que se la venda. La pretensión culmina favorablemente con una orden judicial de compra o de venta forzosa que es la que deshace el conflicto entre los socios, bien asumiendo el socio obstruccionista la obligación de comprar la participación del socio perjudicado, bien asumiendo la obligación de vender la suya propia.

Pues bien, entendemos que esta solución proveniente del derecho anglosajón podría importarse al derecho societario español, no sólo para aquellas sociedades cerradas presididas por una relación de mayoría-minoría (socio controlador/socio externo) sino también para las sociedades 50/50, cuyo normal funcionamiento depende de que haya un control conjunto. No obstante, el reconocimiento de *lege ferenda* de estas medidas judiciales de compraventa traería consigo, a nuestro juicio, potenciales deficiencias, como la valoración de las participaciones sociales o acciones, y el reconocimiento de una suerte de "prima de control" en tanto que el socio adquirente pasaría de ser un socio paritario (sin control positivo) a convertirse en el propietario del 100% del capital, esto es, de tener una facultad de bloqueo o "control negativo" a disfrutar de las ventajas e inconvenientes de la unipersonalidad. Adicionalmente, la dificultad que se abriría respecto del *dies a quo* de la valoración a un valor razonable de mercado (*fair value*) podría suplirse por vía de la aplicación analógica con las garantías contempladas para el ejercicio del derecho de separación y concretamente cuando no hay acuerdo entre sociedad y socio respecto de la valoración de su participación social (art. 353 LSC)[836].

---

836 Salvo pacto estatutario en contrario, la LSC determina que la transmisión de las acciones y participaciones que traiga causa de la separación, exclusión o de la aplicación de cláusulas restrictivas de transmisibilidad, se haga a valor razonable. A tal efecto, para la determinación del valor razonable, PAZ-ARES, C./ PERDICES HUETOS, A. B., "Lógica y límites de los descuentos por iliquidez y minoría en la valoración de participaciones sociales", *Revista española de capital riesgo*, N° 2, 2010, págs. 3-19 sostienen la inaplicabilidad de los denominados descuentos de minoría y de iliquidez por tratarse de transacciones de carácter

En todo caso, el ejercicio de esta acción estaría limitado a incumplimientos graves del socio infiel que recayesen en la *affectio societatis*. El socio demandante debería tener elementos probatorios suficientes para fundamentar su pretensión y acreditar la lesión al interés social y al suyo particular, en atención a las circunstancias del caso concreto y a las conductas ilegítimas y oportunistas del consocio. Por esa razón, en función de la casuística y de la relación con la situación de control que tengan asumido los socios y que traiga causa del abuso sufrido, le será más oportuno accionar para la compra o para la venta. En este sentido, el abuso de mayoría tendría un mejor acomodo en la adopción de acciones de compra forzosa, en la línea del derecho de separación. Por el contrario, el uso abusivo de un control negativo sistemático, como el que sucede en caso de "abuso de igualdad", encajaría mejor con la acción de venta obligatoria, en la línea de la exclusión del socio que actúa en abuso de derecho.

La aplicación de este mecanismo de resolución del bloqueo permitiría al socio demandante la continuación del negocio común, pero ya sin el socio infiel al interés social, de acuerdo con el principio de conservación de la empresa, principio institucionalista que a nuestro modo de ver debería orientar un hipotético tratamiento regulatorio de la orden judicial de compraventa. Al igual que la remoción de la causa de disolución en el caso de la reactivación de la sociedad, la venta obligatoria de la participación del socio infiel permitiría al socio demandante adquirir esa participación y continuar con la actividad económica en la forma de sociedad unipersonal.

Igualmente, también debería reconocerse una acción de reactivación con derecho de adquisición a favor del socio perjudicado por el socio obstruccionista que genera la situación de bloqueo que deriva en causa de disolución por paralización de los órganos sociales (art. 363.1 d LSC). En ambos casos, el criterio que ha de primar en la decisión judicial —verificada la imposibilidad de restaurar la *affectio societatis*—, es el interés social y el principio de conservación de la empresa, esto es, que la sociedad pueda continuar desarrollando su

---

interno, en contraste con aquellas transacciones externas, esto es, las que se realizan voluntariamente en el mercado.

objeto social, su actividad económica en el mercado, esta vez solamente a través de un socio (único).

Por supuesto, la configuración legal de esta acción de compraventa podría generar potenciales deficiencias, que difícilmente podría resolver el tenor literal de una norma positiva. Una de ellas sería la generación de incentivos perversos por parte de aquel socio que no tiene mercado de desinversión. Al aplicar un control negativo abusivo y sistemático, podría presionar al consocio a adquirirle su participación, convirtiendo el chantaje, la facultad de bloqueo, en el medio para propiciar su desinversión. Aparte del problema derivado de la valoración de la participación, también existiría otro añadido si el socio adquirente no dispone de capacidad financiera para hacer frente a la adquisición ordenada judicialmente. Tampoco sería lógico suponer sin más que la sociedad va a seguir desarrollando su objeto social con normalidad si los activos críticos no pueden ser explotados debidamente, en el caso de que el socio saliente fuera a su vez el profesional encargado de los mismos. En estos casos no se podría garantizar una adecuada conservación de la empresa, que es la *ratio* que a nuestro juicio fundamenta la acción judicial de compraventa.

6.8 ESCISIÓN SUBJETIVA DE LA SOCIEDAD PARITARIA

La escisión subjetiva tendría virtualidad como mecanismo de desbloqueo siempre y cuando opere sobre una sociedad paritaria que pueda dividirse en unidades de negocio independientes[837]. De este modo, una vez verificado el bloqueo efectivo, los socios podrían iniciar el procedimiento proyectado en la cláusula para la escisión asimétrica, es decir, para la separación patrimonial de la empresa común[838]. En este sentido, el Real Decreto-ley 5/2023, de 28 de junio, que transpone las Directivas de la Unión Europea en materia de modificaciones estructurales de sociedades mercantiles (extinta LME),

---

837 Coincidimos con FERNÁNDEZ DEL POZO, L., *La paralización de los órganos sociales en las sociedades de capital*..., cit., págs. 65-74, en entender preferible la continuidad empresarial, siendo una opción preferente la venta conservativa de las unidades de empresas (págs. 76-80).

838 Vid. CERDÁ ALBERO, F., *Escisión de la sociedad anónima*, Valencia, 1993, passim.

prevé expresamente la participación de sociedades en liquidación en los distintos tipos de modificación estructural que regula, entre las que podría instrumentarse el desbloqueo societario a través de la escisión de uno de los socios o bloque de socios (arts. 58-71 Real Decreto-ley 5/2023)[839].

La escisión de la sociedad paritaria sería de índole asimétrica o subjetiva, es decir, aquella en virtud de la cual a cada socio no se le adjudicarían participaciones proporcionales en las sociedades resultantes sino todas las participaciones de una de las sociedades resultantes. Se trata de una modalidad que admite muchas variantes, lo cual puede facilitar la solución al conflicto entre los socios, pues caben las compensaciones dinerarias e incluso dejar que una sociedad mantenga elementos patrimoniales que puedan servir a las nuevas sociedades.

El Real Decreto-ley 5/2023, al igual que la norma antecesora de las modificaciones estructurales (LME), establece un criterio claramente permisivo en cuanto a la modificación estructural de sociedades en liquidación (art. 14) y, por tanto, viene a establecer estas operaciones como verdaderas alternativas. A ellas pueden acogerse aquellos socios de una sociedad paralizada que únicamente converjan en la voluntad de descartar la liquidación y la subsiguiente extinción. Por esa razón, la única restricción impuesta por el Real Decreto-ley 5/2023 es que la sociedad en liquidación pueda operar

839 El acogimiento a una modificación estructural es una óptima alternativa a la disolución. Aunque no existe una definición legal del concepto "modificaciones estructurales", la Exposición de Motivos de la LME se refería a "aquellas alteraciones de la sociedad que van más allá de las simples modificaciones estatutarias para afectar a la estructura patrimonial o personal de la sociedad, y que, por tanto, incluyen la transformación, la fusión, la escisión y la cesión global de activo y pasivo". Desde una perspectiva económica, son operaciones que suponen una alteración de la empresa consistente en la modificación sustancial de su estructura organizativa, modificando la forma en que se mantiene la titularidad del patrimonio social. Para los casos de sociedades disueltas por paralización la escisión puede ser la operación estructural apropiada por vía de la aplicación supletoria del art. 14 Real Decreto-ley 5/2023 (antiguo 28 LME), que permite que en la escisión participen sociedades en liquidación siempre que no se haya iniciado el proceso de distribución patrimonial entre sus socios. Vid. CABANAS TREJO, R., *Sociedades mercantiles: fusión y escisión, disolución y liquidación*, Barcelona, 1990, passim.

una modificación estructural siempre que no haya comenzado la distribución de su patrimonio entre los socios, pues de otro modo, ya se hubiera puesto de manifiesto la voluntad de los socios de percibir su cuota de liquidación y extinguir por completo la sociedad de capital. A este respecto, una vez que los socios paritarios de una sociedad disuelta por paralización entiendan que la reactivación por modificación estructural es mejor que la liquidación y consiguiente extinción social, podrán acordarlo en sede de junta.

Del mismo modo, cuando los liquidadores consideren que los intereses comunes de los socios de una sociedad disuelta por paralización se ven mejor tutelados con la realización de una modificación estructural, deberán iniciar el procedimiento conforme a lo dispuesto por las normas reguladoras de las modificaciones estructurales. En todo caso, la junta general conservará la competencia para aprobar o rechazar el respectivo proyecto (de transformación, fusión, escisión o cesión global de activo y pasivo, según corresponda). En último término, los derechos de los socios que en su caso no se muestren conformes con la decisión de la junta general serán los establecidos en el Real Decreto-ley 5/2023[840].

Por todo lo anterior, se desprende que la reactivación permite al socio continuar la actividad económica en la forma de sociedad de capital una vez desligado un socio o grupo de socios. Para facilitar la reactivación, cuyas implicaciones de orden económico serían probablemente favorables, podría reconocerse a tenor de un sector doctrinal, la facultad del socio afectado por el bloqueo de promover una

---

840 Por lo demás, una vez removida la paralización por haberse encontrado una salida pactada para la reactivación, hay que tener en cuenta el derecho de oposición a la reactivación de los acreedores de la sociedad reactivada cuyos créditos: (1) hayan nacido antes de la fecha del último anuncio del acuerdo de reactivación, siempre que (2) no hayan vencido en ese momento y (3) hasta que se les garanticen tales créditos. Lógicamente, los acreedores cuyos créditos se encuentren ya suficientemente garantizados no gozarán de este derecho. El derecho de oposición habrá de ejercitarse en el plazo de un mes a contar desde la fecha del último anuncio del acuerdo de reactivación. En cuanto a sus efectos, en caso de ejercicio del derecho de oposición, la reactivación social no podrá llevarse a efecto hasta que la sociedad preste garantía a satisfacción del acreedor o, en otro caso, hasta que notifique a dicho acreedor la prestación de fianza solidaria a favor de la sociedad por una entidad de crédito de que fuera titular el acreedor y hasta tanto no prescriba la acción de exigir su cumplimiento.

"acción de reactivación de la sociedad"[841]. De esa forma se protegería mejor el interés social, el de los trabajadores y el del mercado. Por otra parte, puede abogarse por la ya antes referida opción de la escisión conforme al Real Decreto-ley 5/2023, que tiene indudables ventajas al favorecer la conservación de la empresa al mismo tiempo que permite que se separen los socios enfrentados. En este sentido, sería conveniente una mejor interconexión entre la LSC y el Real Decreto-ley 5/2023, con el fin de acercar soluciones societarias creativas[842].

6.9 FIDUCIA SOCIETARIA DE DESEMPATE

Para evitar el inconveniente de las situaciones de bloqueo cabe explorar en última instancia la posibilidad del negocio fiduciario, su posible o cuestionable idoneidad en el marco del derecho societario español como vía preventiva de las situaciones de bloqueo de las sociedades paritarias.

El Tribunal Supremo (Sala Primera), en su Sentencia de 2 de diciembre de 1996, definió el negocio fiduciario como "la atribución patrimonial que uno de los contratantes, el llamado fiduciante, realiza a favor del otro, llamado fiduciario, para que éste utilice la cosa o derecho adquirido, mediante la referida asignación, para la finalidad que ambos pactaron, con la obligación de retransmitir al fiduciante o a un tercero, cuando se hubiera cumplido la finalidad prevista".

---

841 Cfr. HERNANDO CEBRIÁ, L., "El conflicto...", cit., pág. 132, quien de nuevo remarca una visión cercana a la tesis institucionalista.

842 Además, una hipotética operación de escisión, como modificación estructural de una sociedad paralizada, se beneficiaría del régimen de neutralidad fiscal de la Ley del Impuesto de Sociedades (art. 83.2 1° b), de manera que no se generarían plusvalías ni impuestos de ningún tipo, a pesar de la interpretación restrictiva en la aplicación de este régimen en los casos de escisión parcial. A este respecto, la Dirección General de Tributos (Consultas Vinculantes de 5 de septiembre de 2003 y 20 de diciembre de 2004, entre otras) exige que exista como rama de actividad autónoma ya en la sociedad de origen. Esto provoca que las escisiones parciales se realicen por la vía de las escisiones totales o de aportaciones especiales. Véase el N° 1108 del Memento Práctico Francis Lefebvre, *Reorganización Empresarial* (Fusiones), 2011-2012. Para ahondar en esta materia, véase ÁLVAREZ ROYO-VILLANOVA, S., "Las modificaciones estructurales de la sociedad anónima", AA.VV., *Instituciones de Derecho Privado*, Tomo VI, vol. 2°, Madrid, 2004, pág. 632 y sigs.

Pues bien, la articulación del negocio fiduciario al problema societario podría plantearse a través de la siguiente estructura: cada socio paritario (fiduciantes) transmitiría una mínima fracción o cuota de su capital (por ejemplo, un 1%) a una persona física o jurídica fiduciaria. Cada socio paritario conservaría un 49% y el fiduciario una participación total del 2% con sus respectivos derechos de voto[843]. Este fiduciario, a la postre "socio minoritario", administraría su participación y concurriría a la junta de socios siguiendo con su voto las decisiones convergentes de los socios mayoritarios, esto es, ofreciendo unanimidad. En caso de grave controversia entre los dos socios mayoritarios (49/49), este socio fiduciario operaría como factor de desempate siguiendo las concretas instrucciones establecidas por un pacto de socios suscrito a tal efecto.

Evidentemente, este sistema preventivo debería contar con una exhaustiva negociación con el fin de dotar a ese pacto parasocial trilateral de las instrucciones precisas para el desempate. El abanico de instrucciones posibles para organizar la fiducia societaria sería amplio y complejo. Podría consistir en un voto alternativo a favor de un socio paritario, de conformidad con el interés social, o en la emisión del voto previo requerimiento de dictamen, o incluso en el ejercicio del voto en función del plan de negocio[844].

Como no es difícil de avizorar, la importación de esta construcción jurídica a la realidad societaria española traería consigo múltiples dificultades técnicas. La más fundamental es la que viene determinada por la teoría del doble efecto, por la cual la fiducia se concibe como la composición de dos negocios diferenciados. Por una parte,

---

843 Poniendo como requisito fundamental de la transmisión fiduciaria que el socio fuere persona física se trataría de limitar el riesgo de que se reprodujera el mismo problema en el caso de sus órganos sociales quedaran paralizados, haciendo inútil la activación de dicho mecanismo. En el caso de persona física, el negocio fiduciario debería contemplar las situaciones de ausencia o fallecimiento del socio fiduciario, así como el marco regulador en caso de incumplimiento de su obligación de desempatar, que exige asistencia y voto en junta general.

844 Vid. PAOLANTONIO, M. E., "Fideicomiso sobre acciones", en DUBOIS, F (Dirs.), *Negocios parasocietarios*, 2ª ed., Buenos Aires, 1999, pág. 282. En todo caso, la virtualidad de este denominado fideicomiso societario dependerá en última instancia de las posibilidades del régimen legal, contractual y societario de cada ordenamiento jurídico.

un negocio de naturaleza real, por el cual el fiduciante transmite la propiedad al fiduciario, y por otra el negocio obligacional, por el que el fiduciario se obliga a entregar la cosa recibida en propiedad al fiduciante una vez que la hubiera utilizado para el propósito fijado. En nuestra doctrina esta construcción recibió fuertes críticas hasta el punto de inadmitir que el fiduciante pueda desprenderse por completo del pleno dominio, dado el grave riesgo que eso comportaría al tráfico jurídico por la desprotección de los terceros de buena fe, y al mismo tiempo, por la imposibilidad en nuestro ordenamiento de crear nuevos derechos reales atípicos fuera del sistema de *numerus clausus* que rige el sistema de derechos reales español[845].

Para solventar teoréticamente dichas dificultades, un sector de la doctrina ha abogado por la distinción entre propiedad material y propiedad formal (titularidad fiduciaria), de modo que esta última sería la que correspondería al fiduciario, válida frente a terceros, pero inoponible frente al fiduciante. Dicha problemática nos lleva a descartar el desdoblamiento del derecho real de propiedad. A partir de ahí la cuestión radica en si el negocio fiduciario en materia societaria podría articularse a pesar de las limitaciones que impone la titularidad fiduciaria, en el sentido de dotar a un patrimonio de una determinada finalidad, como sería su utilización como mecanismo de desbloqueo. El tercero fiduciario pasaría a ostentar una titularidad formal transitoria cuando los socios fiduciantes le transmitieran las participaciones de desempate, que en el ejemplo anteriormente referido sería del 2%. Dichas participaciones no las integraría en su patrimonio, aunque el fiduciario pudiera ejercer los derechos polí-

---

845 Cabe recordar que en nuestro ordenamiento jurídico ninguna referencia que se refiera directa o indirectamente al negocio fiduciario, puesto que no se reconoce un negocio general y abstracto para la transmisión de derechos sino sólo contratos concretos (venta, donación, permuta...) que constituyan causa, ya que la tradición (art. 609 Código Civil) por sí misma no es transmisiva de la propiedad, sino que ha de ir precedida de un contrato causal apto para producir efectos reales. Bajo derecho anglosajón este mecanismo sí tiene cabida, habida cuenta de su flexibilidad contractual (bajo la distinción del *legal title* del *equitable title*), como puede leerse en HUDSON, A., *Equity and Trust*, 7ª ed., Oxon, 2013, págs. 1037-1059.

ticos que le correspondiesen para cumplir su finalidad, asistiendo a junta y votando en ella en el sentido previamente pactado[846].

Como se observa, dos son las principales incertidumbres que atañen al negocio fiduciario de desempate en derecho español: primeramente, en cuanto a la condición que adquiere el fiduciario, esto es, si su posición jurídica es análoga a la de un socio minoritario por el mero hecho de serle transmitida a su favor una propiedad formal; en segundo lugar, por los efectos de un potencial incumplimiento del fiduciario en caso de no ejercitar el voto en el sentido pactado, traicionando las expectativas de los dos socios paritarios mayoritarios, bien al no ofrecer unanimidad cuando las relaciones entre éstos son normales, bien no asistiendo a la junta general, asistiendo pero no votando, o votando pero en contra de lo pactado para deshacer el empate sistemático (49/49).

Adicionalmente, bajo esta construcción negocial, quedaría también sin resolver qué consecuencias tendría la no devolución de la propiedad formal a los socios (propietarios materiales) al término del compromiso fiduciario. A este respecto, la configuración del negocio fiduciario bajo la teoría germánica, a diferencia de la teoría romana, podría hacerlo más operativo en lo relativo a las consecuencias del incumplimiento, al someterlo a condición resolutoria cuando el fiduciario o su sucesor no ejecutaran la facultad de desempate según lo estipulado[847].

---

846 La primera posición a favor del concepto de "titularidad fiduciaria" es defendida por DE CASTRO, F., "El negocio fiduciario. Estudio crítico de la teoría de doble efecto", *RDN*, 1966, passim.

847 En derecho español, esta construcción fiduciaria difícilmente tendría encaje. De la fiducia se ha ocupado muy poco nuestra doctrina mercantil, sin embargo, la referencia en esta materia sigue siendo el estudio de GARRIGUES, J., *Negocios fiduciarios en Derecho Mercantil*, Madrid, 1955, pág. 80, quien ya advirtió esta dificultad dada "la necesidad de buscar combinaciones fuera de la ley para fines no previstos en los negocios jurídicos regulados por ella o para fines contrarios a la misma ley. Convertido el viejo negocio fiduciario en simple contrato de confianza, mudado en típico lo que antes era atípico, la antigua fiducia *cum amico* se vería forzada a refugiarse de nuevo en los negocios indirectos, que acampan en los márgenes de la ley". Con anterioridad al estudio de Garrigues antes citado, pueden encontrarse posicionamientos similares en CLARET Y MARTÍ, P., *De la fiducia y del trust. Estudio de Derecho Comparado*, Barcelona, 1946, BONET RAMÓN, F., *La propiedad fiduciaria*, Barcelona, 1950; PANTALEÓN, F., "Negocio

Por todo lo anteriormente examinado, se hace evidente concluir que la instrumentación de un negocio fiduciario generaría numerosas incertidumbres en su aplicación práctica. La discutible construcción doctrinal en materia societaria contrasta con su mínimo desarrollo jurisprudencial, lo cual convierte al negocio fiduciario de desempate en un mecanismo inseguro para resolver las situaciones de bloqueo. El vacío legal y las persistentes incertidumbres teóricas en derecho español desaconsejan su instrumentación para este fin.

---

fiduciario", en MONTOYA MELGAR, A. (dir.), *Enciclopedia Jurídica Básica*, Vol. III, Madrid, 1995, pág. 4407 y sigs., y VIRGOS SORIANO, M., *El Trust y el derecho español*, Madrid, 2006.

7. REFLEXIONES FINALES

I. Las situaciones de bloqueo pueden producirse en una gran cantidad de sociedades de capital que basan su funcionamiento en la confianza personal o relación de afinidad entre sus integrantes, ya sean sociedades de tipo familiar o sociedades conjuntas, esto es, sociedades típicamente cerradas donde el elemento *intuitu personae* es determinante para la contratación. Estas tipologías corporativas no suelen venir precedidas de una regulación contractual entre los socios, como pueden ser los protocolos familiares en el caso de las sociedades familiares o los acuerdos *joint venture* en las sociedades conjuntas.

La existencia de una sociedad con una estructura de capital y derechos de voto distribuidos al 50% excluye el control positivo que se deriva del principio mayoritario. Al existir una igualdad máxima entre los socios en cuanto a sus condiciones y derechos, no rige de forma plena el principio plutocrático, de modo que sus relaciones intra-corporativas difícilmente se pueden sustentar en criterios de mayoría-minoría, sino que se han de adaptar hacia un control paritario o control conjunto que limite y restrinja la facultad de bloqueo o control negativo por parte de sus consocios.

La sociedad cerrada paritaria guarda una estrecha razón de identidad con la sociedad personalista. La inversión de cada socio es vital para el desarrollo de la empresa, una inversión que normalmente no sólo es monetaria sino también de trabajo. Por esta razón, la aportación del socio paritario es una aportación continuada, de difícil valoración y delimitación, puesto que su compromiso fundacional no sólo es financiero (aportación dineraria, capital, esto es, *intuitu pecuniae*), sino laboral, técnica o industrial, es decir, personal. Esto hace que su inversión tenga más valor dentro de la relación que instituye el contrato de sociedad que fuera, sin las sinergias que produce en la empresa la interacción permanente con su consocio, dado que la "personalidad" de cada socio resulta difícil y costosa de reemplazar. Es por ello que la sociedad de capital cerrada paritaria no difiere funcionalmente de la sociedad civil o colectiva bipersonal, ya que en ambas se produce una verdadera confusión entre los intereses particulares y el interés social, entre la esfera personal y la esfera societaria.

A pesar de estas similitudes funcionales entre ambas tipologías sociales, no se pueden obviar las radicales diferencias de sus mecanismos políticos. El socio personalista tiene dos mecanismos de los que carece el socio capitalista, de una parte, el derecho de veto que le otorga la unanimidad formal, y, de otra parte, la denuncia. El socio de la sociedad de personas tiene un derecho de voz y un derecho de salida extraordinariamente potentes, que, con independencia de otros factores, le otorgan la facultad de bloquear la sociedad o salirse, como sistemas de protección anti-oportunismo o anti-expropiación. Son mecanismos tipológicos que le garantizan la tutela de su inversión y le sirven para disciplinar al resto de sus consocios en el ejercicio de sus derechos contractuales, aunque sea a costa de la rigidez que supone exigir consenso para cualquier asunto y el poderoso instrumento de chantaje que representa el veto o la separación.

Ambos instrumentos dotan a la sociedad personalista de una gran inestabilidad como organización y es por ello que no deba ser la tipología corporativa preferida ni predispuesta para las empresas con inversiones específicas y activos críticos. Esto no quiere decir que bajo unas determinadas circunstancias no pueda ser recomendable o factible la adopción del tipo corporativo para sociedades bipersonales, incluyendo unos mecanismos de veto y salida tan potentes como en la sociedad personalista, bien porque la ausencia de inversiones específicas lo pueda justificar, o bien porque así lo prefieran sus socios en el ejercicio de su libertad contractual o autonormativa. Este resultado puede obtenerse derogando el principio mayoritario por la regla de la unanimidad, o concediéndose recíprocamente derechos de veto.

El socio de la sociedad cerrada, a pesar de que su principal aportación se realiza generalmente *ex ante* (en la forma de capital), no tiene una posición contractual fungible, por lo que difícilmente puede ser sustituido por otro inversor alternativo en el futuro. Si los socios de la sociedad cerrada paritaria optan por la sociedad capitalista, es para obtener las ventajas de la estructura corporativa (limitación de responsabilidad, relación con terceros, flexibilidad que ofrece el principio mayoritario), aunque su función operativa en la organización sea extraordinariamente relevante.

En las sociedades de capital la presupuesta separación entre propiedad y control hace que la realización del interés social sea competencia de un órgano de administración especializado. Esto implica que el deber de lealtad del administrador al interés social sirva de instrumento para proteger la inversión del socio. El compromiso del socio con la sociedad actúa justamente a la manera inversa de la sociedad de personas. En vez de la regla de la unanimidad por defecto y la denuncia del contrato para salirse, el principio de mayoría y la inexistencia de una salida fácil constituyen incentivos que prolongan la cooperación en la sociedad común. La sociedad de capital cerrada es, por tanto, más estable y debe ser la preferida para las empresas que requieren inversiones específicas.

El carácter cerrado de la sociedad es un sistema aparentemente eficiente para maximizar la inversión, aunque tenga el inconveniente del riesgo de dejar a la mayoría el control efectivo de la sociedad, pudiendo así "encarcelar" al socio minoritario. Sin embargo, el aspecto funcional de la sociedad paritaria hace que incluso con estos mecanismos políticos (principio mayoritario y restricción a la transmisibilidad de las participaciones) la pretendida estabilidad de la inversión sea imperfecta pues al no tener una relación mayoría-minoría sino de igualdad de capital con derecho a voto, un eventual conflicto intra-corporativo de carácter grave pueda provocar el bloqueo efectivo de la junta general, asimilándose a la problematicidad típica de la sociedad personalista, con la salvedad de que sus socios no pueden salirse fácilmente de la sociedad.

La sociedad 50/50 es tipológicamente corporativa pero esencialmente personalista, resultando en la práctica una forma híbrida que reúne las ventajas, pero también los inconvenientes de la sociedad capitalista y de la sociedad personalista. En consecuencia, la decisión estratégica de establecer una sociedad conjunta ha de ir precedida de una exhaustiva negociación por las partes y de una pormenorizada definición estatutaria de los deberes de fidelidad junto con la introducción de pactos parasociales anti-bloqueo que mitiguen las ineficacias del principio mayoritario y la imposibilidad tipológica para configurar una salida fácil. Asumir ese coste de transacción *ex ante* es tarea inevitable para garantizar una inversión eficiente en la sociedad 50/50.

El control negativo ejercido sistemáticamente por uno de los socios paritarios puede derivar en "abuso de igualdad", lo cual no sólo cuestiona el principio mayoritario en la adopción de acuerdos sociales como principio configurador de las sociedades de capital, sino que se desvía frontalmente del deber de colaboración proactiva del socio paritario, de acuerdo con el principio general de buena fe, que se concreta en el deber de fidelidad horizontal entre los socios, y vertical, del socio hacia el interés social. Esta conducta debe ser engarzada, en el marco del derecho español, bajo la doctrina del abuso del derecho, con las consecuentes indemnizaciones de daños y perjuicios, y la sanción de nulidad de los actos societarios causantes o derivados del bloqueo societario.

II. Los denominados deberes "fiduciarios" son mecanismos de rendición de cuentas en relaciones de agencia cuando existen fuertes asimetrías de información y el agente dispone de discrecionalidad sobre un patrimonio ajeno para completar el contrato. Los deberes fiduciarios tienen una mejor base explicativa cuando se refieren a las sociedades de capital con división entre control y propiedad. En el contrato de sociedad, la separación de la propiedad y del control promueve la especialización, lo cual exige la contratación de agentes (administradores profesionales) que sepan rentabilizar el negocio. Una especialización para la eficiencia de la empresa que tiene como contrapartida la asunción de costes por parte del titular del capital, quien tiene que protegerse frente a las potenciales conductas oportunistas del agente.

El derecho societario debe tener la función de reducir estos costes de agencia, pero sin perjudicar las ventajas que genera la especialización del agente. La respuesta del derecho societario moderno, como el español, ha sido la formulación o asunción de teorías de gobierno corporativo en las que los deberes fiduciarios han sido construidos sobre la idea del deber de lealtad, como principal mecanismo legal para reducir el coste de las conductas del administrador contrarias al interés social. Pero las reglas de responsabilidad de los administradores en el seno del derecho continental europeo han tenido como base teórica a las estructuras de capital disperso, bajo la impronta marcada por el derecho angloamericano, donde la separación entre propiedad y control genera fuertes asimetrías de información. Ello ha justificado una intervención legislativa que ha impuesto al agente un estricto deber de lealtad en tutela del principal, pero que no resuelve eficaz ni eficientemente las relaciones fiduciarias en las sociedades estatutariamente cerradas y con estructura de capital concentrado, donde a diferencia de las sociedades abiertas y de capital disperso, no hay realmente una división entre propiedad y control.

En el contrato de sociedad, como contrato incompleto, es imposible anticipar todas las instrucciones que el principal ha de dar al agente. Por esta razón, el deber de lealtad del administrador ha de contener un riguroso estándar de conducta que asegure que la especialización del agente sea ejercida en interés del principal, es decir, que el administrador no pueda realizar intereses extrasociales sirviéndose de su posición de control de los activos sociales. De este modo, el deber de lealtad se ha erigido doctrinalmente, también en nuestro ordenamiento societario, como una respuesta para la reducción del coste de agencia, porque se entiende que el principal no dispone de instrumentos legales o contractuales más efectivos y baratos para fiscalizar o supervisar al agente, como es el caso de las sociedades abiertas, y en general cuando existe una acentuada separación entre propiedad y control, aunque no sea este el caso del mercado continental europeo, ni mucho menos del español.

El deber de lealtad ha consagrado, en cierto modo, un deber del desinterés propio del administrador, que en calidad de agente ha de actuar únicamente y en todo momento en interés de la sociedad. Ello ha supuesto que el legislador haya positivizado el deber de lealtad rigurosamente, para que no se abran espacios a conductas de deslealtad difíciles de verificar *ex post* por los socios o por los jueces. La asimetría de información en la relación principal-agente dificulta la prueba en sede judicial de la falta de postergación del interés propio del administrador. Por este motivo se exige que el deber de lealtad se configure como la regla imperativa que determine la conducta del administrador. Este sistema se entiende más eficiente para reducir el coste de la relación de agencia, aunque en ocasiones pueda parecer también muy onerosa (obligaciones de trasparencia, autorización en operaciones vinculadas, prohibición de autocontratación etc.).

La funcionalidad del deber de lealtad deja de ser operativa cuando nos encontramos ante sociedades con una estructura de capital concentrada y una menos acentuada división entre propiedad y control, como en efecto encontramos su máximo exponente o paradigma en las sociedades 50/50 con ambos socios o grupos de socios participando en el órgano de administración. Es por ello que la racionalidad de los deberes fiduciarios en las sociedades cerradas ha de desplazarse del eje del deber de lealtad al deber de fidelidad para asentar correctamente su fundamento. La funcionalidad del deber de lealtad en la subrogación del interés del administrador al interés social no puede ser aplicable en sentido estricto cuando estamos ante la relación entre socios, máxime si sólo hay dos socios o grupos de socios en igualdad de capital y voto.

Los socios de la sociedad cerrada, como los socios paritarios, no organizan entre ellos una relación de agencia. Simplemente éstos, en tanto que titulares del capital, comparten la propiedad de la sociedad. No puede operar en ellos una interpretación extensiva del deber de lealtad. A los socios el contrato de sociedad les confiere derechos y obligaciones, pero sólo concurrirá un deber de lealtad del socio cuando en su persona se superponga la condición de administrador. Que no sea aplicable el estándar de conducta que prescribe el deber de lealtad no quiere decir que el ordenamiento societario permanezca indiferente a la relación fiduciaria o de confianza mutua que se da entre los socios. Todas las conductas de los socios en cuanto tales, estarán sometidas al principio general de buena fe, principio que informa a todo el ordenamiento jurídico y modula el ejercicio de los derechos, como los derechos políticos societarios, y por ende el derecho de voto, el más determinante a estos efectos.

La rigurosidad del deber de lealtad *ex lege* pretende equilibrar la relación de agencia y marcar pautas conductuales al administrador. Sin embargo, en las sociedades cerradas, como las paritarias, donde la estructura de capital es concentrada, la asimetría de información será inexistente porque el principal suele reservarse el control o ejercerá una influencia determinante sobre el órgano de administración, a excepción del socio que no participe en él, porque en este caso habría unos socios que sí tienen acceso a los activos sociales.

Esta realidad obliga a reconsiderar el esquema de la relación fiduciaria entre los socios de la sociedad cerrada fuera del parámetro del deber de lealtad, buscando una cierta asimilación al esquema de las sociedades personalistas. En las sociedades de personas las asimetrías de información son inexistentes porque los socios son también administradores, y, además, en caso de abuso de derecho de uno de uno o varios consocios, el resto puede denunciar unilateralmente el contrato y salirse de la sociedad. La dificultad, como es lógico, anida en el problema de la organización de la administración de la sociedad cerrada y en la restricción tipológica existente en las sociedades de capital en cuanto a la libertad contractual para la configuración estatutaria del derecho de separación.

Si todos los socios de la sociedad cerrada son administradores se desvanece la *ratio* del deber de lealtad, que queda inoperativa. En este sentido, los conflictos de interés entre los socios han de reconducirse a su relación societaria, que no es en puridad de agencia (vertical), sino contractual u obligacional (horizontal). Como la denuncia unilateral del contrato, o la separación *ad nutum* o por justa causa, no tienen cabida en el ordenamiento societario español vigente, adquiere pues extraordinaria relevancia la configuración de la relación contractual (parasocial o extra-estatutaria) y la determinación específica de la buena fe en deberes de fidelidad.

La función jurídico-económica del deber de fidelidad es por tanto la de ofrecer un sistema de incentivos para la eficacia y buen fin del contrato de sociedad, obligando a los socios a velar conjuntamente por la maximización de la ganancia común, y prohibiéndoles la expropiación a través de conductas oportunistas. De ese modo la buena fe de los socios determinada en los deberes de fidelidad permite optimizar la inversión en la sociedad al exigir que el ejercicio de los derechos políticos de los socios se module conforme al interés social.

El interés social es el interés común o conjunto, y representa el límite al ejercicio de los derechos conferidos por el contrato de sociedad. Esta limitación de derechos que impone la fidelidad debida por los socios supone un reconocimiento implícito de un interés superior, no propio, que es el interés de la persona jurídica titular de la inversión conjunta.

El deber de fidelidad tiene una dimensión positiva, obligando al socio a ejercitar sus derechos en beneficio de la sociedad, y una dimensión negativa, impidiéndole extraer un provecho que perjudique al interés de la sociedad. El deber de fidelidad, así conceptualizado, no constituye un deber de desinterés a la manera del deber de lealtad del administrador, sino más bien una limitación al ejercicio de los derechos políticos del socio, limitación que resulta ventajosa para el interés común.

La sociedad cerrada paritaria, desde esta óptica, ha de recurrir a una formulación expresa y detallada de los deberes de fidelidad a fin de proteger eficientemente la inversión ante potenciales situaciones de bloqueo. Por esta razón, la definición *ex ante* por vía estatutaria o extra-estatutaria de los estándares de conducta esperados o debidos tiene como fin, precisamente, evitar costes *ex post* que dañen la inversión. Si el oportunismo puede perjudicar el valor de la inversión por el coste del conflicto, resulta lógico que los socios de la sociedad paritaria mejoren su cooperación a través de deberes de fidelidad extensamente definidos que prevengan o mitiguen esas situaciones, aunque ello encarezca la contratación.

La expansión de los deberes de fidelidad es por consiguiente un correlato lógico de la estructura de capital de la sociedad cerrada, por tratarse de un mecanismo eficiente para proteger la inversión en el marco de un contrato de naturaleza incompleta como es la sociedad de capital. Si la utilidad de este mecanismo para las sociedades con una relación mayoría-minoría radica en que refuerza la posición del socio minoritario para disciplinar al mayoritario en la consecución del interés social, con más razón en la sociedad 50/50, en la que ambos socios se encuentran en una posición de máximo control (negativo) pero al mismo tiempo de máxima debilidad.

El alcance y fundamento del deber de fidelidad responde por tanto a la estructura de capital de la sociedad y a la composición de sus activos, por lo que en función de ambas variables parece claro que deberá modularse la intensidad del deber. Así, si el proyecto empresarial requiere de inversiones específicas y la estructura extremadamente concentrada del capital permite a uno o a cualquiera de los socios bloquear fácilmente la junta, el deber de fidelidad ha de reforzarse (legal y estatutariamente).

El deslinde conceptual entre el deber de lealtad de los administradores y el deber de fidelidad del socio tiene por objeto sistematizar el paradigma que a nuestro juicio debería construir el derecho societario continental por contraste al derecho angloamericano, a fin de ajustarse a las particularidades de su realidad económica. De hecho, la principal doctrina sobre el deber de lealtad de los miembros del órgano administrativo y su extensión a los socios genera equivocidad terminológica. Es por ello que, en este aspecto, el derecho continental europeo, y más concretamente el derecho societario español, habría de distanciarse de la esfera de influencia estadounidense y sistematizar separadamente un derecho de fidelidad del socio de control, respondiendo así a la realidad de la mayor parte de su mercado societario, cuya estructura de capital es muy concentrada.

Las relaciones entre socios y administradores generan costes de agencia. Para reducir estos costes, el ordenamiento societario ofrece reglas de responsabilidad para que los socios, —considerados como una clase—, puedan disciplinar a los administradores en la consecución del interés social. Pero esta política legislativa sólo obtiene plena validez en su aplicación a un mercado de sociedades con estructura de capital dispersa, como el angloamericano, siendo parcialmente aplicable al caso continental europeo en lo que se refiere a las sociedades cotizadas, pues incluso en éstas los socios mayoritarios son los que verdaderamente gobiernan la sociedad a través de sus consejeros. Por esta razón, más allá de los potenciales costes de agencia verticales, la dificultad estriba en la configuración legal, estatutaria y también parasocial de un sistema de deberes que reduzca los costes de agencia cuando éstos son horizontales, como en la sociedad paritaria, un sistema mucho más adaptable a la realidad mercantil de la mayoría de las sociedades de nuestro entorno, que son sociedades cerradas.

Esta nueva forma de concebir el sistema de deberes fiduciarios apunta hacia la formulación de un "gobierno corporativo de sociedades cerradas" que sea plenamente coherente con la dinámica del mercado societario español y continental. Así, mediante una óptima racionalización normativa del deber de fidelidad se conseguiría disciplinar más eficientemente a los socios controladores, ya sean aquellos que disponen de mayoría y aplican un control positivo, como aquellos que tienen la facultad de ejercer un control negativo, como los minoritarios con participaciones significativas y los socios paritarios.

Habida cuenta de la limitación del esquema vigente y de sus deficiencias operativas, la propuesta que postulamos es la de constituir un sistema efectivo del deber de fidelidad del socio en la sociedad cerrada que coadyuve a un cambio de paradigma en el derecho societario, distanciándose en este punto de la tendencia anglosajona, en orden a adoptar una posición realista y autónoma. La vía alternativa, de difícil encaje por la dificultad que llevaría aparejada en cuanto a política económica, sería la de instrumentar mecanismos para desconcentrar las estructuras de capital de las sociedades mercantiles españolas, tanto cotizadas como no cotizadas, abriéndolas a nuevos perfiles de inversores. Esto daría lugar a una situación más análoga al del mercado angloamericano y justificaría entonces el trasplante de reglas para la construcción de un sistema de gobierno corporativo parecido. El debate de fondo radica pues en la estructura de los mercados financieros y de capitales, y el acceso a ellos por las pequeñas y medianas empresas. Así, el acceso de socios activistas e institucionales requeriría la desbancarización de la economía de las sociedades de capital, ya fueran abiertas o cerradas. Esta vía alternativa, improbable de acometer en un corto o medio plazo, exigiría reducir el coste de entrada de los socios activistas de modo que tuvieran instrumentos efectivos para involucrarse en las sociedades.

No compartimos que el foco de atención del legislador sea en mayor medida la reducción del coste de agencia vertical (mediante reglas de responsabilidad de administradores, en nuestra opinión ya suficientemente desarrolladas) que la reducción del coste de agencia horizontal. La razón de ello es que la iliquidez de la inversión del socio controlador en la sociedad cerrada opera en cierto modo como un incentivo para disciplinar activamente al órgano de administración. Pero esta ventaja se extendería también al socio controlador si no fuera porque puede quedar contrarrestado por los beneficios privados del control, lo cual hace incurrir al socio externo en costes para vigilar a su consocio. Ahora bien, el pretendido reforzamiento de los deberes de fidelidad de los socios mayoritarios o de control no debería evitar que se desincentivaran las tomas de posiciones de control, ni que bajo la legítima pretensión de erradicar la conflictividad entre mayoría y minoría se perdiesen las ventajas que tienen las posiciones de control tanto para los socios externos al control como para el entorno económico, dada la estabilidad que procura al proyecto empresarial mediante la iliquidez de la inversión.

La política legislativa en esta materia debería encauzarse decididamente hacia el reforzamiento y concreción del deber de fidelidad guardando un equilibrio entre su necesaria intensificación y la evitación de generar desincentivos para las posiciones de control. De este modo, aplicando deberes de fidelidad más definidos positivamente, probablemente se evitaría la frecuente desprotección de los inversores minoritarios frente a la extracción de beneficios privados del control. El reforzamiento del deber de fidelidad habría de ir acompañada de una cláusula de interés social menos amplia, genérica e inconcreta que la actualmente legislada, que a la postre, dada la actual litigiosidad societaria, juega en contra de los intereses de los socios externos al control. Esta desprotección del minoritario ha contribuido parcialmente, a nuestro modo de ver, a la excesiva "bancarización" de las empresas pequeñas y medianas, así como al escaso desarrollo de nuestro mercado de capitales.

Abogamos de *lege ferenda* por un tratamiento regulatorio más explícito del deber de fidelidad en comunicación con la cláusula del interés social, principalmente en lo referido a las sociedades de capital cerradas, a partir de reglas de responsabilidad de los socios controladores. Con una sistematización legal de las conductas potencialmente desleales, más allá de la regulación del conflicto de interés, y en defecto de pactos estatutarios al respecto, los socios contarían con una tutela más efectiva y menos litigiosa. El deber de fidelidad implica, en consecuencia, que ha de sustanciarse en la subordinación de los intereses extrasociales al interés social, sin identificar éste con el de la mayoría sino con el de la persona jurídica, que pueden no ser coincidentes. Como concreción de la buena fe, el deber de fidelidad se ha de extender a todas las conductas del socio, pero con especial reforzamiento a las sociedades donde la relación entre los socios es más determinante, como sucede en las sociedades cerradas paritarias, debido a la difícil salida por causa de la iliquidez de la inversión.

La configuración del deber de fidelidad del socio en la sociedad de capital cerrada ha de ser análoga al existente en la sociedad de personas, con la salvedad de que su incumplimiento no podría dar derecho *ex lege* a salirse de la sociedad sino a la exigencia de responsabilidad. Dado que en el particular caso de las sociedades de capital paritarias la relación entre los dos socios o grupos de socios que motivó la fundación de la sociedad está presidida por la confianza, el régimen en este extremo ha de asimilarse en su intensidad a las sociedades personalistas por la relevancia causal que tuvo el elemento de *intuitu personae* para la contratación. En consecuencia, el deber de fidelidad del socio paritario debería ser similar en su praxis al que tienen los socios civiles o colectivos.

Si el legislador salva la dificultad de concretizar normativamente el deber de fidelidad, es previsible que mejore la eficiencia de las sociedades cerradas por la mejor protección de la inversión que conllevaría. Un deber de fidelidad mejor explicitado legalmente desincentivaría comportamientos oportunistas y la extracción de beneficios privados por parte del socio de control. El cambio de paradigma consistiría pues en hacer del deber de fidelidad un deber consustancial al poder de control sobre la sociedad, de la misma manera que opera el deber de lealtad de los administradores, afectando y obligando tanto a los socios mayoritarios (control positivo, abuso de mayoría) como a los minoritarios (control negativo, abuso de minoría) y paritarios (control negativo, abuso de igualdad).

III. La paralización o bloqueo de los órganos sociales de la sociedad de capital es un conflicto intra-corporativo que constituye una causa legal de disolución. Praxis y jurisprudencia muestran que este conflicto es clásico en las sociedades de responsabilidad limitada, con una estructura típicamente cerrada, como son las sociedades igualitarias o paritarias, constituidas por dos socios al 50% o también por grupos de socios con participaciones fragmentadas. Será la modalidad social más propensa a sufrir un bloqueo societario si padece internamente desavenencias no puntuales ni momentáneas sino permanentes y definitivas entre sus dos socios.

La paralización de los órganos sociales es un conflicto intracorporativo que se produce mayormente en sociedades capitalistas cerradas paritarias y bipersonales, específicamente en aquellas que conservan rasgos personalistas, como las sociedades conjuntas y familiares, donde el *intuitus personae* puede apreciarse, por ejemplo, en la configuración estatutaria de prestaciones accesorias. La razón de que este tipo de sociedades sean propensas a este conflicto es porque en ellas se quiebra el principio mayoritario, configurador de las sociedades de capital, a causa de la situación de igualdad original o sobrevenida, y a la facultad de bloqueo de un sólo socio o grupo de socios.

El legislador español ha seguido una trayectoria paralela al derecho italiano, hasta contemplar este conflicto intra-corporativo como una causa legal de disolución por medio de un precepto específico y autónomo. Ello facilita su invocación y fundamentación por parte de los interesados, dado que ya no se subsume en la causa disolutoria por imposibilidad de alcanzar el fin social, aunque ésta mantenga con la primera una comunidad de motivación. Hay un evidente nexo o comunidad de motivación entre la paralización de los órganos sociales y la imposibilidad de alcanzar el fin social como causas de disolución vinculadas originalmente, puesto que una sociedad bloqueada no podrá realizar el fin social si su junta general no se constituye para adoptar una decisión que sea legalmente necesaria adoptar.

La cuestión más problemática es el carácter que ha de revestir la paralización de la sociedad en orden a fundamentar debidamente la incoación del procedimiento disolutorio. Si nos atenemos a la interpretación histórica ligada a la génesis normativa de esta causa legal de disolución, la paralización de los órganos sociales deberá ser definitiva y manifiesta, esto es, absoluta e insuperable para los socios. En este sentido, la *ratio legis,* de marcada impronta institucionalista, sería la de salvaguardar el principio de conservación de la empresa, que restringe la aplicabilidad de esta causa disolutoria.

Por contraste, la nueva substantivación de esta causa disolutoria abre una potencial flexibilización de su fundamentación, en la línea de la teoría contractualista, sobre la base del principio de rendimiento, bastando así para su alegación, no que se produzca una paralización absoluta, total y definitiva, sino una situación de bloqueo momentánea que ponga en peligro potencial al patrimonio social. Esta fundamentación alternativa no tendría cabida, a nuestro juicio, en el vigente ordenamiento societario, porque, aunque en virtud de la casuística pudiera ser ciertamente razonable no esperar a disolver judicialmente una sociedad hasta que no estuviera definitivamente paralizada, en la práctica podría tener unos efectos equivalentes a una separación *ad nutum*, que se reconoce, de momento y únicamente, a los socios de sociedades personalistas. Lo óptimo sería que de *lege ferenda* se reconociese el derecho de separación *ad nutum* como medida de desinversión en las sociedades limitadas, medida preferible a la vía de la disolución por tratarse de un tipo híbrido donde conviven elementos personalistas y capitalistas.

Esta causa legal de disolución se produce normalmente en relación con la junta general, ya que, en el caso de afectar al órgano de administración, la junta —constituida con carácter universal o convocada judicialmente—, puede proceder al cese y nombramiento de nuevos administradores. En la sociedad paritaria, cada socio o grupo de socio paritario tiene la facultad de impedir sistemáticamente el normal funcionamiento de los órganos sociales, bloqueando la adopción de acuerdos en sede de junta general (control negativo), causando empates sistemáticos, bien inasistiendo a la junta e impidiendo la conformación de un quórum mínimo para la válida constitución de la junta general.

Como se desprende de la jurisprudencia examinada, el caso más típico de aplicación de dicha causa legal de disolución por paralización de los órganos sociales lo han venido constituyendo las denominadas sociedades cerradas, cuyo exiguo número de socios propicia la formación de grupos enfrentados representativos de un similar porcentaje de participación o votos, consecuencia de continuos empates a la hora de las votaciones, lo cual impide la adopción de acuerdos y aboca a la sociedad a su disolución.

La jurisprudencia exige que la paralización sea manifiesta y tenga un carácter definitivo e insuperable, en el sentido de que se trate de una situación de la que sea sumamente difícil salir y que la sociedad no pueda continuar sin grave quebranto. No obstante, es preciso tener en consideración que esta causa de disolución puede concurrir, aunque el órgano de administración esté funcionando, es decir, aunque la empresa que desarrolle el objeto social siga realizando su actividad en el tráfico mercantil. No se reputa como causa de disolución la existencia de meras dificultades u obstáculos transitorios y vencibles en la realización del objeto social. Tampoco la paralización debe entenderse solamente como una inerte pasividad o silencio absoluto de los órganos de la sociedad de capital, sino que debe consistir en un "bloqueo efectivo".

La imposibilidad manifiesta de cumplir los requisitos de convocatoria y constitución de las juntas generales será una de las causas que puedan provocar la paralización de los órganos sociales. En este supuesto se considera incluido el absentismo de los socios a las reuniones de la junta. La paralización social puede derivar también de la imposibilidad manifiesta y permanente de adoptar acuerdos en las juntas generales, por la imposibilidad de formación de la voluntad social.

El tratamiento legal para solucionar cualquiera de los supuestos en que surja una paralización según los caracteres exigidos jurisprudencialmente es la de operar como causa de disolución. Por tanto, los administradores de la sociedad, o cualquier socio, deberán instar la declaración judicial de disolución de la sociedad ante el Juez de lo Mercantil del domicilio de la sociedad.

El verdadero obstáculo del procedimiento disolutorio tal y como está previsto en la ley vigente es que se requiera que la propia sociedad, a través de un acuerdo de su junta general, verifique la existencia de una causa legal de disolución. Naturalmente, en el supuesto de paralización de los órganos sociales, alcanzar un acuerdo en tal sentido se presenta muy difícil dadas las desavenencias internas ya preexistentes entre sus socios, de ahí que haya que admitir que la vía de disolución judicial sea la más eficaz para proceder, sin dilaciones, a la terminación de la sociedad de modo ágil y efectivo. Cualquier socio estará legitimado para acudir al juez y pedir una declaración de disolución de la sociedad por paralización de los órganos sociales. La misma legitimidad se reconoce a los administradores, salvo que se adopte la forma de consejo de administración, donde previamente el consejero ha de intentar que el consejo se reúna y adopte el acuerdo oportuno.

La legitimación pasiva recae en la sociedad para comparecer en el proceso en que se solicite la disolución de la sociedad. Podrá reconocerse asimismo legitimación como demandado a cualquier socio o administrador que se oponga a la petición de la sociedad formulada por los demandantes.

La importancia del conocimiento de las implicaciones concernientes a esta concreta causa de disolución, radica en el objetivo último de anticiparse, prevenirla o remediarla, procurando que los órganos sociales permanezcan activos y coordinados en todo momento de la vida social. Si no es posible solventar la paralización por medio de una salida pactada de una de las partes, será entonces cuando opere la segunda vía, de orden estrictamente positiva y judicial, que es la prevista en la ley como causa de disolución, ya sea por acuerdo en junta (improbable) o por decisión judicial.

IV. La vía predispuesta por el ordenamiento jurídico ante el fenómeno de la paralización de los órganos sociales (disolución seguida de liquidación), no atiende adecuadamente ni al principio de conservación de la empresa ni a la necesidad de reprimir los abusos de igualdad en el ámbito societario cuando la conducta obstruccionista del socio paritario contradice sistemáticamente el interés social.

La experiencia jurisprudencial española acredita que la propia dinámica de una paralización social, en tanto que causa legal de disolución, constituye un fenómeno societario complejo y casuístico por lo que debe ser prevenido y remediado por los socios por medio de las reglas dispositivas del derecho societario y la autonomía privada que ofrece el derecho contractual. La potencial conflictividad de las sociedades 50/50 obliga *ex ante* a las partes a suplir las deficiencias del tratamiento legal del bloqueo (disolución judicial) por medio de la incorporación de instrumentos estatutarios o extraestatutarios que arbitren mecanismos preventivos y solutivos eficientes para las dos partes.

Una diligente anticipación implica un control *ex ante* por vía parasocial con el fin de que la aparición de la resolución de un conflicto intra-corporativo que produzca la paralización social no lleve aparejada un grave perjuicio económico para los socios. No sólo por el hecho de que mientras esta situación de paralización de los órganos sociales persista, la empresa que constituya el objeto social pueda verse afectada en sus actividades económicas de tráfico ordinario, sino porque en fase de disolución y posterior liquidación, el valor por separado de cada uno de los elementos del patrimonio social será probablemente inferior al de una empresa en funcionamiento capaz de adoptar las decisiones adecuadas en el mercado y capaz de generar beneficios.

Los socios de sociedades con distribución de capital y voto 50/50, a fin de articular su compleja relación paritaria tanto para mantenerse en la sociedad común como para deshacer eventuales bloqueos, deben instrumentar diligentemente sistemas contractuales que superen la vía legal supletoria de la disolución social en defecto de alternativas paralegales. A este respecto adquiere especial relevancia el margen de la autonomía privada de la voluntad de los socios, tanto *ex ante* como *ex post* al conflicto intra-corporativo. Los mecanismos de prevención y remedio de los bloqueos deben asegurar la viabilidad de la sociedad y, ante todo, impedir la utilización fraudulenta y abusiva de la sociedad bloqueada por parte del administrador único vinculado a un socio paritario.

De entre todos los mecanismos examinados nos decantamos preferentemente por la instrumentación de los sistemas antibloqueo mediante las cláusulas *shoot-out*, que son las que han demostrado en la experiencia contractual comparada (sobre todo anglo-americana), ser las más efectivas y eficaces para prevenir y disuadir bloqueos en sociedades 50/50. Este mecanismo permite a uno de los socios salirse de la sociedad o hacerse con el control del 100% siguiendo un proceso de subasta para la determinación del precio.

En principio, las cláusulas *shoot-out* garantizan la igualdad de las partes en la determinación del precio. Sin embargo, un sector de la doctrina que ha tratado empíricamente esta materia en relación con la teoría de juegos ha encontrado que no infrecuentemente la aplicación de estos sistemas de desbloqueo produce ciertas ineficiencias *ex post*. De ahí se extrae la conveniencia de que las partes recurran a un tercero independiente que asegure que el destinatario final del patrimonio conjunto quedará bajo el control del socio que más lo valore más.

Nada obsta, a nuestro juicio, la validez contractual de la inclusión de este tipo de cláusulas de terminación de la sociedad paritaria. Ahora bien, en casos excepcionales, la invocación de esta cláusula puede no ser conforme con el principio de la buena fe contractual en el caso de que uno de los socios tuviere conocimiento de que el otro no está en posición de financiar una hipotética adquisición. Las cláusulas *shoot-out* no pueden garantizar que todos los intereses sean salvaguardados en cada caso. El potencial de conductas oportunistas será patente cuando un socio conozca que el otro no tiene capacidad financiera para pagar el precio de adquisición y explota esa debilidad financiera en su favor, forzando un bloqueo efectivo de los órganos sociales e invocando luego la aplicación de la cláusula. En consecuencia, debido a la alta posibilidad de abusos, cuando haya disparidad entre socios en cuanto a su capacidad financiera, las cláusulas *shoot-out* deberán ser ejecutadas con cautela, observando el principio de buena fe en relación con el deber de fidelidad horizontal de los socios.

La experiencia de la práctica contractual en el ámbito del derecho anglosajón demuestra que, aunque las cláusulas *shoot-out* suelen ser incluidas en los estatutos sociales y en pactos parasociales, son raramente ejecutadas, ya que la utilidad de su valor descansa más en el efecto disuasorio que en la efectiva terminación de la sociedad común.

REFERENCIAS BIBLIOGRÁFICAS

AA.VV., "American Bar Association, Model Real Estate Development Operating Agreement with Commentary", *Business Lawyer*, Nº 63, 2008, págs. 385-472.

AA.VV., "Deadlock in a close corporation: a suggestion for protecting a dissident, co-equal shareholder", *Duke Law Journal*, 1972, pág. 653 y sigs.

AA.VV., *Comentario del Código Civil*, Ministerio de Justicia, Madrid, 1991.

AAVV., *La reforma del derecho español de sociedades de capital*, Madrid, 1987, págs. 1101-1196.

AGUILERA RAMOS, A., "Régimen de la disolución en el proyecto de Estatuto de Sociedad Anónima Europea", en GIRÓN (dir.), *Estudios y textos de derecho de sociedades de la Comunidad Económica Europea*, Madrid, 1978, pág. 335 y sigs.

ALAGNA, S., *I presidente dell'assemblea nella società per azioni*, Milán, 2005.

ALBORCH BATALLER, C., *El derecho de voto del accionista (supuestos especiales)*, Madrid, 1977.

ALCHIAN, A./DEMSETZ, H., "Producción, costes de información y organización económica", en PUTTERMAN, L. (ed.)., *La naturaleza económica de la empresa*, Madrid, 1994, pág. 141 y sigs.

ALCOVER GARAU, G., "Cláusulas estatutarias de valoración de las participaciones sociales", *Revista de derecho de sociedades*, Nº 74, 2025.

ALFARO ÁGUILA-REAL, J., "Igualdad", en MONTOYA MELGAR, A. (dir.), *Enciclopedia Jurídica Básica*, Vol. II, Madrid, 1995, pág. 3361 y sigs.

ALFARO ÁGUILA-REAL, J., "Los costes de transacción", en AA.VV., *Estudios jurídicos en homenaje al profesor Aurelio Menéndez*, Tomo I, Madrid, 1996, págs. 145-156.

ALFARO ÁGUILA-REAL, J., "*In dubio, contra libertatem*: cláusulas estatutarias de separación *ad nutum* en la Doctrina General de los Registros", *Revista de Derecho de Sociedades*, Nº 23, 2004, pág. 243 y sigs.

ALFARO ÁGUILA-REAL, J., "La disolución como terminación del contrato de sociedad teoría y algunas consecuencias prácticas", *Revista de derecho de sociedades*, Nº 61, 2021.

ALFARO ÁGUILA-REAL, J., "La reactivación como modificación estructural: celebración de un nuevo contrato de sociedad y sucesión universal", *Revista de derecho de sociedades*, Nº 62, 2021.

ALFARO ÁGUILA-REAL, J., "Los costes de transacción", IGLESIAS PRADA, J. L., *Estudios jurídicos en homenaje al profesor Aurelio Menéndez*, vol. 1, 1996, págs. 131-162.

ALFARO ÁGUILA-REAL, J., "Los problemas contractuales en las sociedades cerradas", *Indret*, Nº 4, 2005.

ALFARO ÁGUILA-REAL, J., *Interés social y derecho de suscripción preferente: una aproximación económica*, Madrid, 1995.

ALFARO ÁGUILA-REAL, J./CAMPINS VARGAS, A., "La liquidación del socio que causa baja como consecuencia de su separación o exclusión", en *Derecho de sociedades: libro homenaje al profesor Fernando Sánchez Calero*, vol. 3, Madrid, 2002, págs. 3151-3188.

ALFARO, ÁGUILA-REAL J., "Los juristas españoles y el análisis económico del derecho", *Indret*, Nº 1, 2007.

ALONSO ESPINOSA, F. J., "La posición jurídica del socio en la Ley 2/1995, de 23 de marzo, de sociedades de responsabilidad limitada (aspectos generales)", *Revista de Derecho de Sociedades*, Nº 4, 1995, págs. 15-30.

ALONSO ESPINOSA, F. J., "La sociedad de responsabilidad limitada, ¿corporación personalizable?", *Revista de Derecho de Sociedades*, Nº 7, 1996, págs. 31-46.

ALONSO LEDESMA, C., "El papel de la junta general en el gobierno corporativo de las sociedades de capital", en ESTEBAN VELASCO, G. (dir.), *El gobierno de las sociedades cotizadas*, Madrid, 1999, págs. 615-709.

ALONSO LEDESMA, C., "Algunas reflexiones sobre la función (la utilidad) del capital social como técnica de protección de los acreedores", en *Estudios de Derecho de Sociedades y Derecho Concursal. Libro homenaje al Profesor Rafael García Villaverde*, Tomo I, Madrid, 2007, págs. 127-157.

ALONSO LEDESMA, C., "La autonomía de la voluntad en la exclusión y separación de socios", *Revista de Derecho Mercantil*, Nº 287, 2013.

ALONSO UREBA, A., "La 12ª Directiva comunitaria en materia de sociedades relativa a la sociedad de capital unipersonal y su incidencia en el derecho, doctrina y jurisprudencia, con particular consideración en la RDGRN de 21 de junio de 1990", en *Derecho mercantil de la Comunidad Económica Europea. Estudios homenaje a José Girón Tena*, Madrid, 1991, pág. 63 y sigs.

ALONSO UREBA, A., "La sociedad unipersonal", AA.VV., *La reforma del derecho español de sociedades de capital*, Madrid, 1987, pág. 261 y sigs.

ALONSO UREBA, A., "El gobierno de las grandes empresas", en ESTEBAN VELASCO, G. (coord.), *El gobierno de las sociedades cotizadas*, Madrid, 1999.

ÁLVAREZ ROYO-VILLANOVA, S., "Las modificaciones estructurales de la sociedad anónima", AA.VV., *Instituciones de Derecho Privado*, Tomo VI, vol. 2º, Madrid, 2004.

ÁLVAREZ ROYO-VILLANOVA, S., "Situaciones de bloqueo en las sociedades de capital. La disolución judicial y sus alternativas", *Cuadernos de Derecho y Comercio*, Nº 49, 2008, págs. 61-77.

ÁLVAREZ ROYO-VILLANOVA, S./SÁNCHEZ SANTIAGO, J., "La nueva competencia de la junta general sobre activos esenciales: a vueltas con el artículo 160 f) LSC", *Diario La Ley*, Nº 8546, 2015.

ÁLVAREZ SOUSA, B., "Algunas cuestiones sobre la responsabilidad de los administradores de sociedades anónimas por daños y deudas sociales", *Revista de Derecho de Sociedades*, Nº 25, 2005, pág. 380.

ANABTAWI, I./STOUT, L. A., "Fiduciary duties for activist shareholders", *UCLA School of Law, Law & Economics Research Paper Series*, N° 08-02, págs. 1-65.

ANG J. S./COLE, R./LIN, J. W., "Agency Costs and Ownership Structure", *Journal of Finance*, N° 55, 2000, págs. 81-106.

AÑOVEROS TRÍAS DE BES, X., "La convocatoria de las Juntas Generales de accionistas", *Revista General de Derecho*, 1993, pág. 4877 y sigs.

AOKI, M., *The cooperative game theory of the firm*, Oxford, 1984.

APARICIO GONZÁLEZ, M. L./DE MARTÍN MÚÑOZ, A., *La sociedad anónima. Legislación, jurisprudencia y bibliografía*, Madrid, 1999.

ARMOUR, J., "Legal capital: An outdated concept?", *Centre for Business Research, University of Cambridge*, Working Paper N° 320, 2006.

ARROYO MARTÍNEZ, I., "Reflexiones en torno al interés social", *Revista de Derecho Mercantil*, 2001, pág. 421 y sigs.

ARRUÑADA, B., *Control y regulación de la sociedad anónima*, Madrid, 1990.

ARRUÑADA, B., *Economía de la empresa: un enfoque contractual*, Barcelona, 1990.

ARRUÑADA, B., *Teoría contractual de la empresa*, Madrid, 1998, págs. 137-138.

ARRUÑADA, B./ANDONOVA, V., "Common law and Civil law as Pro market adaptations", *Washington University Journal of Law and Politics*, N° 26, 2008, pág. 81 y sigs.

ART, R. C., "Shareholder rights and remedies in Close Corporations: oppression, fiduciary duties and reasonable expectations", *Journal of Corporate Law*, N° 28, 2003, pág. 371.

ARTIGOT I GOLOBARDES, M./GÓMEZ POMAR, F., "Long-term contracts in the law and economics literature", en DE GEEST, G., *Contract Law and Economics*, Chentelham, 2011, pág. 314 y sigs.

ASCARELLI, T., "Personalità giuridica e problema delle società", en *Problemi giuridici*, Tomo I, Milán, 1959, pág. 268, nota 23.

ASCARELLI, T., "Riflessioni in tema di tituli azionari e società tra società", en *Saggi di diritto commerciale*, Milán, 1955, págs. 252-253.

ASCARELLI, T., "Sulla constatazione delle cause di scioglimento delle società per azioni e sulla varia natura delle deliberazioni dell'assemblea", en *Studi in tema di società*, Milán, 1952, pág. 334.

ÁVILA DE LA TORRE, A., "Comentarios al art. 164 y 165 LSC" en ROJO/BELTRÁN (dirs.), *Comentario de la Ley de Sociedades de Capital*, Tomo II, Madrid, 2011, pág. 1224 y sigs.

ÁVILA DE LA TORRE, A., *La modificación de los estatutos en la sociedad anónima*, Valencia, 2001.

ÁVILA JARRÍN, F. J., *Acciones de disolución en SA y SL*, Barcelona, 2004.

ÁVILA JARRÍN, F. J., *Convocatoria judicial de la Junta General en SA y SL*, Barcelona, 2004.

AYOTTE, K./HANSMANN, H., "A nexus of contracts. Theory of Legal Entities", *International Review of Law and Economics*, N° 41, 2015.

AYRES, I., "Default rules for incomplete contracts", en *The New Palgrave Dictionary of Economics and the Law*, vol. I, Londres, 1998, págs. 585-590.

AYRES, I./GERTNER, R., "Filling gaps in incomplete contracts: an economic theory of default rules", *Yale Law Journal*, Nº 99, 1989, págs. 87-130.

BAILEY, J./ MCCALLUN, I., *Company Law*, Oxford, 1990, pág. 223.

BAINBRIDGE, S., "Director primacy: the means and ends of Corporate Governance", *UCLA School of Law, Research Paper*, 2002.

BAINBRIDGE, S., *Corporation law and economics*, Nueva York, 2002.

BAIRD, D./ GERTNER, R./PICKER, R., *Game theory and the Law*, Cambridge-Londres, 1994.

BALOUZIYEH, J. M. B, *Las sociedades mercantiles estadounidenses*, Madrid, 2012.

BANNOCK, G., *Economics of small firms*, Oxford, 1981.

BARALDI, M., "Il recesso *ad nutum* non è, dunque, recess *ad libitum*. La Cassazione di nuovo sull'abuso del diritto", *Contratto e impresa*, vol. 26, Nº 1, 2010, págs. 41-70.

BARBA DE VEGA, J., *Las prestaciones accesorias en las sociedades de responsabilidad limitada*, Madrid, 1984.

BATALLER GRAU, J., "La disolución", en ROJO/BELTRÁN/CAMPUZANO LAGUILLO (dirs.), *Disolución y liquidación de sociedades mercantiles*, Madrid, 2009, págs. 23-92.

BATALLER GRAU, J., "Art. 367", en ROJO/BELTRÁN (dirs.), *Comentario de la Ley de Sociedades de Capital*, Tomo II, Madrid, 2011, pág. 2575.

BATALLER GRAU, J., "La disolución de las sociedades de capital", en ROJO/BELTRÁN (dirs.), *Comentario de la Ley de Sociedades de Capital*, Tomo II, Madrid, 2011, págs. 2552-2554.

BAUTISTA FAYOS FEBRER, J., *El derecho de asunción preferente en las sociedades de responsabilidad limitada*, Valencia, 2013.

BEASLEY, R. C., "Mechanism to resolve deadlock situations in small companies", *The Licensing Journal* (octubre 2010), págs. 36-37.

BEASLEY, R. C., "Resolving a threatened dissolution of a limited liability company", *The Licensing Journal* (June-July 2010), págs. 35-36.

BEBCHUK, L./ROE, M., "A theory of path dependence in Corporate ownership and governance", *Stanford Law Review*, Nº 52, 1999, pág. 127 y sigs.

BEBCHUK, L. A., *Corporate Law and Economic Analysis*, Cambridge, 1990.

BECK, T./DEMIRGUC-KUNT, A./LEVINE, R., "Law and finance: why does legal origin matter?", *Journal of Comparative Economics*, Nº 31, 2003, pág. 653.

BECK, T./DEMIURGUC-KUNT, A./ LEVINE, R., "Law, politics and finance", *The World Bank Development Research Group*, 2001, pág. 39.

BELTRÁN SÁNCHEZ, E., "Disolución y liquidación de la sociedad de responsabilidad limitada", en PAZ-ARES (coord.), *Tratando de la sociedad limitada*, Madrid, 1997, págs. 931-998.

BELTRÁN SÁNCHEZ, E., "Hacia un nuevo derecho de sociedades anónimas", *Revista de Derecho Bancario y Bursátil*, 1988, págs. 329 y sigs.

BELTRÁN SÁNCHEZ, E., "Los dividendos pasivos en la reforma de la sociedad anónima", *AC*, 1989, págs. 697 y sigs.

BELTRÁN SÁNCHEZ, E., "Comentarios a los artículos 371 a 394 LSC" en ROJO/ BELTRÁN (dirs.), *Comentario de la Ley de Sociedades de Capital*, Tomo II, Madrid, 2011, págs. 2591-2703.

BELTRÁN SÁNCHEZ, E., "El nombramiento de liquidadores en la sociedad anónima", *Derecho mercantil de la Comunidad Económica Europea. Estudios en homenaje a José Girón Tena*, Madrid, 1991, págs. 135-155.

BELTRÁN SÁNCHEZ, E., "La extinción de la sociedad de responsabilidad limitada y sus consecuencias", *AAMN*, Tomo XXXVI, pág. 432.

BELTRÁN SÁNCHEZ, E., "La extinción de la sociedad de responsabilidad limitada", en DE LA TORRE SAAVEDRA, E./MENÉNDEZ MENÉNDEZ, A., *La reforma de la sociedad de responsabilidad limitada*, Madrid, 1994.

BELTRÁN SÁNCHEZ, E., "La responsabilidad por las deudas sociales de administradores de sociedades anónimas y limitadas incursas en causa de disolución", en AA.VV., *La responsabilidad de los administradores de sociedades de capital*, Madrid, 2000, pág. 131 y sigs.

BELTRÁN SÁNCHEZ, E., *La disolución de la sociedad anónima*, Madrid, 1991.

BELTRÁN SÁNCHEZ, E., *Los dividendos pasivos*, Madrid, 1988.

BENNEDSEN, M./NIELSEN, K./PEREZ-GONZALEZ, F./WOLFENSON, D., "Inside the family firm: the role of families in succession decisions and performance", *Quarterly Journal of Economics*, N° 122, 2007, págs. 647-691.

BENNEDSEN, M./WOLFENZON. D., "The Balance of Power in closely held corporations", *Journal of Financial Economics*, N° 58, 2000, pág. 113.

BERCOVITZ RODRÍGUEZ-CANO, A., "El nuevo Código Mercantil", Anales de la Academia Matritense del Notariado, Tomo 53, 2013, págs. 13-32.

BERCOVITZ RODRÍGUEZ-CANO, A., "La propuesta de Código Mercantil de la Comisión General de Codificación", *Revista de derecho mercantil*, N° 289, 2013, págs. 35-42.

BERCOVITZ RODRÍGUEZ-CANO, A., "Modificación de estatutos sociales", en *La sociedad de responsabilidad limitada*, Pamplona, 1998, pág. 419.

BERCOVITZ RODRÍGUEZ-CANO, A., *La sociedad de responsabilidad limitada*, 2ª ed., Madrid, 2006.

BERLE, A. /MEANS, G., *The modern corporation and private property*, Nueva York, 1932.

BERLE, A., "Control in Corporate Law", *Columbia Law Review*, vol. 58, 1958, pág. 1212 y sigs.

BERMEJO GUTIÉRREZ, N., *Créditos y quiebra*, Madrid, 2002.

BERNHEIM, D./WHINSTON, M. D., "Incomplete contracts and strategic ambiguity", *American Economic Review*, N° 88, 1998, págs. 902-932.

BETTI, E., *Teoria generale del negozio giuridico*, Turín, 1955, pág. 270.

BIANCA, M., *Oggetto sociale ed esercizio dell'impresa nelle società di capitali*, Milán, 2008.

BILLIET, C. M., "Formats for law and economics in legal scholarship: views and wishes from Europe", *University of Illinois Law Review*, 2011, pág. 1485 y sigs.

BISBAL I MÉNDEZ, J., "La sociedad anónima unipersonal", en AA.VV., *La reforma de la ley de sociedades anónimas*, Madrid, 1987, pág. 71 y sigs.

BISBAL I MÉNDEZ, J., "La junta general de socios de la sociedad de responsabilidad limitada", en PAZ-ARES, C. (dir.), *Tratado de la sociedad limitada*, Madrid, 1997, págs. 663-688.

BLAIR, M. M./STOUT, L. A., "A team production theory of Corporate Law", *Virginia Law Review*, N° 85, 1999, págs. 247-328.

BLAIR, M. M./STOUT, L. A., "Trust, trustworthiness and the behavioral foundations of Corporate Law", *University of Pennsylvania Law Review*, N° 149, 2001, págs. 1735-1810.

BLANCO CONSTANS, F., *Estudios Elementales de Derecho Mercantil*, Tomos I y II, Granada, 1897.

BLANQUER UBEROS, R., "La disolución, la liquidación y la extinción de la sociedad anónima", *AAMN*, XXX-1, 1991, págs. 413-559.

BLANQUER UBEROS, R., *Disolución, liquidación y reactivación de las sociedades anónimas y limitadas*, Valencia, 2001.

BLASCO GASCÓ, F. P., "Los contratos societarios", en VALPUESTA FERNÁNDEZ (dir.), *Derecho de obligaciones y contratos*, 2ª ed., Valencia, 1995, pág. 761 y sigs.

BOLÁS ALFONSO, J., *La Junta General de accionistas*, Madrid, 1999.

BONARDELL LENZANO, R./CABANAS TREJO, R., *Separación y Exclusión de Socios en la Sociedad de Responsabilidad Limitada*, Pamplona, 1998.

BONET RAMÓN, F., *La propiedad fiduciaria*, Barcelona, 1950.

BONVICINI, D., *Le joint ventures: técnica giuridica e prassi societaria*, Milán, 1977.

BOQUERA MATARREDONA, J., "La regulación del conflicto de intereses en la Ley de Sociedades de Responsabilidad Limitada", *Revista de Derecho Mercantil*, N° 217, 1995, págs. 1007-1048.

BOQUERA MATARREDONA, J., *La junta general de las sociedades capitalistas*, Cizur Menor, 2008.

BOQUERA METARREDONA, J., *La sociedad limitada nueva empresa*, Cizur Menor, 2003.

BOQUERA/LATORRE, "Distribución y conflictos de competencias en la sociedad anónima no cotizada", en EMBID IRUJO, J. M. (coord.), *Las competencias de los órganos sociales en las sociedades de capital*, Valencia, 2005.

BOTANA AGRA, M., "Acerca de la sumisión a arbitraje de la impugnación de acuerdos de sociedades anónimas", *Derecho de los Negocios*, N° 100, 1999, págs. 9-20.

BOTER Y MAURI, F., *Disolución y liquidación de sociedades mercantiles,* Barcelona, 1947.

BOXELL, T., *Directors' Duties and Responsabilities,* 4° ed., Londres, 2010, págs. 426-427.

BRAMS, S. J./TAYLOR, A. D., *Fair division: from cake-cutting to dispute resolution,* Cambridge, 1996.

BRENES CORTÉS, J., "El derecho de separación, principales novedades tras las últimas modificaciones operadas en el derecho de sociedades", *Revista de Derecho de Sociedades,* N° 37, 2011, págs. 19-45.

BRENES CORTÉS, J., *El derecho de separación del accionista,* Madrid, 1999.

BRIZZI, F., *Doveri degli amministratore e tutela nel diritto societario delle crisi,* Turín, 2015.

BRODEN, T. F./SCALAN, A. L., "The legal status of joint ventures corporations", *Vancouver Law Review,* 1958, pág. 670 y sigs.

BROOKS, R./SPIER, K., "Trigger happy or gun shy? Dissolving common-value partnerships with Texas shoot-outs", *CSIO Working Paper-Northwestern University, Center for the Study of Industrial Organization,* N° 0045, 2004.

BROSETA PONT, M., "Determinación e indeterminación del objeto social en la ley y en los estatutos de las sociedades anónimas españolas", *RDN,* 1970, pág. 9 y sigs.

BRUNETTI, A., *Trattato del Diritto delle societá: Società per azioni,* vol. II, Milán, 1948, pág. 552.

BUCHANAN, J. M./ YOON, Y. L., "Symmetric tragedies: commons and anticommons", *Journal of Law and Economics,* N° 43, 2000, págs. 1-13.

BUONOCORE, V., "L'ostruzionismo degli azionisti nelle assemblee delle società per azioni", *Rivista delle società,* 1970, pág. 291 y sigs.

BUSTILLO SAIZ, M. M., *Subsanación de acuerdos sociales por la junta general de la sociedad anónima,* Madrid, 1999.

BUXBAUM, R., *Legal harmonization and the business enterprise: corporate and capital market law harmonization policy in Europe and the USA,* Nueva York, 1988.

CABANAS TREJO, R., *Sociedades mercantiles: fusión y escisión, disolución y liquidación,* Barcelona, 1990.

CABANELLAS, G., "Función Económica del Derecho Societario", *Revista del Derecho Comercial y de las Obligaciones,* N° 22, 1989.

CABRELLI, D./SIEMS, "Convergence, legal origins and transplants in Comparative Corporate Law: a case-based and quantitative analysis", *American Journal of Comparative Law,* vol. 63, 2015, págs. 109-153.

CABRILLO RODRÍGUEZ, F./FITZPATRICK, S., *The economics of courts and litigation,* Chentelham, 2008.

CABRILLO, F./ALBERT LOPEZ-IBOR, R., "El análisis económico del derecho en la encrucijada", *Ekonomiaz,* N° 77, 2011, pág. 205 y sigs.

CAIAFA, A., *Società. Scioglimento e liquidazione,* Padua, 1987, págs. 105-106, texto y notas 23 y 24.

CALAZA LÓPEZ, S., *El proceso de formación de la voluntad social de las sociedades anónimas y cooperativas. Vicios de contenido y consentimiento,* Madrid, 2003.

CALVO, R./VENIER, C., "Racionalidad de las justificaciones consecuencialistas en las decisiones judiciales", *Isonomía,* Nº 19, 2003, págs. 155-156.

CAMPINS VARGAS, A., "Articulación contractual y régimen jurídico de los pactos de acompañamiento (cláusulas de «tag along»)", *Revista de derecho de sociedades,* Nº 48, 2016, págs. 65-98.

CAMPINS VARGAS, A., "Derecho de separación por no reparto de dividendos: ¿es un derecho disponible por los socios?", *Diario La Ley,* Nº 7824, 2012, págs. 7-12.

CAMPÍNS VARGAS, A., *La sociedad profesional,* Madrid, 2000.

CAMPO VILLEGAS, E., "El arbitraje en las sociedades mercantiles", *RJC,* Nº 2, 1998, pág. 9 y sigs.

CAMPUZANO LAGUILLO, A. B., "La sociedad limitada nueva empresa", en PEÑA GONZÁLEZ, J. (coord.), *Homenaje a Íñigo Cavero Lataillade,* Valencia, 2005, págs. 937-956.

CAMPUZANO LAGUILLO, A. B., "Las juntas generales y las juntas especiales en las sociedades anónimas: comentario a la STS de 9 de diciembre de 2010", *Revista Aranzadi de Derecho Patrimonial,* Nº 27, 2011, págs. 369-384.

CAMPUZANO LAGUILLO, A. B., "Las participaciones sociales sin derecho de voto", *Cuadernos de Derecho y Comercio,* Nº 39, 2003, págs. 51-76.

CAMPUZANO LAGUILLO, A. B., "Las clases de acciones.: Tipología y limitaciones", VEIGA COPO, A. B., *Estudios jurídicos sobre la acción,* Cizur Menor, 2014, págs. 19-88.

CAMPUZANO LAGUILLO, A. B., Las clases de acciones en la sociedad anónima, Madrid, 2000.

CAMPUZANO LAGUILLO, A. B., "Artículo 93. Derechos del socio", en ROJO/ BELTRÁN, *Comentarios a la Ley de Sociedades de Capital,* Cizur Menor, 2011, págs. 789-794.

CANDIAN, A., "Per la qualificazione del contratto di società", *Riv. Soc.,* 1963, págs. 233-259.

CAPILLA RONCERO, F., *La persona jurídica: funciones y disfunciones,* Madrid, 1984.

CAPPIELLO, S., "Scioglimento, liquidazione ed estinzione di società di capital", *Riv. Giur. Comm.,* Nº 25, 1998.

CARAZO LIÉBANA, M. J., "La aplicación del arbitraje a la impugnación de acuerdos societarios en las sociedades de capital", *Revista de Derecho Mercantil,* Nº 229, 1998, págs. 1211-1222.

CARAZO LIÉBANA, M. J., *El arbitraje societario,* Madrid, 2005.

CARBAJO CASCÓN, F., La *sociedad de capital unipersonal,* Cizur Menor, 2002.

CAREY, S. A., "Buy/sell agreements in Joint Venture Real Estate Agreements", *Real Property Problems & Trade Journal*, Nº 39, 2005, pág. 651.

CARLÓN SÁNCHEZ, L., "Reflexiones sobre la tutela de la minoría en la Sociedad de responsabilidad limitada", en *Estudios de Derecho Mercantil en homenaje a Rodrigo Uría*, Madrid, 1978, págs. 83-96.

CARNELUTTI, F., *Teoría general del derecho*, Madrid, 1955, pág. 201 y sigs.

CARTER, R/HODGSON, G., "The impact of empirical tests of transaction cost economics on the debate on the nature of the firm", *Strategic Management Journal*, Nº 27, 2006, págs. 461-476.

CASALMIGLIA, A., "Eficiencia y derecho", *Doxa*, Nº 4, 1987, pág. 267 y sigs.

CASTRILLO SANTOS, J., "Autonomía y heteronomía de la voluntad en los contratos", *Anuario de Derecho Civil*, Madrid, 1949.

CERDÁ ALBERO, F., *Escisión de la sociedad anónima*, Valencia, 1993.

CERVERA GARCÍA, J. L., *Sociedad limitada en Alemania: introducción a su reciente reforma y traducción de su actual ley reguladora*, Valencia, 2010.

CHAMPETIER DE RIBES-JUSTEAU, A. L., "Les abus de majorité, de minorité et d'égalité. Etude comparative desdroits français et américain des sociétés", en *Oscar du droit des sociétés et de la bourse*, París, 2010.

CHEFFINS, B. R., *Company Law: Theory, Structure and Operation*, Oxford, 1997, pág. 264.

CHEMLA/HABIB/LLJUNGQVIST, "An analysis of shareholder agreements", *Journal of European Economic Association*, Nº 5, 2007, págs. 93, 100-1003.

CHESTERMAN, M., *Small Businesses*, Londres, 1977, págs. 161-199.

CIAN, G., *La disciplina applicabile alla deliberazione negativa dell'assemlea nella società per azioni*, Turín, 2003.

CLARET Y MARTÍ, P., *De la fiducia y del trust. Estudio de Derecho Comparado*, Barcelona, 1946.

CLARK, R., *Corporate Law*, 3ª ed., Boston-Toronto, 1986, págs. 761-800.

COASE, R. H., "La naturaleza de la empresa", en STIGLER, G. J./BOULDING, K. E. (eds.), *Ensayos sobre la teoría de los precios*, Madrid, 1963, págs. 303-321.

COASE, R. H., "The problem of social cost", *Journal of Law and Economics*, vol. 3, 1960, págs. 1-44.

COASE, R. H., *La empresa, el mercado y la ley*, Madrid, 1994.

COASE, R. H., *The Firm, the Market and the Law*, Chicago-Londres, 1988.

COMBEN, A., *Joint Ventures & Shareholders 'Agreement*, Londres, 2000, pág. 143.

COMINO, S./NICOLO, A./TEDESCHI, P., "Termination Clauses in Partnerships", *CEPET Workshop* (Udine), marzo 2006.

CONSTANTINE, A., "Tyrannie des faibles. Del'abus de minorité en droit des sociétés", en *Aspects actuels du droit des affaires, Mélanges en l'honneur de Yves Guyon*, París, 2003, pág. 213.

COOLS, S., "The real difference in Corporate Law between the United States and Continental Europe: distribution of powers", *Delaware Journal of Corporation Law*, Nº 30, 2005, pág. 697 y sigs.

COOTER, R., "Maturing into normal science: the effect of empirical legal studies on law and economics", *University of Illinois Law Review*, 2011, pág. 1475-1483.

COOTER, R., "The theory of market modernization of Law", *International Review of Law and Economics*, Nº 16, 1996, págs. 141 y 150.

COOTER, R./ULEN, T., *Derecho y Economía*, México, 1998.

CORTÉS DOMÍNGUEZ, L. J., *Funciones de la Sociedad Anónima. Legislación y práctica española*, Zaragoza, 1985, pág. 58.

COSIER, R. A./HARVEY, M., "The hidden strength in family business: functional conflict", *Family Business Review*, vol. 11, Nº 1, 1998, págs. 75-81.

COSSU, M., *Società aperte e interesse sociale*, Turín, 2006.

COTTERELL, R., "Is there a logic of legal transplants?", en NELKEN, D./FEEST, J. (eds.), *Adapting legal cultures*, Oxford, 2001, pág. 71 y sigs.

COUTINHO DE ABREU, J. M., "Interés social y deber de lealtad de los socios", *Revista de Derecho de Sociedades*, Nº 19, 2002, pág. 39 y sigs.

CRAMTON, P./GIBBONS, R. /KLEMPERER, P., "Dissolving a partnership efficently", *Econometrica*, Nº 55, 1987, págs. 615-632.

CRIVELLI VISCONTI, P. G., *Società a responsabilità limitata a struttura chiusa e intrasferibilità delle quote*, Turín, 2011.

CURTO POLO, M., "Comentarios al art. 190 LSC" en ROJO/BELTRÁN (dirs.), *Comentario de la Ley de Sociedades de Capital*, Tomo II, Madrid, 2011, pág. 1350 y sigs.

D'ALESSANDRO, F., "Società per azioni: le linee generali della riforma", *La riforma del diritto societario*, Milán, 2003, págs. 29-30.

DAINO, G., "Tecniche di soluzione del deadlock: la disciplina contrattuale del disacordo tra soci nelle joint ventures paritarie", *Diritto Commerciale Internazionale*, 1988, pág. 151 y sigs.

DE ÁNGEL YAGÜEZ, R., "Art. 7", en *Comentario del Código Civil*, Madrid, 1991, pág. 57 y sigs.

DE ARRIBA FERNÁNDEZ, M. L., *Derecho de grupo de sociedades*, Madrid, 2009.

DE CASTRO, F., "El negocio fiduciario. Estudio crítico de la teoría de doble efecto", *RDN*, 1966.

DE EIZAGUIRRE, J. M., "Las participaciones sociales. Naturaleza jurídica", *Revista de Derecho de Sociedad*, Nº Extraordinario, 1994, pág. 153 y sigs.

DE EIZAGUIRRE, J. M., "Disolución y liquidación. Obligaciones", en SANCHEZ CALERO, F. (dir.), *Comentario a la Ley de sociedades anónimas*, Tomo VIII, Madrid, 1993, págs. 3-5 y 14-15.

DE EIZAGUIRRE, J. M., *La disolución de la sociedad de responsabilidad limitada*, Madrid, 2000.

DE ELÍAS OSTÚA, R., "Crítica de determinados preceptos de la legislación de sociedades anónimas en materia de disolución y liquidación", *Cuaderno de Derecho y Comercio,* Nº 18, 1995, pág. 47 y sigs.

DE KLUIVER, H. J., "Europe and the Private Company. An introduction", en AA.VV., *The European Private Company?,* Anterwpen, 1995, pág. 21 y sigs.

DE LA CUESTA RUTE, J. M., "El aumento y la reducción del capital social", en ROJO, A. (dir.), *La reforma de la ley de sociedades anónimas,* Madrid, 1987, pág. 173 y sigs.

DE LA CUESTA RUTE, J. M., "Consideraciones sobre la convocatoria de la junta general de la sociedad anónima (STS de 11 de julio de 1982)", *La Ley,* 1982, págs. 461-462.

DE LOS MOZOS, J. L., *El principio de la buena fe,* Barcelona, 1965.

DEMSETZ, H., "The structure of ownership and the theory of the firm", *Journal of Law and Economics,* Nº 26, 1968, págs. 375-377.

DEMSKI, J. S./SAPPINGTON, D. E., "Resolving double moral hazard problems with byout agreements", *RAND Journal of Economics,* Nº 22, 1991, págs. 232 y 236-238.

DESPAX, M., *L'entreprise et le droit,* París, 1957.

DI MAJO, D./SANTORELLI, M. L., *La reforma delle società,* Nápoles, 2003.

DÍAZ DE LEZCANO., N., *Los acuerdos del Consejo de administración. Especial referencia a su régimen de impugnación,* Barcelona, 1999.

DÍAZ ECHEGARAY, J. L., *La constitución de pequeñas y medianas empresas, la sociedad limitada nueva empresa,* Barcelona, 2003.

DÍAZ MORENO, A., "Impugnación de acuerdos sociales y arbitraje administrado (alcance, lógica e implicaciones de una relación controvertida)", *Revista de derecho de sociedades,* Nº 50, 2017, págs. 27-65.

DÍEZ-PICAZO, L., *Fundamentos de Derecho Civil y Patrimonial,* 6ª ed., vol. I, Cizur Menor, 2007.

DÍEZ-PICAZO, L., *Sistema de Derecho Civil,* Vol. 2, 11ª ed., Madrid, 2003.

DIGNAM, A./LOWRY, J., *Company Law,* 4ª ed., Oxford, 2006, págs. 185 y 195-199.

DOMÉNECH PASCUAL, G., "Por qué y cómo hacer análisis económico del derecho", *Revista de Administración Pública,* Nº 195, 2014, págs. 99-133.

DOMINGO OSLÉ, R., *Textos de Derecho Romano,* Pamplona, 2002, págs. 172 y 346.

DOMÍNGUEZ-MARTÍNEZ, P., "El arbitraje societario como medio de resolución de conflictos en la empresa familiar", *Documento de Trabajo* 2009/11 del Seminario Permanente de Ciencias Sociales de la Universidad de Castilla La Mancha.

DONOVAN, J. O. /O'GRADY, G. W., *Company Deadlock: prevention and cure,* 2ª ed., Brisbane, 1982.

DRUKER, J. F., *Il potere dei dirigenti,* Milán, 1958, pág. 49.

DUQUE, J. F., "La 12ª Directiva del Consejo (89/67/CEE de 21 de diciembre de 1989) sobre la sociedad de responsabilidad limitada de socio único en el horizonte de la empresa individual de responsabilidad limitada", *Derecho mercantil de la Comunidad Económica Europea. Estudios homenaje a José Girón Tena*, Madrid, 1991, pág. 241 y sigs.

DUQUE, J. F., "Absentismo del accionista y acciones sin voto", en *Homenaje a Juan Berchmanns Vallet de Goytisolo*, Tomo VII, Madrid, 1991, pág. 178.

DUQUE, J. F., "Las formas del derecho de separación del accionista y la reorganización jurídica y financiera de la sociedad", *Boletín de Estudios Económicos*, Nº 139, abril 1990, págs. 75-126.

DUQUE, J. F., *Tutela de la minoría, impugnación de acuerdos sociales*, Valladolid, 1957.

DURÁN Y LA LAGUNA, P., *Una aproximación al análisis económico del derecho*, Granada, 1992.

EASTERBROOK, F. H./FISCHEL, D. R., "Contract and fiduciary duty", *Journal of Law and Economics*, Nº 36, 1993, págs. 425-446.

EASTERBROOK, F. H./FISCHEL, D. R., *La estructura económica del Derecho en las sociedades de capital*, Madrid, 2002.

EASTERBROOK, F./FISCHEL, D. R., *The Economic Structure of Corporate Law*, Cambridge, 1991.

EASTERBROOK, F. H. /FISCHEL, D. R., "Close corporations and agency costs", *Stanford Law Review*, Vol. 38, Nº 2, 1986, págs. 271-301.

EASTERBROOK, F. H./FISCHEL, D. R., "Voting in Corporate Law", *Journal of Law and Economics*, Nº 26, 1983, págs. 395-427.

ECHEBARRÍA SAENZ, J. A., "El derecho de separación del socio en la SRL (comentario a la STS de 10 de febrero 1997), *Revista de Derecho de Sociedades*, Nº 9, 1997, págs. 390-402.

ECHEBARRÍA SAENZ, J. A., "Participaciones con voto privilegiado y principio de mayoría en la SRL", en *Estudios de Derecho mercantil en homenaje al Prof. Justino Duque Domínguez*, vol. I, Valladolid, 1998, págs. 193-222.

ECHEVERRÍA ECHEVERRÍA, G., "La errónea consideración del artículo 367 de la ley de sociedades de capital como responsabilidad objetiva", *Revista de derecho de sociedades*, Nº 61, 2021.

EGEA IBÁÑEZ, R., "Aportaciones no dinerarias a la sociedad anónima", en *Estudios sobre la reforma de la legislación de sociedades mercantiles*, Tomo II, Madrid, 1990-1991, pág. 101 y sigs.

EIDENMÜLLER, H., "Free choice in international Corporate Law: European and German Corporate Law in European competition between Corporate Law systems", en BASEDOW, J./ KONO, T. (eds.), *An economic analysis of Private International Law*, Tübingen, 2006, pág. 187 y sigs.

EISENBERG, T., "The origins, nature and prmise of empirical legal tudies and a response to concerns", *University of Illinois Law Review*, 2011, pág. 1713-1738.

EISENBERG, T., "Why do empirical legal scholarship?", *San Diego Law Review*, Nº 41, 2004, págs. 1741 y sigs.

EISENBERG. M. A., *The Structure of the Corporation: A Legal Analysis*, Boston, 1976.

EMBID IRUJO, J. M. (Coord.), *Las competencias de los órganos sociales en las sociedades de capital*, Valencia, 2005.

EMBID IRUJO, J. M., "Ante la regulación de los grupos de sociedades en España", *Revista de Derecho Mercantil*, Nº 284, 2012, págs. 25-52.

EMBID IRUJO, J. M., "Apuntes sobre los deberes de fidelidad y lealtad de los administradores de las sociedades anónimas", *Cuadernos de Derecho y Comercio*, Nº 46, 2006, págs. 9-48.

EMBID IRUJO, J. M., "La responsabilidad social corporativa ante el derecho mercantil", *Cuadernos de Derecho y Comercio*, Nº 42, 2004, págs. 11-44.

EMBID IRUJO, J. M., "La incesante reforma del derecho español de sociedades", *Cuadernos de Derecho y Comercio*, Nº 55, 2011, págs. 33-34.

EMBID IRUJO, J. M., *Grupos de sociedades y accionistas minoritarios*, Madrid, 1987.

EMPARANZA, A., "Artículo 346. Causas legales de separación" en ROJO/BELTRÁN (dirs.), *Comentarios a la Ley de Sociedades de Capital*, Cizur Menor, 2011, págs. 2469-2478.

EMPARANZA, A., "Artículo 347. Causas estatutarias de separación" en ROJO/ BELTRÁN (dirs.), *Comentarios a la Ley de Sociedades de Capital*, Cizur Menor, 2011, págs. 2479-2483.

ENTELMAN, R., *Teoría de conflictos*, Barcelona, 2009, págs. 23-58.

ESCRIBANO GÁMIR, R., "Ley alemana sobre pequeñas sociedades por acciones y desregulación del derecho de sociedades por acciones", *Revista de Derecho de Sociedades*, Nº 3, 1994, pág. 451 y sigs.

ESPÍN CÁNOVAS, D., *Los límites de la autonomía de la voluntad en el Derecho Privado*, Murcia, 1949.

ESPÍN GUTIÉRREZ, C., "La convocatoria judicial de la Junta general de accionistas ante la acefalia del órgano de administración", Comunicación presentada en la *Jornada Internacional Reflexiones sobre la Junta general de las sociedades de capital*, Colegio Notarial de Madrid (20 de abril de 2009).

ESPINA, D., *La autonomía privada en las sociedades de capital: principios configuradores y teoría general*, Madrid-Barcelona, 2003.

ESTEBAN VELASCO, G., "Configuración estatutaria del órgano de administración", en ALONSO UREBA, A., *Derecho de sociedades anónima: en homenaje al profesor Girón Tena*, Vol. 1, Madrid, 1991, págs. 345-380.

ESTEBAN VELASCO, G., "Interés social, buen gobierno y responsabilidad corporativa (algunas consideraciones desde una perspectiva jurídico-societaria)", AA.VV., *Responsabilidad Social Corporativa*, Castellón de la Plana, 2005, págs. 13-62.

ESTEBAN VELASCO, G., "La estructura de las sociedades anónimas en el derecho comunitario (el proyecto modificado de quinta directiva)", *Cuadernos de derecho y comercio*, Nº 5, 1989, págs. 231-358.

ESTEBAN VELASCO, G., "La junta general de la sociedad anónima: su funcionamiento y, en particular, las funciones del presidente", *Revista jurídica de Castilla-La Mancha*, Nº 20, 1994, págs. 7-32.

ESTEBAN VELASCO, G., "La propuesta de Directiva sobre la 'Societas unius personae' (sup): las cuestiones más polémicas", *El notario del siglo XXI*, Nº 60, marzo-abril 2015.

ESTEBAN VELASCO, G., "La sociedad cerrada europea: ¿figura complementaria o alternativa a la sociedad europea?", *Revista de Derecho de Sociedades*, Nº 13, 1999, págs. 163-171.

ESTEBAN VELASCO, G., "Sociedades de capital: órganos", *Revista de derecho de sociedades*, Nº 22, 2004, págs. 353-364.

ESTEBAN VELASCO, G., "Una contribución sobre el Gobierno societario": Una propuesta de normas para un mejor funcionamiento de los Consejos de Administración", *Revista de Derecho de Sociedades*, Nº 8, 1997, págs. 409-418.

ESTEBAN VELASCO, G., "Administradores de S.A.", *EJB*, Tomo I, Madrid, 1995, pág. 342 y sigs.

ESTEBAN VELASCO, G., "Algunas reflexiones sobre la responsabilidad de los administradores frente a los socios y terceros: acción individual y acción por no promoción o remoción de la disolución", en IGLESIAS PRADA, J. L. (coord.), *Estudios jurídicos en homenaje al Prof. Aurelio Menéndez*, vol. II, Madrid, 1996, pág. 1679 y sigs.

ESTEBAN VELASCO, G., "Consejo de Administración", *EJB*, Tomo I, pág. 1470 y sigs.

ESTEBAN VELASCO, G., "El objeto social: algunas consideraciones sobre un libro reciente", *Revista de Derecho Mercantil*, Nº 195, 1990, pág. 404.

ESTEBAN VELASCO, G., "Estructura orgánica de la sociedad de responsabilidad limitada", *Revista de Derecho de Sociedades*, Nº Extraordinario, 1994, pág. 385 y sigs.

ESTEBAN VELASCO, G., "Modalidades de atribución y ejercicio del poder de representación", en *Estudios Girón*, pág. 303 y sigs.

ESTEBAN VELASCO, G., "Representación de la sociedad anónima", *EJB*, Tomo IV, pág. 5822.

ESTEBAN VELASCO, G., *El poder de decisión en las sociedades anónimas: derecho europeo y reforma del derecho español*, Madrid, 1982.

FACCIO, M. /LANG, L., "The ultimate ownership of Western European companies", *Journal of Financial Economics*, Nº 65, 2002, págs. 365-395.

FACHAL NOGUER, N., "Conflicto societario y disolución por paralización de órganos sociales", *Foro galego: revista xurídica*, Nº 216, 2024, págs. 81-114.

FAMA, E. F./JENSEN, M. C., "Separation of ownership and control", *Journal of Law and Economics*, Nº 26, 1983, págs. 301-325.

FARRANDO MIGUEL, I., "Una aproximación al Buen Gobierno de las sociedades anónimas abiertas", *Revista de Derecho de Sociedades*, Nº 26, 2006, págs. 157-202.

FARRANDO MIGUEL, I., *El derecho de separación del socio en la Ley de Sociedades Anónimas y la Ley de Sociedades de Responsabilidad Limitada*, Madrid, 1998.

FELIU REY, J., "Derecho de separación, flexibilización societaria y autonomía de la voluntad", *Derecho de los Negocios*, Nº 260, 2012, págs. 23-27.

FELIU REY, J., *Los pactos parasociales en las sociedades de capital no cotizadas*, Madrid-Barcelona, 2012.

FELIU REY, M. I., "Comentario a la Sentencia de 15 de noviembre de 2011. Separación ad nutum del partícipe en la sociedad de responsabilidad limitada", *Cuadernos Civitas de Jurisprudencia Civil*, Nº 90, 2012.

FERNÁNDEZ CARBALLO-CALERO, P., "La aportación del "know-how" al capital social (Comentario a la Resolución de la Dirección General de los Registros y del Notariado de 4 de diciembre de 2019)", *Revista de derecho de sociedades*, Nº 59, 2020.

FERNÁNDEZ DE LA GÁNDARA, L. /GARRIGOS, J./SÁNCHEZ ÁLVAREZ, M. M., "Sindicatos de voto y de boqueo", *Revista de Derecho de Sociedades*, Nº 5, 1995, págs. 181-202.

FERNÁNDEZ DE LA GÁNDARA, L., "El problema tipológico: la consagración del sistema dualista sociedad anónima-sociedad de responsabilidad limitada", *Revista de Derecho de Sociedades*, Nº Extraordinario, 1994, pág. 35 y sigs.

FERNÁNDEZ DE LA GÁNDARA, L., "La sociedad comanditaria por acciones (arts. 151 a 157 del Código de Comercio)", en URÍA/MENÉNDEZ/OLIVENCIA, *Comentarios al régimen legal de las sociedades mercantiles*, Tomo XIII, Madrid, 1992, pág. 202.

FERNÁNDEZ DE LA GÁNDARA, L., "Problemas político-jurídicos de la armonización societaria desde la perspectiva de los ordenamientos nacionales", en ALONSO UREBA/CHICO ORTIZ, LUCAS FERNÁNDEZ (coords.), *La reforma del Derecho español de sociedades de capital: Reforma y adaptación de la legislación mercantil a la normativa comunitaria de sociedades*, Madrid, 1988, pág. 35 y sigs.

FERNÁNDEZ DE LA GÁNDARA, L., "Sindicato de voto y de bloqueo", *Revista de Derecho de Sociedades*, Nº 5, 1995, págs. 179-202.

FERNÁNDEZ DE LA GÁNDARA, L., *La atipicidad en Derecho de Sociedades*, Zaragoza, 1977, págs. 151 y 328 y sigs.

FERNÁNDEZ DEL POZO, L., "Aproximación a la categoría de operaciones sobre activos esenciales cuya decisión es competencia exclusiva de la junta (arts. 160 f) y 511 bis LSC)", *La ley mercantil*, Nº 11, 2015, págs. 24-48.

FERNÁNDEZ DEL POZO, L., "El enforcement societario y registral de los pactos parasociales. La oponibilidad de lo pactado en protocolo familiar", *Revista de Derecho de Sociedades*, Nº 29, 2007.

FERNÁNDEZ DEL POZO, L., "El fin y los fines de la sociedad de capital. La integración del interés general en la causa de la sociedad", *Revista de derecho mercantil*, Nº 335, 2025.

FERNÁNDEZ DEL POZO, L., "El protocolo familiar sucesorio y su ejecución societaria. Un examen especial del derecho civil catalán", *Revista de Derecho Mercantil*, Nº 284, 2012.

FERNÁNDEZ DEL POZO, L., "La arbitrabilidad de las situaciones de paralización de los órganos sociales", *Revista de derecho de sociedades*, Nº 51, 2017, págs. 77-127.

FERNÁNDEZ DEL POZO, L., "La arbitrabilidad de un derecho estatutario de separación por "justa causa" en una Sociedad Anónima. En torno a la STC 9/2005, de 17 de enero de 2005", *Revista de Derecho de Sociedades*, Nº 26, 2006, págs. 269-309.

FERNÁNDEZ DEL POZO, L., "La posible previsión de una causa estatutaria de separación del socio como mecanismo para resolver el bloqueo estatutario", *La Ley mercantil*, Nº 36 (mayo), 2017.

FERNÁNDEZ DEL POZO, L., "La sociedad de base personalista en el marco de la reforma del derecho de sociedades de responsabilidad limitada", *Revista General del Derecho*, Nº 596, 1994, págs. 5431-5476.

FERNÁNDEZ DEL POZO, L., "La transparencia de los sindicatos de voto entre accionistas", *Revista de Derecho Bancario y Bursátil*, Nº 45, 1992, pág. 83 y sigs.

FERNÁNDEZ DEL POZO, L., "Sobre la arbitrabilidad de las controversias relativas a la impugnación de acuerdos sociales", *Revista General del Derecho*, Nº 609, 1995, pág. 6913 y sigs.

FERNÁNDEZ DEL POZO, L., "Un apunte sobre los posibles mecanismos societarios previstos en estatutos para «romper el empate» («tie-break provisions»)", La Ley mercantil, Nº 35 (marzo), 2017.

FERNÁNDEZ DEL POZO, L., "XVI tópicos antiarbitrales y un modelo de convenio arbitral en estatutos", *Revista de Derecho de Sociedades*, Nº 24, 2005, pág. 239 y sigs.

FERNÁNDEZ DEL POZO, L., *El protocolo familiar*, Madrid, 2008.

FERNÁNDEZ DEL POZO, L., *La paralización de los órganos sociales en las sociedades de capital. Estudio de sus remedios societarios y una propuesta de reforma*, Colegio de Registradores de la Propiedad y Mercantiles de España-Marcial Pons, Madrid, 2018.

FERNÁNDEZ FERNÁNDEZ, I., *Aportaciones no dinerarias en la sociedad anónima*, Pamplona, 1997.

FERNÁNDEZ OLMOS, M./ROSELL MARTÍNEZ, J./ESPITIA ESCUER, M. A., "An empirical test of transaction cost theory: validating the analysis of discrete structural alternatives", *Documento de Trabajo, Universidad de La Rioja*, Nº 4, 2008.

FERNÁNDEZ TORRES, I., *La Junta general en las sociedades de capital en liquidación*, Madrid, 2006.

FERNÁNDEZ-TRASGUERRES GARCÍA, A., *Transmisión mortis causa de la condición de socio. Un estudio en la sociedad limitada familiar*, Cizur Menor, 2008.

FERNÁNDEZ-TRESGUERRES GARCÍA, A., "El poder de representación en la sociedad anónima: poder orgánico y apoderamiento", *AAMN*, T. XXX, 2°, 1991, pág. 264 y sigs.

FERNÁNDEZ-TRESGUERRES GARCÍA, A., "La representación de la sociedad anónima", en GARRIDO DE PALMA (dir.), *Estudios sobre la sociedad anónima*, Tomo I, Madrid, 1991.

FERNÁNDEZ-TRESGUERRES GARCÍA, A., "Protocolo familiar: un instrumento para la autorregulación de la sociedad familiar", *Revista de Derecho de Sociedades*, N° 19, 2002, pág. 89 y sigs.

FERRARA, J. R., *Gli imprenditori e le socièta*, Milán, 1980.

FERRARA, *Teoría de la persona jurídica*, Madrid, 1929. Traducción: Ovejero-Mauri.

FERREIRA RUBIO, D. M., *La buena fe. El principio general en el Derecho Civil*, Madrid, 1984.

FERRI, G., "La seconda direttiva comunitaria in materia di società", *Riv. dir. comm.*, 1977, pág. 58 y sigs.

FERRI, G., "La tutela delle minoranze nelle società per azioni", en *Dir. e prat. comm.* 1932 (ahora incluido en FERRI, G., *Scritti giuridici*, vol. 3, Tomo I, Napoles, 1990, pág. 13 y sigs.).

FERRI, L., *La autonomía privada*, Granada, 2001.

FERRI, L., *Manuale di Dirito commerciale*, 9ª ed., Turín, 1994, pág. 321 y sigs.

FERRO-LUZZI, P., *I contratti associativi*, Milán, 1971.

FICO, D., *Lo scioglimento del rapporto societario: recesso, esclusione e morte del socio*, Milán, 2012.

FIMMANO, F. (dir.), *Scioglimento e liquidazione delle società di capitali*, Milán, 2011.

FLAQUER RIUTORT, J., "La paralización de la Junta general de accionistas (reflexiones en torno a la STS de 12 de noviembre de 1987)", *Revista General del Derecho*, 1989, pág. 1883 y sigs.

FLEISCHER, H., "A Guide to German Company Law for international lawyers - distinctive features, particularities, idiosyncrasies", *Max Planck Private Law Research Paper*, N° 8, 2015.

FLEISCHER, H./SCHNEIDER, S., "Shoot-Out Clauses in Partnerships and Close Corporations. An Approach from Comparative Law and Economics", *Max Planck Private Law Research Paper*, N° 11/13, junio 2012.

FONT GALÁN, J. I., "El deber de diligente administración en el nuevo sistema de deberes de los administradores sociales", *Revista de Derecho de Sociedades*, N° 25, 2005, pág. 71 y sigs.

FORNASIERO, G., *Organizzazione e intuitus nella società*, Padua, 1984.

FOX, D./BOWEN, M., *The Law and Private Companies*, Londres, 1991, pág. 170 y sigs.

FRADEJAS RUEDA, O. M., "La disolución de la sociedad anónima como consecuencia de la paralización de los órganos sociales", *Revista de Derecho de Sociedades*, Nº 3, 1994, págs. 99-132.

FRADEJAS RUEDA, O. M., "Los supuestos de hecho de la disolución de la sociedad anónima por paralización de los órganos sociales", en *Estudios jurídicos en homenaje al Profesor Aurelio Menéndez*, vol. II, Madrid, 1996, pág. 1769 y sigs.

FRADEJAS RUEDA, O. M., "Paralización de los órganos sociales: supuestos de hecho y consecuencias. Una revisión.", *Documentos de Trabajo del Departamento de Derecho Mercantil de la Facultad de Derecho de la Universidad Complutense de Madrid*, Ponencia del IX Seminario Harvard-Complutense, 2012

FRAMIÑÁN SANTAS, F. J., *La exclusión del socio en la sociedad de responsabilidad limitada*, Granada, 2005, pág. 147.

FRANK, J., *La influencia del Derecho Europeo Continental en el Common law*, Barcelona, 1957.

FRÈ, G., "Della Società per azioni (Arts. 2325-2461)", en SCIALOJA, A./BRANCA, G., *Commentario del Codice civile*, 6ª ed., Bolonia, 1997, págs. 601-616.

FREEMAN, R. E., *Strategic Management: A Stakeholder Approach*, Cambridge, 2010.

FREEMAN, R. E. y otros, *Stakeholder theory: the state of the art*, Cambridge, 2010.

FRENCH, D./MAYSON, S. /RYAN, C., *Company Law*, 29ª ed., Oxford, 2012, págs. 69-71, 593-597.

FRIEDMANN/KALMANOFF, *Joint International Business Ventures*, Nueva York-Londres, 1961, pág. 3 y sigs.

FUENTES NAHARRO, M., *Grupos de sociedades y protección de acreedores*, Madrid, 2007.

GAILLARD, E., *La société anonyme de demain, la théorie institutionelle e le fonctionement de la societé anonyme*, Sirey, 1934, págs. 29-30.

GALEOTE MUÑOZ, M. P., "Los sindicatos de voto. Concepción tradicional y su futuro próximo a la luz de la Propuesta de Código Mercantil", *Working Paper IE Law School*, 2013.

GALEOTE MUÑOZ, P., "Los protocolos familiares y su publicidad", *IE Working Paper* (Instituto de Empresa), Madrid, 2009.

GALEOTE MUÑOZ, P., "Sindicatos de voto en una sociedad conjunta", *Diario La Ley*, Nº 6993, Sección Tribuna (21 de julio de 2008, Año XXIX).

GALEOTE MUÑOZ, P., "*Un modelo de negociación para la creación de una sociedad conjunta*", IE Working Paper, Madrid, 2004.

GALEOTE MUÑOZ, P., *Sindicatos de voto. El control de una sociedad conjunta*, Valencia, 2008, págs. 80-84.

GALGANO, F., "Contratto e persona giuridica nelle società di capital", en *Contr. e impr.*, 1996.

GALGANO, F., "Le società per azioni", en GALGANO (dir.), *Trattato di diritto commerciale e di diritto pubblico dell'economina*, Tomo VII, Padua, 1988, pág. 412.

GALGANO, F., *Diritto commerciale. Le società*, Bolonia, 1994-1995.

GALGANO, F., *Il contratto di società. La società di persone*, 2ª ed., Bolonia, 1980, pág. 124.

GALGANO, F., *Il principio di maggioranza nelle società personali*, Padua, 1960.

GALLESIO-PIUMA, M. E., "I poteri dell'assemblea di società per azioni in liquidazione", *Quaderni di Giurisprudenza commercial*, Nº 81, Milán, 1986, pág. 36.

GALLO, M. y otros, *La empresa familiar multigeneracional: el papel de la familia propietaria*, Pamplona, 2009.

GAMBINO, A., *Il principio di correttezza nell'ordinamento delle società per azioni (abuso di potere nel procedimento assembleare)*, Milán, 1987, pág. 300 y sigs.

GAMBINO, F., "Il dovere di coerenza nell'atto di recesso (note sull'abuso del diritto)", *Rivista di Diritto Privato*, Nº 1, 2011, págs. 61-80.

GARCÍA MARTÍNEZ, A., "Las cláusulas de arrastre en la doctrina de la Dirección General de los Registros y el Notariado (A propósito de la resolución de la DGRN de 4 de diciembre de 2017)", *Revista de derecho de sociedades*, Nº 53 (mayo-agosto 2018), 2018.

GARCÍA PÉREZ, R., "La salida voluntaria y forzosa del socio profesional y su reflejo en las cláusulas estatutarias de separación y exclusión", en TRIGO GARCÍA/FRAMIÑÁN SANTAS (Coords.), *Estudios sobre sociedades profesionales: Ley 2/2007, de 15 de marzo, de sociedades profesionales*, Madrid, 2009, págs. 183-204.

GARCÍA SANZ, A., "Deber de abstención y conflictos de intereses en la junta general de las sociedades de capital", *Revista de derecho de sociedades*, Nº 55, 2019.

GARCÍA SANZ, A., "Derecho de separación en caso de falta de distribución de dividendos", *Revista de Derecho de Sociedades*, Nº 38, 2012, págs. 55-71.

GARCÍA VILLAVERDE, R., *La exclusión de socios*, Madrid, 1977.

GARCÍA-CREMADES MIRA, A., Mecanismos de solución del bloqueo societario, Universitat d'Alacant, Servicio de Publicaciones, 2023.

GARCÍA-CRUCES GONZÁLEZ, J. A., "La reactivación de la sociedad", *La liquidación de sociedades mercantiles* (coord. Campuzano Laguillo, A. B.; Rojo Fernández Río, A. (dir.), Beltrán Sánchez, E. (dir.), 2016, págs. 101-165.

GARCÍA-CRUCES GONZÁLEZ, J. A., "Liquidación societaria y formas de actuar la liquidación social", *Revista general de derecho*, Nº 640-641, 1998, págs. 549-614.

GARCÍA-CRUCES GONZÁLEZ, J. A., "Quórum estatutario y abstencionismo. La paralización de la Junta general como causa de disolución de la sociedad anónima (consideraciones en torno a la STS de 12 de noviembre de 1987)", *Poder Judicial*, Nº 10, 1988, págs. 103-115.

GARCÍA-CRUCES GONZÁLEZ, J. A., *La reactivación de la sociedad de responsabilidad limitada en liquidación*, Thomson Reuters Aranzadi, Madrid, 2001.

GARCÍA-CRUCES GONZÁLEZ, J. A., "La convocatoria de junta general de la sociedad anónima", *Cuadernos de derecho y comercio*, Nº 14, 1994, págs. 145-170.

GARCÍA-LUENGO, R. B., *El régimen jurídico de las juntas especiales en la sociedad anónima*, Salamanca, 1980.

GARCÍA-PITA, J. L., "Reflexiones sobre el concepto de sociedad y el derecho de sociedades", *Cuaderno de Derecho y Comercio,* Nº 33, 2000, págs. 73-214.

GARCÍA-PITA, J. L., "La disolución de la sociedad anónima (aspectos generales)", *Cuadernos de Derecho y Comercio,* Nº 6, 1989, pág. 97 y sigs.

GARRIDO DE PALMA y otros., *Las modificaciones estructurales de las sociedades mercantiles,* Valencia, 2013.

GARRIDO GARCÍA, J. M., "El informe Winter y el gobierno societario de la UE", *Revista de Derecho de Sociedades,* Nº 20, 2003, págs. 111-133.

GARRIGUES, J., "Formas sociales de uniones de empresas", *Revista de Derecho Mercantil,* 1947, pág. 51 y sigs.

GARRIGUES, J., "La protección de las minorías en el Derecho español", *Revista de Derecho Mercantil,* Nº 72, 1959, págs. 249-268.

GARRIGUES, J., *Dictámenes,* vol. III, Madrid, 1976, págs. 589-596, 743-744, 908-910.

GARRIGUES, J., *Negocios fiduciarios en Derecho Mercantil,* Madrid, 1955.

GELINIER, O./GAULTIER, A., *El futuro de las empresas personales y familiares,* Madrid, 1976.

GENNARI, F., "L'Arbitrato societario", en GALGANO, F., *Trattato de Diritto Commerciale e di Diritto pubblico dell'economia,* vol. 51, 2009, págs. 100-108.

GIBBONS, R., *Game Theory for Applied Economists,* Princeton, 1992.

GILSON, R./GORDON, J., "The Agency Costs of Agency Capitalism Activist Investors and the Revaluation of Governance Rights", *Columbia Law Review,* Nº 113, 2013, pág. 863 y sigs.

GILSON, R. J., "Globalizing corporate governance: convergence of form and function", *American Journal of Comparative Law,* vol. 49, 2001, págs. 337-350.

GIMENO BAYÓN-COBOS, "Algunos aspectos conflictivos de la responsabilidad de los administradores por no promover la disolución de las sociedades anónimas concurriendo causa", en AA.VV., *Derecho de Sociedades,* vol. II, *CGPJ,* Madrid, 1998, pág. 25 y sigs.

GIMENO BEVIÁ, V., "Derecho de separación *ad nutum* y prestaciones accesorias", *Revista de Derecho de Sociedades,* Nº 42, 2014, págs. 280-305.

GIRÓN TENA, J., *Derecho de Sociedades,* vol. I, Madrid, 1976, págs. 333-334.

GLAESER, L./SHLEIFER, A., "Legal origins", *Quarterly Journal of Economics,* Nº 117, 2002, pág. 1193 y sigs.

GOETZ, J./SCOTT, R. E., "The limits of expanded choice: an analysis of the interactions between express and implied contracts terms", *California Law Review,* Nº 73, 1985, pág. 261 y sigs.

GÓMEZ PORRÚA, J. M., "Sociedades anónimas. Impugnación de acuerdos sociales. Sumisión a arbitraje", *CCJC,* Nº 48, 1998, págs. 1109-1132.

GÓMEZ SEGADE, J. A., *El secreto industrial (know how). Concepto y protección,* Madrid, 1974.

GÓMEZ, F., "Derechos de propiedad y costes de transacción: ¿Qué puede enseñar Coase a los juristas?", *Anuario de derecho civil*, vol. 51, N° 3, 1998, págs. 1035-1070.

GOMTSIAN, S., "Interest (share) transfer restrictions: theory and evidence from business organization contracts", *Comunicación Conferencia AEDE*, Santander, 2015.

GONCALVES DO ESPIRITO SANTO, J., *Las cláusulas antibloqueo como mecanismos para solucionar y evitar los conflictos entre socios en las sociedades mercantiles cerradas igualitarias de tipo paritario*, Universidad Autónoma de Madrid, 2022.

GONZÁLEZ CASTILLA, F., "Reformas en materia de separación y exclusión de socios", en FARRANDO MIGUEL, I./GONZÁLEZ CASTILLA, F./ RODRÍGUEZ ARTIGAS, F. (coords.), *Las reformas de la Ley de Sociedades de Capital*, 2ª ed., Cizur Menor, 2012, págs. 303-357.

GONZÁLEZ FERNÁNDEZ, M. B., "Reglas de legitimación e impugnabilidad. El conflicto entre mayorías y minorías inmanente en la impugnación de acuerdos", *Revista de derecho de sociedades*, N° 50, 2017, págs. 67-111.

GONZÁLEZ FERNÁNDEZ, M. B., *La sociedad unipersonal en el derecho español*, Madrid, 2004.

GONZÁLEZ GONZÁLEZ, C., "Cómo evitar la paralización de los órganos de la sociedad en supuestos de administradores con cargo caducado. STS (Sala de lo Civil) de 9 de diciembre de 2010", *Revista Aranzadi Doctrinal*, N° 1, 2011 (BIB 2011/358).

GONZALEZ VÁZQUEZ, C.,"Observaciones sobre el Decreto Legislativo italiano de 17 de enero de 2003, de reforma orgánica de la disciplina de las sociedades de capital y de la sociedad cooperativa", *Revista de Derecho de Sociedades*, N° 20, 2003, pág. 415.

GORDILLO, A., "Principios generales del derecho", en MONTOYA MELGAR, A. (dir.), *Enciclopedia Jurídica Básica*, Vol. III, Madrid, 1995, pág. 5099 y sigs.

GORÉ, F., "La notion de capital social", en *Etudes offertes a René Rodiére*, París, 1981.

GOULDING, S., "The private Company in the United Kingdom", en AA.VV., *The European Private Company?*, Anterwpen, 1995, pág. 55 y sigs.

GOWER/DAVIES, *Principles of Modern Company Law*, Londres, 2008, pág. 658 y sigs.

GOYDER, G., *L'avvenire della impresa privata*, Milán, 1955, pág. 17 y sigs.

GRAIWER, S., "Revisiting Joint Venture Agreements in an uncertain Real Estate Market", *The Real State Finance Journal*, 2008, pág. 8 y sigs.

GRAZIANI, A., "Variazioni sul tema delle società di capital", *Rivista trimestrale di diritto e procedura civile*, 1953, págs. 746-756.

GRECO, P., *Le società nel sistema legislativo italiano. Lineamenti generali*, Turín, 1959, págs. 149 y 381.

GRISOLI, A., *La società con un solo socio*, Padua, 1971.

GRUEBNER, M., "Delaware's answer to management deadlock in the limited liability company: judicial dissolution", *The Journal of Corporation Law*, Nº 32, 2006-2007, págs. 641-657.

GUILLÉN PARRA, M., *Ética en las organizaciones. Construyendo confianza*, Madrid, 2006.

GUTIÉRREZ GILSANZ, A., "Aprobación judicial de liquidación societaria en situaciones de bloqueo (a propósito de la SAP la Coruña de 1 de abril de 2022 y de la SIM nº 13 de madrid de 23 de marzo de 2021)", *Diario La Ley*, Nº 10121, 2022.

HAMEL, J., "L'affectio societatis", *RTDC*, 1925, pág. 761 y sigs.

HAMEL/LAGARDE, *Traité de droit commercial*, Tomo I, París, 1954, pág. 468 y sigs.

HANSMANN, H./KRAAKMAN, R., "The essential role of organizational law", *Yale Law Journal*, Nº 110, 2000, pág. 387.

HANSMANN, H./KRAAKMAN, R., "The end of history for corporate law", *Georgetown Law Review*, Nº 89, 2001, págs. 439-468.

HART, O. /MOORE, J., "Foundations of incomplete contracts", *Review of Economic Studies*, Nº 66, 1999, págs. 115-138.

HART, O., "Incomplete contracts", en WILLIAMSON/WINTER (eds.), *The nature of the firm. Origins, evolution and development*, Nueva York-Oxford, 1991, pág. 141 y sigs.

HART, O., "An economist's perspective on the theory of the firm", *Columbia Law Review*, Nº 89, 1989, págs. 1757-1774.

HART, O./MOORE, J., "Incomplete contracts and renegotition", *Econometrica*, Nº 56, 1988, págs. 755-756.

HAURIOU, M., *L'institution et le droit statutaire*, Toulouse, 1960, pág. 29.

HAUSWALD, R./HEGE, U., "Ownership and control in joint ventures: theory and evidence", *Discussion Paper* Nº 4056, CEPR, 2003.

HEISE, M, "The past, present and future of empirical legal scholarship: judicial decision making and the new empiricism", *University of Illinois Law Review*, Nº 4, 2002, pág. 819 y sigs.

HEISE, M., "The importance of being empirical", *Pepperdine Law Review*, Nº 26, 1999, pág. 815 y sigs.

HELLER, M. A., *Commons and anticommons*, Vol. I., Chentelham, 2009, págs. 11-25.

HELLER, M. A., "The tragedy of the anticommons: property in the transition from Marx to Markets", *Harvard Law Review*, Nº 111, 1998, pág. 622.

HENAO BELTRÁN, L. F., "El abuso de la posición jurídica del socio", *Revista E-Mercatoria*, Vol. 13, Nº 2, 2014, págs. 97-129.

HENN/ALEXANDER, *Laws of Corporations*, 3ª ed., St. Paul-Minn, 1983, pág. 697.

HENNART, J. F., "A transaction costs theory of equity joint ventures", *Strategic Management Journal*, Nº 18, 1988, págs. 5-14.

HERNÁNDEZ MARTÍN, T., "La convocatoria de junta general de accionistas por un consejero delegado", *Revista de Derecho de Sociedades*, N° 32, 2009.

HERNÁNDEZ SAINZ, E., "El deber de abstención en el voto como solución legal ante determinados supuestos de conflicto de intereses en la sociedad de responsabilidad limitada", *Revista de Derecho de Sociedades*, N° 6, 1996, pág. 105 y sigs.

HERNÁNDEZ SAINZ, E., *La administración de sociedades de capital por personas jurídicas. Régimen jurídico y responsabilidad*, Madrid, 2014.

HERNANDO CEBRIÁ, L., "Del socio de control al socio tirano y al abuso de la mayoría en las sociedades de capital", *Revista de Derecho de Sociedades*, N° 37, 2011, págs. 173-205.

HERNANDO CEBRIÁ, L., "El conflicto entre socios en situaciones de igualdad en las sociedades de capital", *Cuadernos de Derecho y Comercio*, N° 56, 2001, pág. 87 y sigs.

HERNANDO CEBRIÁ, L., "La configuración estatutaria del deber de diligente administración", *Revista de Derecho de Sociedades*, N° 34, 2010, págs. 125-165.

HERNANDO CEBRIÁ, L., *El abuso de la posición jurídica del socio en las sociedades de capital*, Barcelona, 2013.

HETHERINGTON, J. A. H., "The minority's duty of loyalty in close corporations", *Duke Law Journal*, 1972, págs. 921-946.

HETHERINGTON, J. A. H./DOOLEY, M. P., "Illiquidity and exploitation: a proposed statutory solution to the remaining close corporation problem", *Vancouver Law Review*, N° 63, 1977, pág. 1 y sigs.

HOBERMAN, J. M., "Practical considerations for drafting and utilizing deadlock solutions for non-corporate business entities", *Columbia Business Law Review*, 2001, págs. 231 y 242.

HORSTEIN, G. D., "Stockholder's Agreements in the closely held corporation", *Yale Law Journal*, vol. 59, 1950, pág. 1040 y sigs.

HUALDE LÓPEZ, I., "La suspensión cautelar de acuerdos sociales impugnados", *Revista de derecho de sociedades*, N° 58, 2020.

HUDSON, A., *Equity and Trust*, 7ª ed., Oxon, 2013, págs. 1037-1059.

IBÁÑEZ ALONSO, J., "Posible admisión de una cláusula de separación *ad nutum* en una SRL y sistema de valoración de las participaciones. Comentario a la Resolución de la Dirección General de los Registros y del Notariado de 2 de noviembre de 2010 (RJ 2009/5678)", *Revista de Derecho de Sociedades*, N° 36, 2011, págs. 455-473.

IBÁÑEZ JIMÉNEZ, J. W., *Análisis económico del Derecho. Método, investigación y práctica jurídica*, Barcelona, 2011.

IGLESIAS PRADA, J. L., "La sociedad unipersonal y el proyecto de ley de sociedades de responsabilidad limitada" en *La reforma de la Ley de Responsabilidad Limitada*, Madrid, 1994, pág. 907 y sigs.

IGLESIAS PRADA, J. L., *Administradores y delegación de facultades en la sociedad anónima,* Madrid, 1971, págs. 201-202, nota 17.

IGLESIAS PRADA/GARCÍA DE ENTERRÍA, "La disolución y liquidación de las sociedades mercantiles", MENENDEZ/BELTRÁN (dirs.), *Lecciones de Derecho Mercantil,* Madrid, 2010, pág. 588.

IRACULIS ARREGUI, N., "Impugnación del acuerdo de no repartir dividendos: atesoramiento abusivo de los beneficios", *Revista de derecho mercantil,* N° 281, 2011, págs. 251-270.

IRACULIS ARREGUI, N., "La separación del socio sin necesidad de justificación: por no reparto de dividendos o por la propia voluntad del socio", *Revista de Derecho de Sociedades,* N° 38, 2012, págs. 225-244.

IRACULIS ARREGUI, N., *Conflictos de interés del socio,* Madrid, 2013.

JACQUET YESTE, T., "La elección del modo de organizar la administración (Una aproximación desde la teoría de los costes de agencia)", *Revista de derecho de sociedades,* N° 71, 2024

JAEGER, P. G., "L'interesse sociale rivisato (quarant'anni dopo)", *Giur. Comm.,* N° 27, 2000, pág. 812 y sigs.

JAEGER, P. G., *Il voto divergente nella società per azioni,* Milán, 1976.

JAEGER, P. G., *L'interesse sociale,* Milán, 1964, págs. 8-114.

JENSEN, M. C./MECKLING, W. H., "Theory of the firm: managerial behavior agency costs and ownership structure", *Journal of Financial Economics,* vol. 3, N° 4, 1976, págs. 305-360. Versión española parcial en PUTTERMAN, L. (ed.)., *La naturaleza económica de la empresa,* Madrid, 1994, págs. 261-285.

JENSEN, M. C./RUBACK, R. S., "The market for corporate control: the scientific evidence", *Journal of Finance Economics,* N° 11, 1983, pág. 5 y sigs.

JIMÉNEZ SÁNCHEZ, G., "Doctrina del Tribunal Constitucional sobre las sociedades mercantiles", en *Derecho de Sociedades (Homenaje a Fernando Sánchez Calero),* vol. I, 2002, pág. 275.

JIMENEZ SÁNCHEZ, G./IBÁNEZ JIMÉNEZ, J., "Las competencias de la Junta General", en IBÁÑEZ JIMÉNEZ, J. (Dir.), *Comentarios a la reforma del régimen de la junta general de accionistas en la reforma del buen gobierno de las sociedades,* Cizur Menor, 2014, págs. 151-164.

JOLLS, C./SUNSTEIN, C. R./THALER, R., "A behavioral approach to law and economics", *Stanford Law Review,* N° 50, 1998, págs. 1471-1550.

JORDANO BAREA, J., "Las sociedades de un solo socio", *Revista de Derecho Mercantil,* 1964, pág. 7 y sigs.

JUSTE MENCÍA, J., *Los derechos de la minoría en la sociedad anónima,* Pamplona, 1995.

JUSTE, V., "Comentarios al art. 194 LSC" en ROJO/BELTRÁN (dirs.), *Comentario de la Ley de Sociedades de Capital,* Tomo II, Madrid, 2011, pág. 1367.

KANDEL, V. E. /LAZEAR, E. P., "Peer pressure and partnerships", *Journal of Political Economics,* N° 100, 1992, pág. 801.

KITTSTEINER, T./FRUTOS, M. A., "Efficient partnership dissolution under buy-sells clauses", *Rand Journal of Economics*, N° 1, Vol. 39, 2008, págs. 184-198.

KOROBKIN, R. B.,/ULEN, T. S., "Law and Behavioral Science: removing the rationality asumption from law and ecnomics", *California Law Review*, N° 88, 2000, pág. 1060 y sigs.

KOZYRIS, J., "Equal Joint-Venture Corporations in France: problems of control and resolution of deadlocks", *The American journal of Comparative Law*, N° 4, Vol. 17, 1969, págs. 503-528.

KRAAKMAN, R./ARMOUR, J., *The Anatomy of Corporate Law. A comparative and Functional Approach*, 2° ed., Oxford, 2009.

KÜBLER, F., *Derecho de Sociedades*, Madrid, 2002.

LA PORTA, R./ SCHLEIFER, A./ LÓPEZ DE SILANES, F. /VISHNY, W., "Law and Finance", *Journal of Political Economy*, N° 6, vol. 106, 1998.

LA PORTA, R./LOPEZ DE SILANES, F./ SHLEIFER, A., "The economic consequences of legal origins", *Journal of Economic Literature*, N° 46, 2008, pág. 285 y sigs.

LA PORTA, R./LOPEZ DE SILANES, F./SHLEIFER, A./VISHNY, R., "Corporate Ownership Around the World", *Journal of Finance*, N° 54, 1999, pág. 471 y sigs.

LA VILLA, G., *L'oggetto sociale*, Milán, 1974.

LAMANDINI, M., "Notas sobre el control conjunto", *Revista General del Derecho*, N° 622-623, 1996, págs. 8461-8494.

LAMIKIZ GARAI, F., "La necesidad de consolidar un criterio jurisprudencial en materia de arbitraje societario. Un caso particular: La sumisión a arbitraje de la acción de disolución de sociedades mercantiles por paralización de órganos sociales", en ECHANO BALDASÚA, J. I. (coord.), *Estudios Jurídicos en memoria de José María Lidón*, Bilbao, 2002, págs. 1019-1032.

LAMOREAUX, N. R./ROSENTHAL, J. L., "Legal regime and business's organizational choice: a comParíson of France and the United States", *NBER Working Paper*, N° W10288, 2004.

LAN, L. L./HERACLEOUS, L., "Rethinking agency theory: the view from the law", *Academy of Management Review*, N° 35, 2010, págs. 294-314.

LANDEO, C. L./ SPIER, K. E., "Irreconciliable differences: judicial resolution of business deadlock", *University of Chicago Law Review*, 2013.

LANDEO, C. L./ SPIER, K. E., "Shotguns and deadlocks", *Yale Journal on Regulation*, 2013, 46 págs.

LANZA, A., "Scioglimento della società e responsabilità degli amministratori. Sopravvivenza dell'ente e volontá dei soci", *Riv. Dir. Civ.*, 1972, pág. 23.

LATORRE CHINER, N., *El administrador de hecho en las sociedades de capital*, Granada, 2003, págs. 117-118.

LEGRAND, P., "European legal systems are not converging", *International Law and Comparative Law Quarterly*, N° 45, 1996, pág. 52 y sigs.

LEGRO, J. P., "La nullité des décisions de sociétés", *Rev. Soc.*, Nº 42, 1991, págs. 297-310.

LI, J./ WOLFSTETTER, E., "Partnership Dissolution, Complementarity, and Investment Incentives", *CESifo Working Paper*, Nº 1325, 2004.

LICHT, A. N./GOLDSCHMIDT, C./SCHWARTZ, S. H., "Culture, law and corporate governance", *International Review of Law and Economics*, Vol. 25, Nº 2, 2005, págs. 229-255.

LINDA, G., "Fattispecie constituiva ed estintiva dell'ente società", *Dir. Fall.* Tomo II, 1959, pág. 374 y sigs.

LLAVERO RODRÍGUEZ-PORRERO, M., *El Consejo de Administración de la sociedad anónima*, Valencia, 1999.

LOJENDIO OSBORNE, I., "Los administradores de la sociedad anónima", en JIMÉNEZ SÁNCHEZ, *Derecho Mercantil*, 6ª ed., Barcelona, 2000.

LÓPEZ ORTEGA, R., "Comentario a la STS de 25 de julio de 1995", *Cuadernos Civitas de Jurisprudencia Civil*, Nº 40, 1996, págs. 121-138.

LÓPEZ ORTEGA, R., "La cobertura de vacantes en el órgano de liquidación de las sociedades de capital por el cese o la separación de liquidadores", *Revista de derecho de sociedades*, Nº 51, 2017, págs. 207-253.

LÓPEZ SÁNCHEZ, M. Á., "La configuración estatutaria de las prestaciones accesorias en la sociedad anónima", en *Derecho de Sociedades Anónimas I. La Fundación*, Madrid, 1991, págs. 835-873.

LUCEÑO OLIVA, J. L., "Estatutos y derecho de separación *ad nutum*", *Actualidad jurídica Aranzadi*, Nº 842/2012 (BIB 2012/899).

LUCEÑO OLIVA, J. L., "La suspensión del artículo 348 bis de la Ley de Sociedades de Capital", *Diario La Ley*, Nº 7912, 2012, págs. 10-11.

LUCEÑO OLIVA, J. L./GUERRERO CAMACHO, E., "Los mecanismos contractuales para evitar las situaciones de bloqueo en las joint ventures o sociedades conjuntas. Un análisis de posibles cláusulas tipo", *Diario La Ley*, Nº 8610, 2015.

MACEY, J., "An economic analysis of the various rationales for making shreholders the exclusive beneficiaries of corporate fiduciary duties", *Stetson Law Review*, Nº 21, 1991, pág. 32 y sigs.

MACHADO PLAZAS, J., *Pérdida del capital social y responsabilidad de los administradores por las deudas sociales*, Madrid, 1997, pág. 370.

MAHLER, P., "Shareholder Wars: internal disputes in close corporations do not always lead to judicial dissolution", *Nueva York State Bar Association Journal*, vol. 76, Nº 8, 2004, pág. 28 y sigs.

MAHONEY, P., "Trust and opportunism in Close Corporation", en MORK, R. K. (Dir.), *Concentrated Corporate Ownership*, Chicago, 2000, págs. 177-200.

MAISANO, A., *L'eccesso di potere nella deliberazioni assembleari di società per azioni*, Milán, 1968, pág. 67.

MAISANO, A., *Lo scioglimento delle società*, Milán, 1974, págs. 111-112.

MALAGÓN RUIZ, P., *Conflictos societarios. Supuestos diversos*, Madrid, 2013.

MANCUSO, A./LAURENCE, B. K., *Buy-sell agreement handbook: Plan ahead for changes in the ownership of your business*, 2ª ed., Berkeley, 2003.

MARCOS/SÁNCHEZ GRAELLS, "Necesidad y sentido de los consejeros independientes. Dificultades para el trasplante al derecho de las sociedades cotizadas españolas", *Revista de Derecho Mercantil*, Nº 268, 2008, págs. 499-568.

MARÍN DE LA BÁRCENA GARCIMARTÍN, F., "Opresión de la minoría. STS 1ª de 5 de marzo de 2009 (RJ 2009/1629)", *Revista de Derecho de Sociedades*, Nº 34, 2010, págs. 331-346.

MARÍN DE LA BÁRCENA GARCIMARTÍN, F., "Proclamación de acuerdos y acciones declarativas del resultado positivo de una votación", *Revista de Derecho Mercantil*, Nº 275, 2010, pág. 197 y sigs.

MARÍN DE LA BÁRCENA GARCIMARTÍN, F., *La acción individual de responsabilidad frente a los administradores de sociedades de capital*, Madrid, 2005.

MARTÍ MIRAVALLS, J., "La ampliación del derecho de separación del socio en las sociedades de capital cerradas", en HIERRO ANIBARRO, S. (Dir.), *Simplificar el Derecho de Sociedades*, Madrid, 2010, págs. 495-519.

MARTÍN BERNAL, J. M., *El abuso de Derecho*, Madrid, 1982.

MARTÍN MORAL, M. F., "El arbitraje estutario en las sociedades de capital", *Revista de derecho de sociedades*, Nº 51, 2017, págs. 255-274.

MARTÍNEZ MARTÍNEZ, M. T., "Impugnación de acuerdos de las juntas generales de las sociedades anónimas y arbitraje", *Revista de Derecho de Sociedades*, Nº 11, 1998, págs. 335-362.

MARTÍNEZ MARTÍNEZ, M. T., "Los acuerdos adoptados con abuso de mayoría en perjuicio de los socios minoritarios: caracterización y casuística", *Revista de derecho mercantil*, Nº 310, 2018.

MARTÍNEZ MARTÍNEZ, M. U., "Nuevas tendencias sobre el alcance del derecho de información en relación con las cuentas anuales, ejercitado por minorías cualificadas en sociedades anónimas cerradas", *Revista de derecho de sociedades*, Nº 38, 2012, págs. 379-396.

MARTÍNEZ NADAL, A., *El principio mayoritario de funcionamiento de la Junta general de la Sociedad de Responsabilidad Limitada*, Madrid, 2008.

MARTÍNEZ NADAL, A., *Las prestaciones accesorias en la sociedad de responsabilidad limitada*, Barcelona, 1997.

MARTÍNEZ ROSADO, J., "Conductas opresivas de la mayoría frente a la minoría en las sociedades cerradas (a propósito del art. 18 de la propuesta de Reglamento de la Sociedad Privada Europea y de la Regulación Norteamericana)", ALONSO LEDESMA, C./ALONSO UREBA, A./ESTEBAN VELASCO, G. (Dirs.), *La modernización del Derecho de sociedades de capital en España. Cuestiones pendientes de reforma*, tomo I, Cizur Menor, 2011, págs. 325-362.

MARTÍNEZ SANZ, F., "Régimen interno y delegación de facultades en el Consejo de administración de la sociedad anónima", en *Libro homenaje al profesor Fernando Sánchez Calero*, vol. II. Madrid, 2002, pág. 1739 y sigs.

MARTÍNEZ SANZ, F., *La representación proporcional de la minoría en el Consejo de Administración de la Sociedad Anónima*, Madrid, 1992.

MARTÍNEZ SANZ, F., *La separación del socio en la sociedad de responsabilidad limitada*, Madrid, 1997.

MARTÍNEZ SANZ, F., *Provisión de vacantes en el Consejo de Administración de la Sociedad Anónima (La cooptación)*, Pamplona, 1994, pág. 336 y sigs.

MASSAGUER, J., "El capital nominal. Un estudio del capital de la sociedad anónima como mención estatutaria", *Revista General del Derecho*, 1990, pág. 5547 y sigs.

MASSAGUER, J., "La autonomía privada y la configuración del régimen jurídico de la sociedad de responsabilidad limitada", *Revista General del Derecho*, Nº 603, 1994, pág. 12981 y sigs.

MASSAGUER, J., *El contrato de licencia de know how*, Barcelona, 1989.

MASSAGUER/ALFARO, "Art. 20 LSC", en JUSTE MENCÍA (coord.), *Comentario de la reforma del régimen de las sociedades de capital en materia de gobierno corporativo (Ley 31/2014)*, Madrid, 2015, pág. 170.

MASTEN, S., "A legal basis for the firm", *Journal of Law, Economics and Organization*, Nº 4, 1988, págs. 181-198.

MASTURZI, S., "Il recesso ex art. 2343 Cod. Civ.", *Rivista del diritto commerciale e del diritto generale delle obbligazioni*, Nº 4, 2011, vol. 109, págs. 905-920.

MATEU DE ROS, R., "Gobierno corporativo: libertad o regulación en el derecho societario", *Real Academia de Jurisprudencia y Legislación*, Madrid, 2015.

MATOUSCHEK, N., "Ex post inefficiencies in a property rights theory of the firm", *Journal of law, economics and organization*, Vol. 20, Nº 1, 2004, págs. 125-147.

McADAMS, R. H., "Beyond the Prisoners'Dilemma: Coordination, Game Theory and the Law", *John M. Olin Law & Economics Working Paper*, Nº 437, octubre, 2008.

McAFEE, R. P., "Amicable divorce: dissolving a partnership with simple mechanisms", *Journal of Ecomomic Theory*, Nº 56, 1992, págs. 266-293.

MCLAUGHIN, S., *Unlocking Company Law*, Oxon, 2009, págs. 16-17.

MEANS, B., "A contractual approach to shareholder oppresion law", *Fordham Law Review*, Nº 2, vol. 79, 2010, págs. 1161-1211.

MEDJAOUI, K., "L'abus d'egalité", *Revue des sociétés*, 1999, págs. 103-111.

MEGÍAS LÓPEZ, J., "Competencia de la junta general de sociedades de capital en materia de gestión: relaciones internas y externas", *Diario La Ley*, Nº 8608, 2015.

MEGÍAS LÓPEZ, J., "Opresión y obstruccionismo en las sociedades de capital cerradas: abuso de mayoría y de minoría", *Anuario jurídico y económico escurialense*, Nº 47, 2014, págs. 13-56.

MEGÍAS LÓPEZ, J., *El consejero independiente. Estatutos y funciones*, Madrid, 2012.

MELCHOR GIMÉNEZ, E., "La fijación estatutaria del valor contable como criterio para la determinación del valor razonable en la transmisión de participaciones sociales", *Revista de derecho de sociedades*, Nº 72, 2024.

MELERO BOSCH, L. V., *La disolución judicial de las sociedades de capital por paralización de órganos sociales*, Tirant lo Blanch, Valencia, 2023.

MENA, F. X., *Análisis económico del derecho*, Barcelona, 2000.

MENÉNDEZ MENÉNDEZ, A., "El voto divergente en las sociedades de capital", en *Estudios de derecho de sociedades y derecho concursal: Libro en homenaje al Prof. García Villaverde*, Vol. 2, Madrid, 2007, págs. 955-968.

MENÉNDEZ MENÉNDEZ, A., "Los pactos de sindicación para el órgano administrativo de la sociedad anónima", en *Estudios de Derecho Mercantil en homenaje a Rodrigo Uría*, Madrid, 1978, pág. 351 y sigs.

MENÉNDEZ MENÉNDEZ, A., "Sociedad Anónima y fin de lucro", en *Estudios jurídicos sobre la Sociedad Anónima*, Madrid, 1995, pág. 39 y sigs.

MENÉNDEZ MENÉNDEZ, A., "Sociedad Anónima y fin lucrativo", *Anales de la RAJL*, 1994, pág. 159 y sigs.

MENÉNDEZ MENÉNDEZ, A., *Ensayo sobre la evolución actual de la sociedad anónima*, Madrid, 1974, pág. 11 y sigs.

MENGONI, L., "Appunti per una revisione della teoria sull conflitto di interessi nelle deliberazioni di assamblea della società per azioni", *Riv. Soc.*, 1956, pág. 434.

MERCADO PACHECO, P., "Calidad de la ley, evaluación de impacto normativo y argumentos económicos", *Anales de la Cátedra Francisco Suárez*, Nº 47, 2013, pág. 94.

MERCURO, N./MEDEMA, S. G., *Economics and the law. From Posner to post-modernism and beyond*, 2ª ed., Princeton, 2006.

MERLE, P., "L'abus de minorité", *Rev. Soc.*, Nº 2, 1993, pág. 403.

MEROÑO CERDÁN, A. (Coord.), *Empresarios familiares. Testimonio sobre la influencia de la familia en la empresa*, Madrid, 2013.

MEZQUITA DEL CACHO., J. L., "Un defecto perverso en la normativa sobre inscripción de los ceses de administradores de sociedades de capital", *Revista de Derecho Patrimonial*, 2003, pág. 68 y sigs.

MIGNOLI, A., "L'interesse sociale", en *Riv. Soc.*, 1958, pág. 747.

MIGNOLI, A., "Scioglimento e liquidazione nella pratica statutaria", *Rev. Soc*, 1961, pág. 663 y sigs.

MILGROM, P./ROBERTS, J., *Economía, organización y gestión de la empresa*, Barcelona, 1994.

MIQUEL GONZÁLEZ, J. M., "Comentario al art. 7 CC", en PAZ-ARES, C./DÍEZ-PICAZO, L./ BERCOVITZ, R./ SALVADOR, P. (dirs.), *Comentario del Código Civil*, Tomo I, Madrid, 1991, págs. 37-56.

MIQUEL RODRÍGUEZ, J., "Reflexiones sobre los deberes de fidelidad de socios y accionistas", en SÁEZ GARCÍA DE ALBIZU, J. C/OLEO BANET, F./

MARTINEZ FLÓREZ, A. (coords.), *Estudios de Derecho Mercantil: en memoria del Profesor Aníbal Sánchez Andrés*, Cizur Menor, 2010, págs. 543-570.

MIQUEL RODRÍGUEZ, J., "La autonomía de la voluntad en en las sociedades de capital: ejemplos de la reciente jurisprudencia del TS y la doctrina de la RDGRN", en AA.VV., *Autonomía de la voluntad y exigencias imperativas en el derecho internacional de sociedades y otras personas jurídicas*, Barcelona, 2013, pág. 171 y sigs.

MIQUEL RODRÍGUEZ, J., "La Propuesta de Reglamento (CE) sobre la Sociedad Privada Europea", en ARENAS/GÓRRIZ/MIQUEL, *La internacionalización del Derecho de Sociedades*, Barcelona, 2010.

MIQUEL RODRÍGUEZ, J., "Las prestaciones accesorias en las sociedades de capital", en VEIGA COPO, A. B., *Estudios jurídicos sobre la acción*, Cizur Menor, 2014, págs. 257-278.

MIQUEL RODRÍGUEZ, J., *La Sociedad Conjunta: (joint venture corporation)*, Madrid, 1998, pág. 237 y sigs, 342-349.

MITCHELL, L. E., "The death of fiduciary duty in close corporations", *University of Pennsylvania Law Review*, Nº 138, 1990, págs. 1675-1731.

MOISÁ, B., *La autonomía de la voluntad y la predisposición contractual*, Buenos Aires, 2005.

MOLDOVANU, B., "How to dissolve a partnership", *Journal of Institutional and Theoretical Economics*, Nº 158, 2002, págs. 66-80.

MOLL, D. K., "Reasonable expectations v. Implied-in-fact contracts: Is the shareholder oppression doctrine needed?, *University of Houston Law Review*, Nº 42, 2001, págs. 989-1080.

MOLL, D. K., "Shareholder oppression & Reasonable expectations: of change, gifts and inheritances in corporation disputes", *Minnesota Law Review*, Nº 86, 2002, págs. 717-789.

MONTSALLIER-SAINTMLEUX, M. C., "Abus d'égalité: definition et encadrement de la mission du juge au regard des sanctions", *Semaine juridique Ed. Générale*, Nº 26, págs. 1342-1344.

MORALEJO, I., "Artículo 169. Convocatoria judicial", en ROJO/BELTRÁN, *Comentarios a la Ley de Sociedades de Capital*, Cizur Menor, 2011, págs. 1240-1245.

MORELLO, U., "Il problema de lo scioglimento di diritto nelle società per azioni". *Riv. Trim. Dir e Proc Civ.*, 1973, pág. 669 y sigs.

MORENO UTRILLA, D., *La sindicación de bloqueo en las sociedades anónimas*, Valencia, 2015.

MORGAN, J., "Dissolving a partnership (un) fairly", *Economic Theory*, Nº 4, Vol. 23, 2003, págs. 909-923.

MORILLAS/GRECHENIG, "La administración de la Sociedad Anónima Europea en el Reglamento (CE) de 8 de octubre de 2001. El sistema dualista austríaco y alemán y la adaptación del Derecho español", *Derecho de los Negocios*, Nº 145, 2002, pág. 1 y sigs.

MOSSA, L., *Trattato del nuevo diritto commerciale*, IV, Padua, 1957, págs. 76 y 545.

MOTOS GUIRAO, M., "La separación voluntaria del socio en el Derecho Mercantil español", *Revista de Derecho Notarial*, Nº 11, 1956, págs. 79-182.

MUÑOZ MARTÍN, N., "La disolución", *Revista de Derecho de Sociedades*, Nº Extraordinario, 1994, pág. 553 y sigs.

MUÑOZ PAREDES, J. M., "De nuevo sobre el arbitraje societario", *Revista de derecho de sociedades*, Nº 66, 2022.

MUÑOZ PEREZ, A., "El nuevo régimen italiano de la disolución y liquidación de las sociedades de capital", *Revista de Derecho de Sociedades*, Nº 21, 2003, pág. 472.

MUÑOZ PLANAS, J. M., "Algunos problemas del arbitraje en materia de sociedades mercantiles", en *Estudios de Derecho Mercantil en homenaje a Rodrigo Uría*, Madrid, 1978, págs. 379, 488-493.

MUÑOZ PLANAS, J. M./ MUÑOZ PAREDES, J. M., "La impugnación de acuerdos de la Junta general mediante arbitraje", *Revista de Derecho Mercantil*, Nº 238, 2000, págs. 1411-1478.

NAGAR, V. /PETRONI, K. / WOLFENZON, D., "Governance problems in closely-held corporations", *Journal of Financial and Quantitative Analysis*, Nº 4, Vol. 46, 2011.

NAVARRINI, U., *Tratatto teorico-pratico di diritto commerciale*, Tomo V, Turín, 1921, págs. 59-61.

NAVARRO MORALES, A., "El interventor designado a propuesta de la minoría, órgano fiscalizador de las operaciones de liquidación", *Revista de derecho de sociedades*, Nº 61, 2021.

NEILA NEILA, J. M., "A vueltas sobre la cláusula estatutaria de sometimiento a arbitraje en la impugnación de acuerdos sociales", *La Ley*, Nº 3, 1999, págs. 2132-2136.

NEILA NEILA, J. M., "La disolución judicial de la sociedad anónima", *Revista de Derecho Privado*, Nº 74, 1990, pág. 875 y sigs.

NEILA NEILA, J. M., "La disolución judicial en la sociedad anónima (acerca del art. 262 del Texto Refundido de la Ley de Sociedades Anónimas", *La Ley*, 1990, págs. 1179.

NEILA NEILA, J. M., *La sociedad de responsabilidad limitada*, Madrid, 1996.

NEVILLE, M., "Conflicts in the European Private Company (SPE)", *Nordic & European Company Law*, LSN Research Paper Series, Nº 10-24, 2012.

NICCOLINI, G., "Scioglimento, liquidazione ed estinzione di società di capitale", *Giur. Comm*, 1991, pág. 772 y sigs.

NOGALES LOZANO, F., *La continuidad de la empresa familiar*, Córdoba, 2003.

NOVAL PATO, J., "La acción de exclusión del socio: plazo de ejercicio y legitimación: Sentencia de la Audiencia Provincial de Asturias núm. 209/2006 (Sección 1ª), de 1 de junio de 2006", *Revista de derecho de sociedades*, Nº 27, 2006, págs. 475-484.

NOVAL PATO, J., "La adopción de acuerdos por mayoría en las sociedades de personas y su particular proyección en los sindicatos de voto", *Revista de derecho mercantil*, Nº 278, 2010, págs. 1411-1448.

NOVAL PATO, J., "La jurisprudencia del Tribunal Supremo en materia de pactos omnilaterales. Comentario a la sentencia 300/2022, de 7 de abril", *Revista de derecho de sociedades*, Nº 66, 2022.

NOVAL PATO, J., *Los pactos omnilaterales. Su oponibilidad a la sociedad*, Madrid, 2012.

O'NEAL, F. H./THOMPSON, R. B., *O'Neal and Thompson's Close Corporations and LLCs: Law and Practice*, 3ª ed., Chicago, 2005.

OLAVARRÍA TÉLLEZ, A., "Las sociedades mercantiles y el arbitraje de Derecho Privado", en *Homenaje a Lanzas y Telva*, vol. II, Madrid, 1998, pág. 1701 y sigs.

OLIVARES JAMES, J. M., "En torno a los administradores de hecho en la sociedad anónima", *AAMN*, 1978, pág. 267 y sigs.

OLIVARES JAMES, J. M., "Los órganos sociales (estructura y funcionamiento)", *AAMN*, XXX, 1991.

OLIVENCIA RUIZ, M., "Comentario al Artículo 11 bis LA", en GONZÁLEZ SORIA, J., *Comentarios a la nueva Ley de Arbitraje*, 2ª ed., Cizur Menor, 2011, pág. 169 y sigs, especialmente, 175-176.

OLIVIERI, G., "Il conferimenti di know how ed il decreto di atuazione della Seconda direttiva comunitaria in materia di società" *Riv. Soc.*, 1987, pág. 14 y sigs.

OPPO, G., *Scritti giuridici. Diritto delle società*, Padua, 1992, pág. 8 y sigs.

ORNELAS, E./TURNER, J. L., "Efficient dissolution of partnerships and the structure of capital", *Games and economic behavior*, vol. 60, 2007, págs. 187-199.

ORTIZ DE URBINA, I., "El análisis económico del derecho: ¿método útil o ideología nefasta?, en COURTIS, C., *Observar la ley. Ensayos sobre metodología de la investigación jurídica*, Madrid, 2006, pág. 322.

PACIELLO, A., "Comentario al art. 2486", *La riforma delle società*, Turín, 2003, págs. 247-248, 269 y 272.

PAGADOR LÓPEZ, J./PINO ABAD, M., "La exclusión del socio mayoritario en las sociedades de responsabilidad limitada bipersonales", *Revista de Derecho Mercantil*, Nº 270, 2008, págs. 1273-1330.

PALÁ BERDEJO, F., "La disolución de sociedades y su revocabilidad", *Revista de Derecho Mercantil*, Nº 41, 1952, págs. 149-216.

PANTALEÓN PRIETO, F., "Las acciones: copropiedad, usufructo, prenda y embargo", en URÍA/MENÉNDEZ/OLIVENCIA (coords.), *Comentario al régimen legal de las sociedades mercantiles*, Madrid, 1992, pág. 71 y sigs., y 127 y sigs.

PANTALEÓN, F., "Negocio fiduciario", en MONTOYA MELGAR, A. (dir.), *Enciclopedia Jurídica Básica*, Vol. III, Madrid, 1995, pág. 4407 y sigs.

PAOLANTONIO, M. E., "Fideicomiso sobre acciones", en DUBOIS, F. (dirs.), *Negocios parasocietarios*, 2ª ed., Buenos Aires, 1999, pág. 282.

PARDO PARDO, J. M., *El nuevo régimen de responsabilidad de los administradores de empresas en crisis*, Barcelona, 2015.

PARÍSI, F. /SCHULZ, N. /DEPOORTER, B., "Duality in property: commons and anticommons", *International review of Law and Economics*, Nº 25, 2005, págs. 578-591.

PARÍSI, F., "Positive, normative and functional schools in law and economics", en BACKHAUS, J. G. (Dir.), *The Elgar Companion to Law and Economics*, 2ª ed., Chentelham, 2005, págs. 58-73.

PARÍSI, F./DEPOORTER, B., "Commons and anticommons ", en BACKHAUS, J. G. (Dir.), *The Elgar Companion to Law and Economics*, 2ª ed., Chentelham, 2005, págs. 74-83.

PARLEANI, G., "Les pactes d'actionnaires", *Rev. Soc*, 1991, pág. 1 y sigs.

PASTOR PRIETO, S., *Sistema jurídico y economía: una introducción al análisis económico del derecho*, Madrid, 1989.

PATERNOTTRE, A., *Las actas de las juntas de accionistas*, Madrid, 1994.

PAULEAU, C., *El régimen jurídico de las "Joint Ventures"*, Valencia, 2003, págs. 210-396 y 306.

PAZ-ARES, C., "La economía política como jurisprudencia racional (Aproximación a la teoría económica del derecho)", *ADC*, T. XXXIV, 1981, pág. 601 y sigs.

PAZ-ARES, C., "Principio de eficiencia y Derecho Privado", en *Estudios homenaje al profesor Manuel Broseta Pont*, Tomo III, Valencia, 1995, pág. 2843 y sigs.

PAZ-ARES, C., "Sociedad colectiva: disolución y liquidación", en URÍA/MENÉNDEZ (dirs.), *Curso de Derecho Mercantil*, Tomo I, Madrid, 2000, pág. 675 y sigs.

PAZ-ARES, C., "Ánimo de lucro y concepto de sociedad (breves consideraciones a propósito del art. 2.2 LAIE)", en *Derecho Mercantil de la Comunidad Económica Europea. Estudios en homenaje a José Girón Tena*, Madrid, 1991, pág. 729 y sigs.

PAZ-ARES, C., "Comentario al art. 1665 CC", en PAZ-ARES, C./DÍEZ-PICAZO, L./BERCOVITZ, R./SALVADOR, P. (dirs.), *Comentario del Código Civil*, Tomo II, Madrid, 1991, págs. 1299-1333.

PAZ-ARES, C., "Disolución de la sociedad de responsabilidad limitada por paralización de órganos sociales", *Anuario de Derecho Civil*, XXXV, 1983, págs. 1073-1076.

PAZ-ARES, C., "El *enforcement* de los pactos parasociales", *Actualidad Jurídica Uría Menéndez*, Nº 5, 2003, pág. 19 y sigs.

PAZ-ARES, C., "La cuestión de la validez de los pactos parasociales", *Revista Actualidad Jurídica*, Nº Extraordinario, 2011, pág. 252 y sigs.

PAZ-ARES, C., "La sociedad civil (comentario del art. 1665)", en PAZ-ARES/DÍEZ-PICAZO/BERCOVITZ/SALVADOR (dirs.), *Comentario del Código Civil*, Ministerio de Justicia, Madrid, Tomo II, pág. 1451.

PAZ-ARES, C., "La sociedad en general: caracterización del contrato de sociedad", en URÍA/MENÉNDEZ (coords.), *Curso de Derecho Mercantil*, 2ª ed., Madrid, 2006, pág. 469 y sigs.

PAZ-ARES, C., "La sociedad en general: caracterización del contrato de sociedad", en URÍA/MENÉNDEZ, *Curso de Derecho Mercantil*, 2ª ed., Tomo I, Cizur Menor, 2006, págs. 469-501, 503-529.

PAZ-ARES, C., "La validez de los pactos parasociales", *Diario La Ley*, Nº 7714, Sección Tribuna (13 de octubre de 2011, Año XXXII).

PAZ-ARES, C., "Reflexiones sobre la distribución de poderes en la moderna sociedad anónima", *Revista de Derecho Mercantil*, Nº 146, 1997, pág. 563 y sigs.

PAZ-ARES, C., *La responsabilidad del socio colectivo*, Madrid, 1993.

PAZ-ARES, C./PERDICES HUETOS, A. B., "Lógica y límites de los descuentos por iliquidez y minoría en la valoración de participaciones sociales", *Revista española de capital riesgo*, Nº 2, 2010, págs. 3-19.

PAZ-ARES, C./PERDICES, A., "Los negocios sobre las propias acciones", en URÍA/MENÉNDEZ/OLIVENCIA (coords.), en *Comentario al régimen legal de las sociedades mercantiles*, Tomo IV, Madrid, 2003.

PEDROL RIUS, A., *La anónima actual y la sindicación de acciones*, Madrid, 1969.

PEÑAS MOYANO, M. J., *Las prestaciones accesorias en la Sociedad Anónima*, Pamplona, 1996.

PERALES VISCASILLAS, M. P., "Origen, evolución y tendencias actuales del *appraisal right* estadounidense (El derecho de separación y de exclusión del socio)", *Actualidad Civil*, Nº 2, 2000, págs. 763-811.

PERALES VISCASILLAS, M. P., *Arbitralidad y convenio arbitral. Ley 60/2003 de arbitraje y Derecho societario*, Pamplona, 2005.

PERALES VISCASILLAS, M. P., *El derecho de separación del socio en las sociedades de capital*, Madrid, 2001.

PERDICES HUETOS, A., "La transmisión de participaciones en la sociedad de responsabilidad limitada. Régimen general (arts. 26-28 LSRL)", en PAZ-ARES, C. (coord.), *Tratando de la Sociedad Limitada*, Madrid, 1997, pág. 423 y sigs.

PERDICES HUETOS, A., "Las restricciones a la transmisión de participaciones en la sociedad de responsabilidad limitada", *Revista Jurídica del Notariado*, Nº 8, 1993, págs. 313-359.

PERDICES HUETOS, A., "Llévame contigo" (Las cláusulas estatutarias de venta conjunta de acciones y participaciones), *Working Paper*, Universidad Autónoma de Madrid, 2003.

PERDICES HUETOS, A., "Retorno a la impugnación de los acuerdos de la junta de accionistas", en IBÁÑEZ JIMÉNEZ, J. (Dir.), *Comentarios a la reforma del régimen de la junta general de accionistas en la reforma del buen gobierno de las sociedades*, Cizur Menor, 2014, págs. 113-132.

PERDICES HUETOS, A., *Cláusulas restrictivas de la transmisión de acciones y participaciones*, Madrid, 1997.

PERDICES HUETOS, A., *El libro registro de socios. La legitimación del socio en las sociedades de capital*, Madrid, 2000.

PERDICES HUETOS, A./DE LA HUCHA, F./GOÑI, J. L./SAÉNZ GARCÍA DE ALBIZU, C., *Sociedades Laborales (Ley 4/1997, de 24 de marzo)*, en URÍA/MENÉNDEZ/OLIVENCIA, *Comentario al régimen legal de las sociedades mercantiles*, Tomo XV, Madrid, 2000.

PERDICES HUETOS, A., "Comentarios al art. 108 LSC" en ROJO/BELTRÁN (dirs.), *Comentario de la Ley de Sociedades de Capital*, Tomo II, Madrid, 2011, pág. 893 y sigs.

PERDICES HUETOS, A., "Restricciones a la transmisión de acciones y participaciones: interpretación y efectos en la práctica reciente", en VEIGA COPO, A. B., *Estudios jurídicos sobre la acción*, Cizur Menor, 2014, págs. 333-357.

PERDICES HUETOS, A./VEIGA COPO, A. B., "La transmisión de acciones", en VEIGA COPO, A. B., *Estudios jurídicos sobre la acción*, Cizur Menor, 2014, págs. 159-255.

PÉREZ DE LA CRUZ BLANCO, A., "La reducción del capital", en URÍA/MENÉNDEZ/OLIVENCIA, Comentario al régimen legal de las sociedades mercantiles, Tomo VIII, Vol. III, Madrid, 1995, pág. 20.

PÉREZ MILLÁN, D., "De nuevo sobre la prestación accesoria de cumplimiento de pacto parasocial. Comentario de las Resoluciones de la Dirección General de Seguridad Jurídica y Fe Pública de 11 de octubre y de 29 de noviembre de 2024", *Revista de derecho de sociedades*, Nº 74, 2025.

PEREZ MORIONES, A., *Los sindicatos de voto para la Junta general de la sociedad anónima*, Valencia, 1996.

PÉREZ SANZ, A., "Las prestaciones accesorias en las sociedades de responsabilidad limitada", en PAZ-ARES, C., (coord.), *Tratando de la sociedad limitada*, cit., pág. 393 y sigs.

PÉREZ TROYA, A., *La tutela del accionista en la fusión de sociedades*, Madrid, 1998.

PICO I JUNOY/VÁZQUEZ ALBERT, "El arbitraje en la impugnación de acuerdos sociales: nuevas tendencias y nuevos problemas", *Revista de Derecho de Sociedades*, Nº 11, 1998, pág. 183 y sigs.

PISTOR, K., "Rethinking the Law and Finance paradigm", *Brigham Young University Law Review*, 2009, pág. 1647.

PISTOR, K./XU, C., "Fiduciary duty in transitional civil law jurisdictions: lessons from the incomplete law theory", *Law Working Paper Nº 1, European Corporate Governance Institute-Law Research Paper Series*, 2002, págs. 1-39.

PITTER, P., "Know how e contratto di know how", *Riv. dir. civ.*, 1983, pág. 27 y sigs.

POLINSKI, A. M., *Introducción al análisis económico del derecho*, Barcelona, 1985.

POLO DÍEZ, A., *Ante una nueva reforma de la sociedad de la sociedad anónima*, Barcelona, 1965.

POLO SÁNCHEZ, E., "Introducción y ámbito de eficacia de la cláusula compromisoria en las sociedades mercantiles", *Butlletí del Tribunal Arbitral de Barcelona*, Nº 4, 1992, págs. 65-100.

PORFIRIO CARPIO, L. J., "Comentario a la STS de 10 de junio de 1994", *Cuaderno Civitas de Jurisprudencia Civil*, Nº 36, 1994, págs. 1117-1134.

PORTELLANO DÍEZ, R., *Deber de fidelidad de los administradores de sociedades mercantiles y oportunidades de negocio*, Madrid, 1996.

PORTELLANO/SÁEZ LACAVE, "Proyecto alemán de Ley: pequeñas sociedades anónimas y desregulación del derecho de sociedades anónimas en la República Federal Alemana", *Revista de Derecho Mercantil*, 1994, pág. 593.

PORZIO, M., *L'estinzione delle società per azioni*, Nápoles, 1959, pág. 15 y 67-68.

POSNER, R., *Economic analysis of Law*, 8ª ed., Nueva York, 2011.

POSNER, R., *Economic analysis of Law*, Boston, 1986.

POSNER, R., *Economic analysis of Law*, Boston, 1992, págs. 31-84.

POSNER, R., *The problems of jurisprudence*, Cambridge, 1990.

POUND, R., *El espíritu del common law*, Barcelona, 1954. Traducción: Puig Brutau.

POUTZIOURIS, P., "The strategic orientation of owner-managers of small ventures: Evidence from the UK small business economy", *International Journal of Entrepreneurial Behaviour & Research*, Vol. 9, Nº 5, 2003, págs. 185-214.

PRADA GONZÁLEZ., J. M., "La persona jurídica administradora de una sociedad anónima", en *Estudios Menéndez*, Tomo II, pág. 2295 y sigs.

PRADES CUTILLAS, D., "Administradores de hecho: tipologías no tan encubiertas", *Diario La Ley*, Nº 7168, 2009, pág. 6 y sigs.

PRADES CUTILLAS, D., *La responsabilidad del administrador en las sociedades de capital en la jurisprudencia del Tribunal Supremo*, Valencia, 2014.

PREITE, D., "Abuso di maggioranza e conflitto di interessi del socio nelle società per azioni", en *Trattato Colombo-Portale*, vol. 3, Tomo II, Turín, 2003, págs. 3-183.

PRENDES CARRIL, P., *La sociedad de responsabilidad limitada. Compendio de jurisprudencia comentada*, Navarra, 2002, págs. 685-703.

PULGAR EZQUERRA, J., "La extinción de las sociedades de capital: Disolución, liquidación y cancelación registral", *Revista de Derecho de Sociedades*, Nº 36, 2011, págs. 203-228.

PUTTERMAN, L. (ed.), *La naturaleza económica de la empresa*, Madrid, 1994.

QUEROL ARAGÓN, N., *Análisis económico del derecho*, Madrid, 2007.

QUIJANO GONZÁLEZ, J., "Comentario a la STS de 12 de noviembre de 1987", *Cuaderno Civitas de Jurisprudencia Civil*, Nº 15, 1987, págs. 5149-5160.

QUIJANO GONZÁLEZ, J., "La responsabilidad de los administradores por la no disolución de la sociedad y las causas de exoneración", *Revista de Derecho de Sociedades*, Nº 19, 2002, pág. 73 y sigs.

QUIJANO GONZÁLEZ, J., "Responsabilidad de los administradores por no disolución de la sociedad (Comentario a la Sentencia de la Audiencia Provincial de Burgos de 24 de julio de 1995)", *Revista de Derecho de Sociedades*, N° 5, 1995, pág. 265 y sigs.

QUIJANO GONZÁLEZ, J., *La responsabilidad de los administradores de la sociedad anónima. Aspectos sustantivos*, Valladolid, 1985.

QUIJANO, J., "El proceso de elaboración de la LSC" en ROJO/BELTRÁN (dirs.), *Comentario de la Ley de Sociedades de Capital*, Tomo II, Madrid, 2011, pág. 159 y sigs.

QUIJANO, J., "La responsabilidad de los administradores. Art. 236 LSC" en ROJO/BELTRÁN (dirs.), *Comentario de la Ley de Sociedades de Capital*, Tomo II, Madrid, 2011, pág. 1691 y sigs.

QUINTANA CARLO, I., "El capital social", en *La reforma de la ley de sociedades anónimas*, Madrid, 1987.

RABIN, M., "Incorporating Fairness into Game Theory and Economics", *American Economics Review*, N° 83, 1993, pág. 1281 y sigs.

RATHENAU, W., "La realità della societè per azioni", *Riv. Soc.*, 1960, pág. 918.

RECALDE CASTELLS, A., "Comentario al Art. 161. Intervención de la junta general en asuntos de gestión", en JUSTE MENCÍA, J. (coord.), *Comentario a la reforma del régimen de las sociedades de capital en materia de gobierno corporativo*, Cizur Menor, 2015, págs. 51-63.

RECALDE CASTELLS, A., "Deberes de fidelidad y exclusión del socio incumplidor en la sociedad civil. Comentario a la STS (Sala 1ª) de 6 de marzo de 1992", *La Ley*, N° 1, 1993, págs. 304-316.

RECALDE CASTELLS, A., *Limitación estatutaria del derecho de voto en las sociedades de capitales*, Madrid, 1996, pág. 206.

REDONDO TRIGO, F., "Objeto social y disolución de una sociedad anónima. La analogía de las causas de disolución", *RCDI*, N° 688, 2005, pág. 559 y sigs.

RESCIO, A., "La distinzione del sociale dal parasociale (sulle c.d. clausole statutarie parasociali")", *Riv. Società*, N° 36, 1991, pág. 595.

RETORTILLO ATIENZA, O., "La posible enervación del derecho de separación (Orientación del Tribunal Supremo en la Sentencia de 23 de enero de 2006 (RJ 2006/256)", *Revista de Derecho de Sociedades*, N° 28, 2007, págs. 315-326.

REYES VILLAMIZAR, F., *Análisis Económico del Derecho Societario*, 2ª ed., Bogotá, 2013.

REYES VILLAMIZAR, F., *Derecho Societario en Estados Unidos y la Unión Europea*, 4ª ed., Bogotá, 2013.

RIBAS FERRER, V., *El deber de lealtad del administrador de sociedades*, Madrid, 2010.

RIBAS, V., "Comentarios al art. 226 LSC. El deber de lealtad" en ROJO/BELTRÁN (dirs.), *Comentario de la Ley de Sociedades de Capital*, Tomo II, Madrid, 2011, pág. 1620 y sigs.

RIPERT, G., *Aspects juridiques du capitalism moderne*, París, 1951, pág. 96.

ROCA FERNÁNDEZ-CASTANYS., J. A., "La delegación de facultades por el Consejo de administración en la sociedad anónima", en *Libro homenaje al profesor Fernando Sánchez Calero*, vol. II, Madrid, 2002, pág. 1819 y sigs.

ROCA-SASTRE MUNCUNILL, L., "Adopción de forma societaria por pequeñas y medianas empresas", *AAMN*, 1981, pág. 45 y sigs.

ROCK, E. B./WACHTER, M. L., "Waiting for the omelet to set: match-specific assets and minority oppression in the close corporation", *The Journal of Corporation Law*, Vol. 24, 1999, págs. 913-948.

RODAS PAREDES, P., *La separación del socio en la Ley de sociedades de capital*, Madrid, 2013.

RODRÍGUEZ ARTIGAS, F., "Junta general", en FERNÁNDEZ DEL POZO/ESTEBAN VELASCO (coords.), *La sociedad anónima europea: régimen jurídico societario, laboral y fiscal*, Madrid, 2004, págs. 763-814.

RODRÍGUEZ ARTIGAS, F., "La junta general", *Revista de Derecho de Sociedades*, Nº 36, 2011-2012, págs. 133-147.

RODRÍGUEZ ARTIGAS, F., "La delegación de facultades del Consejo de Administración de la sociedad anónima", *Revista de Derecho de Sociedades*, Nº 1, 1993, pág. 91 y sigs.

RODRÍGUEZ ARTIGAS, F., *Consejeros delegados, comisiones ejecutivas y Consejos de Administración*, Madrid, 1971, págs. 247-249.

RODRÍGUEZ ARTIGAS, F., *La representación de los accionistas en la Junta General*, Madrid, 1990.

RODRÍGUEZ DELGADO, J. P., "Comentario a la STS de 15 de junio de 2010", *Cuadernos Civitas de Jurisprudencia Civil*, Nº 85, 2011, págs. 529-551.

RODRÍGUEZ DÍAZ, I., *La empresa familiar en el ámbito del derecho mercantil*, Madrid, 2000, pág. 174.

RODRÍGUEZ ROBLERO, M. I., "El arbitraje societario en la nueva Ley de Arbitraje 11/2011, de 20 de mayo, de reforma a la Ley 60/2003, de 23 de diciembre, de Arbitraje y de regulación del arbitraje institucional en la Administración General del Estado", *Revista de Derecho de Sociedades*, Nº 37, 2011, págs. 103-118.

RODRÍGUEZ RUIZ DE VILLA, D., "Quórum de constitución del consejo de administración de la S.A.: efectos jurídicos de la existencia de vacantes (El consejo deficitario). Ideas y propuestas para una futura reforma", *Revista de Derecho de Sociedades*, Nº 42, 2014, págs. 131-152.

RODRÍGUEZ RUIZ DE VILLA, D., *Los consejeros independientes en las sociedades de capital españolas*, Madrid, 2008.

ROE, M., "Political preconditions to separating ownership from corporate control", *Stanford Law Review*, Nº 53, 2000, pág. 539 y sigs.

ROE, M. J., "Chaos and evolution in law and economics", *Harvard Law Review*, Nº 109, 1996, págs. 641 y 653-660.

ROE, M. J., "Corporate Law's limits", *Journal of Legal Studies*, Nº 31, 2002, pág. 233 y sigs.

ROJÍ BUQUERAS, J. M., "A propósito de la unanimidad de facto: propuestas contra las situaciones de veto individual del socio", *Revista de derecho de sociedades*, Nº 54, 2018.

ROJO, A., "Disolución y liquidación de la sociedad de responsabilidad limitada", *Revista crítica de derecho inmobiliario*, Nº 618, 1993, págs. 1487-1514.

ROJO, A., "Los grupos de sociedades en el derecho español", *Revista de Derecho Mercantil*, Nº 220, 1996, pág. 457 y sigs.

ROJO, A., "Génesis y evolución en las prestaciones accesorias", *Revista de Derecho Mercantil*, 1977, pág. 271 y sigs.

ROJO, A., "La facultad de cooptación del Consejo de Administración", *Revista de Derecho Mercantil*, 1988, pág. 367 y sigs.

ROJO, A., "La fusión de sociedades anónimas", en ROJO, A. (dir.), *La reforma de la Ley de Sociedades Anónimas*, Madrid, 1987, págs. 345-387.

ROJO, A., "La sociedad de responsabilidad limitada, problemas de política y de técnica legislativa", en BONARDELL (coord.), *La reforma de la sociedad de responsabilidad limitada*, Madrid, 1994.

ROMERO FERNÁNDEZ, J. A., "Los sindicatos de bloqueo como manifestación de la sindicación de acciones", *La Ley*, XXIV, Nº 5781, 2003.

RONCERO SÁNCHEZ, A., "Sociedad unipersonal de responsabilidad limitada", Revista *de Derecho de Sociedades*, Nº Extraordinario, 1994, pág. 129 y sigs.

RUBIN, P. H., "Why is the Common law Efficient?", *Journal of Legal Studies*, Nº 6, 1977, págs. 51-63.

RUBIO, J., *Curso de derecho de sociedades anónimas*, 3ª ed., Madrid, 1974, págs. 489-492.

RUBIO, J., *El principio de conservación de la empresa y la disolución de sociedades mercantiles en Derecho español*, Madrid, 1935, pág. 6 y sigs.

RUIZ PERIS, J. I., "Significado de control empresarial en derecho español", en *Estudios de derecho mercantil en homenaje al profesor Manuel Broseta Pont*, vol. III, Valencia, 1995, págs. 3315-3354.

RUIZ PERIS, J. I., *La igualdad de trato en el derecho de sociedades*, Valencia, 2007, pág. 107 y sigs.

RUIZ-GALLARDÓN, I., *Una aproximación a la equidad desde la teoría y dogmática jurídicas*, Madrid, 2002.

RUIZ-RICO RUIZ, C., "Aspectos problemáticos de la regulación sobre el conflicto de intereses en las entidades de responsabilidad limitada: deficiencias jurídicas del art. 52 LSRL", *Revista de Derecho Mercantil*, Nº 243, 2002, págs. 201-252.

SACRISTÁN BERGIA, F., *La extinción por disolución de la sociedad de responsabilidad limitada*, Madrid-Barcelona, 2003.

SACRISTÁN REPRESA, M., "Las prestaciones accesorias", *Revista de Derecho de Sociedades*, Nº Extraordinario, 1994, pág. 309 y sigs.

SÁENZ GARCÍA DE ALBIZU, J. C., *El objeto social en la sociedad anónima*, Madrid, 1990.

SÁEZ LACAVE, M. I., "Las bases económicas del derecho de la junta de socios", *Indret*, Nº 2, 2008.

SAÉZ LACAVE, M. I., "Los pactos parasociales de todos los socios en el derecho español. Una materia en manos de los jueces", *Indret*, Nº 3, 2009.

SAÉZ LACAVE, M. I./BERMEJO GUTIÉRREZ, N., "Inversiones específicas, oportunismo y contrato de sociedad. A vueltas con los pactos de tag— y de drag-along", *Indret*, Nº 1, 2007.

SALAFIA, V., "Scioglimento e liquidazione delle società di capitali", *Le società* (speziale riforma), Nº 2, 2003, pág. 377.

SALDAÑA VILLOLDO, B., "La acción individual de responsabilidad en el marco de la crisis disolutoria y concursal de la sociedad de capital. Especial referencia al cierre de hecho", *Revista de Derecho Mercantil*, Nº 274, 2009, págs. 1329-1369.

SALELLES CLIMENT, J. R., *El funcionamiento del Consejo de Administración*, Madrid, 1995.

SALINAS ADELANTADO, C., *El régimen jurídico de la prenda de acciones anotadas en cuenta*, Valencia, 1996.

SÁNCHEZ ÁLVAREZ, M. M., "Grupos de sociedades y responsabilidad de los administradores", *Revista de Derecho Mercantil*, 1998, pág. 117 y sigs.

SÁNCHEZ ÁLVAREZ, M. M., "La buena fe en las relaciones societarias y la *affectio societatis* (SAP de Ciudad Real de 11 de diciembre de 1992)", *Revista de Derecho de Sociedades*, Nº 2, 1994, págs. 227-230.

SÁNCHEZ ANDRÉS, A., "La acción y los derechos del accionista", en URÍA/MENÉNDEZ/OLIVENCIA (coords.), *Comentario al régimen legal de las sociedades mercantiles*, Tomo IV, vol. I, Madrid, 1994.

SÁNCHEZ CALERO, F., "La limitación del número máximo de votos correspondientes a un mismo accionista (con especial referencia a los bancos privados y al mercado de valores)", *Revista de Derecho Bancario y Bursátil*, Nº 42, 1971, pág. 271 y sigs.

SÁNCHEZ CALERO, F., "Supuestos de responsabilidad de los administradores en la sociedad anónima", en *Estudios Girón*, Madrid, 1991, pág. 903 y sigs.

SÁNCHEZ CALERO, F., *Instituciones de Derecho Mercantil*, 12ª ed., Madrid, 1986, págs. 293-302.

SÁNCHEZ CALERO, F., *Los administradores en las sociedades de capital*, Pamplona, 2005.

SÁNCHEZ CRESPO CASANOVA, A., *El protocolo familiar*, Madrid, 2009, pág. 128.

SÁNCHEZ DE MIGUEL, M. C., "Valoración de las aportaciones no dinerarias", en *Derecho mercantil de la Comunidad Económica Europea. Estudios homenaje a José Girón Tena*, Madrid, 1991, págs. 937 y sigs.

SÁNCHEZ ENCISO, M., "El Tribunal Supremo y la competencia exclusiva de la junta general en materia de operaciones de activos esenciales. Comentario a la STS número 1045/2023, sala de lo civil, de 27 de junio", *Revista de derecho de sociedades*, Nº 71, 2024.

SÁNCHEZ GONZÁLEZ, J. C., "Los convenios y sindicatos de voto. Su instrumentación jurídica en la LSA", en AA.VV., *Estudios sobre la sociedad anónima*, Madrid, 1991, pág. 75 y sigs.

SÁNCHEZ LINDE, M., "El derecho de representación proporcional ejercido por la minoría en la sociedad anónima. Reflexiones", *Cuadernos de Derecho y Comercio*, Nº 42, 2004, pág. 177 y sigs.

SÁNCHEZ LINDE, M., *El principio de mayoría en la adopción de acuerdos en la Junta General de la sociedad anónima*, Cizur Menor, 2009.

SÁNCHEZ RUIZ, M., *Conflictos de intereses entre socios en sociedades de capital*, Pamplona, 2000.

SÁNCHEZ RUS, H., "Objeto social y poder de representación en la sociedad anónima", *RCDI*, 1995, pág. 829 y sigs.

SÁNCHEZ RUS, H., *El capital social. Presente y futuro*, Madrid, 2012.

SÁNCHEZ-CALERO GUILARTE, J., "Creación de valor, interés social y responsabilidad social corporativa", en RODRÍGUEZ ARTIGAS/ESTEBAN VELASCO (coords.), *Derecho de sociedades anónimas cotizadas*, vol. 2º, Pamplona, 2006.

SÁNCHEZ-CALERO GUILARTE, J., "Algunos cambios en la regulación de la junta general en el Informe de la Comisión de Expertos y en el Anteproyecto de ley de modificación de la LSC", en IBÁÑEZ JIMÉNEZ, J. (Dir.), *Comentarios a la reforma del régimen de la junta general de accionistas en la reforma del buen gobierno de las sociedades*, Cizur Menor, 2014, págs. 63-94.

SÁNCHEZ-CALERO GUILARTE, J., "La transmisión de las participaciones sociales y el derecho de separación en la sociedad limitada. Breve reflexión en torno al artículo 95.c) LSRL", *Revista de Derecho de Sociedades*, Nº 6, 1996, págs. 11-26.

SÁNCHEZ-CALERO GUILARTE, J., *La Junta general en las Sociedades de Capital*, Madrid, 2007, págs. 37-431.

SÁNCHEZ-CALERO GUILARTE, J.,"El interés social y los varios intereses presentes en la sociedad anónima cotizada", *Revista de Derecho Mercantil*, Nº 246, 2002, págs. 1653-1726.

SÁNCHEZ-CALERO GUILARTE, J.,"Principio mayoritario y conflicto de intereses en la Ley de Sociedades de Responsabilidad limitada de 1995", *Revista Jurídica del Notariado*, Nº 30, 1999, págs. 245-286.

SANFELIZ MEZQUITA, A., "La práctica de la creación de empresas conjuntas (joint ventures)", *Derecho de los Negocios*, Nº 69, 1996, pág. 1 y sigs.

SANJUÁN Y MUÑOZ, E., "El contrato de sociedad: concepto y clases. Constitución, administración, obligaciones y derechos. Extinción", *Noticias Jurídicas*, 2003.

SANTELLA, P., "La società privata europea", en FERRI, G./RICHTER, M. S., *Profili attuali di diritto societario europeo*, Milán, 2010, pág. 289 y sigs.

SANTINI, G., "Della società a responsabilà limitada", *Comentario del Codice Civile Scialoja-Branca*, Bolonia, 1992, pág. 365.

SANTOS BRIZ, J., "Responsabilidad civil de los administradores y representantes de empresas y sociedades mercantiles", *Revista de Derecho Privado*, 1995, pág. 315 y sigs.

SANTOS REQUENA, A. A., "La disolución judicial de las sociedades mercantiles: cuestiones procesales", *Revista de Derecho Procesal*, 1999, pág. 625 y sigs.

SARIN, A. /SHASTRI, K. A./SHASTRI, K., "Ownership structure and stock market liquidity", *Working Paper University of Pittsburg*, 1999.

SCHÄFER, H. B./OTT, C., *The economic analysis of Civil Law*, Chentelham, 2004.

SCHUCK, P. H., "Why don't law professors do more empirical research?", *Journal of Legal Education*, Nº 39, 1989, págs. 323-336.

SCHULZE, W. S./LUBATKIN, M. H./ DINO, R. N./BUCHHOLTZ, A. K., "Agency relationships in family firms", *Organization Science*, Nº 12, 2001, págs. 99-116.

SENA, G., *Il voto nella assemblea della società per azioni*, Milán, 1961, págs. 13-48.

SENÉN DE LA FUENTE, G., *La disolución de la sociedad anónima por paralización de los órganos sociales*, Madrid, 1965.

SEQUEIRA MARTÍN, A., "Derecho de separación y la exclusión del socio", *Revista de Derecho de Sociedades*, Nº 36, 2011, págs. 189-201.

SEQUEIRA MARTÍN, A., "Disolución de la sociedad anónima", en ARROYO/EMBID/GÓRRIZ (coords.), *Comentarios a la Ley de Sociedades Anónimas*, 2ª ed., vol. III, Madrid, 2009, págs. 2465-2584.

SEQUEIRA MARTÍN, A., "La eficacia de las causas de disolución en la sociedad anónima según la Ley de reforma parcial y adaptación de la legislación mercantil a las Directivas de la Comunidad Económica Europea, en materia de sociedades y su regulación en el Texto Refundido de la Ley de Sociedades Anónimas", en AA.VV., *Derecho Mercantil de la Comunidad Económica Europea. Estudios en homenaje a José Girón Tena*, Madrid, 1991, pág. 1041 y sigs.

SERRANO CAÑAS, J. M., *El cambio generacional en la empresa familiar*, Madrid, 2013.

SIEGEL, M., "Fiduciary duty myths in close corporate law", *Delaware Journal of Corporate Law*, Nº 29, 2004, págs. 377-490.

SIEMS, M., *Convergence in Shareholder Law*, Cambridge, 2008.

SIEMS, M./DEAKIN, S., "Comparative Law and Finance: past, present and future research", *Journal of Institutional and Theoretical Economics*, Nº 166, 2010, pág. 120 y sigs.

SOLA CAÑIZARES, F., *Las sociedades de responsabilidad limitada en el nuevo derecho español*, 1954, pág. 201.

SOLA CAÑIZARES, F., *Tratado de sociedades anónimas*, Barcelona, 1953, págs. 204-205.

SOLOMON/STEVENSON/SCHWARTZ, *Corporation. Law and Policy. Materials and problems*, St. Paul/Minn., 1982, pág. 371.

SOTILLO MARTÍ, A., "El contenido de las prestaciones accesorias en la SRL", *Revista de Derecho Mercantil*, 1975, pág. 91 y sigs.

SOTO VÁZQUEZ, R., *Nuevo régimen jurídico de la sociedad de responsabilidad limitada*, 2ª ed., Granada, 1994, págs. 282-287.

SPORE, R. R., "Management and governance of real state joint ventures: avoiding surprises and resolving conflict in tough times", *Probate & Property*, Nº 23, 2009, pág. 33 y sigs.

STOLFI, G., "Scioglimento di società per impossibilit di funzionamento della assemblea e nomina dei liquidatori", *Rivista Trimestralle di Diritto e Procedura Civile*, 1949, pág. 741 y sigs.

STOLFI, G., *La liquidazione delle società commerciali*, Milán, 1938, págs. 8-61.

STOREY, D. J., *Understanding the small business sector*, Nueva York, 1994.

SUÁREZ-LLANOS, L., "Sociedad de responsabilidad limitada con dos únicos socios. Régimen de adopción de acuerdos sociales", *Revista de Derecho Privado*, 1963, págs. 823-831.

TIRADO MARTÍ, I., "La liquidación concursal en el derecho inglés", *Revista de Derecho de Sociedades*, Nº 17, pág. 205, nota 39.

TIROLE, J., *The theory of industrial organization*, Cambridge, 1988.

TOBÍO, A., *Limitaciones de los derechos de asistencia y voto del accionista*, Madrid, 1995.

TOPHAM/IVAMY, *Topham & Ivamy's Company Law*, 16ª ed., Londres, 1978, pág. 432 y sigs.

TORRES LÓPEZ, J., *Análisis económico del derecho*, Madrid, 1987.

TRÍAS SAGNIER, M., "Las start-ups y la regulación de las Sociedades de Responsabilidad Limitada", *Revista de derecho de sociedades*, Nº 71, 2024.

TRICKER, R. I., *The independent director*, Plymouth, 1978, págs. 46-47.

TRICOT, D., "Abus de droit dans les sociétés. Abus de majorité et abus de minorité", *Rev. tr. dr. comm.*, 1994, págs. 617-627.

TRIGO SIERRA, E./MOYA FERNÁNDEZ, A. J., "La mediación civil y mercantil en España y en el Derecho Comparado", *Actualidad Jurídica Uría Menéndez*, Nº 32, 2012, pág. 102 y sigs.

TRIUNFANTE, A., *A tutela das minorías nas sociedades anónimas*, Coimbra, 2004, pág. 437 y sigs.

TURNER, J. L., "Dissolving (in) effective partnership", *University of Georgia*, 2012.

ÚBEDA DE LOS COBOS., J. J., "Aspectos sustantivos de la acción individual de responsabilidad del art. 135 de la Ley de Sociedades Anónimas", en AA.VV.,

Responsabilidad civil derivada de los procesos concursales, Madrid, 1999, pág. 285 y sigs.

ULMER, P., *Principios fundamentales del Derecho alemán de sociedades de responsabilidad limitada*, Madrid, 1999. Traducción: J. Alfaro.

URÍA, R., "La transformación de las Sociedades Anónimas y el Derecho de separación del Accionista", *Boletín del Ilustre Colegio de Abogados de Madrid*, enero-febrero 1953, págs. 34-44.

URÍA, R./MENÉNDEZ, A./GARCÍA DE ENTERRÍA, E., "La sociedad anónima: disolución", en URÍA/MENÉNDEZ (dirs.), *Curso de Derecho Mercantil*, 2ª ed., Madrid, 2006, pág. 1089 y sigs.

URÍA, R./MENÉNDEZ, A./IGLESIAS PRADA, J. L., "La sociedad de responsabilidad limitada: exclusión y separación de socios", en URÍA/MENÉNDEZ, *Curso de Derecho Mercantil*, 2ª ed., Tomo I, Cizur Menor, 2006, págs. 1261-1287.

URÍA, R./MENÉNDEZ, A./IGLESIAS PRADA, J. L., "La Sociedad de responsabilidad limitada. Órganos sociales. La Junta general de socios", en URÍA/MENÉNDEZ (dirs.), *Curso de Derecho Mercantil*, 2ª ed., Tomo I, Madrid, 2006, págs. 1219-1240.

URÍA, R./MENÉNDEZ, A./IGLESIAS PRADA, J. L., "La sociedad de responsabilidad limitada", en URÍA/MENÉNDEZ (dirs.), *Curso de Derecho Mercantil*, 2ª ed., Madrid, 2006, pág. 1219 y sigs.

URÍA, R./MENÉNDEZ, A./MUÑOZ PLANAS, J. M., "La junta general de accionistas", en URÍA/MENÉNDEZ/OLIVENCIA (dirs.), *Comentarios al régimen legal de las sociedades mercantiles*, Tomo V, Madrid, 1992.

VALDÉS LLANEZA, A./GARCÍA CANAL, E., "Las empresas conjuntas y la pequeña empresa española: el caso de las acciones colectivas promovidas por el IMPI", *ICE*, Nº 746, 1995, pág. 43 y sigs.

VANNESTE, S./VAN HIEL, A./PARÍSI, F./DEPOORTER, B., "From tragedy to disaster: Welfare effects of commons and anticommons dilemas", *International Review of Law and Economics*, Nº 26, 2006, págs. 104-122.

VÁZQUEZ CUETO, J. C., "Las cuentas y la documentación contable en la sociedad anónima", *Tratado de Derecho Mercantil*, Vol. 5, Madrid, 2001, pág. 382 y sigs.

VÁZQUEZ LÉPINETTE, T., "La separación por justa causa tras las recientes reformas legislativas", *Revista de Derecho Mercantil*, Nº 283, enero-marzo 2012, págs. 169-196.

VEIGA COPO, A. B., "La prenda de acciones y participaciones sociales", en VEIGA COPO, A. B., *Estudios jurídicos sobre la acción*, Cizur Menor, 2014, págs. 359-481.

VEIGA COPO, A. B., *Estudios jurídicos sobre la acción*, Cizur Menor, 2014.

VEIGA COPO, A. B., *La prenda de acciones*, 2ª ed., Madrid, 2015.

VEIGA COPO, A. B., *La verificación de créditos en el concurso*, Cizur Menor, 2009.

VELA TORRES, P. J., "El derecho de separación del socio en las sociedades de capital: una reforma incompleta y parcialmente fallida", *Derecho de los Negocios*, Nº 268, 2013, págs. 53-61.

VELASCO ALONSO, A., *El derecho de separación del accionista*, Madrid, 1976.

VELASCO SAN PEDRO, L., "Amortización de participaciones y responsabilidad de los socios reembolsatarios", *Revista de Derecho de Sociedades*, Nº 17, 2001, págs. 31-46.

VERCHER MOLL, J., ¿Puede impartir la junta general instrucciones al liquidador de una sociedad de capital?, *Revista de derecho de sociedades*, Nº 63 (septiembre-diciembre), 2021.

VÉRGEZ SÁNCHEZ, M., "La posición jurídica del socio industrial", *Revista de Derecho Mercantil*, 1966, pág. 243 y sigs.

VÉRGEZ SÁNCHEZ, M., *El socio industrial*, Madrid, 1972.

VERONELLI, A., *L'organo amministrativo nel sistema monistico*, Milán, 2006.

VICENT CHULIÁ, F., "El arbitraje en materia de impugnación de acuerdos sociales", *Revista General del Derecho*, Nº 646-647, 1998, págs. 9355-9372.

VICENT CHULIÁ, F., "Licitud, eficacia y organización de los sindicatos de voto", en *Estudios en homenaje a José Girón Tena*, Madrid, 1991, págs. 1203-1252.

VICENT CHULIÁ. F., "Organización jurídica de la sociedad familiar", *Revista de Derecho Patrimonial*, Nº 5, 2000, pág. 21 y sigs.

VIERA GONZÁLEZ, J., *Las sociedades de capital cerradas. Un problema de relaciones entre los tipos SA y SRL*, Cizur Menor, 2002.

VILLIERS, C., *European Company Law. Towards Democracy?*, Hampshire, 1998, pág. 223 y sigs.

VIÑUELAS SANZ, M., *Las prestaciones accesorias en la sociedad de responsabilidad limitada*, Madrid, 2004.

VIRGOS SORIANO, M., *El Trust y el derecho español*, Madrid, 2006.

VÍTOLO, D./EMBID IRUJO, J. M., LEÓN SANZ, F. J., *Derecho de sociedades y concurso*, Granada, 2011.

VIVANTE, C., *Trattato di Diritto Commerciale*, vol. II, Milán, 1935, págs. 445-446.

VIVES RUIZ, F., *La impugnación de acuerdos sociales en la reforma de la legislación mercantil*, Real Academia de Jurisprudencia y Legislación, Madrid, 2014.

WALLER, W., "The Law and ecnomics virus", *Cardozo Law Review*, Nº 31, 2009, págs. 367-403.

WEINER, B. Y., "Mediation and the business divorce: resolving disputes when the business relationship ends", *Business Law Today*, Nº 17, 2008, pág. 45 y sigs.

WELLS, H., "The rise of the close corporation and the making of Corporate Law", *Berkeley Business Law Journal*, Nº 5, 2008, pág. 263 y sigs.

WERLAUFF, E., *EU Company Law*, 2ª ed., Copenhague, 2003, pág. 105 y sigs.

WERLAUFF, E., *SE The law of the European Company*, Copenhague, 1993.

WERTHEIMER, B. M., "The shareholders' appraisal remedy and how courts determine fair value", *Duke Law Journal*, 1998, vol. 47, Nº 4.

WHEELER, S., "The business enterprise: a socio-legal introduction", en AA.VV., *A reader on the Law of the business enterprise*, Oxford, 1994, pág. 1 y sigs.

WHINCOP, M. J., "Form, function and fiction: a taxonomy of corporate law and the evolution of efficient rules", *University of New South Wales*, N° 24, 2001, pág. 85.

WHITE, M. D., *Theoretical foundations of law and economics*, Cambridge, 2009.

WHITLEY, R./KRISTENSEN, P. H., *The changing European firm*, Londres, 1996, págs. 1-64.

WILLIAMSON, O. E., "Comparative organization: the analysis of discrete structural alternatives", *Administrative Science Quarterly*, N° 36, 1991, pág. 282.

WILLIAMSON, O. E., "Corporate Governance", *Yale Law Journal*, N° 93, 1984, pág. 1197 y sigs.

WILLIAMSON, O. E., "The economics of organization: the transaction cost approach", *American Journal of Sociology*, N° 87, 1981, págs. 548-577.

WILLIAMSON, O. E., "Transaction-cost economics: The governance of contractual relations", *Journal of Law and Economics*, N° 22, 1979, págs. 233-262.

WILLIAMSON, O. E., *The economic institutions of capitalism*, Nueva York, 1985.

WILLIAMSON/WINTER (eds.), *The Nature of the Firm*, Oxford, 1991.

WORTMAN, T. J., "Unlocking lock-in: limited liability companies and the key to underutilization of close corporations' statutes", *Nueva York University Law Review*, N° 70, 1995, pág. 1365.

YANES YANES, P., "Los pactos parasociales no comunicados", *Diario La Ley*, N° 7531, Sección Tribuna (20 de diciembre de 2010, Año XXXI).

YANES YANES, P., "Pacto parasocial de permanencia y colaboración para una integración empresarial", *Revista de Derecho de Sociedades*, N° 36, 2011, págs. 411-418.

YANES YANES, P., "Restricciones estatutarias a la libre transmisibilidad de las acciones: supuestos especiales", en ALONSO UREBA, A., *Derecho de sociedades anónimas*, Tomo II, Madrid, 1994, pág. 1151 y sigs.

ZANARONE, G., "Società a responsabilità limitata", en GALGANO (dirs.), *Trattato de Diritto Commerciale e di Diritto Pubblico dell'economia*, Tomo VIII, Padua, 1985, págs. 19-184.

ZANELLI, E., *La nozione di oggetto sociale*, Milán, 1962.

ZURITA Y SÁENZ DE NAVARRETE, J., "La integración económica en la CEE y el acceso a la sociedad anónima europea", en GIRÓN (dir.), *Estudios y textos de derecho de sociedades de la Comunidad Económica Europea*, Madrid, 1978, pág. 31 y sigs.